Arbeitsplatzdynamik in
der baden-württembergischen Industrie

Hohenheimer Volkswirtschaftliche Schriften

Herausgegeben von
Prof. Dr. Rolf Caesar, Prof. Dr. Harald Hagemann,
Prof. Dr. Klaus Herdzina, Prof. Dr. Renate Ohr, Prof. Dr. Walter Piesch,
Prof. Dr. Ingo Schmidt, Prof. Dr. Peter Spahn,
Prof. Dr. Gerhard Wagenhals,
Prof. Dr. Helmut Walter

Band 39

PETER LANG
Frankfurt am Main · Berlin · Bern · Bruxelles · New York · Oxford · Wien

Harald Strotmann

Arbeitsplatzdynamik in der baden-württembergischen Industrie

Eine Analyse
mit amtlichen Betriebspaneldaten

PETER LANG
Frankfurt am Main · Berlin · Bern · Bruxelles · New York · Oxford · Wien

Die Deutsche Bibliothek - CIP-Einheitsaufnahme

Strotmann, Harald:

Arbeitsplatzdynamik in der baden-württembergischen Industrie : eine Analyse mit amtlichen Betriebspaneldaten / Harald Strotmann. - Frankfurt am Main ; Berlin ; Bern ; Bruxelles ; New York ; Oxford ; Wien : Lang, 2002
(Hohenheimer volkswirtschaftliche Schriften ; Bd. 39)
Zugl.: Hohenheim, Univ., Diss., 2001
ISBN 3-631-38765-2

Gedruckt mit Unterstützung
der Stiftung Landesbank Baden-Württemberg.

D 100
ISSN 0721-3085
ISBN 3-631-38765-2

www.peterlang.de

Vorwort

Die vorliegende Arbeit wurde von der Wirtschafts- und Sozialwissenschaftlichen Fakultät der Universität Hohenheim im Sommersemester 2001 als Dissertation angenommen.

Das Vorwort gibt mir Gelegenheit, mich bei einigen Menschen zu bedanken, die mich im Laufe der Jahre unterstützt und somit einen besonderen Beitrag zum Gelingen der Arbeit geleistet haben.

Zunächst möchte ich ein herzliches Dankeschön an meinen Doktorvater Prof. Dr. Gerhard Wagenhals und meinen Zweitgutachter Prof. Dr. Walter Piesch richten. Sowohl ihre hervorragende fachliche als auch moralische Unterstützung haben mir bei der Erstellung der Arbeit wesentlich geholfen. Die sehr angenehme Zeit als wissenschaftlicher Mitarbeiter zunächst bei Herrn Prof. Dr. Piesch und dann bei Herrn Prof. Dr. Wagenhals hat mich nicht nur wissenschaftlich, sondern auch menschlich entscheidend beeinflusst und geprägt. Herrn Prof. Dr. Harald Hagemann danke ich für die Mitwirkung am Promotionsverfahren.

Meinen Kolleginnen und Kollegen am Lehrstuhl für Statistik und Ökonometrie Karin Bartel (mit Maja und Lieschen), Prof. Dr. Gerhard Gröner, Katja Hölsch, Dr. Margit Kraus, Andrea Reichelt, Dr. Ulrich Scheurle, Meinrad Wahl, Steffen Wirth, Dr. Frauke Wolf und Manfred Wolz sei für ein ungewöhnlich harmonisches Arbeitsumfeld gedankt. Gerade auch die hervorragende, freundschaftliche Zusammenarbeit mit meinen "täglichen" Arbeitskollegen Andrea, Manfred, Steffen und Uli habe ich als äußerst angenehm empfunden. Die Kolleginnen und Kollegen des VWL-Instituts und insbesondere der Lehrstühle Finanzwissenschaft und Mikroökonomie haben ihr Übriges zur guten Arbeitsatmosphäre beigetragen. Stellvertretend für viele möchte ich an dieser Stelle zumindest Dr. Oliver Letzgus, Dr. Hans Pitlik und vor allem auch Günther Schmid erwähnen.

Meinem Betreuer am Statistischen Landesamt Baden-Württemberg, Herrn Hans-Hermann Steiger, gilt mein herzlicher Dank für die außerordentlich hilfsbereite und keineswegs selbstverständliche Unterstützung gerade auch in der Anfangsphase des Projektes. Herrn Dr. Hans Loreth danke ich für seine entscheidende Mithilfe bei der Initiierung des Kooperationsprojektes, Herrn Dr. Eberhard Leibing für die Bereitschaft, ein derartiges Projekt im Statistischen

Landesamt Baden-Württemberg durchzuführen. Nicht vergessen möchte ich auch Herrn Willy Schumacher, der sich bei der Bereitstellung der Daten besonders hilfsbereit gezeigt hat.

Eine wesentliche Grundlage für den Erfolg des Dissertationsprojektes stellte der Rückhalt und die Unterstützung durch meine Eltern Mechthild und Josef Strotmann, meine Geschwister Christian und Sonja sowie meine Freunde dar. Besonderen Dank schulde ich meiner lieben Partnerin Katja Henke, die gerade in der Endphase dieser Arbeit nicht nur meine ständige Abwesenheit, sondern auch meine teilweise erheblichen Stimmungsschwankungen geduldig ertragen hat. Nicht zuletzt ihre liebevolle Aufmunterung in den nicht ausbleibenden Stunden des Frustes hat mir sehr geholfen. Einbeziehen in meinen Dank möchte ich auch meine Tischtennis- und Tennisfreunde vom TSV Sickenhausen. Wenn ich auch in den vergangenen Monaten immer seltener im Training zu finden war, war zumindest das „Bierchen danach“ häufig eine willkommene Feierabendablenkung.
Stellvertretend für alle studentischen Hilfskräfte, die mir im Laufe der Jahre stets sehr gut zugearbeitet haben, möchte ich Stephan Bechtel danken, der gerade in den letzten Monaten vor Abgabe der Arbeit entscheidend dazu beigetragen hat, dass ich vor Antritt meiner neuen Stelle am Institut für Angewandte Wirtschaftsforschung (IAW) Tübingen noch "Luft" für einen Kurzurlaub hatte.
Ein herzliches Dankeschön geht auch an die Stiftung Landesbank Baden-Württemberg – Ausbildung, Fort- und Weiterbildung, welche die Veröffentlichung dieser Arbeit durch einen Druckkostenzuschuss gefördert hat.

Gerne würde ich in diesem Vorwort in Erinnerung an viele schöne Momente noch etwas über die wichtige Bedeutung zu enger Torwarthosen beim Lehrstuhlvergleichskick, über das Thema Kaffeemaschinen am Statistiklehrstuhl, über fundamentalökonomische Sozialraumdiskussionen, über fachliche Kompetenz beim Stockwerks-Bundesligatippspiel, über Angelausflüge an den Kocher oder auch über das Stichwort Rechtecksflächenberechner berichten. Die Gefahr, dass ich dieser Arbeit dann ein weiteres Kapitel hinzufügen würde, wäre jedoch zu groß.

Kirchentellinsfurt, im Sommer 2001 Harald Strotmann

Inhaltsverzeichnis

Abbildungsverzeichnis

Tabellenverzeichnis

Verzeichnis des Anhanges

Verzeichnis der wichtigsten Symbole

Symbol	Erläuterung
d_j	Zahl der Schließungen zum Zeitpunkt t_j
d_{0t}	Grundhazardrate im gruppierten Verweildauermodell im Jahr t
$E_{i,t}$	Beschäftigung des Betriebes i im Jahr t
$\Delta E_{i,t}$	Veränderung der Beschäftigung des Betriebes i in der Periode [t-1, t]
$\overline{E}_{i,t}$	Durchschnittsbeschäftigung des Betriebes i in der Periode [t-1, t]
$\overline{E}_t$	Durchschnittsbeschäftigung der Jahre t-1 und t
EJT_t	Excess-Job-Turnover-Rate in der Periode [t-1, t]
ε_t	Störvariable in der Periode t
$F_{i,t}$	Kosten des Markteintritts in Branche i in der Periode t
$g_{i,t}$	Wachstumsrate der Beschäftigung nach Davis et al. (1996a) in der Periode [t-1, t]
$G_{i,t}$	Wachstumsrate der Beschäftigung in der Periode [t-1, t]
$Gr_{i,t}$	Gründungsaufkommen in Branche i und Periode t
H_0	Nullhypothese
JC_t	Rate der Arbeitsplatzschaffung in der Periode [t-1, t]
JCC_t	Rate der Arbeitsplatzschaffung in bereits bestehenden Betrieben in der Periode [t-1, t]
JCE_t	Rate der Arbeitsplatzschaffung durch neu auftretende Betriebe in der Periode [t-1, t]
JD_t	Rate des Arbeitsplatzabbaus in der Periode [t-1, t]
JDC_t	Rate des Arbeitsplatzabbaus in bereits bestehenden Betrieben in der Periode [t-1, t]
JDE_t	Rate des Arbeitsplatzabbaus durch wegfallende Betriebe in der Periode [t-1, t]
JT_t	Job-Turnover-Rate in der Periode [t-1, t]
JRR_t	Job-Reallocation-Rate nach Davis et al. (1996a)
$\lambda_0(t)$	Baseline-Hazardrate
λ	Hazardrate
μ_{JC}	Durchschnittliche Rate der Jobschaffung
μ_{JD}	Durchschnittliche Rate des Jobabbaus

NEC_t	Veränderungsrate der Beschäftigung in der Periode [t-1, t]
NE_t	Veränderungsrate der Beschäftigung in bereits bestehenden Betrieben in der Periode [t-1, t]
NEE_t	Veränderungsrate der Beschäftigung in neu auftretenden und wegfallenden Betrieben in der Periode [t-1, t]
n_j	Zahl der zum Zeitpunkt t_j existierenden Betriebe
V_{JC}	Variationskoeffizient der Rate der Jobschaffung
V_{JC}	Variationskoeffizient der Rate des Jobabbaus
$\sigma_{JT,NEC}$	Kovarianz zwischen der Job-Turnover-Rate und der Veränderungsrate der Beschäftigung
$\sigma_{EJT,NEC}$	Kovarianz zwischen der Excess-Job-Turnover-Rate und der Veränderungsrate der Beschäftigung
$\sigma_{JC,JD}$	Kovarianz zwischen der Rate der Jobschaffung und des Jobabbaus
ϕ	Dichtefunktion der Standardnormalverteilung
Φ	Verteilungsfunktion der Standardnormalverteilung
$\pi^e_{i,t}$	Profiterwartungen in Branche i und Periode t nach Markteintritt
r	Korrelationskoeffizient von Pearson-Bravais
R^2	Bestimmtheitsmaß
ρ	Autokorrelationskoeffizient
$\rho_{u\varepsilon}$	Korrelationskoeffizient zwischen den Störvariablen der Selektions- und der Regressionsgleichung im Rahmen bivariater Tobit-Regressionen
$S(t)$	Survivorfunktion
σ_{JC}	Standardabweichung der Rate der Jobschaffung
σ_{JD}	Standardabweichung der Rate des Jobabbaus
σ^2_{JC}	Varianz der Rate der Jobschaffung
σ^2_{JD}	Varianz der Rate des Jobabbaus
θ	Parameter der Gammaverteilung
TI_t	Turbulenzindikator in der Periode [t-1, t]
$w_{i,t}$	Anteil der Durchschnittsbeschäftigung des Betriebes i in der Periode [t-1, t] an der durchschnittlichen Gesamtbeschäftigung
x'_i	Vektor von Regressorvariablen
*	signifikant von Null verschieden bei 5%-Signifikanzniveau
**	signifikant von Null verschieden bei 1%-Signifikanzniveau

Abkürzungsverzeichnis

Abkürzung	Erläuterung
AFT	Accelerated-Failure-Time
a.n.g.	anderweitig nicht genannt
AIC	Akaike-Informationskriterium
AR(1)	Autoregressiver Prozess erster Ordnung
BIP	Bruttoinlandsprodukt
c.p.	ceteris paribus
EBU	Einbetriebsunternehmen
FGLS	Feasible-Generalized-Least-Squares
FuE	Forschung und Entwicklung
IRLS	Iteratively-Reweighted-Least-Squares
KMU	Kleine und mittlere Unternehmen
LK	Landkreis
LR-Test	Likelihood-Ratio-Test
MES	Minimum-Efficient-Scale
NIW	Niedersächsisches Institut für Wirtschaftsforschung
OLS	Ordinary-Least-Squares
PH	Proportional-Hazards
SK	Stadtkreis
SYPRO	Systematik der Wirtschaftszweige, Fassung für die Statistik im Produzierenden Gewerbe
WZ 93	Klassifikation der Wirtschaftszweige, Ausgabe 1993
ZEW	Zentrum für Europäische Wirtschaftsforschung

I. Einführung

1. Problemstellung und Gang der Untersuchung

> "The only way to determine how well small (or any other kind of) business is doing is to follow individual companies over time from some known starting point."[1]

Die vorliegende Arbeit ist die erste Studie für die baden-württembergische Industrie[2], in der für eine Untersuchung betrieblicher Beschäftigungsentwicklungen amtliche Mikrodaten herangezogen werden. Sie entstand im Rahmen eines Kooperationsprojektes des Lehrstuhls für Statistik und Ökonometrie der Universität Hohenheim mit dem Statistischen Landesamt Baden-Württemberg. Im Rahmen der Zusammenarbeit wurde dem Verfasser der Arbeit die Möglichkeit geboten, unter Wahrung des Statistikgeheimnisses amtliche Industriebetriebsdaten für eigene Analysezwecke zu nutzen.[3] Auf der Grundlage zweier regelmäßiger Erhebungen der amtlichen Industriestatistik wurde für die baden-württembergische Industrie und die Jahre 1980 bis 1999 erstmals ein amtlicher Betriebspaneldatensatz aufgebaut, der eine eingehende Analyse betrieblicher Beschäftigungsentwicklungen im jährlichen Querschnitt und im Längsschnitt erlaubt.

Das Publikationsprogramm der amtlichen Statistik beschränkt sich bei der Darstellung der Beschäftigungsentwicklung in der baden-württembergischen Industrie weitgehend auf aggregierte Angaben über die Gesamtbeschäftigung und ihre Veränderung im Zeitablauf. Ergänzend wird zum Beispiel nach unterschiedlichen Wirtschaftszweigen, Regionen oder Betriebsgrößenklassen unterschieden. Dieser hohe Aggregationsgrad der Betrachtungen ist für viele Fragestellungen zweckmäßig und notwendig. Gleichzeitig besteht jedoch die Gefahr, dass der mit der Aggregation verbundene Informationsverlust erheblich ist und eine sinnvolle Interpretation der aggregierten Informationen erschwert oder sogar unmöglich wird. Die vorliegende Arbeit verfolgt daher das Ziel, die aggregierten Betrachtungen der amtlichen Statistik durch eine fundierte empirische Analyse der Beschäftigungsveränderungen auf der einzelbetrieblichen Ebene zu ergänzen.

---

1 Birch/MacCracken (1983), S. 3.

2 Verarbeitendes Gewerbe einschließlich Bergbau und Gewinnung von Steinen und Erden.

3 Eine detaillierte Beschreibung der organisatorischen Umsetzung des Kooperationsprojektes in Baden-Württemberg kann in Strotmann (1999) nachgelesen werden. Die Idee für das baden-württembergische Projekt entstand am Rande eines Kolloquiums im Statistischen Bundesamt Ende 1996, bei dem über eine ähnliche Form der Zusammenarbeit in Niedersachsen informiert wurde. Eine Beschreibung des niedersächsischen Pilotprojektes findet man z.B. in Wagner (1994c, 1994d, 1997, 1999c) oder auch Gerlach/Wagner (1997).

Teil 1 der vorliegenden Arbeit nützt zunächst die Panelstruktur des Datensatzes, um im Rahmen einer deskriptiven Job-Turnover-Analyse der Arbeitsplatzdynamik einen Blick hinter die Kulissen der aggregierten Beschäftigungsveränderungen zu werfen. Nach einer Vorstellung der Methodik der Job-Turnover-Analyse in *Kapitel II*, widmet sich *Kapitel III* einer detaillierten Untersuchung des Ausmaßes und der Struktur der betrieblichen Beschäftigungsveränderungen in der baden-württembergischen Industrie, die sich hinter der aggregierten Entwicklung verbergen. In diesem Zusammenhang wird auch die Konzentration der Jobschaffung und des Jobabbaus beleuchtet sowie durch Kohortenanalysen die Stabilität der auf Betriebsebene geschaffenen und abgebauten Arbeitsplätze untersucht. *Kapitel IV* wendet sich dann einer Analyse des Verhaltens der betrieblichen Jobschaffung und des Jobabbaus im Konjunkturverlauf zu. Dabei wird argumentiert, dass die in der Literatur bereits als stilisiertes Faktum bezeichnete Varianzasymmetrie von Jobschaffung und Jobabbau entscheidend auf einer Fokussierung bisheriger Forschungsarbeiten auf den industriellen Sektor beruhen könnte. Dieses Ergebnis hat wichtige Implikationen für eine Beurteilung neuerer konjunkturtheoretischer Erklärungsansätze, die sich gerade auch einer Erklärung des asymmetrischen Verhaltens widmen.

Als zentrales Ergebnis in Teil 1 der Arbeit kann festgehalten werden, dass der baden-württembergische Industriearbeitsmarkt in allen Phasen des Konjunkturzyklus durch ein gleichzeitiges Nebeneinander von wachsenden, schrumpfenden, schließenden und neu auftretenden Betrieben gekennzeichnet ist. Diese ausgeprägte Heterogenität betrieblicher Beschäftigungsentwicklungen widerspricht der Vorstellung von einem statischen und trägen Arbeitsmarkt, wie sie häufig vor dem Hintergrund stagnierender Arbeitslosenzahlen und einer im Aggregat rückläufigen Gesamtbeschäftigung vertreten wird. **Teil 2** der Arbeit begibt sich daher im Rahmen disaggregierter Job-Turnover-Analysen der Arbeitsplatzdynamik auf die Suche nach möglichen Ursachen für diese Unterschiedlichkeit betrieblicher Beschäftigungsentwicklungen. Als mögliche Ansatzpunkte für eine Ursachenforschung werden dabei ausgewählte Gruppierungskriterien herangezogen, die in der wirtschaftspolitischen Diskussion besondere Beachtung finden.

Kapitel V diskutiert im Rahmen einer größenklassenabhängigen Komponentenanalyse der Arbeitsplatzdynamik, ob kleine und mittlere Industriebetriebe in den Jahren 1980 bis 1999 in Baden-Württemberg ihrem Ruf als herausragender Motor des Beschäftigungswachstums tatsächlich gerecht werden konnten. Gerade der Aufbau eines Betriebspaneldatensatzes ermöglicht es im Gegensatz zu zahlreichen bisherigen Untersuchungen auf der Ebene

aggregierter Beschäftigungsangaben, nicht nur den Impulseffekt einer Jobschaffung zu betrachten, sondern auf betrieblicher Ebene auch die Stabilität der geschaffenen Arbeitsplätze im Zeitablauf zu verfolgen.
Kapitel VI wendet sich einer branchenspezifischen Analyse des Ausmaßes der Jobschaffung und des Jobabbaus zu. Da hinsichtlich des relativen Ausmaßes der Jobschaffung und des Jobabbaus und somit der Heterogenität betrieblicher Beschäftigungsentwicklungen in einer Industrie durchaus systematische und im Zeitablauf stabile Unterschiede festgestellt werden können, wird auch der Versuch unternommen, bestehende Unterschiede in der branchenspezifischen Arbeitsplatzdynamik durch industrielle Charakteristika zu erklären. *Kapitel VII* vergleicht die betriebliche Jobschaffung und den betrieblichen Jobabbau in Betrieben unterschiedlicher Technologieorientierung und zeigt dabei auch in besonderem Maße die Probleme einer disaggregierten Komponentenanalyse auf, wenn Struktureffekte zwischen den betrachteten Gruppen die Ergebnisse systematisch überlagern und zu falschen Schlussfolgerungen verleiten. Die Analyse "sektoraler" Ursachen für die Heterogenität betrieblicher Beschäftigungsentwicklungen in Teil 2 der Arbeit wird abgerundet durch eine regionale Analyse der Arbeitsplatzdynamik in der baden-württembergischen Industrie auf Regions- und Kreisebene in *Kapitel VIII.*

Ausgehend von der Erkenntnis, dass eine gruppierte Betrachtung betrieblicher Beschäftigungsentwicklung zwar systematische Unterschiede im Ausmaß der Jobschaffung und des Jobabbaus nach Größenklassen, Branchen, Technologieorientierung oder regionalem Standort erkennen lässt, dabei jedoch nicht in der Lage ist, der Heterogenität betrieblicher Beschäftigungsentwicklungen in hinreichendem Maße gerecht zu werden, begibt sich **Teil 3** der Arbeit dann endgültig auf die Ebene betrieblicher Beschäftigungsentwicklungen und widmet sich einer ökonometrischen Analyse möglicher Determinanten des betriebsindividuellen Beschäftigungswachstums.
Kapitel IX überprüft dabei zunächst für die baden-württembergische Industrie und erstmals mit amtlichen Betriebsdaten Gibrats These von der Unabhängigkeit von Betriebsgröße und Beschäftigungswachstum, nach welcher das betriebliche Beschäftigungswachstum einem stochastischen Prozess folgt und somit letztlich der Zufall als wesentliche Determinante des Wachstums bezeichnet werden kann.
Ausgehend von einer signifikanten Ablehnung des Gesetzes von Gibrat begibt sich *Kapitel X* dann im Rahmen bivariater Tobit-Regressionen und panelökonometrischer Analysen auf die Suche nach systematischen Erfolgsfaktoren des betrieblichen Beschäftigungswachstums,

wobei neben betriebsindividuellen Determinanten wie der Größe, dem Betriebsalter oder dem Betriebstyp insbesondere branchenspezifische, aber auch regionale Einflüsse berücksichtigt werden.

Während sich die Teile 1 bis 3 der vorliegenden Arbeit regelmäßig mit der Arbeitsplatzschaffung und dem Arbeitsplatzabbau der Gesamtheit aller baden-württembergischen Industriebetriebe beschäftigen, stellt **Teil 4** der Arbeit abschließend eine Analyse betrieblicher Neugründungen und Schließungen in den Vordergrund. Obwohl auf der Grundlage der amtlichen Industriedaten eine zweifelsfreie Identifikation tatsächlicher Neugründungen und tatsächlicher Schließungen im Einzelfall nicht möglich ist, können die Daten der amtlichen Industrieberichterstattung verwendet werden, um die Bedeutung von Gründungen und Schließungen in der baden-württembergischen Industrie zu beleuchten.
Kapitel XI setzt sich zunächst mit dem Marktein- und -austritt auseinander und überprüft für die baden-württembergische Industrie die Gültigkeit einiger stilisierter Fakten der industrieökonomischen Gründungsforschung. Ein Versuch einer ökonometrischen Erklärung industrieller Unterschiede im Ausmaß des Gründungsaufkommens durch branchenspezifische Charakteristika rundet die Analyse des Markteintritts von Betrieben ab.
Kapitel XII widmet sich dann einer Untersuchung möglicher Determinanten des Überlebens von Neugründungen in der Folgezeit der Gründung. In Ergänzung zu zahlreichen bisher veröffentlichten Analysen wird das Überleben der Betriebsgründungen dabei nicht nur im Rahmen parametrischer und semiparametrischer Verweildauermodelle analysiert, sondern ergänzend die Möglichkeit unbeobachteter Heterogenität berücksichtigt. Weiterhin findet ein gruppiertes Verweildauermodell Verwendung, um die Analyseergebnisse auch gegen das bei jährlichen Analysen typische Vorliegen von Bindungen abzusichern.
Eine Zusammenfassung der zentralen Analyseergebnisse der vorliegenden Studie, einige Anmerkungen zu wirtschaftspolitischen Implikationen sowie ein Ausblick auf mögliche Ansatzpunkte für ergänzende Forschung runden in *Kapitel XIII* die vorliegende Arbeit ab.

Der folgende Abschnitt I.2 wendet sich zunächst einer Beschreibung der Datenbasis sowie einem kurzen Überblick über die wichtigsten im Rahmen der Arbeit verwendeten Variablen zu.

2. Zur Konstruktion der Datenbasis

Zwei regelmäßige Erhebungen der amtlichen Industriestatistik liegen der vorliegenden Arbeit zugrunde. Baden-württembergische Industrie- und Handwerksbetriebe, die selbst über mindestens 20 Beschäftigte verfügen oder einem Unternehmen angehören, das über mindestens 20 Beschäftigte verfügt, werden monatlich im Rahmen des "Monatsberichts für Betriebe im Verarbeitenden Gewerbe sowie Bergbau und Gewinnung von Steinen und Erden" erfasst. Alle übrigen industriellen Kleinbetriebe sind einmal jährlich in der im September durchgeführten "Erhebung für industrielle Kleinbetriebe im Verarbeitenden Gewerbe sowie Bergbau und Gewinnung von Steinen und Erden" zur Meldung an das Statistische Landesamt verpflichtet. Zu beachten ist dabei, dass der Berichtskreis der Kleinbetriebserhebung im Gegensatz zu den Monatsberichten keine Handwerksbetriebe enthält, so dass Handwerksbetriebe, die nicht in den Monatserhebungen erfasst werden, keinen Eingang in das Panel finden. Für die folgenden Auswertungen stehen amtliche Industriedaten der Jahre 1980 bis 1999 zur Verfügung. Dieser relativ lange Zeitraum ermöglicht, dass eine inhaltliche Auswertung sich nicht nur auf Querschnittsanalysen beschränken muss, sondern auch und gerade zeitliche Entwicklungen der Beschäftigung auf Betriebsebene abgebildet werden können.

Drei "Brüche" in der Zusammensetzung des Berichtskreises der amtlichen Industriestatistik müssen beachtet werden: Im Zuge der Arbeitsstättenzählung des Jahres 1987 erfolgte 1989 eine Anpassung des Berichtskreises, bei der mehr als 2500 Betriebe in den Berichtskreis aufgenommen wurden.[4] Da für das Jahr 1989 nur der bereits korrigierte Berichtskreis verfügbar ist, wird ein möglicher Einfluss der Periode 1988/89 auf die Analyseergebnisse dadurch ausgeschlossen, dass bei der Berechnung jahresdurchschnittlicher Veränderungen und Ergebnisse regelmäßig auf eine Einbeziehung der Periode 1988/89 verzichtet wird.
Eine Handwerkszählung führte 1997 zu einer weiteren Aktualisierung des Berichtskreises, die jedoch für die vorliegende Studie kein Problem darstellt, da für das Jahr 1997 sowohl der alte als auch der neue Berichtskreis verfügbar sind. Ein dritter Bruch im Berichtskreis entstand durch die Tatsache, dass 1995 eine Änderung der Wirtschaftszweigsystematik von der "Systematik der Wirtschaftszweige, Fassung für die Statistik im Produzierenden Gewerbe" (kurz: SYPRO) auf die "Klassifikation der Wirtschaftszweige, Ausgabe 1993" (kurz: WZ 93) erfolgte, die mit erheblichen Veränderungen in der Zusammensetzung des Industrieberichts-

4 Vgl. dazu die ausführlichen Erläuterungen bei Steiger (1991).

kreises und insbesondere der einzelnen Branchen verbunden war.[5] Auf die Einbeziehung der Analyseperiode 1994/95 muss daher verzichtet werden. Branchenspezifische Analysen beschränken sich im weiteren Verlauf der Arbeit entweder auf den Zeitraum 1980 bis 1994 auf der Grundlage der SYPRO oder auf den Zeitraum 1995 bis 1999 anhand der WZ 93.

Da sämtliche Auswertungen der vorliegenden Studie sich auf die Gesamtheit aller baden-württembergischer Industriebetriebe beziehen und die Kleinbetriebserhebung nur jährlich erfolgt, wurden die Angaben der Monatsberichte für jedes Jahr zunächst zu Jahresdurchschnittswerten bzw. Jahressummen aggregiert und anschließend die Ergebnisse der industriellen Kleinbetriebserhebung zugespielt. Bei vereinzelten Betrieben, die bei der Aggregation beider Erhebungen doppelt auftraten, handelte es sich um Kleinbetriebe, die "dank" einer Septemberbeschäftigung im Vorjahr von mindestens 20 Beschäftigten im Folgejahr zunächst als Monatsmelder vorgesehen waren, dann aber glaubhaft machen konnten, in den anderen Vorjahresmonaten weniger als 20 Beschäftigte gehabt zu haben, und somit wieder in den Kreis der Jahresmelder entlassen wurden. Daher wurden jeweils die Angaben aus den Monatsberichten gelöscht.
Dieser zunächst für jedes einzelne Jahr vorhandene Querschnitt der baden-württembergischen Gesamtindustrie wurde dann anhand der Betriebsnummern intertemporal verknüpft. Aufgrund der erwähnten einschneidenden Änderungen in der Klassifikation der Wirtschaftszweige und im Berichtskreis im Jahr 1995 wurden zwei Betriebspaneldatensätze aufgebaut, wobei der erste Datensatz den Zeitraum 1980 bis 1994 und der zweite Datensatz den Zeitraum 1995 bis 1999 umfasst. Aufgrund des Auftretens neuer Betriebe und des Ausscheidens von Betrieben handelt es sich dabei jeweils um ein "unbalanced panel". Dieser für die baden-württembergische Industrie erstmals erstellte Betriebspaneldatensatz verfügt zwar über relativ wenige Variablen, zeichnet sich jedoch durch eine sehr hohe Fallzahl sowie sehr verlässliche Daten aus und erlaubt neben Querschnitts- und aggregierten Längsschnittsanalysen auch die Analyse betriebsindividueller Beschäftigungsentwicklungen im Zeitablauf.

---

[5] Eine fundierte Beschreibung der wesentlichen Unterschiede zwischen der SYPRO und der WZ 93 findet man in Steiger (1997).

Tabelle I.1: Betriebsspezifische Variablen im Paneldatensatz

Variable	**Erläuterung**
Betriebsnummer	Identifikationsschlüssel
Unternehmensnummer	Identifikationsschlüssel
Berichtsjahr	1980 bis 1999
Betriebstyp	definiert als: 1: Einbetriebsunternehmen 0: Betrieb eines Mehrbetriebsunternehmens
Kreis	Disaggregation auf Kreis- und Regionsebene
Wirtschaftszweig	1980-1994: SYPRO 1995-1999: WZ 93
Zahl der Beschäftigten	Bei Monatsmeldern: Jahresdurchschnitt für die jeweiligen Monate mit Meldung Bei Jahresmeldern: Beschäftigung im Monat September
Jährlicher Gesamtumsatz (in 1000 DM)	Bei Monatsmeldern Summe der Monatsumsätze, bei Jahresmeldern das Zwölffache des Septemberumsatzes
Nur im Monatsbericht für Betriebe mit mindestens 20 Beschäftigten verfügbar	
Jährlicher Auslandsumsatz (in 1000 DM)	Jahressumme
Zahl der geleisteten Arbeiterstunden (in 1000 Stunden)	Jahressumme
Bruttolohnsumme (in 1000 DM)	Jahressumme
Bruttogehaltssumme (in 1000 DM)	Jahressumme

Tabelle I.1 informiert zunächst über betriebsindividuelle Variablen, die unmittelbar auf der Grundlage der amtlichen Erhebungen Eingang in das Betriebspanel gefunden haben.
Zur Unterscheidung von Einbetriebsunternehmen und Betrieben von Mehrbetriebsunternehmen wurde eine Dummy-Variable konstruiert, die für den Fall eines Einbetriebsunternehmens den Wert Eins annimmt. Die Zuordnung der Betriebe auf die Wirtschaftszweige erfolgte nach dem Schwerpunktprinzip. Trat bei Monatsmeldern innerhalb eines Jahres ein Wechsel des Tätigkeitsschwerpunktes auf, so wurde der Betrieb im Jahresdatensatz jeweils dem Viersteller der Wirtschaftszweigsystematik zugeschlagen, dem er die Mehrzahl der Monate angehörte, ansonsten der jeweils aktuellen Klassifikation. Mit der Variablen für den Kreis eines Betriebes und dem Betriebstyp wurde entsprechend verfahren.

Um die Bedeutung branchenspezifischer Charakteristika für den betrieblichen Beschäftigungserfolg analysieren zu können, wurde auf der Grundlage der amtlichen Daten auf Zweistellerebene der Wirtschaftszweigsystematiken auf jährlicher Basis für 1980 bis 1994 und 1995 bis 1999 jeweils ein Datensatz mit wichtigen Branchenvariablen erstellt (vgl. Tabelle I.2):

Tabelle I.2: Branchenspezifische Variablen auf Zweistellerebene auf der Grundlage der amtlichen Industrieberichterstattung

Industriecharakteristika	Erläuterung
Zweisteller der Wirtschaftszweigsystematik	Identifikationsvariable
Jahr	Identifikationsvariable
Branchengröße	Gesamtzahl der Betriebe mit Tätigkeitsschwerpunkt in der Branche
	Gesamtbeschäftigung der Branche
Entwicklung der Nachfragebedingungen/ Branchenwachstum	Jährliche Wachstumsrate des Branchenumsatzes
Konzentration	Herfindahl-Index des Branchenumsatzes
Ausmaß der Skaleneffekte	Durchschnittliche Zahl der Beschäftigten der größten Betriebe, die 50% des Branchenumsatzes ausmachen (Comanor-Wilson-Maß)[6]
Exportquote	Anteil des Auslandsumsatzes in einer Branche am Gesamtumsatz
Betriebsgrößenstruktur	Durchschnittliche Betriebsgröße in einer Branche
	Beschäftigungsanteil der Betriebe mit weniger als 20 Beschäftigten an der Branchenbeschäftigung
Umsatzproduktivität	Umsatz pro Beschäftigtem
Technologieorientierung	NIW/ISI-Klassifikation forschungs- und entwicklungs-intensiver Industriezweige (vgl. ausführlich in Kapitel VII.1)

Als Indikator für die Konjunktur findet in der vorliegenden Arbeit die jährliche Wachstumsrate des realen Bruttoinlandsproduktes Verwendung, zur Berücksichtigung einer möglichen Rolle der regionalen Agglomeration wird auf die Typologisierung der Kreise in Stadtkreise, verdichtete Landkreise, teilweise verdichtete Landkreise sowie schwach verdichtete Landkreise zurückgegriffen (vgl. Tabelle I.3). Im Rahmen der regionalen Job-Turnover-Analysen der Arbeitsplatzdynamik in Kapitel VIII wird außerdem auf regionale Strukturdaten aus dem Jahr 1995 zurückgegriffen, wie z.B. die Bevölkerungsdichte der Kreise oder den Beschäftigungsanteil der Industrie an der regionalen Beschäftigung, um eine mögliche Rolle regionaler Einflussfaktoren für die betriebliche Jobschaffung und den betrieblichen Jobabbau zu berücksichtigen.

6 Vgl. Comanor/Wilson (1967).

Tabelle I.3: Ergänzende regionale und konjunkturelle Variablen

Einflussgröße	Operationalisierung	Quelle
Regionale Charakteristika		
Regionale Agglomeration	Typologisierung der Kreise in Stadtkreise, verdichtete, teilweise verdichtete und schwach verdichtete Landkreise	Maier (2000)
	Bevölkerungsdichte (Einwohner pro km² am 31.12.1995)	Statistisches Landesamt Baden-Württemberg (1997), S. 240-247.
Relative Bedeutung von Verarbeitendem Gewerbe und Dienstleistungssektor	Beschäftigtenanteil des Verarbeitenden Gewerbes bzw. des Dienstleistungssektors auf Kreisebene für das Jahr 1995	Statistisches Landesamt Baden-Württemberg (1996), S. 240-247.
Regionale Kaufkraft	Lohn und Gehalt im Verarbeitenden Gewerbe pro Beschäftigtem auf Kreisebene im Jahr 1995	Statistisches Landesamt Baden-Württemberg (1997), S. 240-247.
Konjunkturelle Entwicklung		
Gesamtwirtschaftliche Entwicklung	Jährliche Wachstumsrate des realen Bruttoinlandsprodukts in Baden-Württemberg	Bergen (1999)

TEIL 1: Arbeitsplatzdynamik in der baden-württembergischen Gesamtindustrie von 1980 bis 1999

Die Entwicklung der Beschäftigung ist das Ergebnis vielschichtiger und komplexer Prozesse auf dem Arbeitsmarkt und die Folge eines interdependenten Zusammenspiels von Arbeitsangebot und Arbeitsnachfrage. Auf der Angebotsseite des Marktes suchen Personen, die entweder bereits beschäftigt oder arbeitslos sind, nach einem neuen Arbeitsplatz, der ihren Qualifikationen, Lohnansprüchen und ihren Präferenzen besser gerecht wird. Auf der Nachfrageseite agieren Firmen und Betriebe, die Arbeitskräfte freisetzen oder nach Arbeitskräften Ausschau halten, um neu geschaffene oder frei gewordene Stellen zu besetzen. Das Geschehen auf einem Arbeitsmarkt kann somit als ein gleichzeitiges und fortlaufendes Nebeneinander von "Job-Matching"-Prozessen charakterisiert werden. Ein funktionierender Arbeitsmarkt hat dabei die Aufgabe, Arbeitsangebot und Arbeitsnachfrage möglichst reibungslos zusammenzubringen.

Eine Analyse der personenbezogenen Ströme auf dem Arbeitsmarkt, die aus dem Beenden bestehender und dem Eingehen neuer Arbeitsverhältnisse resultieren, wird als *Worker-Flow-Analyse* bezeichnet. Von dieser Untersuchung der *Arbeitskräftefluktuation* ist die Analyse der *Arbeitsplatzdynamik* im Rahmen von *Job-Flow-Analysen* zu unterscheiden, bei der die Ergebnisse der Entscheidungen über das Eingehen und das Lösen von Job-Matches aus der Sicht der Firmen und Betriebe untersucht werden, indem die betriebliche Arbeitsplatzschaffung und der betriebliche Arbeitsplatzabbau in den Mittelpunkt der Betrachtungen gestellt werden. Beide sind Bestandteil und Ergebnis vielfältiger und komplexer Anpassungs-, Reallokations- und Wachstumsprozesse auf Betriebsebene. In ihnen schlagen sich die Diffusion und Einführung neuer Produkte und Technologien, der Erfolg oder Misserfolg von Forschungsanstrengungen, das Ausmaß der Einstellungs- und Entlassungskosten auf dem Arbeitsmarkt, Lohndifferenziale, Veränderungen der Marktstrukturen, der Wettbewerbs- oder der Nachfragebedingungen, Veränderungen institutioneller Rahmenbedingungen oder auch das Wachstum bzw. der Niedergang von Branchen nieder.

Teil 1 der vorliegenden Studie widmet sich auf der Grundlage amtlicher Industriedaten für die Jahre 1980 bis 1999 einer Analyse der Arbeitsplatzdynamik in der baden-württembergischen Industrie und stellt somit die Nachfrageseite des Arbeitsmarktes in den Analysemittelpunkt.

Eine ergänzende Untersuchung der Arbeitskräftefluktuation ist anhand der verwendeten Datenbasis mangels personenbezogener Informationen nicht möglich.[1]

In Kapitel II wird zunächst die Methodik der Job-Turnover-Analyse der Arbeitsplatzdynamik eingeführt und kritisch beleuchtet. Kapitel III präsentiert dann Ergebnisse einer Job-Turnover-Analyse für die baden-württembergische Gesamtindustrie in den Jahren 1980 bis 1999. Kapitel IV untersucht abschließend für die Gesamtindustrie das Verhalten der Jobschaffung und des Jobabbaus im Konjunkturzyklus und unterzieht dabei neuere konjunkturtheoretische Ansätze, welche die asymmetrische Rolle beider Job-Flows im Zeitablauf betonen, einer empirischen Überprüfung.

II. Zum Konzept der Job-Turnover-Analyse der Arbeitsplatzdynamik

1. Warum eine Analyse der Arbeitsplatzdynamik? – Begriffliche Einordnung und Motivation

Bei der Diskussion um die anhaltend hohe Arbeitslosigkeit wird häufig die These vertreten, dass ein Mangel an Flexibilität und Dynamik am Arbeitsmarkt als ein Hauptgrund für das Beschäftigungsproblem betrachtet werden kann. Diese Behauptung eines verkrusteten und stagnierenden Arbeitsmarktes wird regelmäßig mit einem Verweis auf die Entwicklung der Arbeitslosenquote oder die Nettoveränderung der Beschäftigung belegt. Ohne Zweifel sind diese beiden Kenngrößen zentrale wirtschaftliche Indikatoren für den beschäftigungspolitischen Erfolg, an der sich jede Wirtschaftspolitik im Ergebnis messen lassen muss. Eine alleinige Betrachtung dieser beiden "Ergebnisgrößen" des Arbeitsmarktgeschehens greift jedoch gerade dann zu kurz, wenn man Aussagen über die Dynamik arbeitsmarktlicher Prozesse treffen möchte.

So kann sich hinter einem Arbeitsmarkt mit stagnierender Gesamtbeschäftigung einerseits ein Markt verbergen, auf dem auf Betriebsebene keinerlei neue Jobs entstehen, gleichzeitig jedoch auch in keinem Betrieb Arbeitsplätze abgebaut werden. Andererseits könnte auch ein Arbeitsmarkt im Hintergrund stehen, auf dem in einem Teil der Betriebe in großem Umfang neue Arbeitsplätze geschaffen werden, die jedoch durch Stellenabbau in anderen Betrieben kompensiert werden. Beide Arbeitsmärkte unterscheiden sich nicht hinsichtlich der Veränderung der Beschäftigung, müssen jedoch mit Blick auf das Ausmaß und die Dynamik

[1] In Abschnitt II.4.3 wird zumindest kurz auf bestehende Interdependenzen zwischen beiden Analysekonzepten verwiesen.

betrieblicher Reallokationsprozesse als grundlegend verschieden eingestuft werden, da der erste Markt als sehr viel träger, der zweite als deutlich dynamischer bezeichnet werden kann. Eine fundiertere Analyse der Arbeitsplatzdynamik darf daher nicht bei einer ausschließlichen Betrachtung aggregierter Nettoveränderungen stehen bleiben, wenn sie nicht Gefahr laufen will, der Komplexität und der Dynamik arbeitsmarktlicher Prozesse nur unzureichend gerecht zu werden und somit das tatsächliche Geschehen am Arbeitsmarkt nur unangemessen und undifferenziert zu beschreiben.

> "One key labor market feature that is masked by net flows is the ongoing process of job matching, the process by which workers searching for jobs find a 'match' with an employer who has a job vacant."[2]

Ziel einer Job-Turnover-Analyse[3] der Arbeitsplatzdynamik ist es daher zunächst, das Ausmaß dieser betrieblichen Reallokationsprozesse zu quantifizieren und ihre Struktur zu analysieren, um somit einen Blick hinter die Kulissen der aggregierten Entwicklungen zu werfen und fundiertere Einsichten in die nachfrageseitige Dynamik betrieblicher Arbeitsplatzumschichtungen und die Relevanz des Matching-Prozesses auf dem Arbeitsmarkt zu gewinnen. Ausgehend von Firmen- oder Betriebsdaten liegt der Analyseschwerpunkt der Job-Turnover-Analyse damit auf der Nachfrageseite des Arbeitsmarktes und bildet die Ergebnisse der Entscheidungen von Firmen über die Einstellung und Entlassung von Personen ab.

Eine empirische Analyse der Struktur und des Ausmaßes der betrieblichen Job-Flows ist sowohl aus wirtschaftspolitischer als auch aus theoretischer Sicht von Interesse.

Ein hohes Maß an Arbeitsplatzdynamik ist Ausdruck eines beweglichen, sich verändernden Arbeitsmarktes und für die beteiligten Marktteilnehmer sowie die Gesamtwirtschaft gleichzeitig mit Chancen und Risiken verbunden. Die Betrachtung der Höhe der Job-Flows ermöglicht Aussagen über die "Stabilität" der Arbeitsplätze auf Betriebsebene. Ein Vorteil eines trägeren Arbeitsmarktes mit geringer Arbeitsplatzdynamik kann darin gesehen werden, dass existierende Arbeitsplätze eine relativ hohe Stabilität aufweisen. Gleichzeitig geht jedoch mit einer geringen Arbeitsplatzdynamik die Gefahr einher, dass im Zuge unzureichender Reallokationsprozesse eine erforderliche Auffrischung des Personals unterbleibt und somit neues Wissen und qualifikatorischer Fortschritt nicht hinreichend in die Betriebe Eingang

---

2 Bleakley/Fuhrer (1997), S. 4.

finden. Bleibt ein notwendiger Strukturwandel als Folge mangelnder Arbeitsplatzdynamik aus, so könnte mittelfristig die Wettbewerbsfähigkeit von Betrieben oder auch Branchen in Gefahr geraten. Eine ausgeprägte Arbeitsplatzdynamik kann daher Ausdruck eines funktionierenden Wettbewerbs sein, bei dem neue Betriebe sich am Markt etablieren und andere Betriebe aus dem Markt ausscheiden. Die Fähigkeit zum Strukturwandel und zu einer im Wettbewerbsprozess erforderlichen Anpassung des Betriebes an veränderte Umwelt- und Wettbewerbsbedingungen scheint auf einem dynamischen Arbeitsmarkt eher gegeben zu sein als auf einem weniger dynamischen Markt.[4] Job-Flows sind insoweit Indikator für die Stabilität der Arbeitsplätze, aber auch für die Fähigkeit einer Wirtschaft zum Strukturwandel.[5] Außerdem ermöglicht die Analyse der Job-Flows Aussagen darüber, ob und in welchem Maße neu auftretende und wegfallende Betriebe wesentlich zur Beschäftigungsentwicklung beitragen bzw. sich bereits am Markt befindliche Betriebe für die Schaffung und den Abbau von Arbeitsplätzen verantwortlich zeichnen.

Auch aus theoretischer Perspektive ist eine Analyse der Bruttobewegungen auf dem Arbeitsmarkt von Interesse. Zahlreiche wirtschaftstheoretische Erklärungsmodelle, insbesondere auch Modelle des betrieblichen Arbeitsnachfrageverhaltens, basieren auf der Annahme repräsentativer Marktakteure. Bei Gültigkeit dieses Homogenitätspostulats müsste man folglich erwarten, dass in der Gesamtindustrie oder zumindest innerhalb eng abgegrenzter Gruppen von Betrieben die Beschäftigungsentwicklungen weitgehend ähnlich ausfallen. Eine erhebliche Heterogenität betrieblicher Beschäftigungsentwicklungen dagegen begründet Zweifel, ob und inwieweit sich das Geschehen am Arbeitsmarkt tatsächlich durch homogene Marktakteure beschreiben lässt.

Hohe Job-Flows und somit ein gleichzeitiges Nebeneinander von arbeitsplatzschaffenden und arbeitsplatzabbauenden Betrieben unterstreichen weiterhin die empirische Relevanz von Theorien friktioneller Arbeitslosigkeit und sprechen somit zum Beispiel gegen solche Theorien, die den Konflikt zwischen beschäftigten Insidern und arbeitslosen Outsidern in den Mittelpunkt ihrer Argumentation stellen.[6] Bleakley/Fuhrer (1997) betonen in einer Analyse von Determinanten der Beveridge-Kurve, dass das Ausmaß der Arbeitsmarktreallokation

---

3 Erstmals wurde das Konzept der Job-Turnover-Analyse von der OECD im Jahre 1987 vorgeschlagen (vgl. OECD (1987)). Eine knappere, teilweise auch ergänzte Darstellung des Konzeptes mit einem Überblick über Ergebnisse einiger wichtiger Studien in der Folgezeit findet man in OECD (1994).

4 Vgl. OECD (1987), S. 102ff.

5 Vgl. Bradbury (1999), S. 33.

6 Vgl. Davis/Haltiwanger (1995), S. 2f.

wesentlichen Einfluss auf den Abstand der Beveridge-Kurve zum Koordinatenursprung und somit auf die Lage der Beveridge-Kurve hat.

"Thus, in order to understand the labor market implications of movements in the Beveridge curve, we must first understand the labor market activities that give rise to the Beveridge curve." [7]

Die Kenntnis des relativen Ausmaßes der Bruttobewegungen ist bei gegebener Veränderung der Gesamtbeschäftigung gerade dann von Interesse, wenn sich die neu geschaffenen Jobs systematisch von den abgebauten Jobs unterscheiden. Haltiwanger/Schuh (1999) heben die Bedeutung der Berücksichtigung der Zusammensetzung bestehender Arbeitsplätze für makroökonomische Betrachtungen hervor, da traditionelle Modelle der Makroökonomie häufig einen möglichen Einfluss derartiger "compositional effects" für die aggregierte Analyse nicht berücksichtigen. So gehen mit dem Abbau und der Schaffung von Jobs eine Zerstörung und Schaffung von Humankapital einher, die unabhängig von der resultierenden Veränderung der Beschäftigung wesentliche Implikationen für die Dauer und die Kosten der Arbeitslosigkeit haben können. Baily et al. (1992, 1996) und Olley/Pakes (1996) argumentieren, dass ein großer Teil der Produktivitätsgewinne in Branchen sich auf die Reallokation von Arbeitsplätzen zwischen produktiveren und weniger produktiven Betrieben zurückführen lässt. Insoweit ist der Umfang der Reallokationsprozesse eine wesentliche Determinante der sektoralen Produktivitätsentwicklung, deren Vernachlässigung zu signifikanten Fehleinschätzungen des aggregierten Produktivitätswachstums führen kann.

Eine Analyse der Entwicklung der Job-Flows im Zeitablauf ist auch aus konjunkturtheoretischer Sicht interessant, da bisherige Job-Flow-Studien Zweifel am Erklärungsgehalt bestehender Konjunkturtheorien aufwarfen und daher zur Entwicklung neuer Theorien führten, welche die Existenz von Friktionen auf der Mikroebene bei der Reallokation von Arbeitern und Arbeitsplätzen betonen (vgl. dazu die Ausführungen in Kapitel IV).

---

7 Bleakley/Fuhrer (1997), S. 3.

2. Begriffliche und konzeptionelle Grundlagen einer Job-Turnover-Analyse

2.1 Zur Gleichsetzung von Arbeitsplatz- und Beschäftigtenzahl

Für eine empirische Analyse der Arbeitsplatzdynamik muss zunächst geklärt werden, was man im Analyserahmen unter dem Begriff Arbeitsplatz (= Job) zu verstehen hat. Hilfreich ist dabei zunächst die gedankliche Dreigliederung des Arbeitsplatzpotenzials[8] eines Betriebes bzw. Unternehmens in

- tatsächlich besetzte Arbeitsplätze,
- offene Stellen, die jedoch wieder besetzt werden sollen, und
- "Reservearbeitsplätze", die physisch zwar vorhanden sind, für die aber - z.B. mangels ausreichender Güternachfrage - kein aktueller Besetzungsbedarf besteht.

Die üblicherweise bei einer Job-Turnover-Analyse verwendete Definition eines Arbeitsplatzes kann jedoch aus Datengründen dieses gesamte physische Arbeitsplatzpotenzial eines Betriebes nicht abdecken. Der international üblichen Vorgehensweise[9] folgend wird im Rahmen der vorliegenden Arbeit unter einem Arbeitsplatz (Job) nicht etwa der bloße physische Arbeitsplatz, sondern ausschließlich die *tatsächlich realisierte Beschäftigungsmöglichkeit* verstanden. Diese Gleichsetzung der Zahl der Arbeitsplätze mit der tatsächlichen Zahl der Beschäftigten ermöglicht es, in der empirischen Arbeit Beschäftigtenzahlen und deren Veränderungen als Ausgangsdaten für eine betriebliche Analyse der Arbeitsplatzdynamik zu verwenden, ist jedoch keineswegs unproblematisch. So kann eine Zunahme der Beschäftigtenzahl (und somit die vermeintliche Arbeitsplatzschaffung) z.B. auch "nur" auf einer besseren Auslastung des vorhandenen physischen Arbeitsplatzpotenzials im Zuge einer verstärkten Wiederbesetzung offener Stellen beruhen. Eine Abnahme der Beschäftigtenzahl dagegen muss nicht zwingend mit einer Reduktion physischer Arbeitsplätze einhergehen, wenn zum Beispiel die Zahl offener Stellen oder die Zahl vorübergehend nicht wieder zu besetzender Reservearbeitsplätze steigt. Auch aufgrund der vorhandenen Datenbasis, die keine Informationen über das physische Arbeitsplatzpotenzial der Betriebe enthält, sondern nur über die Zahl der Beschäftigten informiert, wird im weiteren Verlauf der Arbeit von dieser Gleichsetzung von Beschäftigtenzahl und der Zahl der Arbeitsplätze ausgegangen, so dass der wichtige Tatbestand offener Stellen und ihrer Entwicklung ausgeklammert bleiben muss.

---

[8] Vgl. in Anlehnung an Cramer/Koller (1988), S. 361f.

2.2 Betrieb oder Unternehmen als Analyseeinheit der Job-Turnover-Analyse?

Als grundlegende Analyseeinheiten für Untersuchungen der Arbeitsplatzdynamik können entweder das Unternehmen als rechtlich selbständige Wirtschaftseinheiten oder Betriebe als örtliche Niederlassungen eines Unternehmens herangezogen werden.[10] In der überwiegenden Mehrzahl der Fälle sind baden-württembergische Industriebetriebe Einbetriebsunternehmen, so dass die Notwendigkeit einer Unterscheidung dann entfällt. Die konkrete Wahl der Untersuchungseinheit hängt in hohem Maße von der jeweiligen inhaltlichen Fragestellung ab, die mit Hilfe der Daten untersucht werden soll. So können für eine Analyse regionaler Arbeitsmarkteffekte oder branchenspezifischer Fragestellungen Betriebsdaten angemessen sein, während eine Untersuchung der Selbständigkeitsentscheidung die Verwendung von Unternehmensdaten nahe legt.[11]

Für die folgenden Job-Turnover-Analysen scheint die Verwendung der kleinstmöglichen Analyseeinheit und somit der Betriebsdaten besonders geeignet, da mit ihrer Hilfe auch solche (Netto-)Arbeitsplatzveränderungen abbildbar sind, die in einem betrachteten Zeitraum zwischen Betrieben eines Unternehmens erfolgen. Betrachtet man dagegen Unternehmensdaten, so kann die Arbeitsplatzdynamik innerhalb von Unternehmen nicht mehr dargestellt werden, das Ausmaß der Arbeitsplatzdynamik am Arbeitsmarkt wird in einem nicht notwendigen Maße unterschätzt.

Betont werden muss jedoch bereits an dieser Stelle, dass auch bei Verwendung detaillierter Betriebsdaten das tatsächliche Ausmaß an Arbeitsplatzdynamik systematisch unterschätzt wird. So können mit ihrer Hilfe zwar Arbeitsplatzverschiebungen *zwischen* Betrieben und somit die "*betriebsexterne* Arbeitsplatzdynamik" abgebildet werden, Arbeitsplatzveränderungen *innerhalb* von Betrieben ("*betriebsinterne* Arbeitsplatzdynamik"), die zum Beispiel aus einer Veränderung der betriebsinternen Qualifikations- oder der Produktionsstruktur resultieren können, können dagegen mit der Job-Turnover-Analyse nicht erfasst werden. Weiterhin müssen auch solche Arbeitsplatzveränderungen unberücksichtigt bleiben, die sich für den einzelnen Betrieb innerhalb des betrachteten Zeitintervalls kompensieren und somit an der Beschäftigtenzahl alleine nicht erkennbar sind. Die Job-Turnover-Analyse kann folglich

---

9 Vgl. z. B. Davis et al. (1996a), S. 7.

10 Vgl. Statistisches Bundesamt (1988).

11 Eine Diskussion möglicher Vor- und Nachteile einer Verwendung von Betriebs- und Unternehmensdaten findet man z.B. auch in Schreyer (1996).

einzig und allein die betriebsexterne (Netto-)Arbeitsplatzdynamik[12] beschreiben und muss das wahre Ausmaß der Dynamik unterschätzen.[13] Der "Fehler" wird jedoch spürbar kleiner ausfallen, wenn der Betrieb als kleinste Untersuchungseinheit gewählt wird. Ergänzend spricht für die Verwendung von Betriebsdaten auch die Tatsache, dass in sektoralen oder regionalen Analysen der Arbeitsplatzdynamik sich Betriebe deutlich besser und genauer auf einzelne Sektoren oder Regionen zuordnen lassen als Unternehmen und man auch insoweit auf eine geringere Unschärfe der Ergebnisse hoffen darf.[14] Der überwiegenden Mehrzahl der bisher veröffentlichten internationalen Untersuchungen folgend basiert die vorliegende Studie für die baden-württembergische Industrie daher auf Betriebsdaten.[15]

3. Das Kenngrößensystem der Job-Turnover-Analyse der Arbeitsplatzdynamik

Wie bereits erwähnt, besteht das grundsätzliche Ziel der Job-Turnover-Analyse[16] (Komponentenanalyse) der Arbeitsplatzdynamik darin, die aggregierte Nettoveränderung der Beschäftigung in einem Zeitraum [t-1, t] in ihre Bestimmungskomponenten zu zerlegen, um somit Art und Ausmaß der hinter der Nettoveränderung stehenden Bruttobewegungen am Arbeitsmarkt aufzudecken.

Ausgangspunkt einer Job-Turnover-Analyse für eine Periode [t-1, t] sind daher die Beschäftigungsveränderungen auf Betriebsebene $\Delta E_{i,t} = E_{i,t} - E_{i,t-1}$, die sich mit Hilfe des Betriebspaneldatensatzes für jeden Betrieb i bestimmen und auf deren Grundlage sich die Betriebe zunächst in drei Gruppen unterteilen lassen (vgl. auch Abbildung II.1):

- Arbeitsplatzschaffende Betriebe, die ihre Beschäftigung von t-1 auf t ausgeweitet haben ($\Delta E_{i,t} > 0$),
- Arbeitsplatzabbauende Betriebe, deren Beschäftigung von t-1 auf t gesunken ist ($\Delta E_{i,t} < 0$) und
- Betriebe, deren Beschäftigung unverändert geblieben ist ($\Delta E_{i,t} = 0$).

---

12 Arbeitsplatzveränderungen zwischen Betrieben, die sich nicht in einer Veränderung der Beschäftigtenzahl niederschlagen, können ebenfalls nicht identifiziert werden.

13 Vgl. Davis et al. (1996a), S. 10.

14 Vgl. OECD (1987), S. 99.

15 Eine neuere Studie, die explizit Unternehmen in das Zentrum ihrer Analyse stellt, ist z.B. die Studie von Schuh/Triest (2000) für die US-Industrie.

16 Vgl. z.B. OECD (1987, 1994) oder auch Davis et al. (1996a).

Abbildung II.1: Klassifikation der Betriebe nach ihrer Beschäftigungsveränderung

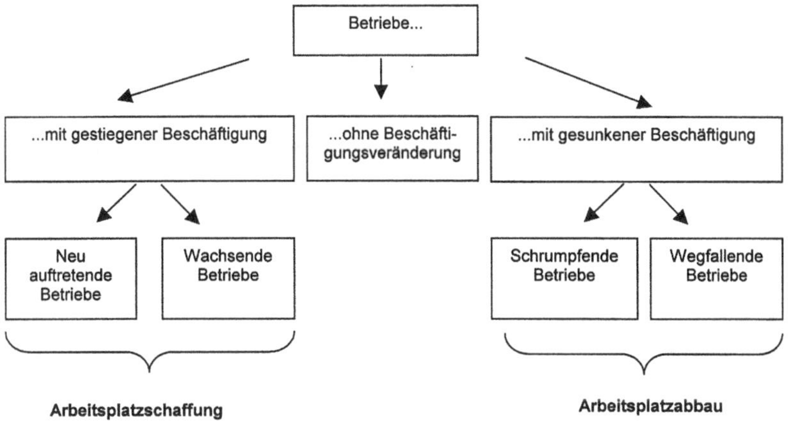

Die Summe aller in [t-1, t] auf Betriebsebene geschaffenen Arbeitsplätze wird als (Brutto-) Arbeitsplatzschaffung (job creation) bezeichnet, der (Brutto-)Arbeitsplatzabbau (job destruction) spiegelt dagegen entsprechend die Summe der in [t-1, t] auf Betriebsebene insgesamt abgebauten Arbeitsplätze wider. Beide Bruttokomponenten werden dabei – wie im Folgenden auch alle weiteren Kenngrößen – auf die Gesamtbeschäftigung der Periode t-1 bezogen und somit letztlich als Veränderungsraten ausgedrückt. Auf ein alternatives Konzept der Ratenbildung, bei dem als Referenzgröße die Durchschnittsbeschäftigung der Perioden t-1 und t Verwendung findet, wird in Abschnitt II.4.2 eingegangen.

Sowohl die Rate der Arbeitsplatzschaffung JC_t als auch des -abbaus JD_t können mit Hilfe der Betriebspaneldaten weiter zerlegt werden. Bei den arbeitsplatzschaffenden Betrieben kann es sich einerseits um in t-1 bereits bestehende Betriebe handeln, die im Zuge einer Expansion ihre Beschäftigtenzahl ausweiten, andererseits um Betriebe, die im Jahr t erstmals im Berichtskreis auftauchen und im Folgenden zunächst vereinfachend als Gründungen bezeichnet werden.[17] Die entsprechenden Raten der Arbeitsplatzschaffung in bestehenden Betrieben bzw. durch Neugründungen werden als Expansionsrate JCC_t bzw. als Gründungsrate JCE_t bezeichnet.[18] Auf analoge Weise lassen sich die arbeitsplatzreduzierenden Betriebe

17 Zur Problematik der Identifikation originärer Betriebsgründungen und -schließungen vgl. die Ausführungen in Abschnitt II.4.1. Eine detaillierte Analyse des Gründungs- und Schließungsgeschehens in der baden-württembergischen Industrie erfolgt in Teil 4 dieser Arbeit.

18 Die Symbolik JCC_t steht für job creation in continuing establishments, JCE_t für job creation in entries.

unterteilen in bereits bestehende und somit schrumpfende Betriebe oder aber Betriebe, die aus dem Berichtskreis ausscheiden und vereinfachend unter dem Begriff Betriebsschließungen subsumiert werden. Die Rate des Arbeitsplatzabbaus in bestehenden Betrieben wird als Schrumpfungsrate JDC_t, die Rate des Arbeitsplatzabbaus durch Schließungen vereinfachend als Schließungsrate JDE_t bezeichnet.[19]

Die resultierende und von der amtlichen Statistik publizierte Veränderungsrate der Beschäftigung NEC_t (net employment change) lässt sich unter Berücksichtigung dieser Bruttoströme als Differenz der Jobschaffungs- und der Jobabbaurate bzw. deren jeweiliger Komponenten ausdrücken:

(I.1) $NEC_t = JC_t - JD_t$

(I.2) $NEC_t = JCC_t + JCE_t - JDC_t - JDE_t$

Betrachtet man ausschließlich die bereits am Markt befindlichen Betriebe, so kann man die Veränderung der Beschäftigung in bestehenden Betrieben NE_t als Differenz der Expansions- und der Schrumpfungsrate sowie die Veränderung der Beschäftigung durch neu auftretende und wegfallende Betriebe NEE_t als Differenz der Gründungs- und der Schließungskomponente darstellen:

(I.3) $NE_t = JCC_t - JDC_t$

(I.4) $NEE_t = JCE_t - JDE_t$[20]

Als Summe beider Nettobeschäftigungsveränderungen erhält man dann wiederum die Nettowachstumsrate der Gesamtbeschäftigung:

(I.5) $NEC_t = NE_t + NEE_t$

---

19 JDC_t steht für job destruction in continuing establishments, JDE_t für job destruction in exits.

20 Im Rahmen der Gründungsanalysen in Teil 4 dieser Arbeit wird den üblichen Bezeichnungen im Rahmen der industrieökonomischen Gründungsforschung folgend die Jobschaffung durch neu auftretenden Betriebe nicht als Gründungsrate, sondern als Gründungsintensität bzw. der Jobabbau durch Schließungen nicht als Schließungsrate, sondern als Schließungsintensität bezeichnet. Unter der Gründungs- bzw. Schließungsrate wird dort der Anteil neu gegründeter bzw. wegfallender Betriebe verstanden. Ebenso wird in Teil 4 dieser Arbeit der Vorgehensweise der Gründungsforschung folgend die Beschäftigungsveränderung durch neu auftretende und wegfallende Betriebe als Nettogründungsintensität bezeichnet ("net penetration rate"). Um jedoch die Sprechweise im Rahmen der Job-Turnover-Analysen nicht unnötig zu erschweren, wird diese Inkonsistenz bewusst in Kauf genommen und in Teil 4 explizit noch einmal betont.

Die Summe aller Bruttobewegungen am Arbeitsmarkt verleiht dem Analysekonzept seinen Namen und wird als Job-Turnover bezeichnet. Er spiegelt das Ausmaß der hinter der Nettoveränderung der Beschäftigung stehenden Bruttobewegungen wider und ist somit ein wichtiger Indikator für die Beurteilung der Dynamik der arbeitsmarktlichen Prozesse auf Betriebsebene. Die Job-Turnover-Rate JT_t ergibt sich als Summe der Arbeitsplatzschaffungs- und der Arbeitsplatzabbaurate, die jeweils weiter in ihre Bestandteile zerlegt werden können:

$$(I.6) \quad JT_t = JC_t + JD_t = JCC_t + JCE_t + JDC_t + JDE_t$$

Abbildung II.2 veranschaulicht das grundlegende Kenngrößensystem einer Komponentenanalyse der Arbeitsplatzdynamik am Beispiel einer rückläufigen Gesamtbeschäftigung:

Abbildung II.2: Grundlegende Kenngrößen einer Komponentenzerlegung der Arbeitsplatzdynamik am Beispiel einer rückläufigen Gesamtbeschäftigung

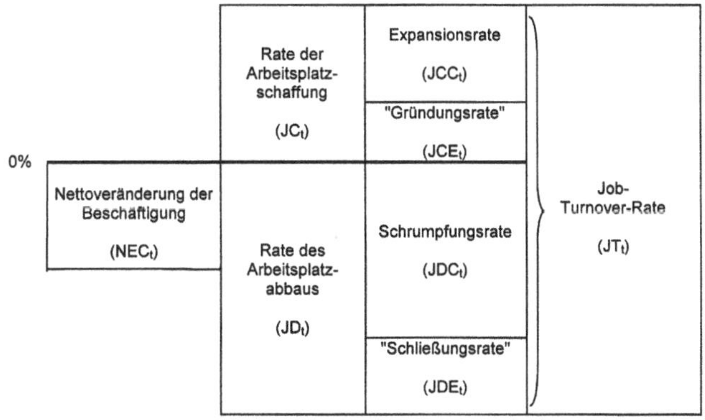

Da die Job-Turnover-Rate auch dann größere Werte annehmen kann, wenn die betrieblichen Beschäftigungsentwicklungen entweder eindeutig von der Schaffung oder eindeutig vom Abbau von Arbeitsplätzen dominiert werden, ist sie zwar zur Beurteilung des *Gesamtausmaßes* der Bruttobewegungen, nicht aber für eine Einschätzung der *Unterschiedlichkeit* betrieblicher Beschäftigungsentwicklungen und somit für das Ausmaß von zwischenbetrieblichen Restrukturierungsprozessen geeignet. Insbesondere im zeitlichen Kontext ist die

Job-Turnover-Rate ein sehr zweifelhafter Indikator für betriebliche Arbeitsplatzreallokation.[21] Um diese Heterogenität betrieblicher Beschäftigungsentwicklungen beurteilen zu können, muss die Job-Turnover-Rate mit der resultierenden Nettoveränderung der Beschäftigung verglichen werden.

Bezieht man die Job-Turnover-Rate auf den Absolutwert der Nettoveränderung der Beschäftigung, so erhält man den Turbulenzindikator TI_t, der unmittelbar darüber informiert, in welchem Maße die Bruttoströme am Arbeitsmarkt die resultierende Nettoveränderung der Beschäftigung übertreffen:

$$(I.7) \quad TI_t = \frac{JT_t}{|NEC_t|}$$

Ein Arbeitsmarkt, auf dem auf Betriebsebene ausschließlich Arbeitsplätze geschaffen oder nur Arbeitsplätze abgebaut werden und somit die Rate der Nettoveränderung der Beschäftigung im Betrag mit der Job-Turnover-Rate übereinstimmt, kann mit Blick auf die betriebliche Beschäftigungsentwicklung als homogen bezeichnet werden. Der Turbulenzindikator nimmt in diesem Fall den Wert Eins an. Je größer der Wert des Turbulenzindikators folglich ist, desto heterogener sind die betrieblichen Beschäftigungsentwicklungen am Arbeitsmarkt. Da der Turbulenzindikator für kleine Werte der Nettoveränderung der Beschäftigung sehr schnell sehr hohe Werte annimmt und im Extremfall eines Nullwachstums überhaupt nicht definiert ist[22], wird im Weiteren als Heterogenitätsmaß stets die sogenannte Excess-Job-Turnover-Rate EJT_t verwendet, die als Differenz zwischen der Job-Turnover-Rate und dem Absolutwert der Rate der Nettoveränderung der Beschäftigung definiert und in dieser Hinsicht weniger empfindlich ist.

$$(I.8) \quad EJT_t = JT_t - |NEC_t|$$

---

21 Vgl. z.B. Davis (1998), S. 352, wobei die Bezeichnung der Job-Turnover-Rate als "job reallocation rate", die Davis et al. (1996a) selbst verwenden, dabei eher zur Verwirrung beiträgt und somit zumindest unglücklich ist.

22 Vgl. Gerlach/Wagner (1993), S. 20.

Die Excess-Job-Turnover-Rate gibt das Ausmaß der betrieblichen Arbeitsplatzumschichtungen an, das die bloße Nettoveränderung der Beschäftigung übersteigt und somit nicht erforderlich gewesen wäre, um die resultierende Beschäftigungsveränderung zu ermöglichen.

Abbildung II.3: Überblick über das Kenngrößensystem der Job-Turnover-Analyse der Arbeitsplatzdynamik[23]

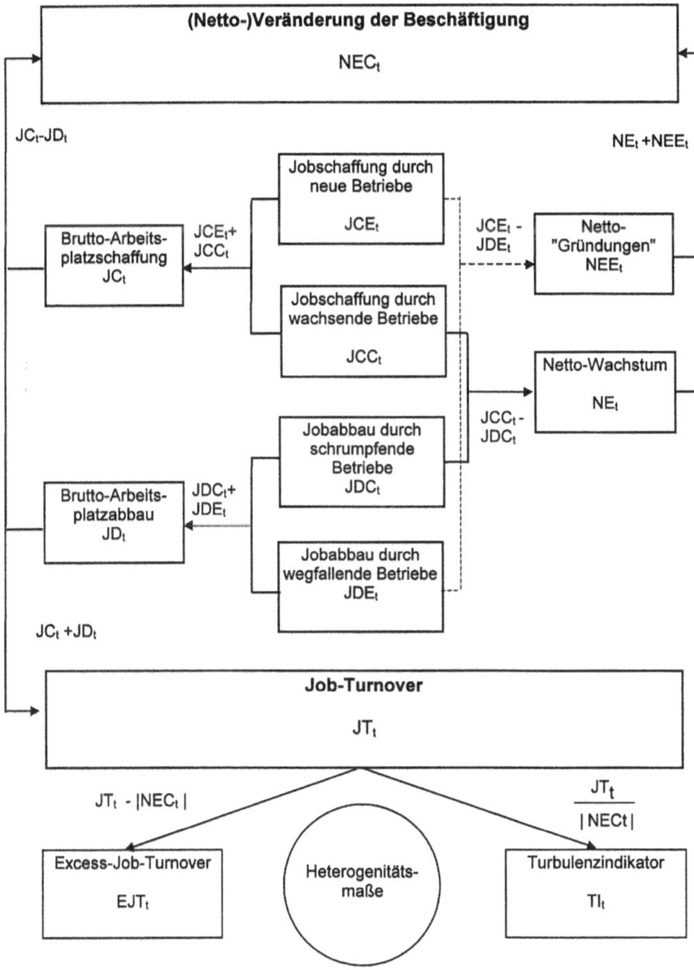

23 In Anlehnung an OECD (1994), S. 105.

Je größer der Wert der Excess-Job-Turnover-Rate ist, desto stärker übersteigen die Bruttoströme am Arbeitsmarkt das zur Kompensation der Nettoveränderung der Beschäftigung erforderliche Maß und desto ausgeprägter ist die Heterogenität der Beschäftigungsentwicklungen auf Betriebsebene. Bezieht man die Excess-Job-Turnover-Rate auf das Gesamtausmaß der betrieblichen Reallokationsprozesse gemessen an der Job-Turnover-Rate, so gibt diese Relation alternativ den Anteil der Arbeitsplatzumschichtungen wieder, der das zur Kompensation der Nettoveränderung der Beschäftigung erforderliche Ausmaß übersteigt.[24]
Abbildung II.3 gibt einen zusammenfassenden Überblick über das gesamte Kenngrößensystem der Job-Turnover-Analyse.

4. Anmerkungen zur Methodik

4.1 Schwachstellen und Mängel

Neben der einleitend bereits erwähnten Problematik der Vernachlässigung offener Stellen müssen bei einer sorgfältigen Interpretation der Ergebnisse einer Job-Turnover-Analyse der Arbeitsplatzdynamik folgende Schwachstellen und Probleme Beachtung finden, die teilweise auch bereits bei der Vorstellung der Analysemethodik angerissen wurden:

- *Problematik der Identifikation originärer Gründungen und Schließungen*
  Wie bereits angedeutet, sind die vereinfachenden Bezeichnungen neu auftretender Betriebe als "Neugründungen" sowie wegfallender Betriebe als "Betriebsschließungen" problematisch, da hinter einem neu im Berichtskreis auftretenden Betrieb nicht immer eine tatsächliche Neugründung stehen und das Ausscheiden eines Betriebes aus dem Berichtskreis nicht zwingend mit einer echten Betriebsschließung einhergehen muss. So können zum Beispiel sowohl auf Seiten der neu im Berichtskreis erscheinenden Betriebe als auch auf Seiten der den Berichtskreis verlassenden Betriebe sogenannte Regions- oder Industriewechsler auftreten.[25] Weiterhin können sich hinter einer vermeintlichen

---

[24] Vgl. OECD (1994), S. 104 oder auch Davis et al. (1996a), S. 13. Zur Beurteilung der relativen Bedeutung von Reallokationsprozessen innerhalb und zwischen Teilgruppen von Betrieben kann die Excess-Job-Turnover-Rate zerlegt werden in eine Komponente, welche die Arbeitsplatzfluktuation innerhalb von Sektoren abbildet, und eine zweite Komponente, die intersektorale Beschäftigungsverschiebungen wiedergibt.

[25] Im Rahmen sektoraler oder regionaler Job-Turnover-Analysen können Branchenwechsler oder Regionswechsler zumindest dann identifiziert werden, wenn sie ihren Tätigkeitsschwerpunkt innerhalb der Branchen des Verarbeitenden Gewerbes verlagern oder innerhalb der Regionen Baden-Württembergs ihren Standort verändern. Vgl. dazu auch die Ergebnisse der disaggregierten Analysen in Teil 2 der vorliegenden Arbeit.

Neugründung auch Betriebsabspaltungen im Rahmen eines Mehrbetriebsunternehmens verbergen oder aber Zusammenlegungen von Betrieben für das Verlassen des Berichtskreises verantwortlich sein.[26] Zu- und Abgänge von Betrieben können sich auch bereits aus der bloßen Tatsache ergeben, dass der Berichtskreis der Monatsberichte im Gegensatz zur jährlichen Kleinbetriebserhebung auch Handwerksbetriebe umfasst. Somit schlägt sich ein Handwerksbetrieb, der im Zuge schrumpfender Beschäftigung aus dem Berichtskreis der Monatsberichte herausfällt, in einer Job-Turnover-Analyse als Betriebsschließung nieder, da er im Rahmen der Kleinbetriebserhebung nicht mehr erfasst wird. Ebenso können wachsende Handwerksbetriebe dann irrtümlicherweise als Neugründungen interpretiert werden, wenn sie im Zuge der Beschäftigungsexpansion in den Berichtskreis der Monatsberichte hineinwachsen. Auch Aktualisierungen des Berichtskreises als Folge von Betriebsauffindungen können für Unschärfen bei der Identifikation von Neugründungen sorgen.[27]
Eine gewisse Reduktion des Fehlerpotenzials kann gelingen, indem man die Analyse durch geeignete Plausibilitätskontrollen ergänzt. So kann man z.B. Informationen darüber, welche Betriebsnummern in welchen Jahren vergeben wurden, zur Identifikation scheinbarer Neugründungen heranziehen. Weiterhin lassen sich solche Betriebe auffinden, die Teil eines Mehrbetriebsunternehmens sind und bei denen es sich häufig um Auslagerungen von Teilen bereits vorher bestehender Betriebe handelt. Auch die Größe eines scheinbar neugegründeten Betriebes kann zur Identifikation möglicher Fehler dienen, ist es doch bei Neugründungen mit sehr großer Zahl der Beschäftigten (z.B. mehr als 50 Beschäftigten) eher unwahrscheinlich, dass es sich dabei um eine tatsächliche Neugründung handelt.[28] Eine ausführliche Analyse der Gründungsdynamik in der baden-württembergischen Industrie erfolgt in Teil 4 dieser Arbeit.

- *Mangelnde Berücksichtigung der zeitlichen Dimension der Arbeitsnachfrage*

  Arbeit muss im Rahmen der vorliegenden Job-Turnover-Studie als Zahl der Beschäftigten und somit in Köpfen gemessen werden. Damit kann jedoch keine Aussage darüber getroffen werden, in welchem Umfang Voll- und Teilzeitarbeitsplätze geschaffen oder

---

[26] Anhand des Unternehmensregisters lässt sich im Zuge einer Einzelfallprüfung die Historie der Entwicklung bestehender Betriebe zumindest prinzipiell nachvollziehen, so dass man wenigstens Betriebsabspaltungen oder Zusammenlegungen von Betrieben von "echten" Neugründungen und Schließungen unterscheiden könnte. Diese Einzelfallprüfung wäre jedoch unverhältnismäßig aufwendig und muss daher im Rahmen der vorliegenden Studie unterbleiben.

[27] Vgl. dazu auch die einleitenden Ausführungen in Kapitel I.2.

[28] Vgl. Gerlach/Wagner (1997), S. 47ff. oder Wagner, J. (1997), S. 117.

abgebaut wurden. Aussagen über die Entwicklung der zeitlichen Dimension der betrieblichen Arbeitsplatzstruktur können somit nicht getroffen werden. Eine gewisse Einsicht in die Entwicklung der zeitlichen Verteilung der Arbeit ist zumindest für Betriebe mit mindestens 20 Beschäftigten möglich, die im Rahmen der Monatsberichte zu Angaben über die Zahl der geleisteten Arbeitsstunden verpflichtet sind.

- *Mangelnde Berücksichtigung heterogener Arbeit sowie weiterer qualitativer Aspekte*
  Auch eine Analyse von Veränderungen der Qualifikationsstruktur der Arbeit muss weitgehend unterbleiben, da detaillierte Angaben über die Qualifikationsmerkmale der geschaffenen und abgebauten Arbeitsplätze nicht vorliegen und die innerbetrieblichen Umstrukturierungen ohnehin nicht erfasst werden können. Aussagen lassen sich zumindest hinsichtlich der Stabilität der geschaffenen und abgebauten Arbeitsplätze treffen, indem man die Beschäftigungsveränderungen im Zeitablauf verfolgt.

- *Systematische Unterschätzung des Ausmaßes betrieblicher Reallokationsprozesse*
  Bereits einleitend angesprochen wurde die Tatsache, dass auf der Grundlage der vorhandenen Datenbasis ausschließlich *betriebsexterne* Beschäftigungsveränderungen abgebildet werden können. *Betriebsinterne* Arbeitsplatzverlagerungen, die zum Beispiel im Zuge einer Veränderung der betrieblichen Qualifikations- oder Produktionsstruktur erfolgen, schlagen sich nicht in einer Veränderung der betrieblichen Nettobeschäftigung nieder und können somit im Rahmen der Job-Turnover-Analyse keine Berücksichtigung finden. Das Ausmaß der tatsächlichen Arbeitsplatzdynamik wird insoweit im Rahmen einer Job-Turnover-Analyse systematisch unterschätzt, da der Betrieb selbst weiterhin eine "black box" bleiben muss.

- *Beschränkung auf eine Analyse der Arbeitsplatzdynamik*
  Eng mit der im Rahmen dieses Beitrags untersuchten Arbeits*platz*dynamik ist die Arbeits*kräfte*dynamik verbunden, bei der das Ausmaß der betrieblichen Einstellung und Entlassung von Personen abgebildet wird. Arbeitsplatzfluktuation ist deshalb zwingend mit einer Arbeitskräftefluktuation verbunden, da die Schaffung und der Abbau von Arbeitsplätzen stets mit der Einstellung, der Entlassung oder der Umbesetzung einer Person einhergehen muss. Andererseits muss nicht jede Reallokation von Arbeitskräften zwingend mit einer Schaffung oder einem Abbau betrieblicher Arbeitsplätze einhergehen,

so dass die Arbeitsplatzfluktuation eine Untergrenze für das Ausmaß der Arbeitskräftefluktuation bildet. Da der Datensatz ausschließlich Betriebsdaten und keinerlei Informationen über die Einstellung und Entlassung von Personen enthält, beschränkt sich der vorliegende Beitrag auf eine Analyse arbeitsplatzdynamischer Prozesse. Abschnitt II.4.3 widmet sich jedoch zumindest kurz einer Vorstellung der Grundidee der Worker-Turnover-Analyse und arbeitet inhaltliche Interdependenzen zwischen Job-Flow- und Worker-Flow-Analysen heraus.

- *Mangelnde Vergleichbarkeit internationaler Job-Turnover-Studien*
  Eine direkte Vergleichbarkeit der Ergebnisse unterschiedlicher bisher veröffentlichter Studien zur Job-Turnover-Analyse der Arbeitsplatzdynamik ist häufig nicht möglich. Die existierenden Studien unterscheiden sich zum Beispiel in der gewählten Analyseeinheit (Betrieb, Unternehmen), in der Häufigkeit der Erhebungen (Monatsdaten, Jahresdaten), in der Länge der gewählten Analyseperioden (Monate, Quartale, Jahre), in der Abschneidegrenze für die noch erfassten Kleinbetriebe, im Berichtskreis (Gesamtökonomie, Industrie, Dienstleistungssektor, öffentlicher Sektor) oder auch in der Qualität der erhobenen Daten.
  Ein Überblick über Ergebnisse ausgewählter Studien zur Arbeitsplatzdynamik für andere Bundesländer, Länder und Zeiträume wird in Abschnitt III.1.3 im Anschluss an die Präsentation der baden-württembergischen Resultate gegeben.

4.2 Ein alternatives Konzept der Ratenbildung

Während bei der bisherigen Beschreibung des Konzepts der Job-Turnover-Analyse von der betrieblichen Nettoveränderung der Beschäftigung $\Delta E_{i,t}$ im Zeitraum [t-1, t] ausgegangen wurde, bauen Davis et al. (1996a)[29] ihr Kenngrößensystem alternativ auf der Grundlage betriebsindividueller Wachstumsraten der Beschäftigung auf. Da jedoch die betriebsspezifische Wachstumsrate für neu im Berichtskreis auftretende Betriebe wegen $E_{i,t-1} = 0$ nicht definiert ist, können herkömmliche Wachstumsraten, bei denen die Nettobeschäftigungsveränderung auf die Beschäftigung der Basisperiode bezogen wird, nicht verwendet werden. Davis et al. schlagen daher die Konstruktion einer alternativen "Wachstumsrate" vor, bei der

---

29 Vgl. Davis et al. (1996a), S. 26f. oder auch Davis/Haltiwanger (1992), S. 823ff.

als Bezugsgröße die durchschnittliche Beschäftigung $\overline{E}_{i,t}$ eines Betriebes i in den Perioden t-1 und t fungiert:

$$(I.9) \quad g_{it} = \frac{\Delta E_{i,t}}{\overline{E}_{i,t}} = \frac{\Delta E_{i,t}}{\frac{1}{2}\cdot(E_{i,t-1}+E_{i,t})} = \frac{E_{i,t}-E_{i,t-1}}{\frac{1}{2}\cdot(E_{i,t-1}+E_{i,t})}$$

Diese Vorgehensweise hat den Vorteil, dass die betriebsspezifische Wachstumsrate g_{it} auch für Neugründungen definiert und gleichzeitig symmetrisch auf das Intervall [-2, 2] normiert ist. Für einen neu im Berichtskreis auftretenden Betrieb erhält man wegen $E_{i,t-1} = 0$ eine betriebsspezifische Wachstumsrate von $g_{it} = 2$, für den Wegfall eines Betriebes aus dem Berichtskreis dagegen wegen $E_{i,t} = 0$ eine Wachstumsrate von $g_{it} = -2$. Gründung und Schließung eines Betriebes entsprechen insoweit dem linken und rechten Rand des Wertebereiches. Die Verwendung dieser alternativen Wachstumsraten ermöglicht eine integrierte Behandlung neu gegründeter, schließender und bestehender Betriebe und eignet sich insbesondere für die graphische Darstellung der Verteilung der betriebsspezifischen Wachstumsraten (vgl. z.B. die Analyse der Verteilung der betriebsspezifischen Wachstumsraten in Kapitel III.2).

Diese auf der Durchschnittsbeschäftigung basierende Wachstumsrate g_{it} steht in einem monotonen Zusammenhang zur herkömmlichen Wachstumsrate G_{it}, für kleine Wachstumsraten sind beide Maße näherungsweise gleich:

$$(I.10) \quad G_{it} = \frac{2g_{it}}{2-g_{it}}$$

Das Analogon zur Job-Turnover-Rate wird von Davis et al. "job reallocation rate" JRR_t bezeichnet. Sie lässt sich als gewogenes Mittel der Absolutbeträge der betriebsspezifischen Wachstumsraten g_{it} ermitteln, wobei als Gewichte w_{it} die jeweiligen Anteile der betrieblichen Durchschnittsbeschäftigung $\overline{E}_{i,t}$ an der gesamten Durchschnittsbeschäftigung $\overline{E}_t$ fungieren. Sie entspricht der Summe aller Bruttobewegungen am Arbeitsmarkt, die jetzt jedoch auf die Durchschnittsbeschäftigung der Perioden bezogen werden.

$$(I.11)\quad JRR_t = \sum_i w_{it} \cdot |g_{it}| = \sum_i \frac{\overline{E}_{i,t}}{\overline{E}_t} \cdot |g_{it}| = \sum_i \frac{\overline{E}_{i,t}}{\overline{E}_t} \cdot |\frac{\Delta E_{i,t}}{\overline{E}_{i,t}}| = \sum_i \frac{|\Delta E_{i,t}|}{\overline{E}_t}$$

Die Bezeichnung als Reallokationsrate ist jedoch unglücklich, da – wie in Abschnitt II.3 bereits erläutert – die relative Summe aller Bruttoströme zwar über das Gesamtausmaß, nicht jedoch über die Unterschiedlichkeit betrieblicher Beschäftigungsentwicklungen und somit die Heterogenität informiert.

Auf entsprechende Weise lassen sich Jobschaffungs- sowie Jobabbauraten als gewogene Mittel der betriebsindividuellen Wachstumsraten in wachsenden bzw. schrumpfenden Betrieben berechnen.
Vergleicht man die Raten, die sich bei Verwendung der Bezugsgröße Beschäftigung der Basisperiode ergeben, mit den entsprechenden Ergebnissen unter Verwendung der Durchschnittsbeschäftigungen, so stimmen die entsprechenden Raten immer dann überein, wenn Basisjahrbeschäftigung und Durchschnittsbeschäftigung identisch sind und somit eine Gesamtbeschäftigungsveränderung von Null vorliegt. In Perioden mit einer positiven oder negativen Beschäftigungsveränderung fallen die ermittelten Werte der Job-Turnover-Rate und der Job-Reallocation-Rate von Davis et al. auseinander, wobei die JRR_t in Zeiten positiver Gesamtbeschäftigungsentwicklung immer einen geringeren und in Perioden mit einer negativen Beschäftigungsentwicklung jeweils einen höheren Wert aufweist.

Welche Bezugsgröße inhaltlich geeignet ist, hängt entscheidend von der konkreten Fragestellung der Untersuchung ab. Im Weiteren wird regelmäßig die Vorjahresbeschäftigung als Bezugsgröße gewählt, die Kategorisierung nach Durchschnittsbeschäftigung wird bei der Analyse der Arbeitsplatzdynamik in Betrieben unterschiedlicher Größe in Kapitel V eine wichtige Rolle spielen.

4.3 Interdependenzen zwischen Job-Flow- und Worker-Flow-Analysen

Während im Zentrum von Job-Flow-Analysen die Untersuchung der Arbeits*platz*dynamik steht, dienen Worker-Flow-Analysen einer ergänzenden Betrachtung der Reallokation von Arbeitskräften auf gegebenen Arbeitsplätzen und somit einer Analyse der Arbeits*kräfte*dynamik.[30] Obwohl innerhalb der vorliegenden Studie mangels Personendaten eine Analyse der Arbeitskräftefluktuation für die baden-württembergische Industrie nicht vorgenommen werden kann, soll an dieser Stelle in gebotener Kürze das Grundkonzept einer Worker-Flow-Betrachtung vorgestellt werden. Diese Darstellung ist sinnvoll und erforderlich, da beide Aspekte der Arbeitsmarktdynamik in einem inhaltlich sehr engen Zusammenhang stehen und ihre exakte begriffliche Unterscheidung gerade auch bei der Diskussion von Anpassungsprozessen auf dem Arbeitsmarkt wichtig ist.[31] Weil Arbeitsplatzverschiebungen zwischen Betrieben stets auch mit Auswirkungen für betroffene Arbeitskräfte verbunden sind, wird ein besonderes Augenmerk dabei auf die inhaltlichen Zusammenhänge gelegt, die zwischen den Stromgrößen Job-Flow und Worker-Flow und somit zwischen der Arbeitsplatz- und der Arbeitskräftedynamik bestehen. Das Wissen um diese inhaltlichen Interdependenzen muss auch und gerade im Rahmen einer adäquaten Analyse der Arbeitsplatzdynamik Berücksichtigung finden, wenn man bei der Interpretation arbeitsplatzdynamischer Ergebnisse fehlerhafte Schlussfolgerungen vermeiden und nicht Gefahr laufen möchte, unpräzise zu sein.

4.3.1 Grundkonzeption und grundlegende Kenngrößen der Worker-Flow-Analyse

Die Worker-Flow-Analyse beschäftigt sich mit den *personenbezogenen* Strömen am Arbeitsmarkt. Unter der vereinfachenden Annahme, dass jede Person am Arbeitsmarkt gemäß ihrem Beschäftigungsstatus entweder als "nicht beschäftigt" (N) oder als "beschäftigt" (E)

---

30 Beispiele für ausgewählte Worker-Flow-Analysen sind die Arbeiten von Abowd et al. (1999), Albaek/ Sorensen (1998), Anderson/Meyer (1994), Burgess et al. (1996, 1997, 1999, 2001), Hamermesh et al. (1996) sowie Lane et al. (1996).

31 So weisen z.B. Hamermesh et al. (1996), S. 23, eindrücklich auf die Bedeutung einer exakten begrifflichen Unterscheidung hin, wenn sie betonen, "...that great care is required in using the various terms, as they mean very different things and have different implications for analyzing labor-market adjustment and the impact of policies". So verursachen zum Beispiel interne Arbeitsplatzverlagerungen Anpassungskosten, die von der Firma bei ihren Entscheidungen Berücksichtigung finden sollten. Würde man unter der Annahme homogener Arbeit dann auf die bloße Nettoveränderung der Beschäftigung auf Betriebsebene abstellen, so müsste man diese Anpassungskosten ignorieren und somit gegebenenfalls wichtige Anpassungskosten außer Acht lassen (vgl. Hamermesh et al. (1996), S. 22ff.).

eingestuft werden kann, lassen sich die grundlegenden Ströme in einem Basismodell anschaulich darstellen:[32]

Abbildung II.4: Basismodell einer Worker-Flow-Analyse

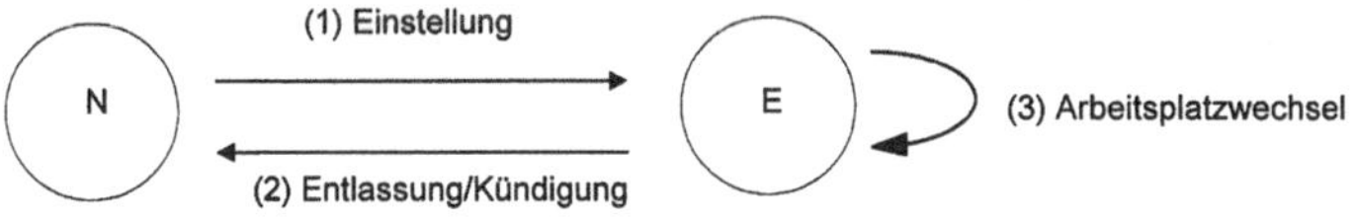

Ausgehend von diesem Basismodell kann man im Betrachtungszeitraum [t-1, t] drei grundlegende Komponenten einer Worker-Flow-Analyse unterscheiden:

(1) Einstellungen von bisher unbeschäftigten Personen
(2) Entlassung oder Eigenkündigung einer bisher beschäftigten Person
(3) Arbeitsplatzwechsel einer bisher bereits beschäftigten Person, der mit einer Entlassung/Kündigung und einer erneuten Einstellung einhergeht.

Zwei relevante Kenngrößen der Worker-Flow-Analyse lassen sich bereits anhand dieses Basismodelles einführen. Ihr zentraler Unterschied besteht darin, ob das jeweilige Konzept auf einer Betrachtung der Gesamtzahl der Fluktuationsvorgänge oder auf der Zahl der insgesamt durch Fluktuation betroffenen Personen beruht.

Die relative Gesamtzahl der *Fluktuationsvorgänge* am Arbeitsmarkt wird als *Labour-Turnover-Rate* bezeichnet.[33] Sie ist definiert als die Gesamtzahl aller betrieblichen Einstellungen und Entlassungen/Kündigungen im Zeitraum [t-1, t] bezogen auf die

[32] Erweiterungen dieses Basismodells sind in mehrfacher Hinsicht möglich und sinnvoll. So kann der Zustand der Nichtbeschäftigung zum Beispiel weiter unterteilt werden in Personen, die als arbeitslos gemeldet sind, und Personen, die ihre Arbeitskraft zumindest im Augenblick nicht auf dem Arbeitsmarkt anbieten ("out of labour force"). Interessiert man sich für die Problematik der Langzeitarbeitslosigkeit und ihre Entwicklung, so kann man die Strombetrachtungen alternativ verfeinern, indem man auf Seiten der Arbeitslosigkeit zwischen Kurz- und Langzeitarbeitslosigkeit unterscheidet. Analoge Modifikationen sind auch auf der Ebene der beschäftigten Personen denkbar, wenn man z.B. zwischen Vollzeit- und Teilzeitbeschäftigten, zwischen Beschäftigten in einem ersten und einem zweiten Arbeitsmarkt oder aber Personen verschiedenen Alters oder Geschlechts unterscheidet. Vgl. z.B. Burda/Wyplosz (1994), Blanchard/Diamond (1990) oder auch Clark/Summers (1979).

[33] Vgl. z.B. OECD (1987), S. 99.

Gesamtbeschäftigung des Vorjahres oder die Durchschnittsbeschäftigung beider Perioden.[34] Da ein Arbeitsplatzwechsel stets mit zwei Fluktuationsvorgängen, einer Entlassung oder Kündigung und einer Einstellung, verbunden ist, schlägt sich der Strom (3) in der Labour-Turnover-Rate doppelt nieder.

Im Gegensatz zur Labour-Turnover-Rate bezeichnet man als *Worker-Turnover-Rate* die relativierte Gesamtzahl der in [t-1, t] *durch Fluktuation betroffenen Personen,* die im Betrachtungszeitraum ihre Beschäftigung oder ihren Beschäftigungsstatus (nicht beschäftigt vs. beschäftigt) verändert haben. Verliert ein Arbeiter also einen Job und findet im Betrachtungszeitraum einen neuen Arbeitsplatz, so wird er im Rahmen der Worker-Turnover nur einfach, im Rahmen des Labour-Turnover-Konzepts dagegen doppelt, nämlich als Entlassung und Einstellung, erfasst.[35]

4.3.2 Job-Flow-induzierte Arbeitskräftefluktuation und Churning-Flows

Jede Schaffung und jeder Abbau betrieblicher Arbeitsplätze, die im Rahmen einer Job-Turnover-Analyse ihren Niederschlag finden, muss zwingend mit einer Einstellung oder Entlassung von Arbeitskräften einhergehen. Neu geschaffene Arbeitsplätze können mit Personen besetzt werden, die bisher keine Beschäftigung hatten und somit ihren Beschäftigungsstatus verändern. Alternativ kann eine neu geschaffene Stelle auch einen bereits Beschäftigten veranlassen, seinen Arbeitsplatz zu wechseln, wodurch sein ursprünglicher Arbeitsplatz ebenfalls vakant wird und somit zusätzlich auch *indirekt* weitere Reallokationsprozesse von Arbeitskräften induziert werden. Analog bedeutet eine Reduktion von Arbeitsplätzen stets, dass bisher Beschäftigte ihren Arbeitsplatz verlieren und somit entweder eine neue Arbeitsstelle antreten oder beschäftigungslos werden. Die Reallokation von Arbeitskräften ist dann insoweit "Job-Flow-induziert", die Schaffung und Verringerung von Arbeitsplätzen bildet insoweit eine bedeutende Quelle der Arbeitskräftefluktuation. Gleichzeitig ist jedoch einsichtig, dass das Schaffen und Abbauen von Arbeitsplätzen nur *eine*

---

[34] Vgl. Cramer/Koller (1988), S. 363, Franz (1999), S. 192ff. oder auch Gerlach/Wagner (1992), S. 5.
Im Rahmen der IAB-Arbeitskräftegesamtrechnung wird als Labour-Turnover-Rate nur die Hälfte der obigen Kennziffer verwendet, um sie unter der Stationaritätsannahme einer konstanten Zahl und Struktur der beschäftigten Personen unmittelbar als Umschlagshäufigkeit interpretieren zu können. Eine Labour-Turnover-Rate im Sinne von Cramer/Koller von 25% würde daher unter der Annahme einer konstanten Zahl und Struktur von beschäftigten Personen bedeuten, dass sich die Arbeitskräfte alle 4 Jahre umschlagen bzw. dass das durchschnittliche Beschäftigungsverhältnis 4 Jahre dauert.

[35] Vgl. Cramer/Koller (1988), S. 363, OECD (1987), S. 99, oder OECD (1994).

mögliche, keineswegs aber die einzige geschweige denn zwingend bedeutendste Ursache für einen Wechsel des Arbeitsplatzes oder des Beschäftigungsstatus darstellt. So können Einstellungen und Entlassungen von Arbeitskräften auch im Zuge einer Restrukturierung der Arbeitskräfte auf *bestehenden* Arbeitsplätzen erfolgen, sei es zum Beispiel, dass altersbedingt ausscheidende Mitarbeiter ersetzt werden müssen oder ein Betrieb versucht, durch die Aufnahme neuer, jüngerer Beschäftigter eine Umstrukturierung der Beschäftigten und somit eine permanente Auffrischung des Wissensstandes und der Fertigkeiten seiner Mitarbeiter zu erreichen. Selbst Betriebe ohne Veränderung ihrer Beschäftigung, bei denen sich Einstellungen und Entlassungen kompensieren und die folglich keinen betriebsexternen Job-Flow induzieren, tragen daher zur Arbeitskräftefluktuation bei, wenn im Zuge der Restrukturierung auf den bestehenden Arbeitsplätzen Mitarbeiter eingestellt und entlassen werden.

Eine Worker-Flow-Größe lässt sich daher gedanklich zerlegen in eine Job-Flow-Komponente, die aus der Schaffung und dem Abbau von Arbeitsplätzen resultiert, und eine "Restrukturierungskomponente", die durch die bloße Reallokation von Arbeitskräften auf gegebenen Jobs entsteht und in Anlehnung an Burgess et al. (1996, 1999) als Churning-Flow bezeichnet wird:

(I.12) Worker-Flow = Job-Flow + Churning-Flow

Burgess et al. (1996, 1997, 1999, 2001) weisen darauf hin, dass dieser Überhang der Arbeitskräfte- über die Arbeitsplatzfluktuation keineswegs eine mehr oder minder zufällige Restkomponente ist, sondern dass es sich dabei um einen quantitativ sehr bedeutenden Bestandteil der Arbeitskräftefluktuation mit einem eigenständigen Erklärungswert handelt, in dem sich alle Einflussfaktoren widerspiegeln, die eine beteiligte Marktseite dazu veranlassen können, einen bestehenden Job-Match aufzukündigen oder einen neuen Job-Match einzugehen[36].

---

[36] So können exemplarisch aus Beschäftigtensicht neben dem Arbeitslohn auch die Arbeitsbedingungen oder die innerbetrieblichen Aufstiegs- und Weiterentwicklungschancen genannt werden. Aus Betriebssicht dagegen spielen z.B. neben den Arbeitskosten auch personalpolitische Strategien und Überlegungen eine Rolle. Ein Betrieb könnte versuchen, allgemeine Weiterentwicklungen von Technologien, Fähigkeiten oder aber neue Kenntnisse dadurch in den Betrieb einfließen zu lassen, dass eine ständige "Auffrischung" des Mitarbeiterbestandes durch jüngere Mitarbeiter erfolgt. Dabei muss aber gleichzeitig beachtet werden, dass jeder Fluktuationsvorgang für den Betrieb auch mit Fluktuationskosten verbunden ist, die nicht nur unmittelbar entstehen können, sondern auch indirekt darin bestehen können, dass die Entlassung eines Beschäftigten mit einem Verlust an betrieblichem Erfahrungskapital einhergeht, das bei neuen Mitarbeitern erst wieder aufgebaut werden muss.

Ergebnisse von Studien für andere Länder deuten darauf hin, dass der Beitrag der Job-Flow-induzierten Arbeitskräftereallokation bei ungefähr einem Drittel bis 50% liegen dürfte. Davis et al. (1996a) gelangen zu dem Ergebnis, dass 35-56% des Worker-Turnovers auf Arbeitsplatzdynamik zurückgeführt werden können, Broersma/Gautier (1997b) bestätigen diese Größenordnung für die belgische Industrie mit 30-53%.[37] Hamermesh et al. (1996) finden, dass die Worker-Turnover-Rate ungefähr das Dreifache der Job-Turnover-Rate beträgt, und nach Albaek/Sorensen (1998) ist das Ausmaß der Arbeitskräftefluktuation doppelt so hoch wie das der Arbeitsplatzreallokation. Im industriellen Sektor fällt die relative Bedeutung der arbeitsplatzinduzierten Arbeitskräftefluktuation dabei größer aus als außerhalb der Industrie.[38] Arbeitsplatzveränderungen sind somit eine wesentliche, nicht jedoch die dominierende Quelle des Umschlags von Arbeitskräften.[39] Eine Analyse der betriebsexternen Arbeitsplatzdynamik muss somit das Ausmaß der arbeitsmarktlichen Reallokationsprozesse zwingend systematisch unterschätzen.

---

37 Vgl. Broersma/Gautier (1997b), S. 54.

38 Vgl. Davis/Haltiwanger (1999a), S. 2755.

39 "Thus job reallocation does not appear to be the major source of worker reallocation", Anderson/Meyer (1994), S. 226.

III. Ergebnisse einer Job-Turnover-Analyse für die baden-württembergische Industrie von 1980 bis 1999

1. Arbeitsplatzschaffung und Arbeitsplatzabbau in der baden-württembergischen Industrie von 1980 bis 1999

1.1 Zur Entwicklung der aggregierten Industriebeschäftigung in Baden-Württemberg

Sowohl die baden-württembergische Industriebeschäftigung als auch die Gesamtzahl der Industriebetriebe unterlag im Zeitablauf von 1980 bis 1999 beträchtlichen Schwankungen. Während der Zeitraum von 1983 bis 1991 fast ausnahmslos durch eine steigende Industriebeschäftigung gekennzeichnet war, mussten ab 1991/92 über mehrere Jahre hinweg teilweise merkliche Beschäftigungsrückgänge im Verarbeitenden Gewerbe verzeichnet werden. Erst 1997/98 konnte erstmals wieder ein Plus an Industriebeschäftigten beobachtet werden. 1999 verfügte die baden-württembergische Industrie über 17938 Industriebetriebe, in denen insgesamt im Jahresdurchschnitt 1,316 Millionen Personen beschäftigt waren (vgl. Tabelle III.1).

Zwei Aktualisierungen des Berichtskreises in den Jahren 1989 und 1997 beeinflussten sowohl die Gesamtzahl der Betriebe als auch die Gesamtbeschäftigung. Während jedoch die Berichtskreisaktualisierung im Jahr 1997 im Zuge der Handwerkszählung für die vorliegende Studie unproblematisch ist, da für 1997 sowohl der alte als auch der neue Berichtskreis verfügbar sind, steht für das Jahr 1989 nur der bereits aktualisierte Berichtskreis nach der Arbeitsstättenzählung zur Verfügung. Um Verzerrungen der Ergebnisse im Zuge der Berichtskreisaktualisierungen zu vermeiden, wird daher bei der Ermittlung von Durchschnitten und anderen Kennzahlen von einer Einbeziehung der Periode 1988/89 abgesehen. Ebenso werden bei jährlicher Betrachtung für den Zeitraum 1994/95 keine Ergebnisse wiedergegeben, da die Änderung der Wirtschaftszweigsystematik einschneidende Auswirkungen auf die Zusammensetzung des Berichtskreises der amtlichen Industriestatistik hatte.[1]

Die jährliche Wachstumsrate der Beschäftigung lag im Betrachtungszeitraum zwischen -7,9% (1992/93) und knapp 2,8% (1989/90), die durchschnittliche jährliche Wachstumsrate[2] im

---

[1] Vgl. dazu auch die Bemerkungen bei der Erläuterung der Datenbasis in Kapitel I.2 dieser Arbeit.

[2] Bei der Mittelung von Wachstumsraten sollte eigentlich das geometrische Mittel berechnet werden. Da die Ergebnisse jedoch hier praktisch identisch sind, wird im Folgenden – auch aus Gründen der Konsistenz der durchschnittlichen Kenngrößen der Job-Turnover-Analyse – das arithmetische Mittel angegeben.

Gesamtzeitraum betrug -1,14%, was einem durchschnittlichen jährlichen Beschäftigungs-rückgang von ca. 17000 Beschäftigten entspricht.

Abbildung III.1: Jährliche Veränderungsraten der Beschäftigung in %, baden-württembergische Industrie, 1980-1999

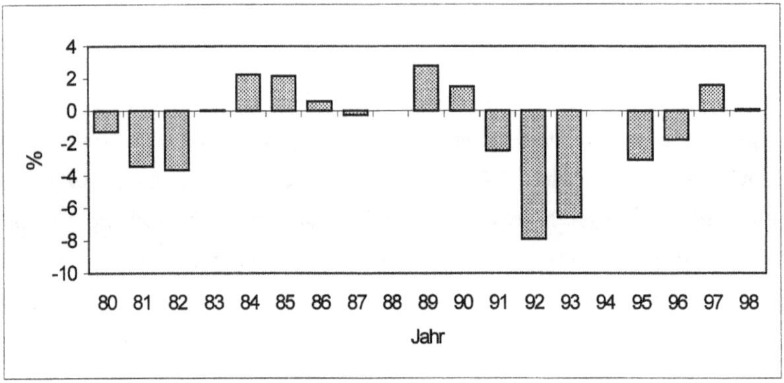

Die Zahl der baden-württembergischen Industriebetriebe war in fast allen Perioden rückläufig. Jährlich reduzierte sich der Berichtskreis im Betrachtungszeitraum um ungefähr 1%. Erst Ende der 90er Jahre konnte erstmals wieder ein Anstieg der Zahl der Industriebetriebe festgestellt werden, der nicht durch eine Aktualisierung des Berichtskreises bedingt war.

Abbildung III.2: Jährliche Veränderungsraten der Zahl der Industriebetriebe in %, baden-württembergische Industrie, 1980-1999

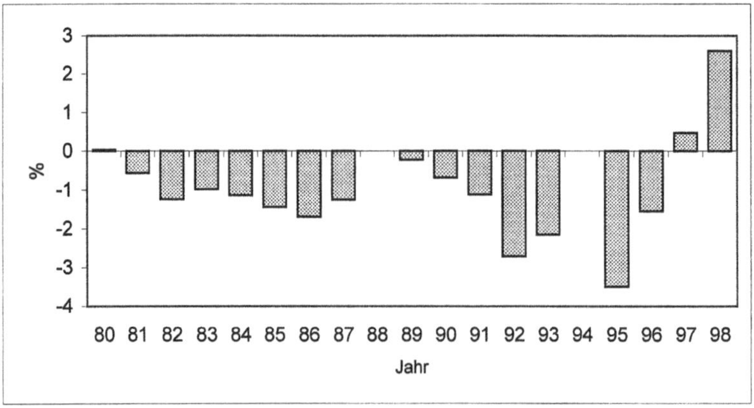

Tabelle III.1: Zahl der Betriebe und Gesamtbeschäftigung in der baden-württembergischen Industrie, 1980-1999

Jahr	Zahl der Betriebe	Beschäftigung
1980	18433	1551378
1981	18438	1531429
1982	18335	1478940
1983	18108	1425113
1984	17931	1425294
1985	17727	1457275
1986	17471	1488744
1987	17175	1497090
1988	16960	1493055
1989*)	19407	1558484
1990	19361	1601532
1991	19230	1625547
1992	19015	1585613
1993	18499	1460453
1994	18101	1364639
1995	17769	1341337
1996	17148	1300773
1997 (alter Berichtskreis)	16882	1277640
1997 (neuer Berichtskreis)	17400	1294767
1998	17482	1315166
1999	17938	1316147

*) Berichtskreisaktualisierung

1.2 Brutto-Job-Flows in der baden-württembergischen Industrie von 1980 bis 1999

Tabelle III.2 gibt die jahresdurchschnittlichen Ergebnisse einer Job-Turnover-Analyse der Arbeitsplatzdynamik für die baden-württembergische Industrie in den Jahren 1980 bis 1999 wieder. Als zentrales Ergebnis kann dabei festgehalten werden, dass die Brutto-Job-Flows auf dem baden-württembergischen Industriearbeitsmarkt beträchtlich ausfielen und die resultierende Beschäftigungsveränderung deutlich überstiegen. Die durchschnittliche Rate der Jobschaffung betrug in den Jahren 1980 bis 1999 in der baden-württembergischen Industrie 3,8%, die durchschnittliche Rate des Jobabbaus lag bei knapp 5%. Jahr für Jahr entstanden somit im Durchschnitt auf betrieblicher Ebene knapp 56000 neue Industriearbeitsplätze, gleichzeitig wurde jedoch in einem anderen Teil der Betriebe in jedem Jahr mit im Durchschnitt mehr als 72500 Arbeitsplätzen ungefähr jeder zwanzigste Job abgebaut. Bei einer durchschnittlichen Job-Turnover-Rate von 8,8% pro Jahr wurde in der baden-württembergischen Industrie somit jährlich immerhin ungefähr jeder elfte Arbeitsplatz entweder neu geschaffen oder aber abgebaut. Selbst in den Perioden 1992/93 und 1993/94, in denen die Gesamtbeschäftigung mit Veränderungsraten von -7,9% und -6,6% markant rückläufig war, wurden auf Betriebsebene in beträchtlichem Umfang auch neue Jobs geschaffen. Perioden mit einer besonders günstigen Beschäftigungsentwicklung dagegen, wie z.B. 1989/90 mit einem Beschäftigungsplus von 43000 neuen Arbeitsplätzen, wiesen gleichzeitig auf Betriebsebene einen erheblichen Bruttojobabbau von 50000 Arbeitsplätzen auf, der durch eine überdurchschnittliche Jobschaffung überkompensiert wurde.

Tabelle III.2: Brutto-Job-Flows in der baden-württembergischen Industrie, 1980-1999

	Durchschnitt in %	Standard-abweichung in %	Minimum in %	Maximum in %
Veränderung der Beschäftigung	-1.14	3.07	-7.89	2.76
Bestehende Betriebe	-0.99	2.78	-7.25	2.51
Gründungen, Schließungen	-0.15	0.48	-0.80	0.77
Arbeitsplatzschaffung	3.81	1.32	1.64	5.95
Expansionsrate	3.03	1.11	1.36	4.91
Gründungsrate	0.78	0.41	0.28	2.00
Arbeitsplatzabbau	4.95	1.97	2.71	9.54
Schrumpfungsrate	4.02	1.82	1.90	8.60
Schließungsrate	0.93	0.28	0.55	1.39
Excess-Job-Turnover-Rate	6.33	1.64	3.29	10.37
Job-Turnover-Rate	8.76	1.36	6.41	11.18

Bereits am Markt befindliche Betriebe zeichneten sich im Durchschnitt der Jahre 1980 bis 1999 für den Großteil der Arbeitsplatzdynamik verantwortlich. Bei einer durchschnittlichen Expansionsrate von 3% entstanden knapp vier von fünf neu auf Betriebsebene geschaffenen Arbeitsplätzen in Betrieben, die bereits in der jeweiligen Vorperiode auf dem baden-württembergischen Industriearbeitsmarkt agierten und ihre Beschäftigung ausbauen konnten. Ebenso entfielen vier von fünf jährlich abgebauten Arbeitsplätzen bei einer Schrumpfungsrate von 4% im Durchschnitt der Jahre 1980 bis 1999 auf Betriebe, die ihre Beschäftigung reduzieren mussten.[3] Der Anteil neu auftretender Betriebe an der Beschäftigung betrug knapp 0,8%, wobei in Erinnerung gerufen werden muss, dass sich nicht hinter jedem neu auftretenden Betrieb eine tatsächliche Neugründung verbirgt.[4] Bereits die bloße Berücksichtigung der Tatsache, dass es sich bei einem neu auftretenden Betrieb mit mehr als 50 Beschäftigten in aller Regel nicht um eine "echte" Betriebsgründung handeln dürfte, sondern um einen Regions- oder Bereichswechsler oder aber eine Betriebsabspaltung, führt zu einer deutlichen Reduktion des Beschäftigungsbeitrags neu gegründeter Betriebe zur Jobschaffung. Insoweit kann und soll auf der Grundlage der bisherigen Job-Turnover-Analyse der Arbeitsplatzdynamik der Beitrag neu gegründeter Betriebe zur Arbeitsplatzschaffung

3 Dieser Anteil der bestehenden Betriebe an den Job-Flows von jeweils ungefähr 80% entspricht in der Größenordnung Ergebnissen, die für zahlreiche andere Studien ebenfalls abgeleitet werden konnten. Vgl. z.B. die Studie von Klette/Mathiassen (1996), S. 104, für die norwegische Industrie.

nicht abschließend beurteilt werden. Eine detailliertere Analyse des Gründungs- und Schließungsgeschehens in der baden-württembergischen Industrie erfolgt in Teil 4 dieser Arbeit.

Tabelle III.3: Grundlegende Kenngrößen jährlicher Job-Turnover-Analysen, baden-württembergische Gesamtindustrie, 1980-1999

Periode	Veränderung der Beschäftigung in %	Jobschaffungs-rate in %	Jobabbaurate in %	Job-Turnover-Rate in %	Excess-Job-Turnover-Rate in %
1980/81	-1.29	3.10	4.39	7.49	6.20
1981/82	-3.43	2.38	5.81	8.19	4.76
1982/83	-3.64	2.33	5.97	8.30	4.66
1983/84	0.01	4.03	4.01	8.04	8.02
1984/85	2.24	5.27	3.03	8.30	6.05
1985/86	2.16	4.87	2.71	7.58	5.42
1986/87	0.56	3.75	3.19	6.94	6.38
1987/88	-0.27	3.07	3.34	6.41	6.14
1988/89*)	4.38	7.74	3.36	11.10	6.72
1989/90	2.76	5.95	3.19	9.13	6.37
1990/91	1.50	5.02	3.52	8.53	7.03
1991/92	-2.46	3.15	5.61	8.76	6.30
1992/93	-7.89	1.64	9.54	11.18	3.29
1993/94	-6.56	2.29	8.85	11.14	4.58
1995/96	-3.02	3.21	6.23	9.44	6.41
1996/97	-1.78	3.74	5.52	9.25	7.47
1997/98	1.58	5.66	4.08	9.74	8.16
1998/99	0.07	5.26	5.19	10.45	10.37
Durchschnitt	**-1.14**	**3.81**	**4.95**	**8.76**	**6.33**

*) Berichtskreisaktualisierung

Der durchschnittliche jährliche Beschäftigungsrückgang von -1,14% resultierte sowohl aus einem Beschäftigungsabbau bei den bereits am Markt befindlichen Betrieben (-1%) als auch aus einem negativen Saldo von -0,14% aus den neu auftretenden und den wegfallenden Betrieben. In der überwiegenden Mehrzahl der Jahre entwickelten sich beide Salden in dieselbe Richtung, so dass positive Beschäftigungsimpulse regelmäßig gleichzeitig aus den bereits am Markt befindlichen Betrieben und einem positiven Saldo der Beschäftigungseffekte durch neu auftretende und wegfallende Betriebe resultierten (vgl. Abbildung III.3). Anzumerken ist jedoch, dass weder der Beschäftigungsimpuls durch neu auftretende Betriebe noch der Beschäftigungsrückgang durch Schließungen im Vergleich zu den bestehenden Betrieben überinterpretiert werden sollten, da ohne ein zeitliches Verfolgen der betrieblichen Beschäftigungsentwicklungen unklar bleibt, in welchem Maße schließende Betriebe bereits in den Vorjahren als "Schrumpfer" zum Jobabbau beigetragen haben bzw. in welchem Maße neu

4 Zur Problematik der Identifikation von Neugründungen vgl. die Ausführungen in Kapitel II.4.1 sowie die detaillierten Analysen in Teil 4.

auftretende Betriebe in der Folgezeit im Zuge einer Expansion zur Jobschaffung beitragen (vgl. dazu die Kohortenanalysen in Abschnitt XII.1 dieser Arbeit).[5]

Abbildung III.3: Jährliche Veränderungsraten der Beschäftigung durch Expansion und Schrumpfung in bestehenden Betrieben bzw. durch neu auftretende und wegfallende Betriebe, baden-württembergische Industrie, 1980-1999

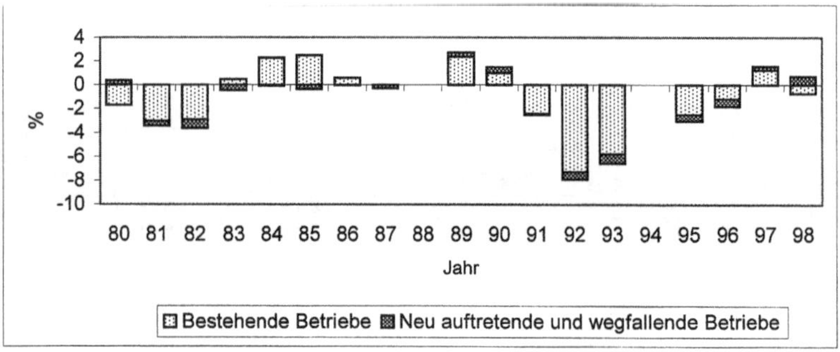

Ein Vergleich der durchschnittlichen Excess-Job-Turnover-Rate von 6,3% mit der Job-Turnover-Rate von 8,8% zeigt, dass fast drei von vier Arbeitsplatzveränderungen auf Betriebsebene nicht erforderlich waren, um die resultierende Nettobeschäftigungsveränderung zu ermöglichen, und spiegelt somit die beträchtliche Heterogenität betrieblicher Beschäftigungsentwicklungen in der baden-württembergischen Industrie wider.[6]

Die ausgeprägte Unterschiedlichkeit betrieblicher Beschäftigungsentwicklungen lässt sich dabei nicht nur im Durchschnitt des Betrachtungszeitraums, sondern auch in jedem einzelnen Jahr beobachten (vgl. Tabelle III.3 und Abbildung III.4). Die Ergebnisse jährlicher Komponentenanalysen der Arbeitsplatzdynamik für die baden-württembergische Industrie verdeutlichen somit, dass das Ausmaß der Brutto-Job-Flows auf dem baden-württembergischen Industriearbeitsmarkt die resultierende Veränderung der Beschäftigung in jedem Jahr um ein Vielfaches überstieg. Unabhängig von der konjunkturellen Situation kann für jedes Jahr ein gleichzeitiges Nebeneinander von schrumpfenden, wachsenden, neu auftretenden und wegfallenden Betrieben festgestellt werden (vgl. dazu auch Tabelle III.4 und Abbildungen III.4 bzw. III.5). Diese Heterogenität betrieblicher Beschäftigungsentwicklungen in

5 Vgl. auch Gerlach/Wagner (1997), S. 21.

6 Das tatsächliche Ausmaß der betrieblichen Arbeitsplatzdynamik wird dabei noch systematisch unterschätzt, da anhand der verfügbaren Datenbasis nur die betriebsexterne Arbeitsplatzdynamik abgebildet werden kann, interne Arbeitsplatzveränderungen jedoch nicht berücksichtigt werden können. Vgl. dazu die kritischen Anmerkungen in Kapitel II.

allen Phasen des Konjunkturzyklus besitzt auch in konjunkturtheoretischer Hinsicht wichtige Implikationen. Dem Verhalten der Job-Flows im Konjunkturverlauf und den daraus resultierenden konjunkturtheoretischen Schlussfolgerungen widmet sich mit Kapitel IV jedoch im Weiteren ein eigenes Kapitel.

Abbildung III.4: Brutto-Job-Flows der Arbeitsplatzdynamik in der baden-württembergischen Industrie, 1980-1999[7]

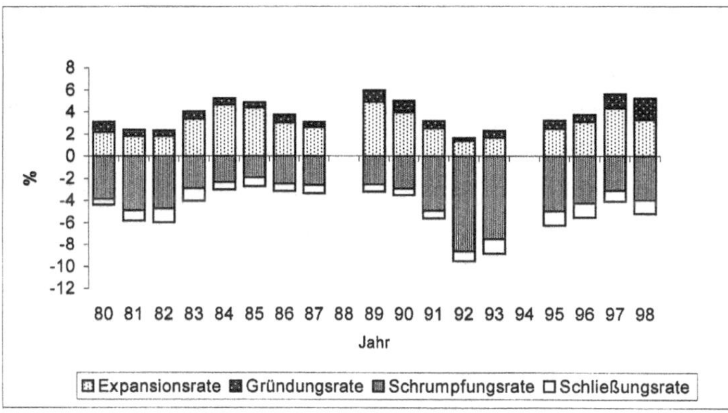

Abbildung III.5: Anteile an den Betriebstypen in der baden-württembergischen Industrie, 1980-1999

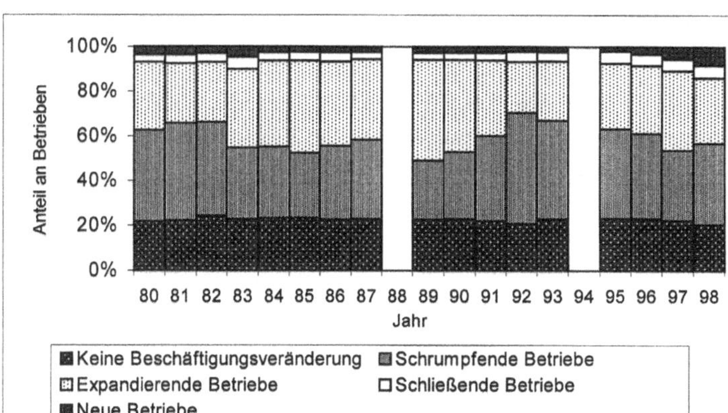

[7] Zur grafischen Illustration werden die Jobabbauraten hier – und teilweise auch im weiteren Verlauf der Arbeit – entgegen ihrer Definition als negative Größen nach unten abgetragen.

Tabelle III.4: Betriebstypen nach der betrieblichen Beschäftigungsentwicklung in der baden-württembergischen Industrie, 1980-1999

Betriebstyp	Durchschnittlicher Anteil an den Betrieben	Minimum	Maximum
Expandierende Betriebe	33.3%	22.9%	44.9%
Schrumpfende Betriebe	36.5%	26.4%	49.6%
Neu auftretende Betriebe	3.2%	2.0%	8.1%
Schließende Betriebe	4.2%	3.1%	5.7%
Keine Beschäftigungsveränderung	22.7%	20.6%	24.5%

Die Komponentenanalyse der Arbeitsplatzdynamik zeichnet folglich das Bild eines Arbeitsmarktes, der durch eine ausgeprägte Heterogenität betrieblicher Beschäftigungsentwicklungen gekennzeichnet ist und auf dem kontinuierliche Veränderung die Regel und nicht die Ausnahme ist. Das alleinige Betrachten der von der amtlichen Statistik publizierten Veränderungsrate der Beschäftigung verstellt somit den Blick für das erhebliche Ausmaß der im Hintergrund stehenden Bruttobewegungen auf dem Arbeitsmarkt und die beträchtliche Unterschiedlichkeit der betrieblichen Beschäftigungsentwicklungen.

> "[...] aggregate or industry-wide data conceal many important features of establishments, hence employment, dynamics."[8]

1.3 Vergleich der baden-württembergischen Ergebnisse mit den Ergebnissen anderer nationaler und internationaler Studien

Die vorliegende Studie bestätigt auf der Grundlage amtlicher Betriebspaneldaten für die baden-württembergische Industrie erstmals ein Resultat, das für andere Länder und andere Zeiträume bereits in zahlreichen Untersuchungen festgestellt wurde und daher als stilisiertes Faktum bezeichnet werden kann.

Bereits bei den methodischen Anmerkungen in Abschnitt II.4.1 wurde vor einem unkritischen Vergleich der Ergebnisse unterschiedlicher Untersuchungen gewarnt, da eine direkte Vergleichbarkeit in den wenigsten Fällen gegeben ist. Sehr gut lassen sich jedoch die baden-württembergischen Ergebnisse mit den Resultaten vergleichen, die für andere Bundesländer ebenfalls auf der Grundlage der Erhebungen der amtlichen Industriestatistik erstellt wurden, die auch der vorliegenden Studie zugrunde liegen (vgl. Tabelle III.5). Auffallend ist zunächst die Tatsache, dass im Vergleich in den neuen Bundesländern sowohl das relative Gesamt-

---

[8] Boeri/Cramer (1992), S. 563.

ausmaß betrieblicher Beschäftigungsentwicklungen mit Job-Turnover-Raten von weit über 20% als auch insbesondere die Heterogenität betrieblicher Beschäftigungsentwicklungen deutlich größer ausfielen als in den alten Bundesländern. Die beträchtliche Arbeitsplatzreallokation in den neuen Bundesländern ist Ausdruck der erheblichen Anpassungsprozesse, denen der ostdeutsche Industriearbeitsmarkt seit der Wiedervereinigung ausgesetzt war. In den westdeutschen Bundesländern lag die Job-Turnover-Rate dagegen mit durchschnittlichen Werten von knapp 9% bis 12% deutlich niedriger als in Ostdeutschland, wobei das relative Ausmaß der Jobschaffung und des Jobabbaus und auch die Heterogenität betrieblicher Beschäftigungsentwicklungen in Baden-Württemberg mit 8,8% im Vergleich zu Niedersachsen oder Nordrhein-Westfalen ebenfalls eher gering ausfielen.

Tabelle III.5: Ergebnisse von Job-Turnover-Analysen für das Verarbeitende Gewerbe anderer Bundesländer, Jahresdurchschnittswerte[9]

Studie	Analyseeinheit	JC	JD	NEC	JT	EJT
Bulmahn/Kräkel (1999) Nordrhein-Westfalen 1978-1994	Betriebe	5.1	6.8	-1.7	11.9	10.2
Fritsch/Niese (1999b) Sachsen 1992-1998	Betriebe	12.8	16.6	-3.8	29.4	25.6
Gerlach/Wagner (1997) Niedersachsen 1978-1993	Betriebe	4.6	5.4	-0.8	10.0	9.2
Pohl (2001) West-Berlin 1995-1999	Betriebe	3.8	9.7	-5.9	13.5	7.6
Pohl (2001) Ost-Berlin 1995-1999	Betriebe	10.4	19.9	-9.5	30.3	20.8
Strotmann (2001) Baden-Württemberg 1980-1999	Betriebe	3.8	5.0	-1,2	8.8	7.6
Wagner (2000) Mecklenburg-Vorpommern 1995-1998	Betriebe	10.5	12.8	-2.3	23.3	21.0

Während die Studien für andere Bundesländer eine zumindest für entsprechende Zeiträume weitgehende Vergleichbarkeit der Ergebnisse aufweisen, leidet eine unmittelbare Gegenüberstellung der baden-württembergischen Ergebnisse mit den Resultaten von Untersuchungen für andere Länder unter den in Abschnitt II.4.1 bereits beschriebenen Problemen. Neben Unterschieden in der betrachteten Analyseeinheit (Betrieb vs. Unternehmen), der Periodizität der Studien (vierteljährlich, jährlich, mehrjährig) oder der konkreten Definition eines Arbeitsplatzes (Berücksichtigung von Inhabern, Teilzeit vs. Vollzeitarbeitskräfte) bestehen auch Differenzen hinsichtlich der Sorgfältigkeit der intertemporalen Verknüpfung der

9 Eigene Berechnung der Durchschnittswerte aufgrund von Jahreswerten.

Betriebsdaten oder aber darin, ob die Ergebnisse auf Vollerhebungen oder auf Stichprobenerhebungen beruhen, die zumindest zum Teil unter dem Problem der Stichprobenselektion leiden.[10]

Tabelle III.6: Ergebnisse ausgewählter Job-Turnover-Analysen für den industriellen Sektor in anderen Ländern, Jahresdurchschnittswerte[11]

Studie	Analyseeinheit	JC	JD	NEC	JT	EJT
Albaek/Sorensen (1998) Dänemark 1980-1991	Betriebe	12.0	11.5	0.5	23.5	23.0
Baldwin et al. (1998) Kanada US 1973-1986	Betriebe	10.6 9.2	10.0 10.4	0.6 -1.2	20.6 19.6	20.0 18.4
Bilsen/Konings (1998) Bulgarien, 1994 Rumänien, 1994 Ungarn, 1994	Unternehmen	1.5 0.3 1.1	6.7 7.4 6.6	-5.2 -7.1 -5.5	8.1 7.7 7.7	2.9 0.6 2.2
Bingley et al. (1999) Dänemark 1980-1995	Betriebe	11.7	11.7	0	23.4	23.4
Blanchflower/Burgess (1994) UK 1980, 1984, 1990	Betriebe	5.0	5.4	-0.4	10.4	10.0
Broersma/Gautier (1997b) Belgien 1979-1993	Unternehmen	6.6	7.9	-1.3	14.5	13.2
Davis et al. (1996a) US 1973-1988	Betriebe	9.1	10.3	-1.1	19.4	18.3
Gourinchas (1999) Frankreich 1984-1992	Unternehmen	11.6	13.6	-2.0	25.2	23.2
Klette/Mathiassen (1996) Norwegen 1976-1986	Betriebe	7.1	8.4	-1.2	15.5	14.3
Nocke (1994) Frankreich 1985-1990	Unternehmen	10.2	11.0	-0.8	21.2	20.4
Strobl et al. (1998) Irland 1974-1994	Betriebe	8.4	9.8	-1.3	18.3	17.0
Van der Linden (1995) Belgien 1978-1985	Unternehmen	5.4	6.7	-1.3	12.1	10.8

Tabelle III.6 gibt die grundlegenden Kenngrößen ausgewählter internationaler Studien wieder, wobei hier nur solche Untersuchungen angeführt werden, die ebenfalls auf jährlichen

[10] Die Studien von Davis et al. (1996a) für die US-amerikanische Industrie basieren zum Beispiel auf einem Datensatz, bei dem nur Betriebe mit mehr als 5 Beschäftigten berücksichtigt werden.

[11] Abweichungen entstehen jeweils durch Rundungen.
Eine Job-Turnover-Studie für die polnische Industrie ist die Arbeit von Konings et al. (1996), Haltiwanger/Vodopivec (1999) widmen sich einer eingehenden Analyse der Worker- und Job-Flows in Estland, Bojnec/Konings (1999) beschäftigen sich mit der Jobschaffung und dem Jobabbau in Slowenien.

Analysen basieren.[12] Stellt man trotz dieser Unzulänglichkeiten die baden-württembergischen Ergebnisse den Ergebnissen entsprechender Studien für andere Länder gegenüber, so fällt auf, dass die baden-württembergische Industrie nicht nur im nationalen, sondern insbesondere auch im internationalen Vergleich ein eher geringes relatives Ausmaß an betrieblicher Arbeitsplatzschaffung und -abbau sowie an betrieblicher Arbeitsplatzdynamik aufweist. Regelmäßig fielen in den betrachteten Ländern sogar die Excess-Job-Turnover-Raten zweistellig aus, in Dänemark und Frankreich wurde bei Job-Turnover-Raten von ungefähr 25% sogar ungefähr jeder vierte Job jedes Jahr entweder neu geschaffen oder abgebaut.

Diese zwar merkliche, aber im internationalen Vergleich eher moderate Heterogenität betrieblicher Beschäftigungsentwicklungen darf aus wirtschaftspolitischer Sicht nicht automatisch als positiv oder negativ eingestuft werden. So können ein größeres Ausmaß an Arbeitsplatzdynamik auf der Betriebsebene und insbesondere ein größeres Ausmaß an Heterogenität betrieblicher Beschäftigungsentwicklungen als Indiz für die Fähigkeit der Wirtschaft zum Strukturwandel interpretiert werden. Bestehende Jobs werden obsolet und durch neue Jobs in anderen Betrieben substituiert. Im Zuge dieses Umstrukturierungsprozesses geht einerseits bestehendes Humankapital verloren, andererseits können die Betriebe ihr Humankapital auffrischen, indem modern ausgebildete Arbeitskräfte in die Betriebe aufgenommen werden. Gleichzeitig kann davon ausgegangen werden, dass regelmäßig die Schaffung neuer Stellen auch mit Produkt- oder Prozessinnovationen verbunden sein wird, so dass im Zuge der Arbeitsplatzreallokation technischer Fortschritt vermehrt Verbreitung findet. Interpretiert man Arbeitsplatzdynamik als notwendige Voraussetzung für Strukturwandel und technischen Fortschritt, so könnte das relativ geringe Ausmaß an Arbeitsplatzreallokation in der westdeutschen und insbesondere in der baden-württembergischen Industrie kritisch betrachtet werden. Unterbleiben notwendige Anpassungs- und Umstrukturierungsprozesse auf betrieblicher Ebene, so könnte trotz der augenblicklich beträchtlichen Stabilität der bestehenden Jobs mittelfristig eine Beeinträchtigung der Wettbewerbsfähigkeit der baden-württembergischen Industriebetriebe drohen.[13]

---

[12] Davis et al. (1996a), S. 19, stellen für den Zeitraum 1973-1988 den jährlichen Ergebnissen vierteljährliche Ergebnisse gegenüber und zeigen, dass ein beträchtlicher Anteil der Arbeitsplatzdynamik temporärer Natur ist. Die vierteljährlichen Job-Flows sind jeweils weitaus größer, als man aufgrund der jährlichen Ergebnisse bei linearer Aufteilung erwarten müsste. Daher plädieren die Autoren auch dafür, dass zur Beurteilung permanenter Reallokationsaktivitäten jährliche Job-Flow-Maße herangezogen werden sollten: "Hence, the annual job flow measures provide a better indication of permanent job reallocation activity.", Davis et al. (1996a), S. 18.

[13] Für einen Überblick über Studien zu möglichen Produktivitätseffekten der Arbeitsplatzreallokation vgl. z.B. Davis/Haltiwanger (1999a), S. 2787-2796.

Ein hohes Ausmaß an Arbeitsplatzreallokation bedeutet jedoch nicht nur Chance zum Strukturwandel, sondern ist auch mit Risiken verbunden. Ein ausgeprägtes Ausmaß an Arbeitsplatzveränderungen auf der Betriebsebene impliziert für die beschäftigten Personen eine geringere Stabilität der bestehenden Arbeitsplätze. Auf einem Arbeitsmarkt mit einem beträchtlichen Ausmaß an betrieblicher Jobschaffung und betrieblichem Jobabbau mag daher das Problem der Langzeitarbeitslosigkeit weniger spürbar sein, dafür ist jedoch das Problem friktioneller Arbeitslosigkeit präsenter als auf einem weniger dynamischen Arbeitsmarkt.[14] Eine hohe Arbeitsplatzdynamik stellt somit auch höhere Anforderungen an den Matching-Prozess auf dem Arbeitsmarkt.

Neben der wirtschaftspolitischen Dimension ist die erhebliche Heterogenität der Arbeitsplatzveränderungen auf Betriebsebene auch aus theoretischer Sicht von hohem Interesse, steht sie doch in unmittelbarem Gegensatz zu traditionellen Modellen des betrieblichen Arbeitsnachfrageverhaltens, die auf der Grundlage einer repräsentativen Firma argumentieren.[15] Vor dem Hintergrund der enormen Unterschiedlichkeit betrieblicher Beschäftigungsentwicklungen erscheint es zumindest sehr fraglich, die Arbeitsplatznachfrage der Betriebe anhand einer typischen, repräsentativen Firma erklären zu wollen. Die vorliegende Studie bestätigt insoweit die Forderung nach Modellen der Arbeitsnachfrage, die Friktionen und Heterogenitäten auf der Mikroebene explizit berücksichtigen.

> "To non-economists, who are not familiar with the 'representative agent and firm' jargon, this heterogeneity among firms may seem obvious. However, most standard economic theories still depart from this premise. This implies that the development of (theoretical) models that explicitly deal with employment and product heterogeneity should be placed high on the research agenda."[16]

1.4 Zur Heterogenität betrieblicher Beschäftigungsentwicklungen – ein kurzer Überblick über alternative Erklärungsansätze

Ausgehend von der bemerkenswerten Heterogenität betrieblicher Beschäftigungsentwicklungen und der Beobachtung, dass sowohl auf nationaler als auch auf internationaler Ebene

---

[14] Vgl. dazu z.B. die Ausführungen bei Broersma/Gautier (1997b), S. 48.

[15] Eine Abstraktion von mikroökonomischen Heterogenitäten wäre auch bei makroökonomischer Argumentation nur dann unproblematisch, wenn die mikroökonomischen Ungleichheiten nicht auf die aggregierte Ebene durchschlagen. Caballero (1992) betont, dass nicht jede Heterogenität auf der Individualebene wesentliche Konsequenzen auf der Makroebene nach sich ziehen muss, weist jedoch gleichzeitig darauf hin, dass dies nicht als zwingendes Argument für eine Irrelevanz mikroökonomischer Erklärungen für aggregierte Phänomene herangezogen werden darf. Vgl. Caballero (1992), S. 1291.

[16] Broersma/Gautier (1997b), S. 54.

markante Unterschiede im relativen Ausmaß der Job-Flows bestehen, drängt sich die Frage nach möglichen Gründen für die Unterschiedlichkeit betrieblicher Beschäftigungserfolge auf.

> "Regrettably, little attention has been devoted so far by theoretical work to providing explanations for this tremendous heterogeneity of establishment level employment dynamics."[17]

1.4.1 Internationale Unterschiede im Ausmaß der Brutto-Job-Flows als Folge unterschiedlicher institutioneller Rahmenbedingungen

Unterschiede im relativen Ausmaß der Brutto-Job-Flows im internationalen Vergleich könnte man zunächst auf Differenzen in den institutionellen Regelungen zurückführen, welche die Schaffung und den Abbau von Jobs auf nationaler Ebene behindern oder aber fördern können. Zum Beispiel können restriktive Regelungen des Kündigungsschutzes zu einer verringerten Arbeitsplatzdynamik führen, da einerseits die Entlassung von Arbeitskräften erschwert wird, andererseits vielleicht auch mögliche Einstellungen unterbleiben, da eine Politik des "hire and fire" aufgrund der gesetzlichen Bestimmungen nicht möglich ist.[18] Weitere institutionelle Faktoren, die das Ausmaß der Job-Flows beeinflussen könnten, sind die Macht der Gewerkschaften oder aber wettbewerbsrechtliche Regelungen und Beschränkungen.
Garibaldi et al. (1997) können im Rahmen einer Querschnittsstudie für verschiedene Länder jedoch keinen offensichtlichen Zusammenhang zwischen den arbeitsplatzrechtlichen Bestimmungen und der Geschwindigkeit der Arbeitsplatzreallokation feststellen. Boeri (1996) findet im Rahmen einer vergleichenden Analyse des Verhaltens der Job-Flows in Nordamerika mit nordeuropäischen Ländern (Dänemark, Norwegen, Schweden) einerseits und zentraleuropäischen Ländern (Deutschland, Frankreich, Italien) andererseits ebenfalls keine empirisch gesicherte Bestätigung für einen möglichen Beitrag institutioneller Faktoren zur Erklärung internationaler Unterschiede. Bertola/Rogerson (1997) betonen, dass ein möglicher Zusammenhang zwischen den Regelungen des Kündigungsschutzes und dem Ausmaß an Arbeitsplatzdynamik in vielen Studien dadurch verdeckt wird, dass anderen institutionellen Faktoren zu wenig Beachtung geschenkt wird. Insbesondere den am Lohnbildungsprozess beteiligten Institutionen schreiben Bertola/Rogerson eine besondere Bedeutung für das Ausmaß der Jobschaffung und des Jobabbaus zu. Eine geringe Lohnspreizung, wie sie zum Beispiel in Europa als Folge des kollektiven Tarifrechts typisch ist, führt

---

[17] Boeri (1995), S. 18.

[18] Das Modell von Blanchard/Diamond (1989) impliziert zum Beispiel im Zuge einer Verschärfung der Beschäftigungssicherung einen Rückgang der Job-Turnover-Rate. Vgl. dazu auch Boeri (1996).

ceteris paribus zu einem Anstieg des Job-Turnover.[19] Neben den institutionellen Rahmenbedingungen können aber auch die konkrete Ausgestaltung der staatlichen Industriepolitik durch Subventionen oder Steuererleichterungen, unterschiedliche industrielle Strukturen oder aber unterschiedliche Betriebsgrößenstrukturen in den einzelnen Ländern die Ergebnisse systematisch beeinflussen.

Im Rahmen der vorliegenden Arbeit kann mangels Daten nicht das Ziel verfolgt werden, die Bedeutung institutioneller Rahmenbedingungen für das relative Ausmaß der Job-Flows im nationalen und im internationalen Vergleich zu überprüfen. Die Ableitung von Ergebnissen auf der Grundlage eines internationalen Querschnittsvergleichs würde Datensätze voraussetzen, die zumindest einigermaßen vergleichbar sind und anhand derer gleichzeitig und ergänzend für verschiedene Einflussfaktoren kontrolliert werden kann. So erscheint ein Vergleich der Bedeutung institutioneller Faktoren für die Arbeitsplatzdynamik wenig sinnvoll, wenn nicht gleichzeitig berücksichtigt werden kann, dass Länder sich auch in ihrer Betriebsgrößenstruktur, ihrer industriellen Struktur oder der Altersstruktur der Betriebe unterscheiden und diese Unterschiede signifikanten Einfluss auf die Ergebnisse haben können.[20] Betont werden muss weiterhin, dass institutionelle Rahmenbedingungen ohnehin höchstens Unterschiede in der relativen Bedeutung der Job-Flows zwischen verschiedenen Ländern erklären können, nicht jedoch zur Erklärung der Heterogenität innerhalb einzelner Länder beitragen können, die für jedes Land festgestellt werden kann.

Die vorliegende Arbeit für die baden-württembergische Industrie wird sich in den folgenden Teilen daher einer Suche nach möglichen Ursachen für die bemerkenswerte Heterogenität betrieblicher Beschäftigungsentwicklungen *innerhalb* der baden-württembergischen Industrie widmen. Daher soll an dieser Stelle nur ein knapper Überblick über mögliche Determinanten gegeben werden, die auch die Heterogenität der Beschäftigungsentwicklungen innerhalb eines Landes erklären können. Dabei kann zwischen Erklärungsansätzen unterschieden werden, welche sektorale Unterschiede als wesentliche Determinanten der Heterogenität anführen und Theorien, welche die Ursache für die Heterogenität auf der Ebene der einzelnen Betriebe suchen.

---

19 Diese gegenläufigen Effekte der Strenge der rechtlichen Bestimmungen zum Arbeitnehmerschutz sowie des relativen Lohndrucks auf Betriebsebene auf den Job-Turnover führen Bertola/Rogerson (1997) als Grund für die vermeintlich erstaunliche Tatsache an, dass die Vereinigten Staaten und zahlreiche europäische Länder trotz völlig unterschiedlicher institutioneller Gegebenheiten ähnliche Brutto-Job-Flows aufweisen.

20 Davis/Haltiwanger (1999a), S. 2754, kritisieren ebenfalls die weitgehend zu aggregierte Vorgehensweise bei den bisher existierenden Querschnittsstudien: "We do not believe that strong inferences about the effects of economic policies and institutions can be drawn from cross-country comparisons of aggregate job flow rates."

1.4.2 Sektorale und betriebsindividuelle Charakteristika als Determinanten der Heterogenität

Aufbauend auf der Überzeugung, dass Betriebe innerhalb von Branchen, Regionen, Altersgruppen oder auch von Größenklassen als relativ homogen betrachtet werden können, lassen sich zwar für die einzelnen Teilgruppen von Betrieben weitgehend identische Beschäftigungsentwicklungen erwarten, die jedoch zwischen den Sektoren sehr unterschiedlich ausfallen können. Sektorale Schocks im weitesten Sinne, wie z.B. ein Nachfrageeinbruch nach bestimmten Industrieprodukten oder aber ein nur bestimmte Branchen oder Regionen betreffender Preisschock, könnten sich dann für die Heterogenität verantwortlich zeichnen. Führt man sektorale Unterschiede und Schocks als entscheidende Ursache der Heterogenität an, so müssten disaggregierte Komponentenanalysen der Arbeitsplatzdynamik, in deren Rahmen die Schaffung und der Abbau von Jobs innerhalb eng abgegrenzter Branchen, Größenklassen, Regionen oder Altersgruppen betrachtet wird, regelmäßig zu dem Ergebnis gelangen, dass die betrieblichen Beschäftigungsentwicklungen innerhalb dieser Teilgruppen überwiegend homogen ausfallen. Inwiefern diesem Argument Bedeutung für die Erklärung der Heterogenität in der baden-württembergischen Industrie zukommt, soll in Teil 2 dieser Arbeit anhand von disaggregierten Job-Turnover-Analysen beleuchtet werden.

Eine Vielzahl unterschiedlichster Erklärungsansätze versucht, die Heterogenität der betrieblichen Beschäftigungsentwicklungen auf der Ebene einzelner Betriebe zu erklären. Da sich Teil 3 dieser Arbeit für die baden-württembergische Industrie einer empirischen Analyse möglicher Determinanten des betrieblichen Beschäftigungswachstums widmet, soll an dieser Stelle der Arbeit nur ein kurzer Einblick in ausgewählte theoretische Erklärungsmodelle gegeben werden, die versuchen, die Heterogenität auf der Ebene der einzelnen Betriebe zu erklären.

Eine wichtige Rolle bei der Begründung der Heterogenität wird generell der *Unsicherheit* zugeschrieben, unter der die Betriebe am Markt agieren und ihre Entscheidungen treffen müssen.[21] Unsicherheiten bezüglich der Entwicklung, Distribution, dem Marketing oder auch dem Erfolg neuer Produkte, Unsicherheiten bezüglich möglicher Weiterentwicklungen der Produktionstechniken und -verfahren, Unsicherheiten bezüglich der Entwicklung der Nachfragebedingungen oder der Effizienz der verwendeten Technologien führen dazu, dass

---

[21] Vgl. z. B. Roberts/Weitzman (1981), Lambson (1991) oder Ericson/Pakes (1995).

Betriebe, die hinsichtlich wesentlicher Strukturmerkmale sehr ähnlich sind, unterschiedliche Entscheidungen treffen und daher unterschiedliche Beschäftigungsentwicklungen aufweisen.

Lucas (1978) führt die Heterogenität betrieblicher Beschäftigungsentwicklungen auf *Unterschiede in den unternehmerischen Fähigkeiten* der Firmen- und Betriebsinhaber und somit auf die Fähigkeit zurück, mit dieser Unsicherheit umzugehen. Das konsequente Erkennen und Nutzen von Marktchancen, eine gute Mitarbeiterauswahl und -motivation oder auch eine ausgeprägte Flexibilität und Anpassungsfähigkeit auf veränderte Rahmenbedingungen sind Qualitäten der Unternehmensleitung, die über den Erfolg oder Misserfolg eines Betriebes entscheiden.

Aufbauend auf einer Pionierarbeit von Jovanovic (1982) erklären *lerntheoretische Selektionsmodelle*[22] die Unterschiedlichkeit der Beschäftigungsentwicklungen als das Ergebnis eines marktlichen Selektionsprozesses. Betriebe, die neu auf den Markt kommen, besitzen zunächst keine Informationen über ihre Kostenfunktion und somit die Effizienz der eigenen Produktion. Im Zuge der Produktionstätigkeit gewinnt ein Betrieb Informationen über seine Effizienz und kann somit auf der Grundlage bayesianischer Lernprozesse Rückschlüsse auf seine Kostenparameter ziehen. Effizientere Firmen werden wachsen und überleben, ineffizienten Firmen bleibt nichts anderes übrig, als zu schrumpfen und gegebenenfalls aus dem Markt auszuscheiden. Insoweit ist ein Betrieb nach seinem Marktzutritt einem Lernprozess ausgesetzt, den er jedoch "nur" passiv zur Kenntnis nehmen kann und auf dessen Grundlage er seine Produktionsentscheidung fällt. Dieser "passive learning"-Ansatz lässt einen negativen Zusammenhang zwischen dem Alter eines Betriebes und der relativen Höhe der Job-Flows erwarten. Je länger ein Betrieb auf einem Markt agiert, desto besser sind seine Kenntnisse über die eigene Effizienz und desto wahrscheinlicher ist es, dass der Betrieb inzwischen wettbewerbsfähig ist. Im Gegensatz zum *passiven* Lernmodell Jovanovics betonten spätere Modellerweiterungen (Ericson/Pakes (1989, 1995) sowie Dunne at al. (1989a)) das *aktive* Element des Lernprozesses, da ein Betrieb seinen Erfolg durch eigene unternehmerische Entscheidungen und die eigene Investitionstätigkeit in der Folgezeit der Gründung selbst weiter beeinflussen kann.[23] Insoweit lässt diese Modellgruppe eine größere Unabhängigkeit des Ausmaßes der Jobschaffung und des Jobabbaus vom Betriebsalter erwarten.

---

22 Vgl. auch Ericson/Pakes (1989, 1995).

23 Vgl. auch die Darstellung bei Davis/Haltiwanger (1992), S. 839.

Die Erklärung der Heterogenität im Rahmen von *Vintage-Modellen* basiert auf der Idee, dass neu in den Markt eintretende Betriebe regelmäßig über die beste und aktuellste Technologie verfügen, während typischerweise Betriebe mit einem obsoleten Kapitalstock aus dem Markt ausscheiden (vgl. z.B. Johansen (1972) oder Mortensen/Pissarides (1998)). Da auf einem Markt gleichzeitig verschiedene Jahrgänge von Betrieben mit unterschiedlich effizientem Kapital agieren, wird es verständlich, dass ein Teil der Betriebe expandiert, während gleichzeitig ein anderer Teil der Betriebe seine Beschäftigung reduziert oder aber sich zum Marktaustritt entschließt. Mit Blick auf die Bedeutung des Alters eines Betriebes lassen diese Modelle erwarten, dass Arbeitsplatzschaffung primär unter jüngeren Betrieben, die über die bessere Technologie und somit bessere Expansionschancen verfügen, und Arbeitsplatzabbau eher für ältere Betriebe, deren Kapitalstock bereits länger einem Obsoleszenzprozess ausgesetzt ist, beobachtet werden kann. Innerhalb von Kohorten desselben Jahrgangs sollte dagegen eine weitgehende Homogenität betrieblicher Beschäftigungsentwicklungen beobachtet werden können.[24]

Unterschiede in den betriebsspezifischen Nachfrage- und Kostenbedingungen finden im Rahmen der Modelle von Hopenhayn (1992), Hopenhayn/Rogerson (1993) oder auch Campbell/Fischer (1996), Campbell (1997) und Davis/Haltiwanger (1990) besondere Betonung. Insbesondere Energiekosten oder aber die betriebliche Steuerbelastung hängen in starkem Maße von regionalen Gegebenheiten ab und können dazu führen, dass Betriebe, die mit identischen Technologien identische Produkte herstellen, aufgrund dieser betriebsspezifischen Kostenschocks dennoch unterschiedliche Beschäftigungsveränderungen aufweisen.

---

[24] Kritisch anzumerken ist die Tatsache, dass empirische Studien Anlass zum Zweifel geben, ob jüngere Betriebe tatsächlich stets über die beste Technologie und somit die größte Wettbewerbsfähigkeit verfügen. Dunne (1994) gelangt in einer empirischen Arbeit zu dem Ergebnis, dass Betriebsalter und Modernisierungsgrad der Technologie eines Betriebes nur in sehr geringem Maße korreliert sind. Fraglich ist dabei jedoch, ob das Alter eines Betriebes seit seiner Gründung überhaupt ein sinnvoller Indikator für das Alter des Kapitalstocks ist, da auch ältere Betriebe ihren Kapitalstock durch Restrukturierungsinvestitionen jederzeit erneuern könnten. Insoweit misst eine Korrelation zwischen Betriebsalter und Modernitätsgrad nicht zwingend den Zusammenhang zwischen Alter des Kapitalstocks und Modernitätsgrad.

2. Konzentration von Arbeitsplatzschaffung und Arbeitsplatzabbau in der baden-württembergischen Industrie von 1980 bis 1999

Als zentrales Ergebnis einer Job-Turnover-Analyse der Arbeitsplatzdynamik für die baden-württembergische Gesamtindustrie konnte in Abschnitt II.1 festgehalten werden, dass der baden-württembergische Industriearbeitsmarkt in allen Jahren durch ein gleichzeitiges Nebeneinander von wachsenden, schrumpfenden, neu auftretenden und wegfallenden Betrieben und somit durch eine ausgeprägte Unterschiedlichkeit betrieblicher Beschäftigungsentwicklungen gekennzeichnet war. Zu klären ist nun ergänzend die Frage, ob sich diese Arbeitsplatzschaffung und -verringerung in starkem Maße auf wenige Betriebe konzentriert, die in sehr großem Umfang neue Jobs bereitstellen oder Arbeitsplätze abbauen, oder die Arbeitsplatzdynamik die Summe zahlreicher eher geringfügiger Arbeitsplatzveränderungen auf Betriebsebene ist. Im Mittelpunkt der folgenden Überlegungen steht somit die Frage nach der *relativen Konzentration* der Jobschaffung und des Jobabbaus.

Abbildung III.6: Ungewichtete Verteilung betrieblicher Wachstumsraten, baden-württembergische Gesamtindustrie, gepoolte Werte, 1980-1999

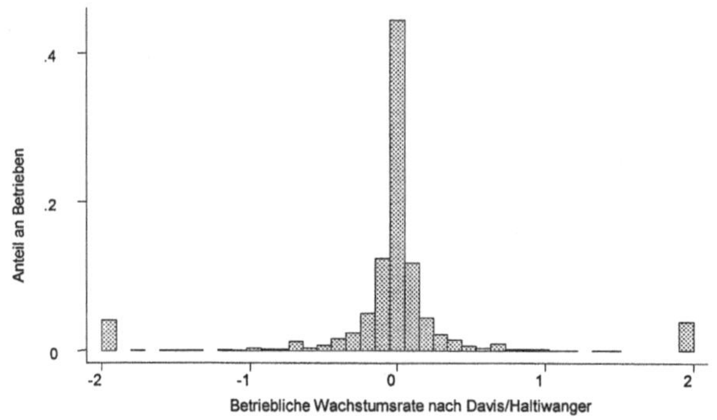

Abbildung III.6 gibt zunächst die gepoolte Verteilung der jährlichen betrieblichen Veränderungsraten der Beschäftigung von 1980 bis 1999 wieder und basiert dabei auf insgesamt 339282 Beobachtungen. Um Gründungen und Schließungen in die Analyse integrieren zu können, wurde hier der in Abschnitt II.4.2 vorgestellten Vorgehensweise von Davis et al. (1996a) folgend auf Wachstumsraten zurückgegriffen, die durch Bezug auf die Durchschnittsbeschäftigung der betrachteten Perioden gebildet werden und daher symmetrisch im Intervall zwischen -2 und 2 liegen. Insgesamt war die Verteilung der jährlichen Veränderungsraten weitgehend symmetrisch, was sowohl der optische Eindruck als auch ein Schiefemaß von Pearson in der Gegend von Null belegen.

Dabei fällt auf, dass ein großer Teil der Betriebe seine Beschäftigung nicht oder nur in geringfügigem Maße änderte, während ein nur sehr kleiner Teil der Betriebe Veränderungsraten aufwies, die deutlich negativ oder aber deutlich positiv ausfielen. Gleichzeitig lässt die Betrachtung der kumulierten relativen Anteile an der Arbeitsplatzschaffung und am Arbeitsplatzabbau sowohl auf Seiten der Jobschaffung als auch auf Seiten des Jobabbaus eine erhebliche relative Konzentration erkennen (vgl. Tabelle III.7).

Tabelle III.7: Relative Konzentration der Jobschaffung und des Jobabbaus in der baden-württembergischen Industrie, 1980-1999

Anteil der Betriebe mit der größten Jobschaffung bzw. dem größten Jobabbau	Anteil an der Arbeitsplatzschaffung in %			Anteil am Arbeitsplatzabbau in %		
	Median	Arithm. Mittel	Standard-abweichung	Median	Arithm. Mittel	Standard-abweichung
1%	26.1	26.7	3.6	26.7	27.9	4.5
5%	47.8	48.4	3.1	51.8	52.6	3.4
25%	79.8	79.8	1.4	82.6	82.9	1.6
50%	92.5	92.4	0.7	93.6	93.6	0.8
75%	97.8	97.8	0.3	98.0	98.0	0.3

Im Durchschnitt der Jahre 1980 bis 1999 entstand bereits mehr als ein Viertel der neuen Stellen in nur einem einzigen Prozent aller arbeitsplatzschaffenden Betriebe. Nur 5% der arbeitsplatzschaffenden Betriebe zeichneten sich im Durchschnitt des Betrachtungszeitraums bereits für knapp die Hälfte aller neuen Arbeitsplätze verantwortlich. Die Konzentration auf Seiten des betrieblichen Jobabbaus fiel im Betrachtungszeitraum noch etwas stärker aus.[25] Sowohl die Mediane als auch die arithmetischen Mittel der relativen Merkmalssummen liegen für jedes betrachtete "Perzentil" jeweils zumindest etwas höher als die entsprechenden Anteile an der Jobschaffung. Somit könnte das vorliegende Ergebnis als Bestätigung der Schlussfolgerungen früherer Studien wie z.B. von Davis et al. (1996a) für das Verarbeitende Gewerbe der USA oder von Blanchflower/Burgess (1994)[26] für die Gesamtwirtschaft Großbritanniens interpretiert werden, dass die Konzentration des Arbeitsplatzabbaus größer ist als die der Arbeitsplatzschaffung: "[...] job destruction is more concentrated at plants with sharp

[25] Betriebszusammenschlüsse und Betriebsaufspaltungen können sich im Rahmen einer Konzentrationsanalyse in beträchtlichem Maße in den Ergebnissen niederschlagen. Die vorliegende Datenbasis erlaubt jedoch keine Quantifizierung dieser Effekte.

[26] Blanchflower/Burgess (1994), S. 19. Die Konzentration in der britischen Industrie ist dabei gemessen an den relativen Merkmalssummen etwas geringer als in der baden-württembergischen Industrie. So zeichneten sich in Großbritannien immerhin 10% der wachsenden Betriebe – und nicht nur 5% wie in Baden-Württemberg – für die Hälfte der Jobschaffung und ebenfalls 10% der jobabbauenden Betriebe für die Hälfte der Arbeitsplatzreduktion verantwortlich.

employment changes than is job creation."[27] Ein Vergleich der jährlichen Ergebnisse zeigt jedoch, dass diese markantere Konzentration des Jobabbaus keineswegs so stabil ist, dass sie für jedes einzelne Jahr beobachtet werden kann.

Die zeitliche Entwicklung der relativen Konzentration von Jobschaffung und Jobabbau lässt erkennen, dass die relativen Anteile an der Gesamtzahl der geschaffenen und abgebauten Arbeitsplätze im Zeitablauf erheblichen Schwankungen unterliegen. Der Anteil an der Jobschaffung, über den das eine Prozent größter arbeitsplatzschaffender Betriebe verfügte, lag zwischen 20,7% und 33,8%, der entsprechende Anteil an der Arbeitsplatzreduktion zwischen 21,5% und 38,8% (vgl. Abbildung III.7). Ein Trend in der zeitlichen Entwicklung der Konzentration der Job-Flows ist im Betrachtungszeitraum nicht erkennbar, ein Portmanteau-Test untermauert, dass die zeitliche Entwicklung jeweils als weißes Rauschen beschrieben werden kann.

Abbildung III.7: Zeitliche Entwicklung der relativen Konzentration der Arbeitsplatzschaffung und des Arbeitsplatzabbaus, baden-württembergischen Industrie, 1980-1999

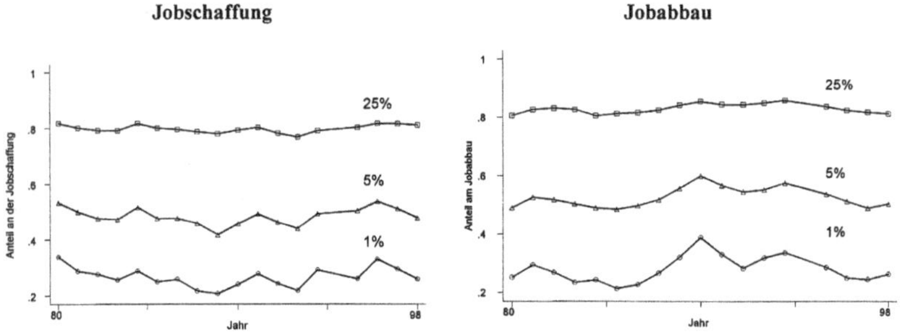

Im Zeitablauf ging dabei eine höhere Konzentration auf Seiten der Jobschaffung ceteris paribus mit einer geringeren Konzentration auf Seiten des Jobabbaus einher, wobei der negative Zusammenhang erst für die relativen Merkmalssummen des ersten Quartils und des Medians statistisch signifikant ist (vgl. Tabelle III.8).

[27] Vgl. Davis et al. (1996a), S. 30.

Tabelle III.8: Korrelation der zeitlichen Entwicklung der Konzentration von Jobschaffung und Jobabbau, Korrelationskoeffizienten von Pearson-Bravais, P-Werte in Klammern, 1980-1999

Perzentil größter Jobschaffer bzw. -abbauer	Korrelationskoeffizient von Pearson-Bravais	Rangkorrelationskoeffizient von Spearman
1%-Perzentil	-0.293 (0.239)	-0.201 (0.423)
5%-Perzentil	-0.439 (0.068)	-0.455 (0.058)
25%-Perzentil	-0.668 (0.002)**	-0.614 (0.007)**

Ein eindeutiges Verhalten der Entwicklung der relativen Konzentration der Jobschaffung und des Jobabbaus im Konjunkturzyklus ist nicht erkennbar. Weder die Betrachtung von zeitlichen Korrelationen mit der Wachstumsrate des realen Bruttoinlandsprodukts (vgl. Tabelle III.9) noch einfache OLS-Regressionen der relativen Merkmalssummen auf die Wachstumsrate des Bruttoinlandsproduktes mit Newey-West-Standardfehlern, auf deren Wiedergabe verzichtet wurde, lassen statistisch gesicherte Hinweise auf ein systematisches Verhalten der Konzentrationen im Konjunkturverlauf erkennen.

Tabelle III.9: Konjunkturabhängigkeit der Konzentration von Jobschaffung und Jobabbau, Korrelationskoeffizienten von Pearson-Bravais, P-Werte in Klammern, 1980-1999

Anteil der Betriebe mit der größten Jobschaffung bzw. dem größten Jobabbau an der/am ...	Wachstumsrate des realen Bruttoinlandsprodukts in der Vorperiode	Aktuelle Wachstumsrate des realen Bruttoinlandsprodukts
Jobschaffung 1%	-0.33 (0.181)	-0.06 (0.817)
5%	-0.26 (0.307)	-0.03 (0.897)
Jobabbau 1%	-0.02 (0.953)	0.07 (0.797)
5%	-0.01 (0.963)	0.09 (0.729)

Während im vorliegenden Fall für die baden-württembergische Industrie die Konzentration der Job-Flows anhand der einjährigen Beschäftigungsveränderungen analysiert wird, führen Picot/Dupuy (1998) in einer Studie für die kanadische Industrie die Konzentrationsanalyse ergänzend für längerfristige Beschäftigungsveränderungen durch, die weniger von transitorischen Einflüssen geprägt sind als kurzfristigere Veränderungen. Insgesamt führt jedoch die Berücksichtigung längerfristiger Veränderungen weder in der kanadischen Studie noch für die baden-württembergische Industrie zu einer gravierenden Änderung der Ergebnisse.[28]

Die erhebliche Konzentration des Jobabbaus und der Jobschaffung ist sowohl aus theoretischer Sicht als auch aus wirtschaftspolitischem Blickwinkel von Interesse.
Bereits als Ergebnis einer Job-Turnover-Analyse der Arbeitsplatzdynamik konnte festgehalten werden, dass die Beschäftigungsentwicklungen auf Betriebsebene sehr heterogen ausfielen und somit durch Modelle einer repräsentativen Firma nicht hinreichend erklärt werden können (vgl. Abschnitt III.1.3). Die Resultate der Konzentrationsanalyse sowie die ergänzende Betrachtung der Verteilung der betriebsspezifischen Wachstumsraten der Beschäftigung liefern ein weiteres Argument für diese Schlussfolgerung. Selbst die Gruppe der expandierenden Betriebe kann keineswegs in dem Sinne als homogen charakterisiert werden, dass Beschäftigungsveränderungen sich gleichmäßig auf die ihre Beschäftigung ausweitenden Betriebe verteilen. Sowohl die außergewöhnliche Konzentration der betrieblichen Arbeitsplatzschaffung als auch des betrieblichen Arbeitsplatzabbaus verdeutlichen vielmehr, wie unterschiedlich Beschäftigungsentwicklungen selbst innerhalb einer Teilgruppe von Betrieben ausfallen, deren Beschäftigung sich in dieselbe Richtung verändert.
Gleichzeitig unterstützt die Verteilung der betrieblichen Veränderungsraten der Beschäftigung die These, dass Beschäftigungsanpassungen der Betriebe nicht so stetig und kontinuierlich ausfallen, wie dies im Rahmen traditionellerer Arbeitsnachfragemodelle, die auf der Grundlage konvexer Anpassungskosten der Beschäftigung argumentieren, unterstellt wird.[29] Vielmehr deuten die baden-württembergischen Ergebnisse auf ein häufig diskretes Anpassungsverhalten der Betriebe hin, das auf der Existenz fixer Anpassungskosten beruhen kann:

> "[...] the lumpiness of plant level employment movements points to a major role for fixed costs in the adjustment of labor or cooperating factors of production. Put differently, such lumpiness is difficult to reconcile with traditional models of convex adjustment costs that long dominated work on dynamic labor demand issues [...]."[30]

---

[28] Picot/Dupuy (1998), S. 129, widmen sich im Rahmen ihrer Studie außerdem einer Analyse der Konzentration *innerhalb* von Größenklassen. Dabei zeigt sich, dass die Beschäftigungsveränderungen sowohl in der kurzen als auch in der längeren Frist insbesondere bei kleineren und mittleren Betrieben besonders konzentriert ausfielen, während die Konzentration für Großbetriebe sowohl für die Jobschaffung als auch für den Jobabbau eher gering ausfiel.

[29] Vgl. dazu z.B. Nickell (1986) oder Hamermesh/Pfann (1996).

[30] Davis/Haltiwanger (1999a), S. 2729.

Dieses diskrete Anpassungsverhalten der Betriebe spielt insbesondere auch in neueren konjunkturtheoretischen Ansätzen eine wesentliche Rolle bei der Erklärung konjunktureller Output- und Beschäftigungsschwankungen und wird daher in Kapitel IV im Rahmen der Analysen des konjunkturellen Verhaltens der Job-Flows detaillierter untersucht.

Die markante Konzentration von Arbeitsplatzschaffung und Arbeitsplatzabbau ist auch in struktur- und regionalpolitischer Hinsicht interessant, da von einer hohen Konzentration gravierende Auswirkungen auf lokale Arbeitsmärkte ausgehen. So kann die Massenentlassung eines Betriebes in einer Region zu einem verstärkten Überangebot an Arbeitskräften auf dem lokalen Arbeitsmarkt führen und somit die persönlichen und ökonomischen Härten, die für einen Neuarbeitslosen mit dem Verlust des Jobs verbunden sind, zusätzlich verschärfen. Andererseits kann ein ausgeprägter Beschäftigungsausbau eines Betriebes eine „Zuwanderung" von Arbeitskräften und Familien induzieren, die wiederum indirekt Anforderungen an die lokale Politik stellt, indem z.B. ein zusätzlicher Bedarf an öffentlicher Infrastruktur in Form zusätzlicher Kindergartenplätze, Schulen, Wohnungen etc. entsteht.[31]
Die Analyse möglicher Zusammenhänge zwischen der Arbeitsmarktentwicklung und der Entwicklung des regionalen Umfeldes ist ein weites und noch weitgehend unbearbeitetes Forschungsgebiet. Die wachsende Verfügbarkeit von Datensätzen, die Betriebsdaten und Beschäftigtendaten verknüpfen, lässt für die nähere Zukunft hier eine Vielzahl von Forschungsarbeiten erwarten. Ein zumindest gewisser Eindruck in regionale Determinanten der Job-Flows in der baden-württembergischen Industrie wird in Kapitel VIII gegeben.
Darüber hinaus hat eine beträchtliche Konzentration der Jobschaffung und des Jobabbaus auch Konsequenzen für die betroffenen Arbeitskräfte. Erfolgt ein Großteil der Beschäftigungsveränderungen nicht in Betrieben, deren Beschäftigung nur in moderatem Umfang zurückgeht, so kann ein beträchtlicher Teil des Arbeitsplatzabbaus nicht durch ein normales altersbedingtes Ausscheiden von Beschäftigten oder durch freiwillige Kündigungen aufgefangen werden. Die enorme Konzentration des Jobabbaus ist somit Ausdruck der Tatsache, dass ein beträchtlicher Teil des Jobabbaus für die Beschäftigten einen unfreiwilligen Arbeitsplatzverlust bedeutet.[32]

---

31 Vgl. dazu auch Davis/Haltiwanger (1999a), S. 2731.
32 Davis/Haltiwanger (1995), S. 27.

3. Zur Persistenz der geschaffenen und der abgebauten Arbeitsplätze

3.1 Zum Persistenzbegriff

Aussagen über die Persistenz *aller* bestehenden Arbeitsplätze lassen sich bereits anhand der Rate des Jobabbaus auf Betriebsebene treffen. Eine jahresdurchschnittliche Arbeitsplatzabbaurate von 5% bedeutet, dass 95% aller Arbeitsplätze auf Betriebsebene im Durchschnitt der Jahre 1980 bis 1999 jährlich jeweils "überlebt" haben.[33] Der folgende Abschnitt widmet sich ergänzend einer Analyse der Stabilität der betrieblichen Jobschaffung und der betrieblichen Jobreduktion.

Um die Analyse auf die Stabilität der neu geschaffenen bzw. der neu abgebauten Jobs zu beschränken, finden im Weiteren folgende Persistenzbegriffe Verwendung: Ausgehend von der Anzahl der in der Periode [t-1, t] auf Betriebsebene neu entstandenen Arbeitsplätze versteht man unter der *Persistenzrate der Jobschaffung nach N Perioden* den Anteil der neu geschaffenen Jobs, der in jeder der N Folgeperioden bestehen bleibt. Auf analoge Weise wird die *Persistenzrate des Jobabbaus nach N Perioden* definiert als Anteil der in [t-1, t] abgebauten Arbeitsplätze, der in jeder der N Perioden weiter abgebaut bleibt.[34]
Da betriebliche Beschäftigungsentwicklungen im Zeitablauf nachvollziehbar sein müssen, um Aussagen über die Persistenz der Jobschaffung und des Jobabbaus auf Betriebsebene treffen zu können, setzt die Messung von Persistenzraten die Verfügbarkeit eines Paneldatensatzes voraus. Weil auf der Grundlage der vorhandenen Betriebsdaten jedoch nur die Entwicklung der Gesamtzahl der betrieblichen Arbeitsplätze im Zeitablauf verfolgt werden kann, nicht aber das einzelne bestehende Arbeitsverhältnis, müssen vereinfachende Annahmen getroffen werden. Die Persistenzrate der Jobschaffung nach N Perioden beträgt annahmegemäß in den Folgeperioden immer dann 100%, wenn die Gesamtbeschäftigung des Betriebes bis einschließlich zur Periode N in keiner Periode wieder unter das Beschäftigungsniveau der Periode t abfällt. Sinkt die betriebliche Beschäftigung dagegen in der Folgezeit unter das im Zuge der Jobschaffung erreichte Beschäftigungsniveau, so fällt die Persistenzrate der Jobschaffung zunächst unter 100%, wird sogar die Ausgangsbeschäftigung der Periode t-1 erreicht oder unterschritten, so sind vereinbarungsgemäß alle neu geschaffenen Jobs wieder abgebaut und die Persistenzrate beträgt 0%. Definitionsgemäß kann die Persistenzrate der Jobschaffung einer Folgeperiode somit nur höchstens so groß ausfallen wie die entsprechende

---

[33] Die Persistenzanalyse neu geschaffener und abgebauter Jobs muss von der Frage der Persistenz der Betriebsgröße unterschieden werden, wie sie z.B. bei Leonard (1986) analysiert wird.

Persistenzrate der Vorperiode. Die Persistenzraten des Jobabbaus nach N Jahren werden auf analoge Weise gebildet. Diese vereinfachende Ermittlung von Persistenzraten neu geschaffener und abgebauter Jobs impliziert, dass das Ausmaß der Persistenz dann systematisch überschätzt wird, wenn auf Betriebsebene neue Jobs zwar abgebaut, jedoch wieder durch neuere Arbeitsplätze ersetzt werden, so dass sich die betriebliche Gesamtbeschäftigung nicht ändert.

3.2 Ergebnisse für die baden-württembergische Gesamtindustrie

Die Ergebnisse der folgenden Persistenzanalysen basieren auf Jahresdaten für die Jahre 1980-1994.[35] Da jeweils die Persistenzraten nach einem bzw. zwei Jahren betrachtet werden sollen, können diese letztmalig für die 1991 auf 1992 neu entstandenen bzw. abgebauten Jobs ermittelt werden.[36]

Abbildung III.8 gibt zunächst die Verteilung der zweijährigen Persistenzraten der Jobschaffung wieder, wobei exemplarisch die Persistenz der von 1980 auf 1981 geschaffenen Arbeitsplätze betrachtet wird, da die Ergebnisse für andere Zeiträume sowie für den Jobabbau weitgehend identisch ausfallen.

Abbildung III.8: Verteilung der zweijährigen Persistenzraten der betrieblichen Jobschaffung am Beispiel der von 1980 auf 1981 neu geschaffenen Arbeitsplätze

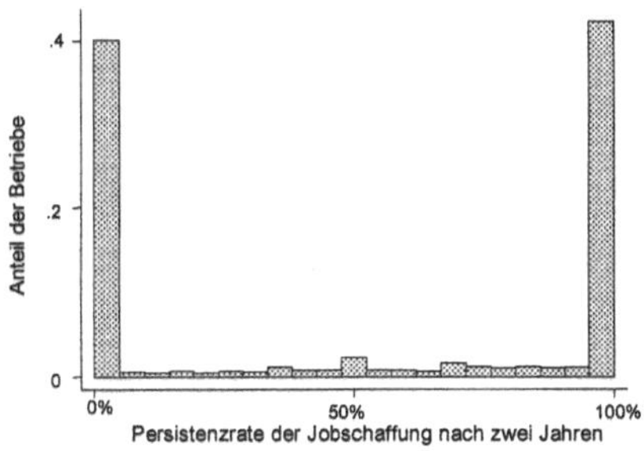

---

34 Die Definitionen der Persistenzraten folgen der Vorgehensweise bei Davis et al. (1996a), S. 22, die auch im Rahmen zahlreicher empirischer Folgestudien Verwendung gefunden hat.

35 Davis et al. (1996a) vergleichen die Ergebnisse jährlicher Persistenzanalysen mit den entsprechenden Ergebnissen vierteljährlicher Analysen und gelangen zu dem Ergebnis, dass die Persistenz sowohl der Jobschaffung als auch des Jobabbaus in der kürzeren Frist deutlich geringer ausfällt, da die Ergebnisse in starkem Maße von transitorischen und saisonalen Schwankungen überlagert sind.

36 Aufgrund der Änderung der Wirtschaftszweigsystematik im Jahr 1995 und des "Bruchs" im Paneldatensatz kann für die aktuelleren Jahre nur die Persistenz der Jobschaffung und des Jobabbaus der Jahre 1995/96 und 1996/97 untersucht werden. Die Ergebnisse für diese Perioden werden hier nicht angegeben, fallen jedoch sehr ähnlich aus.

Auffallend ist, dass die Verteilung der Persistenzraten nicht gleichmäßig ist, sondern in der Tendenz einer Zweipunktverteilung sehr nahe kommt. Dies ist einerseits die Folge eines "Zensierungseffekts". Jede betriebliche Beschäftigung in der Folgezeit, die größer ist als die im Zuge der Jobschaffung erreichte Beschäftigung, führt zu einer Persistenzrate von 100%, und jeder Jobabbau, der zum Erreichen oder Unterschreiten der Ausgangsbeschäftigung führt, impliziert eine Persistenzrate von 0%. Andererseits spiegeln die dicht besetzten Ränder auch die bereits im Rahmen der Konzentrationsanalyse betonte Tatsache wider, dass die Beschäftigungsanpassungen in der Folgezeit einer Expansion auf Betriebsebene in hohem Maße diskret und unstetig sind: Zahlreiche Betriebe können ihre neu geschaffenen Arbeitsplätze auch in der Folgezeit aufrecht erhalten, in einer Vielzahl von Betrieben wird die Beschäftigungsexpansion der Vorperiode dagegen in der Folgeperiode bereits wieder vollständig zurückgenommen. Diese diskrete Verteilung der betriebsspezifischen Persistenzraten unterstreicht erneut die Forderung neuerer arbeitsmarkttheoretischer Erklärungsansätze, welche die Vorstellung von einem stetigen Beschäftigungsanpassungsverhalten der Arbeitsnachfrager, wie es die traditionelle Arbeitsnachfragetheorie erwarten lässt, durch das Muster einer unstetigen und diskretionären Beschäftigungsanpassung auf Betriebsebene ersetzt oder zumindest ergänzt.[37]

Die jahresdurchschnittliche Persistenzrate der Jobschaffung nach einem Jahr betrug in der baden-württembergischen Gesamtindustrie im Durchschnitt der Jahre 1980-1994 gut 83%, nach zwei Jahren waren mit 73% immer noch fast drei von vier neu geschaffenen Jobs vorhanden (vgl. Tabelle III.10). Sowohl die einjährige als auch die zweijährige Persistenz des Jobabbaus fielen dabei im Durchschnitt des Betrachtungszeitraums mit gut 70% und 59% und in fast jedem einzelnen Jahr mit Ausnahme der Perioden Anfang der 90er Jahre jeweils deutlich geringer aus als die entsprechenden Persistenzraten für neu geschaffene Jobs. Auffällig ist die besonders geringe Persistenz der Jobschaffung in den Jahren 1990 bis 1992. Im Zuge der Sonderkonjunktur durch die Wiedervereinigung entstanden in einigen Betrieben der baden-württembergischen Industrie Arbeitsplätze, die nach Abflauen der Sonderkonjunktur wieder reduziert wurden.

---

37 Vgl. z.B. Caballero/Hammour (1994, 1996a, 1996b, 1998) sowie die expliziten Ausführungen zu diesen Erklärungsansätzen in Kapitel IV.

Tabelle III.10: Ein- und zweijährige Persistenzraten der Jobschaffung und des Jobabbaus, baden-württembergische Gesamtindustrie, 1980-1994

Periode	Persistenzrate der Arbeitsplatzschaffung		Persistenzrate des Arbeitsplatzabbaus	
	1 Jahr %	2 Jahre %	1 Jahr %	2 Jahre %
1980/81	80.5	68.7	80.9	70.3
1981/82	81.0	73.1	78.5	63.6
1982/83	86.8	81.1	68.5	53.1
1983/84	88.7	83.5	60.6	49.6
1984/85	91.6	84.0	64.9	51.7
1985/86	83.8	75.1	60.4	47.2
1986/87	85.8	76.2	67.4	51.8
1987/88	87.7	80.6	62.8	50.0
1988/89*)	90.5	84.9	66.3	53.1
1989/90	86.0	71.0	68.6	58.7
1990/91	74.9	56.6	77.4	71.3
1991/92	68.5	55.3	84.6	77.5
Durchschnitt (ohne 1988/89)	83.2	73.2	70.4	58.6

*) Berichtskreisaktualisierung

Diese größere Persistenz der Jobschaffung in der baden-württembergischen Industrie steht im Widerspruch zu zahlreichen entsprechenden Studien für andere Länder und andere Zeiträume (vgl. Tabelle III.11), die wie Davis et al. (1996a) überwiegend zu dem Ergebnis gelangen, dass der Jobabbau auf Betriebsebene die insgesamt persistentere Beschäftigungsveränderung ist: "[...] the typical newly destroyed job represents a more persistent plant-level employment change than does the typical newly created job."[38] Ausnahmen sind die Studien von Nocke (1994) für die französische Industrie sowie die dänische Studie von Albaek/Sorensen (1998), die zumindest auf ähnliche Persistenzraten für Jobschaffung und Jobabbau verweist.

Eine höhere einjährige Persistenzrate der Jobschaffung oder des Jobabbaus ging in der baden-württembergischen Industrie im Betrachtungszeitraum fast ausnahmslos mit einer höheren Persistenzrate nach zwei Jahren einher. Die entsprechenden Korrelationskoeffizienten zwischen den ein- und den zweijährigen Persistenzraten betragen 0.95 (P-Wert: 0.000) für die Jobschaffung und 0.96 (P-Wert: 0.000) für den Jobabbau. Gleichzeitig waren Jahre mit einer größeren Persistenz der Jobschaffung und somit einer größeren Stabilität neuer Arbeitsplätze sowohl gemessen an den einjährigen und den zweijährigen Persistenzraten regelmäßig Jahre, in denen der Jobabbau eine geringere Persistenz aufwies (Korrelationskoeffizienten: -0.83 (P-Wert: 0.002) und -0.89 (P-Wert: 0.000).

Tabelle III.11: Zur Persistenz von Jobschaffung und Jobabbau auf Betriebsebene – Übersicht über die Ergebnisse ausgewählter Studien

Studie	Persistenzrate der Arbeitsplatzschaffung		Persistenzrate des Arbeitsplatzabbaus	
	1 Jahr	2 Jahre	1 Jahr	2 Jahre
Albaek/Sorensen (1998) Dänemark 1980-1991	71%	58%	71%	58%
Broersma/Gautier (1997b) Belgien 1979-1993	76.5 %		84%	
Davis et al. (1996a) US 1973-1988	70.2%	54.4%	82.3%	73.6%
Klette/Mathiassen (1996) Norwegen 1976-1986	72.7%	65.1%	84.2%	79.8%
Konings (1995) UK 1973-1986	62%		81%	
Nocke (1994) Frankreich 1985-1990	73.4%	82.1%	51.5%	68.2%
Strobl et al. (1998) Irland 1974-1994	65%	53%	81%	75%
Strotmann (2001) Baden-Württemberg 1980-1994	83.2%	73.2%	70.4%	58.6%
Van der Linden (1995) Belgien, Firmendaten 1978-1985	80.1%	67.3%	85.1%	81.4%

Insbesondere auch im Vergleich mit den Ergebnissen der ausgewählten anderen Studien für andere Länder und andere Zeiträume fällt auf, dass sowohl die betriebliche Jobschaffung als auch der betriebliche Jobabbau in Baden-Württemberg eine besonders ausgeprägte Persistenz aufwiesen. Die überwiegende Mehrzahl der in der baden-württembergischen Industrie auf Betriebsebene neu geschaffenen Arbeitsplätze verfügt somit über eine beachtenswerte Stabilität im Zeitablauf, so dass Arbeitsplatzschaffung und Arbeitsplatzabbau in beträchtlichem Maße mittel- und längerfristige Beschäftigungsentscheidungen der Betriebe widerspiegeln und nicht das Ergebnis einer Beschäftigungspolitik kurzfristiger Einstellungen und Entlassungen sind. Davis/Haltiwanger (1992) betonen den engen inhaltlichen Zusammenhang zwischen der Persistenz der Jobschaffung und des Jobabbaus und der Betroffenheit der Arbeitskräfte. So kann nach Einschätzung der Autoren eine eher geringe Stabilität neu geschaffener bzw. abgebauter Jobs als Indiz für eine wesentliche Bedeutung temporärer Einstellungen und Entlassungen auf dem Arbeitsmarkt interpretiert werden. Sind die betrieblichen Beschäftigungsveränderungen dagegen in erheblichem Maße persistent, so sind temporäre Einstellungen und Entlassungen von untergeordneter Bedeutung und Phänomene

[38] Davis et al. (1996a), S. 24.

wie Langzeitarbeitslosigkeit und Arbeitsplatzreallokation zwischen den Betrieben rücken in den Vordergrund:

> "To the extent that job creation and destruction represent short-lived establishment-level employment changes, these changes can be implemented largely through temporary layoffs and recalls. To the extent that establishment-level employment changes are persistent, they must be associated with long-term joblessness or worker reallocation across plants."[39]

Ohne die grundsätzliche Richtigkeit der Argumentation in Frage stellen zu wollen, ist jedoch vor dem Hintergrund der mangelnden Verfügbarkeit von Daten über tatsächliche Arbeitsverhältnisse und den daraus resultierenden beschriebenen methodischen Vereinfachungen bei der Ermittlung der Persistenzraten vor einer undifferenzierten und unkritischen Interpretation der Ergebnisse in dieser Hinsicht zu warnen. Der folgende Abschnitt wendet sich nun abschließend der Frage zu, welche Bedeutung die Konjunktur für die Stabilität der neu geschaffenen bzw. der abgebauten Jobs hat.

3.3 Persistenz im Konjunkturzyklus

Betrachtet man die Ergebnisse bisheriger Studien zur konjunkturellen Abhängigkeit der Persistenzraten, so stimmen diese darin überein, dass die konjunkturelle Entwicklung einen wesentlichen Einfluss auf die Stabilität der betrieblichen Jobschaffung und des Jobabbaus besitzt.[40] Dabei herrscht die Überzeugung vor, dass neue Arbeitsplätze, die in Boomzeiten entstehen, bessere Überlebenschancen haben als Jobs, die in Rezessionen geschaffen werden:

> "[...] jobs created during a recession are less likely to survive than jobs created during an expansion."[41]

Die bisherigen Studien der Bedeutung der Konjunktur für die Persistenz der betrieblichen Jobschaffung und des Jobabbaus machen keinen Unterschied zwischen der Konjunktur im Jahr der Entstehung bzw. des Abbaus neuer Arbeitsplätze und der konjunkturellen Entwicklung in der Folgezeit. Diese Unterscheidung ist jedoch bei einer Analyse des Einflusses der Konjunktur auf die Stabilität der Jobschaffung sehr sinnvoll. Unstrittig dürfte sein, dass eine günstige konjunkturelle Entwicklung in den Jahren *nach* der Schaffung neuer Arbeitsplätze

---

39 Davis/Haltiwanger (1992), S. 836.
40 Vgl. z.B. auch Albaek/Sorensen (1998).
41 Davis et al. (1996a), S. 26.

die Beibehaltung der geschaffenen Jobs positiv begünstigt. Ceteris paribus ist zu erwarten, dass die Persistenz der Jobschaffung unabhängig von der konjunkturellen Lage im Ausgangsjahr um so größer und die Persistenz des Jobabbaus um so kleiner ist, je günstiger die konjunkturelle Entwicklung in der Folgezeit ausfällt. Der Effekt der konjunkturellen Lage *im* Jahr der Jobschaffung dagegen ist keineswegs eindeutig. Zwar könnte man ebenfalls argumentieren, dass Arbeitsplätze, die in einem positiven gesamtwirtschaftlichen Umfeld entstehen, über bessere Startbedingungen verfügen als Jobs, die in rezessiven Jahren geschaffen werden. Diese Überlegung würde dafür sprechen, dass eine günstige Konjunktur im Jahr der Jobschaffung die Persistenz der Jobs positiv stimuliert. Andererseits kann man sich jedoch auch vorstellen, dass in Jahren mit einer überaus guten konjunkturellen Entwicklung in einigen Betrieben neue Arbeitsplätze entstehen, die zwar kurzfristig wettbewerbsfähig sind, sich bei einer Beruhigung der Konjunktur dann jedoch sehr schnell als nicht mehr rentabel erweisen.[42] Letzteres Argument könnte die These eines eindeutigen positiven Effekts der Konjunktur im Jobschaffungsjahr auf die Persistenz der geschaffenen Jobs zumindest etwas relativieren. Im Gegensatz zu den bisherigen Studien wird daher im Folgenden jeweils streng zwischen der Konjunktur im Ausgangsjahr sowie der konjunkturellen Entwicklung in der Folgezeit unterschieden, wobei als Konjunkturindikator jeweils die jahresdurchschnittliche Wachstumsrate des realen Bruttoinlandsprodukts herangezogen wird.

Bereits die Betrachtung der Korrelationskoeffizienten von Pearson-Bravais (vgl. Tabelle III.12) zeigt, dass insbesondere der konjunkturellen Entwicklung in der Folgezeit der Jobschaffung bzw. des Jobabbaus eine besondere Bedeutung für die Persistenz zukommt. Eine günstigere konjunkturelle Entwicklung in der Folgezeit geht sowohl nach einem als auch nach zwei Jahren statistisch gesichert mit einer höheren Persistenz der Jobschaffung und einer geringeren Persistenz des Jobabbaus einher. Die Korrelationskoeffizienten der Wachstumsrate des realen Bruttoinlandsprodukts im Ausgangsjahr der Jobschaffung und des Jobabbaus weisen ein positives bzw. negatives Vorzeichen auf, sind jedoch statistisch insignifikant. Rangkorrelationskoeffizienten von Spearman unterstreichen die ermittelten Ergebnisse (vgl. Anhang III.1).

---

42 Dieses Argument steht in einem engen inhaltlichen Zusammenhang mit der Argumentation neuerer Theorien des Konjunkturzyklus, die rezessiven Zeiten einen passiven Säuberungscharakter zuschreiben, da hier Arbeitsplätze vermehrt unprofitabel werden (vgl. auch Kapitel IV).

Tabelle III.12: Konjunkturabhängigkeit der Persistenzraten, Korrelationskoeffizienten von Pearson-Bravais, baden-württembergische Industrie, P-Werte in Klammern, 1980-1994

	Wachstumsrate des realen Bruttoinlandsprodukts...		
	...im Ausgangsjahr	...im ersten Folgejahr	...im zweiten Folgejahr
Persistenzrate der Jobschaffung			
1 Jahr	0.33 (0.324)	0.87 (0.001)**	
2 Jahre	0.10 (0.764)	0.76 (0.007)**	0.72 (0.012)*
Persistenzrate des Jobabbaus			
1 Jahr	-0.55 (0.082)	-0.78 (0.004)**	
2 Jahre	-0.37 (0.268)	-0.83 (0.002)**	-0.68 (0.021)*

Insoweit scheint die konjunkturelle Entwicklung in den Folgejahren von größerer Bedeutung für die Persistenz betrieblicher Beschäftigungsveränderungen zu sein als das konjunkturelle Umfeld im Ausgangsjahr. Im Gegensatz zur Studie von Albaek/Sorensen (1998), die für die dänische Industrie zu dem Ergebnis gelangt, dass die Persistenz des Jobabbaus in weniger starkem Maße konjunkturabhängig ist als die Persistenz der Jobschaffung, beeinflusst das konjunkturelle Umfeld in der baden-württembergischen Industrie sowohl die Stabilität geschaffener als auch die Dauerhaftigkeit abgebauter Jobs in beträchtlichem Maße.

Um gleichzeitig für den Einfluss der konjunkturellen Effekte im Schaffungs- oder Abbaujahr und in der Folgezeit kontrollieren zu können, wurden ergänzend einfache OLS-Regressionen der verschiedenen Persistenzraten auf die Wachstumsraten des Bruttoinlandsprodukts durchgeführt. Um für Autokorrelation sowie Heteroskedastizität unbekannter Form zu kontrollieren, werden die Standardfehler nach der Methode von Newey-West[43] ermittelt. Die Korrelationskoeffizienten zwischen den Regressoren sind dabei zwar positiv, jedoch statistisch insignifikant, so dass das denkbare Problem der Multikollinearität die Ergebnisse nicht gravierend beeinflusst. Die Ergebnisse der Regressionen bestätigen die Ergebnisse der einleitenden Korrelationsanalysen (vgl. Tabelle III.13). Die konjunkturelle Entwicklung in der Folgezeit der Jobschaffung bzw. des Jobabbaus hat bei gleichzeitiger Kontrolle für die Konjunktur im Ausgangsjahr sowohl im ersten als auch im zweiten Jahr einen hochsignifikanten Einfluss auf die jeweiligen Persistenzraten. Wie inhaltlich erwartet begünstigt eine bessere konjunkturelle Entwicklung in den folgenden Perioden die Stabilität der geschaffenen Jobs und reduziert die Dauerhaftigkeit des betrieblichen Stellenabbaus.

[43] Vgl. Newey/West (1987).

Tabelle III.13: Konjunkturabhängigkeit der Persistenzraten, Ergebnisse einer OLS-Regression mit Newey-West-Standardfehlern, baden-württembergische Gesamtindustrie, 1980-1994

	Abhängige Variable: Persistenzrate ...					
	... der Arbeitsplatzschaffung			... des Arbeitsplatzabbaus		
	1 Jahr	2 Jahre		1 Jahr	2 Jahre	
Konstante	0.791 (0.000)**	0.702 (0.000)**	0.656 (0.000)**	0.777 (0.000)**	0.654 (0.000)**	0.703 (0.000)**
Wachstumsrate reales BIP im Entstehungsjahr	-0.239 (0.692)	-1.413 (0.268)	-0.785 (0.257)	-1.032 (0.410)	0.007 (0.996)	-0.677 (0.516)
Wachstumsrate reales BIP im Folgejahr	2.341 (0.001)**	3.388 (0.001)**	2.703 (0.004)**	-2.226 (0.000)**	-3.347 (0.000)**	-2.602 (0.000)**
Wachstumsrate reales BIP im 2. Folgejahr			1.651 (0.002)**			-1.797 (0.003)**
F-Wert	30.29 (0.000)**	28.27 (0.000)**	11.55 (0.004)**	66.69 (0.000)**	126.33 (0.000)**	38.82 (0.000)**
White-Test[44]	4.33 (0.502)	7.18 (0.208)	10.86 (0.286)	5.71 (0.336)	8.78 (0.118)	10.87 (0.285)
Durbin-Watson-Teststatistik[45]	1.67 F(3,11)	1.73 F(3,11)	1.19 F(4,11)	1.44 F(3,11)	1.54 F(3,11)	1.27 F(4,11)

Die Konjunktur im Jahr der Jobschaffung selbst dagegen scheint für die Persistenz keine statistisch gesicherte Rolle zu spielen. Die Generalaussage der angeführten Studien, dass in Boomzeiten geschaffene Jobs eine höhere Überlebenswahrscheinlichkeit aufweisen, erscheint vor dem Hintergrund der gefundenen Ergebnisse somit für die baden-württembergische Industrie und die Jahre 1980 bis 1994 zu undifferenziert zu sein und bedarf der Ergänzung. In der baden-württembergischen Industrie war daher im Zeitraum 1980 bis 1994 weniger die konjunkturelle Situation im Ausgangsjahr als vielmehr die konjunkturelle Entwicklung in der Folgezeit von entscheidender Bedeutung für die resultierende Stabilität der betrieblichen Jobschaffung und des betrieblichen Jobabbaus.

44 Vgl. White (1980) oder die Beschreibung in Greene (2000), S. 508.

45 Vgl. Durbin/Watson (1950, 1951, 1971) oder die Erläuterungen in Greene (2000), S. 538ff.

IV. Arbeitsplatzdynamik im Konjunkturzyklus – Zur Rolle der Arbeitsplatzreallokation bei der Erklärung konjunktureller Schwankungen

1. Ausgangspunkt: Das Erklärungsproblem traditioneller Konjunkturtheorien

Zahlreichen traditionelleren Konjunkturtheorien ist die Auffassung gemein, dass aggregierte Schocks für das Entstehen von Beschäftigungs- und Outputschwankungen verantwortlich sind. Unterschiede zwischen den einzelnen Konjunkturtheorien bestehen daher insbesondere in der Art des Schocks, der bei der Erklärung der Konjunktur Betonung findet.[1]

Traditionell keynesianisch geprägte Konjunkturtheorien sehen in Schwankungen der gesamtwirtschaftlichen Nachfrage die entscheidende Ursache für konjunkturelle Output- und Beschäftigungsschwankungen.[2] Monetäre Ansätze, z.B. von Johnson (1967), Friedman (1969) oder Brunner/Meltzer (1971), führen kurzfristige reale Schwankungen auf exogene Veränderungen der Geldmenge oder des Geldmengenwachstums zurück. In früheren Modellen der Neuen Klassischen Makroökonomie, die auf der Annahme stetiger Markträumung und vollkommener Konkurrenz auf allen Märkten basieren, werden reale konjunkturelle Schwankungen mit unvollständigen Informationen der Wirtschaftsakteure begründet, deren intertemporales Optimalkalkül durch Fehleinschätzungen relativer Preise zu intertemporalen Substitutionseffekten führt, die reale Auswirkungen in der Gegenwart besitzen (vgl. z.B. Lucas (1975)). Gleichgewichtstheoretische Modelle realer Konjunkturschwankungen (Real-Business-Cycles-Modelle[3]) erklären den Konjunkturzyklus durch das Auftreten seriell korrelierter Angebotsschocks, insbesondere durch das Auftreten von Produktivitäts- oder Präferenzschocks[4]. Im Gegensatz zu den konjunkturtheoretischen Erklärungsansätzen der Neuen Klassischen Makroökonomie gehen Modelle der Neuen Keynesianischen Makroökonomik von Märkten mit unvollkommener Konkurrenz aus. Output- und Beschäftigungs-

---

[1] Einen guten Überblick über wesentliche Grundrichtungen der Konjunkturtheorie gibt Wagner, H. (1997), S. 37-39.

[2] Exemplarisch seien die Konjunkturmodelle in der Tradition von Samuelson (1939) und Hicks (1950) angeführt, die das Entstehen konjunktureller Schwankungen aus einem Zusammenwirken von Multiplikator- und Akzeleratoreffekten im Zuge von Nachfrageveränderungen begründen.

[3] Zentral für die Theorie gleichgewichtiger realer Konjunkturzyklen sind die ursprünglichen Aufsätze von Kydland/Prescott (1982) und von Long/Plosser (1983). Einen Überblick über kritische Anmerkungen zu den Real-Business-Cycles-Modellen findet man zum Beispiel in Mankiw (1989).

[4] Serielle Korreliertheit der Schocks bedeutet in diesem Zusammenhang, dass die Angebotsschocks in ihrer Wirkung durch alternative Verbreitungsmechanismen verstärkt werden und somit in folgende Perioden hineinwirken. Als mögliche Verbreitungsmechanismen werden zum Beispiel die Möglichkeit der Lagerhaltung durch Betriebe zur Kompensation unerwarteter Nachfrageänderungen, die nur schrittweise Anpassung der Beschäftigung als Folge von Anpassungskosten der Beschäftigung sowie zeitaufwendige Suchprozesse angeführt. Besondere Betonung findet die Möglichkeit einer intertemporalen Substitution von Arbeit und Freizeit. Geht man davon aus, dass in Boomzeiten höhere Löhne gezahlt werden, so steigen die Opportunitätskosten der Freizeit in expansiven Phasen und die Individuen weiten ihr Arbeitsangebot aus. Dies kann die Wirkung von Produktivitätsschocks auf den Output verstärken.

schwankungen im Zuge von Nachfrageänderungen sind hier die Folge von Preisrigiditäten auf dem Gütermarkt. Die mangelnde Funktionsfähigkeit des Preismechanismus wird dabei aus dem mikroökonomischen Optimierungskalkül der Wirtschaftssubjekte begründet.

Alle beschriebenen Theorierichtungen lassen sich, wie einleitend erwähnt, trotz ihrer unterschiedlichen Betonung der Angebots- oder Nachfrageseite der Wirtschaft dadurch charakterisieren, dass das Entstehen von Rezessionen auf symmetrische *aggregierte* Schocks zurückgeführt wird. Diese aggregierten Schocks sind dadurch gekennzeichnet, dass sie die Mehrzahl der Betriebe mehr oder weniger zur gleichen Zeit und in ähnlichem Maße treffen und somit einen Rückgang der Produktion und der Beschäftigung auf breiter Basis in der überwiegenden Mehrzahl der Betriebe implizieren müssten. Unter Ausblendung möglicher Heterogenitäten auf der Angebots- oder Nachfrageseite des Arbeitsmarktes lassen diese Erklärungsmodelle daher einen weitgehenden Gleichlauf betrieblicher Beschäftigungsentwicklungen im Konjunkturverlauf erwarten. Aufgrund dieser postulierten Homogenität in der Wirkung aggregierter Schocks arbeiten zahlreiche Modelle, die sich obigen Theorieströmungen zuordnen lassen, mit der Annahme repräsentativer Produzenten und Konsumenten. Unter völliger Vernachlässigung möglicher Heterogenitäten wird eine mögliche Bedeutung von Reallokationsprozessen auf Betriebsebene für die Entwicklung der Gesamtbeschäftigung a priori ausgeklammert.

Diese postulierte Homogenität steht jedoch in unmittelbarem Widerspruch zu den Ergebnissen zahlreicher empirischen Studien.[5] Die Ergebnisse der Komponentenanalyse der Arbeitsplatzdynamik in Kapitel III haben verdeutlicht, dass in allen Phasen des Konjunkturzyklus auf dem baden-württembergischen Industriearbeitsmarkt ein gleichzeitiges Nebeneinander von expandierenden, schrumpfenden, neu gegründeten und schließenden Betrieben beobachtet werden konnte, das nicht durch eine repräsentative Firma beschrieben werden kann. Neben dieser markanten Heterogenität betrieblicher Beschäftigungsentwicklungen gibt auch eine von Blanchard/Diamond (1989, 1990) sowie Davis/Haltiwanger (1990, 1992) in verschiedenen Studien für die US-amerikanische Industrie erstmals festgestellte Asymmetrie im konjunkturellen Verhalten von Arbeitsplatzschaffung und Arbeitsplatzabbau der traditionellen Konjunkturtheorie Rätsel auf.[6] Während man auf der Grundlage vorherrschender Konjunkturmodelle eine weitgehende Symmetrie hinsichtlich der relativen Volatilität von Arbeitsplatzschaffung und Arbeitsplatzabbau erwarten müsste, da Arbeits-

5 Vgl. z.B. die kritischen Anmerkungen von Davis et al. (1996a) oder auch Campbell/Fisher (1997), S. 22.
6 Vgl. z.B. Davis et al. (1996a), S. 84.

platzschaffung und Arbeitsplatzabbau bei einer repräsentativen Firma im Zuge eines symmetrischen, aggregierten Schocks mit gleicher Häufigkeit und in gleicher Menge auftreten[7], gelangen die Autoren zu dem Ergebnis, dass der Jobabbau im Konjunkturverlauf eine dominierende Rolle für die Beschäftigungsentwicklung spielt.

> "Job destruction rises dramatically during recessions, whereas job creation initially declines by a relatively modest amount."[8]

Als Indikator für diese Asymmetrie im konjunkturellen Verhalten der Job-Flows ziehen Davis/Haltwanger das Verhältnis der Varianzen von Arbeitsplatzabbau und -schaffung im Zeitablauf heran, wobei in den Vereinigten Staaten die Varianz des Jobabbaus im Betrachtungszeitraum ungefähr doppelt so groß ausfällt wie die entsprechende Varianz der Jobschaffung.

Dieser Widerspruch zwischen den herrschenden Theoriemeinungen und den Ergebnissen empirischer Studien stimulierte in der Folgezeit einerseits eine Vielzahl empirischer Studien für andere Länder, in denen die These von der Varianzasymmetrie überprüft wurde. Andererseits hatten die empirischen Beobachtungen auch eine theoretische Dimension. Die Abstraktion von dem beträchtlichen Ausmaß an Arbeitsplatzreallokation im Rahmen konjunkturtheoretischer Erklärungen wäre aus makroökonomischer Perspektive nur dann weitgehend unproblematisch, wenn den Reallokationsprozessen auf Mikroebene keine Bedeutung für die Erklärung aggregierter Fluktuationen zukommen würde.[9] Zahlreichen der in der Folge der empirischen Studien neu entstandenen theoretischen Erklärungsversuche ist jedoch die Auffassung gemein, dass die aggregierte konjunkturelle Entwicklung nur dann zufriedenstellend erklärt werden kann, wenn Friktionen und Heterogenitäten auf der Mikroebene in hinreichendem Maße Beachtung finden. Sie teilen die Überzeugung, dass die Berücksichtigung von Heterogenitäten auf der Angebots- und Nachfrageseite des Arbeitsmarktes verbunden mit einer Betonung von Friktionen bei der Reallokation von Inputfaktoren dazu führt, dass das Auftreten *allokativer* Schocks sowie Veränderungen in der

---

7 Die Behauptung einer prägenden Rolle des Arbeitsplatzabbaus im Konjunkturzyklus widerspricht nach Blanchard/Diamond (1990), S. 87, auch der Schumpeterschen Auffassung von konjunkturellen Schwankungen, nach der dynamische Unternehmer gerade in expansiven Aufschwungzeiten in besonderem Maße zur Schaffung neuer Arbeitsplätze beitragen und somit gerade der Arbeitsplatzschaffung eine prägende Rolle im Konjunkturzyklus zukommen sollte. Die Asymmetrie im Verhalten der Job-Flows "[...] rules out a Schumpeterian view of cyclical fluctuations, with booms as times when inventions are implemented yielding high job creation."

8 Davis/Haltiwanger (1999a), S. 2735.

9 Caballero (1992) argumentiert zum Beispiel, dass vorhandene Asymmetrien auf der Mikroebene nicht ohne weiteres auf die Makroebene übertragen werden können.

Intensität des Auftretens allokativer Schocks (Reallokationsschocks) und die damit verbundenen Reallokationsprozesse eine besondere Rolle bei der Erklärung konjunktureller Output- und Beschäftigungsschwankungen spielen.[10] Eine zufriedenstellende Erklärung der beobachteten Heterogenität betrieblicher Beschäftigungsentwicklungen sowie der asymmetrischen Rolle der Job-Flows im Konjunkturverlauf wird somit erst möglich, wenn Friktionen und Reallokationsprozesse auf betrieblicher Ebene berücksichtigt werden. Teilweise wird allokativen Schocks dabei eine eigenständige Impulswirkung für das Entstehen aggregierter Fluktuationen zugeschrieben, teilweise wird die Verstärkerwirkung der ausgelösten Reallokationsprozesse im Zuge aggregierter Schocks betont. Im Folgenden werden die Grundideen wesentlicher Gruppen von Erklärungsmodellen vorgestellt.[11]

2. Erklärungsansätze für die Asymmetrie im konjunkturellen Verhalten der Job-Flows

2.1 Reallocation timing hypothesis

Eine erste Gruppe von Erklärungsansätzen (Davis/Haltiwanger (1990), Hall (1991)) begründet die intensivierte Reallokation von Arbeit in rezessiven Phasen auf der Grundlage eines Opportunitätskostenkalküls. Da die Reallokation von Arbeit mit Kosten verbunden ist, werden produktivitätssteigernde Reallokationsprozesse auf rezessive Zeiten verschoben, in denen die Opportunitätskosten in Form von entgangener Produktion durch entgangene Arbeitszeit, zeitaufwendige Suchprozesse, Matching-Probleme, Umschulungsmaßnahmen, Anpassung an neue Technologien oder auch die Einführung neuer Produktionsverfahren geringer ausfallen. Negative aggregierte Schocks beeinflussen sowohl das Timing als auch die Geschwindigkeit der arbeitsmarktlichen Reallokation. Daher werden die Modelle unter den Begriffen "reallocation timing hypothesis"[12] oder "pit-stop-view of recessions"[13] subsumiert.
Das Opportunitätskostenkalkül alleine kann zunächst "nur" eine intensivierte Reallokation in rezessiven Phasen und somit die Heterogenität begründen. Die Asymmetrie im Verhalten der Job-Flows führen Davis/Haltiwanger einerseits auf die Tatsache zurück, dass die Schaffung von Arbeitsplätzen aufgrund der gegebenenfalls versunkenen Investitionskosten zeit- und

---

[10] Vgl. z.B. Davis/Haltiwanger (1999b), S. 1236.

[11] Für einen guten Kurzüberblick über alternative Theorieansätze vgl. Davis/Haltiwanger (1999a), Davis et al. (1996a) oder auch Schuh/Triest (1998). Angemerkt sei an dieser Stelle, dass eine saubere Trennung zwischen aggregierten und allokativen Schocks wohl nur theoretisch möglich ist.

[12] Vgl. Davis/Haltiwanger (1990), S. 126.

[13] Diese Bezeichnung basiert auf einer Analogie der betrieblichen Reallokation zu einem Boxenstopp bei einem Autorennen. Auch hier bietet es sich an, einen Boxenstopp nicht dann durchzuführen, wenn man freie Fahrt hat, sondern wenn man z.B. aufgrund des hohen Verkehrs am zügigen Fahren behindert wird.

somit kostenintensiv ist, während der Abbau von Arbeitsplätzen spürbar schneller erfolgen kann.[14] Zudem basiert die Asymmetrie auf der unterschiedlichen Reaktion der Job-Flows auf aggregierte und allokative Schocks. Während im Zuge eines negativen aggregierten Schocks gleichzeitig der Arbeitsplatzabbau intensiviert und die Jobschaffung gedämpft werden, führt ein negativer allokativer Schock zu einer Zunahme der Jobschaffung und des Jobabbaus und beeinflußt somit beide Job-Flows in dieselbe Richtung.[15] Auf Seiten der Jobschaffung kompensieren sich die Effekte allokativer und aggregierter Schocks zumindest zum Teil, auf Seiten des Arbeitsplatzabbaus wirken beide Störungen in dieselbe Richtung. Auch eine mögliche Zunahme von Unsicherheit über zukünftige Entwicklungen durch allokative Störungen kann dazu führen, dass Investitionen in neue Arbeitsplätze zunächst ausbleiben.

2.2 Rezessionen als "times of cleaning up"

Während im Rahmen der Opportunitätskostenansätze Rezessionen als Gelegenheit für eine relativ billige Arbeitsplatzreallokation interpretiert werden, betont eine zweite Gruppe von Modellen (vgl. z.B. Caballero/Hammour (1994, 1996a, 1996b, 1998) oder Blanchard/ Diamond (1990)), dass Rezessionen Zeiten sind, in denen bestehende Arbeitsplätze verstärkt unprofitabel werden und daher abgebaut werden müssen, da ihre Aufrechterhaltung zu teuer wäre.[16]

Blanchard/Diamond (1990)[17] stellen ebenfalls eine beträchtliche Asymmetrie im Verhalten der Job-Flows fest, lehnen jedoch das Opportunitätskostenargument als wenig überzeugend ab: "We find their particular story unconvincing and believe there may be other reasons why additional job destruction takes place during recessions".[18] Als mögliche Erklärungen für die Asymmetrie der Job-Flows führen Blanchard/Diamond eine überdurchschnittliche Zunahme der Konkurse oder die steigende Konkursgefahr in Rezessionen an. Während sich in guten konjunkturellen Zeiten Nachlässigkeiten hinsichtlich der betrieblichen Produktivitätsentwicklung einschleichen können, werden diese Mängel sowie gegebenenfalls vorhandene X-Ineffizienzen in rezessiven Perioden spürbarer und führen zu einem verstärkten Abbau obsoleter Arbeitsplätze. Auch eine asymmetrische relative Stärke von Rezessionen und

---

14 Blanchflower/Burgess (1994) kritisieren die Vorgehensweise von Davis/Haltiwanger (1990) sowie das entsprechende Modell von Hall (1991), da die Annahme, dass Arbeitsplatzabbau kostenfrei möglich ist, die Ergebnisse per Annahme vorwegnimmt.

15 Vgl. Davis/Haltiwanger (1990), S. 126.

16 Vgl. z.B. Caballero/Hammour (1994), S. 1365.

17 Vgl. im Folgenden Blanchard/Diamond (1990), S. 113ff.

18 Blanchard/Diamond (1990), S. 114.

Booms könnte die Asymmetrie erklären. Setzen Rezessionen abrupter ein als expansive Phasen, so werden zahlreiche Betriebe einen kritischen Schwellenwert unterschreiten und in großem Umfang Arbeitsplätze abbauen.[19] Blanchard/Diamond betrachten Rezessionen daher als Perioden der "Säuberung" der betrieblichen Produktions- und Beschäftigungsstruktur. "The explanation that strikes us as most plausible is the one that views recessions as times of cleaning up."[20]

Die Analyse von Caballero/Hammour (1994) basiert auf einem Vintage-Modell mit exogenem technischen Fortschritt. Im Zeitablauf entstehen mit einer bestimmten Rate neue Jobs[21], die stets über die produktivste Technologie verfügen, während ältere Arbeitsplätze unprofitabel werden und aus dem Markt ausscheiden. Zu jedem Zeitpunkt bestehen folglich gleichzeitig verschieden alte und somit verschieden produktive Arbeitsplätze. Weiterhin ist die Schaffung eines neuen Jobs mit Kosten verbunden, die annahmegemäß vom Ausmaß der Schaffungsrate abhängen können. Kommt es aufgrund eines aggregierten Schocks zu einem Nachfragerückgang, so könnte dieser entweder durch das Ausscheiden obsolet gewordener Jobs oder durch einen Rückgang der Schaffungsrate neuer Jobs kompensiert werden. Caballero/Hammour legen in ihrem Modellrahmen dar, dass die Struktur der Kosten der Jobschaffung von entscheidender Bedeutung dafür ist, welcher der beiden Anpassungseffekte dominiert. Sind die Anpassungskosten unabhängig von der Schaffungsrate konstant, so können im steady-state Gleichgewicht Nachfrageschwankungen vollständig durch Anpassungen der Arbeitsplatzschaffung beantwortet werden. Steigen die Anpassungskosten dagegen mit steigender Schaffungsrate, so besteht für die Akteure der Anreiz, die Arbeitsplatzschaffung über die Zeit zu verteilen, da es dann mit immensen Kosten verbunden sein kann, Nachfrageschwankungen mit Variationen der Schaffungsrate zu beantworten.

---

19 Ein weiteres Argument, das Blanchard/Diamond (1990), S. 115, bei ihrer Suche nach möglichen Ursachen der Asymmetrie anführen, ist das zyklische Verhalten der Einstellungs- und Entlassungskosten. Ist in einem Arbeitsmarkt mit größerer Arbeitslosigkeit das Risiko, entlassene Personen an andere Betriebe zu verlieren, geringer, so sind die Kosten temporärer Entlassungen geringer. Damit führen Blanchard/Diamond jedoch auch Argumente an, die dem Opportunitätskostengedanken sehr nahe stehen, den sie selbst als unüberzeugend abgetan haben.

20 Blanchard/Diamond (1990), S. 116.

21 Caballero/Hammour (1994), S. 1358, sprechen in diesem Zusammenhang von "production units", betonen jedoch, dass man in ihrem Modell die Schaffung einer produzierenden Einheit auch als Schaffung eines Jobs interpretieren kann.

> "Reducing the rate of technology adoption to a near standstill in a recession may require firms to catch up at prohibitively expensive rates in the ensuing expansion. Thus creation will not fully insulate existing units, and part of the contraction will have to take place at the destruction margin."[22]

In späteren Arbeiten erweitern Caballero/Hammour (1996a, 1996b, 1998) ihren Analyserahmen und führen die Asymmetrie im Verhalten der Job-Flows im Konjunkturzyklus insbesondere auf die Entstehung spezifischer Quasirenten beim Eingang von Jobmatches zurück. Die Schaffung eines neuen Arbeitsplatzes und die Einstellung einer neuen Person zieht typischerweise sowohl auf Seiten des Arbeiters als auch auf Seiten des Betriebes spezifische Investitionen nach sich (Suchkosten, Einstellungskosten, Schulungskosten, Mobilitätskosten, Ausbildungskosten etc.), die der Beziehung einen spezifischen Wert geben. Sind diese Investitionen mit versunkenen Kosten verbunden, so entstehen Quasirenten, die für beide Seiten Anreize zu opportunistischem Verhalten liefern, wenn die Aneignung der Renten für die beteiligten Parteien ex post nicht zwingend gesichert ist, zumal im Zuge dieser Transformation aus einer ex ante wettbewerblichen Situation ein ex post bilaterales Monopol entsteht.[23] Die Vermeidung dieser Transformation – in der Literatur auch als "holdup problem" bezeichnet – könnte theoretisch durch Abschließen geeigneter, durchsetzbarer Langfristverträge bei Eingang der Beziehung gelingen. In der Praxis jedoch gehen Akteure Vereinbarungen und Beziehungen ein, die ex post eine Menge Interpretationsspielraum freilassen und somit als "unvollständige Verträge" bezeichnet werden können.[24]

Während suchtheoretische Modelle (vgl. z.B. Mortensen/Pissarides (1994, 1999[25])) bei der Analyse der Matching-Prozesse und der daraus entstehenden Job-Flows sich auf die Betonung von Suchkosten beschränken, verallgemeinern Caballero/Hammour insoweit den Analyserahmen, als nun auch andere Formen spezifischer Kosten Berücksichtigung finden. Diese Verschiebung der Analyse hin zu einer allgemeinen Analyse von Spezifitäten hat wichtige inhaltliche Implikationen. Während die Problematik der Aneignung spezifischer Renten (problem of appropriability) in suchtheoretischen Modellen "nur" eine Störung der Reallokation von Arbeit impliziert, führt sie bei Caballero/Hammour zu einer völligen

---

22 Caballero/Hammour (1994), S. 1357.

23 Institutionelle Gegebenheiten wie die Ausgestaltung von Regelungen des Kündigungsschutzes oder Gewerkschaftsbildung können das Ausmaß an Spezifität einer Beziehung ebenfalls beeinflussen. Vgl. Caballero/Hammour (1998), S. 726.

24 "[...] such ideal contracts are difficult to achieve once we consider the full complexity of concrete situations", Caballero/Hammour (1998), S. 730.

25 Einen Überblick über frühere suchtheoretische Modelle, deren Schwerpunkt auf einer Betonung des Suchverhaltens individueller Personen lag, kann bei Mortensen (1986) gefunden werden. Neuere

Entkoppelung der Arbeitsplatzschaffung und des Arbeitsplatzabbaus, was ihren zyklischen Gleichlauf und ihre relative Stärke betrifft.[26] Diese Entkoppelung beruht auf der Tatsache, dass mit unvollständigen Verträgen eine gewisse temporäre Rigidität der Reallöhne einhergeht, deren Beseitigung erst möglich wird, wenn ausreichende Mengenreaktionen im Zuge geringerer Arbeitsplatzschaffung oder steigender Arbeitslosigkeit auftreten. Erneut spielt die Struktur der Kosten der Jobschaffung eine wesentliche Rolle dafür, ob eine Beschäftigungsanpassung eher über die Seite der Jobschaffung oder aber des Jobabbaus abläuft. Sind die Investitionskosten der Einstellung von Personen linear, so bestehen geringe Anreize, die Schaffung von Jobs über die Zeit zu verteilen, und Anpassungsprozesse erfolgen verstärkt über die Arbeitsplatzschaffung. Nichtlinearitäten in der Kostenfunktion dagegen führen zu einem verstärkten Abbau obsoleter Arbeitsplätze. Liegen nichtlineare Kosten vor, so sind Rezessionen nicht durch eine ausgeprägte Reallokation im Sinne einer gleichzeitig höheren Arbeitsplatzschaffung und -vernichtung gekennzeichnet, sondern durch einen ausgeprägten Jobabbau und eine nur mäßig geringere Arbeitsplatzschaffung. Das Problem der Aneignung spezifischer Quasirenten führt somit zu übertriebenen rezessiven Tendenzen und einer unnötig strengen und unfreiwilligen Arbeitslosigkeit.[27]

Rezessionen sind daher nach Auffassung von Caballero/Hammour keineswegs notwendiger Bestandteil einer gesunden Ökonomie oder aber "the silver lining to the storm of recessions"[28], in deren Verlauf eine produktivitätssteigernde Ressourcenreallokation und somit das Aufbrechen von verkrusteten Produktionsmustern ermöglicht wird. Vielmehr führen Rezessionen zu einem relativ einseitigen Jobabbau, ohne dabei zu garantieren, dass in hinreichendem Maße auch neue bzw. hinreichend produktive Arbeitsplätze entstehen.

> "[...] a recession-recovery cycle may yield *less* rather than *more* productivity-enhancing reallocation."[29]

> "Rather than being times of increased reallocation intensity, recessions become times of productivity cleansing. This does not mean that, because of sclerosis, we find a case for a revived liquidationist view of recessions as desirable. High destruction and increased unemployment are essentially wasteful in this context."[30]

Entwicklungen berücksichtigen im Rahmen eines gleichgewichtigen Suchansatzes auch die Nachfrageseite des Arbeitsmarktes und somit die Rolle der Betriebe und Firmen. Vgl. dazu Mortensen/Pissarides (1999).

26 Caballero/Hammour (1996a), S. 807.

27 Caballero/Hammour (1998), S. 743. Die überproportionale Jobvernichtung geht in rezessiven Phasen mit sklerotischen Tendenzen einher, da unter Berücksichtigung der Problematik der Aneignung von Renten Arbeitsplätze Bestand haben können, deren Produktivität in einer effizienten Ökonomie nicht ausreichen würde.

28 Hall/Taylor (1997), S. 136.

29 Caballero (1998), S. 342.

30 Caballero/Hammour (1996a), S. 844.

2.3 Diskrete Beschäftigungsanpassung und mikroökonomische Nichtkonvexitäten

Den inhaltlichen Ausgangspunkt einer dritten Gruppe von Modellen (z.B. Caballero (1992), Caballero/Engel (1993), Caballero et al. (1997), Campbell/Fisher (1996, 1997, 2000)) bildet die Überzeugung, dass die Wahrscheinlichkeit einer Beschäftigungsanpassung eines Betriebes von einer Lücke zwischen der tatsächlichen und der gewünschten Beschäftigung abhängt, welche die Folge der Existenz von Anpassungskosten, Friktionen und daraus resultierenden unvollständigen Anpassungen der Vorperiode ist. Im Mittelpunkt dieser Modelle steht die Auffassung, dass mikroökonomische Beschäftigungsanpassungen unstetig sind und weitgehend diskret ausfallen. Zahlreiche Betriebe reagieren auf Schocks überhaupt nicht mit einer Anpassung der Beschäftigung oder aber versuchen – insbesondere bei gravierenderen Schocks – ihre Beschäftigung möglichst sofort in ganzem Umfang an die gewünschte Beschäftigung anzupassen. "Microeconomic employment adjustment is lumpy and discontinuous."[31] Dieses diskrete, nichtlineare Beschäftigungsanpassungsverhalten kann mikroökonomisch auf Nichtkonvexitäten in der Anpassungstechnologie beruhen, die typischerweise auch im Rahmen von (S,s)-Modellen der Aggregation eine wesentliche Rolle spielen.[32] Caballero et al. (1997) argumentieren auf der Grundlage US-amerikanischer Ergebnisse, dass eine Beschäftigungsanpassung dabei insbesondere bei Auftreten größerer Lücken zwischen der tatsächlichen und der gewünschten Beschäftigung erfolgt, wie es gerade im Zuge negativer aggregierter Schocks der Fall sein kann. Somit ist der aggregierte Effekt dieser Nichtlinearitäten in tiefen Rezessionen besonders ausgeprägt, was die Asymmetrie im Verhalten der Job-Flows erklären kann.

Da Nichtlinearitäten der mikroökonomischen Beschäftigungsanpassung von entscheidender Bedeutung für das Verständnis der Reaktion von Betrieben auf aggregierte Schocks sind, unterstreichen diese Modelle, dass mikroökonomische Heterogenitäten auch und gerade für das Verständnis makroökonomischer Phänomene von Bedeutung sind: Obwohl Caballero (1992) selbst in einem früheren Beitrag zurecht davor warnt, dass ein unmittelbares Übertragen mikroökonomischer Tatbestände auf die Makroebene unter Umständen durchaus sehr problematisch sein kann, heben Caballero et al. (1997) die Relevanz einer Berücksichtigung der Heterogenitäten auf der Mikroebene explizit hervor:

---

31 Caballero et al. (1997), S. 116.

32 Vgl. z.B. Caballero (1992), S. 1280 oder Caballero et al. (1997), S. 121: "[...] a large number of establishments choose not to adjust, even in circumstances where their shortages are large. This evidence supports the hypothesis that there is a nonconvexity in the adjustment technology of individual establishments."

> "[...] microeconomic heterogeneity is important not only for microeconomic issues but also for macroeconomics. [...] A representative agent framework is ill suited for this task and, therefore, is bound to miss important aspects of employment dynamics."[33]

Diesem nichtlinearen mikroökonomischen Anpassungsverhalten wird dabei von Caballero et al. weniger eine eigene Impulswirkung für das Entstehen von Beschäftigungsschwankungen zugeschrieben als vielmehr eine beträchtliche Verstärkerfunktion hinsichtlich der Auswirkungen aggregierter Schocks.

2.4 Bisherige empirische Evidenz – ein Überblick über ausgewählte Studien

Die bemerkenswerten Ergebnisse der Untersuchungen von Blanchard/Diamond (1989, 1990) und Davis/Haltiwanger (1990) haben in der Folgezeit eine Vielzahl entsprechender Studien induziert, in deren Rahmen die These von der Asymmetrie im Verhalten der Job-Flows für andere Länder und andere Zeiträume überprüft wurde. Tabelle IV.1 gibt einen Überblick über einige ausgewählte empirische Job-Turnover-Studien, wobei die angegebenen Ergebnisse teilweise unmittelbar den Studien entnommen wurden, teilweise auf eigenen Berechnungen beruhen, die auf der Grundlage der jährlichen Job-Turnover-Analysen durchgeführt wurden.
Festzuhalten ist einerseits, dass sich für zahlreiche Studien die Pionierergebnisse bestätigen lassen. Die überwiegende Mehrzahl der Untersuchungen zeigt ebenfalls, dass der Arbeitsplatzabbau im Konjunkturzyklus größeren Schwankungen ausgesetzt ist als die Jobschaffung. Teilweise wird die Asymmetrie im Verhalten der Job-Flows in der Literatur daher bereits als stilisiertes Faktum behandelt. Andererseits jedoch existiert inzwischen auch eine beträchtliche Zahl empirischer Untersuchungen, die zu gegensätzlichen Ergebnissen gelangen und das stilisierte Fakt daher in Frage stellen.
Boeri (1996) argumentiert vor dem Hintergrund der Ergebnisse ausgewählter europäischer Länder, dass das asymmetrische Verhalten von Arbeitsplatzschaffung und Arbeitsplatzabbau in der US-Industrie letztlich nichts anderes sei als ein statistisches Artefakt, das auf der Vernachlässigung von Kleinstbetrieben in der Studie von Davis/Haltiwanger sowie auf "regression-to-the-mean-Verzerrungen"[34] beruhe und für europäische Länder nicht beobachtet werden könne.

---

[33] Caballero et al. (1997), S. 133.

[34] Vgl. dazu die Ausführungen in Kapitel V der vorliegenden Arbeit. Boeri (1996) versucht dabei ergänzend, Unterschiede im Ausmaß und der Zyklik der Bruttobewegungen zwischen den USA und Kanada einerseits sowie ausgewählten europäischen Ländern andererseits durch institutionelle Faktoren, wie z.B. das Ausmaß

Tabelle IV.1: Überblick über ausgewählte Studien zum Verhalten der Job-Flows im Konjunkturzyklus

Studie	Varianz-relation	Relation der Variations-koeffizienten	$r_{JT,NEC}$	Durchschnittliche jährliche Veränderung der Beschäftigung
Albaek/Sorensen (1998) Dänemark, 1980-1991 Betriebe, Industrie	1	1.04*)	-0.01*)	+ 0.5%
Baldwin et al. (1998) US, Kanada, 1972-1993 Betriebe, Industrie	US: 2.1 Kanada: 1.5	US: 1.22*) Kanada:1.28*)	US: -0.46 Kanada: -0.21	US: -0.2% Kanada: -1.4%
Boeri/Cramer (1991) Deutschland,1977-1987 Betriebe, Gesamtwirtschaft	1*)	1.06*)	-0.01*)	+0.5%
Broersma/Gautier (1997b) Niederlande, 1979-1993 Unternehmen, Industrie	3.66*)	1.60 *)	-0.57	-1.2%
Davis et al. (1996a) US, 1973-1988 Betriebe, Industrie	2.20*)	1.30*)	-0.52*)	-1.1%
Gerlach/Wagner (1997) Niedersachsen, 1978-1993 Betriebe, Industrie	2.45*)	1.35*)	-0.55*)	-0.8%
Klette/Mathiassen (1996) Norwegen,1976-1986 Betriebe, Industrie	1.46*)	1.02 *)	-0.20*)	-1.3%
Van der Linden (1995) Belgien,1977-1985 Unternehmen, Gesamtwirtschaft Unternehmen, Industrie	1.18*) 4.94*)	0.90*) 1.79*)	-0.12*) -0.70*)	-1.4% -1.3%

*) eigene Berechnungen

Davis et al. (1996a) entgegnen, dass Kleinstbetriebe in ihrem Datensatz nur ca. 4% der Industriebeschäftigung ausmachen und daher die Varianzen nicht in dem Maße beeinflussen können. Die Studien von Albaek/Sorensen (1998) und Bingley et al. (1999) für die dänische Industrie bestätigen Boeris Bedenken insoweit, als sie jeweils zu dem Ergebnis gelangen, dass das Ausmaß der Arbeitsplatzreallokation azyklisch sei. Hamermesh (1999) kritisiert die Fokussierung bisheriger Studien auf das Verarbeitende Gewerbe und stellt in Frage, ob sich die für die Industrie abgeleiteten Ergebnisse auf andere Bereiche und insbesondere auf den Dienstleistungssektor übertragen lassen.[35] Gerade eine fallende Industriebeschäftigung könnte zu einer Überzeichnung der Rolle des Jobabbaus und einer Unterschätzung der Rolle der Jobschaffung im Konjunkturzyklus führen. Foote (1997, 1998) weist ebenfalls darauf hin,

von Kündigungsschutzregelungen, zu erklären, kann jedoch keine empirisch gesicherten Unterschiede feststellen.

35 Für den Dienstleistungssektor stehen bisher nur wenige Studien mit kürzeren Analyseperioden und einer teilweise deutlich schlechteren Datenqualität zur Verfügung. Vgl. Davis/Haltiwanger (1999a), S. 2738-2742.

dass die Berücksichtigung des Trendbeschäftigungswachstums zu einer deutlichen Verminderung der Asymmetrie führt.[36]

Ziel des folgenden Abschnitts ist es daher, das Verhalten der Job-Flows im Konjunkturverlauf in der baden-württembergischen Industrie zu beleuchten und dabei der Frage nachzugehen, ob der Arbeitsplatzabbau auch in Baden-Württemberg von dominierender Bedeutung für die konjunkturelle Entwicklung der Beschäftigung ist. Interpretiert man Arbeitsplatzreallokation als Indikator für den Strukturwandel, so beleuchtet eine Analyse des zeitlichen Verhaltens der Bruttoströme gleichzeitig das Timing des Strukturwandels und somit das Problem, ob sich Strukturwandel eher kontinuierlich oder aber vorwiegend in Rezessionen vollzieht.[37] Aufbauend auf einer Analyse des Verhaltens der Job-Flows im Konjunkturzyklus stellt sich dabei insbesondere die Frage, ob sich das vermeintliche stilisierte Fakt eines asymmetrischen Varianzverhältnisses von Arbeitsplatzabbau und Arbeitsplatzschaffung im Konjunkturzyklus auch für die baden-württembergische Industrie beobachten lässt. Dabei soll neben der Betrachtung der Varianzrelation von Jobabbau und Jobschaffung auch untersucht werden, ob und in welchem Maße Charakteristika des Verarbeitenden Gewerbes wie z. B. insbesondere die rückläufige Trendbeschäftigung die Asymmetrie im Verhalten der Job-Flows beeinflussen. Vor dem Hintergrund der gefundenen Ergebnisse erfolgt dann eine Bewertung der neueren konjunkturtheoretischen Erklärungsansätze.

3. Empirische Evaluation: Das konjunkturelle Verhalten der Job-Flows in Baden-Württemberg

Die enorme Heterogenität betrieblicher Beschäftigungsentwicklungen in allen Phasen des Konjunkturzyklus, die im Widerspruch zu traditionellen konjunkturtheoretischen Erklärungsansätzen steht, konnte bereits im Rahmen des Kapitels III für die baden-württembergische Gesamtindustrie nachgewiesen werden. Selbst in ausgeprägten Rezessionsjahren, wie z.B. den Jahren 1992 bis 1994, als die baden-württembergische Industrie Beschäftigungseinbußen von 7,9% und 6,6% verzeichnen musste, weiteten immerhin 3 von 10 Betrieben dennoch ihre Beschäftigung aus. Insoweit können selbst Jahre, in denen rezessive Tendenzen besonders spürbar sind, nicht dadurch charakterisiert werden, dass die überwiegende Mehrzahl der Betriebe im Zuge gesamtwirtschaftlicher Schocks ihre Beschäftigung reduziert. Der folgende

[36] Foote (1997), S. 17.
[37] Vgl. OECD (1994), S. 103.

Abschnitt konzentriert sich daher auf eine empirische Überprüfung der These des asymmetrischen Verhaltens der Job-Flows im Konjunkturzyklus.

3.1 Zur Konjunkturabhängigkeit der Job-Flows

Im Folgenden wird zunächst das Verhalten der Job-Flows im Konjunkturverlauf analysiert. Als Indikator für die konjunkturelle Entwicklung wird dabei erneut die Wachstumsrate des realen Bruttoinlandprodukts in Baden-Württemberg herangezogen.[38] Im Gegensatz zu Bingley et al. (1999), die in einer Studie für die dänische Ökonomie Rangkorrelationskoeffizienten betrachten, um das konjunkturelle Verhalten der Job-Flows zu analysieren, werden im Folgenden die Job-Flow-Komponenten auf die Wachstumsrate des realen Bruttoinlandsprodukts regressiert.[39] Um für eventuelle strukturelle Effekte auf Seiten der Jobschaffung und des Jobabbaus im Zuge der Deutschen Einheit zu kontrollieren, wird ergänzend eine Dummy-Variable (90er Jahre = 1, sonst 0) in die Schätzungen einbezogen. Tabelle IV.2 gibt die Ergebnisse einfacher OLS-Regression wieder. Um für Heteroskedastizität und das Vorliegen von Autokorrelation unbekannter Form zu kontrollieren, werden Newey-West-Standardfehler[40] berechnet. Ein allgemeiner White-Test auf Heteroskedastizität[41] unbekannter Form gelangt regelmäßig zu dem Ergebnis, dass Heteroskedastizität im vorliegenden Fall kein signifikantes Problem darstellt, während ein Durbin-Watson-Test auf Autokorrelation erster Ordnung tendenziell auf positive Autokorrelation verweist, ohne dabei jeweils statistisch gesichert auszufallen.

Eine Erhöhung des realen BIP-Wachstums um einen Prozentpunkt führte im Durchschnitt zu einer statistisch signifikanten Erhöhung der Rate der Arbeitsplatzschaffung um gut 0,4 Prozentpunkte und zu einem statistisch signifikanten Rückgang des betrieblichen Arbeitsplatzabbaus um gut 0,5 Prozentpunkte. Dieses prozyklische Verhalten der Jobschaffung sowie das antizyklische Verhalten des Jobabbaus spiegeln sich in einer für die Jahre 1980 bis 1999 ausgeprägten negativen Korrelation ($r = -0.72$, P-Wert: 0.001) zwischen beiden Job-Flows wider.

---

38 Um die konjunkturelle Entwicklung im Verarbeitenden Gewerbe abzubilden, könnte alternativ auch die Entwicklung der Produktion im Verarbeitenden Gewerbe herangezogen werden, die jedoch mit der Wachstumsrate des Bruttoinlandsprodukts eng korreliert ist.

39 Vgl. Bingley et al. (1999), S.13. Inhaltlich finden Bingley et al. auf der Grundlage der Rangkorrelationen entsprechende Ergebnisse.

40 Vgl. Newey/West (1987) oder die Darstellung in Greene (2000), S. 464f.

41 Vgl. z.B. Greene (2000), S. 462ff.

Tabelle IV.2: Konjunkturabhängigkeit von Jobschaffung und Jobabbau in der baden-württembergischen Industrie, 1980-1999, Ergebnisse von OLS-Regressionen mit Newey-West-Standardfehlern, P-Werte in Klammern

	OLS-Regression, Newey-West-Standardfehler	
Abh. Variable	Jobschaffungsrate	Jobabbaurate
Konstante	0.027 (0.000)**	0.054 (0.000)**
Wachstumsrate des realen BIP	0.429 (0.000)**	-0.527 (0.000)**
90er Jahre-Dummy-Variable (90er Jahre =1)	0.004 (0.450)	0.015 (0.045)*
F-Wert	24.72 (0.000)**	28.25 (0.000)**
R^2	0.539	0.670
White-Test	2.53 (0.639)	1.27 (0.866)
Durbin-Watson-Test	1.274 F(3,17)	1.205 F(3,17)
Ramsey-Reset-Test[42]	0.16 (0.922)	0.47 (0.709)
Beobachtungen	17	17

Abbildung IV.1 zeigt, dass mit Ausnahme der Periode 1984/85 eine steigende Industriebeschäftigung stets gleichzeitig aus intensivierter Arbeitsplatzschaffung und rückläufigem Arbeitsplatzabbau resultierte, während eine sinkende Beschäftigung im industriellen Bereich stets mit reduzierter Arbeitsplatzschaffung und einem Anstieg der Abbaurate einherging. Die Dummy-Variable für die 90er Jahre ist auf Seiten des Jobabbaus für alle Schätzungen hochsignifikant positiv, so dass der Jobabbau unabhängig von der konjunkturellen Entwicklung gemessen durch die BIP-Wachstumsrate seit 1990 signifikant angestiegen ist, während sich auf Seiten der Jobschaffung keine entsprechende signifikante Änderung beobachten lässt.

Betrachtet man die Einzelkomponenten der Jobschaffung und des Jobabbaus (vgl. Tabelle IV.3), so fällt auf, dass Expansionsrate und Schrumpfungsrate sich jeweils statistisch gesichert pro- bzw. antizyklisch verhalten, was sich auch in einer hochsignifikant negativen Korrelation von -0.78 (P-Wert: 0.000) niederschlägt.

---

[42] Vgl. Ramsey (1969).

Abbildung IV.1: Zeitliche Entwicklung von Arbeitsplatzschaffung und Arbeitsplatzabbau in der baden-württembergischen Gesamtindustrie, 1980-1999

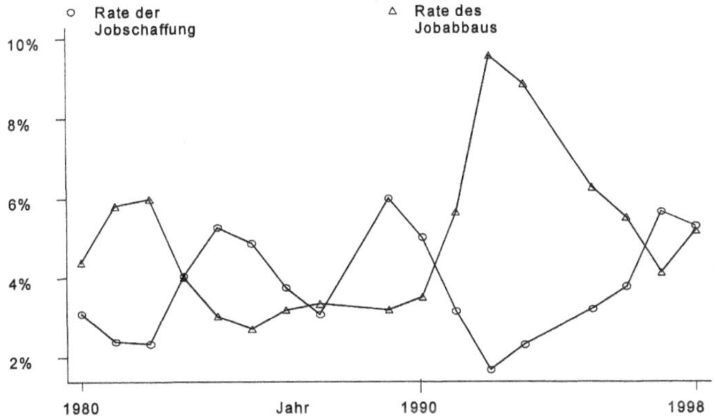

Tabelle IV.3: Konjunkturabhängigkeit der Komponenten der Jobschaffung und des Jobabbaus, Ergebnisse von OLS-Regressionen mit Newey-West-Standardfehlern, P-Werte in Klammern

	Abhängige Variable:			
	Jobschaffung		Jobabbau	
	Bestehende Betriebe	Neu auftreten-de Betriebe	Schrumpfende Betriebe	Wegfallende Betriebe
Konstante	0.022 (0.000)**	0.005 (0.001)**	0.045 (0.000)**	0.009 (0.000)**
Wachstumsrate des realen BIP	0.360 (0.000)**	0.069 (0.019)*	-0.516 (0.000)**	-0.011 (0.655)
Dummy-Variable 90er Jahre (90er Jahre =1)	0.001 (0.877)	0.003 (0.147)	0.013 (0.046)*	0.002 (0.249)
F-Wert	21.24 (0.000)**	4.20 (0.037)*	20.27 (0.000)*	1.59 (0.238)
White-Test	2.17 (0.704)	2.48 (0.649)	1.21 (0.877)	2.93 (0.570)
Durbin-Watson-Test	1.452 F(3,17)	0.806 F(3,17)	1.075 F(3,17)	0.948 F(3,17)
Ramsey-Reset-Test[43]	0.40 (0.733)	0.37 (0.777)	0.82 (0.508)	0.65 (0.600)
Beobachtungen	17	17	17	17

Die Raten der Jobschaffung bzw. des Jobabbaus durch neu auftretende und wegfallende Betriebe weisen jeweils das erwartete Vorzeichen auf, doch bestehen insbesondere bei der Schließungsrate Zweifel an der statistischen Signifikanz. Eine systematische zeitliche Korrelation zwischen beiden Raten kann nicht festgestellt werden (r = 0.06, P-Wert: 0.815).

---

43 Vgl. Ramsey (1969).

Somit ging eine steigende Gründungstätigkeit im konjunkturellen Verlauf keineswegs zwingend mit einem gleichzeitigen Rückgang der Schließungsrate einher.[44]

3.2 Varianzasymmetrie auch in der baden-württembergischen Industrie?

Zieht man in der Tradition der US-amerikanischen Pionierstudien das Varianzverhältnis des Jobabbaus und der Jobschaffung für eine Beurteilung des konjunkturellen Verhaltens heran, so findet die These einer Asymmetrie im konjunkturellen Verhalten der Job-Flows für die baden-württembergische Gesamtindustrie zumindest auf den ersten Blick Bestätigung: Im Durchschnitt der Jahre 1980 bis 1999 fiel die Varianz der Jobabbaurate mehr als doppelt so groß aus als die entsprechende Varianz der Jobschaffungsrate. Berücksichtigt man die Tatsache, dass die durchschnittliche jährliche Rate des Arbeitsplatzabbaus mit knapp 5% spürbar über der durchschnittlichen jährlichen Arbeitsplatzschaffungsrate von gut 3,8% lag, und betrachtet alternativ die relative Streuung anhand der Variationskoeffizienten, so bleibt die Asymmetrie beider Ströme – wenn auch nur in abgeschwächter Form – erhalten.

Tabelle IV.4: Vergleich des zyklischen Verhaltens von Arbeitsplatzschaffung und -abbau in Baden-Württemberg, Gesamtindustrie, 1980-1999

Größe	Symbol	Industrie insgesamt	Bestehende Betriebe	Gründungen/ Schließungen
Durchschnittliche Rate der Jobschaffung	μ_{JC}	3.81	3.03	0.78
Durchschnittliche Rate des Jobabbaus	μ_{JD}	4.95	4.02	0.93
Standardabweichung der Rate der Jobschaffung	σ_{JC}	1.32	1.11	0.41
Standardabweichung der Rate des Jobabbaus	σ_{JD}	1.97	1.82	0.28
Varianzverhältnis	$\sigma^2_{JD} / \sigma^2_{JC}$	**2.22**	**2.72**	**0.47**
Variationskoeffizient der Rate der Jobschaffung	V_{JC}	0.35	0.37	0.53
Variationskoeffizient der Rate des Jobabbaus	V_{JD}	0.40	0.45	0.30
Verhältnis der Variationskoeffizienten	V_{JD} / V_{JC}	**1.15**	**1.24**	**0.57**

Erneut lassen sich beträchtliche Unterschiede zwischen bereits am Markt befindlichen Betrieben und den Gründungen und Schließungen beobachten. Die Varianzasymmetrie beruht insbesondere auf der Entwicklung der Expansion- und der Schrumpfungsraten (vgl. Tabelle

[44] Allerdings muss bereits an dieser Stelle darauf hingewiesen werden, dass insbesondere die Rate der neu auftretenden Betriebe nicht nur tatsächliche Neugründungen umfasst. Die Analyse in Teil 4 der Arbeit wird zeigen, dass sich unter Vernachlässigung von Gründungen mit mehr als 50 Personen, bei denen es sich kaum um originäre Neugründungen handeln dürfte, eine signifikant positive Korrelation zwischen Gründungs- und Schließungsrate ergibt.

IV.4). Bei den neu auftretenden und wegfallenden Betrieben ergibt sich ein anderes Bild. Hier streut die Gründungsrate im Zeitablauf mehr als doppelt so stark wie die Schließungsrate, ihr Einfluss auf die Gesamtstreuung der Schaffungs- und Abbauraten ist jedoch sehr gering.
Die Frage, ob ein höheres Ausmaß an Arbeitsplatzreallokation auf Betriebsebene im Zeitablauf für die Gesamtbeschäftigungsentwicklung der Beschäftigung förderlich sein kann, wird in der Literatur immer wieder durch einen Vergleich der zeitlichen Entwicklung der Job-Turnover-Rate mit der Nettoveränderung der Beschäftigung analysiert. Es muss jedoch betont werden, dass eine Korrelationsbetrachtung zwischen der Job-Turnover-Rate und der Veränderungsrate der Gesamtbeschäftigung letztlich nichts anderes wiedergibt als der unmittelbare Varianzvergleich:

$$
\begin{aligned}
\text{(IV.1)}\quad 2\sigma_{JT,NEC} &= 2\sigma_{JC+JD,JC-JD} \\
&= -\sigma^2_{JC+JD} - \sigma^2_{JC-JD} + \sigma^2_{2\cdot JC} \\
&= -\sigma^2_{JC} - \sigma^2_{JD} - 2\sigma_{JC,JD} - \sigma^2_{JC} - \sigma^2_{JD} + 2\sigma_{JC,JD} + 4\sigma^2_{JC} \\
&= 2\sigma^2_{JC} - 2\sigma^2_{JD} \\
&\Rightarrow \sigma_{JT,NEC} = \sigma^2_{JC} - \sigma^2_{JD}
\end{aligned}
$$

Insoweit ist eine negative Korrelation von Job-Turnover-Rate und der Veränderungsrate der Beschäftigung letztlich Ausdruck der Tatsache, dass der Arbeitsplatzabbau im Zeitablauf volatiler ist und somit Ausdruck der Varianzasymmetrie. Für die baden-württembergische Industrie und die Jahre 1980 bis 1999 ist somit ein negativer Zusammenhang zu erwarten, was durch einen Korrelationskoeffizienten von $r = -0.51$ (P-Wert: 0.037) bestätigt wird.

Wie bereits bei der Erläuterung der Konzeption einer Job-Turnover-Analyse in Kapitel II problematisiert, ist die Job-Turnover-Rate gerade im zeitlichen Kontext ohnehin ein sehr fraglicher Indikator für das Ausmaß an betrieblicher Arbeitsplatzreallokation, da ein einseitiger Anstieg des Jobabbaus zwar zu einem entsprechenden Anstieg der Job-Turnover-Rate führt, dabei jedoch keinerlei tatsächliche Reallokation von Jobs stattfindet.[45] Caballero (1998) und Davis (1998) schlagen daher vor, Aussagen über einen möglichen Zusammenhang zwischen der Arbeitsplatzreallokation und der Entwicklung der Gesamtbeschäftigung anhand einer Analyse des Zusammenhangs zwischen der Excess-Job-Turnover-Rate und der

---

[45] Caballero (1998), S. 341, bezeichnet diese Fehlinterpretation der Job-Turnover-Rate als Indikator für Reallokation als eine "dynamic fallacy of composition". Davis (1998), S. 352, der selbst in seinen Studien

Veränderung der Beschäftigung zu untersuchen. Eine Betrachtung des Korrelationskoeffizienten von Pearson-Bravais zeigt für die baden-württembergische Industrie, dass im Betrachtungszeitraum eine ausgeprägte Heterogenität betrieblicher Beschäftigungsentwicklungen mit einer besseren Beschäftigungsentwicklung einherging (r = 0.58, P-Wert: 0.0148). Insoweit könnte man versucht sein, eine markante Heterogenität betrieblicher Beschäftigungsentwicklungen als Indikator für Strukturwandel mit beschäftigungsstimulierender Wirkung zu deuten. Allerdings zeigt eine entsprechende analytische Betrachtung, dass die Richtung des Zusammenhangs zwischen beiden Größen in entscheidendem Maße von der Veränderung der Gesamtbeschäftigung abhängt, wenn man von einer typischerweise negativen Kovarianz zwischen der Rate der Jobschaffung und des Jobabbaus ausgeht. In Phasen rückläufiger Gesamtbeschäftigung ist die Kovarianz typischerweise positiv, in Zeiten steigender Gesamtbeschäftigung typischerweise negativ (vgl. dazu auch Anhang VIII.1). Insoweit scheint es angebracht zu sein, vor einer übertriebenen Interpretation des zeitlichen Zusammenhangs zwischen der Excess-Job-Turnover-Rate und der Nettoveränderung der Beschäftigung zu warnen. Die Forderung von Caballero (1998) und Davis (1998), diesen Zusammenhang zur Beurteilung heranzuziehen, scheint vor dem Hintergrund der Ausführungen fragwürdig zu sein.[46]

Eine ergänzende Analyse des konjunkturellen Verhaltens der Job-Flows für einzelne Industriebranchen zeigt, dass sich das für die Gesamtindustrie beobachtete Verhalten der Job-Flows auf Zweistellerebene in der überwiegenden Mehrzahl der Sektoren bestätigt findet, jedoch zwischen den Branchen erhebliche Unterschiede in Richtung und Stärke der Korrelationen sowie in der Asymmetrie der Job-Flows bestehen (vgl. Tabelle IV.5). Aufgrund der Änderung der Wirtschaftszweigsystematik ab dem Jahre 1995 und der somit noch zu kurzen aktuellen Zeitreihe, wird die Analyse auf den Zeitraum 1980-1994 und auf Zweistellerebene der SYPRO beschränkt.

---

die Bezeichnung Job Reallocation Rate verwendete, betont ebenfalls: "In a time-series context, however, the job reallocation rate is a questionable index of reallocation intensity."

46 Vgl. dazu auch eine ausführlichere Argumentation im Rahmen regionaler disaggregierter Job-Turnover-Analysen in Kapitel VIII.

Tabelle IV.5: Das Verhalten der Job-Flows im Konjunkturzyklus auf Zweistellerebene der SYPRO, 1980-1994

SYPRO Nr.		Korrelation zwischen: Jobschaffung und -abbau, Alle Betriebe	Korrelation zwischen: Jobschaffung und -abbau, Bestehende Betriebe	Korrelation zwischen: JT und NEC	Korrelation zwischen: EJT und NEC	Varianzverhältnis
21	Bergbau	-0.26	-0.12	0.06	0.68*	0.88
22	Mineralölverarbeitung	-0.56*	-0.66*	-0.62*	-0.17	3.42
25	Gewinnung und Verarb. von Steinen und Erden	-0.70*	-0.87*	-0.25	0.11	1.45
27	Eisenschaffende Industrie	-0.21	-0.62*	0.38	0.61*	0.46
28	NE-Metallerzeugung, NE-Metallhalbzeugwerke	-0.30	-0.46	-0.94*	0.23	32.20
29	Gießerei	-0.37	-0.80*	-0.46	0.44	2.54
30	Ziehereien, Kaltwalzwerke, Stahlverformung, Mechanik, a.n.g.	-0.58*	-0.74*	0.15	-0.10	0.78
31	Stahl- und Leichtmetallbau, Schienenfahrzeugbau	-0.01	-0.70*	-0.57*	-0.43	3.65
32	Maschinenbau	-0.79*	-0.84*	-0.71*	-0.20	3.17
33	Straßenfahrzeugbau, Reparatur von Kraftfahrzeugen	-0.67*	-0.69*	-0.78*	0.44	5.23
34	Schiffbau	-0.21	-0.52	-0.42	0.07	2.40
35	Luft- und Raumfahrzeugbau	0.03	-0.58*	-0.88*	-0.33	15.41
36	Elektrotechnik, Reparatur von elektrischen Geräten für den Haushalt	-0.53	-0.67*	-0.44	0.14	2.23
37	Feinmechanik, Optik, Herstellung von Uhren	-0.55*	-0.74*	-0.75*	0.70*	5.41
38	Herstellung von Eisen-, Blech- und Metallwaren	-0.72*	-0.87*	-0.56*	0.26	2.46
39	Herstellung von Musikinstrumenten, Spielwaren, Schmuck u.ä.	-0.75*	-0.82*	-0.30	0.83*	1.52
40	Chemische Industrie	-0.60*	-0.66*	-0.53	0.14	2.65
50	Herstellung von Büromaschinen, DV-geräten und -einrichtungen	-0.34	-0.59*	-0.27	-0.06	1.69
51	Feinkeramik	-0.35	-0.08	-0.51	0.54	2.92
52	Herstellung und Verarbeitung von Glas	-0.73*	-0.80*	-0.83*	0.42	5.84
53	Holzbearbeitung	-0.26	-0.82*	-0.01	0.59*	1.02
54	Holzverarbeitung	-0.58*	-0.72*	-0.36	0.34	1.85
55	Zellstoff-, Holzschliff-, Papier- und Pappeerzeugung	-0.43	-0.74*	-0.57*	0.12	3.27
56	Papier- und Pappeverarbeitung	-0.51	-0.72*	-0.05	0.23	1.09
57	Druckerei, Vervielfältigung	-0.73*	-0.81*	-0.03	0.18	1.04
58	Herstellung von Kunststoffwaren	-0.85*	-0.92*	0.62	-0.34	0.44
59	Gummiverarbeitung	-0.08	-0.61*	-0.60*	0.03	4.04
61	Ledererzeugung	-0.14	0.01	-0.86*	0.33	13.38
62	Lederverarbeitung	-0.47	-0.44	-0.89*	0.64*	13.68
63	Textilgewerbe	-0.84*	-0.86*	-0.91*	0.91*	7.27
64	Bekleidungsgewerbe	-0.64*	-0.78*	-0.06	0.89*	1.10
65	Reparatur von Gebrauchsgütern	-0.35	-0.01	-0.34	0.80*	2.06
68	Ernährungsgwerbe	-0.61*	-0.65*	0.24	0.14	0.68
69	Tabakverarbeitung	0.04	-0.13	0.12	0.73	0.79
	Gesamtindustrie	**-0.72***	**-0.78***	**-0.51***	**0.58***	**2.22**

* hier: statistisch gesichert von Null verschieden auf mindestens 5%-Signifikanzniveau

Die für die Gesamtindustrie gefundene negative Korrelation zwischen Arbeitsplatzschaffung und Arbeitsplatzabbau lässt sich für praktisch alle Zweisteller bestätigen. Gleichzeitig kann

man jedoch auch ausgeprägte Unterschiede zwischen den Branchen beobachten. Während in der Kunststoffindustrie (Nr. 58), im Textilgewerbe (Nr. 63) oder im Maschinenbau (Nr. 32) ein Anstieg der Jobschaffung regelmäßig mit einem Rückgang des Jobabbaus einherging, konnte im Stahl- und Leichtmetallbau (Nr. 31) sowie in der Gummiverarbeitung (Nr. 59) kein systematischer Zusammenhang beobachtet werden.
Fast ausnahmslos war der Zusammenhang dabei für die Expansions- und die Schrumpfungsrate markanter als für die Gründungs- und die Schließungsrate. Eine negative Korrelation zwischen der Job-Turnover-Rate und der Veränderungsrate der Beschäftigung und somit ein asymmetrisches Verhalten der Job-Flows im Zeitablauf konnte in vier von fünf Branchen beobachtet werden. Eine besonders hohe Volatilität des Jobabbaus verglichen mit der Jobschaffung wiesen gemessen am Varianzverhältnis die Metallerzeugung (Nr. 28) sowie die Lederindustrie (Nr. 62) auf. Auch im Maschinenbau (Nr. 32) sowie in der Kfz-Industrie (Nr. 33) ist das Varianzverhältnis mit 3,2 und 5,2 jeweils deutlich ausgeprägter als in der Gesamtindustrie. Im Gegensatz zur Mehrzahl der Branchen fiel das Varianzverhältnis in der Kunststoffindustrie (Nr. 58), der Eisenschaffenden Industrie (Nr. 27) sowie dem Ernährungsgewerbe (Nr. 68) deutlich geringer aus als Eins, so dass hier jeweils die Jobschaffung die größere Streuung aufwies.

Zusammenfassend kann festgehalten werden, dass sich das für die Gesamtindustrie beobachtete Verhalten der Job-Flows auf Zweistellerebene in der überwiegenden Mehrzahl der Sektoren bestätigt findet, jedoch zwischen den Branchen erhebliche Unterschiede in Richtung und Stärke der Korrelationen sowie in der Asymmetrie der Job-Flows bestehen. In den folgenden Abschnitten werden mögliche Gründe für diese Unterschiede zwischen den Branchen empirisch beleuchtet.

4. Die Gefahr des "manucentrism" – Sind Charakteristika des industriellen Sektors für das Entstehen der Varianzasymmetrie verantwortlich?

4.1 Trendbeschäftigungswachstum und Betriebsgrößenstruktur

Hamermesh (1999) kritisiert, dass die Beobachtung einer einseitigen Asymmetrie im Verhalten der Job-Flows auf einer Fokussierung bisheriger Studien auf den industriellen Sektor beruhen könnte, die er als "manucentrism" bezeichnet. Mit dem rückläufigen Trendbeschäftigungswachstum und der Betriebsgrößenstruktur lassen sich zumindest zwei Aspekte anführen, die wesentlich zu einer besonders ausgeprägten Varianzasymmetrie im industriellen Sektor beitragen könnten.

(1) Rückläufiges Trendbeschäftigungswachstum

Hamermesh (1999) und Foote (1997, 1998) weisen darauf hin, dass die Entwicklung der Industriebeschäftigung in den vergangenen Jahren in zahlreichen Ländern rückläufig war, und sehen darin einen möglichen Grund für ein systematisches Überschätzen der Asymmetrie im Rahmen von Studien für den industriellen Sektor. Davis et al. (1996a) zeigen ebenso, dass die Varianzasymmetrie in rezessiven Zeiten besonders ausgeprägt ist.[47]

Foote argumentiert, dass ein Vergleich der Varianzen zur Beurteilung des zyklischen Verhaltens der Job-Flows nur dann sinnvoll sei, wenn sowohl die Jobschaffung als auch der Jobabbau jeweils linear von der resultierenden Veränderung der Beschäftigung abhängen (vgl. Abbildung IV.2). Existieren dagegen Nichtlinearitäten im Zusammenhang zwischen Beschäftigungsveränderung und den Bruttoströmen (vgl. Abbildung IV.3), so hängen die Varianzen von Jobschaffung und Jobabbau von der Verteilung der Wachstumsraten der Beschäftigung ab.

Abb. IV.2: Linearer Zusammenhang zwischen Netto-und Bruttoströmen

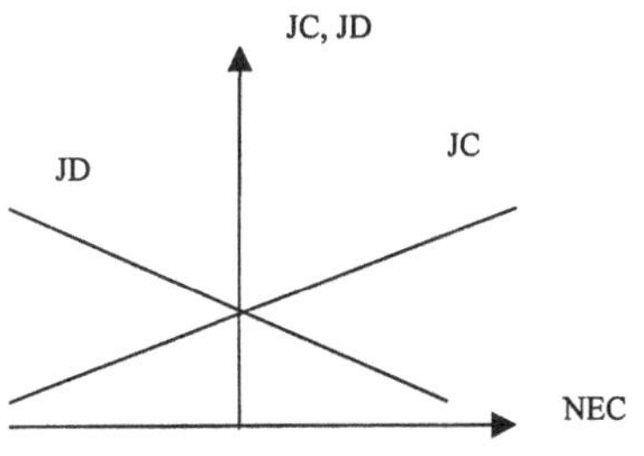

Abb. IV.3: Nichtlinearer Zusammenhang zwischen Netto- und Bruttoströmen

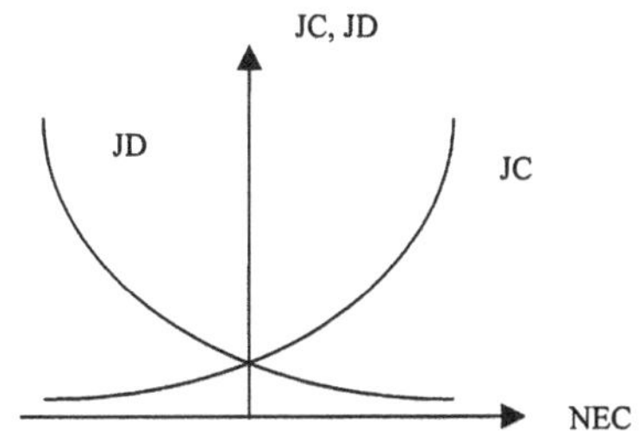

[47] Vgl. Davis et al. (1996a), S. 92.

Ist das Beschäftigungswachstum weitgehend negativ, so wird aufgrund der Nichtlinearitäten die Varianzasymmetrie zugunsten des Jobabbaus ausfallen. Sind die Wachstumsraten dagegen überwiegend positiv, so ist eine umgekehrte Varianzrelation wahrscheinlich. Insoweit könnte, so die These von Foote, das Trendbeschäftigungswachstum der Gesamtindustrie oder auch auf Branchenebene die empirisch konstatierte Asymmetrie der Varianzen maßgeblich prägen und für die Asymmetrie entscheidend mitverantwortlich sein.

> "[...] purported asymmetries in the cyclical behavior of job creation and destruction may be overstated because of important but previously ignored non-linearities in the effect of the net flow on gross flows."[48]

Unterzieht man die These von Foote für die baden-württembergische Industrie und die Jahre 1980-1994 einer empirischen Überprüfung, so zeigen die Ergebnisse einer OLS-Schätzung mit Newey-West-Standardfehlern[49], dass signifikante Nichtlinearitäten im Zusammenhang zwischen den Brutto- und den Nettoströmen auch für die baden-württembergische Industrie festgestellt werden können (vgl. Tabelle IV.6). Abbildung IV.4 veranschaulicht die geschätzten Funktionen graphisch.

Tabelle IV.6: Nichtlinearitäten im Zusammenhang zwischen den Brutto- und den Netto-Job-Flows – Ergebnisse einer OLS-Regression mit Newey-West-Standardfehlern, 1980-1999, P-Werte in Klammern

	Abhängige Variable:			
	Rate der Arbeitsplatzschaffung		Rate des Arbeitsplatzabbaus	
Konstante	0.042 (0.000)**	0.041 (0.000)**	0.042 (0.000)**	0.041 (0.000)**
Rate der Beschäftigungs-veränderung	0.387 (0.000)**	0.514 (0.000)**	-0.613 (0.000)**	-0.486 (0.000)**
Quadrierte Rate der Beschäftigungsveränderung		2.886 (0.010)**		2.886 (0.010)**
F-Wert	55.45 (0.000)	67.75 (0.000)	139.35 (0.000)	168.31 (0.000)
R^2	0.806	0.854	0.913	0.934
White-Test	0.437 (0.804)	5.49 (0.241)	0.437 (0.804)	5.49 (0.241)
Durbin-Watson-Test	0.343 F(2,17)	0.223 F(3,17)	0.343 F(2,17)	0.223 F(3,17)
Ramsey-Reset-Test	1.40 (0.292)	0.07 (0.997)	1.40 (0.292)	0.07 (0.997)
Beobachtungen	17	17	17	17

48 Foote (1997), S. 17.

49 Zur Untermauerung der Ergebnisse wurde auch eine Prais-Winsten-AR(1)-Schätzung durchgeführt, deren Ergebnisse jedoch qualitativ identisch ausfielen. Auf ihre Darstellung wird daher verzichtet.

Abbildung IV.4: Zusammenhang zwischen der Veränderung der Beschäftigung und den Job-Flows, baden-württembergische Gesamtindustrie, 1980-1999

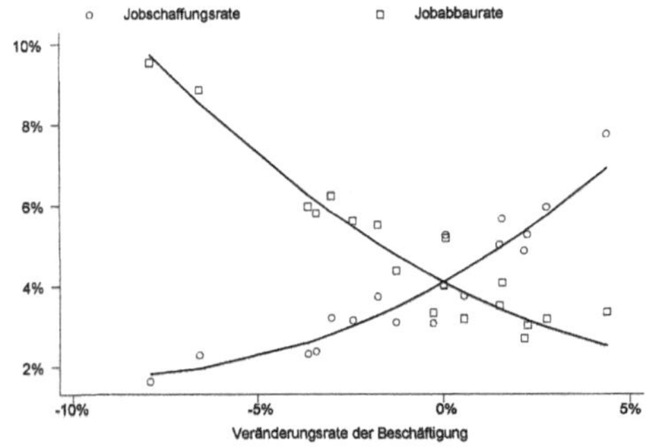

Die Trendentwicklung der Gesamtbeschäftigung kann somit einen Einfluss auf die Entwicklung der Varianzrelation haben, wobei Foote (1998) dennoch kritisch anmerkt, dass die alleinige Berücksichtigung der Trendbeschäftigungsentwicklung nicht ausreicht, um die Varianzasymmetrie völlig zu erklären.

Einen ergänzenden Beleg für die mögliche Verzerrung der Ergebnisse in Folge der rückläufigen Industriebeschäftigung liefert auch ein getrennter Vergleich der Varianzrelationen für expansive und rezessive Jahre in der baden-württembergischen Industrie. Die Asymmetrie im Verhalten der Job-Flows war immer dann besonders markant, wenn die Gesamtbeschäftigung rückläufig war und somit die Ökonomie eine rezessive Phase durchlebte (vgl. Tabelle IV.7).

Tabelle IV.7: Varianzrelation von Arbeitsplatzabbau und -schaffung und Beschäftigungswachstum in Baden-Württemberg, Gesamtindustrie, 1980-1999

	μ_{JC}	μ_{JD}	σ_{JC}	σ_{JD}	Varianz-verhältnis	V_{JC}	V_{JD}	Verhältnis der Variations-koeffizienten
Jahre mit positiver Beschäftigungsveränderung	4.97	3.61	0.76	0.79	1.10	0.15	0.22	1.43
Jahre mit rückläufiger Beschäftigung	2.77	6.14	0.64	1.96	9.24	0.23	0.32	1.37
Rezessionsjahre 1992-1996 (ohne 1994/1995)	2.72	7.53	0.93	1.96	4.44	0.34	0.26	0.76
Expansivere Jahre 1984-1991	4.44	3.51	1.11	0.96	0.74	0.25	0.27	1.08

(2) Betriebsgrößenstruktur

Ein weiterer Nachteil der Fokussierung bisheriger Studien auf den industriellen Sektor könnte darin bestehen, dass von der Größenstruktur der Betriebe ein Einfluss auf die Varianzrelation ausgeht. Broersma/Gautier (1997a) bekräftigen für die niederländische Industrie die Abhängigkeit der Asymmetrie der Job-Flows von der Betriebsgröße: "[...] we find that large firms tend to restructure their labour force in periods of economic downturn, whereas small firms restructure more or less independent of the state of the business cycle".[50] Da Industriebetriebe im Durchschnitt regelmäßig größer sind als z.B. Dienstleistungsbetriebe, kann die Existenz eines positiven Zusammenhangs zwischen Betriebsgröße und Varianzrelation ebenfalls als Indiz dafür gewertet werden, dass eine Beschränkung der Analyse auf den industriellen Sektor zu verzerrten Ergebnissen führen kann.

Ein simpler Vergleich der Varianzquotienten in verschiedenen Größenklassen untermauert bei Kategorisierung nach Durchschnittsbeschäftigung für die baden-württembergische Industrie die Möglichkeit des Einflusses der Betriebsgrößenstruktur auf die Varianzrelation (vgl. Tabelle IV.8):

Tabelle IV.8: Varianzrelation von Arbeitsplatzabbau und -schaffung und Betriebsgröße in der baden-württembergischen Industrie, 1980-1999

Zahl der Beschäftigten	Varianzrelation	Verhältnis der Variationskoeffizienten
1-19	1.37	0.94
20-99	1.08	0.85
100-499	1.58	0.98
≥ 500	3.32	1.31

Als Zwischenfazit kann somit für die baden-württembergische Gesamtindustrie festgehalten werden, dass die bereits als stilisiertes Faktum bezeichnete Varianzasymmetrie somit auch und gerade darauf beruhen könnte, dass zahlreiche bisherige Studien sich ausschließlich auf die Industrie beschränken mussten, die regelmäßig durch eine rückläufige Beschäftigung und größere Durchschnittsbeschäftigungen pro Betrieb charakterisiert werden kann. Der folgende Abschnitt beleuchtet die Zusammenhänge ergänzend im interindustriellen Vergleich.

---

50 Broersma/Gautier (1997a), S. 212. Ebenso weisen Davis et al. (1996a), S. 92f., auf die mögliche Rolle der Betriebsgrößenstruktur für das zyklische Verhalten der Job-Flows hin.

4.2 Ergänzende Überprüfung der Ergebnisse im industriellen Querschnitt

Die branchenspezifische Analyse in Abschnitt IV.3 hat gezeigt, dass zwischen den Industrien teilweise erhebliche Differenzen in der Asymmetrie der Job-Flows bestehen. Diese merkliche Unterschiedlichkeit des zyklischen Verhaltens der Job-Flows drängt die Frage auf, ob Beschäftigungswachstum und Betriebsgrößenstruktur auch im Querschnitt auf Branchenebene zu einer Erklärung der Unterschiede in der Asymmetrie der Job-Flows beitragen können.[51]

Zur Überprüfung der Bedeutung beider Faktoren für die branchenspezifische Varianzrelation werden für die 34 Zweisteller der SYPRO und die Jahre 1980 bis 1994 Modelle geschätzt, bei denen im Querschnitt der logarithmierte Quotient der Standardabweichungen von Jobabbau und Jobschaffung auf das logarithmierte Verhältnis der logarithmierten durchschnittlichen Jobschaffungs- und Jobabbaurate und/oder die logarithmierte Durchschnittsbeschäftigung ("lnavbe") regressiert wird.

$$\text{(IV.2)} \qquad \ln\left(\frac{\sigma_{JD}}{\sigma_{JC}}\right)_t = \beta_1 + \beta_2 \cdot \ln\left(\frac{\mu_{JC}}{\mu_{JD}}\right)_t + \beta_3 \cdot \ln \text{avbe}_t + e_t \qquad (t = 1,\dots,34)$$

Da ein White-Test in einigen Modellvarianten zumindest auf ein Vorliegen schwacher Heteroskedastizität hindeutet, werden die Standardfehler der OLS-Regression nach dem Verfahren von White (1980) heteroskedastizitätskonsistent geschätzt.[52]

Ein Blick auf die Ergebnisse der OLS-Regression bestätigt die für die baden-württembergische Gesamtindustrie abgeleiteten Ergebnisse auch im Querschnitt (vgl. Tabelle IV.9). Branchen mit einem höheren durchschnittlichen Beschäftigungswachstum wiesen ceteris paribus eine signifikant geringe logarithmierte Relation der Standardabweichungen auf, so dass die Varianzrelation auch im interindustriellen Querschnitt in entscheidendem Maße durch das Trendbeschäftigungswachstum beeinflusst wird (vgl. Tabelle IV.9 und Abbildung IV.5). Je ungünstiger in einer Branche die langfristige Beschäftigungsentwicklung

---

[51] Foote (1997, 1998) zieht zur theoretischen Erklärung des Zusammenhanges ein mechanisches (S,s) Modell mit einer fixen Zahl von Beschäftigten heran. Die Grundidee seiner Theorie besteht darin, dass ein positiver Beschäftigungstrend die Verteilung der Abweichungen der Beschäftigung vom gewünschten Niveau in Richtung einer Arbeitsplatzschaffungsschwelle schiebt, so dass Jobschaffung auf Schocks in stärkerem Maße reagiert. In zweierlei Hinsicht jedoch widerspricht das theoretische Modell von Foote der Empirie. Einerseits steigt die relative Volatilität der Arbeitsplatzschaffung empirisch mit steigendem Trendbeschäftigungswachstum stärker als von seinem Modell prognostiziert, andererseits gelingt es ihm nicht, durch Berücksichtigung des Trendbeschäftigungswachstums die Asymmetrie zugunsten des Jobabbaus vollständig zu beseitigen. Vgl. dazu Davis/Haltiwanger (1999a), S. 2738.

ausfiel, desto ausgeprägter war im Durchschnitt die resultierende Varianzasymmetrie. Nichtlineare Effekte spielten dabei keine Rolle (vgl. Modellvariante 4). Ebenso bestätigen sämtliche Modellschätzungen den signifikant positiven Zusammenhang zwischen der Betriebsgrößenstruktur einer Branche und der Streuungsrelation (vgl. dazu auch Abbildung IV.6).

Tabelle IV.9: OLS-Regressionen für das Verhältnis der Standardabweichungen von Arbeitsplatzabbau und Arbeitsplatzschaffung, Zweisteller der SYPRO, 1980-1994, White-heteroskedastizitätskonsistente Standardfehler, P-Werte in Klammern

	Mittelwert (Standardabweichung)	Abhängige Variable: Logarithmiertes Verhältnis der Standardabweichungen von Jobabbau und -schaffung			
	0.451 (0.509)	Modell (1)	Modell (2)	Modell (3)	Modell (4)
Konstante		0.140 (0.156)	-0.511 (0.151)	-0.800 (0.001)**	-0.847 (0.001)**
Trendbeschäftigungswachstum	-0.441 (0.437)	-0.705 (0.005)**		-0.699 (0.003)**	-1.005 (0.015)*
Quadratisches Trendbeschäftigungswachstum	0.380 (0.546)				-0.265 (0.529)
Log. Betriebsgröße	4.330 (0.908)		0.222 (0.011)*	0.218 (0.000)**	0.221 (0.000)**
R^2		0.366	0.157	0.517	0.528
F-Wert		9.02 (0.000)**	7.38 (0.000)**	16.18 (0.000)**	14.51 (0.000)**
Beobachtungen		34	34	34	34
White-Test		9.56 (0.008)**	0.87 (0.648)	10.13 (0.072)	13.15 (0.107)

Abbildung IV.5: Zusammenhang zwischen der durchschnittlichen jährlichen Beschäftigungsveränderung einer Branche und dem Streuungsverhältnis der Job-Flows, Zweisteller der SYPRO, 1980-1994

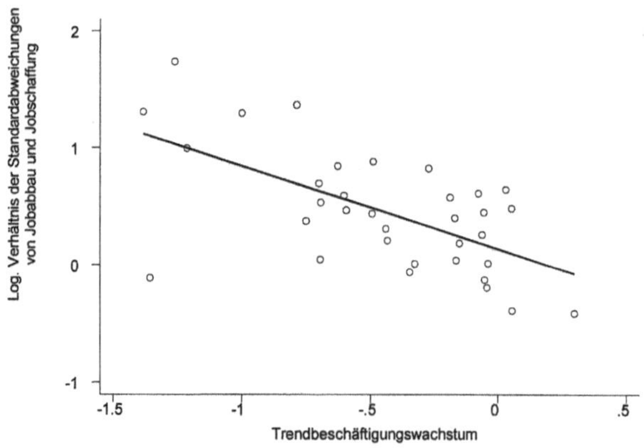

[52] Eine theoretische Ableitung der Regressionsgleichung findet man in Foote (1998).

Um die Ergebnisse gegen das Vorliegen extremer Werte abzusichern, wurden obige Modelle ergänzend auch mit Hilfe robuster Regressionsverfahren geschätzt. Sowohl die Resultate einer IRLS-Schätzung[53] (Tabelle IV.10) als auch die Ergebnisse einer Medianregression[54] (Tabelle IV.11) unterstreichen jedoch, dass weder die Abhängigkeit der Varianzrelation vom Beschäftigungswachstum noch von der Betriebsgrößenstruktur auf möglichen Ausreißern basieren.

Abbildung IV.6: Zusammenhang zwischen der durchschnittlichen Betriebsgröße einer Branche und dem Streuungsverhältnis der Job-Flows, Zweisteller der SYPRO, 1980-1994

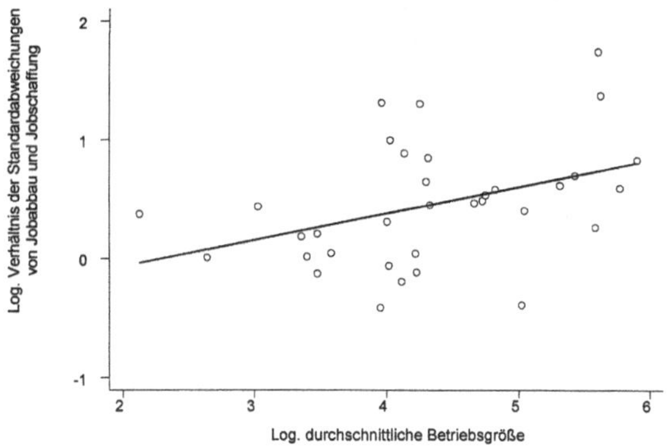

Tabelle IV.10: Robuste Regressionen für das Verhältnis der Standardabweichungen von Arbeitsplatzabbau und Arbeitsplatzschaffung, Zweisteller der SYPRO, 1980-1994, P-Werte in Klammern

Variable	Abhängige Variable: Logarithmiertes Verhältnis der Standardabweichungen von Jobabbau und -schaffung			
	Modell (1)	Modell (2)	Modell (3)	Modell (4)
Konstante	0.097 (0.329)	-0.478 (0.261)	-0.826 (0.005)**	-0.799 (0.007)**
Trendbeschäftigungswachstum	-0.860 (0.000)**		-0.903 (0.000)**	-0.733 (0.038)*
Quadratisches Trendbeschäftigungswachstum				0.156 (0.586)
Log. Betriebsgröße		0.210 (0.034)*	0.213 (0.001)**	0.211 (0.002)**
F-Wert	29.15 (0.000)**	4.93 (0.034)*	31.76 (0.000)**	19.67 (0.000)**
R^2	0.477	0.133	0.672	0.670
Beobachtungen	34	34	34	33

53 Bei der IRLS-Schätzung (Iteratively-Reweighted-Least-Squares) werden auf der Grundlage einer ersten OLS-Regression mit Hilfe der absoluten Residuen Gewichte berechnet, die dann in einem zweiten Regressionsschritt berücksichtigt werden. Zur Gewichtung fungieren bis zur Konvergenz des iterativen Prozesses zunächst Gewichte von Huber (1964), anschließend werden auf der Grundlage der Ergebnisse der Huber-Schätzung die von Beaton/Tukey (1974), S. 151f., vorgeschlagenen Biweight-Gewichte verwendet.

54 Vgl. z.B. Greene (2000), S. 399ff.

Tabelle IV.11: Medianregressionen für das Verhältnis der Standardabweichungen von Arbeitsplatzabbau und Arbeitsplatzschaffung, Zweisteller der SYPRO, 1980-1994, P-Werte in Klammern

Variable	Abhängige Variable: Logarithmiertes Verhältnis der Standardabweichungen von Jobabbau und -schaffung			
	Modell (1)	Modell (2)	Modell (3)	Modell (4)
Konstante	-0.018 (0.900)	-0.558 (0.058)	-0.891 (0.101)	-0.978 (0.060)
Trendbeschäftigungswachstum	-0.959 (0.000)**		-0.946 (0.000)**	-1.174 (0.035)*
Quadratisches Trendbeschäftigungswachstum				-0.142 (0.737)
Log. Betriebsgröße		0.221 (0.002)**	0.225 (0.064)	0.235 (0.045)*
Pseudo-R^2	0.20	0.14	0.32	0.32
Beobachtungen	34	34	34	33

Zusammenfassend lässt sich festhalten, dass die empirischen Ergebnisse für die baden-württembergische Industrie zeigen, dass das Verhalten der Job-Flows im Konjunkturzyklus in markanter und statistisch signifikanter Weise mit branchenspezifischen Charakteristika variiert.[55] Auch vor dem Hintergrund obiger Regressionsergebnisse muss die häufig als stilisiertes Faktum bezeichnete Asymmetrie im Verhalten der Job-Flows relativiert werden, da zahlreiche bisherige Studien sich ausschließlich auf den industriellen Sektor beschränken mussten. Dieser ist jedoch in den vergangenen Jahren insbesondere durch eine rückläufige Trendbeschäftigung sowie größere Firmen und Betriebe gekennzeichnet als das Dienstleistungsgewerbe. Somit weist das Verarbeitende Gewerbe Merkmale auf, die in einem positiven Zusammenhang mit der relativen Volatilität des Arbeitsplatzabbaus stehen. Auch die Ergebnisse für Baden-Württemberg lassen daher vermuten, dass die Beobachtung einer einseitigen Asymmetrie im Verhalten der Job-Flows zumindest auch auf einer Fokussierung bisheriger Studien auf den industriellen Sektor beruhen könnte, die Hamermesh (1999) als "manucentrism" bezeichnet.

5. Ist der Jobabbau im Konjunkturzyklus von dominierender Bedeutung? – einige abschließende Bemerkungen

Die empirische Betrachtung des konjunkturellen Verhaltens der Job-Flows konnte für die baden-württembergische Industrie nicht nur die ausgeprägte Heterogenität der betrieblichen

[55] Die vorliegende Studie bestätigt somit für die baden-württembergische Industrie die Studie von Davis/Haltiwanger (1999a), die auf Quartalsdaten basiert und für Viersteller der amerikanischen Industrie entsprechende Ergebnisse für die Jahre 1972 bis 1993 herausarbeitet. Davis/Haltiwanger finden in ihrer Studie im bivariaten Fall außerdem jeweils eine statistisch signifikant zunehmende relative Volatilität des

Beschäftigungsentwicklungen, sondern auch die Asymmetrie im Verhalten der Job-Flows gemessen an der Varianzrelation bestätigen. Beide empirischen Beobachtungen stehen im unmittelbaren Widerspruch zu traditionellen Konjunkturmodellen, die auf der Annahme repräsentativer Akteure basieren und von Heterogenitäten und Friktionen auf betrieblicher Ebene bei der Erklärung des Konjunkturverlaufs abstrahieren. Gleichzeitig erscheint es jedoch aufgrund obiger Analysen sehr fragwürdig und voreilig, die größere Volatilität des Arbeitsplatzabbaus im Konjunkturzyklus als stilisiertes Faktum zu bezeichnen. Die Tatsache, dass das Verhältnis der Standardabweichungen beider Job-Flows in statistisch gesichertem Maße von der Entwicklung der Gesamtbeschäftigung abhängt, kann als Indiz dafür gewertet werden, dass die Asymmetrie der Job-Flows gemessen an den Streuungen in Zeiten rückläufiger Beschäftigung systematisch überschätzt wird.

Vor dem Hintergrund der Zweifel an der Asymmetrie der Job-Flows erscheint es durchaus erstaunlich, dass zahlreiche neue Theorien entwickelt wurden, die versuchen, gerade diese einseitige Asymmetrie im Verhalten der Job-Flows zu erklären. Dennoch ist es voreilig, diese Theorieansätze grundsätzlich zu verwerfen. Der eigentliche Wert dieser neueren Theorien besteht m.E. insbesondere darin, dass sie unter Berücksichtigung von Heterogenitäten und Friktionen auf der Mikroebene überhaupt in der Lage sind, Asymmetrien im Verhalten der Job-Flows zu erklären, für die im Rahmen von Modellen mit repräsentativen Akteuren kein Platz besteht. Während traditionelle Konjunkturtheorien sich auf die Impulswirkung aggregierter Schocks beschränken und Friktionen auf der Mikroebene dann keine Beachtung für die Folgewirkungen schenken, betonen diese neueren Theorien die Interdependenz im Zusammenspiel zwischen aggregierten Schocks und allokativen Störungen. Allokativen Störungen auf der Mikroebene wird eine wichtige Verstärker- und Katalysatorfunktion zugeschrieben, wenn es darum geht, die Auswirkungen aggregierter Schocks auf konjunkturelle Schwankungen auf der Makroebene zu erklären.

> "[...] by far the dominant source of microeconomic employment changes is idiosyncratic shocks, and these play a key role in mapping aggregate shocks into actual employment responses."[56]

Die Argumente, die für die Einseitigkeit der Asymmetrie zugunsten des Jobabbaus angeführt werden, sind teilweise wenig überzeugend und bedürfen daher zumindest der Ergänzung. Insoweit bestätigen die vorliegenden Resultate zumindest im Ergebnis kritische Anmerkun-

---

Jobabbaus mit steigendem Firmenalter in einer Branche und mit steigender Kapitalintensität, wobei sich die Signifikanz in multivariaten Regressionen nicht bestätigt. Vgl. Davis/Haltiwanger (1999a), S. 2741.

56 Caballero et al. (1997), S. 133.

gen, die bereits von anderer Seite in der Literatur an den neuen Konjunkturtheorien geäußert wurden. So betonen z.B. Blanchflower/Burgess (1994), dass die Opportunitätskostenmodelle von Davis/Haltiwanger (1990) und Hall (1991) die Asymmetrie nur dadurch erklären können, dass sie annehmen, dass Jobabbau kostenlos möglich ist, während Arbeitsplatzschaffung kosten- und zeitintensiv ist: "To some extent then the asymmetry is built in: they assume job destruction is costless"[57].

Doch auch wenn aufgrund der vorliegenden empirischen Evidenz bestehende Zweifel an der Schlüssigkeit der Theorien bezüglich der Einseitigkeit der Asymmetrie untermauert werden, muss doch festgehalten werden, dass diese wichtige Bausteine für eine Erklärung der Arbeitsmarktdynamik im Konjunkturzyklus liefern, die Heterogenitäten und Friktionen auf Mikroebene nicht ex ante ausschließt und dabei allokativen Störungen eine eigenständige Rolle zuschreibt. Trotz der extremen Gegensätzlichkeit der Annahmen liefern sie somit komplementäre Erklärungen der Arbeitsmarktdynamik im Konjunkturzyklus, "[...] and [...] point toward a rich set of interactions between aggregate fluctuations and the reallocation process".[58]

---

57 Blanchflower/Burgess (1994), S. 6.
58 Davis/Haltiwanger (1999a), S. 2782.

TEIL 2: Gruppenspezifische Determinanten der Arbeitsplatzschaffung, des Arbeitsplatzabbaus und der Heterogenität betrieblicher Beschäftigungsentwicklungen – auf der Suche nach sektoralen Erfolgsfaktoren

In Teil 1 der Arbeit wurde gezeigt, dass der baden-württembergische Industriearbeitsmarkt in allen Phasen des Konjunkturzyklus durch ein gleichzeitiges Nebeneinander von neu auftretenden, wegfallenden, wachsenden und schrumpfenden Betrieben gekennzeichnet war. Das bloße Betrachten aggregierter Beschäftigungsveränderungen verdeckt somit das beachtliche Ausmaß der im Hintergrund stehenden Bruttobewegungen am Arbeitsmarkt und die bemerkenswerte Heterogenität betrieblicher Beschäftigungsentwicklungen.
Als wesentliche Schlussfolgerung aus dem ersten Teil der Arbeit kann daher festgehalten werden, dass Heterogenitäten und Friktionen auf der Mikroebene der Betriebe bedeutsam sind. Gerade die Unterschiedlichkeit betrieblicher Beschäftigungsentwicklungen begründet erhebliche Zweifel, ob theoretische Modelle, die auf der Grundlage repräsentativer Wirtschaftsakteure argumentieren, überhaupt in der Lage sein können, dieser Heterogenität gerecht zu werden. Gerade auch bei der Behandlung konjunkturtheoretischer Erklärungsansätze wurde betont, dass Heterogenitäten und Friktionen auf der Mikroebene sowie allokativen Störungen eine eigenständige und verstärkende Rolle bei der Erklärung konjunktureller Schwankungen zukommt.

Der folgende zweite Teil der Arbeit widmet sich nun der Suche nach möglichen Ursachen für diese Heterogenität. In Anlehnung an die Ausführungen in Abschnitt III.1.4.1 soll dabei zunächst untersucht werden, ob die Heterogenität in der baden-württembergischen Gesamtindustrie auf unterschiedlich erfolgreichen Gruppen von Betrieben beruht, innerhalb derer die betrieblichen Beschäftigungsentwicklungen sehr homogen ausfallen. Inhaltlich könnte dies eine "Rehabilitation" des Erklärungsanspruchs von Modellen mit repräsentativen Akteuren zumindest für nach bestimmten Kriterien abgegrenzte Betriebsgruppen bedeuten.

In Kapitel V wird daher zunächst die wirtschaftspolitisch brisante Frage behandelt, ob die Betriebsgröße ein geeignetes Kriterium ist, um erfolgreiche Betriebe von weniger erfolgreichen Betrieben zu unterscheiden. Gerade die immer wieder geäußerte These, dass kleine und mittlere Betriebe als die entscheidenden Motoren des Beschäftigungswachstums in der baden-württembergischen Industrie betrachtet werden können, lässt erwarten, dass die Beschäftigungsentwicklung in Kleinbetrieben systematisch besser ausfällt als in Großbetrieben. Im Mittelpunkt der größenklassenabhängigen Job-Turnover-Analysen steht somit die Frage, ob sich die besondere Rolle kleiner und mittlerer Betriebe für die baden-württembergische Industrie und die Jahre 1980 bis 1999 empirisch untermauern und somit eine wirtschaftspolitische Präferierung kleiner und mittlerer Betriebe rechtfertigen lässt.

Kapitel VI wendet sich dann einer branchenspezifischen Analyse der Jobschaffung und des Jobabbaus zu. Neben der Absicht, Industrien hinsichtlich ihres Ausmaßes an Arbeitsplatzdynamik zu charakterisieren, erfolgt im Rahmen panelanalytischer Schätzverfahren der ergänzende Versuch, das relative Ausmaß der Jobschaffung und des Jobabbaus auf branchenspezifische Gegebenheiten zurückzuführen.
Die Rolle von Betrieben unterschiedlicher Technologieorientierung für die Arbeitsplatzschaffung und den Arbeitsplatzabbau wird in Kapitel VII einer eingehenden Untersuchung unterzogen, bevor eine regionale Job-Turnover-Analyse für die Regionen und Kreise Baden-Württembergs in Kapitel VIII die "sektorale" Ursachenanalyse im Rahmen disaggregierter Job-Turnover-Analysen der Arbeitsplatzdynamik abrundet.

V. Beschäftigungserfolg und Betriebsgröße – Kleinbetriebe als entscheidende Motoren des Beschäftigungswachstums?

1. Zur These

Die These einer besonderen Bedeutung kleiner und mittlerer Unternehmen (KMU) für die Beschäftigungsentwicklung hat ihren akademischen Ursprung in empirischen Forschungsarbeiten von Birch (1979, 1981, 1987) für die US-amerikanische Industrie. Mehr als 80% der netto neu entstandenen Arbeitsplätze im Zeitraum 1969-1976 entfielen, so Birch, auf Unternehmen mit weniger als 100, ungefähr zwei Drittel auf Unternehmen mit weniger als 20 Beschäftigten. Auch wenn Birch diese extrem hohe relative Relevanz kleiner Unternehmen wenige Jahre später aufgrund von Mängeln in der Datenbasis etwas relativieren musste, bleibt als Fazit seiner Studien die herausragende Bedeutung kleiner Firmen bestehen:

> "Smaller businesses more than offset their high failure rates with their capacity to start up and expand dramatically. Larger businesses, in contrast, appear rather stagnant. They may be expanding output with more capital equipment [...] or they may expand by opening operations abroad. Whatever they are doing, however, *large firms are no longer the major providers of new jobs for Americans.*"[1]

---

[1] Birch (1981), S. 7f.

Birchs Pilotstudien sowie das gleichzeitig wachsende Interesse der Politik an der Beschäftigungsproblematik führten in der Folgezeit dazu, dass der Zusammenhang zwischen Betriebsgröße und Beschäftigungserfolg bis heute zentraler Gegenstand heftiger akademischer Debatten und wirtschaftspolitischer Auseinandersetzungen ist. In der wirtschaftspolitischen Diskussion über Möglichkeiten der Schaffung neuer Arbeitsplätze besteht über die Parteigrenzen hinweg weitgehende Einigkeit, dass KMUs besondere Hoffnungsträger darstellen. Eine wirtschaftspolitische Präferierung kleiner und mittlerer Betriebe ist somit Inhalt und Forderung zahlreicher wirtschaftspolitischer Programme:

> "Die über 3 Millionen kleinen und mittleren Unternehmen [...] sind die Leistungsträger der deutschen Wirtschaft. Sie sind für Beschäftigung, Wirtschaftswachstum und sozialen Fortschritt unentbehrlich und schaffen knapp 70% der Arbeits- und rd. 80% der Ausbildungsplätze. Ihre Wirtschaftskraft zu stärken und ihnen Entfaltungsmöglichkeiten zu eröffnen, ist herausragendes Ziel sozialdemokratischer Wirtschaftspolitik. [...] Besonderen Stellenwert ist der Förderung von Existenzgründungen einzuräumen. Neue wirtschaftliche Existenzen und junge Technologieunternehmen schaffen zukunftsfähige Arbeits- und Ausbildungsplätze, treiben den Innovationsprozeß voran und sorgen für nachhaltige Wachstumsdynamik."[2]

> "Was macht die Riesterschrödermüller nur so blind gegenüber dieser einfachen und empirisch zu belegenden Tatsache: Alles, was den Mittelstand belastet, verhindert oder vernichtet Arbeitsplätze in Deutschland. Alles, was den Mittelstand entlastet, fördert oder erhält Arbeitsplätze in Deutschland."[3]

Weniger eindeutig fällt die Antwort der theoretischen und der empirischen Wissenschaft aus. Birchs Pilotstudien stimulierten in der Folgezeit eine Vielzahl entsprechender empirischer Analysen für andere Länder und andere Zeiträume. Zahlreiche Studien bestätigen die These von Birch und somit die herausragende Bedeutung der KMUs für die Beschäftigungsentwicklung.[4] Ein durchaus beträchtlicher Teil der Studien, insbesondere die Arbeiten von Davis et al. (1996a, 1996b) für die US-amerikanische Industrie, gelangt jedoch zu dem Ergebnis, dass die besondere Rolle kleiner Betriebe zu großen Teilen auf fehlerhaften Daten

---

2 SPD-Bundestagsfraktion (1999), S. 4.

3 ASU/BJU (1999), S. 22.

4 Studien, die ebenfalls zu dem Ergebnis gelangen, dass zwischen der Betriebs- oder Firmengröße und dem Beschäftigungswachstum ein inverser Zusammenhang besteht, sind zum Beispiel die Studien von Baldwin/Picot (1995) oder Picot/Dupuy (1998) für die kanadische Industrie, von Bingley et al. (1999) für Dänemark, von Broersma/Gautier (1997a, 1997b) für die niederländische Industrie, von Davidsson et al. (1998) für Schweden oder von Klette/Mathiassen (1996) für Norwegens Industrie.

sowie insbesondere auf methodischen Mängeln und einer irreführenden Interpretation der Daten beruht.[5]

Der folgende Abschnitt widmet sich im Rahmen einer größenklassenabhängigen Job-Turnover-Analyse einer Untersuchung der Bedeutung mittelständischer Betriebe für die Entstehung neuer Arbeitsplätze in der baden-württembergischen Industrie von 1980 bis 1999. Zunächst jedoch müssen einige grundlegende Aspekte einer Analyse des Zusammenhangs zwischen Betriebsgröße und Beschäftigungswachstum angesprochen werden, die auch der angesprochenen Kritik von Davis et al. (1996a, 1996b) Rechnung tragen und dann die weitere Vorgehensweise begründen.

2. Grundlegendes zu größenabhängigen Job-Flow-Analysen

2.1 Analyseeinheit

Wie bereits in Abschnitt II.2.2 in allgemeiner Form thematisiert, kann bezüglich der Wahl der Analyseeinheit keine allgemeingültige Empfehlung getroffen werden. Die Entscheidung, ob man für eine größenklassenabhängige Analyse Betriebs- oder Unternehmensdaten heranzieht, hängt insbesondere auch von der inhaltlichen Fragestellung ab.[6] Während Schreyer (1996) für die OECD zu dem Ergebnis gelangt, "[that] firms would be the most promising basic unit for data collection"[7], befürworten Baldwin/Picot (1995) die Verwendung von Betriebsdaten, um den Analyseschwerpunkt auf die Größe der produzierenden Einheiten legen zu können. Gleichzeitig bemerken sie, dass die Unterscheidung zumindest für die kanadische Industrie und die Ergebnisse ihrer Studie keine wesentlichen Auswirkungen hat. Die Wiedergabe der Ergebnisse wird daher im Folgenden auf die Betriebsebene beschränkt.

2.2 Operationalisierung der Betriebsgröße

Für die Beurteilung der Größe eines Betriebes können eine Vielzahl einzelner oder auch eine Kombination alternativer Indikatoren herangezogen werden. Zahlreiche bisherige empirische Studien bestätigen, dass die Wahl des Kategorisierungskriteriums beträchtliche Auswirkungen auf die Analyseergebnisse bezüglich der Rolle kleiner Betriebe haben kann.[8] Welche

[5] Vgl. dazu auch z.B. einen Überblick über Ergebnisse für verschiedene Länder in OECD (1994) sowie die Studie von Wagner (1995) für die niedersächsische Industrie.

[6] Vgl. dazu auch eine Auflistung alternativer Vor- und Nachteile mit Blick auf ausgewählte Analyseaspekte in Schreyer (1996), S. 6.

[7] Vgl. Baldwin/Picot (1995), S. 318.

[8] Vgl. z.B. Picot/Dupuy (1998), S. 124: "[...] the method of sizing firms does have a significant impact on the findings."

Definition eines Kleinbetriebes im konkreten Fall geeignet ist, hängt ebenfalls entscheidend von der jeweiligen inhaltlichen Fragestellung ab.
Allgemein kann man zunächst Kategorisierungskriterien, die auf der Inputseite der betrieblichen Leistungserstellung ansetzen, von solchen unterscheiden, die sich auf den betrieblichen Output bzw. dessen Absatz beziehen. Angaben über die Beschäftigung eines Betriebes stellen eine wesentliche Information über die Faktoreinsatzseite dar, die jedoch nur einen einzigen Inputfaktor, den Faktor Arbeit, betreffen. Als Outputgrößen können zur Kategorisierung kleiner Betriebe zum Beispiel der betriebliche Produktionswert, die Bilanzsumme oder der Jahresumsatz herangezogen werden. Die Kommission der Europäischen Union definiert kleine und mittlere Betriebe unter Berücksichtigung mehrerer Kriterien. Neben der Zahl der Beschäftigten finden auch der Umsatz, die Bilanzsumme sowie die Tatsache, ob der Betrieb selbständig ist, Beachtung.[9] Das Institut für Mittelstandsforschung definiert mittelständische Betriebe anhand der Beschäftigung (<500 Beschäftigte) und des Jahresumsatzes (<100 Mio. DM).[10] Da die vorliegende Studie sich primär mit einer Analyse der Arbeitsplatzschaffung und des Arbeitsplatzabbaus in Betrieben unterschiedlicher Größe beschäftigt, orientiert sich die im Folgenden verwendete Kategorisierung an der Zahl der Beschäftigten.[11] Diese Beschränkung auf einen Inputfaktor ist im vorliegenden Analyserahmen sinnvoll, man muss jedoch berücksichtigen, dass somit hinsichtlich der Bedeutung kleiner Betriebe im ökonomischen Prozess nur ein Teilaspekt abgebildet werden kann.[12]
Auch bezüglich der konkreten Kategorisierung der Betriebe nach ihrer Beschäftigtenzahl gibt es in der Literatur keine allgemeingültige Definition. Gebräuchlich ist folgende Einteilung, die auf die OECD zurückgeht und an der sich zahlreiche empirische Studien zumindest im Grundsatz orientieren:[13]

- Sehr kleine Betriebe < 20 Beschäftigte
- Kleine Betriebe 20-99 Beschäftigte
- Mittlere Betriebe 100-499 Beschäftigte
- Große Betriebe ≥ 500 Beschäftigte

9 Vgl. Kommission der Europäischen Gemeinschaften (1992).
10 Vgl. z.B. Hauser (2000).
11 Vgl. dazu auch Hart/Oulton (1995), S. 8ff.
12 "However, focusing on employment alone to measure the importance of small plants provides only a partial picture of the economic process", Baldwin (1998b), S. 362.
13 Vgl. OECD (1985), S. 64.

Im weiteren Verlauf dieser Untersuchung für die baden-württembergische Industrie wird daher eine Klasseneinteilung verwendet, die sich an dieser OECD-Kategorisierung orientiert, dabei jedoch einzelne Klassen noch etwas feiner unterteilt.

2.3 Zur Problematik der Kategorisierung

2.3.1 Problematik der Größenklassenwechsler

Immer wieder wird die wirtschaftspolitisch brisante These der herausragenden Bedeutung der KMUs für die Beschäftigungsentwicklung mit einem Verweis auf die Entwicklung der Gesamtbeschäftigung in unterschiedlichen Größenklassen belegt. Bei einer sorgfältigen Analyse von Beschäftigungsveränderungen in Betrieben unterschiedlicher Größe ist jedoch in mehrfacher Hinsicht Vorsicht geboten: Der Vergleich der zeitlichen Entwicklung der Gesamtbeschäftigung einer Größenklasse oder der Beschäftigungsanteile einzelner Größenklassen kann irreführend sein, da Betriebe im Zeitablauf ihre Größenklasse wechseln können. Davis et al. (1996b) bezeichnen diese Problematik der Größenklassenwechsler als "*size distribution fallacy*".

Werden die Betriebe in beiden Perioden der jeweils aktuellen Größenklasse zugeschlagen, so kann dies gravierende Auswirkungen auf die Ergebnisse haben. Stellt man zum Beispiel die Gesamtzahl der in einem Jahr t-1 in Betrieben mit weniger als 20 Beschäftigten tätigen Personen der entsprechenden Gesamtbeschäftigung in dieser Größenklasse im Folgejahr t gegenüber, so könnte die Beschäftigung der kleinsten Größenklasse einerseits steigen, weil zahlreiche Kleinbetriebe ihre Beschäftigung ausgeweitet haben und dabei innerhalb der ersten Größenklasse verbleiben oder Neugründungen für positive Beschäftigungsimpulse gesorgt haben. Andererseits jedoch könnte auch das Schrumpfen von größeren Betrieben in die Größenklasse hinein für den dann jedoch eher zweifelhaften Erfolg dieser Beschäftigungsklasse verantwortlich sein. Hinter ein und derselben Zunahme der Gesamtbeschäftigung in einer Größenklasse könnten somit sowohl wachsende Kleinbetriebe als auch schrumpfende Großbetriebe stehen.

Ein auf den ersten Blick festgestellter positiver Gesamtbeschäftigungseffekt in der kleinsten Größenklasse muss somit nicht zwingend das Ergebnis expandierender Kleinbetriebe sein. Gerade in Perioden, in denen Großbetriebe zum Beispiel im Zuge einer Beschränkung auf eigene Kernkompetenzen Tätigkeiten ausgliedern und dabei Arbeitsplätze abbauen, ist es durchaus wahrscheinlich, dass dieser Beschäftigungsabbau größerer Betriebe bei unvorsichtiger Interpretation als boomender Kleinbetriebssektor gedeutet wird.[14]

Zwei wesentliche Konsequenzen müssen aus dieser Gefahr einer aggregierten Betrachtung und der Problematik der Größenklassenwechsler gezogen werden:

(1) Notwendigkeit der Verwendung eines Betriebspaneldatensatzes

> "...results from snapshot data on the distribution of employment at certain points in time cannot be used to draw direct conclusions on the contribution of small firms to net job growth."[15]

Fundiertere Einsichten in die Schaffung und den Abbau von Arbeitsplätzen in Betrieben unterschiedlicher Größe kann man erst dann gewinnen, wenn man die Daten zu einem Paneldatensatz verknüpft, der es ermöglicht, Beschäftigungsentwicklungen auf der Ebene einzelner Betriebe im Zeitablauf zu verfolgen. Wachsende Betriebe können dann von schrumpfenden Betrieben unterschieden, ihr jeweiliger Beitrag zur Beschäftigungsveränderung einer Größenklasse systematisch aufbereitet und Größenklassenwechsler in ihrer Bedeutung quantifiziert werden.

(2) Eindeutige Zuordnung der Betriebe auf die Größenklassen

Um zu gewährleisten, dass ein Betrieb in der Anfangs- und Endperiode jeweils derselben Größenklasse zugeordnet wird, werden in der Literatur mehrere Möglichkeiten einer Kategorisierung vorgeschlagen. Wie im folgenden Abschnitt gezeigt wird, kann die Wahl der Klassifizierungsmethode dabei erhebliche Auswirkungen auf die Analyseergebnisse haben.

2.3.2 Zuordnung der Betriebe auf Größenklassen – Vor- und Nachteile alternativer Kategorisierungskriterien

In zahlreichen Analysen der Beschäftigungsveränderung in Betrieben unterschiedlicher Größe erfolgt die Zuordnung der Betriebe auf die Größenklassen gemäß ihrer Beschäftigung im Ausgangsjahr. Diese *Basisjahrkategorisierung* hat den Nachteil, dass transitorische Beschäftigungsveränderungen zum Beispiel im Zuge eines einmaligen zusätzlichen Auftrags, die mit einem temporären Wechsel der Größenklasse verbunden sind, zu einer systematischen

---

14 Vgl. dazu OECD (1994), S. 122 oder auch Harrison (1994), S. 150.
15 OECD (1985), S. 72.

Überzeichnung des Beitrags kleiner Betriebe zur Arbeitsplatzschaffung führen.[16] Kehren sich kurzfristige, zufallsbedingte Abweichungen der Beschäftigung von einer langfristigen Durchschnittsbeschäftigung wieder um, so werden Betriebe, die durch temporäre Einflüsse gewachsen sind, mit hoher Wahrscheinlichkeit wieder schrumpfen. Betriebe, die in Folge temporärer Einflüsse ihre Beschäftigung reduzieren mussten, werden dagegen mit hoher Wahrscheinlichkeit wieder wachsen. Befinden sich in oberen Größenklassen überproportional viele Betriebe, die aufgrund temporärer Einflüsse gewachsen sind, und in den kleineren Größenklassen überproportional viele Betriebe, die aufgrund zufälliger Einflüsse geschrumpft sind, so kann man gerade in den kleineren Größenklassen eine Beschäftigungsverbesserung erwarten, ohne dass fundamentale Unterschiede in der Beschäftigungsentwicklung in Klein- und Großbetrieben zugrunde liegen. In der Literatur wird diese Problematik auch unter den Begriffen "*regression-to-the-mean-bias*" oder "*regression fallacy*" diskutiert.

> "In summary, the standard practice of measuring firm or establishment size according to base-year employment leads to a regression fallacy, which in turn paints an overly favorable picture of the relative growth performance of small employers."[17]

Auf analoge Weise führt eine *Kategorisierung gemäß der Endbeschäftigung* als Folge transitorischer Beschäftigungsschwankungen zu einem systematischen Überzeichnen des Beschäftigungsbeitrags größerer Betriebe. In welchem Maße die Wahl des Kategorisierungskriteriums die Ergebnisse beeinflusst, hängt davon ab, ob tatsächlich in relevantem Umfang Größenklassenwechsler auftreten.

Um systematische Verzerrungen als Folge transitorischer Beschäftigungsschwankungen möglichst gering zu halten, schlagen Davis et al. (1996a, 1996b) alternative Kategorisierungskriterien vor. Diese basieren jeweils auf der Grundidee, dass man den Einfluss transitorischer Schwankungen abschwächen kann, indem man die Betriebe nach ihrer *Durchschnittsbeschäftigung* in verschiedenen Perioden kategorisiert. Sehr gebräuchlich ist die Verwendung der Durchschnittsbeschäftigung der beiden Analyseperioden t-1 und t ("*current average size*"). Alternativ finden teilweise auch die Durchschnittsbeschäftigungen der Vorperioden t-2 und t-1 ("*previous average size*") oder aber der Perioden t-2 und t ("*multi-period average size*") Verwendung.

---

16 Vgl. z.B. Leonard (1986) oder auch Davis et al. (1996b), S. 305ff.

17 Davis et al. (1996b), S. 307.

Allgemein ist eine Kategorisierung nach Durchschnittsbeschäftigungen insbesondere dann geeignet, wenn in bedeutendem Maße transitorische Beschäftigungsveränderungen auftreten und diese sich innerhalb der betrachteten Zeiträume wieder weitgehend umkehren.[18] Während Davis et al. (1996b) sowie eine Vielzahl weiterer Studien[19] zu dem Ergebnis gelangen, dass das regression-to-the-mean-Problem relevant ist und daher eine Durchschnittskategorisierung empfehlen, gibt es in der Literatur auch vereinzelte Untersuchungen, die der regression fallacy ihre Bedeutung absprechen (vgl. z.B. Davidsson et al. (1998, 1999) oder Konings (1995)).

Tabelle V.1a/b: Zum Ausmaß der Problematik der Größenklassenwechsel, Anteile an den jeweils in beiden Perioden bestehenden Betrieben in %, Jahresdurchschnittswerte, 1980-1999

Kategorisierung nach Basisjahrbeschäftigung

t-1 \ t	1-19	20-49	50-99	100-249	250-499	500-999	≥1000
1-19	**97.5**	2.5	0	0	0	0	0
20-49	6.5	**89.6**	3.8	0	0	0	0
50-99	0.3	7.7	**87.8**	4.2	0	0	0
100-249	0.1	0.2	5.6	**91.7**	2.4	0	0
250-499	0.1	0	0.1	7.2	**90.0**	2.5	0
500-999	0.1	0	0	0.3	7.7	**89.3**	2.6
≥1000	0.1	0	0	0.1	0.1	4.8	**95.0**

Kategorisierung nach Durchschnittsbeschäftigung

t-1 \ t	1-19	20-49	50-99	100-249	250-499	500-999	≥1000
1-19	**98.1**	1.9	0	0	0	0	0
20-49	5.2	**91.7**	3.1	0	0	0	0
50-99	0.1	6.6	**89.6**	3.7	0	0	0
100-249	0	0.1	5.0	**92.7**	2.1	0	0
250-499	0.1	0	0	6.8	**90.8**	2.2	0
500-999	0	0	0	0	7.4	**90.3**	2.3
≥1000	0	0	0	0	0	3.9	**95.9**

Bereits die in Kapitel III aufgezeigte erhebliche Heterogenität betrieblicher Beschäftigungsentwicklungen sowie die beträchtliche Konzentration der betrieblichen Arbeitsplatzschaffung

18 Kirchhoff/Greene (1998), S. 162, kritisieren, dass sich aus theoretischer Sicht keine Gründe für eine Kategorisierung nach Durchschnittsbeschäftigung angeben lassen. Kritische Anmerkungen zur Studie und den Ergebnissen von Davis et al. (1996b) findet man auch in Carree/Klomp (1996), Gallagher/Robson (1995) oder Robson (1996). Allgemein muss jedoch festgehalten werden, dass die Mehrzahl der Studien die methodische Kritik von Davis et al. unterstützt und daher die Verwendung von Durchschnittsbeschäftigungen zur Klassifizierung inzwischen gebräuchlich ist.

19 Vgl. z.B. Broersma/Gautier (1997b), Gerlach/Wagner (1997) oder Bingley et al. (1999).

und des Arbeitsplatzabbaus lassen erahnen, dass Größenklassenwechsler in der baden-württembergischen Industrie zu beachten sind. Um die tatsächliche Bedeutung der Klassenwechsel und insbesondere der transitorischen Größenklassenwechsel für die baden-württembergische Industrie beurteilen zu können, werden zunächst auf der Grundlage des Betriebspanels und auf jährlicher Basis Übergangshäufigkeiten zwischen den Größenklassen berechnet. Die Tabellen V.1a und V.1b geben für die verwendete Klassierung die jahresdurchschnittlichen Übergangshäufigkeiten im Zeitraum 1980 bis 1999 wieder, wobei die Kategorisierung sowohl nach der Beschäftigung im Basisjahr (V.1a) als auch nach der Durchschnittsbeschäftigung (V.1b) erfolgt.[20]
Der Anteil der Betriebe, die in beiden Jahren in derselben Größenklasse angesiedelt waren, betrug im Durchschnitt der Jahre 1980 bis 1999 bei Basisjahrkategorisierung zwischen 87,8% aller in beiden Perioden bestehenden Betriebe und 97,5% in der Gruppe der überlebenden Kleinbetriebe. Über alle Größenklassen hinweg bedeutet dies, dass insgesamt ungefähr einer von zwölf Betrieben Jahr für Jahr die Größenklasse wechselte. Festgehalten werden kann somit, dass Größenklassenwechsler in der baden-württembergischen Industrie in erheblichem Maße beobachtet werden konnten. Verwendet man alternativ die durchschnittliche Beschäftigung als Grundlage der Kategorisierung, so reduziert sich die Zahl der Größenklassenwechsler, wie ein Vergleich der Tabellen V.1a und V.1b zeigt, ohne dabei jedoch völlig an Bedeutung zu verlieren.

Da für eine mögliche systematische Überschätzung des Beitrags kleiner Betriebe insbesondere *transitorische* Größenklassenwechsel verantwortlich sind, wird mit Hilfe des Paneldatensatzes zusätzlich überprüft, ob und in welchem Maße Größenklassenwechsel temporär waren. Exemplarisch werden im Folgenden Ergebnisse für die Perioden 1980-1982 und 1990-1992 wiedergegeben.[21] Tabelle V.2 zeigt, dass der Anteil transitorischer Größenklassenwechsel an der Gesamtzahl der Klassenwechsel jeweils beachtlich war. Bei Basisjahrkategorisierung kehrte sich 1980/82 jeder sechste und 1990/92 mehr als jeder fünfte Wechsel in der Folgeperiode wieder um. Besonders bedeutsam waren temporäre Klassenwechsler bei den Kleinstbetrieben, bei denen 1980/82 mehr als jeder fünfte und 1990/92 mehr als jeder vierte Wechsel nur vorübergehend war.

---

20 Vgl. dazu auch Boeri/Cramer (1991), S. 76f. Konings (1995), S. 217ff., findet für die britische Industrie sehr ähnliche Ergebnisse.

21 Analysen für die anderen Jahre führen zu quantitativ und qualitativ ähnlichen Ergebnissen, so dass sich die Analyse hier auf die Darstellung exemplarischer Jahre beschränken kann.

Tabelle V.2: Zum Ausmaß der Problematik transitorischer Größenklassenwechsel am Beispiel der Perioden 1980-1982 und 1990-1992

Periode	1980 bis 1982		1990 bis 1992	
Größenklasse	Basisjahr-kategorisierung	Durchschnitts-kategorisierung	Basisjahr-kategorisierung	Durchschnitts-kategorisierung
1-19	21.6%	9.4%	28.0%	14.5%
20-49	21.8%	6.8%	23.2%	7.3%
50-99	10.5%	4.7%	16.6%	6.8%
100-249	13.5%	2.6%	16.7%	10.8%
250-499	10.8%	12.2%	14.0%	8.0%
500-999	9.5%	3.6%	15.4%	5.9%
≥1000	9.9%	0%	11.1%	0%
Durchschnitt	**16.5%**	**6.2%**	**21.9%**	**9.8%**

Die "regression fallacy", die Davis et al. (1996b) zur Ablehnung einer Kategorisierung nach Basisjahrbeschäftigung veranlasst, spielt somit im Analysezeitraum auch für die baden-württembergische Industrie eine wichtige Rolle. Die Verwendung der Durchschnittskategorisierung kann, wie eine Gegenüberstellung der Ergebnisse für beide Zeiträume verdeutlicht, das Problem transitorischer Größenklassenwechsler zwar nicht völlig beseitigen, aber zumindest in erheblichem Maße verringern, da es gelingt, deren Anteil um mehr als die Hälfte zu reduzieren. Problematisch ist die Verwendung von Durchschnittsbeschäftigungen zur Kategorisierung jedoch dann, wenn die betrieblichen Beschäftigungsentwicklungen trendbehaftet sind.[22] Gegen die Anwendung der Durchschnittskategorisierung könnte daher die Tatsache sprechen, dass ungefähr in zwei von drei Fällen Betriebe in eine kleinere Größenklasse wechselten. Überwiegt eine trendmäßig rückläufige Beschäftigungsentwicklung, so schneiden kleine Betriebe bei Durchschnittskategorisierung systematisch schlechter ab als große Betriebe.

Um auch den Einfluss längerfristiger transitorischer Schwankungen auf die Ergebnisse abschwächen und die Stabilität der inhaltlichen Ergebnisse besser beurteilen zu können, schlagen Davis et al. (1996b) ergänzend eine Kategorisierung unter Verwendung längerfristiger Durchschnittsbeschäftigungen, insbesondere der durchschnittlichen Beschäftigung im Gesamtanalysezeitraum ("*full-period average size*"), vor. Baldwin/Picot (1995) kritisieren, dass die Verwendung dieser langfristigen Durchschnittsmaße dazu führen kann, dass der tatsächliche Beschäftigungsbeitrag kleiner Betriebe verdeckt wird, da sich dann sowohl erfolgreiche Kleinbetriebe als auch wenig erfolgreiche Großbetriebe in der Mitte der Größenverteilung wiederfinden. Da nicht nur die Kategorisierung, sondern auch die Messung

22 Konings (1995), S. 214, schlägt daher eine relative Definition der Betriebsgröße in Bezug auf die durchschnittliche Beschäftigung vor, um somit dynamische Veränderungen der Größenverteilungen berücksichtigen zu können, die gerade dann wichtig sein können, wenn die Betriebsgrößenstruktur trendmäßigen Entwicklungen unterliegt.

der Beschäftigungsveränderungen transitorischen Einflüssen unterliegen kann, kann man weiterhin ergänzend auch mehrperiodige Beschäftigungsveränderungen betrachten.[23]

Auch um die Auswirkungen der alternativen Klassifizierungsmethoden auf die Analyseergebnisse besser beurteilen zu können, werden im Folgenden zunächst die beiden gebräuchlichsten Kategorisierungsmethoden, die Basisjahrkategorisierung und die Kategorisierung nach der Durchschnittsbeschäftigung der Perioden t-1 und t, verwendet. Neu auftretende Betriebe werden jeweils mit ihrer Anfangsbeschäftigung, wegfallende Betriebe mit ihrer Beschäftigung im Ausgangsjahr berücksichtigt. Abschließend werden auch Ergebnisse unter Verwendung längerfristiger, mehrperiodiger Maße angegeben.

3. Betriebs- und Beschäftigungsstruktur in der baden-württembergischen Industrie nach Betriebsgröße

Klein- und Kleinstbetriebe machten von 1980 bis 1999 den überwiegenden Anteil an der Gesamtzahl der baden-württembergischen Industriebetriebe aus. Mehr als die Hälfte aller baden-württembergischen Industriebetriebe waren im Durchschnitt der Jahre 1980 bis 1999 Kleinstbetriebe mit weniger als 20 Beschäftigten. 85% aller Industriebetriebe waren Kleinbetriebe mit bis zu 100 Beschäftigten, Großbetriebe mit mindestens 500 Beschäftigten dagegen spielten gemessen an der Gesamtzahl der Betriebe mit 2,4% eine untergeordnete Rolle (vgl. Tabelle V.3). Für die baden-württembergische Industriebeschäftigung dagegen waren Großbetriebe von sehr wesentlicher Bedeutung: mit einem Beschäftigungsanteil von 44,8% arbeitete fast jeder zweite Industriebeschäftigte in einem Großbetrieb.

Tabelle V.3: Betriebs- und Beschäftigungsstruktur der baden-württembergischen Industrie, Durchschnittswerte, 1980-1999, Kategorisierung nach Durchschnittsbeschäftigung[24]

Größenklasse	Anteil an den Betrieben in %	Beschäftigungsanteil in %
1-19	51.2	4.7
20-49	22.8	9.0
50-99	11.4	9.9
100-249	8.9	17.2
250-499	3.4	14.5
500-999	1.4	12.5
≥ 1000	1.0	32.3

23 Vgl. z.B. Baldwin/Picot (1995), S. 322.

24 Ergebnisse bei Basisjahrkategorisierung fallen im Durchschnitt der Jahre 1980 bis 1999 sehr ähnlich aus. Auf ihre Wiedergabe wurde verzichtet.

Abbildung V.1: Entwicklung der Beschäftigungsstruktur in der baden-württembergischen Industrie, 1980-1999, Kategorisierung nach Durchschnittsbeschäftigung

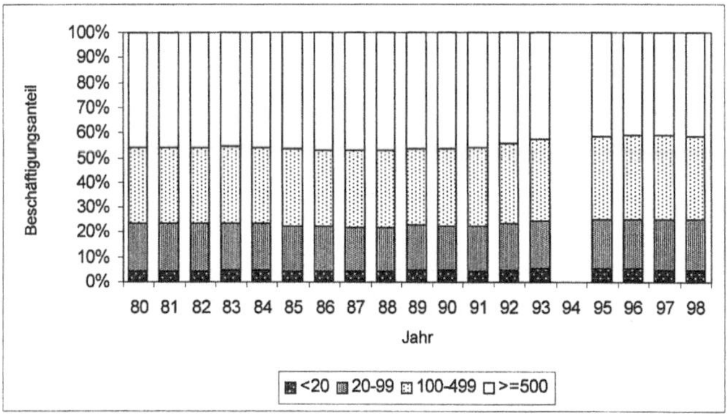

Studien für andere Länder gelangen immer wieder zu dem Ergebnis, dass der Beschäftigungsanteil der kleinen Betriebe im Zeitablauf spürbar gestiegen ist.[25] Ein Blick auf Abbildung V.1 zeigt, dass sich die Beschäftigungsanteile in der baden-württembergischen Industrie von 1980 bis 1999 trotz unterjähriger Schwankungen zwar ebenfalls moderat zugunsten kleiner Betriebe verschoben haben, ohne dass man jedoch von einem eindeutigen Trend sprechen kann.[26]

Abbildung V.2: Entwicklung der Betriebsstruktur in der baden-württembergischen Industrie, 1980-1999, Kategorisierung nach Durchschnittsbeschäftigung

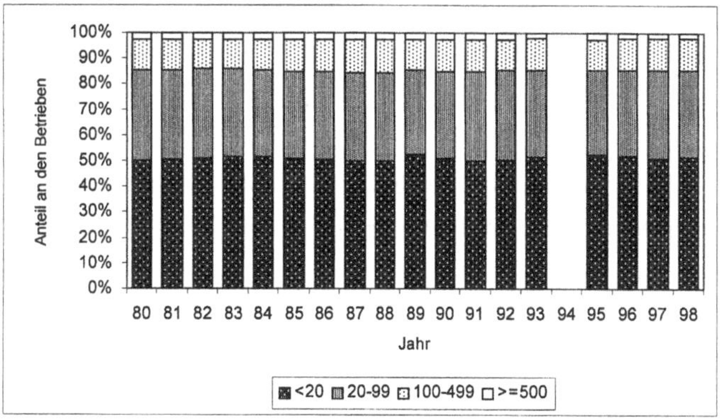

25 Vgl. z.B. die Studien von Baldwin/Picot (1995), Sengenberger et al. (1990) oder Robson/Gallagher (1994).

26 Dass von einem zunehmenden Beschäftigungsanteil kleiner Betriebe ohnehin nicht zwingend auf den Beschäftigungserfolg der Kleinbetriebe geschlossen werden darf, wurde bereits in Abschnitt V.2.3.1 hinreichend thematisiert.

Vielmehr kann eine erstaunliche Stabilität im relativen Muster der Beschäftigungs- und der Betriebsstruktur aufgedeckt werden, die nicht erahnen lässt, welch ausgeprägte Dynamik sich im Hintergrund auf betrieblicher Ebene verbirgt (vgl. auch Abbildung V.2). Die durchschnittliche Zahl der Beschäftigten pro Betrieb hat von 1980 bis 1999 abgenommen, wobei der Rückgang nicht kontinuierlich verlief (vgl. Abbildung V.3).

Abbildung V.3: Zeitliche Entwicklung der durchschnittlichen Betriebsgröße in der baden-württembergischen Industrie, 1980-1999, 1980 = 100%

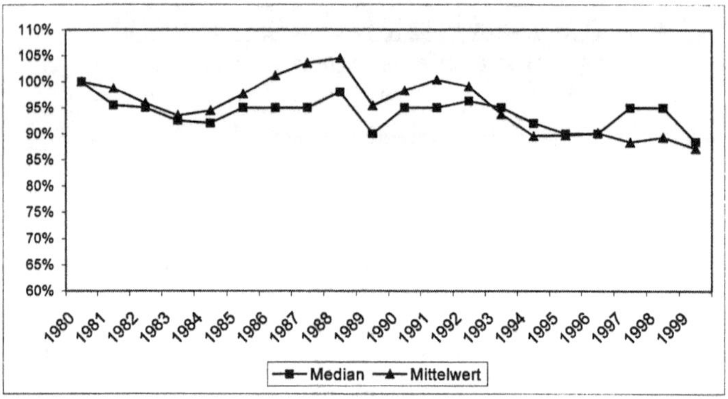

Während das arithmetische Mittel der Betriebsgröße 1980 noch gut 84 Beschäftigte betrug, entfielen 1999 im Durchschnitt nur noch 73,4 Beschäftigte auf einen Betrieb.
Die Medianbeschäftigung sank von 20 Beschäftigten im Jahr 1980 auf knapp 18 Beschäftigte 1999. Allerdings betrug der Median 1981 und 1998 jeweils 19 Beschäftigte, so dass man gemessen am Median nicht von einer stetigen Trendentwicklung der Beschäftigung sprechen kann.

4. Jobschaffung und Jobabbau in Betrieben unterschiedlicher Größe in der baden-württembergischen Industrie von 1980 bis 1999

4.1 Zum Zusammenhang zwischen Betriebsgröße, Beschäftigungserfolg und Brutto-Job-Flows

Betrachtet man zunächst die jahresdurchschnittlichen Veränderungsraten der Beschäftigung bei Basisjahrkategorisierung, so scheinen die Ergebnisse für die baden-württembergische Industrie und die Jahre 1980 bis 1999 die Schlussfolgerung zu untermauern, dass insbesondere Kleinstbetriebe mit weniger als 20 Beschäftigten eine günstige Beschäftigungsentwicklung ermöglicht haben (vgl. Abbildung V.4). Als einzige Größenklasse wiesen Kleinstbetriebe im Durchschnitt mit 0,1% eine positive Veränderungsrate der Industriebeschäftigung auf. Diese positive Veränderungsrate ist nicht von Auffindungen oder Berichtskreisaktualisierungen abhängig, da die Periode 1988/89 aus den Berechnungen eliminiert und für 1997 ein angepaßter Berichtskreis verwendet wurde. Dabei zeichnete sich nicht ein positiver Saldo aus neu auftretenden und wegfallenden Betrieben für die positive Gesamtbeschäftigungsentwicklung verantwortlich, sondern nur die mit durchschnittlich +1,5% günstige Beschäftigungsentwicklung in den bereits am Markt befindlichen Kleinstbetrieben. Der "Gründungssaldo" fiel mit -1,4% pro Jahr im Durchschnitt in der kleinsten Größenklasse sogar deutlich negativ aus.

Wie bereits bei den methodischen Überlegungen in Abschnitt V.2.3.1 ausgeführt, ist eine Basisjahrkategorisierung der Betriebe dann problematisch und führt zu einem systematischen Überzeichnen des Beitrags kleiner Betriebe, wenn transitorische Beschäftigungsentwicklungen auftreten, die mit einem Größenklassenwechsel verbunden sind. Folgt man daher der Forderung von Davis et al. (1996b) und verwendet als Kategorisierungskriterium die durchschnittliche Beschäftigung der Perioden t-1 und t[27], so erhält man ein völlig anderes Bild. Die kleinste Größenklasse verliert nicht nur ihren positiven Beschäftigungsbeitrag, sie verfügt bei Durchschnittskategorisierung sogar über die schlechteste Veränderungsrate.

Abbildung V.4: Jahresdurchschnittliche Veränderungsraten der Beschäftigung in Betrieben unterschiedlicher Größe, 1980-1999

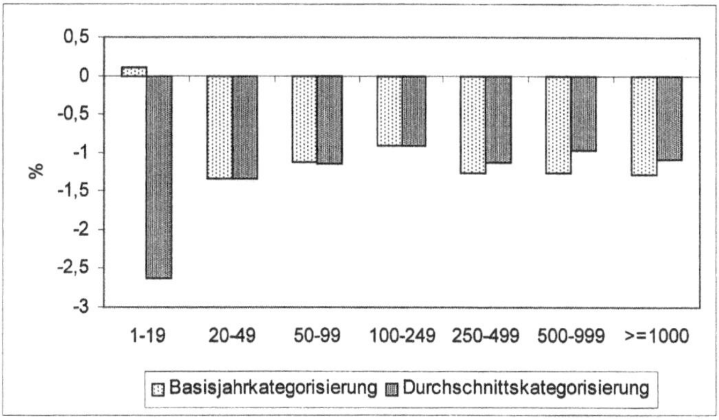

[27] Vgl. dazu Abschnitt V.2.3.2.

Auch wenn man berücksichtigt, dass in Zeiten rückläufiger Gesamtbeschäftigung eine Durchschnittskategorisierung kleiner Betriebe den Beschäftigungsrückgang in Kleinbetrieben vielleicht überzeichnet und man daher zu dem Ergebnis gelangt, dass die Wahrheit irgendwo in der Mitte liegen muss, kann als Schlussfolgerung festgehalten werden, dass sich über die Größenklassen hinweg weder nach Basisjahr- noch nach Durchschnittsbeschäftigung ein eindeutiger, systematischer Zusammenhang zwischen Firmengröße und dem jährlichen Beschäftigungswachstum erkennen lässt.

Interessante Einsichten in die Dynamik der Arbeitsplatzschaffung und des Jobabbaus auf Betriebsebene liefert eine ergänzende größenklassenabhängige Komponentenanalyse der Arbeitsplatzdynamik, deren Ergebnisse für beide Kategorisierungsverfahren in Tabelle V.4 wiedergegeben und mit Hilfe der Abbildungen V.5 und V.6 veranschaulicht sind. Der postulierte Zusammenhang zwischen Firmengröße und Beschäftigungswachstum kann zwar für die Nettoveränderung der Beschäftigung keine Gültigkeit beanspruchen, findet sich jedoch für die im Hintergrund stehenden Bruttobewegungen eindrucksvoll bestätigt.

Tabelle V.4: Ergebnisse einer größenklassenabhängigen Job-Turnover-Analyse der Arbeitsplatzdynamik, Jahresdurchschnittswerte, 1980-1999

Größenklasse	Veränderung in %	Jobschaffung in %	Jobabbau in %	Job-Turnover-Rate in %	Excess-Job-Turnover-Rate in %
	Basisjahrkategorisierung				
1-19	0.1	12.3	12.2	24.6	22.2
20-49	-1.3	6.2	7.6	13.8	11.1
50-99	-1.1	4.8	5.9	10.7	8.1
100-249	-0.9	4.0	4.9	8.9	6.2
250-499	-1.3	3.2	4.4	7.6	5.1
500-999	-1.3	2.9	4.1	7.0	4.5
≥1000	-1.3	2.1	3.4	5.5	3.6
	Durchschnittskategorisierung				
1-19	-2.6	10.7	13.3	24.0	21.0
20-49	-1.3	6.4	7.7	14.1	11.6
50-99	-1.2	4.8	6.0	10.8	8.1
100-249	-0.9	4.0	4.9	9.0	6.2
250-499	-1.1	3.3	4.4	7.6	5.3
500-999	-1.0	3.0	3.9	6.9	4.3
≥1000	-1.1	2.2	3.3	5.5	3.7

Abbildung V.5: Jahresdurchschnittliche Komponenten der Arbeitsplatzschaffung und des Arbeitsplatzabbaus in Betrieben unterschiedlicher Größe, 1980-1999, Kategorisierung nach Basisjahrbeschäftigung

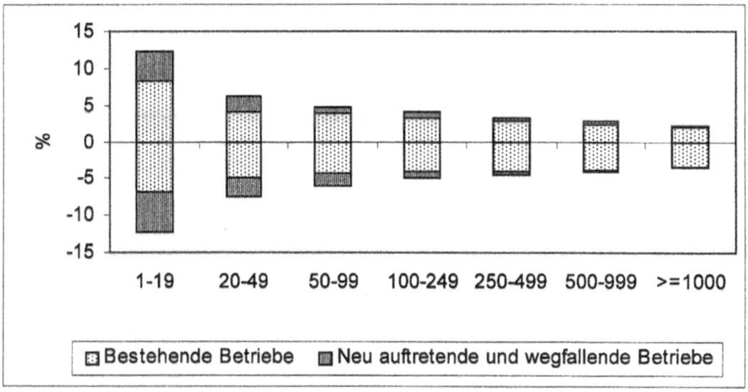

Kleinere Betriebe wiesen in jedem einzelnen Jahr und im Durchschnitt der Jahre 1980 bis 1999 zwar deutlich höhere Raten der Arbeitsplatzschaffung auf, die jedoch mit ebenfalls deutlich höheren Raten des Arbeitsplatzabbaus in anderen Kleinbetrieben einhergingen. Der Zusammenhang zwischen Betriebsgröße und Beschäftigungswachstum bestand somit mit Blick auf die Bruttokomponenten, nicht jedoch hinsichtlich der Nettoarbeitsplatzschaffung.

Abbildung V.6: Jahresdurchschnittliche Komponenten der Arbeitsplatzschaffung und des Arbeitsplatzabbaus in Betrieben unterschiedlicher Größe, 1980-1999, Kategorisierung nach Durchschnittsbeschäftigung

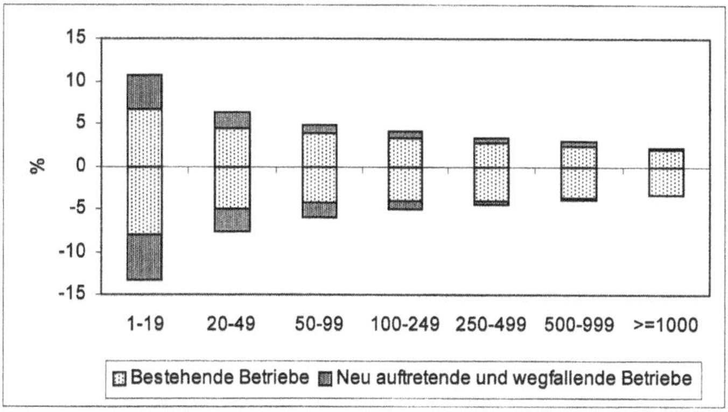

Diese inverse Beziehung zwischen Betriebsgröße und den Bruttobewegungen kann für jede einzelne Periode festgestellt werden und hängt dabei nicht von der gewählten Kategorisierungsmethode ab.

Die höheren Bruttoraten kleiner Betriebe sind dabei keineswegs die bloße Folge einer ausgeprägteren Gründungs- und Schließungsdynamik bei kleineren Betrieben. Die Abbildungen V.5 und V.6 zeigen, dass auch bei einer Beschränkung der Analyse auf wachsende und schrumpfende Betriebe die Bruttoraten der Arbeitsplatzschaffung und des Arbeitsplatzabbaus jeweils mit zunehmender Betriebsgröße zurückgingen.[28]

Die besonders ausgeprägte Heterogenität betrieblicher Arbeitsplatzentwicklungen bei Kleinstbetrieben mit weniger als 20 Beschäftigten wird auch an der enorm hohen Job-Turnover-Rate deutlich, die in dieser Größenklasse zwischen knapp 21% und 32,6% lag. Damit wurde in Kleinstbetrieben jedes Jahr jeder dritte bis fünfte Arbeitsplatz (!) entweder neu geschaffen oder abgebaut.

Tabelle V.5 veranschaulicht die bemerkenswerte Heterogenität betrieblicher Entwicklungen bei den Kleinstbetrieben anhand der Anteile der Größenklassen an der Jobschaffung und am Jobabbau.[29]

Tabelle V.5: Anteile an der Arbeitsplatzschaffung und am Arbeitsplatzabbau nach Betriebsgröße, Durchschnittswerte, 1980-1999, Kategorisierung nach Durchschnittsbeschäftigung

Größenklasse	Beschäftigungsanteil in %	Anteil an der Arbeitsplatz-schaffung in %	Anteil am Arbeitsplatzabbau in %
1-19	4.7	14.4	13.9
20-49	9.0	15.5	14.9
50-99	9.9	12.8	12.4
100-249	17.2	18.0	17.3
250-499	14.5	12.3	12.7
500-999	12.5	9.5	9.5
≥ 1000	32.3	17.8	19.2

[28] Im Gegensatz dazu Picot/Dupuy (1998), S. 134: "When considering only existing firms (i.e. excluding births) much of the difference in net employment growth between the small and the large firm sector disappears."

[29] Davis et al. (1996a), S. 65f., betonen, dass einige Missverständnisse in der öffentlichen Diskussion über die Bedeutung kleiner Betriebe für das Beschäftigungswachstum auch darauf beruhen, dass für die einzelnen Größenklassen Anteile am Nettobeschäftigungswachstum berechnet und verglichen werden. Der Vergleich von Anteilen an einer Nettoveränderung ist jedoch dann unzulässig, wenn es auch Betriebe gibt, deren Beschäftigung sich in die entgegengesetzte Richtung verändert ("netting out reality"). Vielmehr sollte man Anteile an den Brutto-Job-Flows berechnen.

Kleinbetriebe wiesen verglichen mit ihrem am Anteil an der Gesamtbeschäftigung jeweils einen überproportional hohen Anteil an der Arbeitsplatzschaffung, gleichzeitig aber auch einen überproportional hohen Anteil am Arbeitsplatzabbau auf. Betriebe mit bis zu 100 Beschäftigten vereinten weniger als ein Viertel der Gesamtbeschäftigung auf sich, wiesen jedoch mit 42,7% der Arbeitsplatzschaffung und 41,2% des Arbeitsplatzabbaus fast doppelt so hohe Anteile an den Bruttoströmen auf.[30]

Tabelle V.6: Ergebnisse einer größenklassenabhängigen Job-Turnover-Analyse für einzelne Zeiträume, Jahresdurchschnittswerte, Kategorisierung nach Basisjahr- und Durchschnittsbeschäftigung

	Basisjahrkategorisierung			Durchschnittskategorisierung		
Größen-klasse	Veränderung in %	Jobschaffung in %	Jobabbau in %	Veränderung in %	Jobschaffung in %	Jobabbau in %
			1980/81 - 1983/84			
1-19	-0.2	12.0	12.2	-2.5	10.7	13.2
20-49	-2.6	5.2	7.8	-2.8	5.3	8.0
50-99	-2.8	3.7	6.5	-2.9	3.7	6.7
100-249	-2.7	2.7	5.5	-2.6	2.8	5.4
250-499	-2.3	2.4	4.7	-2.2	2.5	4.7
500-999	-2.8	1.7	4.5	-2.4	1.7	4.1
≥1000	-1.2	1.7	3.0	-1.1	1.8	2.9
			1984/85 - 1987/88			
1-19	1.3	11.8	10.5	-1.1	10.3	11.5
20-49	0.5	6.6	6.1	0.4	6.7	6.3
50-99	0.5	5.2	4.7	0.6	5.3	4.7
100-249	1.6	4.8	3.1	1.5	4.8	3.3
250-499	0.8	3.7	2.9	1.2	3.8	2.6
500-999	1.1	3.2	2.2	1.2	3.3	2.1
≥1000	1.5	2.7	1.2	1.6	2.8	1.2
			1989/90 - 1993/94			
1-19	1.1	12.5	11.4	-2.0	10.6	12.6
20-49	-2.1	5.9	8.0	-1.9	6.3	8.2
50-99	-1.3	5.0	6.3	-1.3	5.0	6.3
100-249	-1.6	4.0	5.6	-1.7	4.0	5.7
250-499	-2.1	3.1	5.2	-2.0	3.2	5.2
500-999	-1.6	3.4	5.0	-1.6	3.5	5.1
≥1000	-4.5	1.5	6.0	-4.3	1.6	5.9
			1995/96 - 1998/99			
1-19	-1.9	13.0	14.9	-5.0	11.1	16.1
20-49	-1.0	7.2	8.2	-0.8	7.5	8.3
50-99	-0.8	5.3	6.1	-0.9	5.3	6.3
100-249	-0.7	4.6	5.2	-0.6	4.6	5.2
250-499	-1.1	3.5	4.6	-1.3	3.6	4.9
500-999	-1.6	3.1	4.7	-0.9	3.2	4.1
≥1000	-0.0	2.8	2.8	0.3	2.9	2.6

Tabelle V.6 zeigt für ausgewählte Analysezeiträume, dass es auch Perioden gab, in denen die relative Beschäftigungsentwicklung in Kleinbetrieben auch bei Durchschnittskategorisierung

[30] Vgl. z.B. auch Baldwin/Picot (1995). In der US-amerikanischen Industrie, in der von 1973 bis 1988 ebenfalls knapp ein Viertel der Industriebeschäftigten in Betrieben mit weniger als 100 Beschäftigten arbeitete, lagen die Anteile an den Bruttoströmen mit 37,7% und 38,6% ungefähr im Bereich der baden-württembergischen Ergebnisse. Vgl. Davis et al. (1996a), S. 73.

günstiger ausfiel als in Großbetrieben. So war insbesondere der Zeitraum 1989 bis 1994 dadurch gekennzeichnet, dass Großbetriebe in besonders markantem Maße Arbeitsplätze reduzierten, so dass die Beschäftigungsentwicklung in Kleinbetrieben zwar rückläufig war, diese aber relativ gesehen merklich besser abschnitten als ihre größeren Wettbewerber. Sowohl in den 80er Jahren als auch 1995 bis 1999 fiel die Beschäftigungsentwicklung in Kleinbetrieben dagegen schlechter aus als in Großbetrieben.

Während die mit zunehmender Betriebsgröße rückläufigen Raten des Arbeitsplatzabbaus zeigen, dass die Stabilität der Gesamtheit aller Jobs in Kleinbetrieben geringer ausfiel als in Großbetrieben, kann man ergänzend in einer Längsschnittbetrachtung auch die Persistenz der neu geschaffenen Arbeitsplätze in Betrieben unterschiedlicher Größe empirisch beleuchten. Ausgehend von der Gesamtzahl der auf Betriebsebene von einem Jahr auf das Folgejahr geschaffenen Jobs kann man im Rahmen einer Kohortenanalyse mit Hilfe des Paneldatensatzes betriebliche Beschäftigungsentwicklungen im Zeitablauf verfolgen (vgl. dazu auch die Persistenzanalysen für die baden-württembergische Gesamtindustrie in Abschnitt III.3). Da der einzelne Betrieb dennoch eine "black box" bleibt, kann nicht untersucht werden, ob tatsächlich jeder einzelne neu geschaffene Arbeitsplatz noch vorhanden ist. Der Vorgehensweise für die Gesamtindustrie in Kapitel III.3 folgend erlauben vereinfachende Annahmen jedoch einen Einblick in die Stabilität der geschaffenen Arbeitsplätze. Die in einem Betrieb von einer Periode auf die andere Periode geschaffenen Arbeitsplätze sind annahmegemäß dann in der Folgezeit noch vorhanden, wenn die Gesamtbeschäftigung des Betriebs nicht unter das im Zuge der Beschäftigungsexpansion erreichte Beschäftigungsniveau fällt. Neu geschaffene Jobs gelten dagegen dann als wieder abgebaut, wenn die erreichte Gesamtbeschäftigung in der Folgezeit wieder unterschritten wird.
Tabelle V.7 gibt die Ergebnisse jahresdurchschnittlicher Persistenzraten für den Gesamtzeitraum sowie einzelne Teilperioden wieder, Abbildung V.7 veranschaulicht die gefundenen Ergebnisse exemplarisch für den aktuellen Zeitraum 1995 bis 1999.

Für den Gesamtzeitraum kann man zunächst festhalten, dass die Stabilität der neu geschaffenen Arbeitsplätze insbesondere in Kleinstbetrieben mit weniger als 20 Beschäftigten deutlich geringer ausfiel als in größeren Betrieben. Während in Großbetrieben mit mindestens 1000 Beschäftigten nach einem Jahr immerhin noch mehr als 85% und nach zwei Jahren immer noch knapp 75% der neu geschaffenen Arbeitsplätze Bestand hatten, fielen in kleinen Betrieben nach einem Jahr bereits mehr als einer von vier geschaffenen Arbeitsplätzen wieder weg. Nach nur zwei Jahren hatten in Kleinstbetrieben nur noch gut sechs von zehn neuen Jobs Bestand. Der Blick hinter die Kulissen der aggregierten Beschäftigungsveränderungen lässt somit erkennen, dass sich die Arbeitsplätze in Betrieben unterschiedlicher Größe in einem wichtigen Qualitätsaspekt grundlegend unterscheiden: der Stabilität der vorhandenen und der geschaffenen Arbeitsplätze.

Tabelle V.7: Persistenzraten der Jobschaffung in unterschiedlichen Betriebsgrößenklassen, Jahresdurchschnittswerte

Größenklasse	1980 - 1999		1980-1988		1989-1994		1995-1999	
	Jahr 1 %	Jahr 2 %	Jahr 1 %	Jahr 2 %	Jahr 1 %	Jahr 2 %	Jahr 1 %	Jahr 2 %
1-19	73.6	65.6	75.7	68.9	72.1	62.4	67.3	57.5
20-49	82.3	73.5	83.6	75.5	78.5	66.1	83.2	76.4
50-99	85.7	76.7	86.7	79.1	82.3	68.5	87.2	79.9
100-249	85.5	76.5	87.1	79.9	79.3	64.9	88.4	80.4
250-499	84.9	74.7	87.6	80.2	77.7	60.0	84.7	75.0
500-999	84.4	73.6	87.2	79.1	76.6	57.1	84.8	76.5
≥1000	85.5	73.4	90.4	80.7	69.3	48.8	90.1	81.2

Persistenzanalysen für unterschiedliche Teilzeiträume bestätigen für fast alle Jahre die höhere Persistenz der Jobschaffung in Großbetrieben. Einzig die Periode 1989 bis 1994 fällt insoweit aus der Reihe, als hier Großbetriebe besonders ungünstige Persistenzraten aufwiesen. Für die Zeiträume 1980 bis 1988 und 1995 bis 1999 dagegen ist die geringere Stabilität gerade der in den Kleinstbetrieben neu geschaffenen Arbeitsplätze besonders offensichtlich (vgl. auch Abbildung V.7).

Abbildung V.7: Persistenzraten neu geschaffener Arbeitsplätze in Betrieben unterschiedlicher Größe, Jahresdurchschnittswerte, 1995-1999

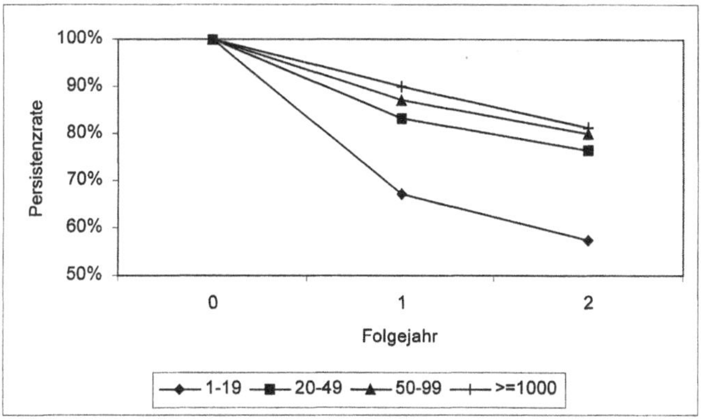

Die Betrachtung kumulierter Beschäftigungsveränderungen bei längerfristiger Durchschnittskategorisierung führt zu einer ergänzenden Bestätigung der gefundenen Analyseergebnisse (vgl. Tabelle V.8).[31] Sämtliche Perioden mit Ausnahme der Jahre 1989 bis 1994, in denen in Betrieben mit mindestens 1000 Beschäftigten ungefähr einer von fünf Arbeitsplätzen dem Jobabbau zum Opfer fiel, zeichneten sich dadurch aus, dass auch die kumulierten Veränderungsraten der Beschäftigung in den größeren Betrieben merklich günstiger ausfielen (1984 bis 1988, 1995 bis 1999) als in Kleinbetrieben oder kein eindeutiger Zusammenhang zu erkennen war.[32]

Tabelle V.8: Mittelfristige kumulierte Beschäftigungsveränderungen nach Größenklassen, Kategorisierung nach Durchschnittsbeschäftigung in Anfangs- und Endperiode

Größenklasse	Veränderung der Beschäftigung in %	Jobschaffungsrate in %	Jobabbaurate in %	Job-Turnover-Rate in %	Excess-Job-Turnover-Rate in %
		1980/81 - 1983/84			
1-19	-3.7	26.8	30.4	57.2	53.5
20-49	-9.6	13.9	23.5	37.4	27.8
50-99	-11.9	9.4	21.3	30.7	18.8
100-249	-10.0	7.4	17.4	24.8	14.8
250-499	-9.9	6.5	16.3	22.8	12.9
500-999	-9.6	4.1	13.7	17.7	8.1
≥ 1000	-5.0	5.1	10.1	15.2	10.3
		1984/85 - 1987/88			
1-19	-2.5	24.6	27.1	51.8	49.3
20-49	1.4	19.0	17.6	36.7	35.3
50-99	4.0	18.1	14.1	32.2	28.2
100-249	4.7	15.4	10.7	26.0	21.4
250-499	4.7	12.7	8.0	20.7	16.0
500-999	5.7	11.3	5.6	16.9	11.2
≥ 1000	6.4	8.9	2.5	11.4	5.1
		1989/90 - 1993/94			
1-19	-4.5	27.2	31.7	58.9	54.4
20-49	-9.0	17.3	26.2	43.5	34.5
50-99	-6.2	15.3	21.5	36.9	30.6
100-249	-9.1	11.5	20.6	32.1	23.0
250-499	-10.2	8.9	19.1	28.0	17.8
500-999	-10.5	8.2	18.7	27.0	16.5
≥ 1000	-22.0	2.6	24.6	27.2	5.2
		1995/96 - 1998/99			
1-19	-8.3	16.2	24.5	40.8	32.4
20-49	-1.8	12.6	14.5	27.1	23.6
50-99	-1.9	9.4	11.2	20.6	16.4
100-249	-1.2	8.3	9.5	17.8	13.8
250-499	-2.3	6.1	8.4	14.6	11.6
500-999	-2.3	5.7	8.1	13.8	9.8
≥ 1000	0.5	5.2	4.7	9.9	8.0

[31] Picot/Dupuy (1998), S. 120f., finden für die kanadische Industrie ebenfalls, dass die tatsächliche Verwendung der längerfristigen Maße zu keiner gravierenden Veränderung der inhaltlichen Schlussfolgerungen führt.

[32] Ergebnisse jährlicher Analysen für mehrperiodige Durchschnittskategorisierungen führen zu demselben inhaltlichen Ergebnis. Auf ihre Wiedergabe wird verzichtet.

4.2 Beschäftigungsentwicklung in Kohorten von Größenklassen

Eine exemplarische Kohortenanalyse soll die Ausführungen zum Beschäftigungswachstum in baden-württembergischen Industriebetrieben unterschiedlicher Größe abrunden und dabei erneut verdeutlichen, wie wertvoll die Verwendung von Paneldaten in diesem Zusammenhang ist. Da die folgenden Ergebnisse sich ausnahmslos für jede Kohorte bestätigen lassen, werden beispielhaft auf der Grundlage der betrieblichen Beschäftigung des Jahres 1980 Kohorten gebildet und deren Entwicklung im Zeitablauf verfolgt.

Abbildung V.8 lässt zunächst erkennen, dass die Sterblichkeit kleiner Betriebe deutlich größer ausfiel als bei größeren Betrieben. Von zehn Betrieben mit weniger als 20 Beschäftigten im Ausgangsjahr existierten nach neun Jahren im Durchschnitt nur noch sechs Betriebe, während sämtliche Kohorten von Betrieben mit mindestens 100 Beschäftigten im selben Zeitraum nur einen Verlust von höchstens einem Betrieb erleiden mussten.

Abbildung V.8: Entwicklung der Zahl der Betriebe in Kohorten von Betrieben unterschiedlicher Größe am Beispiel der Kohorten des Jahres 1980

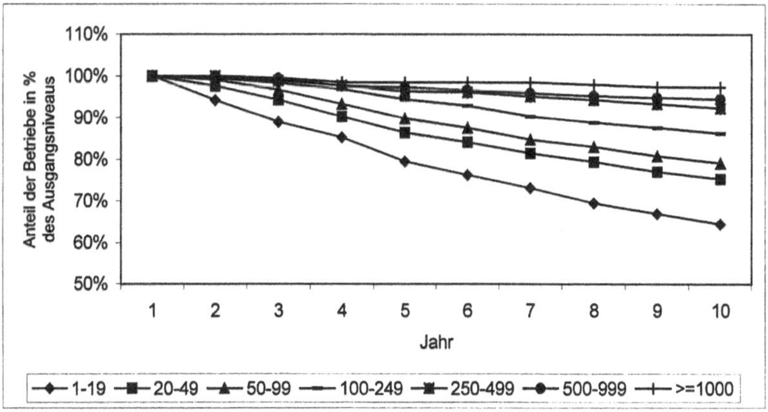

Eine ergänzende Betrachtung der Entwicklung der Kohortenbeschäftigung (vgl. Abbildung V.9) verdeutlicht, dass das höhere Sterberisiko der Kleinbetriebe sich nicht in selbem Maße in einem Beschäftigungsverlust der Kohorten niederschlug. Diese Ergebnisse deuten somit an, dass Kleinbetriebe zwar eine höhere Sterblichkeit aufweisen als größere Betriebe, gleichzeitig jedoch die überlebenden Kleinbetriebe – zumindest im Durchschnitt – in beträchtlichem

Maße expandieren können. Die Durchschnittsbeschäftigung der Kohorte der kleinsten Betriebe stieg daher zum Beispiel von 7,3 Beschäftigten im Jahr 1980 um mehr als die Hälfte auf 11,3 Beschäftigte im Jahr 1994 an. Auch die Kohortenanalysen bestätigen somit die ausgeprägte Heterogenität betrieblicher Beschäftigungsentwicklungen gerade bei Kleinst- und Kleinbetrieben, die bereits im Rahmen der Job-Turnover-Analysen aufgedeckt werden konnte.

Abbildung V.9: Entwicklung der Gesamtbeschäftigung in Kohorten von Betrieben unterschiedlicher Größe am Beispiel der Kohorten des Jahres 1980

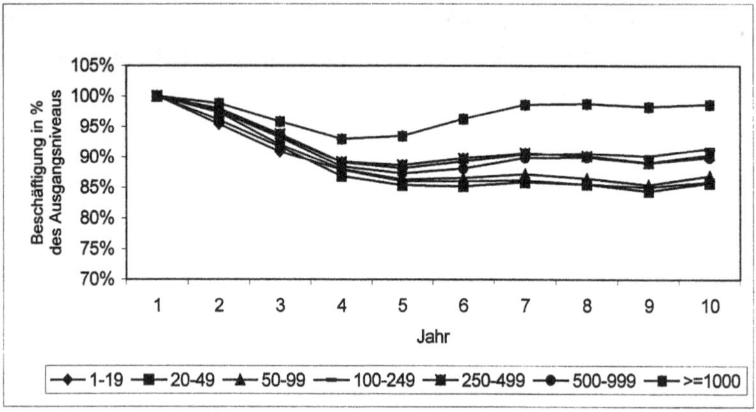

4.3 Mögliche Gründe für die ausgeprägtere Heterogenität betrieblicher Beschäftigungsentwicklungen in Kleinbetrieben

In Kapitel III.1.4 wurde bereits ein knapper Überblick über alternative Ansätze zur Erklärung der Heterogenität betrieblicher Beschäftigungsentwicklungen gegeben. Die folgenden Überlegungen widmen sich ergänzend der Frage, welche Gründe sich für die besonders ausgeprägte Heterogenität betrieblicher Beschäftigungsentwicklungen in Kleinbetrieben anführen lassen.

Zunächst könnte man vermuten, dass insbesondere die größere Relevanz von Gründungs- und Schließungsbewegungen in den kleineren Größenklassen die größere Unterschiedlichkeit erklären kann. Diese Vermutung findet sich insoweit bestätigt, als die relativen Gründungs-

und Schließungssalden in kleineren Größenklassen tatsächlich größer ausfallen.[33] Die alleinige Erklärung der unterschiedlichen Heterogenität mit Unterschieden in der Gründungs- und Schließungsdynamik greift jedoch zu kurz. Beschränkt man die Analyse auf Betriebe, die jeweils in beiden Perioden existierten, so kann für die baden-württembergische Industrie der negative Zusammenhang zwischen Betriebsgröße und dem relativen Ausmaß der betrieblichen Jobschaffung und des Jobabbaus auch unter Abstraktion von den neu auftretenden und wegfallenden Betrieben beobachtet werden (vgl. dazu die Abbildungen V.5 und V.6).

Für ein größeres relatives Ausmaß an Jobschaffung und Jobabbau in Kleinbetrieben könnte auch die Tatsache sprechen, dass diese flexibler und schneller auf veränderte Rahmenbedingungen reagieren können als ihre größeren Kontrahenten. Gavosto/Sestito (1993)[34] gelangen zu dem Ergebnis, dass die Anpassungskosten der Beschäftigung für kleinere Betriebe geringer ausfallen als für Großbetriebe. Neben den unmittelbaren Faktorkosten kann hier auch die organisatorische Schwerfälligkeit, die häufig in größeren Betrieben gegeben ist, von Bedeutung sein. Da Kleinbetriebe regelmäßig Führungsstrukturen aufweisen, bei denen einige wenige Personen entscheidungsbefugt sind, kommt dem Management und somit dem unternehmerischen Talent der Betriebsleitung besondere Bedeutung zu. Einerseits besteht die Chance, im Zuge kurzer Entscheidungsprozesse zügig auf Marktänderungen zu reagieren, andererseits ist jedoch auch die Gefahr, dass individuelles Missmanagement zu einem Scheitern des Betriebes führt, präsenter. Höhere Job-Turnover-Raten in Kleinbetrieben könnten weiterhin als Indiz dafür gewertet werden, dass Großbetriebe in stärkerem Maße versuchen, Beschäftigungsanpassungen mit Hilfe eines internen Arbeitsmarktes zu lösen. Hamermesh et al. (1996) kommen jedoch zu dem Ergebnis, dass die Bedeutung interner Arbeitsmärkte nicht so ausgeprägt ist.

Die Tatsache, dass Kleinbetriebe Skalennachteile gegenüber ihren größeren Wettbewerbern besitzen und unterhalb einer mindestoptimalen Betriebsgröße agieren müssen, kann ebenfalls für das überdurchschnittliche Ausmaß an Jobschaffung und gleichzeitigem Jobabbau verantwortlich sein. Aufgrund der Größennachteile besitzen Kleinbetriebe häufig vor allem zwei Alternativen. Entweder müssen sie versuchen, ihre Größendefizite im Zuge eines Expansionsprozesses möglichst schnell aufzuholen, um ebenfalls von Größenvorteilen

---

33 Anzumerken ist jedoch an dieser Stelle, dass bisher der Beschäftigungsbeitrag sämtlicher neu auftretender Betriebe betrachtet wird und die Schließungsrate sich auf alle den Berichtskreis verlassenden Betriebe bezieht. Eine detailliertere Analyse des Gründungs- und Schließungsverhaltens wird erst in Teil 4 dieser Arbeit vorgenommen.

34 Vgl. Gavosto/Sestito (1993), S. 447.

profitieren zu können, oder es droht ihnen mangels Wettbewerbsfähigkeit ein Schrumpfungsprozess, der häufig zu einem baldigen Austritt aus dem Markt führt. Dieser Erklärungsansatz ist insoweit mit den für die baden-württembergische Industrie gefundenen Ergebnissen kompatibel, als im vorigen Abschnitt gezeigt wurde, dass die Sterblichkeit bei Kleinbetrieben zwar deutlich höher ausfällt als bei Großbetrieben, überlebende Kleinbetriebe jedoch zum Teil in besonderem Maße expandieren können.[35]

Einen weiteren Aspekt für eine mögliche Erklärung der ausgeprägten Heterogenität betrieblicher Entwicklungen in Kleinbetrieben, liefert Jovanovics Theorie der passiven Selektion.[36] Betriebe, die neu auf einen Markt treten, lernen ihre Wettbewerbsfähigkeit erst im Laufe des Marktprozesses kennen und werden dann entweder expandieren, wenn sich ihre Position am Markt als ausbaufähig erweist, oder sich wieder aus dem Markt zurückziehen, wenn sie nicht wettbewerbsfähig sind. Da unter den jüngeren Betrieben in besonderem Maße auch Kleinbetriebe zu finden sind (vgl. dazu auch Tabelle V.9), könnten diese anfänglichen Informationsdefizite über die eigene Wettbewerbsfähigkeit die höheren Job-Flows bei Kleinbetrieben erklären.
Während sowohl selektionstheoretische Ansätze in der Folge von Jovanovic als auch die Überlegungen zu den Größennachteilen der Kleinbetriebe implizit unterstellen, dass Klein- und Großbetriebe in einem unmittelbaren Wettbewerb stehen, der Kleinbetriebe zum Wachsen zwingt, betonen Caves/Porter (1977), dass sich die Marktaktivitäten kleiner und größerer Betriebe selbst innerhalb eng abgegrenzter Industrien deutlich unterscheiden können, da Kleinbetriebe häufig Nischenstrategien besetzen. Gelingt es einem Kleinbetrieb, eine Marktnische zu belegen, so besteht für den Betrieb keine zwingende Notwendigkeit zur Expansion, um das weitere Überleben zu sichern. Diese These hat in der Literatur durchaus empirische Unterstützung bekommen[37], scheint jedoch zumindest auf den ersten Blick und "im Durchschnitt" die empirischen Ergebnisse für Baden-Württemberg nicht unbedingt zu dominieren. Agarwal/Audretsch (1999) weisen jedoch darauf hin, dass sich beide Erklärungsansätze für das Verhalten von Kleinbetrieben nicht unbedingt widersprechen müssen, da sie für unterschiedliche Phasen eines Industrielebenszyklus Gültigkeit beanspruchen. Während die lern- und selektionstheoretischen Überlegungen eher für frühe Phasen einer Industrie-

---

35 Vgl. dazu auch die ausführlicheren Analysen in den Teilen 3 und 4 dieser Arbeit, die sich mit betriebsindividuellen Determinanten des Beschäftigungswachstums und des Überlebens von Gründungen beschäftigen und dabei diese Argumentation wieder aufgreifen.

36 Vgl. Jovanovic (1982) oder auch die Ausführungen in Kapitel III.1.4.2.

37 Vgl. z.B. Audretsch et al. (1998).

entwicklung relevant seien, spielten Nischenstrategien insbesondere in reiferen, entwickelten Industrien eine besondere Rolle.

Da obige Überlegungen andeuten, dass gerade in einer unterschiedlichen Altersstruktur von Klein- und Großbetrieben ein wesentlicher Grund für das unterschiedliche Ausmaß an Jobschaffung und Jobabbau in Betrieben unterschiedlicher Größe bestehen könnte, soll diesem Aspekt an dieser Stelle abschließend zumindest ansatzweise nachgegangen werden. Kapitel X der vorliegenden Arbeit widmet sich dann auf der Grundlage betriebsindividueller Daten einer fundierten ökonometrischen Analyse der Interdependenzen zwischen Betriebsalter, Betriebsgröße und Beschäftigungswachstum.

Die folgenden Ergebnisse beruhen dabei auf jahresdurchschnittlichen Werten für den Zeitraum 1980 bis 1994. Sämtliche bereits 1980 bestehenden Betriebe wurden aus der Analyse ausgeschlossen, da sie in jedem Jahr der jeweils ältesten Gruppe angehören und somit den jeweiligen Durchschnitt der Altersgruppe beträchtlich beeinflussen würden. Somit umfasst der Analysedatensatz im Weiteren alle Betriebe, die ab 1981 neu auf dem baden-württembergischen Industriearbeitsmarkt aufgetreten sind.
Tabelle V.9 gibt für das Jahr 1994 die durchschnittliche Betriebsgröße in den Alterskohorten wieder und verdeutlicht, dass die Betriebsgröße im Durchschnitt mit zunehmendem Alter eines Betriebes zunimmt. Auch Korrelationen zwischen dem Alter und der Größe eines Betriebes auf der Mikroebene der Betriebe belegen den signifikant positiven statistischen Zusammenhang (r = 0.08, P-Wert: 0.000).

Unterstützt wird die Behauptung, dass gerade junge Firmen zur Heterogenität betrieblicher Beschäftigungsentwicklungen beitragen, auch im Rahmen einer nach Betriebsalter disaggregierten Komponentenanalyse der Arbeitsplatzdynamik.[38] Tabelle V.10 und Abbildung V.10 zeigen, dass sowohl das relative Ausmaß der Jobschaffung als auch das relative Ausmaß des Jobabbaus mit zunehmenden Alter der Betriebe tendenziell rückläufig sind, wobei der Zusammenhang auf Seiten der Jobschaffung enger ist als auf Seiten des Jobabbaus.

---

[38] Die Analyse beschränkt sich auf nur neun Folgejahre, da die Ermittlung der durchschnittlichen Job-Flows für die ältesten Kohorten aufgrund von nur sehr wenigen Werten erfolgen müsste und das resultierende Ergebnis dann in zu starkem Maße von konjunkturellen Einflüssen abhängig sein könnte.

Tabelle V.9: Zusammenhang zwischen Betriebsalter und Betriebsgröße am Beispiel von 1994, alle neu auftretenden Betriebe seit 1981

Betriebsalter in Jahren	Durchschnittsgröße	Medianbeschäftigung
1	19.5	19.0
2	22.4	22.4
3	24.2	24.1
4	24.5	25.3
5	25.5	26.1
6	27.7	27.3
7	29.0	27.5
8	30.2	28.4
9	32.2	31.6
10	33.5	30.2
11	37.7	30.7
12	40.4	40.4
13	45.3	45.3

Diese Beobachtung steht im Einklang mit der Theorie passiven Lernens von Jovanovic und seinem Selektionsmodell. Gleichzeitig deutet sie auf die Möglichkeit hin, dass Lebenszykluseffekte auf Betriebsseite und Unterschiede in der Altersstruktur der Betriebe zum unterschiedlichen Ausmaß an Heterogenität betrieblicher Beschäftigungsentwicklungen beitragen können, da Kleinbetriebe typischerweise jünger sind als Großbetriebe.

Tabelle V.10: Job-Turnover-Analyse der Arbeitsplatzdynamik nach Betriebsalter, Jahresdurchschnittswerte für den Zeitraum 1981 bis 1994, alle im Zeitraum von 1981 bis 1990 neu aufgetretenen Industriebetriebe

Betriebsalter in Jahren	Veränderungsrate der Beschäftigung in %	Jobschaffungs-rate in %	Jobabbau-rate in %	Job-Turnover-Rate in %
1	2.3	11.8	9.5	21.2
2	0.0	9.8	9.7	19.5
3	-0.5	8.9	9.4	18.3
4	0.7	8.6	7.8	16.4
5	0.0	7.5	7.5	15.0
6	-0.3	6.5	6.8	13.3
7	-0.2	6.1	6.3	12.4
8	-0.6	6.6	7.2	13.8
9	0.4	6.7	6.3	13.0
10	-3.7	4.2	7.9	12.1

Abbildung V.10: Jobschaffung und Jobabbau nach Betriebsalter, Jahresdurchschnittswerte, 1981-1994

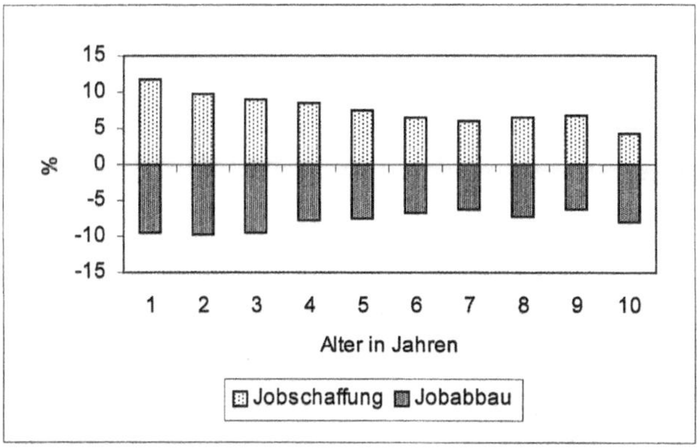

Auffallend ist weiterhin, dass für die betrachteten Alterskohorten im Gegensatz zur Betriebsgröße ein inverser Zusammenhang zwischen dem Betriebsalter und der Beschäftigungsveränderung besteht.[39] Endgültige Schlussfolgerungen bezüglich der Bedeutung von Betriebsgröße und Betriebsalter sollten jedoch erst dann gezogen werden, wenn auf der Ebene betrieblicher Individualdaten gleichzeitig für die Größe und das Alter eines Betriebes kontrolliert werden kann. Teil 3 der vorliegenden Arbeit greift daher im Rahmen ökonometrischer Analysen auf der Mikroebene einzelner Betriebe diese Fragestellung wieder auf und unterzieht auch die oben bereits angesprochenen möglichen Einflussfaktoren der betrieblichen Heterogenität einer empirischen Überprüfung. Festzuhalten ist dennoch bereits hier, dass Interdependenzen zwischen der Altersstruktur der Betriebe und der Betriebsgröße bei der Analyse des Zusammenhanges zwischen Betriebsgröße und Beschäftigungswachstum Beachtung finden müssen.

---

39 Einen negativen Zusammenhang zwischen Betriebsalter und Beschäftigungswachstum finden zum Beispiel auch Hall (1987), Evans (1987a, 1987b) und Dunne et al. (1989a, 1989b). Neuere Studien, die ebenfalls eine negative Korrelation zwischen Firmenalter und Firmenwachstum betonen, sind z.B. die Arbeiten von Hart/Oulton (2001) oder Liu et al. (1999). Vgl. dazu auch die detaillierten Ausführungen in Kapitel X dieser Arbeit.

5. Kritische Würdigung der Ergebnisse und Fazit – *"Do not judge firms by their size alone"*[40]

Die These, dass kleine und mittlere Betriebe die Motoren des Beschäftigungswachstums darstellen, ist wirtschaftspolitisch von höchstem Interesse und liegt vielfältigen Forderungen einer wirtschaftspolitischen Präferierung kleiner und mittlerer Betriebe zugrunde.
Als generelles Fazit der bisherigen Untersuchung muss jedoch festgehalten werden, dass diese besondere Bedeutung kleiner Betriebe für die baden-württembergische Industrie und für die Jahre 1980 bis 1999 auf der Grundlage einer Job-Turnover-Analyse deutlich relativiert und deren wirtschaftspolitische Begünstigung sowie die damit einhergehende Benachteiligung der größeren Betriebe somit in Frage gestellt werden muss.

Bereits die Betrachtung der Veränderungsraten der Beschäftigung lässt keinen zweifelsfreien Zusammenhang zwischen Beschäftigungswachstum und Betriebsgröße erkennen, wobei die Kategorisierung der Betriebe wesentlichen Einfluss auf die Analyseergebnisse hat. Während einige Studien für andere europäische Länder zu dem Ergebnis gelangen, dass eine Kategorisierung der Betriebe nach der Durchschnittsbeschäftigung die besondere Bedeutung kleiner Betriebe für das Gesamtbeschäftigungswachstum zwar abschwächt, jedoch weiterhin bestätigen kann, geht ein Zusammenhang zwischen Betriebsgröße und Beschäftigungserfolg in der vorliegenden Studie für die baden-württembergische Industrie dabei völlig verloren. Eine Kategorisierung der Betriebe nach ihrer Basisjahrbeschäftigung verzerrt somit aufgrund der Existenz transitorischer Größenklassenwechsler, deren Relevanz für die baden-württembergische Industrie bestätigt wurde, die Ergebnisse der Job-Turnover-Analyse zugunsten kleiner Betriebe.

Unabhängig von der Kategorisierungsmethode kann im Rahmen einer größenklassenabhängigen Job-Turnover-Analyse festgehalten werden, dass Kleinbetriebe zwar einen überproportionalen Anteil an der betrieblichen Arbeitsplatzschaffung, gleichzeitig jedoch auch einen überproportionalen Anteil am Arbeitsplatzabbau aufweisen. Kleinbetriebe stellen in größerem relativen Umfang neue Jobs bereit, diese weisen aber eine geringere Überlebenswahrscheinlichkeit und somit eine geringere Stabilität auf. Die bloße Betrachtung der Veränderung der Beschäftigung kann irreführend sein, da neben der Zahl der

---

[40] Brown et al. (1990), S. 91.

geschaffenen Arbeitsplätze auch die Qualität und als ein wesentlicher Qualitätsaspekt die Stabilität der geschaffenen Arbeitsplätze Berücksichtigung finden muss.

Einige Ansatzpunkte für mögliche Relativierungen der Ergebnisse liegen auf der Hand. Zum einen kann man zu Recht kritisieren, dass sich die vorliegende Analyse auf den industriellen Bereich beschränken muss und insbesondere keine Aussagen über die Beschäftigungsdynamik im *Dienstleistungssektor* getroffen werden können. Da gerade der tertiäre Sektor als Hoffnungsträger für das Entstehen zusätzlicher Arbeitsplätze betrachtet wird, könnten kleine Betriebe ihrer "Motorfunktion" gemessen an der Beschäftigungsveränderung zwar nicht in der Industrie, wohl aber im Dienstleistungssektor gerecht werden. In einer Studie der Arbeitsplatzschaffung für die dänische Gesamtwirtschaft gelangen Bingley et al. (1999) zu dem Ergebnis, dass die Beschränkung der Analyse auf den Industriebereich die Bedeutung kleiner Betriebe für die Arbeitsplatzreallokation unterschätzt: "...using data from manufacturing as a 'proxy' for the economy as a whole or the services sector, underestimates the importance of small establishments in the job and worker reallocation process."[41] Leider fehlt es im Dienstleistungsbereich bisher an geeigneten amtlichen Datenquellen, mit denen entsprechende Analysen durchgeführt werden können.

Zu bedenken ist weiterhin die Tatsache, dass mit der Stabilität der geschaffenen Arbeitsplätze bisher nur ein einziger *Qualitäts*gesichtspunkt bei der Beurteilung der neu geschaffenen Arbeitsplätze Berücksichtigung finden konnte.[42] Unterschiede bei der Entlohnung, im Ausmaß möglicher Mitwirkungs- und Mitbestimmungsrechte sowie in den Möglichkeiten der Aus- und Weiterbildung fließen nicht in die Analysen ein. Brown et al. (1990) weisen in einer Studie für die US-amerikanische Industrie nach, dass die Qualität der Jobs in kleinen Betrieben in mehrfacher Hinsicht schlechter ist. Neben einer besseren Entlohnung der Beschäftigten in Großbetrieben, die nicht durch eine höhere Arbeitsproduktivität oder eine bessere Bildung erklärt werden kann, fallen die Sicherheit am Arbeitsplatz und eventuelle Sonderzahlungen in Großbetrieben höher aus. Weiterhin können Mitarbeiter kleiner Betriebe unter der Tatsache leiden, dass für kleine Betriebe politische Zugeständnisse hinsichtlich einer Erfüllung umweltschutzrechtlicher, gesundheitlicher oder sicherheitstechnischer Rahmenbedingungen gemacht werden. Auch das höhere Ausmaß an freiwilligen Kündigungen in

---

41 Bingley et al. (1999), S. 15.

42 Davis et al. (1996b), S. 312: "[...] the mere creation of jobs is not an appropriate economic policy objective. Economic policy is appropriately directed towards wealth creation and the expansion of consumption opportunities. [...] For economic policy to serve these objectives, it must promote job quality as well as job creation."

kleinen Betrieben werten Brown et al. als Indiz für schlechtere Arbeitsbedingungen in kleinen Betrieben. Baldwin (1998b) kritisiert ebenfalls, dass die bisherige Forschung sämtliche neuen Jobs gleich bewertet, auch wenn sie zum Beispiel völlig unterschiedlich entlohnt werden. In einer Studie für die kanadische Industrie gelangt er zu dem Ergebnis, dass die besondere Bedeutung kleiner Betriebe für die Arbeitsplatzschaffung bei ergänzender Berücksichtigung der Unterschiedlichkeit der Entlohnung in Betrieben unterschiedlicher Größe zusätzlich relativiert werden muss.[43]
In zumindest mittelbarem Zusammenhang mit der Qualität der geschaffenen Arbeitsplätze steht die Problematik, dass sich die vorliegende Studie auf die bloße Zahl der geschaffenen Jobs beschränken muss, ohne dabei Informationen über die Zahl der geleisteten Arbeitsstunden und deren Entwicklung treffen zu können. Dies wäre insbesondere dann von Interesse, wenn Teilzeitarbeitsplätzen in Klein- und Großbetrieben eine andere Bedeutung zukommt. Unterstellt man z.B., dass Teilzeitarbeitsplätze in Kleinbetrieben von wesentlicherer Bedeutung sind als in Großbetrieben, so würde eine Job-Turnover-Analyse der Arbeitsplatzdynamik, die sich an der Zahl der geschaffenen Jobs orientiert, die Bedeutung kleiner Betriebe erneut überschätzen.[44]

Bereits bei der Diskussion um mögliche Gründe für die Heterogenität der Beschäftigungsentwicklungen wurde im vorigen Abschnitt angedeutet, dass die unterschiedliche Altersstruktur der Betriebe in den verschiedenen Größenklassen das Ausmaß an relativer Arbeitsplatzdynamik wesentlich mitbeeinflussen könnte. Agarwal/Audretsch (1999) zeigen in einer Studie für die US-amerikanische Industrie, dass die Stabilität der Arbeitsplätze in Kleinbetrieben gerade in den ersten Jahren nach ihrer Gründung besonders gering ausfällt, während reifere Kleinbetriebe dagegen durchaus auf eine höhere Stabilität ihrer Arbeitsplätze verweisen können (vgl. dazu auch die Teile 3 und 4 dieser Arbeit).

Obwohl die zentralen Ergebnisse der vorliegenden Studie robust sind gegenüber einer Verwendung alternativer Kategorisierungskriterien, kann die gewählte Klassierung und somit das Ausmaß der Problematik der Größenklassenwechsler die konkreten Ergebnisse einer

---

43 Verwendet man an Stelle der Beschäftigung Output und Arbeitsproduktivität, so bewirkt die Berücksichtigung der Entlohnung ebenfalls eine Korrektur der Ergebnisse.

44 Picot/Dupuy (1998), S. 126, versuchen, die unterschiedliche Qualität der geschaffenen Jobs in Groß- und Kleinbetrieben dadurch zu berücksichtigen, dass sie auf Angaben über die Zahl der geleisteten Arbeitsstunden zurückgreifen, um entsprechende Raten der Jobschaffung und des Jobabbaus zu berechnen. Weiterhin berücksichtigen sie gleichzeitig Unterschiede in der Entlohnung zwischen kleinen und großen Betrieben, gelangen dabei jedoch für die kanadische Gesamtwirtschaft zu dem Ergebnis, dass "[...] the

größenklassenabhängigen Job-Turnover-Analyse in beträchtlichem Maße beeinflussen. Auch in dieser Hinsicht erweist sich die ergänzende regressionsanalytische Betrachtung in Teil 3 der vorliegenden Arbeit als sinnvoll.

Noch unbeachtet blieb bei der bisherigen Diskussion, dass eine alleinige Betrachtung der Jobschaffung und des Jobabbaus nach Betriebs- und Firmengrößen auch bereits deshalb unzureichend ist, da verschieden große Betriebe de jure und de facto in engen Abhängigkeiten stehen und der Beschäftigungserfolg kleiner Betriebe somit zumindest zum Teil nicht unabhängig vom Beschäftigungserfolg größerer Betriebe ist.[45] Viele unabhängige Kleinbetriebe sind faktisch abhängig von Entscheidungen, die in Großbetrieben getroffen werden.[46] Eine Interpretation des Zusammenspiels verschieden großer Betriebe als interdependentes Netzwerk lässt Aussagen sehr zweifelhaft erscheinen, die einen Teil der Betriebe als besonders erfolgreich und einen anderen Teil der Betriebe als besonders wenig erfolgreich charakterisieren.

> "Indeed, one could argue that the fortunes of the small firm sector are intrinsically linked to those of larger firms [...]. Therefore, any regional and national industrial strategy must seek to increase the competitive position of *all* firms. The notion that policies designed to increase new firm formation rates or stimulate small firm growth will on their own generate sustainable economic growth is too simplistic."[47]

Fasst man die Ergebnisse der größenklassenabhängigen Job-Turnover-Analysen aus wirtschaftspolitischer Sicht zusammen, so kann zunächst festgehalten werden, dass Kleinbetriebe eine wesentliche Rolle für die baden-württembergische Industrie und deren Beschäftigungsentwicklung spielen. Dennoch bestehen auf der Grundlage der empirischen Analyseergebnisse berechtigte Zweifel an der These, dass Kleinbetriebe die entscheidenden Beschäftigungsmotoren sind und daher die Betriebsgröße als Kriterium für eine wirtschaftspolitische Präferierung herangezogen werden sollte. Bereits die Tatsache, dass zwischen großen und kleinen Betrieben vielfältige Abhängigkeiten bestehen, lässt ein gedankliches Trennen der Betriebe in erfolgreiche Kleinbetriebe und weniger erfolgreiche Großbetriebe sehr fragwürdig erscheinen. Doch selbst, wenn man die Trennung nach der Betriebsgröße vornimmt, kann Größe auch deshalb kein geeignetes Förderungskriterium sein, da in allen

---

effects of changes in relative job quality (between small firms and large firms) as measured by the joint effect of hours and wages had little influence on the earlier reported results."

45 Vgl. z.B. die Argumentation in OECD (1994).

46 Vgl. Harrison (1994), S. 146.

47 Hart/Hanvey (1995), S. 109.

Größenklassen ein gleichzeitiges Nebeneinander von wachsenden, schrumpfenden, neu auftretenden und wegfallenden Betrieben beobachtet werden kann und erfolgreiche Betriebe auch, aber nicht nur in den kleinsten Größenklassen auftreten. Somit scheint für eine wirtschaftspolitische Förderung kleiner Industriebetriebe die empirische Grundlage zu fehlen.

Doch selbst wenn die Job-Turnover-Analysen die These einer besonderen Bedeutung kleiner Betriebe erhärten würden, darf dieses Ergebnis nicht zwingend eine wirtschaftspolitische Präferierung rechtfertigen. Zu bedenken ist, dass die Jobschaffung und der Jobabbau auch innerhalb der einzelnen Größenklassen eine beträchtliche Konzentration aufweisen können, so dass durchschnittliche Job-Flow-Raten nicht zwingend etwas über den "typischen Betrieb" in einer Größenklasse aussagen müssen und daher nur mit Vorsicht einer Ableitung wirtschaftspolitischer Handlungsempfehlungen zugrunde gelegt werden sollten.[48]
Außerdem müsste man sich dann fragen, *warum* kleinen Betrieben eine besondere Rolle bei der Nettoarbeitsplatzschaffung zufällt und somit die Bestimmungsgründe der Beschäftigungsentwicklung in großen und kleinen Betrieben untersuchen.[49] Teil 3 der vorliegenden Arbeit wird sich auf der Ebene einzelner Betriebe einer mikroökonometrischen Analyse möglicher Determinanten des betrieblichen Beschäftigungswachstums widmen und dabei diese Frage wieder aufgreifen.

Gerade die ausgeprägte Heterogenität betrieblicher Beschäftigungsentwicklungen innerhalb jeder einzelnen Größenklasse lässt befürchten, dass eine generelle Förderung kleiner und mittlerer Betriebe stets dazu führt, dass neben den dynamischen Kleinbetrieben mit aussichtsreicher Geschäftsidee auch solche Kleinbetriebe gefördert werden, die nicht wettbewerbsfähig sind und auch keine tatsächliche Chance haben, wettbewerbsfähig zu werden.[50] Somit läuft eine Präferierungspolitik, die sich ausschließlich an der Betriebsgröße orientiert, Gefahr, über eine geringe Zielgenauigkeit zu verfügen. Zu diesem Ergebnis gelangen auch Picot/Dupuy (1998):

---

48 Vgl. Picot/Dupuy (1998), S. 117.

49 Vgl. Schreyer (1996), S. 13ff., oder auch Hughes (1997), S. 14. Lever (1995), S. 7, schlussfolgert in einer Studie für die niederländische Industrie, dass die Determinanten der Beschäftigung zwischen kleinen und großen Betrieben systematisch differieren.

50 Birch (1981), S. 11, zieht ebenso eine "climate policy" einem "direct targeting" vor und schreibt dabei treffend: "How will they pick the one out of 100 or 300 small firms that will become a major job creator? How will they absorb the enormously high transaction costs associated with making thousands (or hundreds of thousands) of small-scale interventions?"

> "If one were attempting to target policies to the group of fast-growing firms, which is implicit in policies oriented to small firms, it is necessary to realize that there is such a set of companies in all size classes, not just among small firms. There are obviously numerous factors other than size that influence employment gains or losses." [51]

Bedenkt man weiterhin, dass jede wirtschaftspolitische Begünstigung zu Konflikten über die konkrete Ausgestaltung der Regelungen führt, bei denen die relative politische Durchsetzungsfähigkeit und Stärke der beteiligten Interessengruppen von entscheidender Bedeutung sind und ökonomische Notwendigkeiten dabei deutlich in den Hintergrund treten, so können aus polit-ökonomischer Perspektive ergänzend Probleme bei einer Umsetzung und Implementierung befürchtet werden, die auch volkswirtschaftliche Kosten verursachen.

An die Stelle einer Politik der direkten Unterstützung kleiner Betriebe sollte daher eine größenneutrale Politik treten, die versucht, die allgemeinen ökonomischen Rahmenbedingungen zu verbessern und somit den Unternehmen und Betrieben unabhängig von ihrer Größe zu helfen. Insofern unterstützen die Ergebnisse der vorliegenden Studie die Forderung, dass eine lebensfähige Wirtschaft sowohl dynamische Klein- als auch Großbetriebe benötigt, widersprechen jedoch einer Sichtweise, die sehr einseitig und im Zuge einer "Schwarzweißmalerei" für eine generelle Unterstützung kleiner und mittlerer Betriebe plädiert. Vor der voreiligen und undifferenzierten Schlussfolgerung, dass kleine und mittlere Betriebe automatisch als Hoffnungsträger der Beschäftigungsentwicklung einzustufen sind, wie sie insbesondere die einleitenden Zitate suggerieren, ist auf der Grundlage der vorliegenden Ergebnisse zu warnen.

---

[51] Picot/Dupuy (1998), S. 135.

VI. Arbeitsplatzdynamik in den Branchen der baden-württembergischen Industrie

Die in Teil 1 dieser Arbeit festgestellte Unterschiedlichkeit betrieblicher Beschäftigungsentwicklungen in der Gesamtindustrie könnte auch darauf beruhen, dass die Beschäftigungsveränderung innerhalb bestimmter Industrien weitgehend homogen ausfällt, zwischen den Branchen jedoch erhebliche Differenzen im betrieblichen Beschäftigungserfolg bestehen. Kapitel VI widmet sich daher in einer nach Branchen disaggregierten Job-Turnover-Analyse der Frage, ob die Heterogenität der betrieblichen Arbeitsnachfrage auch innerhalb einzelner Branchen beobachtet werden kann.

Aufgrund der Umstellung der Wirtschaftszweigsystematik im Jahr 1995 von der SYPRO auf die WZ 93 ist eine branchenspezifische Analyse für den Gesamtzeitraum 1980 bis 1999 nicht möglich. Eine ausführliche deskriptive Analyse der baden-württembergischen Branchenstruktur sowie der Job-Flows in den einzelnen Industrien wird daher nachfolgend nur für den aktuellen Zeitraum 1995 bis 1999 vorgenommen. Entsprechende Ergebnisse für 1980 bis 1994 können dem Anhang entnommen werden.
Die Zuordnung der Betriebe auf die Wirtschaftszweige erfolgt nach dem Schwerpunktprinzip. Die betriebliche Gesamtbeschäftigung wird somit jeweils vollständig dem Wirtschaftszweig zugeschlagen, bei dem ein Betrieb über seinen Tätigkeitsschwerpunkt verfügt. Diese Schwerpunktzuordnung ist im Rahmen einer sektoralen Betrachtung der Arbeitsplatzdynamik nicht unproblematisch und muss bei der Ergebnisinterpretation beachtet werden. Es wird jedoch im Rahmen der folgenden Auswertungen möglich sein, die relative Bedeutung der Schwerpunktwechsler für die sektorale Schaffung und den sektoralen Abbau von Arbeitsplätzen zu quantifizieren. Weiterhin beschränkt sich die Analyse im Folgenden auf die Branchen des Verarbeitenden Gewerbes, so dass der Bergbau ausgeklammert bleibt.

Einleitend wird in Abschnitt VI.1 auf Zweistellerebene der WZ 93 zunächst ein knapper Überblick über die Branchenstruktur der baden-württembergischen Industrie in den Jahren 1995 bis 1999 gegeben.[1] Abschnitt VI.2 versucht ausgehend von einer branchenspezifischen Job-Turnover-Analyse der Arbeitsplatzdynamik eine Typologisierung der Industrien nach ihrem relativen Ausmaß der Jobschaffung und des Jobabbaus, bevor Abschnitt VI.3 sich einer Analyse möglicher Determinanten der sektoralen Job-Flows widmet.

---

[1] Einen detaillierteren Einblick in die aktuelle Struktur und die Beschäftigungsentwicklung in den Branchen der baden-württembergischen Industrie findet man in Kotter (1999). Einen guten Überblick über die

1. Branchenstruktur und Beschäftigungsentwicklung in der baden-württembergischen Industrie von 1995 bis 1999

Die Beschäftigungsstruktur weist in der baden-württembergischen Industrie ein ausgeprägtes Maß an Diversifizierung auf (vgl. Tabelle VI.1, eine entsprechende Ergebnistabelle für die Jahre 1980 bis 1994 ist in Anhang VI.1 wiedergegeben).

Tabelle VI.1: Betriebs- und Beschäftigungsstruktur in der baden-württembergischen Industrie nach Branchen, Jahresdurchschnittswerte, 1995-1999, Zweisteller der WZ 93

		Anteil der Wirtschaftszweige an			
WZ 93 Nr.	Abteilung	den Beschäftigten in %	den Betrieben in %	der Jobschaffung in %	dem Jobabbau in %
15	Ernährungsgewerbe	4.9	5.6	4.5	4.8
16	Tabakverarbeitung	0.1	0.0	0.0	0.0
17	Textilgewerbe	2.5	4.8	2.6	4.1
18	Bekleidungsgewerbe	1.8	2.6	0.8	3.1
19	Ledergewerbe	0.4	0.9	0.3	0.8
20	Holzgewerbe (ohne Herstellung von Möbeln)	2.0	5.6	1.8	3.2
21	Papiergewerbe	2.5	1.7	1.5	1.6
22	Verlagsgewerbe, Druckgewerbe, Vervielfältigung von bespielten Ton-, Bild- und Datenträgern	4.5	12.7	5.6	5.1
24	Chemische Industrie	4.7	2.9	3.1	3.1
25	Herstellung von Gummi- und Kunststoffwaren	5.1	6.2	5.1	6.1
26	Glasgewerbe, Keramik, Verarbeitung von Steinen und Erden	2.3	3.9	1.7	2.8
27	Metallerzeugung und -bearbeitung	1.9	1.6	1.6	1.2
28	Herstellung von Metallerzeugnissen	9.7	16.0	11.5	9.6
29	Maschinenbau	21.1	12.7	18.3	20.1
30	Herstellung von Büromaschinen, DV-Geräten und -Einrichtungen	0.9	0.5	1.3	1.4
31	Herstellung von Geräten der Elektrizitätserzeugung, -verteilung u.ä.	7.1	4.5	8.9	8.9
32	Rundfunk-, Fernseh- und Nachrichtentechnik	3.2	2.2	3.8	4.7
33	Medizin-, Meß-, Steuer- und Regelungstechnik, Optik	5.2	5.6	6.6	6.3
34	Herstellung von Kraftwagen und Kraftwagenteilen	14.9	1.7	15.7	5.7
36	Herstellung von Möbeln, Schmuck, Musikinstrumenten, Sportgeräten, Spielwaren und sonstigen Erzeugnissen	4.2	5.7	3.5	5.1

Der Maschinenbau (Nr. 29) ist von entscheidender Bedeutung für die baden-württembergische Industriebeschäftigung. Mehr als jeder fünfte Industriearbeitsplatz ließ sich von 1995 bis 1999 einem Betrieb zuordnen, der seinen Tätigkeitsschwerpunkt im Maschinenbau

Entwicklung der industriellen Beschäftigung in Baden-Württemberg seit 1950 sowie wesentliche Änderungen des Erhebungssystems der Industrieberichtserstattung gibt Steiger (1999).

besaß. Ca. 15% der Industriebeschäftigten entfielen auf Betriebe, die sich der Herstellung von Kraftwagen und Kraftwagenteilen (Nr. 34) zuordnen ließen und dabei nur 1,7% aller Industriebetriebe ausmachten. Alle anderen Industriezweige wiesen bereits einstellige Beschäftigungsanteile auf, wobei die Branchen der Herstellung von Metallerzeugnissen (Nr. 28) und der Herstellung von Geräten der Elektrizitätserzeugung und -verteilung (Nr. 31) mit 9,7% und 7,1% auf den nächsten Rängen folgten.

Einige Industriezweige spielen zwar für die Gesamtbeschäftigung Baden-Württembergs eine untergeordnete Rolle, stellen jedoch innerhalb der bundesdeutschen Industrie einen regionalen Branchenschwerpunkt dar, da ein besonders hoher Anteil der insgesamt in Deutschland vorhandenen Branchenarbeitsplätze auf Baden-Württemberg entfällt. Zu nennen sind hier insbesondere das Textil- (Nr. 17) und das Bekleidungsgewerbe (Nr. 18), deren Beschäftigungsanteile in Baden-Württemberg von 1995 bis 1999 mit jahresdurchschnittlich 2,5% bzw. 1,8% sehr gering ausfielen. Gleichzeitig war jedoch ungefähr jeder fünfte deutsche Textilarbeitsplatz und jeder vierte Arbeitsplatz der deutschen Bekleidungsbranche in Baden-Württemberg angesiedelt.

Die überwiegende Mehrzahl der Branchen musste dem Gesamttrend der Industriebeschäftigung folgend von 1995 bis 1999 im Jahresdurchschnitt Beschäftigungseinbußen in Kauf nehmen (vgl. Tabelle VI.2). Die einzige Industrie, die von 1995 bis 1999 in allen vier Jahren Beschäftigungsgewinne verzeichnen konnte, war die Kfz-Branche (Nr. 34), die mit einer jahresdurchschnittlichen Wachstumsrate der Beschäftigung von +3,4% zu Recht als wesentlicher Motor der baden-württembergischen Gesamtbeschäftigungsentwicklung in den Jahren 1995 bis 1999 bezeichnet werden kann.

Im Maschinenbau (Nr. 29) mussten von 1995 bis 1999 mit jahresdurchschnittlich -1,2% merkliche Beschäftigungsrückgänge verzeichnet werden, wobei der Beschäftigungsabbau mit Wachstumsraten von -0,6% (1997/98) und von 0% am aktuellen Rand einen Boden gefunden hatte. Am deutlichsten fiel der relative Beschäftigungsverlust im Betrachtungszeitraum mit jahresdurchschnittlich -8,4% und -7,9% im Leder- (Nr. 19) bzw. im Bekleidungsgewerbe (Nr. 18) aus.

Diese branchenspezifischen Beschäftigungsveränderungen informieren über das *Ergebnis* der Arbeitsmarktprozesse in einer Industrie. Eine branchenspezifische Job-Turnover-Analyse der Arbeitsplatzdynamik beleuchtet ergänzend die im Hintergrund stehende Beschäftigungsdynamik auf Betriebsebene und erlaubt somit Einsichten in das Ausmaß der Jobschaffung und des Jobabbaus auf Branchenebene.

2. Ergebnisse der branchenspezifischen Komponentenanalyse der Arbeitsplatzdynamik

2.1 Ausgeprägte branchenspezifische Unterschiede bei der Arbeitsplatzentwicklung

Ein Blick auf die Ergebnisse einer nach Branchen disaggregierten Job-Turnover-Analyse der Arbeitsplatzdynamik (vgl. Tabelle VI.2 und Abbildung VI.1) zeigt zunächst, dass zwischen den Industrien auf Zweistellerebene erhebliche Differenzen im Ausmaß der Jobschaffung und des Jobabbaus bestehen.[2] Die jahresdurchschnittlichen Raten der Jobschaffung lagen zwischen 2,4% in der Tabakverarbeitung (Nr. 16) und im Bekleidungsgewerbe (Nr. 18) und 7,5% bei der Herstellung von Büromaschinen, DV-Geräten und -Einrichtungen (Nr. 30). Die Kfz-Branche (Nr. 34) wies mit 2,3% die geringste Jobabbaurate auf, die entsprechende Arbeitsplatzabbaurate im Ledergewerbe (Nr. 19) fiel mit mehr als 11% pro Jahr fast fünfmal so hoch aus.

Die grafische Illustration der Ergebnisse in Abbildung VI.1 lässt erkennen, dass sich die für die Gesamtindustrie gefundene Heterogenität betrieblicher Beschäftigungsentwicklungen auch für jede Branche bestätigen lässt: In jedem einzelnen Industriezweig konnte ein gleichzeitiges Nebeneinander von neu auftretenden, expandierenden, schrumpfenden und wegfallenden Betrieben beobachtet werden, so dass die Bruttobewegungen die resultierende Nettoveränderung der Beschäftigung um ein Vielfaches überstiegen. Entsprechende Analysen auf der Ebene der Drei- und Viersteller der WZ 93, auf deren Wiedergabe verzichtet wird, bekräftigen, dass die Heterogenität betrieblicher Beschäftigungsentwicklungen auch bei engerer Abgrenzung der Wirtschaftszweige nicht verloren geht.

---

2 Der Vorgehensweise der amtlichen Statistik folgend wurde auf die Einbeziehung der Branchen "Kokerei und Mineralölverarbeitung" (Nr. 23), "Sonstiger Fahrzeugbau" (Nr. 35) und "Recycling" (Nr. 37) verzichtet. Entsprechende Ergebnisse für 1980 bis 1994 finden sich in Anhang VI.2.

Tabelle VI.2: Ergebnisse einer branchenspezifischen Job-Turnover-Analyse der Arbeitsplatzdynamik auf Zweistellerebene der WZ 93, Jahresdurchschnittswerte, 1995-1999

WZ 93 Nr.	Wirtschaftszweig	Veränderung der Beschäftigung in %	Jobschaffung in %	Jobabbau in %	Job-Turnover in %	Excess-Job-Turnover in %
15	Ernährungsgewerbe	-0.9	5.0	5.9	10.9	9.8
16	Tabakverarbeitung	-2.7	2.4	5.1	7.5	4.4
17	Textilgewerbe	-5.0	5.2	10.2	15.4	10.5
18	Bekleidungsgewerbe	-7.9	2.4	10.3	12.7	4.8
19	Ledergewerbe	-8.4	3.3	11.8	15.1	6.7
20	Holzgewerbe (ohne Herstellung von Möbeln)	-4.5	4.8	9.4	14.2	9.7
21	Papiergewerbe	-0.5	3.3	3.8	7.1	6.0
22	Verlagsgewerbe, Druckgewerbe, Vervielfältigung von bespielten Ton-, Bild- und Datenträgern	-0.1	6.8	6.9	13.7	11.5
24	Chemische Industrie	-0.5	3.4	4.0	7.4	6.4
25	Herstellung von Gummi- und Kunststoffwaren	-2.1	5.5	7.6	13.0	9.5
26	Glasgewerbe, Keramik, Verarbeitung von Steinen und Erden	-3.4	3.9	7.3	11.2	7.9
27	Metallerzeugung und -bearbeitung	0.7	4.6	3.9	8.4	6.8
28	Herstellung von Metallerzeugnissen	0.2	6.3	6.1	12.4	10.7
29	Maschinenbau	-1.2	4.6	5.8	10.3	9.2
30	Herstellung von Büromaschinen, DV-Geräten und -Einrichtungen	-1.6	7.5	9.2	16.7	14.1
31	Herstellung von Geräten der Elektrizitätserzeugung, -verteilung u.ä.	-1.2	6.6	7.9	14.5	11.2
32	Rundfunk-, Fernseh- und Nachrichtentechnik	-2.4	6.8	9.2	16.0	10.6
33	Medizin-, Meß-, Steuer- und Regelungstechnik, Optik	-0.7	6.7	7.3	14.0	11.6
34	Herstellung von Kraftwagen und Kraftwagenteilen	3.4	5.7	2.3	8.1	4.7
36	Herstellung von Möbeln, Schmuck, Musikinstrumenten, Sportgeräten, Spielwaren und sonstigen Erzeugnissen	-3.0	4.4	7.4	11.9	8.8

Obwohl die Branche „Herstellung von Kraftwagen und Kraftwagenteilen" (Nr. 34) in allen vier Perioden Beschäftigungsgewinne verzeichnen konnte, mussten dennoch gleichzeitig in einem erheblichen Teil der Betriebe Arbeitsplatzverluste hingenommen werden. 1996/97 registrierte trotz eines Gesamtbeschäftigungswachstums von 3,2% fast jeder zweite Kfz-Betrieb, in den beiden Folgeperioden immer noch jeder dritte Betrieb in dieser Branche einen Rückgang seiner Beschäftigungszahlen. Andererseits entstanden in Branchen mit jeweils deutlich rückläufiger Beschäftigung wie dem Holzgewerbe (Nr. 20) oder aber der Textilindustrie (Nr. 17) in bemerkenswertem Umfang auch neue Arbeitsplätze. Trotz zweistelliger Raten des Jobabbaus konnte das Textilgewerbe gleichzeitig mit immerhin 5,2% eine beachtliche Rate der Arbeitsplatzschaffung aufweisen. Das bloße Betrachten der rückläufigen Gesamtbeschäftigtenzahlen im Textilgewerbe verdeckt somit die gleichzeitig beträchtliche Jobschaffung.

Abbildung VI.1: Brutto-Job-Flows auf dem baden-württembergischen Industriearbeitsmarkt nach Branchen, Jahresdurchschnittswerte, Zweisteller der WZ 93, 1995-1999

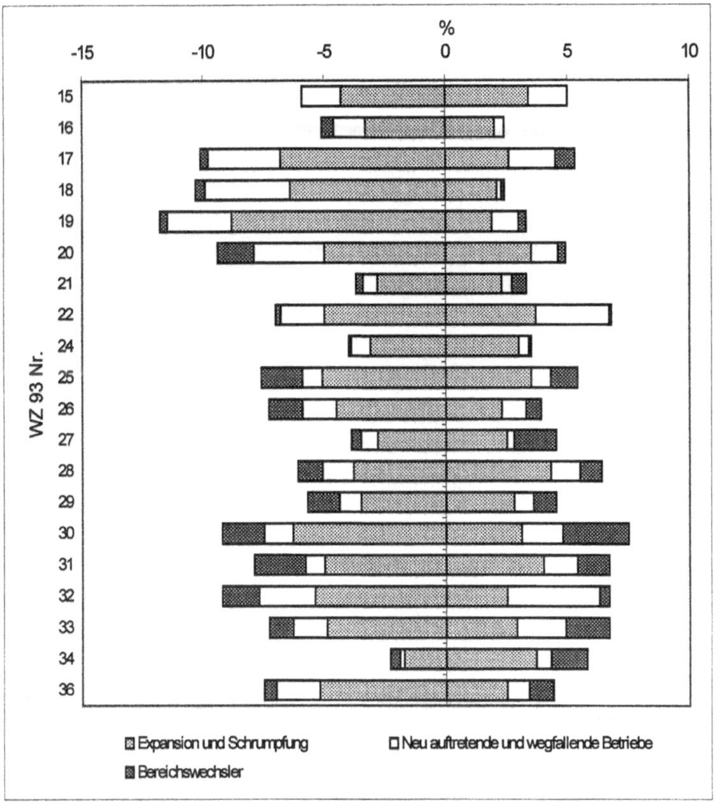

WZ 93 Nr.		WZ 93 Nr.	
15	Ernährungsgewerbe	27	Metallerzeugung und -bearbeitung
16	Tabakverarbeitung	28	Herstellung von Metallerzeugnissen
17	Textilgewerbe	29	Maschinenbau
18	Bekleidungsgewerbe	30	Herstellung von Büromaschinen, DV-Geräten und -Einrichtungen
19	Ledergewerbe		
20	Holzgewerbe (ohne Herstellung von Möbeln)	31	Herstellung von Geräten der Elektrizitätserzeugung, -verteilung u.ä.
21	Papiergewerbe		
22	Verlagsgewerbe, Druckgewerbe, Vervielfältigung von bespielten Ton-, Bild- und Datenträgern	32	Rundfunk-, Fernseh- und Nachrichtentechnik
24	Chemische Industrie	33	Medizin-, Meß-, Steuer- und Regelungstechnik, Optik
25	Herstellung von Gummi- und Kunststoffwaren		
26	Glasgewerbe, Keramik, Verarbeitung von Steinen und Erden	34	Herstellung von Kraftwagen und Kraftwagenteilen
		36	Herstellung von Möbeln, Schmuck, Musikinstrumenten, Sportgeräten, Spielwaren und sonstigen Erzeugnissen

Jeder fünfte auf betrieblicher Ebene im Durchschnitt der Jahre 1995 bis 1999 abgebaute Arbeitsplatz entfiel auf die beschäftigungsstärkste Branche, den Maschinenbau (Nr. 29). Gleichzeitig entstanden jedoch im Maschinenbau jahresdurchschnittlich auch 18,3% der auf Betriebsebene neu geschaffenen Jobs, also ebenfalls fast jeder fünfte neue Arbeitsplatz (vgl. dazu Tabelle VI.1). Die deutlich unterdurchschnittliche Wachstumsrate des Arbeitsplatzabbaus im Kraftwagensektor spiegelt sich auch in den Anteilen der Branche am gesamten Bruttoarbeitsplatzabbau wider: obwohl hier fast 15% der Gesamtbeschäftigung tätig waren, entfielen nur knapp 6% des Jobabbaus auf einen Betrieb der Kfz-Branche. Gleichzeitig resultierte jedoch fast jeder sechste neu geschaffene Arbeitsplatz aus einem Betrieb, der seinen Tätigkeitsschwerpunkt im Kraftwagenbereich hatte.

Innerhalb der einzelnen Branchen zeichneten sich – wie in der Gesamtindustrie – vor allem die bereits am Markt befindlichen Betriebe für den Großteil der Arbeitsplatzschaffung und des -abbaus verantwortlich. Der Beitrag der Betriebe, die von einer Periode auf die andere ihren Tätigkeitsschwerpunkt veränderten, fiel in einigen Branchen ebenfalls bedeutend aus. Die Ergebnisse der Komponentenanalyse zeigen z.B., dass im Durchschnitt der Jahre 1995 bis 1999 im Kraftwagenbau eine Rate der Arbeitsplatzschaffung von 1,5% aus einem bloßen Wechsel des Tätigkeitsschwerpunkts von Betrieben in den Kraftwagensektor hinein resultierte.[3]

Die vorliegende Studie bekräftigt somit für die baden-württembergische Industrie und die Jahre 1980 bis 1999 erstmals das für andere Länder und Zeiträume bereits gefundene Ergebnis[4], dass auch innerhalb einzelner Branchen eine bemerkenswerte Heterogenität der betrieblichen Beschäftigungsentwicklungen beobachtet werden kann. Eine Disaggregation nach Branchen ist daher nicht hinreichend, um erfolgreiche Betriebe von weniger erfolgreichen Betrieben zu unterscheiden.[5] Die traditionelle arbeitsmarkt- und industrieökonomische Sichtweise, wonach Betriebe innerhalb einer Industrie als relativ homogen anzusehen sind, muss daher zumindest für die baden-württembergische Industrie und die Jahre 1980 bis 1999 in Frage gestellt werden. Insoweit werden Zweifel untermauert, ob Modelle der repräsentativen Firma Branchen gerecht werden können, die durch eine erhebliche Unterschiedlichkeit betrieblicher Beschäftigungsentwicklungen gekennzeichnet sind.

---

3 Vgl. dazu auch Kotter (1999).
4 Vgl. z.B. Davis et al. (1996a), S. 38.

Trotz dieser Heterogenität der Beschäftigungsentwicklungen fällt auf, dass das Ausmaß der im Hintergrund stehenden Job-Flows von Branche zu Branche zum Teil erheblich differiert. Im folgenden Abschnitt wird daher der Versuch unternommen, eine Typologisierung der baden-württembergischen Industriebranchen nach ihrem relativen Ausmaß der Jobschaffung und des Jobabbaus vorzunehmen.

2.2 Zum Zusammenhang zwischen Arbeitsplatzschaffung und -abbau im industriellen Querschnitt

Geht man davon aus, dass in Industriezweigen mit einer günstigen konjunkturellen Branchenentwicklung eine ausgeprägte Arbeitsplatzschaffung mit einem relativ moderaten Arbeitsplatzabbau einhergeht oder in Zeiten einer schlechteren Branchenkonjunktur die Reduktion von Arbeitsplätzen eindeutig dominiert, so müsste man einen *inversen* Zusammenhang zwischen dem Ausmaß an sektoraler Arbeitsplatzschaffung und sektoralem Arbeitsplatzabbau erwarten. Für einen *gleichgerichteten* Zusammenhang zwischen beiden Größen und somit eine erhebliche simultane Schaffung und Verringerung betrieblicher Arbeitsplätze könnte dagegen die Überlegung sprechen, dass gerade in Industrien, die durch eine hohe Wettbewerbsintensität gekennzeichnet sind, in einem Teil der Betriebe einer Branche neue Arbeitsplätze entstehen, die jedoch im Zuge des Verdrängungswettbewerbs zu Lasten der Beschäftigung anderer Betriebe gehen.
Eine Betrachtung der Korrelation zwischen den Raten der Jobschaffung und des Jobabbaus im Querschnitt kann keine der beiden Überlegungen eindeutig belegen (vgl. Tabelle VI.3). Positive, aber statistisch bestenfalls schwach signifikant von Null verschiedene Rangkorrelationskoeffizienten von Spearman liefern zumindest ein schwaches Indiz für eine gewisse Simultanität im Verhalten von sektoraler Jobschaffung und sektoralem Jobabbau.[6]

Tabelle VI.3: Korrelation zwischen Arbeitsplatzschaffung und Arbeitsplatzabbau im industriellen Querschnitt des Verarbeitenden Gewerbes, Jahresdurchschnittswerte, 1980-1994 und 1995-1999, P-Werte in Klammern[7]

	1980-1994	1995-1999
Rangkorrelationskoeffizient von Spearman	0.24 (0.202)	0.36 (0.087)

5 Die bloße Zugehörigkeit zu einer Branche sollte daher auch nicht alleine als Ansatzpunkt einer möglichen wirtschaftspolitischen Präferierung herangezogen werden.

6 Dieses Fehlen eines Zusammenhanges zwischen dem Entstehen neuer Jobs innerhalb einer Branche und dem gleichzeitigen Abbau von Jobs findet auch dann Bestätigung, wenn man sich auf die Betrachtung bestehender Betriebe beschränkt.

7 Jeweils nur für Branchen des Verarbeitenden Gewerbes ohne Bergbau.

Eine ergänzende Ermittlung jährlicher Korrelationen unterstreicht das Fehlen eines eindeutigen Zusammenhangs zwischen beiden Job-Flows im Querschnitt, da sowohl Jahre mit einem positiven als auch einem negativen Zusammenhang existieren.[8]

Abbildung VI.2 stellt für den Zeitraum 1995 bis 1999 jeweils die jahresdurchschnittlichen Raten der Arbeitsplatzschaffung und des Arbeitsplatzabbaus der einzelnen Branchen einander gegenüber und ermöglicht dabei sehr anschaulich, arbeitsplatzdynamische Branchen mit einem ausgeprägten Ausmaß an betrieblicher Arbeitsplatzreallokation von solchen Branchen zu unterscheiden, in denen in geringem Umfang Arbeitsplätze entstehen oder abgebaut werden. Um die relative Bedeutung der einzelnen Branchen für die baden-württembergische Industriebeschäftigung zu berücksichtigen, werden die Zweisteller der WZ 93 dabei in ihrer Größe proportional zu ihrem Anteil an der Gesamtbeschäftigung dargestellt. Als Referenzlinien werden die jahresdurchschnittlichen Raten der Arbeitsplatzschaffung und des Arbeitsplatzabbaus in der baden-württembergischen Gesamtindustrie in das Schaubild aufgenommen.[9]

Als sehr „arbeitsplatzdynamisch" können in Abbildung VI.2 solche Branchen bezeichnet werden, die über ein gleichzeitig überproportionales Maß an Arbeitsplatzschaffung und Arbeitsplatzabbau verfügen und daher im Quadranten I zu finden sind. Neben der Elektrizitätserzeugung (Nr. 31) sind hier insbesondere die Herstellung von Büromaschinen, Datenverarbeitungsgeräten und -einrichtungen (Nr. 30), die Rundfunk-, Fernseh- und Nachrichtentechnik (Nr. 32) sowie die Medizintechnik (Nr. 33) zu nennen.
Eher „träge" Sektoren mit geringer Arbeitsplatzdynamik und unterdurchschnittlicher Arbeitsplatzschaffung sowie unterdurchschnittlichem Arbeitsplatzabbau finden sich im Quadranten III wieder. Neben dem Papiergewerbe (Nr. 21) lässt sich dieser Industriekategorie im Durchschnitt der Jahre 1995 bis 1999 die Chemische Industrie (Nr. 24) zuordnen, und auch der Maschinenbau (Nr. 29) fällt – wenn auch in der Gegend des Schwerpunkts – in diesen Quadranten.
Während in den Quadranten I und III beide Job-Flows jeweils entweder über- oder unterdurchschnittlich ausfallen, befinden sich in den Quadranten II und IV solche Branchen, in denen entweder die betriebliche Arbeitsplatzschaffung (IV) oder der betriebliche Abbau von Arbeitsplätzen (II) eindeutiger im Vordergrund steht.

---

[8] Auf die Angabe der jährlichen Korrelationsergebnisse wird verzichtet.

[9] Aufgrund der Jobschaffung und des Jobabbaus durch Bereichswechsler liegen die durchschnittlichen Raten jeweils über den im Rahmen der aggregierten Komponentenanalyse in Kapitel III ermittelten Werten.

Abbildung VI.2: Jobschaffung und Jobabbau in den Branchen der baden-württembergischen Industrie, Jahresdurchschnittswerte, Zweisteller der WZ 93, 1995-1999

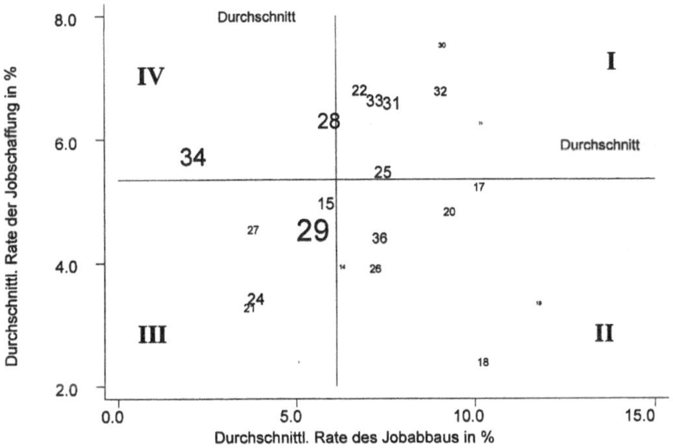

WZ 93 Nr.		WZ 93 Nr.	
15	Ernährungsgewerbe	27	Metallerzeugung und -bearbeitung
16	Tabakverarbeitung	28	Herstellung von Metallerzeugnissen
17	Textilgewerbe	29	Maschinenbau
18	Bekleidungsgewerbe	30	Herstellung von Büromaschinen, DV-Geräten und -Einrichtungen
19	Ledergewerbe		
20	Holzgewerbe (ohne Herstellung von Möbeln)	31	Herstellung von Geräten der Elektrizitätserzeugung, -verteilung u.ä.
21	Papiergewerbe		
22	Verlagsgewerbe, Druckgewerbe, Vervielfältigung von bespielten Ton-, Bild- und Datenträgern	32	Rundfunk-, Fernseh- und Nachrichtentechnik
24	Chemische Industrie	33	Medizin-, Meß-, Steuer- und Regelungstechnik, Optik
25	Herstellung von Gummi- und Kunststoffwaren		
26	Glasgewerbe, Keramik, Verarbeitung von Steinen und Erden	34	Herstellung von Kraftwagen und Kraftwagenteilen
		36	Herstellung von Möbeln, Schmuck, Musikinstrumenten, Sportgeräten, Spielwaren und sonstigen Erzeugnissen

Während zu den von überdurchschnittlicher Arbeitsplatzschaffung geprägten Branchen in den Jahren 1995 bis 1999 der Kraftwagenbau (Nr. 34) und mit Abstrichen die Herstellung von Metallerzeugnissen (Nr. 28) gehört, können die Glasherstellung (Nr. 26), die Bekleidungsindustrie (Nr. 18), aber auch das Holzgewerbe (Nr. 20) den primär von überdurchschnittlichem Arbeitsplatzabbau dominierten Branchen zugeordnet werden.

Das beschriebene Muster der Jobschaffung und des Jobabbaus zwischen den Branchen ist im Zeitablauf sehr stabil. Signifikant positive intertemporale Rangkorrelationskoeffizienten verdeutlichen, dass Branchen mit einer markanten Arbeitsplatzschaffung in einer Periode tendenziell auch im Folgejahr überdurchschnittlich viele neue Jobs hervorbrachten. Besonders ausgeprägt war die Stabilität des zeitlichen Musters auf Seiten des Arbeitsplatzabbaus, wo die Rangkorrelationskoeffizienten zwischen den Raten des Arbeitsplatzabbaus von 1995/96 und 1996/97 bzw. 1996/97 und 1997/98 sogar Werte von 0.84 (P-Wert: 0.000) und 0.73 (P-Wert: 0.000) annahmen.

Eine unmittelbare Gegenüberstellung der Ergebnisse von 1980 bis 1994 und 1995 bis 1999 ist aufgrund der Änderung der Wirtschaftszweigsystematik nicht möglich. Dennoch finden sich auch hier Indizien für eine erstaunliche langfristige Stabilität der Typologisierung. So kann zum Beispiel die Chemische Industrie auch für den Zeitraum 1980 bis 1994 als wenig arbeitsplatzdynamisch charakterisiert werden, während das Textil-, das Leder- und das Bekleidungsgewerbe erneut besonders hohe Raten des Jobabbaus aufweisen (vgl. Anhang VI.3).

In der Literatur findet man Hinweise, dass sich auch bei einer Gegenüberstellung des branchenspezifischen Ausmaßes der Job-Flows in verschiedenen Ländern Regelmäßigkeiten erkennen lassen. So bestätigen Davis/Haltiwanger (1999a) für die Vereinigten Staaten, Kanada und die Niederlande, dass Industrieeffekte einen Großteil der Streuung der Job-Flows erklären können und finden somit "[...] clear evidence of systematic industry-level patterns in the pace of job reallocation".[10] Roberts (1996) berichtet in seiner Analyse für die Länder Chile, Kolumbien und Marokko ebenfalls von signifikant positiven Korrelationen zwischen den Job-Turnover Raten auf Branchenebene. Sowohl die ausgeprägte intertemporale Konstanz als auch die hohe Stabilität der Ergebnisse im Ländervergleich werfen die Frage auf, ob und welche branchenspezifischen Gegebenheiten das sektorale Ausmaß der Arbeitsplatzdynamik auf systematische und signifikante Weise beeinflussen können und sich somit für das branchenspezifische Muster der Jobschaffung und des Jobabbaus verantwortlich zeichnen. Im folgenden Abschnitt wird daher versucht, das relative Ausmaß der branchenspezifischen Jobschaffung und des Jobabbaus im Rahmen panelökonometrischer Analysen durch ausgewählte industriespezifische Charakteristika zu erklären.

---

10 Vgl. Davis/Haltiwanger (1999a), S. 2723. Eine Regression der durchschnittlichen jährlichen Raten des Job-Turnover auf Dummy-Variablen für die drei Länder US, Kanada und Niederlande sowie für die Branchen auf Zweistellerebene ergibt, dass die Zugehörigkeit zu einem Land nur 8%, Industrieeffekte jedoch 48% der Streuung der Job-Turnover-Raten erklären können.

3. Branchenspezifische Charakteristika als Bestimmungsgründe der branchenspezifischen Job-Flows?

3.1 Mögliche Einflussfaktoren und Operationalisierung[11]

Auf der Grundlage der Ergebnisse in Kapitel V der vorliegenden Arbeit ist zu vermuten, dass die *Größenstruktur* einer Branche von wesentlicher Bedeutung für das Ausmaß der Arbeitsplatzreallokation sein könnte. Je eher eine Branche durch eine kleinbetriebliche Struktur gekennzeichnet ist, desto größer müsste das relative Ausmaß sowohl der Jobschaffung als auch des Jobabbaus ausfallen. Die Größenstruktur einer Branche wird im Folgenden durch die logarithmierte durchschnittliche Betriebsgröße gemessen.

Weiterhin kann man davon ausgehen, dass die Jobschaffung umso größer und der Jobabbau umso geringer ist, je besser die Profiterwartungen in einer Branche ausfallen. Als Indikator für die Gewinnmöglichkeiten in einer Industrie findet im Sinne statischer Erwartungen die *Branchenkonjunktur* Verwendung, die mit Hilfe der Wachstumsrate des Branchenumsatzes angenähert wird.

Auch die absolute *Anbieterkonzentration* und damit zumindest indirekt verbunden die *Wettbewerbsintensität* in einer Branche können das Ausmaß der Job-Flows maßgeblich beeinflussen. So ist denkbar, dass die Heterogenität betrieblicher Entwicklungen in einer wenig konzentrierten Branche mit hoher Wettbewerbsintensität ausgeprägter ist, da ein intensiver Verdrängungswettbewerb zu einer höheren Jobschaffung und einem höheren Jobabbau führt. Insoweit müsste man erwarten, dass die Heterogenität betrieblicher Beschäftigungsentwicklungen sowie das relative Ausmaß an Jobschaffung und Jobabbau mit zunehmender Konzentration in einer Branche abnehmen. Als Maß für die Konzentration in einer Branche wird der logarithmierte Herfindahl-Index des Umsatzes herangezogen, der auf der Grundlage des Betriebspaneldatensatzes jährlich berechnet wird.

Zur Berücksichtigung einer möglichen Bedeutung des *Ausmaßes der Skaleneffekte* in einer Branche wurde ergänzend das Maß von Comanor/Wilson (1967) in die Modellschätzungen einbezogen, das als durchschnittliche Betriebsgröße der größten Betriebe definiert ist, die sich für 50% des Branchenumsatzes verantwortlich zeichnen.[12] Die branchenübliche *Produktivität*, die zumindest mittelbar mit der Kapitalintensität der Produktion in einer Industrie korreliert ist, wird mangels besserer Daten durch den logarithmierten Durchschnittsumsatz pro Beschäftigtem angenähert.

---

[11] Eine tabellarische Übersicht über die Definition der im Folgenden verwendeten Branchenvariablen findet sich auch in Kapitel I.2.

[12] Vgl. Comanor/Wilson (1967).

Wird in einer Branche ein erheblicher Teil des Umsatzes im Ausland erwirtschaftet, so kann dies für die Betriebe dieser Branche gleichzeitig mit Chancen und Risiken verbunden sein. Einerseits könnte der internationale Wettbewerbsdruck in exportorientierten Branchen für die Betriebe einen zusätzlichen Zwang zu einer stetigen Reallokation betrieblicher Arbeitsplätze bedeuten. Andererseits jedoch bietet sich den exportorientierten Branchen auch die Möglichkeit, den Exportumsatz als Puffer zur Stabilisierung von Schwankungen des Inlandsumsatzes einzusetzen und somit eine Stabilisierung der Arbeitsplatzentwicklungen zu begünstigen.[13] Um einen möglichen Einfluß der *Exportorientierung* einer Branche auf das Ausmaß der Job-Flows zu messen, wird die logarithmierte Exportquote einer Branche als Regressor verwendet. *Makroökonomische Einflüsse* auf die branchenspezifischen Job-Flows werden anhand der Wachstumsrate des realen baden-württembergischen Bruttoinlandsprodukts berücksichtigt. Tabelle VI.4 gibt einen Überblick über die verwendeten Branchenvariablen:

Tabelle VI.4: Operationalisierung möglicher Determinanten branchenspezifischer Job-Flows

Determinante	Operationalisierung
Betriebsgrößenstruktur	Logarithmierte Durchschnittsbeschäftigung
Gesamtwirtschaftliche Entwicklung	Wachstumsrate des realen Bruttoinlandsprodukts
Branchenkonjunktur	Wachstumsrate des Branchenumsatzes
Konzentration	Logarithmierter Herfindahl-Index
Ausmaß der Skaleneffekte	Durchschnittsgröße der größten Betriebe mit 50% Umsatzanteil
Exportorientierung	Logarithmierte Exportquote
Produktivität	Logarithmierter Durchschnittsumsatz pro Beschäftigtem

Zur ökonometrischen Erklärung der Jobschaffung und des Jobabbaus auf Branchenebene werden Panelmethoden herangezogen, wobei die Branchen als Paneleinheiten betrachtet werden. Die folgende empirische Analyse der Determinanten der branchenspezifischen Job-Flows in der baden-württembergischen Industrie basiert auf dem Zeitraum 1980 bis 1994, da der Zeitraum 1995 bis 1999 für eine panelanalytische Untersuchung noch zu kurz ist. Dabei beschränkt sich die Analyse ebenfalls auf die Zweisteller des Verarbeitenden Gewerbes, d.h.

[13] Vgl. z.B. Wagner (1994e).

die Branchen des Bergbaus werden erneut ausgeklammert.[14] Da sowohl die Verteilung der Raten der Jobschaffung als auch des Jobabbaus jeweils linkssteil sind, werden als abhängige Variablen die logarithmierten Raten verwendet.[15]

Die Entscheidung zwischen einem Panelmodell mit fixen oder zufälligen Effekten ist im vorliegenden Fall bereits aus inhaltlichen Überlegungen schwierig.[16] Aus statistischer Sicht ist eine Fixed-Effects-Schätzung mit einem beträchtlichen Verlust an Freiheitsgraden verbunden, da für jede Branche eine Dummy-Variable angepasst werden muss. Andererseits könnte eine Fixed-Effects-Schätzung hier deshalb einer Panelschätzung mit zufälligen Effekten vorzuziehen sein, weil auf der Grundlage der verfügbaren Datenbasis keine Aussagen über übergeordnete Grundgesamtheiten getroffen werden sollen. Gleichzeitig ist jedoch insbesondere im vorliegenden Fall zu erwarten, dass die branchenspezifischen Strukturvariablen, obwohl sie im Zeitablauf Änderungen unterliegen, im Querschnitt in starkem Maße mit den fixen Effekten korrelieren. Diese Korrelation zwischen den individuellen Effekten und den Regressoren erschwert aufgrund von Identifikationsproblemen deren Interpretation.
Andererseits basiert eine Random-Effects-Schätzung auf der Annahme der Unkorreliertheit von Regressoren und den individuellen Effekten, die sich hier nur schwer rechtfertigen lässt. Ist die Annahme der Unkorreliertheit nicht erfüllt, so wird der Schätzer verzerrt und inkonsistent.[17] Insofern könnte das Random-Effects-Modell unter einer möglichen Inkonsistenz der Schätzungen aufgrund von fehlenden Regressoren leiden.[18] Die Tatsache, dass im Folgenden Branchen als Einheiten des Paneldatensatzes interpretiert werden und hinter einer Branche von Jahr zu Jahr zum Teil unterschiedliche Betriebe stehen, spricht dagegen ebenfalls für die Anwendung eines Random-Effects-Modells.

Führt man für die alternativen Modellvarianten zunächst Breusch-Pagan-Tests[19] auf Vorliegen individueller Effekte durch, so ergeben diese in jedem Fall eine signifikante

---

[14] Eine vergleichende Berücksichtigung der Zweisteller 21 (Bergbau), 22 (Mineralölverarbeitung) und 25 (Gewinnung von Steinen und Erden) führt jedoch zu keiner qualitativen Änderung der folgenden Schätzergebnisse.

[15] Da eine Branche in einem Jahr eine Jobschaffungsrate von Null aufweist und ebenfalls zwei Beobachtungen eine Jobabbaurate von Null aufweisen, gehen durch das Logarithmieren eine bzw. zwei Beobachtungen verloren.

[16] Eine knappe Einführung in Modelle für Paneldaten findet man z.B. in Greene (2000), S. 557-584, oder in Baltagi (1998), S. 307-330.

[17] Vgl. Baltagi (1995a), S. 68.

[18] Vgl. Greene (2000), S. 576.

[19] Vgl. Breusch/Pagan (1980) oder die Darstellung in Greene (2000), S. 572f.

Ablehnung der Nullhypothese, dass die Varianz der individuellen Effekte Null ist, und untermauern somit unstrittig die Existenz branchenindividueller Effekte.
Ein Hausman-Test[20] auf Orthogonalität der Regressoren und der individuellen Effekte führt in der überwiegenden Mehrzahl der geschätzten Modelle nicht zu einer signifikanten Ablehnung der Orthogonalität, so dass der Hausman-Test regelmäßig, aber nicht immer, Modelle mit zufälligen Effekten bevorzugt (vgl. Tabellen VI.5, VI.6 und VI.7). Da ein modifizierter Wald-Test, der jeweils für Panelschätzungen mit fixen Effekten durchgeführt wurde, in allen Fällen eine höchstsignifikante Heteroskedastizität zwischen den Branchen feststellt, muss jedoch beachtet werden, dass der Hausman-Test bei Vorliegen von Heteroskedastizität und/oder Autokorrelation eventuell ungeeignet ist.[21]

Die konkrete Arbeit mit den Paneldaten untermauert jedoch m.E. die Schlussfolgerung, dass sich die Einbeziehung fixer Industrieeffekte hier insgesamt als fragwürdig erweist, da die Industriedummies in teilweise sehr starkem Maße insbesondere mit solchen Regressoren korrelieren, die im Zeitablauf zwischen den Branchen sehr stabile Unterschiede aufweisen. Aufgrund dieser Korrelation werden die angesprochenen Identifikationsprobleme besonders gravierend und erschweren die Interpretation der Koeffizienten der Fixed-Effects-Schätzung. Insoweit drängt sich bei der Arbeit mit den Daten der Eindruck auf, dass die Resultate der Schätzungen mit zufälligen Individualeffekten den Schätzergebnissen mit fixen Effekten vorzuziehen sind. Dennoch werden im Folgenden die Resultate beider Schätzverfahren wiedergegeben und somit die Robustheit der inhaltlichen Schlussfolgerungen gegenüber der Modellwahl überprüft. Um sowohl für die Möglichkeit von Autokorrelation erster Ordnung als auch die beträchtliche gruppenspezifische Heteroskedastizität zu kontrollieren, werden Feasible-Generalized-Least-Squares-Panelschätzungen[22] (kurz: FGLS) durchgeführt.

---

20 Vgl. Hausman (1978) oder die Darstellung in Greene (2000), S. 576.

21 "In fact, if either heteroskedasticity or serial correlation is present, the variances of the Within and GLS estimators are not valid and the corresponding Hausman test statistic is inappropriate.", Baltagi (1995a), S. 70. Eine Verallgemeinerung des Hausman-Tests, die robust ist gegenüber Heteroskedastizität und Autokorrelation unbekannter Form, geht auf Arellano/Bover (1995) zurück. Es ist jedoch im vorliegenden Fall nicht zu erwarten, dass der Test andere Ergebnisse erbringt.

22 Vgl. Greene (2000), S. 568ff. Beck/Katz (1995) argumentieren anhand von Monte-Carlo-Studien, dass die Schätzungen der Varianz-Kovarianzmatrix einer FGLS-Schätzung gerade bei einer mittelgroßen Zahl der Panelgruppen und zehn bis vierzig Perioden zu optimistisch ausfallen. Sie schlagen daher die Verwendung einer OLS- bzw. einer Prais-Winsten-Schätzung mit panelkorrigierten Standardfehlern vor. Eine Gegenüberstellung der Schätzergebnisse zeigt, dass teilweise die Signifikanz einzelner Variablen verloren geht, die inhaltlichen Schlussfolgerungen jedoch insgesamt bestätigt werden. Hier und im weiteren Verlauf der Arbeit werden daher nur die Ergebnisse der FGLS-Schätzungen wiedergegeben.

3.2 Branchenspezifische Determinanten der Jobschaffung und des Jobabbaus: Empirische Ergebnisse für die baden-württembergische Industrie

Tabelle VI.5 gibt die Ergebnisse einer FGLS-Schätzung für die logarithmierte Rate der Jobschaffung, Tabelle VI.6 entsprechende Resultate für die logarithmierte Rate des Jobabbaus wieder, wobei jeweils die Ergebnisse für Panelmodelle mit fixen und mit zufälligen Individualeffekten angegeben sind.[23]

Tabelle VI.5: Branchenspezifische Determinanten der Jobschaffung in der baden-württembergischen Industrie, 1980-1994, Ergebnisse von FGLS-Panelschätzungen mit AR(1)-Prozess und gruppenspezifischer Heteroskedastizität, P-Werte in Klammern

	Abhängige Variable: Logarithmierte Rate der Jobschaffung					
	Schätzung mit zufälligen Brancheneffekten			Schätzung mit fixen Brancheneffekten		
Log. Durchschnitts-beschäftigung	-0.156 (0.000)**	-0.132 (0.005)**	-0.161 (0.060)	-0.225 (0.291)	-0.234 (0.280)	0.028 (0.908)
Wachstumsrate des realen BIP	6.416 (0.000)**	6.417 (0.000)**	6.418 (0.000)**	7.530 (0.000)**	7.492 (0.000)**	7.571 (0.000)**
Branchenwachstum	1.509 (0.000)**	1.469 (0.000)**	1.471 (0.000)**	1.466 (0.000)**	1.454 (0.000)**	1.474 (0.000)**
Log. Herfindahl-Index des Umsatzes	-0.154 (0.000)**	-0.157 (0.000)**	-0.157 (0.000)**	0.006 (0.942)	0.002 (0.979)	0.123 (0.211)
Log. Exportquote		-0.011 (0.812)	-0.011 (0.806)		-0.021 (0.882)	-0.081 (0.564)
Log. Umsatz pro Beschäftigtem		-0.053 (0.463)	-0.053 (0.460)		0.080 (0.395)	0.103 (0.273)
Log. Ausmaß der Skalenerträge			0.023 (0.700)			-0.431 (0.018)*
Konstante	-3.362 (0.028)*	-2.858 (0.001)**	-2.879 (0.001)**	-2.349 (0.028)*	-3.957 (0.010)*	-3.538 (0.026)*
Beobachtungen	402	395	395	402	395	395
Branchen	31	31	31	31	31	31
Breusch-Pagan-Test auf individuelle Effekte	89.0 (0.000)**	81.1 (0.000)**	79.2 (0.000)**			
Hausman-Test	2.2 (0.693)	8.8 (0.185)	18.0 (0.012)*			
Mod. Wald-Test auf gruppen-spezifische Heteroskedastizität				6127.3 (0.000)**	3749.8 (0.000)**	3790.5 (0.000)**
Autokorrelationskoeffizient	0.286	0.302	0.300	0.095	0.107	0.107
Wald-Modelltest	298.3 (0.000)**	286.3 (0.000)**	287.3 (0.000)**	760.6 (0.000)**	721.7 (0.000)**	739.0 (0.000)**
LR-Test auf gemeinsame Signifikanz der fixen Effekte				113.1 (0.000)**	111.2 (0.000)**	114.4 (0.000)**
R^2[24]	0.293	0.303	0.303	0.483	0.492	0.503
Log-Likelihood	-240.8	-226.1	-226.4	-184.3	-170.5	-169.2

[23] Um die Stabilität der Ergebnisse gegenüber der Existenz von Ausreißern abzusichern, wurden ergänzend entsprechende FGLS-Regressionen unter Vernachlässigung kleinerer Branchen mit extremen Ausprägungen durchgeführt. Da die Schätzergebnisse in qualitativer Hinsicht jedoch sehr stabil blieben, wird auf ihre Wiedergabe verzichtet.

[24] Das Bestimmtheitsmaß wird hier jeweils als quadrierter Korrelationskoeffizient zwischen den empirischen Werten der abhängigen Variablen und den theoretischen Werten ermittelt.

Die makroökonomische Kontrollvariable Wachstumsrate des realen BIP hat in allen Modellspezifikationen den erwarteten signifikanten Einfluss auf die Höhe der Job-Flows. Eine günstige konjunkturelle Entwicklung führt somit ceteris paribus zu einer höchstsignifikanten Intensivierung der Jobschaffung und einer Reduktion des Jobabbaus.

Tabelle VI.6: Branchenspezifische Determinanten des Jobabbaus in der baden-württembergischen Industrie, 1980-1994, Ergebnisse von FGLS-Panelschätzungen mit AR(1)-Prozess und gruppenspezifischer Heteroskedastizität, P-Werte in Klammern

	Abhängige Variable: Logarithmierte Rate des Jobabbaus					
	Schätzung mit zufälligen Brancheneffekten			Schätzung mit fixen Brancheneffekten		
Log. Durchschnitts-beschäftigung	-0.280 (0.000)**	-0.239 (0.000)**	-0.317 (0.000)**	-0.631 (0.001)**	-0.592 (0.005)**	-0.708 (0.006)**
Wachstumsrate des realen BIP	-6.190 (0.000)**	-6.109 (0.000)**	-6.128 (0.000)**	-7.087 (0.000)**	-7.007 (0.000)**	-7.018 (0.000)**
Branchenwachstum	-0.799 (0.000)**	-0.798 (0.000)**	-0.788 (0.000)**	-0.838 (0.000)**	-0.780 (0.000)**	-0.778 (0.000)**
Log. Herfindahl-Index des Umsatzes	0.072 (0.003)**	0.079 (0.001)**	0.076 (0.002)**	-0.046 (0.511)	-0.060 (0.426)	-0.114 (0.249)
Log. Exportquote		-0.029 (0.548)	-0.043 (0.388)		-0.071 (0.578)	-0.050 (0.704)
Log. Umsatz pro Beschäftigtem		-0.211 (0.003)**	-0.209 (0.003)**		0.079 (0.448)	0.071 (0.504)
Log. Ausmaß der Skalenerträge			0.072 (0.297)			0.141 (0.450)
Konstante	-1.295 (0.000)**	1.054 (0.205)	0.859 (0.310)	-0.192 (0.836)	-1.729 (0.287)	-1.821 (0.271)
Beobachtungen	402	396	396	402	396	396
Branchen	31	31	31	31	31	31
Breusch-Pagan-Test auf individuelle Effekte	58.0 (0.000)**	49.6 (0.000)**	48.6 (0.000)**			
Hausman-Test	6.1 (0.190)	11.7 (0.070)	14.8 (0.039)*			
Mod. Wald-Test auf gruppen-spezifische Heteroskedastizität				1697.1 (0.000)**	1677.0 (0.000)**	1187.1 (0.000)**
Autokorrelationskoeffizient	0.420	0.409	0.407	0.206	0.212	0.224
Wald-Modelltest	175.6 (0.000)**	186.4 (0.000)**	188.7 (0.000)**	444.6 (0.000)**	439.9 (0.000)**	424.1 (0.000)**
LR-Test auf gemeinsame Signifikanz der fixen Effekte				67.4 (0.000)**	63.1 (0.000)**	61.4 (0.001)**
R^2[25]	0.348	0.339	0.345	0.496	0.497	0.501
Log-Likelihood	-191.8	-182.3	-181.9	-158.1	-150.8	-151.2

Die Betriebsgrößenstruktur einer Branche hat im Betrachtungszeitraum, wie nach den Ausführungen des Kapitels V zu erwarten, weitgehend unabhängig von der geschätzten Modellvariante ebenfalls wesentlichen Einfluss auf das relative Ausmaß der Job-Flows. Branchen, die über eine geringere durchschnittliche Betriebsgröße verfügten und somit eher durch eine kleinbetriebliche Struktur charakterisiert werden konnten, wiesen c.p. sowohl höhere Raten der Arbeitsplatzschaffung als auch des Arbeitsplatzabbaus auf. Dieses Ergebnis

[25] Das Bestimmtheitsmaß wird hier jeweils als quadrierter Korrelationskoeffizient zwischen den empirischen Werten der abhängigen Variablen und den theoretischen Werten ermittelt.

zeigte sich unabhängig davon, ob die Betriebsgrößenstruktur anhand der logarithmierten Durchschnittsbeschäftigung oder des Beschäftigungsanteils der Kleinstbetriebe operationalisiert wird.[26]

Ebenso unstrittig ist auch der Einfluss der Branchenkonjunktur. Branchen, die sich durch ein ausgeprägteres Umsatzwachstum auszeichnen können, weisen jeweils spürbar höhere Jobschaffungs- und deutlich geringere Jobabbauraten auf.

Eine signifikante Bedeutung der Konzentration in einer Branche für das relative Ausmaß der Jobschaffung und des Jobabbaus ist nur in Modellschätzungen mit zufälligen Effekten gegeben. Dies beruht nicht zuletzt auch auf dem bereits angesprochenen Problem, dass gerade der logarithmierte Herfindahl-Index im Querschnitt in hohem Maße mit den fixen Effekten korreliert ist und insoweit Identifikationsprobleme die Interpretation der Koeffizienten der Fixed-Effects-Schätzung erschweren. Folgt man daher den Ergebnissen der Random-Effects-Schätzung, so fällt der Arbeitsplatzaufbau einer Branche c.p. um so größer und der Arbeitsplatzabbau um so geringer aus, je geringer die Konzentration in einer Branche ist. Eine hohe Anbieterkonzentration in einer Branche hat daher einen c.p. das Beschäftigungswachstum behindernden Effekt.

Verwendet man für die Messung des Einflusses der Exportintensität einer Branche die logarithmierte Exportquote, so lassen weder die Fixed-Effects- noch die Random-Effects-Schätzungen einen stabilen Zusammenhang zwischen der Exportintensität und der relativen Jobschaffung bzw. dem relativen Jobabbau erkennen. Ebenso kann kein signifikanter Zusammenhang zwischen dem branchenspezifischen Ausmaß der Skalenerträge und den Job-Flows herausgearbeitet werden. Allerdings muss betont werden, dass bei aggregierter Betrachtung die Betriebsgrößenstruktur einer Branche bereits als Indikator für das Ausmaß der Skaleneffekte in einer Branche interpretiert werden kann, so dass eine ergänzende Berücksichtigung des Comanor-Wilson-Maßes zu Multikollinearitätproblemen führt.[27] Industrien mit einer höheren Umsatzproduktivität unterscheiden sich hinsichtlich der Jobschaffung nicht signifikant von Branchen mit geringerer Umsatzproduktivität, verfügen jedoch c.p. über geringere Raten des Jobabbaus, wobei eine Signifikanz der Effekte erneut nur bei Modellen mit zufälligen Effekten gegeben ist.

---

26 Auf die Wiedergabe der Schätzergebnisse mit der Variablen "Beschäftigungsanteil der Kleinbetriebe" wird daher verzichtet.

27 Der Korrelationskoeffizient zwischen beiden Variablen liegt hier bei knapp 0.9.

3.3 Branchenspezifische Determinanten der Heterogenität der betrieblichen Arbeitsnachfrage

Eine entsprechende Regression der logarithmierten Excess-Job-Turnover-Rate auf branchenspezifische Einflussgrößen erlaubt ergänzende Einsichten in mögliche Ursachen der Heterogenität betrieblicher Beschäftigungsentwicklungen auf Branchenebene.

Tabelle VI.7: Branchenspezifische Determinanten der Heterogenität in der baden-württembergischen Industrie, 1980-1994, Ergebnisse von FGLS-Panelschätzungen mit AR(1)-Prozess und gruppenspezifischer Heteroskedastizität, P-Werte in Klammern

	Abhängige Variable: Logarithmierte Rate des Excess-Job-Turnover					
	Schätzung mit zufälligen Brancheneffekten			Schätzung mit fixen Brancheneffekten		
Log. Durchschnitts-beschäftigung	-0.234 (0.000)**	-0.203 (0.000)**	-0.161 (0.041)*	-0.603 (0.004)**	-0.584 (0.006)**	-0.440 (0.073)
Wachstumsrate des realen BIP	2.627 (0.000)**	2.821 (0.000)**	2.796 (0.000)**	2.509 (0.000)**	3.067 (0.000)**	3.100 (0.000)**
Branchenwachstum	0.443 (0.009)**	0.349 (0.040)*	0.367 (0.031)*	0.362 (0.024)*	0.312 (0.057)	0.336 (0.042)*
Log. Herfindahl-Index des Umsatzes	-0.155 (0.000)**	-0.152 (0.000)**	-0.149 (0.000)**	-0.080 (0.364)	-0.044 (0.625)	0.010 (0.921)
Log. Exportquote		-0.008 (0.844)	-0.001 (0.973)		-0.216 (0.094)	-0.234 (0.073)
Log. Umsatz pro Beschäftigtem		-0.171 (0.008)**	-0.173 (0.009)**		-0.032 (0.729)	-0.024 (0.797)
Log. Ausmaß der Skalenerträge			-0.034 (0.507)			-0.201 (0.240)
Konstante	-2.435 (0.000)**	-0.508 (0.499)	-0.417 (0.596)	-0.463 (0.665)	-2.369 (0.109)	-2.137 (0.154)
Beobachtungen	401	395	395	401	395	395
Branchen	31	31	31	31	31	31
Breusch-Pagan-Test auf individuelle Effekte	77.4 (0.000)**	58.7 (0.000)**	54.7 (0.000)**			
Hausman-Test	5.65 (0.227)	13.4 (0.037)*	16.2 (0.024)*			
Mod. Wald-Test auf gruppen-spezifische Heteroskedastizität				3033.7 (0.000)**	2732.2 (0.000)**	2417.7 (0.000)**
Autokorrelationskoeffizient	0.229	0.237	0.255	0.073	0.080	0.083
Wald-Modelltest	204.0 (0.000)	214.7 (0.000)	198.0 (0.000)	452.6 (0.000)	456.9 (0.000)	457.4 (0.000)
LR-Test auf gemeinsame Signifikanz der fixen Effekte				91.9 (0.000)	89.5 (0.000)	89.1 (0.000)
R^2 [28]	0.317	0.341	0.338	0.494	0.511	0.515
Log-Likelihood	-219.6	-206.7	-206.6	-173.7	-162.0	-162.0

In Kapitel V wurde im Rahmen größenklassenabhängiger Job-Turnover-Analysen gezeigt, dass die Heterogenität betrieblicher Beschäftigungsentwicklungen in Kleinbetrieben besonders ausgeprägt ist. Insoweit ist es nicht überraschend, dass die Betriebsgrößenstruktur einer Branche gemessen an der logarithmierten Durchschnittsbeschäftigung einen in allen

[28] Das Bestimmtheitsmaß wird hier jeweils als quadrierter Korrelationskoeffizient zwischen den empirischen Werten der abhängigen Variablen und den theoretischen Werten ermittelt.

Modellvarianten höchstsignifikant negativen Einfluss auf das Ausmaß der Heterogenität auf Branchenebene besitzt. Je eher eine Branche als großbetrieblich charakterisiert werden kann, desto geringer ist die Heterogenität betrieblicher Beschäftigungsentwicklungen gemessen an der Excess-Job-Turnover-Rate.[29]

Sowohl in Zeiten guter makroökonomischer Rahmenbedingungen als auch in Branchen mit günstiger Branchenkonjunktur konnte c.p. eine größere Unterschiedlichkeit betrieblicher Beschäftigungsentwicklungen festgestellt werden. Konzentrierte Branchen und Branchen mit geringerer Umsatzproduktivität zeichnen sich c.p. durch niedrigere Excess-Job-Turnover-Raten aus, wobei eine Signifikanz erneut nur bei den Random-Effects-Schätzungen gegeben ist. Weniger konzentrierte Branchen lassen sich somit c.p. dadurch charakterisieren, dass die Unterschiedlichkeit der betrieblichen Beschäftigungsentwicklungen, die letztlich Ausdruck eines intensiveren Wettbewerbs in einer Branche sein können, markanter ausfällt. Ein überzeugender Einfluss der Exportintensität auf die Unterschiedlichkeit des branchenspezifischen Arbeitsnachfrageverhaltens auf Betriebsebene kann nicht nachgewiesen werden.

4. Zusammenfassung

Die vorliegende Studie bestätigt für die baden-württembergische Industrie, dass branchenspezifische Charakteristika in der Lage sind, zu einer gewissen Erklärung des relativen Ausmaßes der Job-Flows und somit der Heterogenität betrieblicher Beschäftigungsentwicklungen beizutragen. Unter Kontrolle für die gesamtwirtschaftliche Entwicklung konnte im Rahmen panelanalytischer Verfahren gezeigt werden, dass neben dem gesamtwirtschaftlichen Umfeld insbesondere die Betriebsgrößenstruktur sowie die Branchenkonjunktur das relative Ausmaß der Jobschaffung und des Jobabbaus entscheidend mitbestimmen. Da gerade die Betriebsgrößenstruktur über verschiedene Länder hinweg in verschiedenen Branchen regelmäßig sehr ähnlich ausfällt und auch Branchenkonjunkturen im Zuge einer Globalisierung der Märkte in aller Regel nicht vor Landesgrenzen Halt machen, wird verständlich, warum eingangs erwähnte Studien bei einer Gegenüberstellung alternativer Länder zu dem Ergebnis gelangen, dass man länderübergreifend eindeutige und systematische branchenspezifische Muster im Verhalten der relativen Job-Flows beobachten kann.

---

29 Aufgrund der bereits angesprochenen sehr hohen Korrelation zwischen der logarithmierten durchschnittlichen Betriebsgröße in einer Branche und dem logarithmierten Comanor-Wilson-Maß verliert der Koeffizient der Betriebsgrößenstruktur bei Einbeziehung des Skalenmaßes in die Modellschätzung mit zufälligen Effekten zwar nicht sein Vorzeichen, aber seine Signifikanz.

Allerdings muss gleichzeitig trotz aller Stabilität der Ergebnisse als zentrales Ergebnis der branchenspezifischen Analysen festgehalten werden, dass die bloße Differenzierung der Betriebe nach Industrien noch keineswegs ausreicht, um erfolgreiche Betriebe von weniger erfolgreichen Betrieben zu unterscheiden und somit eine hinreichende Erklärung für die Heterogenität der betrieblichen Beschäftigungsentwicklungen zu liefern. Zwar können einige branchenspezifische Charakteristika zu einer ersten Erklärung beitragen, doch die weiterhin markante Heterogenität betrieblicher Beschäftigungsentwicklungen innerhalb jeder Branche zeigt, dass eine Erklärung der Heterogenität, die auf Branchenebene ansetzt, nicht ausreicht, um das hohe Ausmaß und die Unterschiedlichkeit der Job-Flows zu begründen. Auch die vorliegende Studie liefert somit keine überzeugenden Argumente für eine Sichtweise,

> "[...] that high rates of job reallocation arise primarily because of sectoral disturbances or economy-wide disturbances with differential sectoral effects – at least when sectors are defined in terms of industry, region, size and age [...] Instead, [...] job flows are largely driven by plant-level and firm-level heterogeneity in labor demand changes."[30]

Obige branchenspezifische Analyse muss daher ergänzt werden durch eine Analyse der Determinanten des Beschäftigungswachstums auf Betriebsebene. Diese wird in Teil 3 der Arbeit unternommen.

[30] Davis/Haltiwanger (1999a), S. 2725.

VII. Arbeitsplatzschaffung und Arbeitsplatzabbau in Betrieben unterschiedlicher Technologieorientierung

High-Tech-Unternehmen werden in der wirtschaftspolitischen Diskussion immer wieder als besondere Hoffnungsträger der Beschäftigungspolitik angeführt. Gerade für ein Land wie Baden-Württemberg, das in hohem Maße in die internationale Arbeitsteilung integriert ist, wird die wichtige Rolle betont, die forschungs- und entwicklungsintensive Betriebe für die internationale Wettbewerbsfähigkeit des Landes und die Entwicklung der Beschäftigung spielen.[1] Von Branchen wie z.B. der Informations- und Kommunikationstechnik, der Bio- und Gentechnologie oder der Umwelt-, Verkehrs- und Energietechnik erhofft man sich in der Zukunft wichtige Wachstums- und Beschäftigungsimpulse.

Während technischer Fortschritt hier als Chance oder sogar als Notwendigkeit für eine günstigere Beschäftigungsentwicklung verstanden wird und Investitionen in Forschung und Entwicklung (FuE) somit als wesentliche Voraussetzung für das Entstehen neuer Arbeitsplätze betrachtet werden, findet man in der Literatur auch skeptische Einschätzungen zur Rolle des technischen Fortschritts für die Entwicklung der Beschäftigung. Der These, dass High-Tech-Betriebe als Jobmotoren fungieren, steht das Argument technologischer Arbeitslosigkeit gegenüber, nach der technischer Fortschritt aufgrund seiner Geschwindigkeit, seines arbeitssparenden Charakters und der Obsoleszenz bestehender Produkte und Produktionsverfahren zu einem vermehrten Jobabbau führt.
Empirische Studien, die sich im Rahmen einer Job-Turnover-Analyse der Arbeitsplatzdynamik der Frage nach der Stellenschaffung und dem Stellenabbau in Betrieben unterschiedlicher Technologieintensität widmen, liefern ebenfalls kein eindeutiges Bild. Vainiomäki/ Laaksonen (1999) gelangen in einer Studie für die finnische Industrie und die Jahre 1987 bis 1993 zu dem Ergebnis, dass High-Tech-Betriebe einen überdurchschnittlichen Beitrag zur Schaffung neuer Jobs liefern, während Low-Tech-Betriebe sich in überdurchschnittlichem Maße für den Jobabbau verantwortlich zeichnen:

> "[...] high technology group is 'over' contributing in particular to job creation, entry, and gross and excess reallocation, and 'under' contributing to net job decrease. The low technology group is opposite to high – 'over' contributing to job destruction and exit, and in particular to net job decrease, where its share is 60% of total decrease in jobs."[2]

---

1 Vgl. z.B. Weinmann (1999).
2 Vainiomäki/Laaksonen (1999), S. 86.

Diese Ergebnisse untermauern die besondere Rolle von technologieintensiven Betrieben für die Beschäftigungsentwicklung und relativieren das Argument der technologischen Arbeitslosigkeit. Klette/Forre (1998) dagegen können für die norwegische Industrie und die Jahre 1982 bis 1992 keinen systematischen Zusammenhang zwischen der Technologieorientierung und der Beschäftigungsveränderung erkennen.

Kapitel VII dieser Arbeit versucht daher, die Bedeutung der betrieblichen Technologieintensität für die Schaffung und den Abbau von Jobs in der baden-württembergischen Industrie im Rahmen einer nach Technologiegruppen disaggregierten Job-Turnover-Analyse zu überprüfen.
Abschnitt VII.1 beschäftigt sich zunächst mit der Operationalisierung des Begriffes der Technologieintensität für die amtlichen Industriedaten. Nach einer Charakterisierung der Struktur der baden-württembergischen Industrie hinsichtlich der Technologieintensität der Betriebe in Abschnitt VII.2 werden dann in Abschnitt VII.3 die Ergebnisse traditioneller Komponentenanalysen der Arbeitsplatzdynamik bei Disaggregation nach der Technologieintensität vorgestellt.

Betont werden soll bereits an dieser Stelle die triviale, aber in der Literatur teilweise zu wenig beachtete Tatsache, dass eine disaggregierte Job-Turnover-Analyse zwar interessante Informationen über das Ausmaß der Job-Flows in Betrieben unterschiedlicher FuE-Intensität liefert, ihre alleinige Betrachtung jedoch zu kurz greift, wenn man Aussagen darüber treffen möchte, ob Unterschiede in der betrieblichen Technologieintensität Unterschiede im Ausmaß der Job-Flows verursachen. Systematische Differenzen zwischen den Technologiegruppen hinsichtlich anderer Strukturmerkmale können die tatsächlichen Zusammenhänge zwischen Technologieintensität und der Jobschaffung bzw. dem Jobabbau verdecken. So lassen insbesondere die Ergebnisse der vorherigen Kapitel erwarten, dass konjunkturelle Einflüsse (vgl. Kapitel IV) und Unterschiede in der Betriebsgrößenstruktur (vgl. Kapitel V) das Ausmaß der Jobschaffung und des Jobabbaus beeinflussen. Daher werden in Abschnitt VII.4 ergänzend panelanalytische Regressionen mit fixen Effekten für Technologiegruppen durchgeführt, die es erlauben, derartige Struktureffekte bei der Beurteilung der Bedeutung der Technologieintensität für das Ausmaß der Jobschaffung und des Jobabbaus zu berücksichtigen.

1. Operationalisierung des Begriffs Technologieintensität

Eine Untersuchung der Beschäftigungsentwicklung in Betrieben unterschiedlicher Technologieintensität für die baden-württembergische Industrie steht zunächst vor dem Problem, dass die verfügbare Datenbasis keine Informationen darüber enthält, ob und in welchem Umfang baden-württembergische Industriebetriebe in die Entwicklung neuer Produkte und Produktionsverfahren investieren und in welchem Maße sie Produkt- oder Prozessinnovationen realisieren. Daher ist es nicht möglich, einzelne Betriebe aufgrund ihres individuellen Produktionsprogrammes als High-Tech- oder Low-Tech-Betriebe einzustufen.

Im vorliegenden Beitrag wird daher auf die NIW-ISI-Liste forschungsintensiver Industriezweige zurückgegriffen, welche die Wirtschaftszweige der SYPRO bzw. der WZ 93 auf Vierstellerebene in Branchen der Spitzentechnik ("High-Tech"), Branchen der Höherwertigen Technik ("Medium-Tech") sowie Branchen der Sonstigen Technik ("Low-Tech") unterteilt (vgl. Tabellen VII.1 und VII.2). Diese Kategorisierung forschungsintensiver Branchen basiert auf einer Liste forschungs- und entwicklungsintensiver Produkte[3], in der betriebliche Erzeugnisse nach der FuE-Intensität ihrer Produktion (gemessen als Verhältnis von Aufwand für Forschung und Entwicklung zum Umsatz) eingestuft werden und die dann auf die Industriezweige der jeweiligen Wirtschaftszweigsystematik umgeschlüsselt wird. Zur Spitzentechnik werden hiernach alle Erzeugnisbereiche gezählt, bei denen die Forschungs- und Entwicklungsintensität 8,5 Prozent übersteigt, der Bereich der Höherwertigen Technik umfasst Produktgruppen zwischen 3,5 und 8,5 Prozent, alle anderen Produktgruppen werden als nicht technologieintensiv eingestuft.[4]

Da die Betriebe nicht individuell hinsichtlich ihrer Technologieintensität kategorisiert werden können, werden sie den drei Technologiegruppen im Folgenden indirekt über ihren Industriezweig zugerechnet. Diese Zuordnung ist zwangsläufig mit Unschärfen verbunden. Einerseits werden Betriebe gemäß ihres Tätigkeitsschwerpunktes vollständig einem Wirtschaftszweig zugeordnet, obwohl sie auch Produkte aus anderen Industriezweigen herstellen können. Andererseits können Industriezweige Produktgruppen unterschiedlicher Technologieintensität umfassen, so dass selbst innerhalb eng abgegrenzter Wirtschaftszweige davon auszugehen ist, dass die Betriebe sich hinsichtlich ihrer Technologieintensität

---

3 Die Liste FuE-intensiver Güter beruht auf einer Klassifikation, die das Niedersächsische Institut für Wirtschaftsforschung (kurz: NIW) in Zusammenarbeit mit dem ISI-Institut der Fraunhofer-Gesellschaft basierend auf dem Internationalen Warenverzeichnis für den Außenhandel (SITC III) erstellt hat. Vgl. z.B. Niedersächsisches Institut für Wirtschaftsforschung u.a. (1998), S. 66.

4 Vgl. Niedersächsisches Institut für Wirtschaftsforschung u.a. (1998), S. 67.

unterscheiden. Dennoch kann die im Folgenden angewandte Unterteilung als ein Versuch interpretiert werden, zumindest Tendenzaussagen über die Beschäftigungsdynamik in Betrieben unterschiedlicher Technologieintensität treffen zu können.

Tabelle VII.1: NIW-ISI-Liste forschungsintensiver Industriezweige, SYPRO[5]

SYPRO	Bezeichnung
	Spitzentechnik
24	Herst. u. Verarbeitung von Spalt- und Brutstoffen
35	Luft- und Raumfahrzeugbau
3660	Herst. v. Zählern, Fernmelde-, Meß- u. Regelgeräten usw.
3711	Optik (ohne Augenoptik, Foto- u. Kinotechnik)
3760	Herst. v. medizin- u. orthopädiemechanischen Erzeugnissen
4035	Herst. v. pharmazeutischen Erzeugnissen
5080	Herst. v. ADV-Geräten u. -Einrichtungen
	Höherwertige Technik
3220	Herst. v. Metallbearbeitungsmaschinen u.ä.
3240	Herst. v. Maschinen f. d. NuG-Industrie, Chem. Industrie usw.
3256	Herst. v. Hütten- und Walzwerkeinrichtungen
3257	Herst. v. Bau-, Baustoff- u.ä. Maschinen
3260	Herst. v. Zahnrädern, Getrieben, Lagern u.ä.
3270	Herst. v. Masch. f. weitere bestimmte Wirtschaftszweige
3280	Sonstiger Maschinenbau
3311	Herst. v. Kraftwagen und Kraftwagenmotoren
3610	Herst. v. Batterien, Akkumulatoren
3620	Herst. v. GuE d. Elektrizitätserzeugung, -verteilung u.ä
3640	Herst. v. elektrischen Leuchten und Lampen
3650	Herst. v. Elektrohaushaltsgeräten
3670	Herst. v. Rundfunk-, Fernseh- u. phonotechnischen GuE
3715	Augenoptik
3721	Herst. von Foto-, Projektions- und Kinogeräten
3751	Feinmechanik
4031	Herst. v. chemischen Grundstoffen
4034	Herst. v. chem. Erzeugnissen f. Gewerbe, Landwirtschaft
4037	Herst. v. fotochemischen Erzeugnissen
4090	Herst. v. Chemiefasern
5060	Herst. v. Büromaschinen

Anzumerken bleibt, dass die Unterteilung forschungsintensiver Industrien in die Bereiche Spitzen- und Höherwertige Technik keine Schlussfolgerungen auf die Modernität der jeweils verwendeten Technologien erlaubt. Ein wesentlicher Unterschied zwischen beiden Gruppen besteht jedoch in der Tatsache, dass Branchen der Spitzentechnik wie z.B. die Militärtechnik vielfach insoweit einer starken staatlichen Einflussnahme unterliegen, als sie gezielt durch Subventionen oder Ausfuhrbeschränkungen gefördert werden.[6]

---

5 Vgl. Legler et al. (1992), S. 38.

6 Vgl. Bundesministerium für Bildung und Forschung (1999), S. 3.

Tabelle VII.2: NIW-ISI-Liste forschungsintensiver Industriezweige, WZ 93[7]

WZ 93	Bezeichnung
	Spitzentechnik
2420	Schädlingsbekämpfungs- und Pflanzenschutzmittel
2441	Pharmazeutische Grundstoffe
2442	Pharmaz. Spezialitäten und sonst. pharmaz. Erzeugnisse
2960	Waffen und Munition
3002	Datenverarbeitungsgeräte und -einrichtungen
3210	Elektronische Bauelemente
3220	Nachrichtentechn. Geräte und Einrichtungen
3320	Meß-, Kontroll-, Navigations- u. ä. Instr. und Vorrichtungen
3530	Luft- und Raumfahrzeuge
	Höherwertige Technik
2411	Industriegase
2412	Farbstoffe und Pigmente
2413	Sonst. anorganische Grundstoffe und Chemikalien
2414	Sonst. organische Grundstoffe und Chemikalien
2416	Kunststoff in Primärformen
2430	Anstrichfarben, Druckfarben und Kitte
2452	Duft- und Körperpflegemittel
2463	Ätherische Öle
2464	Fotochemische Erzeugnisse
2466	Chemische Erzeugnisse a.n.g.
2470	Chemiefasern
2623	Isolatoren und Isolierteile aus Keramik
2830	Dampfkessel (ohne Zentralheizungskessel)
2862	Werkzeuge
2911	Verbrennungsmotoren und Turbinen (außer für Luft- und Str.fzge)
2912	Pumpen und Kompressoren
2913	Armaturen
2914	Lager, Getriebe, Zahnräder und Antriebselemente
2921	Öfen und Brenner
2922	Hebezeuge und Fördermittel
2923	Kälte- und lufttechnische Erzeugnisse für gewerbliche Zwecke
2924	Maschinen für unspezifische Verwendung a.n.g.
2940	Werkzeugmaschinen
2951	Masch. für die Metallerzeug., von Walzwerkseinr. und Gießmasch.
2952	Bergwerks-, Bau- und Baustoffmaschinen
2953	Masch. für das Ernährungsgewerbe und die Tabakverarbeitung
2954	Masch. für das Textil-, Bekleidungs- und Ledergewerbe
2955	Maschinen für das Papiergewerbe
2956	Maschinen für bestimmte Wirtschaftszweige a.n.g.
3001	Büromaschinen
3110	Elektromotoren, Generatoren und Transformatoren
3120	Elektrizitätsverteilungs- und -schalteinrichtungen
3130	Isolierte Elektrokabel, -leitungen und -drähte
3140	Akkumulatoren und Batterien
3150	Elektrische Lampen und Leuchten
3161	Elektrische Ausrüstungen für Motoren und Fahrzeuge a.n.g.
3162	Sonstige elektrische Ausrüstungen a.n.g.
3230	Rundfunk- und Fernsehgeräte sowie phono- und videotechn. Geräte
3310	Medizinische Geräte und orthopädische Vorrichtungen
3340	Optische und fotografische Geräte
3410	Kraftwagen und Kraftwagenmotoren
3520	Schienenfahrzeugbau

[7] Niedersächsisches Institut für Wirtschaftsforschung u.a. (1998), S. 74.

2. Struktur baden-württembergischer Industriebetriebe und Beschäftigungsentwicklung nach Technologieorientierung

Sowohl im Vergleich zu anderen Bundesländern als auch im internationalen Vergleich kann die baden-württembergische Industrie als sehr forschungsintensiv charakterisiert werden. Gemessen am Anteil der FuE-Aufwendungen der Wirtschaft am Bruttoinlandsprodukt von 2,8% lag Baden-Württemberg 1995 mit deutlichem Vorsprung an der Bundesspitze.[8] Die Änderung der Wirtschaftszweigsystematik im Jahre 1995 hatte dabei keinen gravierenden Einfluss auf die nach Technologieintensität disaggregierte Betriebs- und Beschäftigungsstruktur in der baden-württembergischen Industrie: High-Tech- und Medium-Tech-Betriebe machten sowohl im Zeitraum 1980 bis 1994 als auch 1995 bis 1999 zusammen jeweils knapp die Hälfte der Industriebeschäftigten aus, wobei der Anteil der Beschäftigten bei Betrieben der Spitzentechnik 1980 bis 1994 bei gut 10% und 1995 bis 1999 bei 8,4% lag.[9] Beide technologieintensiveren Gruppen wiesen jeweils einen deutlich überproportionalen Beschäftigungsanteil verglichen mit dem durchschnittlichen Anteil an der Gesamtzahl baden-württembergischer Industriebetriebe auf. Ungefähr 6% der Betriebe ließen sich im Betrachtungszeitraum durchschnittlich dem Bereich der Spitzentechnik, weitere 20% dem Bereich der Höherwertigen Technik zuordnen. Fast drei von vier baden-württembergischen Industriebetrieben entfielen somit auf den Bereich der Sonstigen Technik.

Tabelle VII.3: Betriebs- und Beschäftigungsstruktur baden-württembergischer Industriebetriebe nach Technologieintensität, Jahresdurchschnittswerte, 1980-1999

	1980-1994		1995-1999	
Technologiegruppe	Beschäftigungs-anteil in %	Anteil an den Betrieben in %	Beschäftigungs-anteil in %	Anteil an den Betrieben in %
Spitzentechnik ("High-Tech")	10.3	6.7	8.4	5.4
Höherwertige Technik ("Medium-Tech")	38.8	18.6	41.0	23.1
Sonstige Technik ("Low-Tech")	50.9	74.8	50.5	71.5

Betrachtet man zunächst die Entwicklung der Gesamtbeschäftigung in den einzelnen Technologiegruppen, so zeigt der Boxplot der Verteilungen der jährlichen Veränderungsraten,

8 Vgl. Weinmann (1999), S. 531. Das Gesamtvolumen der internen FuE-Ausgaben der Wirtschaft betrug 1995 13,8 Mrd. DM und machte somit 1995 etwa drei Viertel aller FuE-Ausgaben in Baden-Württemberg aus.

9 Der Vorgehensweise in den vorherigen Kapiteln folgend wurde die Periode 1988/89 aufgrund der Berichtskreisaktualisierung bei sämtlichen Durchschnittsberechnungen nicht berücksichtigt.

dass das jährliche Beschäftigungswachstum in technologieintensiveren Betrieben insgesamt etwas günstiger ausfiel als in Low-Tech-Betrieben (vgl. Abbildung VII.1).
Besonders günstig fiel die Beschäftigungsentwicklung in den technologieintensiven Branchen in den 80er Jahren und insbesondere Ende der 80er Jahre aus, während Anfang der 90er Jahre und auch in den letzten Jahren ein deutlicher Beschäftigungsrückgang in allen Technologiegruppen beobachtet werden konnte.[10]

Abbildung VII.1: Boxplots für die Verteilungen der jährlichen Veränderungsraten der Beschäftigung nach Technologieorientierung, baden-württembergische Gesamtindustrie, 1980-1999

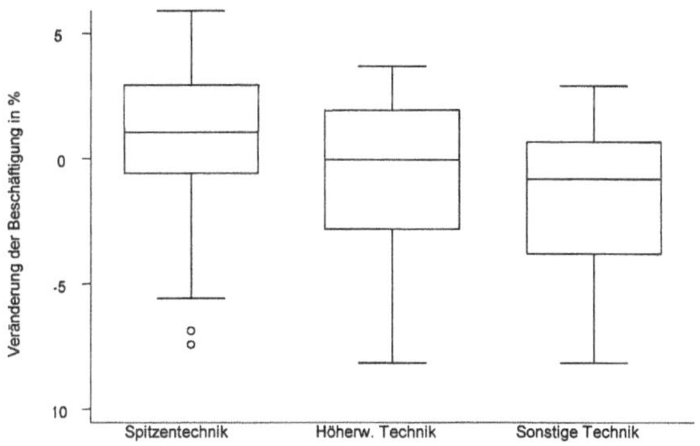

3. Ergebnisse einer nach Technologieorientierung disaggregierten Job-Turnover-Analyse für die Jahre 1980 bis 1999

Das Vorliegen eines Paneldatensatzes erlaubt es nun, einen Blick hinter diese aggregierten Veränderungsraten zu werfen, um fundiertere Einsichten in die Schaffung und den Abbau von Arbeitsplätzen in Betrieben unterschiedlicher Technologieorientierung zu gewinnen. Um mögliche Effekte auf die Ergebnisse im Zuge der Änderung der Wirtschaftszweigsystematik aufdecken zu können, wurde die Job-Turnover-Analyse einerseits für den Gesamtzeitraum, andererseits für beide Zeiträume getrennt durchgeführt. Die Tabellen VII.4 und VII.5 geben die jahresdurchschnittlichen Raten der Job-Flows wieder.

10 Für eine detailliertere deskriptive Analyse der Beschäftigungs- und der Umsatzentwicklung nach Technologiegruppen im Verarbeitenden Gewerbe Baden-Württembergs in den Jahren 1985 bis 1998 vgl. Weinmann (1999).

Das Ausmaß der Bruttobewegungen auf dem Arbeitsmarkt überstieg sowohl insgesamt als auch in beiden Zeitabschnitten in jeder Technologiegruppe die resultierende Veränderung der Beschäftigung jeweils um ein Vielfaches. Auch bei jährlicher Analyse, deren Ergebnisse hier nicht wiedergegeben sind, konnte in jedem Jahr und sowohl für technologieintensive als auch für Low-Tech-Betriebe eine markante Heterogenität betrieblicher Beschäftigungsentwicklungen beobachtet werden. Selbst in Jahren mit einer sehr eindeutigen Entwicklung der Gesamtbeschäftigung veränderten mindestens drei von zehn Betrieben ihre Beschäftigung entgegen dem Trend. Obwohl die beträchtliche Unterschiedlichkeit betrieblicher Beschäftigungsentwicklungen in der Gesamtindustrie auch innerhalb der Technologiegruppen bestehen bleibt und es anhand dieser Disaggregation nicht eindeutig gelingt, erfolgreiche von weniger erfolgreichen Betrieben zu unterscheiden, lässt eine Job-Turnover-Analyse dennoch gewisse Regelmäßigkeiten im Verhalten der Job-Flows in Abhängigkeit von der Technologiegruppe erkennen.

Tabelle VII.4: Kenngrößen einer technologieorientierten Job-Turnover-Analyse der Arbeitsplatzdynamik, Jahresdurchschnittswerte, 1980-1999

		Spitzentechnik ("High-Tech")	Höherwertige Technik ("Medium-Tech")	Sonstige Technik ("Low-Tech")
Beschäftigungsveränderung	**%**	**0.2**	**-0.8**	**-1.6**
Bestehende Betriebe	%	-0.9	-0.7	-1.2
Neu auftretende und wegfallende Betriebe	%	0.8	-0.0	-0.4
Bereichswechsel	%	0.3	-0.1	0.0
Arbeitsplatzschaffung	**%**	**6.0**	**3.9**	**4.2**
durch Expansion	%	3.2	2.8	3.1
durch Gründungen	%	1.5	0.6	0.8
durch Bereichswechsel	%	1.3	0.5	0.3
Arbeitsplatzabbau	**%**	**5.8**	**4.7**	**5.8**
durch Schrumpfung	%	4.1	3.5	4.3
durch Schließungen	%	0.7	0.6	1.3
durch Bereichswechsel	%	1.0	0.6	0.3
Job-Turnover	**%**	**11.8**	**8.6**	**10.0**
Excess-Job-Turnover	**%**	**8.8**	**5.8**	**7.6**

Gemessen an der durchschnittlichen Rate der Arbeitsplatzschaffung trugen Betriebe der Spitzentechnik sowohl 1980 bis 1994 als auch 1995 bis 1999 in überdurchschnittlichem Maße zur Arbeitsplatzschaffung bei. Während diese überdurchschnittliche Bruttojobschaffung 1980 bis 1994 sowohl für die Expansionsrate als auch die Gründungsrate beobachtet werden konnte, zeigte sich im aktuellen Zeitraum ein anderes Bild. Zwar fiel die Gründungsrate mit 2,5% im High-Tech-Bereich erneut überdurchschnittlich hoch aus, doch konnten bereits bestehende Spitzentechnik-Betriebe mit jahresdurchschnittlich 2,8% nur vergleichsweise geringe Raten der Jobschaffung verzeichnen, die sogar unter den entsprechenden Raten der Low-Tech-Betriebe lagen. Diese zeichneten sich ihrerseits über den gesamten Zeitraum hinweg durch besonders hohe Raten des Jobabbaus aus, welche sowohl für bestehende Betriebe als auch für Schließungen festgestellt werden konnten. Auffällig ist jedoch, dass die Raten der Jobschaffung in Betrieben der Sonstigen Technik mit knapp 4% für 1980 bis 1994 bzw. knapp 5% für 1995 bis 1999 beträchtlich ausfielen. Bereichswechsler spielten für die Analyse der Beschäftigungsveränderungen insbesondere im Bereich der Spitzentechnik eine nicht zu vernachlässigende Rolle für die Ergebnisse, in den anderen beiden Technologiegruppen waren sie im Durchschnitt von geringerer Bedeutung.

Tabelle VII.5: Kenngrößen einer technologieorientierten Job-Turnover-Analyse der Arbeitsplatzdynamik, Jahresdurchschnittswerte für 1980-1994 und 1995-1999

		1980-1994			1995-1999		
	%	High-Tech	Medium-Tech	Low-Tech	High-Tech	Medium-Tech	Low-Tech
Beschäftigungsveränderung	**%**	**0.6**	**-1.1**	**-1.8**	**-1.4**	**-0.1**	**-1.3**
Bestehende Betriebe	%	-0.6	-0.9	-1.2	-1.8	-0.1	-1.1
Neu auftretende und wegfallende Betriebe	%	0.7	-0.1	-0.5	1.1	0.1	-0.3
Bereichswechsel	%	0.6	-0.1	-0.0	-0.7	-0.0	0.1
Arbeitsplatzschaffung	**%**	**5.9**	**3.6**	**4.0**	**6.3**	**4.9**	**5.0**
durch Expansion	%	3.4	2.7	3.0	2.8	3.3	3.3
durch Gründungen	%	1.2	0.5	0.7	2.5	0.9	1.2
durch Bereichswechsel	%	1.3	0.4	0.2	1.1	0.7	0.4
Arbeitsplatzabbau	**%**	**5.3**	**4.6**	**5.7**	**7.7**	**4.9**	**6.2**
durch Schrumpfung	%	4.0	3.6	4.3	4.6	3.4	4.5
durch Schließungen	%	0.5	0.5	1.2	1.4	0.8	1.5
durch Bereichswechsel	%	0.8	0.6	0.3	1.7	0.7	0.3
Job-Turnover	**%**	**11.1**	**8.2**	**9.7**	**14.0**	**9.7**	**11.2**
Excess-Job-Turnover	**%**	**8.0**	**5.1**	**7.1**	**11.4**	**8.2**	**9.5**

Vermeintlich überraschend ist das Ergebnis, dass die Arbeitsplatzdynamik in Betrieben der Höherwertigen Technik sowohl mit Blick auf die Bruttojobschaffung als auch den Bruttojobabbau regelmäßig unterdurchschnittlich ausfiel. Die Komponentenanalyse der Arbeitsplatzdynamik lässt somit erkennen, dass sich Betriebe der Spitzentechnik hinsichtlich des Ausmaßes der relativen Job-Flows deutlich von Betrieben der Höherwertigen Technik unterscheiden. In Abschnitt VII.4 wird jedoch der einleitend bereits erwähnten Frage nachgegangen werden, ob tatsächlich der unterschiedliche FuE-Grad für diese Differenzen verantwortlich ist oder weitere Struktureffekte das Ergebnis überlagern.

Mit einem Anteil an der Jobschaffung von 14,4% entstand im Durchschnitt der Jahre 1980 bis 1999 gut jeder siebte neue Arbeitsplatz in der baden-württembergischen Industrie im Bereich der Spitzentechnik und mit 35,4% gut jeder dritte Job im Bereich der Höherwertigen Technik. Während Betriebe der Spitzentechnik gemessen an ihrem Beschäftigungsanteil somit in überdurchschnittlichem Maße zur Jobschaffung beitrugen, wiesen Betriebe der Höherwertigen Technik auch bei Betrachtung der Anteile an den Job-Flows sowohl auf Seiten der Jobschaffung als auch auf Seiten des Jobabbaus unterproportionale Anteile auf.

Tabelle VII.6: Jahresdurchschnittliche Anteile an der Arbeitsplatzschaffung und am Arbeitsplatzabbau in der baden-württembergischen Industrie, 1980-1999

		Spitzentechnik ("High-Tech")	Höherwertige Technik ("Medium-Tech")	Sonstige Technik ("Low-Tech")
Anteil Beschäftigte	%	9.9	39.3	50.8
Anteil Betriebe	%	6.4	19.6	74.0
Anteil Jobschaffung	%	**14.4**	**35.4**	**50.2**
... durch Expansion	%	10.8	35.9	53.3
... durch Gründungen	%	16.8	28.3	55.0
Anteil Jobabbau	%	**10.4**	**32.7**	**56.9**
... durch Schrumpfung	%	9.9	32.9	57.2
... durch Schließung	%	7.1	23.3	69.6

Die markante Heterogenität betrieblicher Beschäftigungsentwicklungen kommt auch in der Tatsache zum Ausdruck, dass mehr als jeder zweite neue Job im Durchschnitt des Betrachtungszeitraums im Bereich der Sonstigen Technik entstand, gleichzeitig jedoch auch mehr als jeder zweite Stellenabbau in diesem Bereich verzeichnet werden musste.

4. Die Bedeutung der Technologieintensität für das relative Ausmaß der Job-Flows bei Kontrolle für Größen- und Konjunktureffekte

Die bisherige Analyse der Arbeitsplatzschaffung und des Arbeitsplatzabbaus in Betrieben unterschiedlicher Technologieorientierung orientierte sich in der Vorgehensweise an entsprechenden Studien für andere Länder und beschränkte sich auf eine disaggregierte Job-Turnover-Analyse. Dabei wurde deutlich, dass insbesondere Betriebe der Spitzentechnik in überdurchschnittlichem Maße zur Bruttojobschaffung auf Betriebsebene beigetragen haben, während die Arbeitsplatzdynamik in Medium-Tech-Betrieben unterdurchschnittlich ausfiel.

Bei einer kritischen Interpretation der Ergebnisse ist jedoch zu bedenken, dass weitere Einflussfaktoren das Ergebnis der Komponentenanalyse überlagern können. So lassen insbesondere die Ergebnisse des Kapitels V erwarten, dass systematische Unterschiede in der Betriebsgrößenstruktur zwischen den Technologiegruppen die relative Höhe der Job-Flows maßgeblich beeinflussen können. Eine nichtparametrische Kerndichteschätzung[11] der Verteilung der Betriebe nach ihrer Beschäftigung für die drei Technologiegruppen zeigt, dass die Zahl der Beschäftigten in Betrieben der Höherwertigen Technik regelmäßig größer ist als in Betrieben der Spitzentechnik und der Sonstigen Technik (vgl. Abbildung VII.2). Vor dem Hintergrund der Tatsache, dass sowohl die Jobschaffung als auch der Jobabbau im Rahmen einer größenklassenabhängigen Job-Turnover-Analyse der Arbeitsplatzdynamik mit zunehmender Betriebsgröße geringer ausfallen, könnte dieser "Größennachteil" die relativ geringen Brutto-Job-Flows in diesem Sektor mitbestimmen und vielleicht auch die erstaunlichen Unterschiede im Ausmaß der Job-Flows zwischen Betrieben der Spitzentechnik und Betrieben der Höherwertigen Technik zumindest zum Teil erklären. Bleiben trotz Kontrolle für Betriebsgröße und Konjunktur die Unterschiede im relativen Ausmaß der Job-Flows erhalten, so kann dies zumindest als ein besseres oder zusätzliches Indiz für einen möglichen Einfluss der Technologieintensität der Betriebe auf die Jobschaffung und den Jobabbau interpretiert werden.

Abbildung VII.2: Betriebsgrößenstruktur in Betrieben unterschiedlicher Technologieorientierung, Kerndichteschätzung, Epanechnikov-Kern, Abschneidegrenze 100 Beschäftigte, 1999

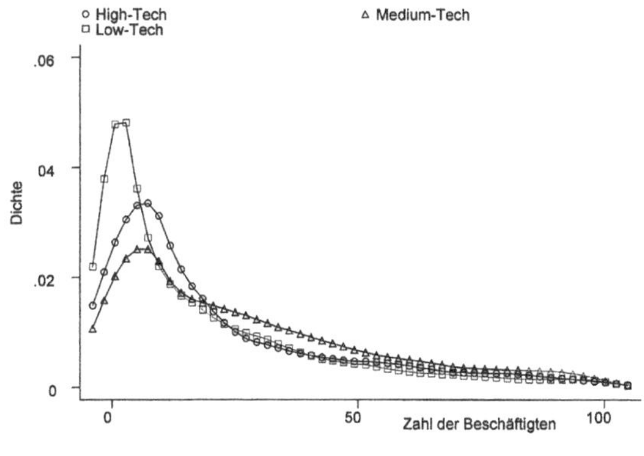

Im Weiteren werden daher ergänzend Ergebnisse von Panelschätzungen vorgestellt, in denen die drei Technologiegruppen als Paneleinheiten betrachtet werden, für welche die Entwicklung der Job-Flows im Zeitraum von 1980 bis 1999 verfolgt wird. Für die unterschiedliche Betriebsgrößenstruktur der Technologiegruppen wird in Analogie zur Vorgehensweise in Kapitel VI kontrolliert, indem die logarithmierte jährliche betriebliche

---

11 Vgl. z.B. Härdle (1991) oder Silverman (1986).

Durchschnittsbeschäftigung der Technologiegruppen als Regressor verwendet wird. Um ergänzend mögliche konjunkturelle Einflüsse auf das Verhalten der Job-Flows zu berücksichtigen, wird erneut die jährliche reale Wachstumsrate des Bruttoinlandsprodukts in Baden-Württemberg in die Regressionen einbezogen.[12]

Bereits ein Breusch-Pagan-Test[13] auf Vorliegen individueller Effekte zwischen den Technologiegruppen deutet darauf hin, dass sich die Technologiegruppen zwar hinsichtlich der Jobschaffung, nicht jedoch hinsichtlich des Jobabbaus signifikant unterscheiden. Während der Breusch-Pagan-Test für die logarithmierte Rate der Jobschaffung bei Kontrolle für Konjunktur und Betriebsgrößenstruktur auf höchstsignifikante Unterschiede zwischen den Technologiegruppen hindeutet, kann die Hypothese, dass die Varianz der individuellen Effekte Null ist, für die logarithmierte Rate des Jobabbaus nicht verworfen werden.
Da ein modifizierter Wald-Test auf gruppenspezifische Heteroskedastizität sowohl für die Jobschaffung als auch den Jobabbau auf das Vorliegen von Heteroskedastizität hinweist, wurden, der Vorgehensweise bei den branchenspezifischen Analysen in Kapitel VI folgend, alternative FGLS-Panelschätzungen mit unterschiedlichen Annahmen bezüglich der Struktur der Kovarianzmatrix durchgeführt. Neben der Möglichkeit gruppenspezifischer Heteroskedastizität und einer möglichen Autokorrelation erster Ordnung wird im Weiteren aufgrund des sehr kleinen Panels und des damit verbundenen geringen Verlusts an Freiheitsgraden zusätzlich eine Korrelation zwischen den Panelgruppen zugelassen. Allgemein kann jedoch festgehalten werden, dass die Schätzergebnisse insgesamt sehr stabil gegenüber den verschiedenen Annahmen bezüglich der Struktur der Kovarianzmatrix sowie der Schätzung fixer oder zufälliger Effekte sind. Tabelle VII.7 gibt die Ergebnisse alternativer Modellschätzungen für die logarithmierte Rate der Jobschaffung, Tabelle VII.8 entsprechende Resultate für den logarithmierten Jobabbau wieder.

Unabhängig von der konkreten Modellstruktur weisen beide Kontrollvariablen das erwartete Vorzeichen auf. Der negative Koeffizient der logarithmierten Durchschnittsbeschäftigung spiegelt den erwarteten negativen Zusammenhang zwischen der Betriebsgröße und der Höhe der Arbeitsplatzschaffung bzw. des Arbeitsplatzabbaus wider. Die Wachstumsrate des realen Bruttoinlandsprodukts hat einen statistisch hochsignifikant positiven Einfluss auf die Rate der Jobschaffung und einen statistisch hochsignifikant negativen Einfluss auf die Höhe des

---

12 Eine Analyse des konjunkturellen Verhaltens der Job-Flows in der baden-württembergischen Gesamtindustrie findet man in Kapitel IV dieser Arbeit.

13 Vgl. Breusch/Pagan (1980).

Jobabbaus, so dass das in Kapitel IV gefundene typische prozyklische Verhalten der Jobschaffung und das antizyklische Verhalten des Jobabbaus im Konjunkturverlauf bestätigt werden.

Tabelle VII.7: Technologieintensität und Jobschaffung, Ergebnisse von FGLS-Panelregressionen mit fixen Technologieeffekten, AR(1)-Prozess und gruppenspezifischer Heteroskedastizität, 1980-1999, P-Werte in Klammern

	Abhängige Variable: Logarithmierte Rate der Jobschaffung	
	ohne Korrelation zwischen den Panelgruppen	mit Korrelation zwischen den Panelgruppen
Wachstumsrate des realen BIP	6.022 (0.000)**	6.653 (0.001)**
Logarithmierte Durchschnittsbeschäftigung	-1.834 (0.002)**	-1.131 (0.057)
Medium-Tech-Dummy (Referenz: High-Tech)	0.029 (0.886)	-0.158 (0.391)
Low-Tech-Dummy (Referenz: High-Tech)	-1.842 (0.000)**	-1.275 (0.009)**
Konstante	5.862 (0.045)*	2.458 (0.392)
Autokorrelationskoeffizient	0.21	0.21
Log-Likelihood	-2.166	5.628
Wald-Modelltest	43.09 (0.000)**	40.45 (0.000)**
Beobachtungen	51	51
Gruppen	3	3
Modifizierter Wald-Heteroskedastizitätstest	6.48 (0.090)	
Breusch-Pagan-Test auf Unabhängigkeit der Panels	11.98 (0.007)**	
Breusch-Pagan-Test auf Vorliegen individueller Effekte	29.44 (0.000)**	
Hausman-Test	5.44 (0.066)	

Mit Blick auf mögliche Unterschiede hinsichtlich der Arbeitsplatzschaffung und des Arbeitsplatzabbaus zwischen Betrieben unterschiedlicher Technologieorientierung ist die Interpretation der Dummy-Variablen für die Technologiegruppen Medium-Tech und Low-Tech von besonderem Interesse.

Dabei wird deutlich, dass die Berücksichtigung möglicher Einflüsse der Betriebsgrößenstruktur und der Konjunktur zu teilweise erheblichen Modifikationen der Bewertung der Bedeutung der Technologieintensität für das Ausmaß der Job-Flows führt. Während man bei einer alleinigen Betrachtung der Job-Flows zu dem Ergebnis gelangt, dass zwischen Betrieben der Spitzentechnik und der Höherwertigen Technik deutliche Unterschiede hinsichtlich der betrieblichen Jobschaffung und des betrieblichen Jobabbaus und somit der Arbeitsplatzdynamik bestehen, zeigen die Ergebnisse der Panelschätzung, dass bei Kontrolle für konjunkturelle und größenabhängige Effekte der High- und der Medium-Tech-Sektor unabhängig von der gewählten Modellspezifikation jeweils sehr ähnlich abschneiden. Weder in den Modellen für die Jobschaffung noch in den Schätzungen für den Jobabbau ist die Medium-Tech-Dummy-Variable statistisch signifikant. Die im Rahmen der Job-Turnover-Analysen beobachteten Unterschiede in der Arbeitsplatzdynamik zwischen High- und Medium-Tech-Betrieben resultieren daher insbesondere aus Differenzen in der Betriebsgrößenstruktur und nicht, wie man vorschnell interpretieren könnte, aus einer unterschiedlichen Bedeutung der Technologieintensität.

Tabelle VII.8: Technologieintensität und Jobabbau, Ergebnisse von FGLS-Panelregressionen mit fixen Technologieeffekten, AR(1)-Prozess sowie gruppenspezifischer Heteroskedastizität, 1980-1999, P-Werte in Klammern

	Abhängige Variable: Logarithmierte Rate des Jobabbaus	
	ohne Korrelation zwischen den Panelgruppen	mit Korrelation zwischen den Panelgruppen
Wachstumsrate des realen BIP	-10.279 (0.000)**	-9.144 (0.000)**
Logarithmierte Durchschnitts-beschäftigung	-2.012 (0.003)**	-1.163 (0.125)
Medium-Tech-Dummy (Referenz: High-Tech)	0.326 (0.172)	0.100 (0.684)
Low-Tech-Dummy (Referenz: High-Tech)	-1.530 (0.007)**	-0.845 (0.172)
Konstante	6.947 (0.036)*	2.831 (0.440)
Autokorrelationskoeffizient	0.26	0.26
Log-Likelihood	-2.130	5.494
Wald-Modelltest	61.40 (0.000)**	48.90 (0.000)**
Beobachtungen	51	51
Gruppen	3	3
Modifizierter Wald-Heteroskedastizitätstest	116.80 (0.000)**	
Breusch-Pagan-Test auf Unabhängigkeit der Panels	12.57 (0.006)**	
Breusch-Pagan-Test auf Vorliegen individueller Effekte	0.25 (0.616)	
Hausman-Test	8.50 (0.014)	

Statistisch gesicherte Unterschiede bestehen jedoch trotz der Einbeziehung von Konjunktur und Betriebsgröße hinsichtlich der Arbeitsplatzschaffung zwischen High- und Medium-Tech-Betrieben einerseits und Betrieben der Sonstigen Technik andererseits. Ceteris paribus wiesen technologieintensivere Betriebe im Durchschnitt der Jahre 1980 bis 1999 auch bei Kontrolle für Größen- und Konjunktureffekte eine signifikant höhere Rate der Jobschaffung auf.

Die Unterschiede hinsichtlich des relativen Ausmaßes des Jobabbaus zwischen den Technologiegruppen sind, wie einleitend bereits angedeutet, deutlich weniger offensichtlich. Die im Rahmen einer bloßen disaggregierten Job-Turnover-Analyse gefundene überproportionale Arbeitsplatzreduktion im Bereich der Sonstigen Technik muss relativiert werden, da unter Kontrolle für Größenstruktur und konjunkturelle Entwicklung die Koeffizienten der Low-Tech-Dummy-Variablen sogar negativ ausfallen und dabei zumindest unter Vernachlässigung von Korrelation zwischen den Panelgruppen eine statistische Signifikanz gegeben ist.[14]

Entsprechende Panelregressionen für die Komponenten der Arbeitsplatzschaffung und des Arbeitsplatzabbaus zeigen, dass sich High-Tech- und Medium-Tech-Betriebe bei Kontrolle für Betriebsgrößenstruktur und Konjunktur weder hinsichtlich der Expansions- oder Schrumpfungsrate noch mit Blick auf die Gründungsraten statistisch gesichert unterscheiden (vgl. Tabelle VII.9). Einzig der Jobabbau im Zuge ausscheidender Betriebe fiel im Betrachtungszeitraum 1980 bis 1999 im Medium-Tech-Bereich ceteris paribus signifikant höher aus als im Bereich der Spitzentechnik.

Tabelle VII.9: Technologieintensität und Komponenten von Jobschaffung und Jobabbau, Ergebnisse von FGLS-Panelregressionen mit fixen Technologieeffekten, AR(1)-Prozess, gruppenspezifischer Heteroskedastizität und Korrelation zwischen den Panelgruppen, 1980-1999, P-Werte in Klammern

	Abhängige Variable:			
	Logarithmierte Rate der Jobschaffung durch...		Logarithmierte Rate des Jobabbaus durch...	
	Expansion	Neu auftretende Betriebe	Schrumpfung	Wegfallende Betriebe
Wachstumsrate des realen BIP	10.261 (0.000)**	6.425 (0.050)	-9.419 (0.000)**	-4.132 (0.036)*
Logarithmierte Durchschnittsbeschäftigung	-1.149 (0.052)	-1.901 (0.040)*	0.204 (0.801)	-3.427 (0.000)**
Medium-Tech-Dummy (Referenz: High-Tech)	0.141 (0.419)	-0.288 (0.383)	-0.188 (0.453)	0.813 (0.002)**
Low-Tech-Dummy (Referenz: High-Tech)	-0.950 (0.049)*	-1.883 (0.013)*	0.334 (0.617)	-2.013 (0.002)**
Konstante	1.808 (0.527)	4.492 (0.315)	-4.147 (0.291)	11.449 (0.002)**
Autokorrelationskoeffizient	0.24	0.09	0.26	0.12
Log-Likelihood	9.38	-24.43	-2.37	-11.60
Wald-Modelltest	39.43 (0.000)**	25.28 (0.000)**	34.69 (0.000)**	168.78 (0.000)**
Beobachtungen	51	51	51	51
Gruppen	3	3	3	3
Modifizierter Wald-Heteroskedastizitätstest	17.68 (0.001)**	20.31 (0.000)**	103.93 (0.000)**	112.52 (0.000)**
Breusch-Pagan-Test auf Unabhängigkeit der Panels	22.74 (0.000)**	11.73 (0.008)**	18.23 (0.000)**	5.15 (0.161)
Breusch-Pagan-Test auf Vorliegen individueller Effekte	0.19 (0.665)	13.88 (0.000)**	1.23 (0.268)	0.66 (0.417)

14 Führt man eine entsprechende Panelregression nur für den Zeitraum 1980 bis 1994 durch, so können die gefundenen Ergebnisse bestätigt werden. Insoweit hatte die Neustrukturierung der Wirtschaftszweigsystematik keinen Einfluss auf die qualitativen Regressionsergebnisse.

Die signifikant geringere logarithmierte Rate der Jobschaffung in Low-Tech-Betrieben lässt sich sowohl für expandierende Betriebe als auch für neu auftretende Industriebetriebe beobachten. High-Tech-Branchen wiesen somit c.p. signifikant höhere relative Beschäftigungsgewinne durch neu auftretende Betriebe, jedoch gleichzeitig auch signifikant höhere Beschäftigungsverluste durch Schließungen auf. Höhere Gründungs- und gleichzeitig höhere Schließungsraten bei technologieintensiveren Betrieben können als Indiz gedeutet werden, dass in forschungsintensiven Industrien in größerem Maße neue Betriebe mit neuen Produkt- oder Prozessideen auf den Markt treten, gleichzeitig aber der Anteil der Jobs, der sich als nicht dauerhaft lebensfähig erweist, ebenfalls größer ist als im Low-Tech-Bereich. Die Rolle der Technologieorientierung für das Überleben von Neugründungen wird im Rahmen der Verweildaueranalysen in Kapitel XII dieser Arbeit detaillierter untersucht.

Tabelle VII.10: Technologieintensität und Heterogenität betrieblicher Beschäftigungsentwicklungen, Ergebnisse von FGLS-Panelregressionen mit fixen Technologieeffekten, AR(1)-Prozess sowie gruppenspezifischer Heteroskedastizität, 1980-1999, P-Werte in Klammern

	Abhängige Variable: Logarithmierte Excess-Job-Turnover-Rate	
	ohne Korrelation zwischen den Panelgruppen	mit Korrelation zwischen den Panelgruppen
Wachstumsrate des realen BIP	-0.083 (0.957)	-0.317 (0.851)
Logarithmierte Durchschnittsbeschäftigung	-1.921 (0.001)**	-1.834 (0.001)**
Medium-Tech-Dummy (Referenz: High-Tech)	0.109 (0.566)	0.085 (0.658)
Low-Tech-Dummy (Referenz: High-Tech)	-1.672 (0.000)**	-1.601 (0.001)**
Konstante	6.791 (0.011)*	6.375 (0.021)*
Autokorrelationskoeffizient	0.29	0.29
Log-Likelihood	1.54	2.36
Wald-Modelltest	25.12 (0.000)**	25.61 (0.000)**
Beobachtungen	51	51
Gruppen	3	3
Modifizierter Wald-Heteroskedastizitätstest	3.93 (0.269)	
Breusch-Pagan-Test auf Unabhängigkeit der Panels	1.203 (0.752)	
Breusch-Pagan-Test auf Vorliegen individueller Effekte	12.77 (0.000)**	
Hausman-Test	9.55 (0.008)**	

Eine selbst bei Kontrolle für die Betriebsgrößenstruktur statistisch signifikant ausgeprägtere Heterogenität betrieblicher Beschäftigungsentwicklungen im High-Tech- und Medium-Tech-Bereich untermauert die These, dass die Unterschiedlichkeit der Beschäftigungsentwicklungen gerade bei technologieintensiveren Betrieben besonders augenscheinlich ist (vgl. Tabelle

VII.10). Diese erhebliche Heterogenität in forschungsintensiven Branchen kann als Ausdruck der Tatsache interpretiert werden, dass im Zuge einer hohen Rate des technischen Fortschritts in besonderem Maße bestehende Arbeitsplätze obsolet werden und gleichzeitig neue, produktivere Jobs entstehen. Ob dabei jedoch die Arbeitsplatzschaffung oder der Arbeitsplatzabbau dominiert, ist umstritten. Während Pissarides (1990) zu dem Ergebnis gelangt, dass ein höheres Wachstum der Produktivität im Zuge technischer Verbesserungen die Arbeitslosigkeit reduziert, führt technischer Fortschritt im Modell von Aghion/Howitt (1994) zu einer steigenden Arbeitslosigkeit. Mortensen/Pissarides (1998) argumentieren im Rahmen eines Vintage-Modells, dass technischer Fortschritt entweder durch den Abbau bestehender und die Schaffung neuer Jobs in den Betrieben Einzug hält oder durch eine Umstrukturierung der bestehenden Jobs erfolgen kann. Dabei zeigen sie, dass ein höheres Produktivitätswachstum in Zeiten geringerer Umstrukturierungskosten zu einem Rückgang der Arbeitslosigkeit führt. Der positive Beschäftigungseffekt des technischen Fortschritts ist aber dann gefährdet, wenn die Kosten der Übernahme neuer Technologien ein bestimmtes kritisches Niveau übersteigen.

Tabelle VII.11: Technologieintensität und Veränderungsrate der Beschäftigung, Ergebnisse von FGLS-Panelregressionen mit fixen Technologieeffekten, AR(1)-Prozess sowie gruppenspezifischer Heteroskedastizität, 1980-1999, P-Werte in Klammern

	Abhängige Variable: Veränderung der Beschäftigung in %	
	ohne Korrelation zwischen den Panelgruppen	mit Korrelation zwischen den Panelgruppen
Wachstumsrate des realen BIP	0.852 (0.000)**	0.892 (0.000)**
Logarithmierte Durchschnittsbeschäftigung	0.008 (0.883)	-0.019 (0.655)
Medium-Tech-Dummy (Referenz: High-Tech)	-0.013 (0.503)	-0.005 (0.724)
Low-Tech-Dummy (Referenz: High-Tech)	-0.012 (0.784)	-0.034 (0.340)
Konstante	-0.054 (0.836)	0.077 (0.715)
Autokorrelationskoeffizient	0.27	0.27
Log-Likelihood	123.45	137.92
Wald-Modelltest	47.04 (0.000)**	48.86 (0.000)**
Beobachtungen	51	51
Gruppen	3	3
Modifizierter Wald-Heteroskedastizitätstest	20.69 (0.001)**	
Breusch-Pagan-Test auf Unabhängigkeit der Panels	21.21 (0.000)**	
Breusch-Pagan-Test auf Vorliegen individueller Effekte	0.10 (0.757)	
Hausman-Test	0.28 (0.869)	

Die Ergebnisse einer FGLS-Panelregression für die jährlichen Veränderungsraten der Beschäftigung lassen für die baden-württembergische Industrie und die Jahre 1980 bis 1999 erkennen, dass zwischen den Technologiegruppen bei Kontrolle für Konjunktur und Betriebsgröße im Durchschnitt keine signifikanten Unterschiede hinsichtlich der Gesamtveränderung der Beschäftigung bestehen (vgl. Tabelle VII.11). Zwar weisen alle Koeffizientenschätzungen der Medium-Tech- und der Low-Tech-Dummy-Variablen ein negatives Vorzeichen auf, was als Indiz für eine c.p. bessere Beschäftigungsentwicklung bei Betrieben der Spitzentechnik gedeutet werden kann, doch ist eine statistische Signifikanz in keinem Fall gegeben. Der Koeffizient der Kontrollvariablen "Logarithmierte Durchschnittsbeschäftigung" ist ebenfalls nicht statistisch gesichert von Null verschieden, so dass wie bereits bei den größenklassenabhängigen Komponentenanalysen der Arbeitsplatzdynamik in Kapitel V auch im Rahmen dieser aggregierten Modellschätzungen kein überzeugender Einfluß der Betriebsgröße auf die Veränderungsrate der Beschäftigung festgestellt werden kann.

5. Zur Bedeutung der Technologieintensität für die Jobschaffung und den Jobabbau in der baden-württembergischen Industrie – eine Zusammenfassung

Wie bereits bei den größenklassenabhängigen Job-Turnover-Analysen des Kapitels V oder den branchenspezifischen Analysen des Kapitel VI gelingt es auch im Rahmen einer nach Technologieintensität disaggregierten Komponentenanalyse der Arbeitsplatzdynamik nicht in überzeugendem Maße, erfolgreiche von weniger erfolgreichen Betrieben zu unterscheiden. Auch unter den Betrieben der Spitzentechnik, von denen sich die Wirtschaftspolitik besondere Beschäftigungsimpulse erhofft, findet sich eine bemerkenswerte Zahl von Betrieben, die entweder Beschäftigungseinbußen verzeichnen oder sogar schließen mussten. Die in Teil 1 der Arbeit für die Gesamtindustrie festgestellte Heterogenität betrieblicher Beschäftigungsentwicklungen bleibt somit auch für unterschiedliche Technologiegruppen bestehen.

Eine nach Technologiezugehörigkeit disaggregierte Job-Turnover-Analyse der Arbeitsplatzdynamik wird in der Literatur teilweise auch zur Erörterung der Frage herangezogen, ob die Technologieintensität der Betriebe von wesentlicher Bedeutung für das Ausmaß der betrieblichen Jobschaffung und des betrieblichen Jobabbaus ist.[15] Bereits die Ergebnisse einfacher Panelschätzungen zeigen jedoch, dass in dieser Hinsicht vor einer vorschnellen Überinterpretation der Ergebnisse einer Job-Turnover-Analyse gewarnt werden muss. Ihre

---

15 Vgl. z.B. die Studien von Vainiomäki/Laaksonen (1999) oder Klette/Forre (1998).

alleinige Betrachtung greift dann zu kurz, wenn man Unterschiede in der Höhe der Job-Flows mit der unterschiedlichen Technologieorientierung begründen möchte, da der tatsächliche Einfluss der Technologieintensität auf die Höhe der Job-Flows durch andere Einflussfaktoren systematisch verdeckt werden kann.
Für die baden-württembergische Industrie und die Jahre 1980 bis 1999 wurde mit Hilfe von FGLS-Panelschätzungen gezeigt, dass bestehende Unterschiede zwischen den Job-Flows, die in einer nach Technologiegruppen disaggregierten Komponentenanalyse zum Ausdruck kommen, sich zumindest teilweise durch Unterschiede in der Betriebsgrößenstruktur erklären lassen. Dieses Ergebnis entwertet nicht die Ergebnisse einer disaggregierten Job-Turnover-Analyse der Arbeitsplatzdynamik nach Technologiegruppen, impliziert jedoch die Gefahr fehlerhafter oder irreführender Schlussfolgerungen. Während die bloße Analyse der Job-Flows in einer technologieorientierten Komponentenanalyse erkennen lässt, dass zwischen Betrieben der Spitzentechnik und Betrieben der Höherwertigen Technik erhebliche Unterschiede im Ausmaß der Jobschaffung und des Jobabbaus bestehen, zeigen die Panelregressionen, dass insbesondere Größeneffekte, nicht jedoch Unterschiede in der Technologieintensität für dieses unterschiedliche Ausmaß der Job-Flows verantwortlich sind.

Der Vergleich der Arbeitsplatzschaffung und des Arbeitsplatzabbaus von Betrieben der Spitzen- und der Höherwertigen Technik mit Betrieben der Sonstigen Technik lässt erkennen, dass forschungsintensive Betriebe selbst bei Kontrolle für Konjunktur und Größe über signifikant höhere Raten der Jobschaffung, gleichzeitig jedoch auch über höhere Raten des Jobabbaus verfügen. Die Heterogenität betrieblicher Beschäftigungsentwicklungen fiel daher in der baden-württembergischen Industrie und in den Jahren 1980 bis 1999 in den technologieintensiven Branchen signifikant höher aus als im Bereich der Sonstigen Technik. Insoweit unterstützen die Ergebnisse für die baden-württembergische Industrie Modelle, die im Zuge technischen Fortschritts gleichzeitig eine höhere Jobschaffung, aber auch einen höheren Jobabbau auf Betriebsebene voraussagen. Der Gesamtbeschäftigungseffekt ist dabei c.p. unsicher, wie die entsprechenden Regressionen für die Veränderungsraten der Beschäftigung zeigen. Die vorliegende Studie liefert somit zwar Indizien, dass der FuE-Bereich von einer besonders ausgeprägten Dynamik der Beschäftigungsentwicklungen auf Betriebsebene gekennzeichnet ist, kann jedoch trotz der etwas günstigeren Beschäftigungsentwicklung im Bereich der Spitzentechnik keinen gesicherten Zusammenhang zwischen der Beschäftigungsveränderung und der Technologieintensität der Betriebe feststellen.[16]

Einige relativierende Anmerkungen müssen abschließend erwähnt werden. Neben den Problemen bei der Operationalisierung der Technologieintensität und den daraus resultierenden Unschärfen muss ebenfalls beachtet werden, dass auf der Grundlage der verfügbaren Daten einzig und allein Einsichten in die *unmittelbaren* Beschäftigungseffekte auf Betriebsebene möglich sind und insoweit eine Einschätzung möglicher *mittelbarer* Beschäftigungswirkungen, die für eine Gesamtbeurteilung von wesentlichem Interesse wären, nicht getroffen werden kann. So können nachgelagerte oder technisch verwandte Unternehmen in der Industrie oder im Dienstleistungssektor in erheblichem Maße von technischen Neuerungen profitieren, die ihren Ausgangspunkt in forschungsintensiven Industrien haben, so dass in anderen Branchen Arbeitsplätze entstehen, die ohne die wichtige Vorarbeit des technologieintensiven Sektors nicht entstanden wären.[17]

Weiterhin muss erneut festgehalten werden, dass auch eine nach Technologiegruppen disaggregierte Job-Turnover-Analyse der Heterogenität betrieblicher Beschäftigungsentwicklungen zu keiner hinreichenden Erklärung der Unterschiedlichkeit betrieblicher Beschäftigungsentwicklungen in der Gesamtindustrie führt. Insofern besteht wiederum Anlass, die Analyseebene aggregierter Betriebsgruppen zu verlassen und sich auf die Ebene einzelner Betriebe zu begeben.

Teil 3 dieser Arbeit wird sich daher mit den Determinanten des Beschäftigungswachstums auf der betrieblichen Ebene beschäftigen und dabei auf der Grundlage betrieblicher Individualdaten und unter Berücksichtigung weiterer betriebsindividueller, branchenspezifischer und regionaler Einflussfaktoren versuchen, den Einfluss der Technologieintensität auf das Beschäftigungswachstum einer ergänzenden Analyse zu unterziehen.

---

16 Die Ergebnisse stimmen somit mit den Resultaten der Studie von Klette/Forre (1998) überein, die für die norwegische Industrie ebenfalls keinen Zusammenhang zwischen Technologieintensität und Beschäftigungsveränderung ableiten konnte.

17 Vgl. dazu auch die Studie von Kaiser/Münzenmaier (1998). Der im März 2001 erschienene aktuelle Bericht zur Technologischen Leistungsfähigkeit Deutschlands für das Jahr 2000 kann auf der Homepage des Bundesministeriums für Bildung und Forschung unter folgender Internetadresse heruntergeladen werden: http://www.bmbf.de/.

VIII. Arbeitsplatzschaffung und Arbeitsplatzabbau in den Kreisen und Regionen Baden-Württembergs

1. Job-Flows in der baden-württembergischen Industrie auf Regions- und Kreisebene von 1980 bis 1999

1.1 Grundlegende Ergebnisse einer regional disaggregierten Job-Turnover-Analyse

Der folgende Abschnitt widmet sich einer regionalen Analyse der betrieblichen Arbeitsplatzschaffung und des betrieblichen Arbeitsplatzabbaus in der baden-württembergischen Industrie in den Jahren 1980 bis 1999. Um einen Überblick über die regionale Struktur zu geben, sind in Tabelle VIII.1 für die 44 Kreise und 12 Regionen Baden-Württembergs jeweils zunächst die jahresdurchschnittlichen Anteile an der Zahl der Industriebetriebe bzw. an der baden-württembergischen Industriebeschäftigung angegeben. Mit einem durchschnittlichen Beschäftigungsanteil von mehr als 30% war die Region Stuttgart für die baden-württembergische Industrie von prägender Bedeutung, fast jeder vierte Industriebetrieb hatte hier seinen Sitz. Knapp weitere zehn Prozent der Industriebeschäftigten entfielen auf die Region Unterer Neckar. Deutliche überproportionale Anteile an der Zahl der Betriebe verglichen mit dem Beschäftigtenanteil wiesen aufgrund der eher kleinbetrieblichen Struktur die Regionen Neckar-Alb (knapp 11% der Industriebetriebe) und Nordschwarzwald auf (knapp 10%). Auf Kreisebene waren der Stadtkreis Stuttgart (7,9%) sowie die Landkreise Esslingen (5,9%) und Böblingen (5,4%) besonders beschäftigungsintensiv, während der Landkreis Esslingen mit 5,5% und der Zollernalbkreis mit 5,2% über einen vergleichsweise hohen Anteil an der Gesamtzahl der baden-württembergischen Industriebetriebe verfügten.

Bereits die Betrachtung der Veränderungsraten der Beschäftigung zeigt, dass die Unterschiede in der Entwicklung der regionalen Industriebeschäftigung erheblich ausfielen (vgl. Tabelle VIII.2). Einige Kreise, wie z.B. der Landkreis Schwäbisch-Hall (1%), der Landkreis Breisgau-Hochschwarzwald (0,7%) oder der Stadtkreis Baden-Baden (0,7%), konnten trotz der insgesamt rückläufigen Industriebeschäftigung in Baden-Württemberg ihre Beschäftigung im Betrachtungszeitraum jährlich im Durchschnitt ausweiten, während insbesondere die Stadtkreise Pforzheim (-2,9%), Karlsruhe (-2,7%), Mannheim (-2,6%), Ulm (-2,5%) und Stuttgart (-2,1%), aber auch der Zollernalbkreis (-1,9%), der Landkreis Göppingen (-1,9%), der Rhein-Neckar-Kreis (-1,8%) oder der Landkreis Waldshut (-1,7%) erhebliche Rückgänge der Industriebeschäftigung verzeichnen mussten.

Tabelle VIII.1: Beschäftigung und Industriebetriebe in den Regionen und Kreisen Baden-Württembergs, Jahresdurchschnittswerte, 1980-1999

Kreis (SK = Stadtkreis, LK = Landkreis)	Anteil an Betrieben in %	Anteil an den Beschäftigten in %	Anteil an der Jobschaffung in %	Anteil am Jobabbau in %
SK Stuttgart	3.6	7.9	5.3	7.2
LK Böblingen	2.6	5.4	5.1	3.4
LK Esslingen	5.5	5.9	5.4	5.6
LK Göppingen	2.8	2.7	2.2	2.8
LK Ludwigsburg	4.3	4.4	4.3	4.1
Rems-Murr-Kreis	4.2	3.8	4.0	4.0
Region Stuttgart	**23.0**	**30.1**	**26.3**	**27.1**
SK Heilbronn	1.0	1.3	1.1	1.4
LK Heilbronn	2.4	2.5	3.1	2.0
Hohenlohekreis	1.0	1.1	1.1	0.7
LK Schwäbisch-Hall	1.6	1.3	2.0	1.3
Main-Tauber-Kreis	1.3	1.1	1.3	1.0
Region Franken	**7.4**	**7.4**	**8.6**	**6.4**
LK Heidenheim	1.0	1.7	1.4	1.4
Ostalbkreis	2.8	3.3	2.5	2.7
Region Ostwürttemberg	**3.8**	**5.0**	**3.9**	**4.1**
SK Baden-Baden	0.4	0.3	0.5	0.3
SK Karlsruhe	1.8	2.3	2.8	3.5
LK Karlsruhe	3.1	3.1	3.6	3.6
LK Rastatt	1.6	2.4	2.8	1.9
Region Mittlerer Oberrhein	**7.0**	**8.1**	**9.7**	**9.3**
SK Heidelberg	0.8	1.0	0.9	1.1
SK Mannheim	1.8	4.3	3.0	4.9
Neckar-Odenwald-Kreis	1.4	1.0	1.2	1.1
Rhein-Neckar-Kreis	3.4	3.5	3.8	4.2
Region Unterer Neckar	**7.3**	**9.9**	**8.9**	**11.3**
SK Pforzheim	3.4	1.7	1.7	2.3
LK Calw	1.3	0.9	1.0	1.0
Enzkreis	3.7	1.8	2.6	2.0
LK Freudenstadt	1.4	1.0	1.2	0.8
Region Nordschwarzwald	**9.8**	**5.3**	**6.5**	**6.1**
SK Freiburg	1.1	1.0	1.1	1.1
LK Breisgau-Hochschwarzwald	1.5	1.1	1.5	1.0
LK Emmendingen	1.4	1.0	1.1	1.1
Ortenaukreis	4.3	3.6	3.8	3.3
Region Südlicher Oberrhein	**8.2**	**6.8**	**7.5**	**6.5**
LK Rottweil	2.2	1.6	2.0	2.0
Schwarzwald-Baar-Kreis	3.5	2.6	2.8	3.3
LK Tuttlingen	2.6	1.6	2.0	1.5
Region Schwarzwald-Baar-Heuberg	**8.2**	**5.8**	**6.8**	**6.8**
LK Konstanz	2.1	2.0	2.0	2.2
LK Lörrach	1.8	1.9	1.9	1.8
LK Waldshut	1.5	1.3	1.2	1.3
Region Hochrhein-Bodensee	**5.4**	**5.2**	**5.1**	**5.3**
LK Reutlingen	3.8	2.7	3.1	3.3
LK Tübingen	1.8	1.1	1.4	1.4
Zollernalbkreis	5.2	2.6	2.6	3.1
Region Neckar-Alb	**10.8**	**6.4**	**7.1**	**7.8**
SK Ulm	0.9	1.9	1.5	2.1
Alb-Donau-Kreis	1.6	1.2	1.5	1.2
LK Biberach	1.5	1.6	1.5	1.1
Region Donau-Iller [1]	**4.0**	**4.7**	**4.5**	**4.4**
Bodenseekreis	1.4	1.9	1.9	1.6
LK Ravensburg	2.3	2.1	2.4	1.9
LK Sigmaringen	1.5	1.1	1.1	1.2
Region Bodensee-Oberschwaben	**5.2**	**5.1**	**5.4**	**4.7**

1) soweit Land Baden-Württemberg

Tabelle VIII.2 gibt die grundlegenden Kenngrößen einer nach Regionen und Kreisen disaggregierten Job-Turnover-Analyse der Arbeitsplatzdynamik wieder und lässt dabei erkennen, dass in jeder Region im Durchschnitt der Jahre 1980 bis 1999 gleichzeitig auf betrieblicher Ebene in bedeutendem Umfang neue Arbeitsplätze geschaffen und bestehende Arbeitsplätze abgebaut wurden. Diese Unterschiedlichkeit der betrieblichen Beschäftigungsentwicklungen innerhalb der Kreise und Regionen Baden-Württembergs kann nicht nur im Durchschnitt, sondern auch für jedes einzelne Jahr bestätigt werden.

Tabelle VIII.2: Jahresdurchschnittliche Raten der Job-Flows in den Regionen und Kreisen Baden-Württembergs, 1980-1999

Kreis (SK = Stadtkreis, LK = Landkreis)	Veränderung der Beschäftigung in %	Jobschaffung in %	Jobabbau in %	Job-Turnover in %	Excess-Job-Turnover in %
SK Stuttgart	-2.10	2.77	4.87	7.64	4.40
LK Böblingen	0.09	3.74	3.65	7.39	3.93
LK Esslingen	-1.42	3.54	4.96	8.50	5.63
LK Göppingen	-1.88	3.30	5.18	8.48	5.92
LK Ludwigsburg	-0.95	3.84	4.80	8.64	5.73
Rems-Murr-Kreis	-1.13	4.11	5.25	9.36	6.44
Region Stuttgart	**-1.29**	**3.36**	**4.65**	**8.01**	**5.36**
SK Heilbronn	-1.90	3.28	5.17	8.45	5.89
LK Heilbronn	0.59	4.72	4.13	8.85	5.64
Hohenlohekreis	0.65	4.03	3.38	7.41	5.06
LK Schwäbisch-Hall	0.97	5.69	4.72	10.40	7.59
Main-Tauber-Kreis	-0.11	4.37	4.48	8.86	6.14
Region Franken	**0.11**	**4.42**	**4.32**	**8.74**	**6.30**
LK Heidenheim	-1.06	3.09	4.15	7.25	4.77
Ostalbkreis	-1.17	3.04	4.21	7.25	4.98
Region Ostwürttemberg	**-1.13**	**3.05**	**4.18**	**7.23**	**4.94**
SK Baden-Baden	0.68	5.26	4.58	9.85	7.76
SK Karlsruhe	-2.73	4.98	7.70	12.68	9.28
LK Karlsruhe	-1.40	4.40	5.80	10.20	7.38
LK Rastatt	0.27	4.41	4.14	8.54	6.14
Region Mittlerer Oberrhein	**-2.08**	**3.43**	**5.51**	**8.94**	**6.44**
SK Heidelberg	-2.10	3.51	5.61	9.13	5.31
SK Mannheim	-2.59	2.88	5.48	8.36	5.44
Neckar-Odenwald-Kreis	-0.96	4.34	5.30	9.64	6.69
Rhein-Neckar-Kreis	-1.78	4.09	5.86	9.95	7.31
Region Unterer Neckar	**-1.18**	**4.49**	**5.66**	**10.15**	**7.70**
SK Pforzheim	-2.86	3.99	6.85	10.84	7.48
LK Calw	-1.26	4.37	5.62	9.99	7.01
Enzkreis	-0.09	5.45	5.53	10.98	8.60
LK Freudenstadt	0.65	4.89	4.24	9.13	6.29
Region Nordschwarzwald	**-0.98**	**4.60**	**5.58**	**10.18**	**7.61**
SK Freiburg	-1.28	4.00	5.28	9.28	7.19
LK Breisgau-Hochschwarzwald	0.73	5.33	4.60	9.94	7.25
LK Emmendingen	-1.05	4.04	5.10	9.14	6.62
Ortenaukreis	-0.53	4.00	4.53	8.52	6.42
Region Südlicher Oberrhein	**-0.53**	**4.17**	**4.70**	**8.87**	**6.71**
LK Rottweil	-1.10	4.95	6.05	11.00	8.17
Schwarzwald-Baar-Kreis	-2.07	4.20	6.27	10.47	6.29
LK Tuttlingen	0.10	4.66	4.56	9.21	6.95
Region Schwarzwald-Baar-Heuberg	**-1.19**	**4.52**	**5.71**	**10.22**	**7.14**
LK Konstanz	-1.61	3.77	5.38	9.15	6.68
LK Lörrach	-1.01	3.76	4.77	8.53	6.65
LK Waldshut	-1.74	3.51	5.24	8.75	5.98
Region Hochrhein-Bodensee	**-1.42**	**3.69**	**5.12**	**8.81**	**6.77**
LK Reutlingen	-1.50	4.43	5.93	10.36	7.40
LK Tübingen	-0.85	5.11	5.96	11.08	7.40
Zollernalbkreis	-1.93	3.92	5.84	9.76	7.34
Region Neckar-Alb	**-1.55**	**4.32**	**5.87**	**10.18**	**7.41**
SK Ulm	-2.51	3.18	5.69	8.86	5.60
Alb-Donau-Kreis	0.19	5.14	4.95	10.09	6.64
LK Biberach	0.32	3.68	3.37	7.05	4.87
Region Donau-Iller [1]	**-0.89**	**3.77**	**4.66**	**8.43**	**5.64**
Bodenseekreis	-0.56	3.72	4.28	8.00	4.96
LK Ravensburg	-0.22	4.43	4.65	9.08	6.32
LK Sigmaringen	-1.34	3.98	5.32	9.30	5.92
Region Bodensee -Oberschwaben	**-0.60**	**4.03**	**4.63**	**8.67**	**5.92**

1) soweit Land Baden-Württemberg

Das Ausmaß der Job-Flows gemessen an der Job-Turnover-Rate lag im Durchschnitt der Jahre 1980 bis 1999 zwischen gut 7% im Landkreis Biberach und 12,7% im Stadtkreis Karlsruhe. In jedem einzelnen Kreis waren von zehn Arbeitsplatzveränderungen auf Betriebsebene sechs bis acht nicht erforderlich, um die resultierende Beschäftigungsentwicklung zu ermöglichen. Die Mehrzahl der Arbeitsplatzbewegungen ist somit auch auf regionaler Ebene Ausdruck einer bemerkenswerten Unterschiedlichkeit der betrieblichen Arbeitsnachfrage innerhalb der Regionen.

Die jahresdurchschnittlichen Raten der Jobschaffung lagen zwischen knapp 2,8% und 2,9% in den Stadtkreisen Stuttgart und Mannheim und bis zu 5,7% im Landkreis Schwäbisch-Hall, die jahresdurchschnittlichen Raten des Jobabbaus zwischen 3,4% im Landkreis Biberach bzw. im Hohenlohekreis und 7,7% im Stadtkreis Karlsruhe, wo immerhin ungefähr jeder dreizehnte Arbeitsplatz Jahr für Jahr abgebaut wurde. Typischerweise geht im Querschnitt der 44 Kreise eine günstigere Entwicklung der Gesamtbeschäftigung sowohl mit einer überdurchschnittlichen Rate der Jobschaffung (r = 0.58, P-Wert: 0.000) als auch mit unterdurchschnittlichem Jobabbau (r = -0.73, P-Wert: 0.000) einher. Unterschiede in der resultierenden Beschäftigungsentwicklung basieren somit gleichzeitig sowohl auf Differenzen im Ausmaß der Jobschaffung als auch auf Differenzen in der Bedeutung des Jobabbaus. Das vorliegende Ergebnis für die baden-württembergische Industrie widerspricht insoweit einer Studie von Eberts/Montgomery (1995) für Regionen der Vereinigten Staaten, in der die Autoren feststellen, dass Unterschiede in der Beschäftigungsentwicklung der Regionen primär auf Unterschieden in der Jobschaffung und weniger auf Differenzen im Jobabbau beruhen:

> "We find that employment fluctuations over the business cycles are associated primarily with job destruction, whereas employment growth rate differences across regions are associated more with job creation. These insights may have relevant policy implications at both the local and the national levels. For instance, since regional employment differences are correlated more with job creation than with job destruction, state and local policies aimed at promoting new firm creation and expansion might be more fruitful in the long run than those aimed at aiding ailing firms."[1]

Das Beispiel des Stadtkreises Pforzheim zeigt, dass keineswegs von einer besonders schlechten Beschäftigungsentwicklung in einem Kreis auf einen Mangel an Jobschaffung geschlossen werden darf. So wies Pforzheim zwar mit -2,9% die schlechteste Veränderungsrate der Beschäftigung aller baden-württembergischen Kreise auf, verfügte mit durchschnittlich 4%

---

1 Eberts/Montgomery (1995), S. 3.

jedoch über eine Arbeitsplatzschaffungsrate, die sogar über dem Durchschnitt für die baden-württembergische Gesamtindustrie (vgl. Kapitel III) lag, jedoch von einer mit 6,9% deutlich höheren Jobabbaurate überkompensiert wurde.

Abbildung VIII.1: Beschäftigungsveränderung durch bereits bestehende Betriebe bzw. neu auftretende und wegfallende Betriebe in den Kreisen Baden-Württembergs, Jahresdurchschnittswerte, 1980-1999, Größe der Darstellung nach Beschäftigungsanteil des Kreises

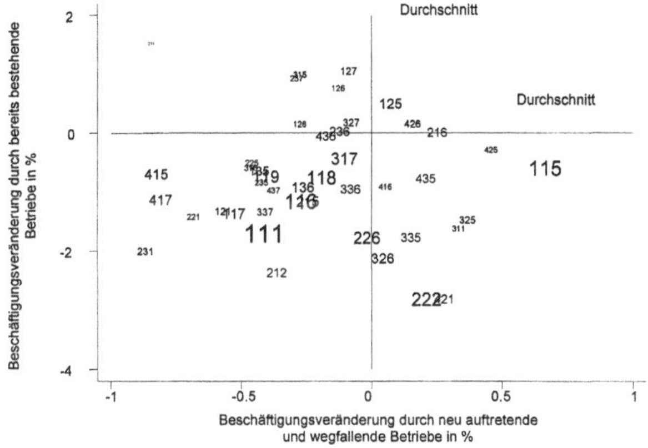

Nr.	Kreis	Nr.	Kreis	Nr.	Kreis
111	SK Stuttgart	215	LK Karlsruhe	326	Schwarzwald-Baar-Kreis
115	LK Böblingen	216	LK Rastatt	327	LK Tuttlingen
116	LK Esslingen	221	SK Heidelberg	335	LK Konstanz
117	LK Göppingen	222	SK Mannheim	336	LK Lörrach
118	LK Ludwigsburg	225	Neckar-Odenwald-Kreis	337	LK Waldshut
119	Rems-Murr-Kreis	226	Rhein-Neckar-Kreis	415	LK Reutlingen
121	SK Heilbronn	231	SK Pforzheim	416	LK Tübingen
125	LK Heilbronn	235	LK Calw	417	Zollernalbkreis
126	Hohenlohekreis	236	Enzkreis	421	SK Ulm
127	LK Schwäbisch-Hall	237	LK Freudenstadt	425	Alb-Donau-Kreis
128	Main-Tauber-Kreis	311	SK Freiburg	426	LK Biberach
135	LK Heidenheim	315	LK Breisgau-Hochschwarzwald	435	Bodenseekreis
136	Ostalbkreis	316	LK Emmendingen	436	LK Ravensburg
211	SK Baden-Baden	317	Ortenaukreis	437	LK Sigmaringen
212	SK Karlsruhe	325	LK Rottweil		

Widmet man sich der Frage, in welchem Maße bereits in einem Kreis bestehende Betriebe oder neu auftretende bzw. wegfallende Betriebe zur regionalen Beschäftigungsentwicklung beigetragen haben, so erkennt man, dass mehr als die Hälfte aller Kreise Beschäftigungseinbußen aufgrund eines negativen Saldos bei beiden Komponenten in Kauf nehmen mussten (vgl. Abbildung VIII.1). Nur in drei Kreisen, den Landkreisen Biberach, Heilbronn und Rastatt fielen beide Raten – wenn auch jeweils nur in geringem Maße – positiv aus. Ein

Zusammenhang zwischen den jahresdurchschnittlichen Beschäftigungsentwicklungen der bereits am Markt befindlichen Betriebe und des "Gründungs- und Zuzugssaldos" ist nicht erkennbar, so dass von einer günstigen Beschäftigungsentwicklung in den bereits am Industriearbeitsmarkt befindlichen Betrieben in einem Kreis nicht darauf geschlossen werden darf, dass die Beschäftigungsentwicklung durch neu auftretende und wegfallende Betriebe hier gleichzeitig ebenfalls besser ausfällt (r = -0.16, P-Wert: 0.312).

Vergleicht man die relative Streuung der einzelnen Job-Flows im Querschnitt, so erkennt man keine deutlichen Unterschiede zwischen der Streuung auf Seiten der Jobschaffung und des Jobabbaus (vgl. Tabelle VIII.3). Die relative Streuung der Gründungs- und Schließungsraten war gemessen am Variationskoeffizienten jedoch merklich höher als die der Expansions- und Schrumpfungsrate.[2] Während Birch (1979, 1981) in Studien für die US-amerikanische Industrie eine relative Konstanz der Schließungsraten verglichen mit den Gründungsraten konstatiert und daraus die Schlussfolgerung zieht, dass Unterschiede in der Dynamik einer Region primär durch die Unterschiede in der "Geburtenhäufigkeit" begründet waren, zeigt das ähnliche Streuungsverhalten beider Komponenten in der baden-württembergischen Industrie, dass sich das Ergebnis von Birch nicht auf die baden-württembergische Industrie übertragen lässt.

Tabelle VIII.3: Absolute und relative Streuung der jahresdurchschnittlichen Komponenten der Job-Flows auf Kreisebene, 1980-1999

	Standardabweichung in %	Variationskoeffizient
Jobschaffung	0.72	0.17
Expansionsrate	0.64	0.20
Gründungsrate	0.26	0.33
Jobabbau	0.86	0.17
Schrumpfungsrate	0.66	0.17
Schließungsrate	0.28	0.28

2 Cramer/Koller (1988), S. 375, finden diese größere relative Streuung der Gründungs- und Schließungsrate auch im Rahmen einer auf der Beschäftigtenstatistik beruhenden Job-Turnover-Analyse für Deutschland.

1.2 Typologisierung der Kreise und Regionen nach dem Ausmaß an Arbeitsplatzdynamik

Auf der Grundlage der Ergebnisse einer Job-Turnover-Analyse der Arbeitsplatzdynamik kann man in Analogie zur Vorgehensweise bei der branchenspezifischen Analyse in Kapitel VI baden-württembergische Kreise hinsichtlich des Ausmaßes an Arbeitsplatzdynamik charakterisieren. Abbildung VIII.2 stellt daher die jahresdurchschnittlichen Jobschaffungsraten der 44 Kreise im Zeitraum 1980 bis 1999 den jahresdurchschnittlichen Jobabbauraten gegenüber. Verwendet man die durchschnittlichen jährlichen Raten der Jobschaffung und des Jobabbaus in der Gesamtindustrie als Referenzlinien, so entsteht ein Vier-Quadranten-Schema, mit dessen Hilfe man eine Typologisierung der Kreise und Regionen Baden-Württembergs nach dem Ausmaß der Arbeitsplatzdynamik vornehmen kann.

In Quadrant I befinden sich Kreise mit einer ausgeprägten Arbeitsplatzdynamik, die sowohl eine überdurchschnittliche Jobschaffung als auch einen überdurchschnittlichen Jobabbau aufweisen. In die Gruppe arbeitsplatzdynamischer Kreise mit häufig ausgeprägter Heterogenität lassen sich zum Beispiel die Stadtkreise Karlsruhe und Pforzheim, aber auch die Landkreise Tübingen und Reutlingen der Region Neckar-Alb einordnen. In Quadrant III dagegen befinden sich Kreise, die sich sowohl durch unterdurchschnittliche Raten der Jobschaffung als auch des Jobabbaus und somit durch eine geringe Arbeitsplatzdynamik auszeichnen. Hier können insbesondere die Kreise der Region Stuttgart angesiedelt werden, die gemessen an den relativen Raten als wenig arbeitsplatzdynamisch eingestuft werden müssen. Während in den Quadranten I und III beide Job-Flows sich jeweils in dieselbe Richtung bewegen und somit die Heterogenität betrieblicher Beschäftigungsentwicklungen hier typischerweise größer ausfällt, finden sich in den Quadranten II und IV solche Kreise wieder, deren Beschäftigungsveränderung eindeutig entweder durch eine überproportionale Jobschaffung (IV) oder durch einen überdurchschnittlichen Jobabbau (II) geprägt wird. In erstere Kategorie fallen zum Beispiel die Landkreise Freudenstadt und Heilbronn, der Jobabbau dominiert zum Beispiel insbesondere in den Stadtkreisen Ulm und Mannheim. Anzumerken ist die Tatsache, dass dieses relative Muster der Jobschaffung und des Jobabbaus und somit die Typologisierung eine bemerkenswerte intertemporale Stabilität aufweisen, wie eine Betrachtung jährlicher Quadrantenschemata einerseits sowie hochsignifikante positive jährliche Rangkorrelationskoeffizienten der Jobschaffung und des Jobabbaus im Querschnitt andererseits verdeutlichen.

Abbildung VIII.2: Arbeitsplatzschaffung und Arbeitsplatzabbau in den Kreisen Baden-Württembergs, Jahresdurchschnittswerte, 1980-1999, Größe der Darstellung nach Beschäftigungsanteil des Kreises

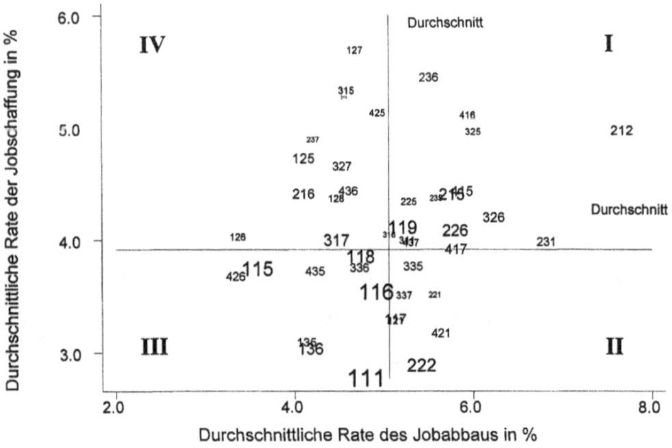

Nr.	Kreis	Nr.	Kreis	Nr.	Kreis
111	SK Stuttgart	215	LK Karlsruhe	326	Schwarzwald-Baar-Kreis
115	LK Böblingen	216	LK Rastatt	327	LK Tuttlingen
116	LK Esslingen	221	SK Heidelberg	335	LK Konstanz
117	LK Göppingen	222	SK Mannheim	336	LK Lörrach
118	LK Ludwigsburg	225	Neckar-Odenwald-Kreis	337	LK Waldshut
119	Rems-Murr-Kreis	226	Rhein-Neckar-Kreis	415	LK Reutlingen
121	SK Heilbronn	231	SK Pforzheim	416	LK Tübingen
125	LK Heilbronn	235	LK Calw	417	Zollernalbkreis
126	Hohenlohekreis	236	Enzkreis	421	SK Ulm
127	LK Schwäbisch-Hall	237	LK Freudenstadt	425	Alb-Donau-Kreis
128	Main-Tauber-Kreis	311	SK Freiburg	426	LK Biberach
135	LK Heidenheim	315	LK Breisgau-Hochschwarzwald	435	Bodenseekreis
136	Ostalbkreis	316	LK Emmendingen	436	LK Ravensburg
211	SK Baden-Baden	317	Ortenaukreis	437	LK Sigmaringen
212	SK Karlsruhe	325	LK Rottweil		

Im Querschnitt bestand in der baden-württembergischen Industrie auf Kreisebene im Durchschnitt der Jahre 1980 bis 1999 kein Zusammenhang zwischen dem relativen Ausmaß der regionalen Schaffung neuer Arbeitsplätze und dem Jobabbau ($r = 0.13$, P-Wert: 0.403). Kreise, die sich durch eine überdurchschnittliche Jobschaffung auszeichnen, können daher keineswegs gleichzeitig dadurch charakterisiert werden, dass das relative Ausmaß des Jobabbaus eher gering ist.

Aggregiert man die Analyse auf die Ebene der baden-württembergischen Regionen, so können die Regionen Mittlerer Oberrhein, Nordschwarzwald, Schwarzwald-Baar-Heuberg und Neckar-Alb als ausgeprägt arbeitsplatzdynamisch eingestuft werden, während die Regionen Stuttgart und insbesondere Ostwürttemberg zwar in unterdurchschnittlichem Maße

Jobs abbauten, aber hier auch in unterdurchschnittlichem Maße neue Jobs entstanden. Dieses spiegelt sich jeweils auch in den Anteilen an der Gesamtarbeitsplatzschaffung bzw. am Jobabbau wider. So weist die Region Mittlerer Oberrhein mit Anteilen an der Jobschaffung von 9,7% und am Jobabbau von 9,3% verglichen mit dem durchschnittlichen Beschäftigungsanteil von 8,1% deutlich überdurchschnittliche Job-Flows auf, während die entsprechenden Anteile mit 26,3 und 27,1% in der Region Stuttgart deutlich unter dem relativen Beschäftigungsanteil von gut 30% lagen (vgl. Tabelle VIII.1). Über deutlich überdurchschnittliche Arbeitsplatzabbau- und gleichzeitig sehr geringe Arbeitsplatzschaffungsraten verfügten Betriebe der Region Unterer Neckar, während die günstige Entwicklung der Industriebeschäftigung in der Region Franken sowohl aus einem überdurchschnittlichem Jobaufbau als auch aus einem deutlich unterdurchschnittlichen Jobabbau resultierte.

Abbildung VIII.3: Arbeitsplatzschaffung und Arbeitsplatzabbau in den Regionen Baden-Württembergs, Jahresdurchschnittswerte, 1980-1999

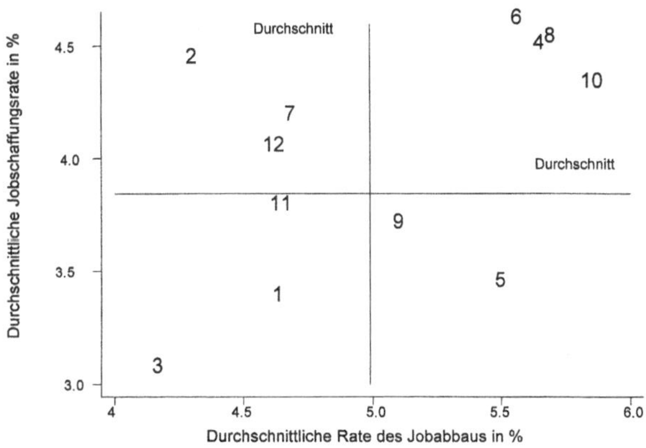

	Region		Region
1	Stuttgart	7	Südlicher Oberrhein
2	Franken	8	Schwarzwald-Baar-Heuberg
3	Ostwürttemberg	9	Hochrhein-Bodensee
4	Mittlerer Oberrhein	10	Neckar-Alb
5	Unterer Neckar	11	Donau-Iller
6	Nordschwarzwald	12	Bodensee-Oberschwaben

2. Exkurs: Zur Irrelevanz eines möglichen Zusammenhangs zwischen Excess-Job-Turnover und Beschäftigungsentwicklung

Regelmäßig wird im Rahmen von disaggregierten Job-Turnover-Analysen der Arbeitsplatzdynamik auch der Frage Beachtung geschenkt, ob ein statistisch gesicherter Zusammenhang zwischen dem Ausmaß an Heterogenität betrieblicher Beschäftigungsentwicklungen in einer Gruppe von Betrieben und der resultierenden Nettoveränderung der Beschäftigung besteht. Brixy (1999) gelangt in einer Studie für die ostdeutsche Industrie zu dem Ergebnis, dass eine besonders ausgeprägte Heterogenität in einem Wirtschaftsbereich oder in einer Region mit einer günstigeren Beschäftigungsentwicklung einherging:

> "Je heterogener die Entwicklung in einem Sektor verlaufen ist, desto günstiger ist die Beschäftigungsentwicklung."[3]

Im Folgenden wird die Aussagefähigkeit dieser Korrelation auch für Querschnittsanalysen in Frage gestellt und behauptet, dass die Analyse der Korrelation zwischen der Excess-Job-Turnover-Rate und der Veränderungsrate der Beschäftigung letztlich wenig ergiebig ist, da das Vorzeichen des Zusammenhangs in wesentlichem Maße von der Veränderung der Beschäftigung determiniert wird.[4] Einfache Korrelationsüberlegungen führen für den Fall einer positiven Beschäftigungsveränderung zu folgendem Ergebnis (vgl. Anhang VIII.1):

$$\text{(VIII.1)} \qquad \sigma_{EJT,\,NEC} = 2 \cdot \sigma_{JC,\,JD} - 2 \cdot \sigma_{JD}^2 \qquad (NEC > 0)$$

Ist die Kovarianz zwischen der Arbeitsplatzschaffungs- und der Arbeitsplatzabbaurate negativ, so wird das Vorzeichen der Korrelation zwischen Excess-Job-Turnover-Rate und der Veränderungsrate der Beschäftigung immer negativ. Vor dem Hintergrund der Tatsache, dass die Korrelation zwischen der Rate der Jobschaffung und des Jobabbaus typischerweise gering ist (vgl. dazu auch Abschnitt VIII.1.2), fällt die Varianz der Jobabbaurate häufig selbst bei positiver Kovarianz größer aus als die gemeinsame Kovarianz mit der Jobschaffungsrate. Auch diese Tatsache spricht für eine im Ergebnis regelmäßig negative Korrelation zwischen der Excess-Job-Turnover-Rate und der Veränderungsrate der Beschäftigung.

---

3 Brixy (1999), S. 65.

4 Bereits im Rahmen der Analysen des Verhalten der Job-Flows im Konjunkturzyklus in Kapitel IV wurde darauf verwiesen, dass die zeitliche Korrelation zwischen Excess-Job-Turnover-Rate und Veränderungsrate der Beschäftigung entscheidend vom Vorzeichen der Beschäftigungsveränderung abhängt.

Entsprechende Überlegungen für den Fall einer sinkenden Beschäftigung führen zu dem Ergebnis, dass die Korrelation dann typischerweise positiv ausfällt.

Abbildung VIII.4: Gegenüberstellung der jährlichen Korrelationskoeffizienten zwischen der Excess-Job-Turnover-Rate mit der Beschäftigungsveränderung auf Kreisebene und der Entwicklung der Gesamtbeschäftigung, 1980-1999

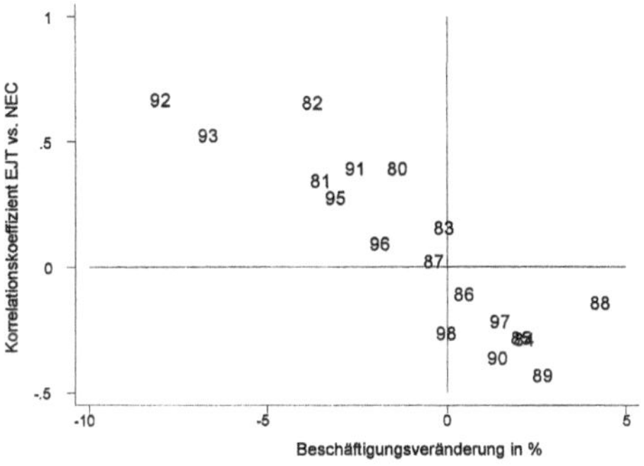

Abbildung VIII.4 stellt die jährlichen Korrelationskoeffizienten des Zusammenhangs zwischen dem Heterogenitätsmaß und der Veränderungsrate der Beschäftigung der jeweiligen Beschäftigungsveränderung gegenüber und bestätigt eindrucksvoll obige Überlegungen: In Jahren mit einem positiven Beschäftigungswachstum fiel die Korrelation fast ausschließlich negativ, in Jahren mit einem negativen Beschäftigungswachstum dagegen fast ausschließlich positiv aus. Eine Regression des Korrelationskoeffizienten auf die Veränderungsrate der Industriebeschäftigung ergibt einen höchstsignifikant negativen Zusammenhang bei einem Bestimmtheitsmaß von 82,8%, die Rangkorrelation ist fast vollständig negativ (r = -0.94, P-Wert: 0.000). Vor dem Hintergrund dieser Ergebnisse ist vor einer Überinterpretation dieser Korrelationen zu warnen. Stellt man auf analoge Weise die jeweiligen Korrelationskoeffizienten zwischen der Excess-Job-Turnover-Rate und der Veränderungsrate der Beschäftigung, die Brixy in seiner Studie für Ostdeutschland angibt, den entsprechenden Veränderungsraten der Beschäftigung gegenüber, so erkennt man einen entsprechend engen Zusammenhang (vgl. Abbildung VIII.5). Die Interpretation, die Brixy zur Erklärung der wechselnden Beziehung zwischen Netto- und Bruttoentwicklung anführt, scheint daher fragwürdig zu sein, da das Vorzeichen der Korrelation letztlich regelmäßig bereits durch die Veränderung der Gesamtbeschäftigung vorweggenommen wird. Da im Betrachtungszeitraum in der baden-württembergischen Industrie sowohl Phasen steigender als auch Phasen sinkender Beschäftigung auftraten, verwundert es somit wenig, dass die durchschnittliche Rate des

Excess-Job-Turnover auf Kreisebene sowie die durchschnittliche Veränderungsrate der Beschäftigung unkorreliert sind (r = -0.05, P-Wert: 0.765, vgl. Abbildung VIII.6).

Abbildung VIII.5: Gegenüberstellung der jährlichen Korrelationskoeffizienten zwischen der Excess-Job-Turnover-Rate mit der Beschäftigungsveränderung und der Entwicklung der industriellen Gesamtbeschäftigung, Ergebnisse der Studie von Brixy, Ostdeutschland, 1991-1996, S. 22 und 68

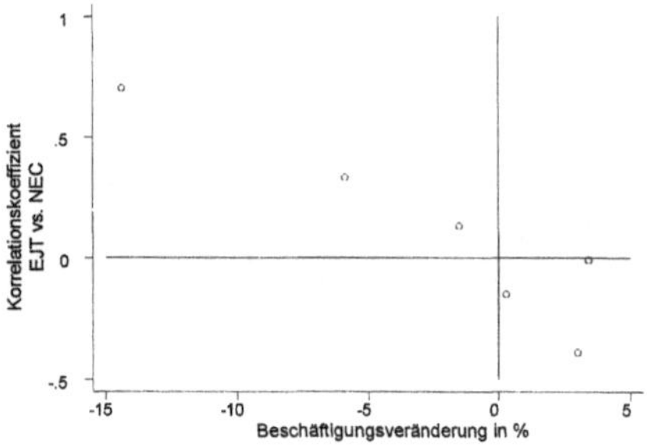

Abbildung VIII.6: Betriebliche Heterogenität und Veränderungsrate der industriellen Beschäftigung in den Kreisen Baden-Württembergs, Jahresdurchschnittswerte, 1980-1999, Größe der Darstellung nach Beschäftigungsanteil des Kreises

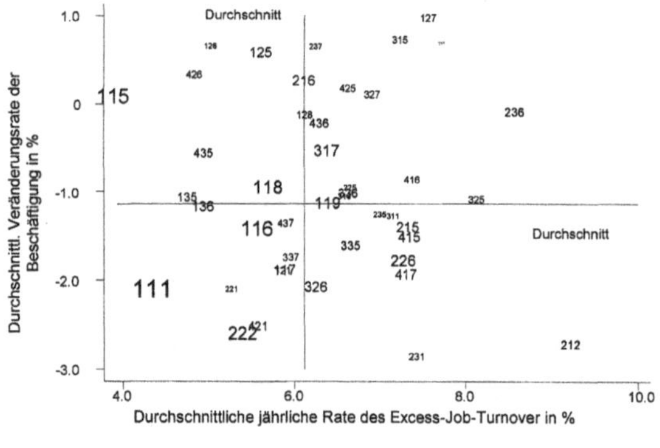

Nr.	Kreis	Nr.	Kreis	Nr.	Kreis
111	SK Stuttgart	215	LK Karlsruhe	326	Schwarzwald-Baar-Kreis
115	LK Böblingen	216	LK Rastatt	327	LK Tuttlingen
116	LK Esslingen	221	SK Heidelberg	335	LK Konstanz
117	LK Göppingen	222	SK Mannheim	336	LK Lörrach
118	LK Ludwigsburg	225	Neckar-Odenwald-Kreis	337	LK Waldshut
119	Rems-Murr-Kreis	226	Rhein-Neckar-Kreis	415	LK Reutlingen
121	SK Heilbronn	231	SK Pforzheim	416	LK Tübingen
125	LK Heilbronn	235	LK Calw	417	Zollernalbkreis
126	Hohenlohekreis	236	Enzkreis	421	SK Ulm
127	LK Schwäbisch-Hall	237	LK Freudenstadt	425	Alb-Donau-Kreis
128	Main-Tauber-Kreis	311	SK Freiburg	426	LK Biberach
135	LK Heidenheim	315	LK Breisgau-Hochschwarzwald	435	Bodenseekreis
136	Ostalbkreis	316	LK Emmendingen	436	LK Ravensburg
211	SK Baden-Baden	317	Ortenaukreis	437	LK Sigmaringen
212	SK Karlsruhe	325	LK Rottweil		

3. Determinanten der industriellen Jobschaffung und des Jobabbaus in den Kreisen Baden-Württembergs

Die Ergebnisse der regionalen Job-Turnover-Analysen zeigen, dass die betriebliche Arbeitsnachfrage auch innerhalb der Kreise Baden-Württembergs sehr heterogen ausfiel. Das erhebliche Ausmaß der Job-Flows in der Gesamtindustrie resultierte daher nicht primär aus einer Verschiebung von Beschäftigungsmöglichkeiten von schrumpfenden zu wachsenden Regionen, da sowohl in schrumpfenden Regionen zahlreiche neue Jobs entstanden als auch in expandierenden Regionen zahlreiche bestehende Jobs gleichzeitig abgebaut wurden. Dennoch können regionale Gegebenheiten die betriebliche Arbeitsnachfrage zumindest mitbeeinflussen. Insbesondere die intertemporale Stabilität des relativen Musters der Arbeitsplatzdynamik zwischen den Kreisen und somit die über die einzelnen Jahre hinweg ausgeprägte Stabilität der in Abschnitt VIII.1.2 vorgenommenen Typologisierung der Kreise lassen erwarten, dass auch regionale Charakteristika das betriebliche Arbeitsnachfrageverhalten prägen.
Mit der vorliegenden Studie wird jedoch nicht das Ziel verfolgt, eine abschließende Analyse der regionalen Einflussfaktoren der Jobschaffung und des Jobabbaus in den Kreisen zu versuchen. Dennoch sollen im Weiteren einige mögliche regionale Determinanten angeführt und auf ihre empirische Validität hin überprüft werden.

Da im Rahmen einer größenklassenabhängigen Job-Turnover-Analyse in Kapitel V gezeigt wurde, dass das relative Ausmaß der Brutto-Job-Flows in einem negativen Zusammenhang mit der *Betriebsgröße* steht, ist zu erwarten, dass sich Regionen mit einem hohen Anteil kleiner und mittlerer Betriebe und somit einer geringeren durchschnittlichen Betriebsgröße durch eine höhere relative Arbeitsplatzdynamik auszeichnen.
Im Folgenden werden daher als mögliche Determinanten der Jobschaffung und des Jobabbaus zunächst die Betriebsgrößenstruktur eines Kreises gemessen anhand der logarithmierten Durchschnittsbeschäftigung sowie die Wachstumsrate des realen Bruttoinlandsprodukts als Indikator für *konjunkturelle Einflüsse* (vgl. Kapitel IV) berücksichtigt. Sowohl eine Panelschätzung mit fixen Effekten (in Tabelle VIII.4 mit FE bezeichnet) als auch eine entsprechende FGLS-Panelschätzung unter ergänzender Berücksichtigung von gruppenspezifischer Heteroskedastizität und von Autokorrelation erster Ordnung führen zu dem Ergebnis, dass die fixen Kreiseffekte trotz Kontrolle für Betriebsgröße und Konjunktur gemeinsam statistisch hochsignifikant von Null verschieden sind. Somit kann die signifikante Bedeutung

regionaler Einflussfaktoren für das regionale Ausmaß an Arbeitsplatzschaffung, Arbeitsplatzabbau und Heterogenität für die baden-württembergische Industrie bestätigt werden.[5]

Tabelle VIII.4 : Einfluss von Betriebsgrößenstruktur und Konjunktur auf die Höhe der regionalen Job-Flows, Ergebnisse von Panelschätzungen mit fixen Kreiseffekten, 1980-1999, P-Werte in Klammern

	Abhängige Variable:					
	Logarithmierte Jobschaffungsrate		Logarithmierte Jobabbaurate		Log. Excess-Job-Turnover-Rate	
	FE	FGLS	FE	FGLS	FE	FGLS
Log. Durchschnitts-beschäftigung	-1.456 (0.000)**	-1.478 (0.000)**	-1.000 (0.000)**	-0.842 (0.000)**	-1.455 (0.000)**	-1.334 (0.000)**
Wachstumsrate des realen BIP	11.664 (0.000)**	10.925 (0.000)**	-12.568 (0.000)**	-11.110 (0.000)**	3.866 (0.000)**	3.534 (0.000)**
Konstante	2.784 (0.000)**	3.658 (0.000)**	1.532 (0.024)*	1.408 (0.095)	3.422 (0.000)**	3.602 (0.000)**
Beobachtungen	748	748	748	748	748	748
Branchen	44	44	44	44	44	44
Breusch-Pagan-Test auf individuelle Effekte	24.42 (0.000)**		171.85 (0.000)**		17.46 (0.000)**	
Hausman-Test	36.46 (0.000)**		22.06 (0.000)**		41.14 (0.000)**	
Mod. Wald-Test auf gruppen-spezifische Heteroskedastizität	325.8 (0.000)**		210.52 (0.000)**		350.72 (0.000)**	
Autokorrelationskoeffizient		0.173		0.155		0.097
Wald-Modelltest		803.04 (0.000)**		810.25 (0.000)**		392.92 (0.000)**
F-Test auf gemeinsame Signifikanz der fixen Effekte	3.17 (0.000)**		5.28 (0.000)**		3.08 (0.000)**	
LR-Test auf gemeinsame Signifikanz der fixen Effekte		101.3 (0.000)**		89.3 (0.000)**		84.1 (0.000)**
Log-Likelihood		-182.36		-122.41		-140.67
R^2-within	0.430		0.466		0.176	
R^2-between	0.554		0.185		0.630	
R^2-overall	0.291		0.264		0.208	

Die Zahl möglicher Begründungen für diese Signifikanz der Kreiseffekte ist sehr groß. So könnte z.B. die in einer Region gegebene *Branchenstruktur* ursächlich für die signifikanten Differenzen zwischen den Kreisen sein, aber auch regional unterschiedliche *Faktorkosten* oder eine regional unterschiedliche *Infrastrukturausstattung* können die Jobschaffung und den Jobabbau in den Kreisen beeinflussen. Modelle der endogenen Wachstumstheorie befassen sich aus theoretischer Sicht mit einer Analyse der Faktoren, die Unterschiede in den langfristigen Wachstumsraten zwischen Ländern und Regionen erklären können, und führen unter anderem Externalitäten durch Humankapital sowie Technologiespillovers als mögliche

[5] Ein Hausman-Test führt in allen Fällen zu einer signifikanten Ablehnung der Nullhypothese, dass die Koeffizienten einer Fixed- und einer Random-Effects-Schätzung identisch sind, so dass ein Fixed-Effects-Modell dem Random-Effects-Modell vorgezogen wird (vgl. Tabelle VIII.4). Aufgrund der signifikanten Heteroskedastizität und der damit verbundenen Fragwürdigkeit des Hausman-Tests wurden sowohl Panelmodelle mit fixen und zufälligen Effekten geschätzt, die jedoch jeweils inhaltlich zu denselben Ergebnissen führen. Auf die Wiedergabe der Ergebnisse der Panelschätzungen mit zufälligen Effekten wurde daher hier verzichtet.

Ursachen für längerfristige persistente Unterschiede in den Wachstumsraten der Länder an.[6] Insoweit könnte auch das *Niveau des regionalen Humankapitals* die Höhe der Job-Flows mitbestimmen.

Um einen möglichen Einfluss der Determinanten auf die Höhe der Jobschaffung und des Jobabbaus aufdecken zu können, werden im Folgenden exemplarisch ausgewählte regionale Strukturdaten von 1995 herangezogen und den jahresdurchschnittlichen Raten der Job-Flows gegenübergestellt.[7] Diese Vorgehensweise ist deshalb weitgehend unproblematisch, da sich die im weiteren verwendeten Strukturdaten im Zeitablauf insgesamt regelmäßig nur sehr wenig ändern. Die Verwendung jahresdurchschnittlicher Job-Flows lässt sich rechtfertigen, da die jährlichen Raten in starkem Maße von konjunkturellen Einflüssen geprägt sind (vgl. die Ergebnisse der Panelschätzung).
Als Indikator für die Qualität der Infrastruktur einer Region wird einer weit verbreiteten Vorgehensweise folgend die Bevölkerungsdichte herangezogen. Dicht besiedelte Kreise verfügen typischerweise über eine bessere Infrastruktur, haben den Vorteil einer besseren Verkehrsanbindung oder auch eines größeren Angebots an hinreichend qualifizierten Arbeitskräften. Nachteilig könnte sich dagegen für die Beschäftigungsentwicklung das höhere Lohn- und Preisniveau sowie insbesondere die geringere Verfügbarkeit von Gewerbeflächen auswirken. Die relative Bedeutung, die dem Verarbeitenden Gewerbe in einem Kreis zukommt, sowie die relative Bedeutung des Dienstleistungssektors werden durch den jeweiligen Beschäftigungsanteil angenähert, das Ausmaß der regionalen Faktorkosten wird für den Faktor Arbeit durch den jeweiligen Lohn und das Gehalt je Beschäftigtem im Verarbeitendem Gewerbe operationalisiert.

Paarweise Korrelationen bestätigen zunächst bei Verwendung der Durchschnittsgrößen die c.p. höheren Raten der Jobschaffung und des Jobabbaus in eher kleinbetrieblich strukturierten Kreisen. Dicht besiedelte Kreise wiesen gemessen an der logarithmierten Bevölkerungsdichte gleichzeitig geringere Raten der Jobschaffung und geringere Raten des Jobabbaus auf. Somit fiel die Beschäftigungsentwicklung c.p. in dicht besiedelten Kreisen signifikant schlechter aus als in den weniger dicht besiedelten Kreisen. Die angesprochenen Nachteile einer hohen Agglomeration für die betriebliche Beschäftigungsentwicklung wie z.B. die schlechte Verfügbarkeit freier Gewerbeflächen, das hohe Preis- und Lohnniveau sowie zwar vorhan-

6 Vgl. z.B. Romer (1986), Lucas (1988) oder Krugman (1991).
7 Zu den Quellen der im Folgenden verwendeten Regionaldaten vgl. die Angaben in Kapitel I.2.

dene, aber überfüllte Verkehrswege können als mögliche Ursachen für diese ungünstige Beschäftigungsentwicklung in bevölkerungsdichten Gebieten angeführt werden.
Orientiert man sich an den Korrelationskoeffizienten, so fiel der Beschäftigungsabbau in Kreisen, deren Beschäftigung in besonderem Maße durch den industriellen Sektor geprägt war, geringer aus als in Kreisen, in denen das Verarbeitende Gewerbe für die Beschäftigung von geringerer und somit der Dienstleistungssektor von größerer Bedeutung war.

Tabelle VIII.5: Paarweise Korrelationen der Strukturdaten auf Kreisebene des Jahres 1995 mit den jahresdurchschnittlichen logarithmierten Raten der Jobschaffung, des Jobabbaus und des Excess-Job-Turnovers, P-Werte in Klammern

	Logarithmierte Jobschaffungsrate	Logarithmierte Jobabbaurate	Logarithmierte Excess-Job-Turnover-Rate
Log. Betriebsgröße	-0.66 (0.000)**	-0.28 (0.061)	-0.69 (0.000)**
Log. Bevölkerungsdichte	-0.45 (0.002)**	0.39 (0.009)**	-0.11 (0.486)
Beschäftigtenanteil im Verarbeitenden Gewerbe	0.10 (0.533)	-0.37 (0.014)*	-0.13 (0.383)
Beschäftigtenanteil im Dienstleistungssektor	-0.14 (0.364)	0.39 (0.009)**	0.11 (0.487)
Log. Lohn und Gehalt im Verarb. Gewerbe pro Kopf	-0.59 (0.000)**	-0.05 (0.767)	-0.51 (0.000)**

Zieht man das Lohn- und Gehaltskostenniveau der Periode 1995 für eine Korrelation mit den durchschnittlichen Job-Flows heran, so fiel die Jobschaffung in Kreisen, deren Pro-Kopf-Lohn im Jahr 1995 größer war, signifikant geringer aus. Um fundiertere Schlussfolgerungen über einen möglichen Zusammenhang zwischen der Höhe der Jobschaffung bzw. des Jobabbaus und dem Lohnniveau ableiten zu können, müsste man jedoch zumindest auf einen Paneldatensatz zurückgreifen, der jährliche regionale Lohnangaben enthält. Andererseits sollte eine Analyse der Bedeutung des Lohnsatzes für die betriebliche Arbeitsnachfrage besser auf der Ebene betriebsindividueller Daten vorgenommen werden.[8]

Um die Analyse möglicher Bestimmungsfaktoren nicht nur auf eine Untersuchung partieller Korrelationen zu beschränken, werden abschließend zumindest einfache OLS-Regressionen durchgeführt, bei denen die durchschnittlichen logarithmierten Raten der Job-Flows im Zeitraum 1980 bis 1999 auf die Strukturdaten des Jahres 1995 regressiert werden (vgl. Tabelle VIII.6).

---

8 Die verwendeten Datenquellen enthalten Informationen über die Lohnsumme und die Gehaltssumme nur für Betriebe mit mindestens 20 Beschäftigten. Da für Kleinbetriebe, die in der industriellen Kleinbetriebserhebung erfasst werden, keine Informationen über Lohn- oder Gehaltskosten verfügbar sind, ist eine Analyse der Lohnabhängigkeit der Arbeitsnachfrage auf betriebsindividueller Ebene für die Gesamtheit baden-württembergischer Industriebetriebe nicht möglich.

Dabei bestätigt sich sowohl die Bedeutung der regionalen Betriebsgrößenstruktur für das Ausmaß der regionalen Jobschaffung und des regionalen Jobabbaus als auch die Relevanz der regionalen Agglomeration. Der Beschäftigungsanteil des Verarbeitenden Gewerbes verliert als Indikator für die regionale Bedeutung des Verarbeitenden Gewerbes bei gleichzeitiger Berücksichtigung der anderen Einflussgrößen seine Signifikanz mit Blick auf den Jobabbau. Allerdings muss berücksichtigt werden, dass Kreise mit einer höheren Bevölkerungsdichte typischerweise gleichzeitig dadurch charakterisiert sind, dass ein größerer Teil der Beschäftigten im Dienstleistungssektor und ein geringerer Teil im Verarbeitenden Gewerbe arbeitet (r = -0.59, P-Wert: 0.000). Multikollinearitätsprobleme erschweren daher hier ebenso eine Interpretation der Koeffizienten wie für die Lohnvariable, die in noch stärkerem Maße mit der Betriebsgrößenstruktur korreliert (r = 0.82, P-Wert: 0.000), da die Entlohnung in Großbetrieben im Durchschnitt höher ist als in Kleinbetrieben.

Tabelle VIII.6 : OLS-Regression der jahresdurchschnittlichen Brutto-Job-Flows auf die regionalen Strukturdaten des Jahres 1995, White-heteroskedastizitätskonsistente Standardfehler, P-Werte in Klammern

	Abhängige Variable: Logarithmierte durchschnittliche Rate ...					
	...der Jobschaffung		...des Jobabbaus		...des Excess-Job-Turnover	
Logarithmierte durchschnittliche Betriebsgröße	-0.258 (0.000)**	-0.289 (0.000)**	-0.284 (0.000)**	-0.223 (0.026)*	-0.390 (0.000)**	-0.323 (0.000)**
Log. Bevölkerungsdichte in Tausend Einwohner pro km²	-0.056 (0.096)	-0.068 (0.122)	0.124 (0.000)**	0.147 (0.000)**	0.040 (0.178)	0.066 (0.056)
Anteil der im Verarbeitenden Gewerbe Beschäftigten an der Gesamtbeschäftigung	-0.004 (0.182)	-0.004 (0.172)	-0.003 (0.304)	-0.002 (0.373)	-0.004 (0.084)	-0.004 (0.116)
Log. Löhne und Gehälter [in TDM] je Beschäftigtem im Verarbeitenden Gewerbe		0.196 (0.565)		-0.388 (0.367)		-0.428 (0.156)
Konstante	3.008 (0.000)**	1.055 (0.757)	2.233 (0.000)**	6.099 (0.155)	-1.126 (0.000)**	3.141 (0.301)
Beobachtungen	44	44	44	44	44	44
Modelltest	13.27 (0.000)**	10.17 (0.000)**	14.45 (0.000)**	13.37 (0.000)**	19.42 (0.000)**	15.76 (0.000)**
R^2	0.486	0.488	0.486	0.496	0.593	0.604
White-Test	3.10 (0.960)	12.81 (0.542)	6.85 (0.653)	10.69 (0.71)	12.55 (0.184)	15.64 (0.336)
Ramsey-Reset-Test[9]	0.20 (0.898)	0.17 (0.913)	2.26 (0.097)	1.74 (0.175)	1.10 (0.363)	1.47 (0.240)

Die Ergebnisse der vorliegenden Analysen können daher nur erste Einsichten in mögliche Determinanten der Jobschaffung und des Jobabbaus liefern. Die wichtige Bedeutung der Betriebsgrößenstruktur sowie des Agglomerationsgrades kann bereits auf der Grundlage dieser einfachen Betrachtungen gezeigt werden. Eine eingehendere Analyse regionaler Determinanten der Jobschaffung und des Jobabbaus sollte jedoch in jedem Fall nicht auf

9 Vgl. Ramsey (1969).

Strukturdaten für ein ausgewähltes Jahr, sondern auf jährlichen Paneldaten für sämtliche Variablen beruhen. Gleichzeitig sollte eine Vielzahl weiterer potenzieller Einflussfaktoren wie z.B. die Höhe der Gewerbesteuer, die Verkehrsanbindung oder das regionale Bildungsniveau ebenfalls Berücksichtigung finden. Um Multikollinearitätsprobleme besser in den Griff zu bekommen, könnte man daran denken, zunächst in einer vorgeschalteten Faktorenanalyse zu versuchen, die Vielzahl möglicher Determinanten auf wenige, sinnvoll interpretierbare Faktoren zu reduzieren. Da die vorliegende Studie jedoch im Weiteren andere Analyseschwerpunkte setzt, muss eine fundiertere Analyse regionaler Determinanten der Jobschaffung und des Jobabbaus ausgeklammert bleiben und stellt somit einen möglichen und sinnvollen Ansatzpunkt für eine ergänzende Forschungsarbeit dar.

4. Regionale Charakteristika und Arbeitsplatzdynamik – ein Fazit

Eine nach Regionen und Kreisen disaggregierte Komponentenanalyse der Arbeitsplatzdynamik lässt erkennen, dass die Unterschiedlichkeit der Beschäftigungsentwicklungen in der baden-württembergischen Gesamtindustrie sich auch auf eng abgegrenzter regionaler Ebene wiederfindet. Das erhebliche Ausmaß der Job-Flows in der baden-württembergischen Gesamtindustrie resultierte daher nicht primär aus einer Verschiebung von Beschäftigungsmöglichkeiten von schrumpfenden zu wachsenden Regionen. In schrumpfenden Regionen entstanden dennoch zahlreiche neue Jobs und expandierende Regionen mussten dennoch gleichzeitig einen beträchtlichen Jobabbau verzeichnen.
Obwohl im Rahmen der obigen Analysen gezeigt wurde, dass insbesondere die regionale Betriebsgrößenstruktur, aber auch der Agglomerationsgrad eines Kreises in einem engen Zusammenhang mit dem Ausmaß der Job-Flows stehen, muss festgehalten werden, dass es durch die bloße regionale Disaggregation ebenfalls nicht in überzeugendem Maße gelingt, erfolgreiche Betriebe von weniger erfolgreichen Betrieben zu unterscheiden. Regionale Charakteristika können die betriebliche Arbeitsnachfrage zwar beeinflussen, doch keineswegs in hinreichendem oder in zufriedenstellendem Maße erklären.

Vergleicht man die Streuung der durchschnittlichen Raten der Jobschaffung und des Jobabbaus zwischen den Regionen mit der entsprechenden Streuung zwischen den verschiedenen Branchen, so fällt auf, dass die Streuung im Ausmaß der Job-Flows zwischen den Regionen deutlich geringer ausfiel als zwischen den Branchen. Betriebliche Arbeitsdynamik und somit die Schaffung und der Abbau von Arbeitsplätzen auf Betriebsebene scheint daher in stärkerem Maße die Folge bestimmter Branchencharakteristika als die Folge unterschiedlicher regionaler Gegebenheiten zu sein.[10] Dieses Ergebnis kann als Indiz für die Tatsache gedeutet werden, dass die Determinanten, die das Ausmaß der Job-Flows beeinflussen, zwischen Branchen in stärkerem Maße variieren als zwischen regionalen Einheiten (vgl. Tabelle VIII.7). Davis et al. (1996a) gelangen für die US-amerikanische Industrie und die Jahre 1973 bis 1988 zu demselben Ergebnis.[11]

Tabelle VIII.7: Streuungsvergleich der jahresdurchschnittlichen Job-Flows auf regionaler Ebene und auf Branchenebene, 1980-1994[12]

	Regional (1980-1994)	Sektoral (1980-1994)
	Standardabweichung der durchschnittlichen Raten	Standardabweichung der durchschnittlichen Raten
Jobschaffungsrate	0.79	2.20
Jobabbaurate	0.75	3.34
Job-Turnover-Rate	1.19	2.30
Excess-Job-Turnover-Rate	1.12	4.26

Insgesamt wird jedoch auch bei regionaler Disaggregation erneut das Fazit unterstrichen, das auch in den vorhergehenden Kapiteln am Ende jeder disaggregierten Job-Turnover-Analyse der Arbeitsplatzdynamik stand. Obwohl sich sowohl in Abhängigkeit von der Betriebsgröße oder der Technologieintensität als auch bei branchenspezifischer und regionaler Disaggregation systematische Unterschiede im Ausmaß der Jobschaffung und des Jobabbaus ableiten ließen, ist es selbst bei tiefer Disaggregation in keinem Fall in hinreichendem Maße gelungen, mit Blick auf die Beschäftigungsentwicklungen homogene Gruppen von Betrieben herauszuarbeiten. Insoweit bestätigt die vorliegende Studie für die baden-württembergische Industrie, dass eine Erklärung der Heterogenität betrieblicher Beschäftigungsentwicklungen durch eine unterschiedliche Beschäftigungsentwicklung in weitgehend homogenen Teilgruppen von Betrieben zumindest anhand der verwendeten Kriterien höchstens teilweise gelingt. Als Fazit kann daher trotz aller systematischen Zusammenhänge im Ausmaß der größenabhängigen, branchenspezifischen und regionalen Job-Flows, die im Rahmen dieses zweiten Teils der Arbeit herausgearbeitet wurden, festgehalten werden, dass eine eingehende Analyse der Bestimmungsgründe der betrieblichen Arbeitsplatzschaffung und des Arbeitsplatzabbaus

---

[10] In seiner Studie für die ostdeutschen Bundesländer gelangt Brixy (1999), S. 67, zu demselben inhaltlichen Ergebnis.

[11] Vgl. Davis et al. (1996a), S. 42f.

[12] Berechnet man die Standardabweichungen gewichtet, indem man als Gewichte den Beschäftigungsanteil der Kreise bzw. der Sektoren verwendet, so werden die Unterschiede etwas abgemildert, bleiben aber dennoch bestehen.

auf der Ebene einzelner Betriebe ansetzen muss und nicht bei einer Analyse regionaler oder branchenspezifischer Determinanten stehen bleiben darf.

Teil 3 dieser Studie wendet sich daher nun einer Analyse der Individualebene einzelner Betriebe zu und versucht, unter Berücksichtigung der in Teil 2 erarbeiteten Ergebnisse die betriebliche Beschäftigungsentwicklung und somit die einzelbetriebliche Jobschaffung und den individuellen Jobabbau zu erklären.

TEIL 3: Empirische Analyse möglicher Determinanten des betrieblichen Beschäftigungswachstums in der baden-württembergischen Industrie

Auf der Suche nach möglichen Gründen für die in Teil 1 festgestellte Heterogenität betrieblicher Beschäftigungsentwicklungen in der baden-württembergischen Industrie widmete sich Teil 2 der Frage, ob die Unterschiedlichkeit darauf zurückgeführt werden kann, dass Gruppen von Betrieben, z.B. unterschiedlicher Größe, Technologieorientierung oder Branchenzugehörigkeit, unterschiedlich erfolgreich waren.

Im Rahmen disaggregierter Job-Turnover-Analysen der Arbeitsplatzdynamik, bei denen daher nach Größe, Branchen, Technologieorientierung oder regionalem Standort der Betriebe unterschieden wurde, konnte gezeigt werden, dass durchaus Regelmäßigkeiten im relativen Ausmaß der Jobschaffung und des Jobabbaus zwischen den betrachteten Betriebsgruppen bestehen. Anhand multivariater Analysen wurde ergänzend veranschaulicht, dass sich diese Regelmäßigkeiten statistisch gesichert auf ausgewählte branchenspezifische, regionale oder auch konjunkturelle Gegebenheiten zurückführen lassen.
Gleichzeitig musste jedoch immer auch festgehalten werden, dass die erhebliche Unterschiedlichkeit der betrieblichen Beschäftigungsentwicklungen selbst bei tiefer Disaggregation erhalten bleibt. In jeder Größenklasse, jeder Branche und jedem Kreis konnte Jahr für Jahr ein gleichzeitiges Nebeneinander von wachsenden, schrumpfenden, neu auftretenden und schließenden Betrieben beobachtet werden. Damit wird für die baden-württembergische Industrie erstmals bestätigt, dass die Beschäftigungsentwicklungen auch innerhalb eng abgegrenzter Sektoren äußerst unterschiedlich ausfallen und sektorale Schocks und Unterschiede letztlich nur in geringem Maße zu einer Erklärung der Heterogenität beitragen können, was Davis/Haltiwanger (1999a) wie folgt zusammenfassen:

> "[...] the empirical evidence accumulated over the past several years [...] shows quite clearly that such sectoral shocks account for a very small fraction of gross job flows." [1]

Die Heterogenität betrieblicher Beschäftigungsentwicklungen kann daher bestenfalls zum Teil auf sektorale Ursachen zurückgeführt werden und ist eben nicht das Ergebnis homogener Beschäftigungsentwicklungen in unterschiedlich erfolgreichen Gruppen von Betrieben.

---

[1] Davis/Haltiwanger (1999a), S. 2749.

Ausnahmen stellen Situationen dar, wie man sie im Zuge der Öffnung der Ostländer Anfang der 90er Jahre beobachten konnte, als in den ersten Jahren des Übergangs von einer staatlichen Planwirtschaft zu einer Marktwirtschaft eine enorme Verschiebung von Arbeitsplätzen aus staatlichen Betrieben in privatwirtschaftliche Betriebe festgestellt werden konnte.[2]

Eine Analyse möglicher Determinanten der Beschäftigungsentwicklung darf daher nicht auf der Ebene disaggregierter Job-Turnover-Analysen stehen bleiben, um der Unterschiedlichkeit betrieblicher Entwicklungen gerecht werden zu können. Vielmehr ist es notwendig und unerlässlich, die sektorale Ebene zu verlassen, sich auf die Ebene betriebsindividueller Daten zu begeben und zu versuchen, den *einzelbetrieblichen* Beschäftigungserfolg im Zeitablauf zu erklären.

Dieser Schritt wird nun im folgenden dritten Teil der Arbeit unternommen. Kapitel IX widmet sich zunächst einer empirischen Überprüfung der These, dass das betriebliche Beschäftigungswachstum letztlich als stochastischer Prozess modelliert werden kann. Diese auch als Gibrats Gesetz bezeichnete These von der Proportionalität von Betriebsgröße und absolutem Beschäftigungswachstum impliziert, dass das relative Beschäftigungswachstum unabhängig von der Betriebsgröße ist und widerspricht somit der Behauptung, dass das Wachstumspotenzial kleinerer Betriebe besonders ausgeprägt ist.[3] Ihre regressionsanalytische Überprüfung steht damit in engem Zusammenhang mit der bereits in Kapitel V in disaggregierten Job-Turnover-Analysen diskutierten Frage, ob kleine und mittlere Betriebe als besondere Hoffnungsträger der Beschäftigungsentwicklung bezeichnet werden können.

In Kapitel X wird dann ergänzend der Versuch unternommen, das betriebliche Beschäftigungswachstum in bivariaten Tobit-Regressionen und durch Panelmodelle mit individuellen Effekten auf betriebsindividuelle, branchenspezifische oder regionale Einflussfaktoren zurückzuführen und somit zu einem besseren Verständnis möglicher Ursachen der Heterogenität betrieblicher Beschäftigungsentwicklungen in der baden-württembergischen Industrie beizutragen.

---

2 Vgl. z.B. die Studie von Konings et al. (1996) für die polnische Industrie oder die Übersicht über alternative Studien bei Davis/Haltiwanger (1999a), S. 2768-2780.

3 Zur empirischen Überprüfung der These einer besonderen Rolle kleinerer Betriebe für die Beschäftigungsentwicklung in der baden-württembergischen Industrie vgl. auch die Ergebnisse der größenklassenabhängigen Job-Turnover-Analyse in Kapitel V dieser Arbeit.

IX. Ausgangspunkt: Zufall als Determinante der Betriebsgrößenstruktur? – Gibrats These von der Unabhängigkeit des Betriebswachstums von der Betriebsgröße

1. Zur Betriebsgrößenverteilung – Empirischer Befund

Dass die Verteilung der Betriebe nach ihrer Größe linkssteil ist und näherungsweise z.B. durch eine Log-Normalverteilung oder eine Pareto-Verteilung approximiert werden kann, gilt in der industrieökonomischen Literatur als stilisiertes Faktum.[4] Zahlreiche empirische Studien für verschiedene Länder und Zeiträume belegen die Rechtsschiefe der Größenverteilung, wobei das Ergebnis weitgehend unabhängig vom verwendeten Größenmaß ist. Zieht man die jahresdurchschnittliche Zahl der Beschäftigten als Maß für die Betriebsgröße heran, so bestätigt eine Kerndichteschätzung für die baden-württembergische Industrie das stilisierte Faktum (vgl. Abbildung IX.1):

Abbildung IX.1: Kerndichteschätzung der Betriebsgrößenverteilung in ausgewählten Jahren von 1980 bis 1999[5]

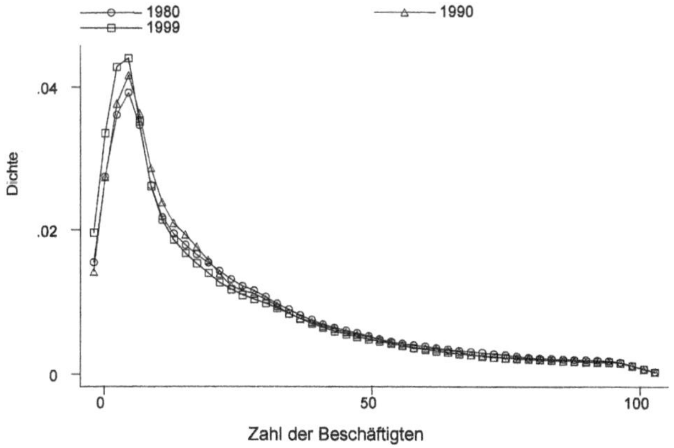

Die Dichtefunktion der logarithmierten Beschäftigung entspricht ungefähr einer Normalverteilung, obwohl die Anwendung des Bera-Jarque-Tests[6] regelmäßig zu einer hochsignifi-

---

4 Vgl. z.B. Schmalensee (1989), S. 994, oder Sutton (1997), S. 40.

5 Zur Methodik der Kerndichteschätzung vgl. z.B. Silverman (1986), Härdle (1991) oder Yatchew (1998). Als Kern wurde hier jeweils ein Epanechnikov-Kern verwendet, die jeweilige Bandbreite orientiert sich an einer Faustregel von Silverman (1986) und liegt je nach Jahr zwischen 2,6 und 2,8. Betriebe mit mehr als 100 Beschäftigten wurden für obige Kerndichteschätzung nicht berücksichtigt.

6 Vgl. Greene (2000), S. 398.

kanten Ablehnung der Normalverteilungshypothese führt, was jedoch aufgrund der enorm großen Zahl der Beobachtungswerte wenig verwunderlich ist.

Bemerkenswert ist die Beständigkeit des Verlaufs der Verteilung im Zeitablauf, die auf eine beträchtliche Stabilität der Beschäftigungsentwicklungen auf der Betriebsebene hindeuten könnte. Bereits die Ergebnisse einer Komponentenanalyse der Arbeitsplatzdynamik in Teil 1 dieser Arbeit haben jedoch veranschaulicht, dass hinter der konstanten Größenverteilung eine dynamische Wirtschaft steht, die durch ein gleichzeitiges Nebeneinander von wachsenden, schrumpfenden, neu auftretenden und wegfallenden Betrieben gekennzeichnet ist. Vor dem Hintergrund dieser ausgeprägten Dynamik und Heterogenität der Arbeitsnachfrage auf Betriebsebene drängt sich daher die Frage auf, warum die resultierende Verteilung der Betriebe nach ihrer Betriebsgröße dennoch weitgehend konstant bleiben kann.

Traditionelle mikroökonomische Ansätze begründen die Größe einer Firma aus einem mikroökonomischen Optimierungskalkül, bei dem Firmen das Ziel einer effizienten Allokation gegebener Ressourcen unter Berücksichtigung gegebener Produktionstechnologien und organisatorischer Gegebenheiten verfolgen. Simon (1991) betont jedoch, dass diese traditionellen Theorien der Firma das wiederholte Auftreten linkssteiler Betriebsgrößenverteilungen nicht überzeugend erklären können:

> "[...] the growth of organizations may have only a little to do with efficiency [...], but may be produced mainly by simple stochastic growth mechanisms [...]. Without the introduction of very particular ad hoc assumptions, unbutressed by empirical evidence, neoclassical theory provides no explanation for the repeated appearance of Pareto distributions of business firm sizes in virtually all situations where size distributions have been studied. [...] These observed distributions are difficult to reconcile with any notions that have been proposed for optimal firm size [...]."[7]

Gibrats Gesetz, dessen Darstellung und empirische Evaluation im Mittelpunkt der folgenden Überlegungen steht, führt die Existenz und die Stabilität der linkssteilen Größenverteilung nicht auf systematische Determinanten zurück, sondern schreibt dem Zufall die entscheidende Rolle zu und versucht, das stilisierte empirische Faktum einer linkssteilen Größenverteilung auf der Grundlage einfacher stochastischer Prozesse zu erklären.

---

7 Simon (1991), S. 42 und 29.

2. Das Gesetz von Gibrat – Gegenstand, Interpretation und Implikationen

Ihren historischen Ursprung haben die stochastischen Theorien des Firmenwachstums in einer Arbeit von Robert Gibrat (1931), der sich selbst auf Studienarbeiten des Astronomen Kapteyn[8] bezog. Letzterer hatte ausgehend von der Beobachtung, dass linkssteile Verteilungen in vielen Bereichen, insbesondere auch in der Biologie, immer wieder auftreten und dabei eine bemerkenswerte Stabilität aufweisen, unterstellt, dass einfache stochastische Prozesse für die Schiefe der Verteilung verantwortlich seien. Gibrat übertrug diese Argumentation zunächst auf Einkommensverteilungen und dann auf die Verteilung der Betriebsgrößen, wobei er annahm, dass sich die logarithmierte Betriebsgröße gemäß einem Gaußschen Prozess mit unabhängig, identisch verteilter Zufallsvariable $\varepsilon_t \sim N(\mu, \sigma^2)$ entwickelt, so dass die Wachstumsrate der Beschäftigung ε_t einem "random walk" folgt.[9]

(IX.1) $$\ln E_t = \ln E_{t-1} + \varepsilon_t \qquad (t = 1,2, ..., T)$$

Ausgehend von der Anfangsbeschäftigung E_0 kann die logarithmierte Beschäftigung der Periode t für eine gegebene Population von Betrieben somit mit Hilfe der Summe der zufälligen Wachstumsraten ausgedrückt werden:

(IX.2) $$\ln E_t = \ln E_0 + \sum_{t=1}^{T} \varepsilon_t \,.$$

Für $T \to \infty$ kann die Verteilung von $\ln E_t$ unter Vernachlässigung von $\ln E_0$ durch eine Normalverteilung mit Erwartungswert $T\mu$ und Varianz $T\sigma^2$ angenähert werden, so dass die Firmengröße asymptotisch näherungsweise lognormalverteilt ist. Damit gelingt Gibrat jedoch zumindest eine formale Erklärung des empirischen Faktums schiefer Größenverteilungen, die auf stochastischen Prozessen beruht und somit den Zufall als wesentliche Determinante der Firmengrößenverteilung betont. Da die Wachstumsrate der Beschäftigung ε_t hier unabhängig von der aktuellen Betriebsgröße ist, impliziert das stochastische Firmenwachstum, dass der

8 Kapteyn/Uven (1916), vgl. auch die Darstellung bei Sutton (1997), S. 40ff.

9 Für eine entsprechende Darstellung der Ableitung von Gibrats Gesetz vgl. McCloughan (1995), S. 405f., Geroski (1999), S. 4, oder eine Darstellung in Hart/Oulton (1996), S. 1245, die jedoch nicht die logarithmierten Beschäftigungen, sondern die Abweichungen der logarithmierten Beschäftigungen vom Mittel-

Erwartungswert der absoluten Beschäftigungsveränderung proportional zur aktuellen Beschäftigung ist. Gibrat selbst bezeichnete sein Ergebnis daher als "Law of the proportionate effect", in der späteren Literatur wird die These der Unabhängigkeit des Firmenwachstums vom Beschäftigungsniveau auch als "Gibrat's Law" oder "Gesetz von Gibrat" bezeichnet.[10]

Firmenwachstum kann somit bei Gültigkeit von Gibrats Gesetz als ein stochastisches Phänomen betrachtet werden, das aus dem kumulativen Effekt einer Vielzahl unterschiedlicher und unabhängiger Einflussfaktoren resultiert. Damit bedeutet Gibrats Gesetz jedoch nicht, dass ein möglicher Einfluss anderer Determinanten der Firmengröße negiert wird. Vielmehr wirken eine Vielzahl möglicher Einflussfaktoren auf die Firmengröße ein, deren Zusammenspiel am besten durch einen stochastischen Zufallsprozess beschrieben werden kann:[11]

> "The economic motivation for this conception may be expressed as follows. The chances of growth or shrinkage of individual firms will depend on their profitability as well as on many other factors which in turn will depend on the quality of the firm's management, the range of its products, availability of particular inputs, the general economic environment, etc. During any particular period of time, some of these factors would tend to increase the size of the firm, others would tend to cause a decline, but their combined effect would yield a probability distribution of the rates of growth (or decline) for firms of each given size. It is commonly asserted that this probability distribution is the same for all size-classes of firms."[12]

In seiner ursprünglichen Version bezieht sich Gibrats Gesetz unter Abstraktion von Gründungen und Schließungen auf eine fixe Population von Betrieben[13], impliziert dabei jedoch eine im Zeitablauf ständig steigende Varianz der Betriebsgrößenverteilung sowie eine

---

wert der logarithmierten Abweichungen betrachten. Eine Gegenüberstellung einer empirischen Verteilung mit einer gemäß Formel (IX.1) simulierten Verteilung findet man in Wagner (1992a), S. 27.

10 Alternativ lässt sich die grundsätzliche Aussage von Gibrats Gesetz in Anlehnung an Steindl (1965) auch wie folgt veranschaulichen: Bezeichnet man die Beschäftigung im Jahr t mit E_t sowie die proportionale Wachstumsrate mit ε_t, so besagt das Gesetz vom proportionalen Wachstum, dass der Erwartungswert der absoluten Beschäftigungsänderung proportional zum Ausgangsniveau ist: $E_t - E_{t-1} = \varepsilon_t E_{t-1}$. Ausgehend von der Anfangsbeschäftigung E_0 kann die Beschäftigung der Periode t als Produkt der Ausgangsgröße E_0 mit t Zufallsfaktoren gedeutet werden: $E_t = E_0(1+\varepsilon_1)(1+\varepsilon_2)...(1+\varepsilon_t)$. Geht man davon aus, dass in kurzen Zeiträumen ε_t klein sein wird, so kann $\ln(1+\varepsilon_t)$ ungefähr durch ε_t approximiert werden und es gilt näherungsweise: $\ln E_t = \ln E_0 + \varepsilon_1 + \varepsilon_2 + ... + \varepsilon_t$. Nimmt man an, dass die Veränderungsraten unabhängige Zufallsvariablen ε_t mit Erwartungswerten μ und Varianzen σ^2 sind, so wird für großes t $\ln E_0$ relativ klein sein, so dass die Zufallsvariable $\ln E_t$ näherungsweise normalverteilt ist mit Mittelwert $T\mu$ und Varianz $T\sigma^2$.

11 Vgl. z.B. Hart/Oulton (1995), S. 11.

12 Singh/Whittington (1975), S. 16.

13 Vgl. Caves (1998), S. 1949.

steigende Industriekonzentration.[14] In der Folgezeit wurde eine beträchtliche Zahl alternativer stochastischer Modelle des Firmenwachstums entwickelt, welche das Gibrat-Gesetz mit ergänzenden Modellannahmen verknüpfen und dabei zeigen, dass ein stochastisches Firmenwachstum nicht zu einer Lognormalverteilung der Beschäftigung führen muss. Ijiri/Simon (1977) berücksichtigen im Rahmen eines stochastischen Modells die Möglichkeit von Gründungen, wodurch die Implikation der steigenden Varianz vermieden werden kann.[15] Als Grenzverteilung resultiert bei Ijiri/Simon eine Yule-Verteilung, Steindl (1965) gelangt in seinem Modellrahmen zu einer Pareto-Verteilung.

Eine empirische Analyse der Gültigkeit von Gibrats Gesetz für die baden-württembergische Industrie ist sowohl aus theoretischer als auch aus wirtschaftspolitischer Sicht von Interesse. Wie einleitend bereits erwähnt, können traditionelle mikroökonomische Ansätze, die das Wachsen von Betrieben auf Effizienzgesichtspunkte und somit das Vorliegen von Economies oder Diseconomies of Scale zurückführen, das wiederholte Auftreten linkssteiler Betriebsgrößenverteilungen nicht erklären. Weiterhin existiert in der Literatur eine Vielzahl von Modellen, welche die Gültigkeit von Gibrats Gesetz als Modellbaustein voraussetzen.[16] Simon/Bonini (1958) setzen die Gültigkeit des Gibrat-Gesetzes oberhalb einer bestimmten mindestoptimalen Betriebsgröße, über die ein Betrieb verfügen muss, um aufgrund von Skaleneffekten im Wettbewerb bestehen zu können, voraus[17]. In einer Theorie von Lucas (1978), in der die Betriebsgrößenverteilung auf die Verteilung des Managementtalents einzelner Personen zurückgeführt wird, garantiert Gibrats Gesetz die Existenz und Eindeutigkeit einer Gleichgewichtslösung, und auch Jovanovic (1982) entwickelte Spezialfälle seines Modells der passiven Selektion, in deren Rahmen zum Beispiel für ältere Firmen oder aber für gleiche Alterskohorten die Gültigkeit des Gesetzes angenommen wird. Eine empirische Ablehnung von Gibrats Gesetz würde somit wesentliche Grundbausteine theoretischer Modelle in Frage stellen und daher auch deren Erklärungsanspruch in Zweifel ziehen.

---

14 Vgl. z.B. Singh/Whittington (1975), S. 16.

15 Kritisch anzumerken bleibt, dass Ijiri/Simon (1977) nur Gründungen in der untersten Größenklasse zulassen und eine Berücksichtigung von Betriebsschließungen weiterhin unterbleibt.

16 Vgl. Mansfield (1962), S. 1031.

17 Mindestens drei alternative Interpretationen von Gibrats Gesetz finden sich in der Literatur. Teilweise wird die Gültigkeit des Gesetzes für alle Unternehmen, also auch die schließenden Unternehmen behauptet, teilweise wird die Bedeutung des Gesetzes auf die jeweils überlebenden Betriebe eingeschränkt. Andere Studien setzen die Gültigkeit von Gibrats Gesetz zumindest für die Unternehmen voraus, die oberhalb einer mindestoptimalen Betriebsgröße im Bereich langfristig konstanter Durchschnittskosten agieren.

Wirtschaftspolitisch ist die Botschaft von Gibrats Gesetz brisant, da die These von der Unabhängigkeit betrieblicher Wachstumsraten der Beschäftigung vom Beschäftigungsniveau impliziert, dass kleinere und größere Betriebe prinzipiell dieselben Wachstumschancen haben, und somit gegen eine wirtschaftspolitische Präferierung kleinerer Betriebe spricht. Damit steht eine empirische Überprüfung von Gibrats Gesetz in unmittelbarem Zusammenhang mit der bereits im Rahmen der Job-Turnover-Analyse in Kapitel V diskutierten Frage, ob Kleinbetrieben bei der Schaffung von Arbeitsplätzen eine besondere Rolle zufällt. Dort wurde gezeigt, dass Kleinbetriebe in der baden-württembergischen Industrie von 1980 bis 1999 zwar eine wesentliche, keineswegs jedoch eine herausragende Rolle für das Beschäftigungswachstum gespielt haben. Ein Zusammenhang zwischen Betriebsgröße und Jobschaffung konnte zwar für die Bruttoströme abgeleitet werden, doch verhinderte ein ebenfalls höherer relativer Jobabbau in Kleinbetrieben einen systematischen Zusammenhang zwischen Betriebsgröße und Nettobeschäftigungsveränderung. Die folgenden regressionsanalytischen Überprüfungen von Gibrats Gesetz stellen in mehrfacher Hinsicht eine sinnvolle Ergänzung der Komponentenanalysen dar. Zunächst haben die Probleme der Klassierung, der Kategorisierung sowie das Auftreten von Größenklassenwechslern, welche die Ergebnisse der Job-Turnover-Analysen beeinflussen können, im Rahmen mikroökonometrischer Modelle auf der Grundlage von Betriebsdaten keinen Einfluss auf die Analyseergebnisse. Weiterhin wurde bei den Komponentenanalysen zwar nach Größenklassen disaggregiert, doch bleibt die Gefahr bestehen, dass Heterogenitäten und Unterschiede in der Entwicklung auf betrieblicher Ebene durch das zu hohe Aggregationsniveau verdeckt bleiben. Bereits innerhalb der Komponentenanalysen der Arbeitsplatzdynamik wurde die mögliche Bedeutung des Betriebsalters für das Wachstum angedeutet. Da junge Betriebe typischerweise gleichzeitig klein sind, könnte eine reine Analyse der Zusammenhänge zwischen Betriebsgröße und Betriebswachstum von Alterseffekten überlagert sein und somit zu fehlerhaften Schlussfolgerungen verleiten. Regressionsanalytische Ansätze erlauben es, den Zusammenhang zwischen Größe und Wachstum unter gleichzeitiger Berücksichtigung des Betriebsalters oder weiterer potenzieller Einflussfaktoren zu beleuchten (vgl. dazu Kapitel X).

Zahlreiche traditionelle Studien zur Überprüfung von Gibrats Gesetz gelangen zu dem Ergebnis, dass die These von der Proportionalität des Firmenwachstums nicht aufrecht erhalten werden kann und verbinden dieses Ergebnis regelmäßig mit der Behauptung, dass Kleinbetriebe über ein systematisch größeres Wachstumspotenzial verfügen als Großbetriebe.[18] Einige Studien können zeigen, dass die Ablehnung der Theorie des proportionalen Firmenwachstums mit zunehmender Unternehmensgröße weniger signifikant ist, so dass Gibrats Gesetz zwar nicht für alle, wohl aber für größere Unternehmen oder Betriebe Gültigkeit beanspruchen kann (vgl. z.B. Evans (1987b)). Singh/Whittington (1975) behaupten in einer Studie für Großbritannien sogar einen positiven Zusammenhang zwischen Betriebsgröße und Betriebswachstum.

Die bisherige empirische Evidenz für Deutschland ist uneindeutig. Wagner (1992b) konstatiert in einer Studie für die niedersächsische Industrie, dass das Gesetz von Gibrat zwar abzulehnen ist, dieses jedoch nicht auf ein größeres Wachstum kleinerer Betriebe, sondern vielmehr auf eine signifikant positive Persistenz der betrieblichen Wachstumsraten zurückzuführen ist, die als "persistence of chance" bezeichnet werden kann: Betriebe, die in einer Periode durch ein überdurchschnittliches Wachstum gekennzeichnet sind, können tendenziell auch in der Folgeperiode höhere Wachstumsraten der Beschäftigung erzielen. Schmidt (1995) bestätigt für dieselben Daten im Rahmen umfangreicher ökonometrischer Analysen, dass sich kein größenabhängiges Wachstum nachweisen lässt. Neuere Studien von Almus/Nerlinger (1999a, 1999b) kommen auf der Basis des ZEW-Gründungspanels West unter Berücksichtigung weiterer Einflussgrößen zu dem Ergebnis, dass Gibrats Gesetz sowohl für die Gesamtheit der Betriebe als auch für Betriebe unterschiedlicher Größe oder Technologieintensität abzulehnen ist, wobei c.p. der Zusammenhang zwischen Größe und Wachstum jeweils inverser Natur ist. Erste Studien für Ostdeutschland auf der Grundlage der IAB-Betriebsdatei von Lehmann (1996), des ZEW-Gründungspanels Ost von Harhoff/Stahl (1994), Steil/Wolf (1997), Steiner et al. (1998) oder Almus/Nerlinger/Steil (1999) oder auch der Leipziger Gründerstudie von Hinz et al. (1997) deuten ebenfalls auf einen negativen Zusammenhang zwischen Betriebsgröße und Beschäftigungswachstum hin. Dabei ist jedoch zu beachten, dass die Studien teilweise auf Datensätzen beruhen, in denen vorwiegend neu gegründete und somit junge Betriebe berücksichtigt werden.

Im Folgenden soll erstmals die Gültigkeit des Gesetzes von Gibrat für die baden-württembergische Industrie überprüft werden. Dabei werden zunächst in den weiteren Abschnitten dieses Kapitels traditionelle Ansätze zur Evaluation der These des stochastischen Firmenwachstums nachvollzogen, bevor in Kapitel X dann weitere potenzielle Einflussgrößen des Beschäftigungswachstums Beachtung finden.

---

[18] Vgl. zum Beispiel die Studien von Mansfield (1962), Evans (1987a, 1987b), Hall (1987) oder Dunne/ Hughes (1994).

3. Empirische Überprüfung von Gibrats Gesetz für baden-württembergische Industriebetriebe

3.1 Der traditionelle Ansatz von Chesher

Zur Herleitung eines ökonometrischen Modells zur Überprüfung des Gesetzes von Gibrat wird von folgendem Modell ausgegangen: Die Beschäftigung des Betriebes i in der Periode t sei abhängig vom Wachstum des Marktes α, von der Beschäftigung der Vorperiode $E_{i,t-1}$ sowie von zufälligen Einflüssen, die sich im Faktor $e^{\varepsilon_{i,t}}$ widerspiegeln, wobei $\varepsilon_{i,t}$ eine identisch, unabhängig verteilte Zufallsvariable mit Erwartungswert 0 und konstanter Varianz σ^2 ist:[19]

$$\text{(IX.3)} \qquad E_{i,t} = \alpha \cdot E_{i,t-1}^{\beta} \cdot e^{\varepsilon_{i,t}}$$

Ist das Gesetz von Gibrat erfüllt, so muss in obiger Darstellung der Parameter β den Wert Eins annehmen, da die Beschäftigung der Folgeperiode dann unabhängig von der Beschäftigung der Vorperiode ist. Ist $\beta < 1$, so ist Gibrats Gesetz verletzt und kleinere Betriebe wachsen in stärkerem Maße als Großbetriebe; ist dagegen $\beta > 1$, so ist das Wachstum in Großbetrieben ausgeprägter als in kleinen Betrieben.

Das einfachste ökonometrische Modell zur Überprüfung von Gibrats Gesetz erhält man, indem man Gleichung (IX.3) logarithmiert und testet, ob der OLS-Schätzwert für den Parameter β signifikant von Eins verschieden ist:

$$\text{(IX.4)} \qquad \ln E_{i,t} = \ln \alpha + \beta \cdot \ln E_{i,t-1} + \varepsilon_{i,t}$$

$$\text{mit } E(\varepsilon_{i,t}) = 0 \text{ und } Var(\varepsilon_{i,t}) = \sigma_{\varepsilon}^2 = \text{konstant}$$

Während frühere Untersuchungen von Gibrats Gesetz häufig auf diesem Ansatz beruhten, zeigte Chesher (1979)[20], dass eine OLS-Schätzung von Gleichung (IX.4) bei Vorliegen serieller Korrelation in den Störvariablen und der daraus resultierenden Abhängigkeit von

---

[19] Die Darstellung des Modells orientiert sich an Weiss (1998), der eine entsprechende Modelldarstellung seiner Studie des Zusammenhangs zwischen Betriebsgröße und Beschäftigungswachstum in der österreichischen Landwirtschaft zugrunde legt.

[20] Vgl. Chesher (1979), S. 405ff.

Regressor- und Störvariablen zu inkonsistenten Schätzern führt. Unter der Annahme von Autokorrelation erster Ordnung in den Störvariablen

(IX.5) $$\varepsilon_{i,t} = \rho\varepsilon_{i,t-1} + u_{i,t}$$

$$\text{mit } E(u_{i,t}) = 0\,,\ Var(u_{i,t}) = \sigma_u^2 = \text{konstant}$$

folgt ausgehend von (IX.4) und dem Einsetzen von $\varepsilon_{i,t-1} = \ln E_{i,t-1} - \ln\alpha - \beta \cdot \ln E_{i,t-2}$ in Gleichung (IX.5) nach einigen Umformungen ein alternatives ökonometrisches Modell zur empirischen Prüfung von Gibrats Gesetz:[21]

(IX.6) $$\ln E_{i,t} = \underbrace{\ln\alpha - \rho\ln\alpha}_{\gamma_0} + \underbrace{(\beta+\rho)}_{\gamma_1} \cdot \ln E_{i,t-1} \underbrace{-\rho\beta}_{\gamma_2} \cdot \ln E_{i,t-2} + u_{i,t}$$

Die OLS-Schätzung von Modell (IX.6) ergibt Schätzwerte $\hat{\gamma}_1$ und $\hat{\gamma}_2$ für die Parameter γ_1 und γ_2, die als

(IX.7) $\gamma_1 = \beta + \rho$ und

(IX.8) $\gamma_2 = -\rho\beta$ definiert sind.

Schätzwerte für den Koeffizienten β sowie den Korrelationskoeffizienten ρ erhält man durch Lösen der aus (IX.7) und (IX.8) resultierenden quadratischen Gleichung als:

(IX.9) $$(\hat{\beta}, \hat{\rho}) = \frac{1}{2}(\hat{\gamma}_1 \pm (\hat{\gamma}_1^2 + 4\hat{\gamma}_2)^{\frac{1}{2}})$$

Die Stichprobeninformation alleine reicht nicht aus, um zu identifizieren, welche der beiden Lösungen der Schätzwert für β und welche der für ρ ist. Folgt man jedoch der stochastischen Theorie der Firma, so kann davon ausgegangen werden, dass der Schätzwert für β auch bei Nichterfüllen des Gesetzes von Gibrat relativ nahe bei Eins liegen wird. Daher wird im

21 Chesher verwendet bei der Herleitung seines ökonometrischen Modells zentrierte Werte, während der hier vorgestellte Regressionsansatz auf den logarithmierten Beschäftigungen der einzelnen Perioden beruht. Beide Modelle führen jedoch zu denselben Schätzwerten für die relevanten Modellparameter.

Folgenden der Vorgehensweise von Chesher gefolgt und der größere der beiden Koeffizienten als Schätzwert für β herangezogen.[22]

Die Gültigkeit der These vom proportionalen Wachstum lässt sich dann testen als gemeinsame Nullhypothese, dass $\beta = 1$ und $\rho = 0$ ist:

$$\text{(IX.10)} \quad \begin{aligned} H_0 &: (\gamma_1, \gamma_2) = (1, 0) \\ H_1 &: (\gamma_1, \gamma_2) \neq (1, 0) \end{aligned}$$

Unter der Annahme normalverteilter OLS-Schätzer für γ_1 und γ_2 ist der zugrunde liegende Wert der Teststatistik F-verteilt mit (2, N-2) Freiheitsgraden bzw. für $N \to \infty$ $\chi^2_{(2)}$-verteilt. Da ein White-Test jeweils in signifikantem Maße das Vorliegen von Heteroskedastizität anzeigt, werden die Standardfehler jeweils robust mit dem Verfahren von White (1980) geschätzt, um für Heteroskedastizität unbekannter Form zu kontrollieren.

Tabelle IX.1 gibt die jährlichen Ergebnisse einer Überprüfung des Gesetzes von Gibrat auf der Grundlage der Chesher-Methode für die baden-württembergische Gesamtindustrie wieder.

In allen 16 betrachteten Perioden führt die Anwendung der Chesher-Methode zu einer signifikanten Ablehnung des Gesetzes von Gibrat und damit einer Ablehnung der Behauptung eines stochastischen Firmenwachstums. Die höchstsignifikante Ablehnung der Nullhypothese, dass β=1 ist, und die Tatsache, dass β bei gepoolter Regression und mit zwei Ausnahmen auch in den Perioden kleiner als Eins ist, könnte als Indiz gedeutet werden, dass Kleinbetriebe systematisch ein größeres Wachstum aufweisen als Großbetriebe.

Gleichzeitig fällt jedoch auf, dass trotz der hohen Signifikanz, die letztlich auch aus der großen Stichprobe resultiert, die geschätzten Koeffizienten für den Parameter β zwischen 0.984 und 1.011 und damit alle sehr nahe bei Eins liegen. Somit bestehen trotz der Signifikanz auch auf der Basis der empirischen Regressionsergebnisse berechtigte Zweifel an der Behauptung, dass kleinere Betriebe systematisch ein größeres Wachstumspotenzial aufweisen als größere Betriebe. Die Ablehnung der These eines stochastischen Firmenwachstums resultiert insbesondere aus der für jeden Betrachtungszeitraum beobachtbaren signifikant negativen Autokorrelation. Diese ist Ausdruck der Tendenz, dass ein Betrieb, der von t-2 auf t-1 ein besonders hohes Wachstum seiner Beschäftigung verzeichnen konnte, im

22 Vgl. Chesher (1979), S. 407.

Zeitraum t-1 bis t im Durchschnitt ein geringeres Wachstum aufwies und umgekehrt. Diese Beobachtung einer negativen Autokorrelation widerspricht der sogenannten "*persistence of chance*"-Hypothese, nach der positive oder negative Wachstumsprozesse über mehrere Perioden Bestand haben und somit eine positive Autokorrelation erwarten lassen.[23] Für die baden-württembergische Gesamtindustrie sprechen die Ergebnisse jedoch vielmehr für die Existenz zufälliger, transitorischer Beschäftigungsveränderungen, die sich in der Folgeperiode wieder umkehren.

Tabelle IX.1: Test des Gesetzes von Gibrat für baden-württembergische Industriebetriebe, Ergebnisse von Chesher-Regressionen mit White-heteroskedastizitätskonsistenten Standardfehlern, 1980-1999

Periode	Zahl der Betriebe	Schätzwert für β (P-Wert für $H_0 : \beta = 1$)	Schätzwert für ρ (P-Wert für $H_0 : \rho = 1$)	P-Wert für gemeinsamen Test	R^2
1980-1982	17076	0.989 (0.000)**	-0.095 (0.000)**	0.000**	0.967
1981-1983	16956	0.985 (0.000)**	-0.096 (0.000)**	0.000**	0.968
1982-1984	16594	0.990 (0.000)**	-0.080 (0.000)**	0.000**	0.974
1983-1985	16479	0.994 (0.000)**	-0.084 (0.000)**	0.000**	0.973
1984-1986	16599	0.999 (0.000)**	-0.091 (0.000)**	0.000**	0.974
1985-1987	16326	0.997 (0.000)**	-0.131 (0.000)**	0.000**	0.974
1986-1988	16164	0.996 (0.000)**	-0.167 (0.000)**	0.000**	0.972
1987-1989	16026	0.995 (0.000)**	-0.105 (0.000)**	0.000**	0.976
1988-1990	15889	1.000 (0.000)**	-0.064 (0.000)**	0.010**	0.973
1989-1991	18187	0.997 (0.000)**	-0.137 (0.000)**	0.000**	0.971
1990-1992	18054	0.985 (0.000)**	-0.084 (0.000)**	0.000**	0.968
1991-1993	17692	0.984 (0.000)**	-0.088 (0.000)**	0.000**	0.966
1992-1994	17339	0.985 (0.000)**	-0.102 (0.000)**	0.000**	0.965
1995-1997	15971	0.993 (0.000)**	-0.104 (0.000)**	0.000**	0.968
1996-1998	15477	0.995 (0.000)**	-0.134 (0.000)**	0.000**	0.972
1997-1999	15585	1.011 (0.000)**	-0.136 (0.000)**	0.000**	0.972
1980-1999 gepoolt	290594	0.993 (0.000)**	-0.104 (0.000)**	0.000**	0.970

23 Vgl. z.B. die Diskussion in Singh/Whittington (1975), Chesher (1979) oder Kumar (1985). Wagner (1992b), S. 129f., findet in einer Studie für die niedersächsische Industrie auf der Ebene einzelner Hauptgruppen empirische Evidenz für eine positive Autokorrelation und somit eine "persistence of chance". Ergebnisse für die niedersächsische Gesamtindustrie in den Jahren 1978 bis 1990 deuten jedoch ebenfalls auf eine signifikant negative Autokorrelation hin. Vgl. Gerlach/Wagner (1997), S. 38.

3.2 Zum Problem der Selektionsverzerrung

Die bisherige Analyse der Gültigkeit von Gibrats Gesetz hatte sich auf solche Betriebe beschränkt, die jeweils im gesamten Betrachtungszeitraum existierten. Mansfield betonte jedoch bereits 1962, dass sich die Interpretation der These von der Unabhängigkeit des Firmenwachstums von der Größe nicht zwingend auf überlebende Betriebe beschränken muss, sondern sich auch auf solche Betriebe beziehen kann, die im Betrachtungszeitraum aus dem Berichtskreis ausscheiden. Die Abstraktion von Schließungen in der bisherigen empirischen Untersuchung der Gültigkeit von Gibrats Gesetz könnte jedoch auch aus methodischer Sicht bedenklich sein und die inhaltlichen Ergebnisse maßgeblich beeinflussen, wenn das Ausscheiden der Betriebe in Abhängigkeit von der Betriebsgröße nicht zufällig erfolgt, sondern systematischen Einflüssen unterliegt. Bedenkt man, dass die Sterbewahrscheinlichkeit in Kleinbetrieben typischerweise größer ausfällt als in Großbetrieben[24], so könnten obige Regressionen auf der Grundlage der überlebenden Betriebe unter dem Problem der Selektionsverzerrung leiden und somit zu inkonsistenten Schätzern führen, da für einen beträchtlichen Teil der Betriebe mit rückläufiger Beschäftigung keine Wachstumsrate der Beschäftigung beobachtet und somit das Wachstum der Kleinbetriebe systematisch zu günstig ausgewiesen wird.[25]

Im Rahmen eines bivariaten Tobit-Modells kann für mögliche Selektionsverzerrungen durch die Nichtberücksichtigung der Wachstumsraten von Betriebsschließungen kontrolliert werden, indem die eigentlich interessierende Regressionsgleichung um eine Selektionsgleichung ergänzt wird und diese simultan mit Hilfe der Maximum-Likelihood-Methode geschätzt werden. In dieser Selektionsgleichung wird anhand einer Probit-Schätzung die Überlebenswahrscheinlichkeit der Betriebe und somit die Wahrscheinlichkeit der Beobachtung einer Wachstumsrate durch Variablen erklärt, von denen möglicherweise ein verzerrender Einfluss ausgehen könnte.[26]

Bezeichnet man eine Bernoulli-Variable, die für den i-ten Betrieb den Wert 0 annimmt, wenn er ausscheidet, und den Wert 1, wenn er überlebt, mit Z_i, so lässt sich das Modell wie folgt veranschaulichen:

---

24 Vgl. dazu auch die Ergebnisse der Verweildaueranalysen in Teil 4 der vorliegenden Arbeit.

25 Vgl. dazu z.B. auch Mansfield (1962), S. 1030ff.

26 Vgl. im Folgenden z.B. Ronning (1991), Greene (2000), S. 928-933, oder Johnston/DiNardo (1997), S. 446-450. Alternativ wurde statt der bivariaten Tobit-Regression auch eine zweistufige Heckman-Selektionsschätzung durchgeführt, die jedoch zu praktisch identischen Ergebnissen führte. Vgl. dazu Heckman (1979).

<u>*Selektionsmechanismus*</u>:

(IX.11a) $Z_i = 1$ falls $\gamma' w_i + u_i > 0$, $Z_i = 0$ sonst

$$P(Z_i = 1) = \Phi(\gamma' w_i) = \Phi(\gamma_0 + \gamma_1 \cdot \ln E_{i,t-1})$$

<u>*Regressionsgleichung*</u>:

(IX.11b) $y_i = \beta' x_i + \varepsilon_i = \ln E_{i,t} = \beta_0 + \beta_1 \cdot \ln E_{i,t-1} + \beta_2 \cdot \ln E_{i,t-2} + \varepsilon_i$,

beobachtet nur für $Z_i = 1$

Die Störvariablen beider Gleichungen sind annahmegemäß bivariat normalverteilt, wobei die Varianz der Störvariablen der Selektionsgleichung auf Eins normiert ist.

(IX.12) $$\begin{pmatrix} u_i \\ \varepsilon_i \end{pmatrix} \sim N\left[\begin{pmatrix} 0 \\ 0 \end{pmatrix}, \begin{pmatrix} 1 & \sigma_{u\varepsilon} \\ \sigma_{u\varepsilon} & \sigma_\varepsilon^2 \end{pmatrix}\right]$$

Eine auf den beobachteten Daten basierende OLS-Schätzung führt daher dann zu inkonsistenten Schätzern, wenn der Korrelationskoeffizient zwischen den Störvariablen beider Gleichungen $\rho_{u\varepsilon} = \frac{\sigma_{u\varepsilon}}{\sigma_u^2}$ signifikant von Null verschieden ist und somit das Vorliegen einer statistisch gesicherten Selektionsverzerrung bestätigt wird. Dies lässt sich zeigen, indem man den Erwartungswert von Y_i unter der Bedingung, dass eine Wachstumsrate beobachtet wird und somit $Z_i = 1$ ist, wie folgt darstellt:[27]

(IX.13) $$E[Y_i \mid Z_i = 1] = \beta' x_i + \rho_{u\varepsilon}\sigma_\varepsilon \cdot \lambda(\gamma' w_i) \text{ mit } \lambda = \frac{\phi(\gamma' w_i / \sigma_u)}{\Phi(\gamma' w_i / \sigma_u)}$$

Die Standardfehler werden mit der Methode von Huber (1967) robust geschätzt.

Tabelle IX.2 stellt exemplarisch für zwei ausgewählte Zeiträume den Ergebnissen der Schätzungen des Chesher-Modells, die nur auf den überlebenden Betrieben beruhen, entsprechende Resultate der bivariaten Tobit-Regressionen gegenüber.

[27] Vgl. Greene (2000), S. 930.

Tabelle IX.2: Das Problem der Selektionsverzerrung – Chesher-Regression vs. bivariate Tobit-Regression, ausgewählte Perioden, heteroskedastizitätskonsistente Standardfehler, P-Werte in Klammern

Periode	1992-1994		1995-1997	
Schätzverfahren	Chesher-Regression	Bivariate Tobit-Regression	Chesher-Regression	Bivariate Tobit-Regression
	Probit-Schätzung der Überlebenswahrscheinlichkeit			
Log. Beschäftigung der Periode t-1		0.161 (0.000)**		0.201 (0.000)**
Konstante		1.270 (0.000)**		1.121 (0.000)**
	Regressionsschätzung *Abhängige Variable: Logarithmierte Beschäftigung der Periode t*			
Log. Beschäftigung der Periode t-1	0.883 (0.000)**	0.883 (0.000)**	0.889 (0.000)**	0.889 (0.000)**
Log. Beschäftigung der Periode t-2	0.101 (0.000)**	0.101 (0.000)**	0.103 (0.000)**	0.103 (0.000)**
Konstante	0.000 (0.962)	-0.001 (0.887)	-0.006 (0.314)	-0.008 (0.194)
Schätzwert für β $(H_0 : \beta = 1)$	0.985 (0.000)**	0.985 (0.000)**	0.993 (0.000)**	0.993 (0.000)**
Schätzwert für ρ $(H_0 : \rho = 0)$	-0.102 (0.000)**	-0.102 (0.000)**	-0.104 (0.000)**	-0.104 (0.000)**
Schätzwert für $\rho_{u\varepsilon}$ $(H_0 : \rho_{u\varepsilon} = 0)$		0.021 (0.000)**		0.028 (0.000)**
Log-Likelihood		-6519.5		-5989.3
R^2	0.965		0.968	
Beobachtungen	17339	18153	15971	16839
davon zensiert		814		868

Dabei wird deutlich, dass im vorliegenden Fall für die baden-württembergische Gesamtindustrie die Problematik der Selektionsverzerrung für die inhaltlichen Ergebnisse praktisch keine Rolle spielt. Zwar belegt die Schätzung der Selektionsgleichung, dass die Überlebenswahrscheinlichkeit der Betriebe signifikant positiv von der Vorjahresbeschäftigung abhängt und der Schätzwert für den Korrelationskoeffizienten aufgrund der großen Stichprobe jeweils statistisch gesichert von Null verschieden ist, doch ist sein Wert mit deutlich unter 0.03 so gering, dass die geschätzten Koeffizienten der OLS-Schätzung sowie der bivariaten Tobit-Regression jeweils fast völlig identisch sind. [28]

Damit bestätigt die vorliegende Analyse jedoch frühere Studien für andere Länder und Zeiträume, die ebenfalls zu dem Ergebnis gelangen, dass die Beschränkung auf überlebende Betriebe bei einer Untersuchung der Gültigkeit von Gibrats Gesetz keinen prägenden Einfluss auf mögliche Schlussfolgerungen bezüglich des Zusammenhangs zwischen Firmengröße und

[28] Änderungen in den Koeffizienten der Regressionsschätzung ergeben sich erst in der vierten Nachkommastelle. Die praktische Identität beider Schätzungen bestätigt sich ausnahmslos auch bei Betrachtung der Ergebnisse für alternative Zeiträume, auf deren Wiedergabe an dieser Stelle verzichtet wird.

Firmenwachstum hat.[29] Geroski (1998) bezeichnet die fehlende Relevanz dieses "Survivor-Bias" im Zusammenhang mit einer Analyse des Gesetzes von Gibrat daher bereits als stilisiertes Faktum:

> "Attrition bias does not seem to be a major problem, and inferences made about firm performance using data on survivors is often robust to the inclusion of data on non-survivors."[30]

Ein zweiter möglicher Selektionsbias früherer Studien basierte auf der Tatsache, dass immer wieder auf öffentlich zugängliche Datensätze zurückgegriffen werden musste, in denen Klein- und Großbetriebe typischerweise nicht repräsentativ vertreten waren ("Erfassungs-Bias"). Dies führte dazu, dass einerseits Großbetriebe im Datensatz überrepräsentiert, andererseits die in den Datensatz gelangenden Kleinbetriebe, deren Daten öffentlich zugänglich waren, wenig typisch für den durchschnittlichen Kleinbetrieb waren. Daher bestand die Gefahr, dass diese Art der Selektionsverzerrung zu einer Überzeichnung des relativen Wachstums kleinerer Betriebe führte.[31] Für die vorliegende Studie stellt auch diese Selektionsverzerrung aufgrund des amtlichen Datensatzes kein relevantes Problem dar.

Außerdem verfügt der verwendete amtliche Datensatz über den Vorteil, dass durch die Auskunftspflicht der befragten Betriebe regelmäßige Angaben für jeden Betrieb vorhanden sind, so dass unterschiedliche Recherchewahrscheinlichkeiten keine systematischen Einflüsse auf die Ergebnisse haben.[32]

Kritisch angemerkt werden muss jedoch, dass bei einem Ausscheiden von Betrieben inhaltlich streng zwischen einer tatsächlichen Schließung und einem Sterben im Zuge einer Betriebsübernahme unterschieden werden müsste. Dunne/Hughes (1994) zeigen in einer Studie für die britische Industrie, dass kleine Firmen zwar die höchsten tatsächlichen Sterbewahrscheinlichkeiten besitzen, dafür jedoch die Wahrscheinlichkeit eines Ausscheidens durch eine Übernahme eher geringer ist als bei mittleren Firmen.[33]

Ebenso weisen Harhoff et al. (1998) und Woywode (1998) darauf hin, dass die Bestimmungsgründe einer Schließung durch Insolvenz systematisch von den Bestimmungsgründen durch freiwillige Schließungen differieren können. Eine Analyse des Zusammenhangs zwischen

---

29 Evans (1987a), S. 668f., oder Hall (1987), S. 593f., zeigen ebenfalls, dass Selektionseffekte keine Rolle für die inhaltlichen Ergebnisse ihrer Studie spielen.

30 Geroski (1998), S. 17.

31 Vgl. Mata (1994), S. 28.

32 Dieses Problem besteht teilweise in den ähnlichen Studien für Deutschland, die nicht auf amtlichen Daten basieren. Vgl. z.B. Nerlinger (1998), S. 220ff.

33 Vgl. Dunne/Hughes (1994), S. 123.

Betriebsgröße und Überlebenswahrscheinlichkeit, wie sie im Rahmen der Probit-Selektionsgleichung erfolgt, müsste daher geeigneterweise zwischen den alternativen Formen der Betriebsschließung unterscheiden. Solange "aggregierte" Schließungsraten betrachtet werden, müssen eventuell bestehende Unterschiede hinsichtlich der Komponenten verdeckt bleiben. Der vorliegende Datensatz lässt jedoch eine systematische Unterscheidung zwischen Insolvenzschließungen, freiwilligen Schließungen und Übernahmen nicht zu.

3.3 Stochastisches Betriebswachstum in Teilgruppen von Betrieben

Bisher wurde Gibrats Gesetz nur für die Gesamtheit der Betriebe getestet. Unterstellt man wie Simon/Bonini (1958) steigende Skalenerträge für kleinere Betriebe und konstante Skalenerträge oberhalb einer bestimmten mindestoptimalen Betriebsgröße, so könnte man vermuten, dass die bisherigen Ergebnisse sich vielleicht nicht ohne weiteres auf unterschiedlich große Betriebe übertragen lassen. Studien von Evans (1987b), Hall (1987), Hart/Oulton (1996) oder Lotti/Santarelli/Vivarelli (1999) bestätigen, dass die These der Unabhängigkeit des Firmenwachstums von der Firmengröße zwar für alle Betriebe abgelehnt werden muss, die Abweichung von der Theorie stochastischen Firmenwachstums jedoch mit zunehmender Betriebsgröße zurückgeht. Das Gesetz von Gibrat könnte somit zwar nicht für alle, wohl aber für größere Betriebe Gültigkeit haben. Eine nach Größenklassen getrennt durchgeführte Chesher-Regression kann diese These für die baden-württembergische Industrie jedoch weder bei jährlicher noch bei gepoolter Analyse bestätigen. Gibrats Gesetz wird sowohl für Kleinstbetriebe mit weniger als 20 Beschäftigten als auch für Großbetriebe signifikant abgelehnt (vgl. Tabelle IX.3). Auffällig ist die Tatsache, dass die für die Gesamtindustrie beobachtete negative Autokorrelation sich nur für die Kleinstbetriebe feststellen lässt, während für Großbetriebe eine positive "persistence of chance" konstatiert werden kann, da Betriebe, die in einem Jahr überdurchschnittlich gewachsen sind, tendenziell auch in der Folgeperiode überdurchschnittliche Wachstumsraten aufwiesen. Diese Ergebnisse stimmen mit den Resultaten von Almus/Nerlinger (1999a)[34] überein, die auf der Grundlage des ZEW-Gründungspanels West, allerdings unter Beschränkung auf junge Betriebe, zu entsprechenden Schlussfolgerungen gelangen.

[34] Vgl. Almus/Nerlinger (1999a), S. 188.

Tabelle IX.3: Zur Gültigkeit von Gibrats Gesetz in Betrieben unterschiedlicher Größe, Chesher-Regressionen für den gepoolten Datensatz, Kategorisierung nach Durchschnittsbeschäftigung, 1980-1999, P-Werte in Klammern

Größenklasse nach der durchschnittlichen Zahl der Beschäftigten	0-19	20-99	100-499	≥ 500
Schätzwert für β ($H_0 : \beta = 1$)	0.955 (0.000)**	0.917 (0.000)**	0.930 (0.000)**	0.974 (0.000)**
Schätzwert für ρ ($H_0 : \rho = 0$)	-0.171 (0.000)**	0.186 (0.000)**	0.379 (0.000)**	0.392 (0.000)**
Zahl der Beobachtungen	141201	102535	39054	7804
R^2	0.857	0.816	0.883	0.952
Gültigkeit von Gibrats Gesetz	nein	nein	nein	nein

Ebenso finden Almus/Nerlinger (1999a)[35], dass sich die These vom proportionalen Firmenwachstum weder für technologieintensive noch für Low-Tech-Betriebe aufrecht erhalten lässt. Eine für die baden-württembergische Industrie nach Technologiegruppen durchgeführte Überprüfung von Gibrats Gesetz bestätigt, dass sowohl für High-Tech- als auch für Low-Tech-Betriebe die These des stochastischen Firmenwachstums abgelehnt werden kann, wobei die geschätzten Koeffizienten von β sehr nahe bei Eins liegen, so dass erneut nicht von einem systematischen Zusammenhang zwischen Betriebsgröße und Beschäftigungswachstum ausgegangen werden kann (vgl. Tabelle IX.4).

Tabelle IX.4: Zur Gültigkeit von Gibrats Gesetz in Betrieben unterschiedlicher Technologieintensität, Ergebnisse von Chesher-Regressionen für den gepoolten Datensatz, 1980-1999, P-Werte in Klammern[36]

Technologiegruppe	High-Tech-Betriebe	Medium-Tech-Betriebe	Low-Tech-Betriebe
Schätzwert für β ($H_0 : \beta = 1$)	0.992 (0.000)**	0.993 (0.000)**	0.992 (0.000)**
Schätzwert für ρ ($H_0 : \rho = 0$)	-0.090 (0.000)**	-0.045 (0.000)**	-0.119 (0.000)**
Zahl der Beobachtungen	18291	57781	214522
R^2	0.971	0.975	0.967
Gültigkeit von Gibrats Gesetz	nein	nein	nein

Zusammenfassend lässt sich als Zwischenfazit festhalten, dass die empirische Überprüfung der Gültigkeit von Gibrats Gesetz im Rahmen des traditionellen Chesher-Ansatzes zu dem Ergebnis führt, dass die These von der Unabhängigkeit des Firmenwachstums von der

---

35 Vgl. Almus/Nerlinger (1999a), S. 186.

36 Eine Beschreibung der verwendeten Einteilung der Industriebetriebe in Betriebe der Spitzentechnik ("High-Tech"), der Höherwertigen Technik ("Medium-Tech") sowie der Sonstigen Technik ("Low-Tech") kann in Abschnitt VII.1 dieser Arbeit nachgelesen werden.

Firmengröße für die baden-württembergische Industrie statistisch gesichert abzulehnen ist und insofern das betriebliche Beschäftigungswachstum nicht auf einen Zufallsprozess zurückgeführt werden kann. Die vorliegende Untersuchung bestätigt insoweit die angeführten Studien, die ebenfalls die mangelnde empirische Evidenz des Gesetzes von Gibrat betonen.[37] Allerdings spielt in der baden-württembergischen Industrie insbesondere die negative Korrelation der betrieblichen Wachstumsraten eine wesentliche Rolle für die Ablehnung der Theorie des stochastischen Firmenwachstums. Die Schätzwerte für den Koeffizienten β liegen dagegen so nahe bei Eins, dass – wenn überhaupt – von einem schwachen negativen Zusammenhang zwischen Firmengröße und Beschäftigungswachstum gesprochen werden kann. Insoweit sprechen die Ergebnisse der bisherigen Analysen nicht gegen die im Rahmen der Job-Turnover-Analysen angeführten Zweifel an der pauschalen These einer herausragenden Bedeutung kleinerer und mittlerer Betriebe für die Jobschaffung in der baden-württembergischen Industrie. Vielmehr bedarf eine Untersuchung der Bedeutung der Betriebsgröße für das Beschäftigungswachstum einer ergänzenden und eingehenderen Betrachtung unter Berücksichtigung möglicher weiterer Einflussfaktoren. So weist insbesondere Evans (1987a, 1987b) darauf hin, dass gerade Nichtlinearitäten im Zusammenhang zwischen Größe und Beschäftigungswachstum sowie Interdependenzen mit dem Alter eines Betriebes die Ergebnisse maßgeblich beeinflussen können. Kapitel X wendet sich daher nun einer Überprüfung möglicher systematischer Einflussfaktoren des betrieblichen Beschäftigungswachstums zu.

[37] Die Einschätzung von Locher/Roider (2000), S. 701, dass zahlreiche Studien eine Bestätigung von Gibrats Gesetz liefern, muss nach eingehender Durchsicht veröffentlichter Studien m.E. nach in Frage gestellt werden.

X. Auf der Suche nach systematischen Einflussfaktoren des betrieblichen Beschäftigungswachstums

Die Überprüfung der Gültigkeit von Gibrats Gesetz in Kapitel IX hat gezeigt, dass der Zufall das Beschäftigungswachstum in der baden-württembergischen Industrie nicht zufriedenstellend erklären kann. Kapitel X geht daher nun der Frage nach, welche systematischen Einflussfaktoren zu einer Erklärung des betrieblichen Beschäftigungswachstums beitragen können. Während in Teil 2 der Arbeit im Rahmen der Komponentenanalysen der Arbeitsplatzdynamik versucht wurde, das unterschiedliche Ausmaß der Jobschaffung und des Jobabbaus in Größenklassen, Branchen oder Regionen zu erklären, erfolgt die Analyse möglicher Determinanten der betrieblichen Beschäftigungsentwicklung nun auf der Ebene einzelbetrieblicher Beschäftigungsentwicklungen.

Dabei wird auch der Zusammenhang zwischen Betriebsgröße und Beschäftigungswachstum neu beleuchtet werden, da bei Betrieben unterschiedlicher Größe systematische Strukturunterschiede hinsichtlich anderer Merkmale, die bisher keine Berücksichtigung finden konnten, die inhaltlichen Schlussfolgerungen maßgeblich beeinflussen und den tatsächlichen Zusammenhang zwischen Firmengröße und Firmenwachstum überdecken können. Mata (1994) weist ebenfalls darauf hin, dass eine Vernachlässigung weiterer betriebsspezifischer oder branchenspezifischer Faktoren die Gefahr impliziert, dass die Schätzergebnisse als Folge der Fehlspezifikation der Modelle verzerrt werden:

> "[...] industry wide conditions (e.g. industry growth) or firm specific factors (e.g. management) may play an important role in firms' growth. If firms' growth depends on other firms' characteristics than size, our model will suffer from misspecification from omitted variables and [...] OLS will be biased."[1] [...]
> "After controlling for these effects (particularly for the firm specific effects), the negative relationship between firm size and firm growth becomes much more pronounced, and its statistical significance is much increased. [...] This set of results clearly point to the conclusion that there is a firm specific effect that determines that rate at which (young) firms persistently grow, and that failure to take this effect into account can lead to substantially biased estimates of the effect of firm size on growth rates."[2]

Abschnitt X.1 widmet sich zunächst einem Überblick über alternative Theorien des betrieblichen Beschäftigungswachstums, die dann auf der Grundlage des amtlichen Datensatzes operationalisiert werden. Anhand betriebsindividueller Paneldaten soll dann in den weiteren

---

1 Mata (1994), S. 34.

Abschnitten einerseits die empirische Relevanz dieser Theorien für die baden-württembergische Industrie erörtert, andererseits der Zusammenhang zwischen Betriebsgröße und Beschäftigungswachstum für die baden-württembergische Industrie einer ergänzenden Analyse unter Berücksichtigung weiterer Einflussfaktoren unterzogen werden.

Betrachtet man bereits veröffentlichte empirische Studien über systematische Determinanten des Beschäftigungswachstums, so lassen sich alternative Analyseschwerpunkte erkennen. Einerseits werden, wie z.B. von Schmidt (1995) für die niedersächsische Industrie, Erfolgsfaktoren des Beschäftigungswachstums *aller* Unternehmen analysiert, andererseits lassen sich zahlreiche Studien der Gründungsforschung zuordnen und beschränken sich daher auf eine Analyse der Determinanten des Beschäftigungswachstums neu gegründeter Betriebe. Exemplarisch können hier für Westdeutschland die Studien von Brüderl et al. (1996) auf der Grundlage der "Münchner Gründerstudie" sowie von Harhoff/Stahl (1995) und Harhoff et al. (1998) auf der Grundlage des ZEW-Gründungspanels angeführt werden. Entsprechende Untersuchungen für Ostdeutschland sind die Arbeiten von Hinz et al. (1997) sowie Hinz/Ziegler (2001) auf der Grundlage der "Leipziger Gründerstudie" oder von Brixy/Kohaut (1999) mit Hilfe des IAB-Betriebspanels. Studien von Nerlinger (1998) sowie Almus/Nerlinger (1998) für Westdeutschland oder Steiner et al. (1998) bzw. Almus/Nerlinger/Steil (1999) für Ostdeutschland fokussieren die Analyse der Wachstumsdeterminanten neu gegründeter Unternehmen zusätzlich auf die Überprüfung der Erfolgsfaktoren junger, innovativer Unternehmen. Almus/Engel/Nerlinger (1999) vergleichen entsprechende Ergebnisse für Ost- und Westdeutschland. Brüderl/Preisendörfer (2000) sowie Almus (2000) beschäftigen sich mit den Erfolgsdeterminanten der besonders schnell wachsenden Neugründungen.

Die vorliegende Studie stellt zunächst die Analyse der Wachstumsdeterminanten sämtlicher Betriebe in der baden-württembergischen Industrie in den Mittelpunkt der Betrachtungen und beschränkt sich nicht auf junge, neu gegründete Betriebe.[3] Eine gesonderte Analyse der Erfolgsfaktoren neu gegründeter Betriebe und insbesondere ihrer Überlebenswahrscheinlichkeit wird in Teil 4 im Rahmen von Verweildaueranalysen erfolgen. Enge Interdependenzen zwischen einer Analyse der Erfolgsfaktoren aller Betriebe und denen der neu gegründeten Betriebe liegen jedoch auf der Hand. Im Gegensatz zur überwiegenden Mehrzahl

---

2 Mata (1994), S. 37.

3 Da für die Betriebe, die bereits 1980 im Berichtskreis waren, das tatsächliche Alter nicht bestimmt werden kann, wird im Weiteren regelmäßig auf die Kohorte des Jahres 1980 verzichtet. Insoweit finden dann alle Gründungen des Zeitraums von 1981 bis 1994 Berücksichtigung, so dass eine scharfe Abgrenzung zwischen einer Analyse sämtlicher Betriebe und einer Untersuchung von Gründungen kaum möglich ist.

bisheriger empirischer Forschungsarbeiten werden dabei im Folgenden zur Erklärung des Wachstums nicht nur bivariate Tobit-Regressionen herangezogen. Vielmehr wird die Panelstruktur des amtlichen Datensatzes ausgenutzt und der Möglichkeit betriebsindividueller Heterogenität, die auf dem Fehlen relevanter Variablen beruhen kann, explizit Rechnung getragen, indem ergänzend Panelmodelle mit individuellen Effekten geschätzt werden.[4]
Die Zusammenhänge zwischen Betriebsgröße, Betriebsalter und Beschäftigungswachstum werden außerdem zunächst mit Hilfe nichtparametrischer Regressionen untersucht, um die Richtung der Zusammenhänge sowie mögliche Nichtlinearitäten ohne parametrische a priori Informationen beurteilen zu können.

1. Ausgewählte Theorien des Beschäftigungswachstums und ihre empirische Umsetzung in der vorliegenden Studie

Nachdem aufgrund der empirischen Evidenz begründete Zweifel an der Gültigkeit von *Theorien des stochastischen Firmenwachstums* bestehen, die das Beschäftigungswachstum eines Betriebes letztlich dem Zufall zuschreiben, können mögliche weitere Determinanten des Firmenwachstums in ausgewählten Erklärungsansätzen gesucht werden, die bestimmte systematische Einflussfaktoren in ihrer Bedeutung hervorheben. [5]

Traditionelle mikroökonomische Erklärungsansätze gehen von der Existenz einer optimalen Firmengröße aus, die aus dem mikroökonomischen Optimierungskalkül als Ergebnis einer effizienten Allokation gegebener Ressourcen unter Berücksichtigung gegebener Rahmenbedingungen resultiert. Beschäftigungsveränderungen werden als Anpassungen an das Optimum interpretiert. Unter der Annahme, dass alle Firmen innerhalb einer bestimmten Industrie sich derselben langfristigen "U-förmigen" Durchschnittskostenkurve[6] ausgesetzt sehen, gelangen traditionelle Ansätze zu dem Ergebnis, dass es eine "optimale Firmengröße" gibt, die zwischen Firmengröße und Firmenwachstum einen negativen Zusammenhang induziert. Während kleine Betriebe regelmäßig weit unterhalb der Optimalgröße angesiedelt

---

4 Aufgrund uneinheitlicher Erfassungsintervalle basieren zahlreiche bestehende Studien nicht auf jährlichen Veränderungen, sondern auf einem Vergleich von Anfangs- und Endbeschäftigung nach einer bestimmten Zahl von Perioden, wobei die Differenz der logarithmierten Beschäftigungen dann durch die Zahl der Perioden geteilt wird, um eine Vergleichbarkeit der Ergebnisse zu erreichen.

5 Im Folgenden wird nur ein kurzer und unvollständiger Abriss über mögliche Determinanten der Firmengröße und des Firmenwachstums gegeben. Eine ausführlichere Darstellung mit einer Auflistung verschiedenster Studien findet sich z.B. bei You (1995).

6 Das Argument des "U-förmigen" Verlaufs der langfristigen Durchschnittskostenfunktion wird in zahlreichen empirischen Untersuchungen verworfen und ist daher Gegenstand kritischer Anmerkungen zu diesem Modellansatz. Vgl. z.B. Fritsch (1990).

sind und daher stärker wachsen müssen, um diese zu erreichen, agieren größere Betriebe bereits in der Gegend oder oberhalb der durchschnittskostenminimalen und somit optimalen Größe und werden daher entweder kaum noch wachsen oder aber schrumpfen.[7] Etwas weniger restriktiv ist die Annahme einer mindestoptimalen Betriebsgröße ("minimum efficient scale", MES), über die ein Betrieb in einer Branche verfügen muss, um aufgrund von bestehenden Skaleneffekten im Wettbewerb bestehen zu können.[8] Kleinere Unternehmen, die deutlich unterhalb dieser MES agieren, müssen daher wachsen, um lebensfähig zu sein, während ein Wachsen über diese mindestoptimale Betriebsgröße hinaus häufig nicht angestrebt wird, auch da die Kosten der Organisation, Koordination oder der Regelung von Transaktionen mit zunehmender Größe beträchtlicher werden.[9] Die Betriebsgröße wird wie bisher durch die logarithmierte Vorjahresbeschäftigung operationalisiert. Da sich im Rahmen einleitender nichtparametrischer Regressionen zeigen wird, dass Nichtlinearitäten im Zusammenhang zwischen Größe und Wachstum existieren (vgl. Abschnitt X.2.1), finden auch das Quadrat sowie teilweise die dritte Potenz der logarithmierten Vorjahresbeschäftigung als Regressoren Berücksichtigung.

Das Alter eines Betriebes spielt eine zentrale Rolle bei der Erklärung der Verteilung der Firmengröße und des Firmenwachstums in sogenannten *Lebenszyklusmodellen*, die auf der Überzeugung basieren, dass sich die zeitliche Entwicklung eines Betriebes von seiner Gründung bis zu seinem Ausscheiden aus dem Markt typischerweise in bestimmten Entwicklungsphasen vollzieht.[10] Gemeinsam ist den verschiedenen Modellvarianten weitgehend die Auffassung, dass Betriebe in einem früheren Lebensstadium einerseits eine deutlich höhere Sterbewahrscheinlichkeit aufweisen als ältere Betriebe, gleichzeitig jedoch die überlebenden Jungbetriebe über ein höheres Expansionspotenzial verfügen. *Lerntheoretische Modelle* in der Tradition von Jovanovic (1982) oder Ericson/Pakes (1995) lassen ebenso einen negativen Zusammenhang zwischen Firmenalter und Firmenwachstum erwarten wie *organisationssoziologische Theorien* zur Lebensfähigkeit kleinerer und größerer Betriebe, die z.B. die Gefahr zunehmender Managementineffizienzen in Großbetrieben in den

---

7 Vgl. Singh/Whittington (1975), S. 16f.
8 Vgl. z.B. Scherer/Ross (1990).
9 Aufbauend auf der Überzeugung von Coase (1937), dass Firmen ohne das Vorhandensein von Transaktionskosten keine Existenzberechtigung hätten, werden Firmen in *Transaktionskostenmodellen* als Mechanismen zur Ressourcenallokation und zur Regelung und Strukturierung von unterschiedlichsten Transaktionen interpretiert, die jeweils mit unterschiedlichen Kosten verbunden sind. Ein Unternehmen agiert in optimaler Größe, wenn die Grenzkosten, die bei der Durchführung einer Transaktion über den Markt anfallen würden, den Grenzkosten entsprechen, die bei Internalisierung der Transaktion innerhalb der Firma entstehen. Vgl. Coase (1937) oder Williamson (1975).
10 Vgl. dazu z.B. auch die Lebenszyklustheorien der Firma von Mueller (1971) oder Garnsey (1998), S. 523ff.

Mittelpunkt stellen.[11] Empirische Studien z.B. von Evans (1987a, 1987b) bestätigen die mögliche Rolle des Alters für das Beschäftigungswachstum:

> "The study therefore finds that firm age is an important determinant of firm growth. [...] For empirical work, it suggests the importance of age as a factor in determining industry dynamics."[12].

Studien von Harhoff/Stahl (1995) und Harhoff et al. (1998) belegen den negativen Zusammenhang zwischen Firmenwachstum und Firmenalter für Westdeutschland. Die empirische Relevanz der Lebenszyklusmodelle wird im Folgenden dadurch überprüft, dass das logarithmierte Alter eines Betriebes als Regressor berücksichtigt wird, wobei erneut für Nichtlinearitäten im Zusammenhang zwischen Alter und Wachstum kontrolliert wird. Mit Hilfe einer ergänzenden Interaktionsvariablen zwischen der logarithmierten Betriebsgröße und dem logarithmierten Alter soll ergänzend getestet werden, ob der Zusammenhang zwischen Betriebsgröße und Beschäftigungswachstum signifikant von Alterseffekten überlagert wird.

Eine dritte Gruppe von Modellen, die man unter dem Begriff *Marktstrukturansätze* subsumieren kann, argumentiert, dass die Verteilung der Firmengröße letztlich als Reflex der Verteilung der Marktmacht sowie der wettbewerblichen Verhältnisse am Markt gedeutet werden kann. Theoretische Argumente kommen sowohl aus der Organisationsökologie[13] als auch von industrie- und regionalökonomischen Ansätzen.[14] Die Existenz kleinerer Betriebe wird auf Marktstrukturen mit heterogenen Nachfrage- und Kostenbedingungen sowie auf heterogene Produkte zurückgeführt. Kleinbetriebe haben nach Auffassung dieser Modelle komparative Vorteile bei der Bedienung spezieller Kundenwünsche sowie von Marktnischen, so dass das Firmenwachstum von branchenspezifischen Markt- und Wettbewerbsgegebenheiten abhängt.

Zur Operationalisierung der Bedeutung branchenspezifischer Gegebenheiten werden einerseits auf Zweistellerebene der SYPRO Branchendummies angepasst, andererseits wird versucht, die Markt- und Wettbewerbsbedingungen einer Branche explizit zu modellieren.[15] Neben der Branchenkonjunktur, die als Wachstumsrate des Branchenumsatzes auf Zweistel-

---

11 Vgl. z.B. Freeman et al. (1983).
12 Evans (1987b), S. 568 und 580.
13 Vgl. Hannan/Freeman (1989).
14 Vgl. z.B. Storey (1994).
15 Bei gleichzeitiger Berücksichtigung von branchenspezifischen Variablen und von Branchendummies ergeben sich teilweise Multikollinearitätsprobleme, so dass auf die Darstellung dieser Ergebnisse verzichtet wird.

lerebene gemessen wird und das Beschäftigungswachstum positiv begünstigen sollte, findet die Branchenkonzentration in Form des logarithmierten Herfindahl-Index zur Kontrolle für die Wettbewerbsintensität Verwendung. Anhand der logarithmierten Exportquote einer Branche kann überprüft werden, ob eine hohe Integration einer Industrie in die internationale Arbeitsteilung das betriebliche Beschäftigungswachstum signifikant begünstigt oder behindert. Dem bereits oben angeführten Skalenargument wird Rechnung getragen, indem das Ausmaß der Skaleneffekte in einer Branche und somit der möglichen Größennachteile kleinerer Betriebe durch das logarithmierte Comanor-Wilson-Maß angenähert wird. Dieses ist definiert als Durchschnittsgröße der umsatzstärksten Betriebe, die sich für 50 Prozent des Branchenumsatzes verantwortlich zeichnen.[16]

Um gleichzeitig den Einfluss *regionaler Marktbedingungen*, wie z.B. Unterschiede im Agglomerationsgrad, in der Gewerbesteuer, in der Verkehrsanbindung oder den Nachfragebedingungen, zu berücksichtigen, finden ergänzend Dummy-Variablen für die Kreise Verwendung.[17] Ein möglicher Einfluss des räumlichen Agglomerationsgrades auf die betriebliche Beschäftigungsentwicklung wird durch Dummy-Variablen für die Raumtypen "Stadtkreis", "Verdichteter Landkreis", "Teilweise Verdichteter Landkreis" und "Unverdichteter Landkreis" berücksichtigt.[18] Dichtbesiedelte Kreise verfügen einerseits über den Vorteil einer besseren Infrastruktur, einer regelmäßig besseren Verkehrsanbindung oder eines höheren Angebots an qualifizierten Arbeitskräften vor Ort. Diese Faktoren sprechen für einen positiven Zusammenhang zwischen dem Ausmaß an räumlicher Agglomeration und dem betrieblichen Beschäftigungswachstum. Gleichzeitig bestehen in dichtbesiedelten Kreisen jedoch auch erhebliche Nachteile: Neben einem typischerweise höheren Lohn- und Preisniveau und höheren Bodenpreisen behindert insbesondere die geringere Verfügbarkeit von Gewerbeflächen das betriebliche Beschäftigungswachstum. Verkehrswege sind in dichtbesiedelten Kreisen häufig überlastet, und besondere Auflagen z.B. aus Gründen des Umweltschutzes können die betriebliche Expansion zusätzlich beeinträchtigen. Storey (1994) und North/ Smallbone (1995) gelangen zu dem Ergebnis, dass Unternehmen in ländlichen und somit weniger dicht besiedelten Gebieten ein schnelleres Wachstum aufweisen als in Regionen mit

16 Vgl. dazu auch die Ausführungen in Kapitel I.2 dieser Arbeit. Alternativ kann das Comanor-Wilson-Maß auch als Durchschnittsumsatz der größten Betriebe mit 50 Prozent Umsatzanteil definiert werden. Ein Vergleich der Schätzergebnisse zeigt jedoch, dass die inhaltlichen Schlussfolgerungen unabhängig von der Operationalisierung identisch sind.

17 Steil/Wolf (1997) untersuchen in einer Studie für die ostdeutsche Industrie auf der Grundlage des ZEW-Gründungspanels Ost explizit den Einfluss regionaler Determinanten auf das betriebliche Beschäftigungswachstum.

einer größeren Agglomeration, Almus (2000) liefert zumindest eine gewisse Bestätigung dieser These für Neugründungen in Ost- und Westdeutschland.

Kernkompetenz-Modelle[19] gehen von der Behauptung aus, dass bestimmte *individuelle* Wettbewerbsvorteile eines Betriebes oder einer Firma, z.B. eine spezielle Innovation, ein besonderes Produktionsverfahren oder auch ein in besonderem Maße qualifiziertes Management, den Erfolg oder Misserfolg eines Betriebs und somit sein Wachstum entscheidend prägen. Innerhalb der folgenden Modellschätzungen können auf der Grundlage der amtlichen Datenbasis nur einige betriebsindividuelle Einflussgrößen explizit berücksichtigt werden. Neben der Größe und dem Alter eines Betriebes könnte auch die Rechtsform[20] oder die Eigentümerstruktur wesentlichen Einfluss auf die betriebliche Beschäftigungsentwicklung haben. Eine Dummy-Variable für den Betriebstyp (Referenzgruppe: Betriebe von Mehrbetriebsunternehmungen) soll überprüfen, ob das von Variyam/Kraybill (1992) für Georgia gefundene Ergebnis, dass kleine, unabhängige Einbetriebsunternehmen signifikant geringere Wachstumsraten aufweisen als Betriebe von Mehrbetriebsunternehmen[21], auch für die baden-württembergische Industrie Gültigkeit besitzt. Weitere betriebsspezifische Determinanten des Beschäftigungswachstums, wie z.B. das Ausmaß der Diversifikation[22], die Qualität des Managements[23] oder das Humankapital des Führungspersonals, können aufgrund der verfügbaren Datenbasis nicht explizit beachtet werden.

Um jedoch für unbeobachtete Heterogenität im Zuge dieser vernachlässigten Variablen zu kontrollieren und die Stabilität der Ergebnisse zu überprüfen, werden im Folgenden die bivariaten Tobit-Regressionen durch Panelschätzungen mit betriebsindividuellen Effekten ergänzt.

---

18 Angaben über den Raumtyp für die Kreise der baden-württembergischen Industrie wurden einem Beitrag von Maier (2000) entnommen. Vgl. auch die Ausführungen in Kapitel I.2.

19 Vgl. Milgrom/Roberts (1992), S. 106ff.

20 In Studien von Brüderl et al. (1993), Harhoff/Stahl (1995) oder Harhoff et al. (1998) wurde gezeigt, dass haftungsbeschränkte Unternehmen stets höhere Wachstumsraten aufweisen als Unternehmen ohne Haftungsbeschränkung. Steil/Wolf (1997) bestätigen die Ergebnisse für Ostdeutschland. Als möglicher Grund für dieses Ergebnis wird insbesondere die höhere Riskikobereitschaft von Personen angeführt, die nicht mit ihrem eigenen Privatvermögen haften. Vgl. dazu z.B. Stiglitz/Weiss (1981) oder Harhoff et al. (1998).

21 Vgl. Variyam/Kraybill (1992), S. 35.

22 Almus/Nerlinger (1999b), S. 147f., finden in ihrer Studie keinen signifikanten Einfluss der Diversifikation auf das Beschäftigungswachstum.

23 Herdzina/Blessin (1996) untersuchen in einer Studie für kleine und mittlere Unternehmen der Region Neckar-Alb mit Hilfe einer Betriebsbefragung und Tiefeninterviews Unterschiede in den unternehmerischen Anpassungs- und Gestaltungsaktivitäten zwischen erfolgreichen und weniger erfolgreichen Unternehmen. Als wesentliches Ergebnis der Studie zeigt sich die wichtige Bedeutung einer strategischen Unternehmensführung für den unternehmerischen Erfolg, die den drei "Erfolgsfaktoren" Innovations- und

Einige wichtige Variablen wie z.B. Informationen über die betrieblichen Lohn- und Gehaltskosten liegen nur für Betriebe vor, die mindestens 20 Beschäftigte aufweisen und daher im Rahmen der Monatsberichte erhoben werden. Als gewisser Indikator für die Lohnentwicklung in einer Branche könnte daher die Wachstumsrate des Arbeiterstundenreallohnes herangezogen werden. Gleichzeitig ist jedoch offensichtlich, dass man die Bedeutung der Faktorkosten eigentlich auf der einzelbetrieblichen Ebene berücksichtigen sollte, was jedoch für Kleinbetriebe anhand der amtlichen Daten leider nicht möglich ist. Insofern wird im Weiteren regelmäßig auf die explizite Berücksichtigung der Lohnvariablen verzichtet, so dass die Bedeutung der Faktorkosten letztlich in den Panelmodellen in die betriebsindividuellen Effekte einfließt.

Makroökonomische Einflüsse werden entweder anhand der baden-württembergischen Wachstumsrate des realen Bruttoinlandsprodukts oder aber zur Kontrolle durch den Einbau jährlicher Dummy-Variablen berücksichtigt.

Evolutionstheoretische Ansätze[24] betonen, dass Firmen sich in einem dynamischen Wirtschaftsprozess niemals in einem statischen Gleichgewicht oder einem Anpassungsprozess, der auf ein statisches Gleichgewicht zustrebt, befinden. Vielmehr ist ihre Tätigkeit von einem permanenten Versuch geprägt, im Zuge technologischer oder organisatorischer Neuerungen ihre Wettbewerbsposition zu verbessern. Insoweit ist das Ausmaß an innovatorischer Tätigkeit von Bedeutung für den Beschäftigungserfolg. Mangels betriebsindividueller Informationen über das Ausmaß an innovativen Tätigkeiten kann die Technologieorientierung eines Betriebes im Folgenden nur über die Technologieintensität einer Branche angenähert werden.[25] Die Ergebnisse der technologieorientierten Job-Turnover-Analyse lassen in der Tendenz erwarten, dass das Jobwachstum der Low-Tech-Betriebe ceteris paribus geringer ausfällt als das der technologieorientierten Betriebe, wobei eine statistische Signifikanz jedoch nicht gegeben war.[26]

Technologie-, Personal- und Umweltmanagement Beachtung schenkt, wobei von den Unternehmen insbesondere letztere Komponente noch in zu geringem Maße als strategischer Erfolgsfaktor erkannt wird.

24 Vgl. z.B. die Modelle von Nelson/Winter (1978, 1982).

25 Zur Operationalisierung der Technologieintensität einer Branche vgl. die Ausführungen in Abschnitt VII.1.

26 Almus/Nerlinger (1999b), S. 145ff., gelangen zu dem Ergebnis, dass zumindest für neu gegründete Betriebe das Wachstum in der Folgezeit zwischen 1989/90 und 1998 im High- und Medium-Tech-Bereich signifikant günstiger ausfiel als in Betrieben der Sonstigen Technik. Die vorliegende Studie beschäftigt sich jedoch zunächst mit allen Betrieben und deren Wachstum.

Das betriebliche Beschäftigungswachstum, das im Rahmen der folgenden multivariaten Analysen erklärt werden soll, wird der üblichen Vorgehensweise in der empirischen Forschung folgend auf betrieblicher Ebene als Differenz der logarithmierten Beschäftigungen definiert:

$$\text{(X.1)} \qquad \hat{E}_{i,t} = \ln E_{i,t} - \ln E_{i,t-1}$$

Tabelle X.1 fasst die angesprochenen Determinanten des Beschäftigungswachstums und ihre Operationalisierung zusammen.

Tabelle X.1: Determinanten des betrieblichen Beschäftigungswachstums und ihre Operationalisierung

Betriebsspezifische Charakteristika	
Betriebsgröße	Logarithmierte Beschäftigung
Betriebsalter	Logarithmiertes Alter in Jahren
Betriebstyp	Dummy-Variable; 1 für Einbetriebsunternehmen
Sonstige betriebsspezifische Charakteristika	Betriebsindividuelle Effekte
Branchenspezifische Charakteristika	
Branchenwachstum	Wachstumsrate des Branchenumsatzes der Vorperiode
Konzentration	Logarithmierter Herfindahl-Index
Ausmaß der Skaleneffekte	Logarithmiertes Maß von Comanor-Wilson[27]
Technologieorientierung	Dummy-Variablen Referenzgruppe: Spitzentechnik
Exportorientierung	Logarithmierte Exportquote
Regionale Charakteristika	
Agglomerationsgrad	Dummy-Variablen für den Verdichtungsgrad, Referenzgruppe: Stadtkreis
Sonstige regionale Einflussgrößen wie z.B. steuerliche Rahmenbedingungen, Verkehrsanbindung	Kreis-Dummy-Variablen
Makroökonomische Einflussfaktoren	
Konjunktur	Jahres-Dummy-Variablen oder Wachstumsrate des realen Bruttoinlandsprodukts

Aufgrund der besonderen Bedeutung des Betriebsalters und der möglichen Interdependenzen zwischen Betriebsgröße und Betriebsalter, die bereits im Rahmen der größenabhängigen Job-Turnover-Analysen in Kapitel V angedeutet wurden, widmet sich Abschnitt X.2 zunächst

[27] Vgl. dazu die Ausführungen in Abschnitt I.2.

bewusst einer eingehenden Überprüfung der Zusammenhänge zwischen Alter, Betriebsgröße und Beschäftigungswachstum, bevor dann in Abschnitt X.3 untersucht wird, ob und in welchem Maße die weiteren branchen- und betriebsspezifische Einflussfaktoren neues Licht auf die Analyseergebnisse werfen.

2. Zur Bedeutung des Betriebsalters bei der Analyse des Zusammenhangs zwischen Beschäftigungswachstum, Betriebsgröße und Betriebsalter

Eine Untersuchung des Zusammenhangs zwischen dem Alter eines Betriebes und seinem Beschäftigungserfolg setzt zunächst die Auseinandersetzung mit einigen Datenproblemen und den daraus resultierenden ökonometrischen Problemen voraus. Da Betriebsdaten für diese Studie erst ab 1980 vorliegen, sind die Altersangaben teilweise linkszensiert, weil für die Kohorte der 1980 bereits existierenden Betriebe keine Informationen darüber vorhanden sind, wie alt der jeweilige Betrieb tatsächlich ist. Während für neu auftretende Betriebe jeweils das Alter seit Eintritt in den Berichtskreis im Zeitablauf verfolgt werden kann, muss für einen beträchtlichen Teil der Betriebe Jahr für Jahr das jeweils höchste Alter unterstellt werden, wohl wissend, dass zahlreiche Betriebe beträchtlich älter sind. Verwendet man für diese Betriebe in Regressionsansätzen ihr jeweiliges "Mindestalter", so kann dies zu verzerrten Ergebnissen führen. Weiterhin wurden 1989 im Zuge der Berichtskreisaktualisierung zahlreiche Betriebe in den Datensatz aufgenommen, bei denen es sich nicht zwingend um Neugründungen handelte. Um die Analyseergebnisse möglichst gut gegen diese Datenprobleme abzusichern, wurden daher sämtliche Modellschätzungen zunächst für drei alternative Datensätze durchgeführt:

- *Datensatz 1:* Sämtliche Industriebetriebe
- *Datensatz 2:* Vernachlässigung der Kohorte 1980, d.h. Beschränkung auf Betriebe, die seit 1981 neu in den Berichtskreis aufgenommen wurden und deren Alter somit zumindest prinzipiell bestimmbar ist[28]
- *Datensatz 3:* Vernachlässigung der Kohorte 1980 sowie der Kohorte 1989

[28] Anzumerken ist die Tatsache, dass auch für neu auftretende Betriebe nicht völlig gesichert ist, dass der Betrieb nicht schon früher existierte, da es sich bei neu im Berichtskreis auftretenden Betrieben z.B. auch um Regions- oder Bereichswechsler oder um Auffindungen handeln kann.

Aufgrund der Änderung der Wirtschaftszweigsystematik im Jahr 1995 und der daraus resultierenden größeren Zahl neuer, aber nicht zwingend junger Betriebe, beschränkt sich die Analyse im Folgenden jeweils auf den Zeitraum bis 1994.

Bereits an dieser Stelle kann angemerkt werden, dass die inhaltlichen Ergebnisse insgesamt äußerst stabil sind, so dass die Probleme der Linkszensierung und der Berichtskreisaktualisierung die Schlussfolgerungen in qualitativer Hinsicht nicht wesentlich beeinflussen. Im Weiteren beschränkt sich die Darstellung der Ergebnisse daher häufig auf den Datensatz 2, bei dem die Kohorte 1980 ausgeklammert wird. Exemplarisch werden im Anhang teilweise vergleichende Schätzergebnisse für die anderen Datensätze angegeben.
Betriebe, die für mehrere Perioden temporär nicht im Berichtskreis enthalten waren, werden aus den folgenden Analysen ausgeschlossen. Gleichzeitig erfolgt eine multivariate Analyse der betrieblichen Beschäftigungsentwicklung nicht für den gesamten Zeitraum, sondern nur für den Zeitraum 1983 bis 1994, damit die Variable Betriebsalter bereits im ersten Analysejahr eine ausreichende Streuung aufweist.

2.1 Ergebnisse nichtparametrischer Regressionen

Einleitend wird der Zusammenhang zwischen Beschäftigungswachstum, Betriebsgröße und Betriebsalter im Rahmen nichtparametrischer Regressionen überprüft.[29] Insbesondere mit Blick auf mögliche Nichtlinearitäten im Zusammenhang zwischen Betriebsgröße und Beschäftigungswachstum hat eine nichtparametrische Schätzung gegenüber parametrischen Verfahren den wesentlichen Vorteil, dass man die Daten über den Zusammenhang entscheiden lassen kann und der Schätzung nicht a priori einen bestimmten Funktionstyp zugrunde legen muss. Insoweit eignet sich die nichtparametrische Vorgehensweise gerade auch für eine einleitende explorative Datenanalyse.
Für die Durchführung der nichtparametrischen Regressionen für den Zusammenhang zwischen Betriebsgröße und Beschäftigungswachstum wurde aus der Gesamtheit aller Beobachtungen von 1980 bis 1999 eine einprozentige Zufallsstichprobe mit Zurücklegen gezogen, die mehr als 30000 Beobachtungen umfasst. Die Abbildungen X.1a bis X.1c zeigen den Graph der bedingten Mittelwerte einer Nadaraya-Watson-Regression unter Verwendung eines Epanechnikov-Kerns und für alternative Bandbreiten. Die Zahl der "grid points" wurde als 100 festgelegt.

---

29 Vgl. z.B. Härdle (1991) oder Yatchew (1998).

Abbildung X.1a: Beschäftigungswachstum und Betriebsgröße, Ergebnisse einer Nadaraya-Watson-Regression, 1980-1999, Epanechnikov-Kern, Bandbreite 1

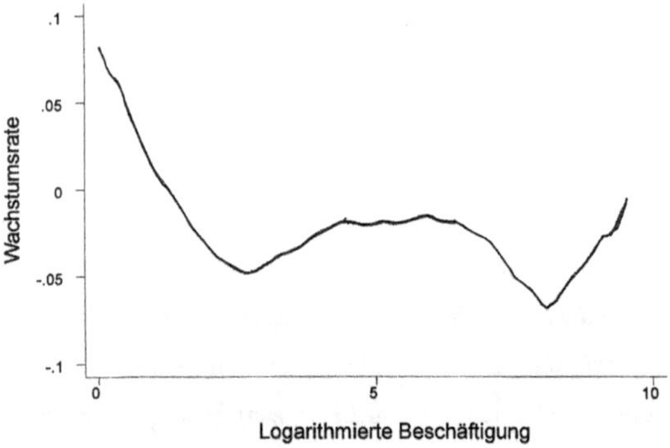

Die nichtparametrischen Regressionen verdeutlichen, dass die pauschale Behauptung eines negativen Zusammenhangs zwischen Betriebsgröße und Beschäftigungswachstum zu einfach und daher falsch ist. Während für kleinere Betriebe der Zusammenhang eindeutig negativ ausfällt, weisen die nichtparametrischen Nadaraya-Watson-Regressionen auf Nichtlinearitäten im Zusammenhang zwischen Betriebsgröße und Beschäftigungswachstum hin. Die grobe Tendenz des Zusammenhangs könnte durch eine quadratische Funktion approximiert werden, doch zeigt der konkave Verlauf im Mittelbereich der nichtparametrischen Regressionsfunktion, dass die Nichtlinearitäten nicht trivial sind. In den folgenden parametrischen Regressionsanalysen werden neben der logarithmierten Beschäftigung daher auch deren Quadrat und teilweise deren dritte Potenz berücksichtigt.

Abbildung X.1b: Beschäftigungswachstum und Betriebsgröße, Ergebnisse einer Nadaraya-Watson-Regression, 1980-1999, Epanechnikov-Kern, Bandbreite 0.5

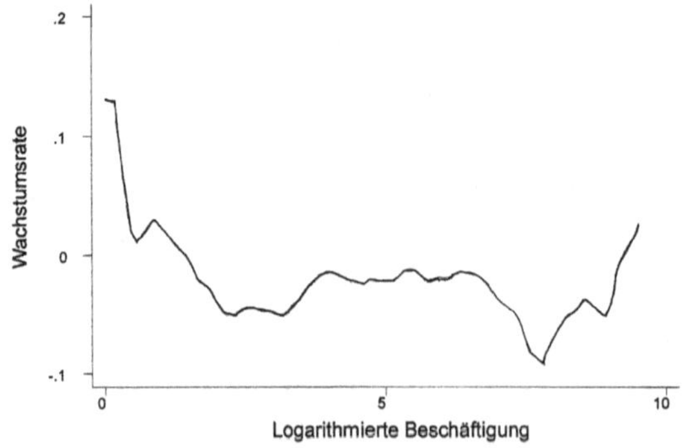

Abbildung X.1c: Beschäftigungswachstum und Betriebsgröße, Ergebnisse einer Nadaraya-Watson-Regression, 1980-1999, Epanechnikov-Kern, Bandbreite 0.2

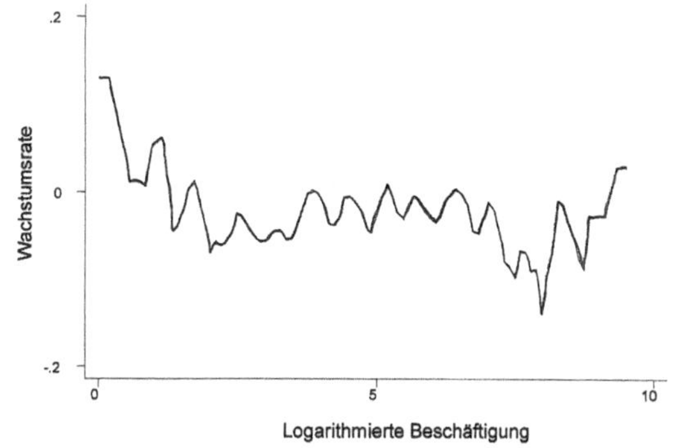

Die nichtparametrischen Regressionen für den Zusammenhang zwischen Betriebsalter und Firmenwachstum basieren auf der Gesamtheit aller Betriebe von 1980 bis 1994, wobei die Kohorte der 1980 bereits existierenden Betriebe ausgeklammert wurde und Daten erst ab 1983 in die Analyse einbezogen wurden.

Der in zahlreichen Studien einmütig gefundene negative Zusammenhang zwischen Betriebsalter und Beschäftigungswachstum findet sich bei den nichtparametrischen Regressionen bestätigt. Wählt man eine sehr große Bandbreite (vgl. Abbildung X.2a), so führt dies durch "oversmoothing" zu einer ausgeprägten Glättung des Zusammenhanges und lässt einen zumindest näherungsweise linear fallenden Verlauf der nichtparametrischen Regressionsfunktion erkennen.

Abbildung X.2a: Beschäftigungswachstum und Betriebsalter, Ergebnisse einer Nadaraya-Watson-Regression, 1983-1994, alle Neugründungen zwischen 1981 und 1994, Epanechnikov-Kern, Bandbreite 0.8

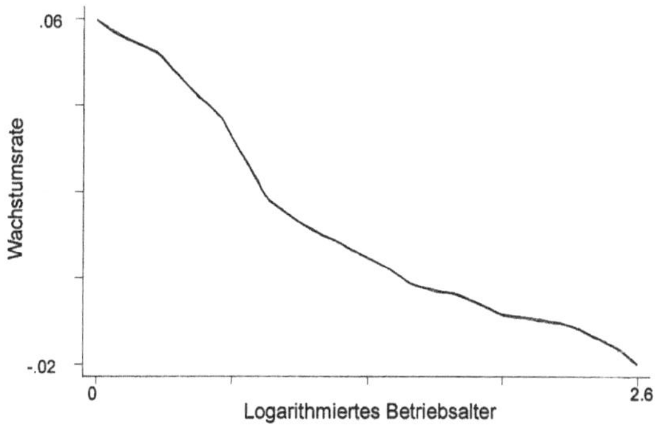

Abbildung X.2b: Beschäftigungswachstum und Betriebsalter, Ergebnisse einer Nadaraya-Watson-Regression, 1983-1994, alle Neugründungen zwischen 1981 und 1994, Epanechnikov-Kern, Bandbreite 0.4

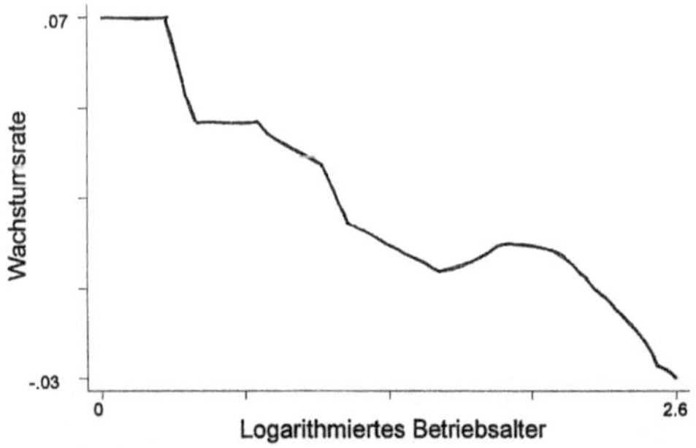

Abbildung X.2c: Beschäftigungswachstum und Betriebsalter, Ergebnisse einer Nadaraya-Watson-Regression, 1983-1994, alle Neugründungen zwischen 1981 und 1994, Epanechnikov-Kern, Bandbreite 0.2

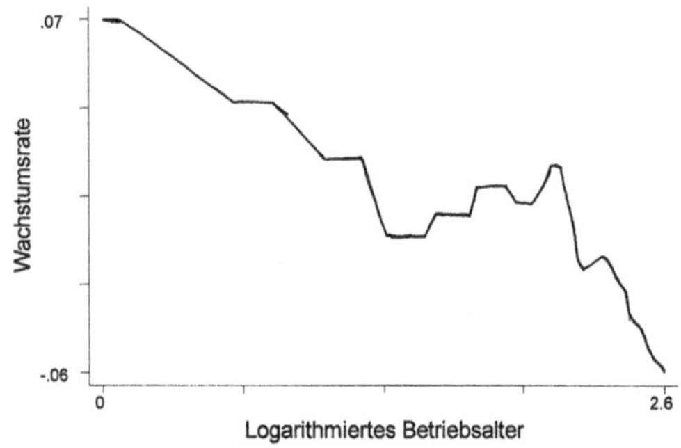

Bei Verwendung einer kleineren Bandbreite (vgl. Abbildungen X.2b) bleibt die grundsätzliche Tendenz des Zusammenhangs negativ, doch erkennt man Abweichungen von dem linearen Zusammenhang. So kann z.B. für ältere Betriebe ein Bereich festgehalten werden, in dem der Zusammenhang zwischen Betriebsalter und Beschäftigungswachstum durchaus positiv werden kann. Der möglichen Nichtlinearität im Zusammenhang zwischen Alter und Wachstum wird der bisherigen Forschung folgend ebenfalls durch die Berücksichtigung höherer Potenzen Rechnung getragen, wobei sich zeigen wird, dass diese nicht immer statistisch signifikant sind.

2.2 Ergebnisse bivariater Tobit-Regressionen

Zahlreiche Studien legen nahe, dass gerade junge Kleinbetriebe häufig einer besonders großen Sterbewahrscheinlichkeit ausgesetzt sind.[30] Eine Beschränkung der Analyse von systematischen Wachstumsdeterminanten auf die überlebenden Betriebe impliziert daher wiederum die Gefahr einer Selektionsverzerrung. Wie bereits bei der Überprüfung der Gültigkeit des Gesetzes von Gibrat in Kapitel IX werden zunächst bivariate Tobit-Regressionen geschätzt, mit deren Hilfe in der Selektionsgleichung verzerrende Einflüsse der Betriebsgröße, des Betriebsalters und der Konjunktur auf das Überleben von Betrieben und somit die Wahrscheinlichkeit einer Beobachtung berücksichtigt werden können.[31]

In der Wachstumsgleichung wird die jährliche betriebliche Wachstumsrate der Beschäftigung, definiert als Differenz der logarithmierten Beschäftigungen, auf die logarithmierte Vorjahresbeschäftigung, das logarithmierte Betriebsalter sowie die Wachstumsrate des realen Bruttoinlandsprodukts als Indikator für die gesamtwirtschaftliche Entwicklung regressiert. Um für Nichtlinearitäten zu kontrollieren, die im Rahmen obiger nichtparametrischer Regressionen aufgedeckt wurden, werden sowohl die Betriebsgröße als auch das Alter auch als Quadrat berücksichtigt, die logarithmierte Beschäftigung wird in einigen Modellvarianten ergänzend auch in ihrer dritten Potenz eingebaut. Mit Hilfe einer Interaktionsvariablen soll getestet werden, ob zwischen dem Betriebsalter und der Betriebsgröße signifikante Interdependenzen in ihrer Auswirkung auf das Beschäftigungswachstum bestehen. Da die Streuung der betrieblichen Wachstumsraten für kleinere Betriebe deutlich größer ist als für größere Betriebe, werden die Standardfehler nach der Methode von Huber (1967) robust geschätzt. Obwohl ein Vergleich der Ergebnisse zeigt, dass von dieser Seite praktisch kein Einfluss auf die Schätzung der Standardfehler ausgeht, wurden die Standardfehler außerdem "geclustert" geschätzt, d.h. es wurde berücksichtigt, dass die Beobachtungen für einzelne Betriebe nicht unabhängig voneinander sind.
Tabelle X.2 gibt die Ergebnisse bivariater Tobit-Regressionen wieder, wobei exemplarisch Schätzergebnisse für alle drei in Abschnitt X.1 beschriebenen Datensätze wiedergegeben sind, um die beträchtliche Stabilität der Resultate zu demonstrieren. Im Weiteren beschränkt sich die Präsentation der Ergebnisse daher weitgehend auf den Datensatz 2 unter Vernachlässigung der Kohorte 1980.

---

30 Vgl. dazu auch ausführlicher die Analysen in Teil 4 dieser Arbeit.

31 Eine kurze Beschreibung der Methodik der bivariaten Tobit-Regression findet sich in Abschnitt IX.3.2.

Tabelle X.2: Beschäftigungswachstum, Betriebsgröße und Betriebsalter in der baden-württembergischen Industrie, Ergebnisse bivariater Tobit-Regressionen, 1983-1994, robuste, geclusterte Standardfehler, P-Werte in Klammern

	Datensatz 1: Alle Betriebe		Datensatz 2: ohne Kohorte 1980		Datensatz 3: ohne Kohorten 1980 und 1989	
	Wachstumsgleichung Abhängige Variable: Wachstumsrate der Beschäftigung					
Log. Größe	-0.063 (0.000)**	-0.136 (0.000)**	-0.127 (0.000)**	-0.232 (0.000)**	-0.120 (0.000)**	-0.212 (0.000)**
(Log. Größe)²	0.006 (0.000)**	0.033 (0.000)**	0.016 (0.000)**	0.063 (0.000)**	0.013 (0.000)**	0.055 (0.000)**
(Log. Größe)³		-0.002 (0.000)**		-0.006 (0.000)**		-0.005 (0.000)**
Log. Alter	-0.045 (0.000)**	-0.046 (0.000)**	-0.062 (0.000)**	-0.064 (0.000)**	-0.082 (0.000)**	-0.083 (0.000)**
(Log. Alter)²	-0.000 (0.849)	0.000 (0.789)	0.001 (0.730)	0.001 (0.808)	0.004 (0.300)	0.004 (0.303)
Log. Größe · Log. Alter	0.008 (0.000)**	0.007 (0.000)**	0.015 (0.000)**	0.016 (0.000)**	0.018 (0.000)**	0.018 (0.000)**
WR des realen BIP	0.694 (0.000)**	0.683 (0.000)**	0.740 (0.000)**	0.738 (0.000)**	0.833 (0.000)**	0.834 (0.000)**
Konstante	0.135 (0.000)**	0.180 (0.000)**	0.211 (0.000)**	0.261 (0.000)**	0.229 (0.000)**	0.270 (0.000)**
	Selektionsgleichung Probit-Schätzung der Überlebenswahrscheinlichkeit					
Log. Größe	0.222 (0.000)**	0.222 (0.000)**	0.215 (0.000)**	0.215 (0.000)**	0.214 (0.000)**	0.214 (0.000)**
Log. Alter	0.106 (0.000)**	0.106 (0.000)**	0.107 (0.000)**	0.107 (0.000)**	0.155 (0.000)**	0.155 (0.000)**
WR des realen BIP	2.430 (0.000)**	2.428 (0.000)**	2.045 (0.000)**	2.045 (0.000)**	1.710 (0.000)**	1.710 (0.000)**
Konstante	0.964 (0.000)**	0.965 (0.000)**	0.985 (0.000)**	0.985 (0.000)**	0.882 (0.000)**	0.882 (0.000)**
Beobachtungen	199775	199775	47656	47656	33939	33939
davon zensiert	7761	7761	2738	2738	2112	2112
Korrelationskoeffizient	0.008 (0.000)**	0.003 (0.000)**	0.007 (0.000)**	0.004 (0.000)**	0.006 (0.000)**	0.003 (0.004)**
Wald-Modelltest	2420.6 (0.000)**	2588.6 (0.000)**	942.1 (0.000)**	918.7 (0.000)**	677.5 (0.000)**	657.3 (0.000)**
Log-Likelihood	-60104.7	-59534.3	-29694.9	-29574.5	-21580.8	-21507.6
R^2	0.019	0.025	0.031	0.036	0.031	0.036

Betrachtet man in einem ersten Schritt die Ergebnisse der *Probit-Schätzungen*, so lässt sich unabhängig vom verwendeten Datensatz eine signifikant positive Abhängigkeit der Überlebenswahrscheinlichkeit von Betriebsgröße, Alter und Konjunktur beobachten. Ceteris paribus steigt die Überlebenswahrscheinlichkeit eines Betriebes somit mit zunehmender Betriebsgröße, mit zunehmendem Alter und in Zeiten günstigerer konjunktureller Entwicklung an, während insbesondere jüngere Kleinbetriebe eine besonders hohe Sterbewahrscheinlichkeit aufweisen.[32]

[32] Diese Ergebnisse entsprechen den inhaltlichen Schlussfolgerungen, die in Kapitel XII der vorliegenden Arbeit im Rahmen von Verweildaueranalysen für das Überleben von Neugründungen gefunden werden. Die ergänzende Berücksichtigung quadratischer Größen- oder Alterseffekte in der Selektionsgleichung hat keinen Einfluss auf die Ergebnisse der Schätzung der Regressionsgleichung.

Der Korrelationskoeffizient zwischen den Residuen der Selektions- und der Wachstumsgleichung ist zwar aufgrund der großen Zahl der Beobachtungen jeweils signifikant von Null verschieden, doch im Wert mit 0.003 bis 0.008 so gering, dass Selektionsverzerrungen für die Schätzung der Wachstumsgleichung keine Rolle spielen.[33] Insoweit sind die Schätzergebnisse der bivariaten Tobit-Regressionen jeweils weitgehend identisch mit den Ergebnissen gepoolter OLS-Schätzungen mit geclusterten und heteroskedastizitätskonsistent geschätzten Standardfehlern (vgl. Anhang X.1).

Mit Blick auf die Schätzergebnisse der *Wachstumsgleichung* weist die makroökonomische Kontrollvariable stets das erwartete positive Vorzeichen auf und ist dabei höchstsignifikant, so dass eine bessere konjunkturelle Entwicklung c.p. das betriebliche Beschäftigungswachstum statistisch gesichert begünstigt.
Sowohl die Größe als auch das Alter eines Betriebes stehen in dem aufgrund der nichtparametrischen Regressionen in Abschnitt X.2.1 erwarteten signifikant negativen Zusammenhang mit dem Beschäftigungswachstum, der – zumindest was die Betriebsgröße betrifft – von einer hochsignifikanten Nichtlinearität gekennzeichnet ist. Für Kleinstbetriebe dominiert der negative Einfluss der Betriebsgröße auf das Betriebswachstum, ein signifikant positiver Effekt der quadrierten logarithmierten Beschäftigung zeigt jedoch, das sich dieser inverse Zusammenhang mit zunehmender Betriebsgröße c.p. zumindest abschwächt oder dann auch ins Gegenteil umkehrt. Allerdings sind die Nichtlinearitäten im Zusammenhang zwischen Größe und Wachstum keineswegs trivial, wie ein signifikant negativer Koeffizient der dritten Potenz untermauert, so dass für größere Betriebe verstärkt auch wieder Tendenzen für einen negativen Zusammenhang beobachtet werden können. Die weiteren Koeffizientenschätzungen bleiben von der Einbeziehung der dritten Potenz der logarithmierten Beschäftigung unberührt. Kritisch angemerkt werden muss jedoch, dass der sehr ausgeprägte negative Zusammenhang für Kleinstbetriebe eventuell das Wachstumspotenzial kleinerer Betriebe insoweit überschätzt, als die Wachstumsraten kleiner Betriebe sehr schnell große positive Werte annehmen. So beträgt z.B. die minimale positive Wachstumsrate eines überlebenden Betriebes mit bisher nur einem Beschäftigten immerhin bereits hundert Prozent, während sein Ausscheiden und damit eine negative Wachstumsrate gar nicht beobachtet werden kann. Durch die verwendete Definition der betrieblichen Wachstumsrate als Differenz der logarithmierten Beschäftigungen wird dieser Effekt zwar nicht beseitigt, aber zumindest etwas abgeschwächt.

---

[33] Harhoff et al. (1998), S. 479, gelangen auf der Grundlage des ZEW-Gründungspanels West zu entsprechenden Ergebnissen.

Bezüglich der Bedeutung des quadratischen Alterseffektes sind die Ergebnisse insoweit weniger eindeutig, als der Koeffizient zwar stabil ein positives Vorzeichen aufweist, jedoch in keiner Modellschätzung signifikant von Null verschieden ist. Aufgrund der bereits bei den nichtparametrischen Regressionen angedeuteten Zweifel an der Nichtlinearität des Zusammenhangs zwischen Alter und Beschäftigungswachstum wurden die Modelle jeweils ergänzend ohne den quadrierten Altersterm geschätzt, wodurch praktisch keine Änderung der Ergebnisse induziert wurde. Auf die Wiedergabe der Ergebnisse wird daher verzichtet.

Interessant ist der in allen Fällen hochsignifikant positive Koeffizient der Interaktionsvariablen, der auf eine wesentliche Interdependenz zwischen den Größen- und Alterseffekten hindeutet: Ceteris paribus geht bei gleicher Betriebsgröße von einem höheren Alter ein zusätzlicher positiver Wachstumsimpuls aus, der den negativen Zusammenhang zwischen Betriebsgröße und Beschäftigungswachstum abschwächt. Daher war der negative Zusammenhang zwischen Betriebsgröße und Firmenwachstum besonders ausgeprägt für junge Kleinstbetriebe, während mit zunehmendem Betriebsalter die relative Beschäftigungsentwicklung in Großbetrieben günstiger ausfiel. Ebenso kann mit zunehmender Betriebsgröße aufgrund des positiven Interaktionseffektes der Zusammenhang zwischen Betriebsalter und Beschäftigungswachstum auch positiv werden.

Dieses Ergebnis zeigt, dass nicht Kleinbetriebe im Allgemeinen, sondern insbesondere *junge* Kleinbetriebe ein hohes Wachstumspotenzial besitzen, während reifere Kleinbetriebe, die bereits seit einigen Jahren am Markt tätig sind, kein höheres Wachstumspotenzial aufweisen als ihre größeren Mitbewerber. Wie die Probit-Schätzung zeigt, haben junge Kleinbetriebe somit einerseits ein höheres Sterberisiko, andererseits weisen überlebende Kleinbetriebe jedoch deutlich höhere Wachstumsraten der Beschäftigung auf als ihre größeren Wettbewerber. Jährliche Regressionen bestätigen die gefundenen Ergebnisse sowie die Zweifel an der Signifikanz des quadratischen Altersterms (vgl. Anhang X.2). Damit wird für die baden-württembergische Industrie ein Ergebnis bestätigt, das in der Literatur zur Gründungsforschung als stilisiertes Faktum betrachtet werden kann.[34] Audretsch/Mahmood (1995) begründen das größere Wachstum kleinerer Betriebe mit der Tatsache, dass diese im Zuge von Liquiditätsrestriktionen zunächst in suboptimaler Größe auf den Markt treten und daher in der Folgezeit dem Zwang eines möglichst schnellen Wachstums ausgesetzt sind, um überleben zu können.

[34] Vgl. dazu auch die detaillierten Untersuchungen in Teil 4 der vorliegenden Arbeit.

Während die in Kapitel IX vorgestellten traditionellen Ansätze zur Analyse des Zusammenhangs zwischen Beschäftigungswachstum und Betriebsgröße sowohl von der Bedeutung von Nichtlinearitäten als auch von Interdependenzen mit dem Betriebsalter abstrahieren, erlaubt ihre Berücksichtigung somit fundiertere Einsichten in den möglichen Zusammenhang zwischen Beschäftigungswachstum und Betriebsgröße. Gerade die Vernachlässigung von Alterseffekten könnte ein wesentlicher Grund dafür sein, dass das immer wieder behauptete höhere Beschäftigungswachstum kleinerer Betriebe sich weder im Rahmen unterschiedlicher Job-Turnover-Analysen in Kapitel V noch bei der Analyse von Gibrats Gesetz in Kapitel IX überzeugend bestätigen lässt. Wie bereits bei der Diskussion der Ergebnisse einer größenklassenabhängigen Analyse der Arbeitsplatzdynamik in Kapitel V mit Hilfe einer altersabhängigen Job-Turnover-Analyse angedeutet, weisen nicht Kleinbetriebe generell, sondern *junge, überlebende* Kleinbetriebe besonders günstige Wachstumsraten der Beschäftigung auf. Sind Kleinbetriebe erst einmal einige Jahre am Markt, so schneiden sie nicht mehr besser, sondern zumindest teilweise schlechter ab als ihre größeren Wettbewerber. Aufgrund der unterschiedlichen Performance junger und älterer Kleinbetriebe lässt sich im Durchschnitt über alle Alterskohorten hinweg kein systematischer Zusammenhang zwischen Beschäftigungswachstum und Betriebsgröße mehr erkennen.

Die Tatsache, dass das Alter eines Betriebes von wesentlicher Bedeutung für das Betriebswachstum ist, untermauert empirisch den Erklärungsanspruch der verschiedenen eingangs erwähnten Lebenszyklustheorien des Firmenwachstums. Kritisch anzumerken ist jedoch, dass trotz der beträchtlichen Stabilität der Schätzergebnisse der Wachstumsgleichung der Erklärungsbeitrag der Betriebsgröße und des Betriebsalters sehr gering bleibt, da die Bestimmtheitsmaße der bivariaten Tobit-Regressionen sowie der gepoolten OLS-Regressionen selbst unter Berücksichtigung konjunktureller Einflüsse mit nur ungefähr 3% äußerst gering ausfallen (vgl. Anhang X.1).

2.3 Berücksichtigung betriebsspezifischer Heterogenität durch Panelschätzungen mit individuellen Effekten

Der trotz der Stabilität der Ergebnisse sehr geringe Erklärungsanteil von Betriebsgröße, Alter und Konjunktur könnte Ausdruck der Tatsache sein, dass im Sinne der Kernkompetenzmodelle betriebsindividuelle Heterogenitäten von besonderer Bedeutung für das Beschäftigungswachstum sind. Im Gegensatz zu zahlreichen bisherigen Studien werden daher im Folgenden ergänzend Panelmodelle geschätzt, bei denen durch individuelle Betriebseffekte für betriebsspezifische, unbeobachtete Unterschiede in der Wachstumsperformance kontrolliert wird.[35] Die Entscheidung zwischen einem Panelmodell mit fixen oder zufälligen Effekten ist erneut problematisch. Ein Hausman-Test spricht zwar in allen Fällen für die Verwendung eines Modells mit fixen Effekten, doch ist der Verlust an Freiheitsgraden durch die enorme Zahl an Betriebs-Dummy-Variablen, die angepasst werden müssen, sehr erheblich.[36] Der Vorgehensweise in Kapitel VI folgend werden daher im Weiteren Ergebnisse beider Verfahren vorgestellt und verglichen. Die Tatsache, dass die Schätzergebnisse inhaltlich weitgehend übereinstimmen, untermauert deren Stabilität unabhängig von der Entscheidung für das eine oder andere Modell. Die Möglichkeit serieller Autokorrelation, die im Rahmen des Chesher-Modells in Kapitel IX Betonung fand, wird durch einen autoregressiven Prozess erster Ordnung in den Störvariablen berücksichtigt. Da die Ergebnisse gegenüber der Wahl des Datensatzes stabil sind, beschränkt sich die Wiedergabe der Schätzergebnisse auf den Datensatz, der von der Kohorte 1980 abstrahiert (vgl. Tabelle X.3).

Unabhängig davon, ob fixe oder zufällige Effekte modelliert werden, bestätigt die Panelschätzung mit betriebsindividuellen Effekten weitgehend die Ergebnisse der bivariaten Tobit-Regressionen aus dem vorigen Abschnitt. Der signifikant positive Einfluss des konjunkturellen Umfeldes auf das betriebliche Beschäftigungswachstum kann auch im Rahmen der Panelschätzungen jeweils statistisch gesichert nachgewiesen werden.

---

35 Ein Beispiel für eine Untersuchung, die bei der Analyse des Zusammenhangs zwischen Beschäftigungswachstum und Betriebsgröße für die niederländische Industrie ein Random-Effects-Modell verwendet, ist die Studie von Huigen et al. (1991).

36 An dieser Stelle soll die Diskussion um weitere mögliche Vor- und Nachteile beider Modellvarianten nicht erneut vertieft werden. Eine ausführlichere Diskussion der Für und Wider findet man in Kapitel VI. Gegen ein Modell mit zufälligen Effekten könnte insbesondere auch die Tatsache angeführt werden, dass die individuellen Effekte typischerweise mit den Regressoren korreliert sind. Geroski (1998), S. 12f., betont z.B., dass die Betriebsgröße einerseits einen direkten Effekt auf die Unternehmensperformance, hier gemessen an der Beschäftigungsentwicklung, hat, andererseits jedoch indirekt auf das Beschäftigungswachstum einwirkt, da andere exogene Variablen ebenfalls mit der Betriebsgröße variieren.

Der Zusammenhang zwischen Betriebsgröße und Beschäftigungswachstum bleibt negativ und ist dabei erneut von ausgeprägten Nichtlinearitäten gekennzeichnet, wie ein signifikant positiver Koeffizient der quadrierten logarithmierten Beschäftigung verdeutlicht. Mit Blick auf die dritte Potenz der logarithmierten Beschäftigung entspricht nur das Ergebnis der Panelschätzung mit zufälligen Effekten den bisherigen Ergebnissen. Im Gegensatz zu den bivariaten Tobit-Regressionen ist der Koeffizient der dritten Potenz der logarithmierten Beschäftigung bei Panelmodellen mit fixen Effekten ebenfalls positiv.

Tabelle X.3: Beschäftigungswachstum, Betriebsgröße und Betriebsalter in der baden-württembergischen Industrie, Ergebnisse von Panelschätzungen mit individuellen Effekten und AR(1)-Prozess der Störvariablen, 1983-1994, ohne Kohorte 1980, P-Werte in Klammern

	Abhängige Variable: Wachstumsrate der betrieblichen Beschäftigung			
	Panelschätzungen mit fixen Effekten		Panelschätzungen mit zufälligen Effekten	
Log. Größe	-1.219 (0.000)**	-1.161 (0.000)**	-0.271 (0.000)**	-0.461 (0.000)**
(Log. Größe)^2	0.079 (0.000)**	0.045 (0.000)**	0.039 (0.000)**	0.126 (0.000)**
(Log. Größe)^3		0.005 (0.000)**		-0.010 (0.000)**
Log. Alter	-0.308 (0.000)**	-0.298 (0.000)**	-0.045 (0.000)**	-0.047 (0.000)**
(Log. Alter)^2	0.068 (0.002)**	0.067 (0.002)**	0.003 (0.484)	0.002 (0.586)
Log. Größe · Log. Alter	0.026 (0.000)**	0.023 (0.000)**	0.005 (0.055)	0.005 (0.050)
Wachstumsrate des realen BIP	0.196 (0.001)**	0.194 (0.001)**	0.619 (0.000)**	0.621 (0.000)**
Konstante	1.625 (0.000)**	1.608 (0.000)**	0.381 (0.000)**	0.466 (0.000)**
Beobachtungen	36577	36577	44918	44918
Betriebe	7486	7486	8341	8341
Korrelationskoeffizient	0.346	0.347	0.346	0.347
Varianzanteil durch individuelle Effekte	92.0%	92.0%	0.4%	1.0%
Modelltest[37]	3723.1 (0.000)**	3197.6 (0.000)**	3180.6 (0.000)**	3704.4 (0.000)**
F-Test auf fixe Effekte	3.63 (0.000)**	3.55 (0.000)**		
Breusch-Pagan-Test auf individuelle Effekte			23.86 (0.000)**	15.25 (0.000)**
Hausman-Test			13562.1 (0.000)**	12656.4 (0.000)**
R^2 (within)	0.434	0.435	0.220	0.208
R^2 (between)	0.000	0.000	0.001	0.002
R^2 (overall)	0.013	0.013	0.027	0.032

Insoweit bestehen zwar keine Zweifel an der Richtung und einer Nichtlinearität des Zusammenhangs zwischen Betriebsgröße und Beschäftigungswachstum, wohl jedoch an der

37 In Panelmodellen mit fixen Effekten handelt es sich bei dem Modelltest um einen F-Test, im Modell mit zufälligen Effekten um einen Wald-Chi-Quadrat-Test.

konkreten Form der Nichtlinearität. Bereits die nichtparametrischen Regressionen in Abschnitt X.2.1 haben jedoch erkennen lassen, dass die Nichtlinearität im Zusammenhang zwischen Betriebsgröße und Beschäftigung keine triviale Form besitzt.
Der in der Tendenz negative Zusammenhang zwischen Betriebsalter und Beschäftigungswachstum kann ebenfalls belegt werden. Gleichzeitig ist die Panelschätzung mit zufälligen Effekten erneut "näher" an den Ergebnissen der bivariaten Tobit-Regressionen, da der quadratische Effekt hier wieder insignifikant ist, während das Modell mit fixen Effekten im Gegensatz zur bivariaten Tobit-Regression einen signifikant positiven Koeffizienten des quadrierten logarithmierten Alters aufweist.[38] Die positive Interdependenz zwischen Größen- und Alterseffekten bleibt unabhängig von der Modellvariante jeweils auf signifikante Weise bestehen.

Betriebsindividuelle Heterogenität, die im Rahmen der bivariaten Tobit-Regressionen ausgeklammert bleiben musste, ist von entscheidender Bedeutung für den betrieblichen Beschäftigungserfolg. Ein Breusch-Pagan-Test bestätigt höchstsignifikant das Vorliegen individueller Effekte, ein F-Test auf gemeinsame Signifikanz der fixen Effekte in den Fixed-Effects-Modellen zeigt jeweils, dass die betriebsspezifischen Effekte gemeinsam höchstsignifikant ausfallen (vgl. Tabelle X.3).

Während die zeitliche Entwicklung der betrieblichen Beschäftigung insbesondere durch die Konjunkturvariable besser erklärt werden kann, was interne Bestimmtheitsmaße von ungefähr 43% bei den Modellen mit fixen und von ca. 22% bei den Modellen mit zufälligen Effekten zeigen, tragen trotz der ausgeprägten Signifikanzen weder die Betriebsgröße noch das Alter in überzeugendem Maße zur Erklärung von Unterschieden zwischen den Betrieben bei.[39] So fällt das "externe Bestimmtheitsmaß" kaum größer als Null aus und erklärt letztlich das mit ungefähr 0.013 bzw. 0.027 sehr geringe "Gesamtbestimmtheitsmaß" der Modellschätzungen.

---

[38] Ein Blick auf die Ergebnisse der entsprechenden Regressionen für die anderen Datensätze zeigt, dass im Rahmen der Panelschätzungen die Altersvariablen teilweise problematisch sind. Während bei bloßer Berücksichtigung des logarithmierten Alters der Zusammenhang zwischen Betriebsalter und Beschäftigungswachstum immer und ohne Ausnahme negativ ist, führt die Aufnahme des quadrierten Alters teilweise dazu, dass die quadrierte Variable ein signifikant negatives Vorzeichen annimmt und der Zusammenhang somit konkav wird. Für die jeweiligen Mittelwerte dominiert jedoch jeweils der negative Zusammenhang, so dass diese Aussage auch trotz der beschriebenen Unterschiede für alle Datensätze bestätigt werden kann.

[39] Angemerkt werden muss, dass es sich nur bei dem internen Bestimmtheitsmaß der Fixed-Effects-Regression um ein tatsächliches Bestimmtheitsmaß einer Regression handelt, die auf Abweichungen der Beobachtungswerte von den Mittelwerten basiert. In allen anderen Fällen werden die "Bestimmtheitsmaße" als quadrierte Korrelationskoeffizienten berechnet, so dass sie nicht über sämtliche Eigenschaften des gewöhnlichen Bestimmtheitsmaßes einer klassischen OLS-Regression verfügen. Zur Beurteilung des Erklärungsgehalts des Modells können sie jedoch dennoch herangezogen werden.

Die erhebliche Bedeutung der individuellen Heterogenität wird auch daran deutlich, dass der Anteil der fixen Effekte an der erklärten Varianz in beiden Panelmodellen mit fixen Effekten jeweils ungefähr 92% beträgt.

Als Zwischenfazit kann somit festgehalten werden, dass Betriebsgröße und Betriebsalter auch im Rahmen der Panelschätzungen mit individueller Heterogenität zur Erklärung des Beschäftigungswachstums beitragen, unbeobachtete betriebsindividuelle Heterogenitäten jedoch die weitaus wesentlichere Rolle für die betriebliche Beschäftigungsentwicklung spielen.[40] Das wichtigste Ergebnis der ergänzenden Panelschätzungen mit individuellen Effekten besteht somit in der Schlussfolgerung, dass individuelle Heterogenität statistisch höchstsignifikant nachgewiesen werden kann und einen weitaus größeren Erklärungsbeitrag für den betrieblichen Beschäftigungserfolg leistet als die wirtschaftspolitisch so häufig postulierte Betriebsgröße oder aber das Betriebsalter.

3. Empirische Evaluation weiterer Determinanten des Beschäftigungswachstums

Nachdem sich die bisherige Analyse bewusst auf die Interdependenzen zwischen Betriebsgröße, Betriebsalter und Beschäftigungswachstum konzentrierte und dabei nur den Einfluss der konjunkturellen Entwicklung explizit berücksichtigte, wendet sich der folgende Abschnitt nun Modellen zu, in deren Rahmen auch die empirische Relevanz der weiteren in Abschnitt X.1 angesprochenen möglichen Determinanten des Beschäftigungswachstums für die baden-württembergische Industrie überprüft wird. Dabei soll einerseits die Stabilität der bisherigen Ergebnisse beleuchtet und andererseits versucht werden, einen ergänzenden Blick hinter die Kulissen der betriebsindividuellen Heterogenität zu werfen. Zunächst werden erneut bivariate Tobit-Regressionen unter Einbeziehung weiterer erklärender Variablen, jedoch unter Vernachlässigung betriebsindividueller Heterogenität geschätzt. Anschließend wird dann die Robustheit der Schätzergebnisse in Panelmodellen mit individuellen Effekten überprüft.

---

40 Mata (1994), S. 35, gelangt in einer Studie für die portugiesische Industrie ebenfalls zu dem Ergebnis, dass betriebsspezifische Effekte entscheidend zur Erklärung des Wachstums beitragen, und betont dabei, dass ihre mangelnde Berücksichtigung zu einer deutlichen Unterschätzung des negativen Zusammenhangs zwischen Betriebsgröße und Beschäftigungswachstum führt. Auf der Grundlage der vorliegenden Ergebnisse kann man diese Unterschätzung bestätigen, doch gewinnt der Zusammenhang deshalb nicht entscheidend an Bedeutung.

Tabelle X.4: Determinanten des betrieblichen Beschäftigungswachstums, 1983-1994, Ergebnisse bivariater Tobit-Regressionen, Wachstumsgleichung, robuste, geclusterte Standardfehler, ohne Kohorte 1980, P-Werte in Klammern

	Wachstumsgleichung *Abhängige Variable: betriebliche Wachstumsrate*			
Log. Größe	-0.128 (0.000)**	-0.128 (0.000)**	-0.230 (0.000)**	-0.231 (0.000)**
(Log. Größe)²	0.016 (0.000)**	0.016 (0.000)**	0.061 (0.000)**	0.062 (0.000)**
(Log. Größe)³			-0.005 (0.000)**	-0.005 (0.000)**
Log. Alter	-0.063 (0.000)**	-0.063 (0.000)**	-0.065 (0.000)**	-0.066 (0.000)**
(Log. Alter)²	0.001 (0.715)	0.001 (0.723)	0.001 (0.790)	0.001 (0.799)
Log Größe · Log. Alter	0.015 (0.000)**	0.015 (0.000)**	0.016 (0.000)**	0.016 (0.000)**
Wachstumsrate des realen BIP	0.600 (0.000)**	0.618 (0.000)**	0.593 (0.000)**	0.613 (0.000)**
Betriebstyp-Dummy (1 = Einbetriebsunternehmen)	-0.006 (0.470)	-0.005 (0.549)	-0.012 (0.127)	-0.011 (0.162)
Medium-Tech-Dummy (Referenz: High-Tech)	-0.007 (0.350)	-0.005 (0.530)	-0.010 (0.161)	-0.008 (0.280)
Low-Tech-Dummy (Referenz: High-Tech)	-0.001 (0.836)	-0.005 (0.520)	-0.007 (0.294)	-0.011 (0.134)
Wachstumsrate des Branchenumsatzes	0.092 (0.000)**	0.092 (0.000)**	0.093 (0.000)**	0.093 (0.000)**
Logarithmierter Herfindahl-Index	-0.018 (0.000)**	-0.019 (0.000)**	-0.016 (0.000)**	-0.017 (0.000)**
Log. Exportquote		-0.012 (0.001)**		-0.012 (0.000)**
Ausmaß der Skalenerträge	0.019 (0.000)**	0.024 (0.000)**	0.015 (0.000)**	0.021 (0.000)**
Verdichteter Landkreis (Referenz: Stadtkreis)	0.012 (0.040)*	0.012 (0.039)*	0.012 (0.043)*	0.012 (0.042)*
Teilweise verdichteter LK (Referenz: Stadtkreis)	0.007 (0.237)	0.008 (0.166)	0.004 (0.441)	0.006 (0.328)
Schwach verdichteter LK (Referenz: Stadtkreis)	0.018 (0.001)**	0.020 (0.000)**	0.016 (0.002)**	0.018 (0.001)**
Konstante	0.016 (0.612)	-0.047 (0.201)	0.108 (0.000)**	0.042 (0.241)
Beobachtungen	47651	47656	47651	47656
Wald-Modelltest	1031.4 (0.000)**	1041.0 (0.000)**	1011.7 (0.000)**	1021.5 (0.000)**
Log-Likelihood	-29527.1	-29520.8	-29414.4	-29407.6

Tabelle X.4 gibt zunächst für den Datensatz unter Vernachlässigung der Kohorte 1980 die Ergebnisse bivariater Tobit-Regressionen wieder, wobei die Standardfehler erneut robust nach der Methode von Huber (1967) berechnet werden. Die Schätzergebnisse der Selektionsgleichung werden zusammen mit entsprechenden Ergebnisse für die beiden anderen Datensätze in Anhang X.3 wiedergegeben.

Die Betrachtung der Probit-Schätzung zeigt, dass die Überlebenswahrscheinlichkeit der Industriebetriebe c.p. mit steigender Betriebsgröße und steigendem Betriebsalter signifikant zunimmt und eine positive makroökonomische Gesamtsituation das Überleben eines

Betriebes begünstigt (vgl. Anhang X.3). Eine hohe Umsatzkonzentration in einer Branche, ein hohes Ausmaß von Skaleneffekten in einer Industrie sowie ein Standort in einem wenig verdichteten Kreis erhöhen die betrieblichen Überlebenschancen. Weiterhin weisen Einbetriebsunternehmen signifikant höhere Überlebenswahrscheinlichkeiten auf als Betriebe von Mehrbetriebsunternehmen.[41] Dennoch spielt das Problem einer Selektionsverzerrung für die Analyse des betrieblichen Beschäftigungswachstums baden-württembergischer Industriebetriebe weiterhin keine entscheidende Rolle. Der Schätzwert für den Korrelationskoeffizienten zwischen den Residuen der Wachstumsgleichung und der Selektionsgleichung ist zwar jeweils signifikant von Null verschieden, doch bleibt sein Wert stets so gering, dass von dem Selektionsmechanismus keine signifikanten Einflüsse auf die Schätzergebnisse der Wachstumsgleichung ausgehen.

Die in Abschnitt X.2 abgeleiteten inhaltlichen Schlussfolgerungen bezüglich der Zusammenhänge zwischen Beschäftigungswachstum, Betriebsgröße und Betriebsalter sowie die positive Bedeutung der gesamtwirtschaftlichen Entwicklungen finden sich ausnahmslos auch in jeder erweiterten Schätzung der Wachstumsgleichung bekräftigt. Erneut weisen kleine und junge Betriebe c.p. die höchsten Wachstumsraten der Beschäftigung auf, wobei die Interaktionsvariable zwischen dem logarithmierten Alter und der logarithmierten Beschäftigung ohne Ausnahme positiv und signifikant ist, so dass die besondere Rolle der Interdependenzen von Größe und Alter bei der Analyse des Beschäftigungswachstums untermauert wird.
Zwischen Betrieben von Einbetriebs- und Mehrbetriebsunternehmen kann hinsichtlich der Wachstumsrate für die baden-württembergische Industrie kein signifikanter Unterschied festgestellt werden.[42]

Im Einklang mit den Marktstrukturansätzen besitzt das branchenspezifische Umfeld, in dem ein Betrieb agiert, einen statistisch gesicherten Einfluss auf die betriebliche Performance. Bereits eine einfache Schätzung mit Branchen-Dummy-Variablen auf der Zweistellerebene der SYPRO, auf deren Wiedergabe verzichtet wird, zeigt, dass die Branchendummies gemeinsam hochsignifikant sind und zur Erklärung des betrieblichen Beschäftigungswachstums beitragen.

---

41 Eine eingehende Analyse der Determinanten des betrieblichen Überlebens erfolgt in Kapitel XII der vorliegenden Studie im Rahmen von Verweildauermodellen, so dass an dieser Stelle auf eine ausführliche Beschreibung der Ergebnisse der Selektionsgleichung verzichtet wird.

42 Bezieht man auch die Kohorte des Jahres 1980 in die Analysen ein, so deuten die Schätzergebnisse hier auf ein signifikant höheres Beschäftigungswachstum in Einbetriebsunternehmen hin, so dass die inhaltlichen Ergebnisse in dieser Hinsicht vom verwendeten Datensatz abhängen (vgl. Anhang X.3).

Berücksichtigt man daher ausgewählte Branchencharakteristika in expliziter Form, so lassen die Schätzergebnisse unabhängig vom verwendeten Datensatz erkennen, dass eine günstige Branchenkonjunktur gemessen an der Wachstumsrate des Branchenumsatzes die Beschäftigungsentwicklung in hochsignifikanter Weise stimuliert. Weiterhin fällt das betriebliche Wachstum im Durchschnitt um so geringer aus, je ausgeprägter die Marktkonzentration in den Branchen ist. Eine hohe Umsatzkonzentration in einer Industrie behindert c.p. somit das betriebliche Beschäftigungswachstum auf statistisch gesicherte Weise.

Das Ausmaß der Skaleneffekte, die in einer Branche relevant sind, hat ebenfalls den aus den theoretischen Überlegungen des Abschnittes X.1 erwarteten positiven Einfluss auf das Beschäftigungswachstum. Je stärker Skaleneffekte in einer Industrie von Bedeutung sind, desto erheblicher ist c.p. der Größennachteil eines Betriebes und desto eher ist der Betrieb zum Wachsen gezwungen, um somit seine Größennachteile zu kompensieren. Dass dies nicht jedem Betrieb in hinreichendem Maße gelingt, zeigt die signifikant höhere Sterbewahrscheinlichkeit in Branchen mit hohen Skaleneffekten im Rahmen der Selektionsgleichung (vgl. Anhang X.3).

Eine hohe Integration einer Branche in die internationale Arbeitsteilung hat c.p. einen wachstumsbehindernden Effekt. Ein fast ausnahmslos negatives Vorzeichen der Koeffizienten der logarithmierten Exportquote kann als Indiz interpretiert werden, dass tendenziell das Beschäftigungswachstum in Branchen besser ausfällt, die einen geringeren Teil ihres Umsatzes auf Auslandsmärkten erzielen.[43]

Die Ergebnisse bezüglich der Technologiedummies sind ebenfalls uneinheitlich. Verglichen mit der Referenzgruppe der Spitzentechnik weisen sowohl Betriebe der Höherwertigen Technik als Betriebe der Sonstigen Technik geringere Wachstumsraten der Beschäftigung auf, wobei jedoch eine statistische Signifikanz nicht gegeben ist.[44] Insoweit entsprechen diese Schätzergebnisse auf der Grundlage von Mikrodaten den im Rahmen einer nach Technologiegruppen disaggregierten Job-Turnover-Analyse der Arbeitsplatzdynamik abgeleiteten Ergebnissen (vgl. Kapitel VII).[45]

---

43 Allerdings fällt auf, dass diese Signifikanz immer nur dann gegeben ist, wenn gleichzeitig für das Ausmaß betrieblicher Skalenerträge kontrolliert wird, so dass vor einer Überinterpretation dieser Ergebnisse zu warnen ist.

44 Hinzuweisen ist in diesem Zusammenhang auf die Tatsache, dass die Berücksichtigung der branchenspezifischen Skaleneffekte einen beträchtlichen Einfluss auf die Signifikanz der Ergebnisse der Technologiedummies aufweist. Ohne Berücksichtigung des logarithmierten Comanor-Wilson-Maßes ist die Dummy-Variable für Betriebe der Sonstigen Technik signifikant von Null verschieden, unter Berücksichtigung des Maßes bleibt das Vorzeichen zwar negativ, doch geht die Signifikanz häufig verloren.

45 Eine Signifikanz der Zusammenhänge ist nur dann gegeben, wenn man auch die Kohorte des Jahres 1980 in die Analysen einbezieht (vgl. Anhang X.3).

Ein möglicher Einfluss des regionalen Umfeldes auf das betriebliche Beschäftigungswachstum wird zunächst in allgemeiner Form durch die Einbeziehung von Dummy-Variablen für die 44 Kreise Baden-Württembergs berücksichtigt, die gemeinsam jeweils hochsignifikant sind. In Tabelle X.5 sind Schätzergebnisse wiedergegeben, bei denen der Einfluss des regionalen Agglomerationsgrades auf das Wachstum überprüft wird, indem Dummy-Variablen für unterschiedliche Raumtypen angepasst werden, wobei als Referenzgruppe Stadtkreise gewählt werden, die das höchste Ausmaß an Agglomeration aufweisen. Die im Rahmen der bivariaten Tobit-Regressionen ermittelten Koeffizientenschätzungen sind sowohl für verdichtete als auch für teilweise oder schwach verdichtete Landkreise jeweils positiv, so dass das Beschäftigungswachstum in den Landkreisen c.p. besser ausfällt als in Stadtkreisen. Dieses Ergebnis entspricht dem im Rahmen der regionalen Job-Turnover-Analysen in Kapitel VIII abgeleiteten Resultat, dass Kreise mit einer höheren Bevölkerungsdichte c.p. höhere Raten der Jobschaffung und geringere Raten des Jobabbaus aufweisen. Hier könnten sich insbesondere die fehlende Verfügbarkeit freier Gewerbeflächen sowie die daraus resultierenden hohen Preise für Gewerbeflächen in eng besiedelten Kreisen niederschlagen. Eine statistische Signifikanz ist insbesondere für die schwach verdichteten Landkreise, aber auch in den verdichteten Landkreisen gegeben und lässt sich unabhängig vom gewählten Datensatz bestätigen (vgl. Anhang X.3).

Zur Kontrolle der Stabilität der inhaltlichen Schlussfolgerungen der bivariaten Tobit-Regressionen sowie zur Überprüfung der Bedeutung betriebsindividueller Heterogenität werden abschließend erneut Panelschätzungen mit individuellen Effekten durchgeführt. Da zeitinvariante Einflussgrößen in Panelmodellen mit fixen Effekten nicht berücksichtigt werden können, kann das obige Gesamtmodell nur unter Verwendung zufälliger Betriebseffekte geschätzt werden. Auf der Grundlage fixer Effekte wird daher zum Vergleich nur eine um die zeitkonstanten Variablen verminderte Modellvariante geschätzt.

Tabelle X.5: Determinanten des betrieblichen Beschäftigungswachstums, 1983-1994, Ergebnisse von Panelschätzungen mit fixen und zufälligen Effekten und AR(1)-Prozess, ohne Kohorte 1980, P-Werte in Klammern

	Abhängige Variable: Betriebliche Wachstumsrate der Beschäftigung		
	Panelschätzung mit fixen Effekten	Panelschätzungen mit zufälligen Effekten	
Log. Größe	-1.160 (0.000)**	-0.458 (0.000)**	-0.459 (0.000)**
(Log. Größe)²	0.046 (0.000)**	0.124 (0.000)**	0.124 (0.000)**
(Log. Größe)³	0.005 (0.000)**	-0.010 (0.000)**	-0.010 (0.000)**
Log. Alter	-0.278 (0.000)**	-0.047 (0.000)**	-0.046 (0.000)**
(Log. Alter)²	0.060 (0.005)**	0.002 (0.578)	0.002 (0.606)
Log Größe · Log. Alter	0.024 (0.000)**	0.005 (0.043)*	0.005 (0.044)*
Wachstumsrate des realen BIP	0.227 (0.000)**	0.576 (0.000)**	0.578 (0.000)**
Wachstumsrate des Branchenumsatzes	0.029 (0.001)**	0.074 (0.000)**	0.074 (0.000)**
Betriebstyp-Dummy (1 = Einbetriebsunternehmen)			-0.036 (0.000)**
Medium-Tech-Dummy (Referenz: High-Tech)			0.004 (0.684)
Low-Tech-Dummy (Referenz: High-Tech)			-0.006 (0.580)
Logarithmierter Herfindahl-Index	-0.057 (0.000)**	-0.026 (0.000)**	-0.024 (0.000)**
Log. Exportquote	-0.049 (0.006)**	-0.013 (0.011)*	-0.015 (0.005)**
Ausmaß der Skalenerträge	0.062 (0.000)**	0.034 (0.000)**	0.033 (0.000)**
Verdichteter Landkreis (Referenz: Stadtkreis)			0.013 (0.153)
Teilweise verdichteter LK (Referenz: Stadtkreis)			0.003 (0.710)
Schwach verdichteter LK (Referenz: Stadtkreis)			0.019 (0.020)*
Konstante	1.122 (0.000)**	0.117 (0.011)*	0.157 (0.003)**
Beobachtungen	36573	44913	44913
Betriebe	7485	8340	8340
Korrelationskoeffizient	0.345	0.345	0.345
Varianzanteil durch individuelle Effekte	92,0%	1,1%	1,2%
Modelltest[46]	2035.2 (0.000)**	3849.7 (0.000)**	3881.9 (0.000)**
F-Test auf fixe Effekte	3.54 (0.000)**		
R^2 (within)	0.435	0.210	0.211
R^2 (between)	0.000	0.003	0.003
R^2 (overall)	0.013	0.035	0.035

Unabhängig von der geschätzten Modellvariante sind die inhaltlichen Schlussfolgerungen sehr robust und stimmen fast ausnahmslos mit den Ergebnissen der bivariaten Tobit-

[46] Im Panelmodell mit fixen Effekten handelt es sich bei dem Modelltest um einen F-Test, im Modell mit zufälligen Effekten um einen Wald-Chi-Quadrat-Test.

Regressionen überein. Abweichend von den Ergebnissen der Tobit-Regressionen behält die Dummy-Variable für den Betriebstyp zwar ihr negatives Vorzeichen, ist jedoch nun signifikant von Null verschieden.[47] Ein möglicher Einfluss der Technologieorientierung auf das betriebliche Beschäftigungswachstum kann weiterhin nicht auf statistisch gesicherte Weise nachgewiesen werden.[48]
Betont werden muss jedoch erneut, dass der Erklärungsgehalt der berücksichtigten Regressoren auch in diesen erweiterten Modellen trotz der Stabilität der gefundenen Ergebnisse eher gering ausfällt. Der quadrierte Korrelationskoeffizient zwischen den angepassten Werten und den tatsächlichen Beobachtungswerten, der näherungsweise als "Gesamtbestimmtheitsmaß" bezeichnet werden kann, beträgt selbst im "Totalmodell" mit zufälligen Effekten nur 0.035. Damit ist offensichtlich, dass betriebsindividuelle Heterogenität, die erneut jeweils statistisch höchstsignifikant nachgewiesen werden kann, die dominierende Rolle bei der Erklärung der betrieblichen Beschäftigungsentwicklungen spielt.

Tabelle X.6 fasst die für die baden-württembergische Industrie und die Jahre 1983 bis 1994 in alternativen Modellschätzungen gefundenen inhaltlichen Ergebnisse bezüglich möglicher Determinanten des betrieblichen Beschäftigungswachstums zusammen.

---

47 Auf die Unterschiede zwischen der Panelschätzung mit fixen und mit zufälligen Effekten bezüglich der Nichtlinearität des Einflusses der Betriebsgröße und des Betriebsalters wurde bereits in Abschnitt X.2.3 hingewiesen.

48 Auch bei ergänzender Berücksichtigung der Wachstumsrate der Arbeiterstundenlöhne als Regressor, die nicht für alle Betriebe im Datensatz berechnet werden kann, bleiben sämtliche inhaltliche Ergebnisse stabil. Der Koeffizient des betrieblichen Lohnwachstums der Vorperiode weist ein positives Vorzeichen auf, das jedoch nicht Ausdruck der Tatsache ist, dass höhere Arbeiterstundenlöhne c.p. zu einer höheren Arbeitsnachfrage führen. Vielmehr scheint es plausibel zu sein, dass typischerweise in expandierenden Branchen einerseits aufgrund günstiger Bedingungen höhere Löhne gezahlt werden können, andererseits jedoch auch teilweise höhere Löhne gezahlt werden müssen, um qualifizierte Arbeitskräfte an den Betrieb zu binden.

Tabelle X.6: Determinanten des betrieblichen Beschäftigungswachstums, 1983-1994 – ein zusammenfassender Überblick über die Ergebnisse der alternativen Schätzverfahren

	Determinante	Einfluss auf die betriebliche Wachstumsrate
Betriebsspezifische Charakteristika	Betriebsgröße	- (aber nichtlinear)
	Betriebsalter	- (positive Interdependenz mit Betriebsgröße)
	Betriebstyp (Einbetriebsunternehmen)	(-)
Branchenspezifische Charakteristika	Branchendummies (Zweisteller SYPRO)	signifikant
	Branchenkonjunktur	+
	Konzentration	-
	Skaleneffekte	+
	Exportorientierung	-
	Technologie	0
Regionale Charakteristika	Kreisdummies	signifikant
	Agglomerationsgrad	-
Makroökonomische Rahmenbedingungen	Wachstumsrate des realen BIP	+

4. Implikationen, Schlussfolgerungen und Ausblick

Die vorliegende Studie bestätigt für die baden-württembergische Industrie, dass Gibrats These vom stochastischen Wachstum sowohl für die Gesamtindustrie als auch für Gruppen von Betrieben abzulehnen ist. Sie steht damit im Einklang mit einer Vielzahl von Studien, die ebenfalls auf der Grundlage von Betriebs- oder Unternehmensdaten Gibrats Gesetz verwerfen. Für diese Ablehnung zeichnet sich jedoch weniger ein systematischer Wachstumsvorteil kleinerer Betriebe, als vielmehr eine negative Autokorrelation der betrieblichen Beschäftigungsentwicklungen im Zeitablauf verantwortlich. Ausgehend von der Erkenntnis, dass das Firmenwachstum nicht als stochastisch und damit zufällig betrachtet werden kann, wird der Versuch unternommen, den empirischen Gehalt theoretischer, systematischer Einflussfaktoren des Firmenwachstums für die baden-württembergische Industrie zu überprüfen. Dabei zeigt sich, dass das Alter eines Betriebes, Interdependenzen zwischen Betriebsalter und Betriebsgröße sowie Nichtlinearitäten im Zusammenhang zwischen Größe und Betriebswachstum zu einer Erklärung des unterschiedlichen Wachstumspotenzials von Betrieben beitragen können. Insbesondere überlebende, junge Kleinbetriebe verfügen über besonders günstige Wachstumsraten, während ältere Kleinbetriebe häufig im Durchschnitt geringere Wachstumsraten aufweisen als ihre größeren Mitbewerber. Somit wird deutlich, dass die Aussage, dass kleine Betriebe ein höheres Wachstumspotenzial besitzen, auch deshalb zu verallgemeinernd ist, da sie von bestehenden Interdependenzen zwischen Betriebsalter, Betriebsgröße und Betriebswachstum abstrahiert.

Im Rahmen alternativer Modellschätzungen kann nachgewiesen werden, dass neben der Größe und dem Alter eines Betriebes sowohl die konjunkturelle Gesamtentwicklung als auch das branchenspezifische und das regionale Umfeld, in dem ein Betrieb agiert, den betrieblichen Beschäftigungserfolg maßgeblich beeinflussen. Somit tragen zahlreiche der in Abschnitt X.1 angesprochenen Erklärungsansätze für die baden-württembergische Industrie tatsächlich zu einer Begründung des betrieblichen Beschäftigungswachstums bei, ohne dabei jedoch eine zufriedenstellende Gesamterklärung liefern zu können. Gerade auch im Rahmen der Panelschätzungen mit betriebsspezifischen Effekten kann gezeigt werden, dass betriebsindividuelle Heterogenitäten, die nicht auf Unterschieden in der Größe oder im Alter beruhen, von hochsignifikanter Bedeutung für das betriebliche Beschäftigungswachstum sind und einen dominierenden Beitrag zur Erklärung des betrieblichen Beschäftigungswachstums leisten, der auch die Intensität der Zusammenhänge zwischen Wachstum, Betriebsgröße und Betriebsalter in einem modifizierten Licht erscheinen lässt. Zwar bleiben die Effekte des Alters, der Betriebsgröße und der weiteren Einflussfaktoren auch bei Berücksichtigung betriebsspezifischer Heterogenitäten erhalten, gleichzeitig muss ihre Bedeutung für das betriebliche Beschäftigungswachstum jedoch deutlich relativiert werden.[49]
Die betrieblichen Wachstumsraten der Beschäftigung bleiben somit trotz nachgewiesener Abhängigkeiten in großem Maße betriebsspezifisch und sind eben auch nicht vorwiegend die Folge vermeintlicher Größen- oder Altersvorteile bestimmter Betriebsgruppen. Diese dominierende Rolle betriebsindividueller Heterogenitäten für den betrieblichen Beschäftigungserfolg untermauert damit auch erneut Zweifel an der Relevanz von Modellen, die mit repräsentativen Wirtschaftsakteuren argumentieren.[50]

Für eine noch eingehendere Analyse der Determinanten des betrieblichen Beschäftigungswachstums fehlen im verwendeten amtlichen Datensatz Informationen über weitere, möglicherweise ebenfalls relevante Einflussvariablen. Exemplarisch müssen hier insbeson-

---

[49] Zu demselben Ergebnis gelangen auch Jensen/McGuckin (1997), S. 33, die ebenfalls die erhebliche Bedeutung unbeobachteter Heterogenität betonen, die durch die Größe und das Alter eines Betriebes nicht erfasst werden kann.

dere personenbezogene Informationen über die Bildung oder das unternehmerische Talent der leitende Verantwortung tragenden Personen oder Personengruppen, Informationen über die Qualifikation des betrieblichen Personals, betriebsspezifische Informationen über das Ausmaß der individuellen Innovations- und Forschungstätigkeit, Art und Diversifikation der betriebsindividuellen Produktpaletten, betriebsspezifische Informationen über das Ausmaß der Arbeits- oder Kapitalkosten oder Angaben über Ausgaben für Marketingaktivitäten genannt werden.[51] Insoweit sind die inhaltlichen Ergebnisse der vorliegenden Studie konsistent mit der Intuition, dass es kaum möglich sein dürfte, über den möglichen Beschäftigungserfolg einer Firma oder eines Betriebes fundierte Aussagen zu treffen, ohne zum Beispiel über die Kenntnis ihrer individuellen Kompetenzen, ihrer zukünftigen Handlungspläne oder auch der Qualität ihrer Unternehmensleitung zu verfügen.

Kernkompetenz-Modelle tragen dieser betriebsindividuellen Heterogenität zumindest insoweit Rechnung, als sie betonen, dass die eigentlichen Ursachen für den Beschäftigungserfolg auf der Individualebene der Betriebe gesucht werden müssen. Daher ist vielleicht der Vorschlag von Geroski (1998) als hilfreich einzustufen, der sich von einer bewussten Fokussierung empirischer Studien auf die Analyse der Historie einzelner Betriebe im Zeitablauf tiefere Einsichten in die Erfolgsfaktoren des betrieblichen Beschäftigungswachstums verspricht. Andererseits könnte die Tatsache, dass man am Ende einer Analyse möglicher Determinanten des Beschäftigungswachstums zwar eine Vielzahl potenzieller Einflussfaktoren finden konnte, deren Erklärungsbeitrag jedoch jeweils eher gering ist, den Befürwortern stochastischer Theorien des Firmenwachstums neue Argumente liefern. McCloughan (1995) entwickelt z.B. ausgehend von den in der Empirie gefundenen typischen Verletzungen des Gesetzes von Gibrat ein stochastisches Wachstumsmodell, das unter Berücksichtigung von Gründungen und Schließungen und unter Beachtung dieser Verletzungen der empirischen Realität näher kommt als ursprüngliche stochastische Modelle. Im Gegensatz zu den früheren Modellen des stochastischen Firmenwachstums, die unter bestimmten restriktiven Annahmen zu einer geschlossenen Lösung in Form einer bestimmten linkssteilen Verteilung gelangten, basiert McCloughans Analyse jedoch auf Computersimulationen, ohne dabei eine konkrete Verteilung der Betriebsgrößen angeben zu können.

---

[50] Vgl. dazu auch die Ausführungen in Kapitel II.1.3.

[51] Vgl. dazu auch Geroski (1998), S. 19ff.
Basu/Goswami (1999) untersuchen Determinanten des Beschäftigungswachstums südostasiatischer Unternehmen auf dem britischen Auslandsmarkt und berücksichtigen dabei insbesondere die mögliche Bedeutung kultureller und sozioökonomischer Determinanten.

Vor dem Hintergrund der vorliegenden Ergebnisse muss aus wirtschaftspolitischer Sicht erneut vor einer vorschnellen wirtschaftspolitischen Präferierung spezieller Betriebsgruppen gewarnt werden. Während die These, dass kleine und mittlere Betriebe Motoren des Beschäftigungswachstums seien, ohnehin als viel zu undifferenziert und zu pauschal abzulehnen ist[52], bleibt aufgrund der erheblichen Bedeutung betriebsspezifischer Effekte und Heterogenitäten gerade auch mit Blick auf das Wissen um die Probleme der Ausgestaltung und der Zielgenauigkeit wirtschaftspolitischer Maßnahmen jegliche Begünstigung spezieller Firmengruppen – wie insbesondere auch die pauschale Präferierung junger, kleinerer Betriebe – fragwürdig. Zu bedenken ist weiterhin, dass ergänzend auch indirekte Effekte, wie z.B. das Sterben, Schrumpfen oder Wachsen von Mitbewerbern oder Zulieferern, berücksichtigt und quantifiziert werden müssten, um endgültige Aussagen über bestehende Zusammenhänge zwischen der Betriebsgröße und dem Beschäftigungswachstum treffen zu können. Insoweit finden sich die auf der Grundlage einer größenklassenabhängigen Job-Turnover-Analyse der Arbeitsplatzdynamik in Kapitel V getroffenen skeptischen Schlussfolgerungen bezüglich einer pauschalen Präferierung der Betriebe nach ihrer Betriebsgröße auch im Rahmen ökonometrischer und panelökonometrischer Analysen bestätigt.

---

52 Vgl. dazu auch die Ausführungen in Kapitel V.

TEIL 4: Markteintritt, Überleben und Marktaustritt – Eine empirische Analyse der Determinanten des Erfolgs von Neugründungen in der baden-württembergischen Industrie

Obwohl bei der bisherigen Analyse der Arbeitsplatzdynamik in der baden-württembergischen Industrie die relative Bedeutung von neu auftretenden und wegfallenden Betrieben immer wieder angesprochen wurde, stand in den Teilen 1 bis 3 dieser Arbeit stets die Jobschaffung und der Jobabbau sämtlicher Industriebetriebe im Vordergrund der Betrachtungen. Der abschließende vierte Teil der Arbeit wendet sich daher nun einer detaillierten empirischen Analyse der Bedeutung von Neugründungen und Schließungen baden-württembergischer Industriebetriebe für die Entwicklung der Industriebeschäftigung in den Jahren 1980 bis 1999 zu.

Nach traditioneller Auffassung werden Gründungen und Schließungen als regulatives Element eines marktlichen Wettbewerbsprozesses betrachtet, die das Marktsystem zurück ins langfristige Gleichgewicht führen. Existiert in einer Branche bzw. auf einem abgegrenzten Markt ein Überschuss der erzielbaren Profite über die langfristigen Durchschnittskosten, so können ökonomische Anreize zur Gründung eines neuen Betriebes bestehen, in deren Zuge die Überschussprofite am Markt abgebaut werden. In einer breiteren Interpretation wird Gründungen jedoch eine Vielzahl alternativer Wirkungen zugeschrieben, die über die bloße Funktion eines regulativen Elementes hinausgehen. Da neu gegründete Betriebe häufig mit neuartigen, effizienten Technologien ausgestattet werden, können Gründungen im Marktprozess z.B. eine wichtige Rolle als Vehikel für die Einführung und Verbreitung technologischer Neuerungen spielen. Weil sich die Neugestaltung der betrieblichen Faktorausstattung bei der Gründung eines Betriebes unmittelbar an den gegebenen Nachfragebedingungen und veränderten Faktorpreisen orientieren kann und keine Reallokation von Produktionsfaktoren voraussetzt, erleichtern Gründungen die Anpassung an veränderte Umwelt- und Marktbedingungen und spielen somit eine wichtige Rolle für die Veränderungs- und Anpassungsfähigkeit einer Volkswirtschaft.

> "Incentives and impediments to entry and exit affect the mobility of resources in the economy. Expansion and contraction of existing firms move resources around too, but entry and exit can also affect the levels of competition and production efficiency in markets, as well as facilitate innovation and change."[1]

---

[1] Siegfried/Evans (1994), S. 121.

Die empirische Gründungsforschung gibt jedoch auch Hinweise, die Zweifel an der Auffassung belegen, dass man Gründungen als Allheilmittel zur Restrukturierung bestehender Märkte betrachten kann. Geroski (1992) weist auf der Grundlage alternativer Studien für die europäische Industrie darauf hin, dass die Bedeutung von Gründungen für etablierte Märkte deutlich geringer ist, als häufig erwartet oder behauptet wird. Eine besondere Rolle für das Marktgeschehen schreibt Geroski Gründungen insbesondere in frühen Phasen eines Produktlebenszyklus zu, in denen die Anpassung der Produkteigenschaften an die Bedürfnisse der Nachfrager besonderes relevant ist. Insoweit bezeichnet Geroski Gründungen als "at best a highly specific tool of restructuring".[2]

Auch und gerade aus wirtschaftspolitischer Sicht ist eine empirische Analyse des Beschäftigungsbeitrags von Neugründungen von Interesse, da Neugründungen regelmäßig als besondere Hoffnungsträger der Beschäftigungsentwicklung gesehen werden, von denen man sich auch auf dem Arbeitsmarkt wichtige Impulse erhofft und für die daher häufig eine wirtschaftspolitische Präferierung gefordert wird.

Zur Systematisierung unterschiedlicher empirischer Studien des Gründungsverhaltens kann man zunächst zwischen Untersuchungen unterscheiden, die den Markteintritt selbst in den Mittelpunkt der Betrachtung stellen, und Studien, die sich auf die "post-entry-performance" von Betrieben, also den Erfolg in der Zeit nach dem Markteintritt, konzentrieren. Bei den Analysen zur post-entry-performance kann man ergänzend danach differenzieren, ob das betriebliche Wachstum – z.B. des Umsatzes oder der Beschäftigung – in der Folgezeit der Gründung Gegenstand der Analysen ist ("Wachstumsmodelle") oder das Überleben und Sterben von Neugründungen im Zeitablauf in den Mittelpunkt der Betrachtungen gestellt wird ("Survivalmodelle").

Lange Zeit stand die empirische Gründungsforschung vor dem Problem, dass einerseits empirische Studien regelmäßig zu dem Ergebnis kommen, dass Markteintrittsschranken von erheblicher Bedeutung sind: "Econometric estimates of the height of entry barriers suggest that they are high."[3] Andererseits untermauern vorliegende Studien fast ausnahmslos, dass trotz ausgeprägter Markteintrittsbarrieren das Gründungsaufkommen typischerweise ebenfalls beträchtlich ist: "Entry is common. Large numbers of firms enter most markets in most years."[4]

---

2 Geroski (1992), S. 158.
3 Geroski (1995), S. 429.
4 Geroski (1995), S. 422.

Diese vermeintliche Inkonsistenz der empirischen Ergebnisse wird inzwischen damit begründet, dass Markteintrittsbarrieren weniger den Marktzugang selbst als vielmehr insbesondere das Überleben in der Folgezeit der Gründung in erheblichem Maße erschweren, so dass "Überlebenshindernisse" als gravierender einzustufen sind als Marktzutrittsschranken.[5]
Zahlreiche empirische Arbeiten bestätigen inzwischen, dass gerade die Überlebenschancen neu gegründeter Betriebe und insbesondere neu gegründeter Kleinbetriebe vergleichsweise gering sind.[6] Diese besondere Schwierigkeit des Überlebens in der Folgezeit der Gründung gilt in der Literatur inzwischen ebenfalls als stilisiertes Faktum: "Entry is easy, but survival and post-entry market penetration is not."[7] Aufgrund dieser Erkenntnis hat sich der Forschungsschwerpunkt in der empirischen Gründungsforschung in den vergangenen Jahren von einer Analyse der Determinanten des Markteintritts hin zu einer Untersuchung der post-entry-performance verschoben.

Es liegt auf der Hand, dass zwischen der Markteintrittsentscheidung eines Betriebes und dem Erfolg nach der Gründung enge inhaltliche Interdependenzen bestehen. Ebenso steht die Fähigkeit, in der Zeit nach dem Markteintritt überleben zu können, in unmittelbarem Zusammenhang mit der Beschäftigungsentwicklung in der Folgezeit der Gründung.
Daher können typischerweise Industriecharakteristika, die den Marktzutritt beeinflussen, gleichzeitig auch als Determinanten der Überlebenschancen interpretiert werden. Desgleichen haben Faktoren, die das betriebliche Überleben in signifikantem Maße begünstigen, typischerweise auch einen signifikanten Einfluss auf das Beschäftigungs- oder Umsatzwachstum der Neugründungen in der Zukunft. Insoweit ist es einsichtig, dass theoretische Erklärungsansätze, die zur Begründung des betrieblichen Beschäftigungswachstums herangezogen werden können, regelmäßig unmittelbar oder in modifizierter Form auch zur Erklärung der Überlebensfähigkeit verwendet werden können.

Kapitel XI wendet sich ausgehend von begrifflichen Definitionen (vgl. Abschnitt XI.1) zunächst in Abschnitt XI.2 einer deskriptiven Analyse des Gründungs- und Schließungsgeschehens in der baden-württembergischen Industrie von 1980 bis 1999 zu und überprüft dabei, ob Geroskis stilisierte Fakten des Gründungsgeschehens auch für die baden-württembergische Industrie bestätigt werden können. In Abschnitt XI.3 wird der Versuch unternommen, das relative Ausmaß der Gründungen in einer Branche mit Hilfe branchenspezifischer

---

5 Vgl. z.B. Geroski (1992), S. 154, oder Audretsch (1995a, 1995b).

6 Vgl. dazu Kapitel XII dieser Arbeit und die dortigen Verweise auf empirische Studien zu den Überlebenschancen neu gegründeter Betriebe.

Charakteristika zu erklären und somit herauszuarbeiten, welche Industriecharakteristika einen Markteintritt erleichtern oder behindern. Kapitel XII stellt dann die post-entry-performance der Gründungen in den Mittelpunkt der Überlegungen und widmet sich der Frage, welche betriebsindividuellen, branchenspezifischen oder auch regionalen Charakteristika das Überleben von Neugründungen beeinflussen.

XI. Determinanten des Auftretens von Gründungen und Schließungen in der baden-württembergischen Industrie von 1980 bis 1999

1. Abgrenzung und Operationalisierung

1.1 Zum verwendeten Gründungs- und Schließungsbegriff

Ein wichtiges Problem bei Studien zur Gründungsdynamik stellt die konkrete Abgrenzung des verwendeten Gründungsbegriffs dar. Ergebnisse bisheriger Studien lassen erwarten, dass sowohl die Determinanten des Markteintritts als auch der post-entry-performance in entscheidendem Maße vom unterstellten Gründungsbegriff abhängen.[8]

Beschäftigt man sich auf der Grundlage betrieblicher Individualdaten mit einer Analyse des Ausmaßes und der Erfolgsfaktoren von Neugründungen, so muss zunächst darauf hingewiesen werden, dass mit Hilfe der verfügbaren Betriebsdaten nur tatsächliche Gründungen (*"actual entries"*) berücksichtigt werden können. Dabei muss jedoch ein möglicher wettbewerbsintensivierender Effekt, der bereits von der Gefahr potenzieller Markteintritte (*"potential entries"*) ausgehen kann, ausgeklammert bleiben.

Prinzipiell versteht man unter einer *originären Gründung* die Gründung eines Unternehmens oder Betriebes, bei der die betriebliche Faktorkombination völlig neu aufgebaut werden muss. Im Rahmen *derivativer Gründungen* dagegen wird im Zuge einer Betriebsübernahme bzw. einer Akquisition oder Fusion auf bereits bestehende Faktorkombinationen zurückgegriffen.[9] Ein abschließende Unterscheidung originärer und derivativer Gründungen ist anhand der verfügbaren Datenbasis nicht möglich. Ein Betrieb, der neu in den Berichtskreis aufgenommen wird, ist daher prinzipiell nur als potenzielle Neugründung, nicht jedoch zwingend tatsächlich als originäre Neugründung zu betrachten. Bereits bei den Ausführungen zur Analyse der Arbeitsplatzdynamik in Kapitel II.4.1 wurde ausführlich darauf eingegangen,

---

7 Geroski (1992), S. 150.

8 Vgl. z.B. Mata (1993), S. 118.

9 Vgl. dazu Wenz (1993), S. 9.

dass sich hinter einem neu auftretenden Betrieb zum Beispiel auch Regionswechsler, die ihren Sitz nach Baden-Württemberg verlagert haben, oder Schwerpunktwechsler, die ihren Tätigkeitsschwerpunkt in den industriellen Sektor gelegt haben, verbergen können. Um dennoch mögliche Unschärfen bei der Interpretation zu reduzieren und die Stabilität der abgeleiteten Ergebnisse zu überprüfen, wird im Folgenden der in der Literatur gängigen "Notlösung" gefolgt und eine Abgrenzung mit Hilfe der Beschäftigtenzahl vorgenommen. Hinter dieser Näherungslösung verbirgt sich die Erkenntnis, dass es sich insbesondere bei originären Gründungen typischerweise um sehr kleine Betriebe bzw. Unternehmen handelt. Als Abschneidegrenzen werden alternativ 20 und 50 Beschäftigte verwendet. Obwohl diese Vorgehensweise keineswegs unproblematisch ist, hat sie sich in zahlreichen Studien zumindest als praktikabel erwiesen.[10]

Eine aus inhaltlicher Sicht gebotene Unterscheidung kann man anhand der amtlichen Daten mit Blick auf die Selbständigkeit des neu gegründeten Betriebes danach treffen, ob es sich um die Gründung eines rechtlich selbständigen Einbetriebsunternehmens ("*de novo entry*") oder aber eine Betriebsgründung im Rahmen eines Mehrbetriebsunternehmens und somit um eine Diversifikationsgründung handelt ("*diversified entry*")[11]. Sowohl hinsichtlich der Gründungsmotive als auch der späteren Lebensbedingungen lassen sich Argumente anführen, dass zwischen beiden Gründungstypen systematische Unterschiede bestehen können. Während einer Gründung im Rahmen von Mehrbetriebsunternehmen regelmäßig einzig monetäre Beweggründe zugrunde liegen, kann der Wunsch nach Selbständigkeit gerade bei kleinsten Einbetriebsunternehmen zumindest eine ergänzende Rolle spielen. Ein ungleicher Zugang zu internen und externen Ressourcen sowie unterschiedliche Möglichkeiten der Befriedigung des Kapitalbedarfs lassen ebenfalls erwarten, dass es Sinn macht, zwischen beiden Gründungstypen zu unterscheiden. Erfolgt die Gründung neuer Betriebe in Branchen, in denen das Mutterunternehmen oder aber andere Betriebe bereits am Markt tätig sind, so besitzen diese gegenüber Einbetriebsunternehmensgründungen den Vorteil, dass einerseits die Wettbewerbsbedingungen am Markt bereits bekannt sind, andererseits davon profitiert werden kann, dass

---

[10] Vgl. z.B. die entsprechende Vorgehensweise bei Wagner (1994a), S. 213f.

[11] Dunne et al. (1988), S. 496, unterscheiden in einer Studie für die US-Industrie drei Typen von neu gegründeten Betrieben. Neben Gründungen von Einbetriebsunternehmungen und Betriebsgründungen im Rahmen von Mehrbetriebsunternehmungen, die auch im Folgenden analysiert werden, betonen die Autoren auch die Möglichkeit der Diversifikation durch Veränderung des Produktprogramms in bestehenden Betrieben und somit die Möglichkeit des Eintritts auf neue Märkte mit bestehenden Betrieben. Mata (1993) unterteilt Diversifikationsgründungen im Rahmen von Mehrbetriebsunternehmen in drei Gruppen: neben Expansionsgründungen, bei denen das Mutterunternehmen in derselben Branche tätig ist, spricht Mata von Extensionsgründungen, wenn ein Betrieb in einer verwandten Branche gegründet wird, und von reinen Diversifikationsgründungen, wenn der Tätigkeitsschwerpunkt des Betriebs sich vom Tätigkeitsschwerpunkt des Mutterunternehmens deutlich unterscheidet. Vgl. Mata (1993), S. 102f.

bestehende Betriebe bereits eine Reputation am Markt besitzen und die Produkte den Konsumenten ansatzweise bekannt sind.[12]

Auf die Möglichkeit der Unterscheidung, ob das Mutterunternehmen seinen Sitz in oder außerhalb Baden-Württembergs hat, wird kein Bezug genommen, eine Differenzierung zwischen dem Markteintritt von in- und ausländischen Betrieben ist anhand des Betriebspaneldatensatzes nicht möglich.[13]

Als Betriebsschließung wird in der vorliegenden Studie vereinfachend der Wegfall eines Betriebes aus dem Berichtskreis der amtlichen Industriestatistik bezeichnet, wobei tatsächliche Schließungen erneut von Regions- und Bereichswechslern oder aber Betriebsübernahmen überlagert werden können. Inhaltlich geboten wäre zudem eine Unterscheidung zwischen einer freiwilligen Unternehmens- oder Betriebsschließung, wie sie z.B. erfolgt, wenn in Personenunternehmen die leitenden Personen altersbedingt ausscheiden und kein Nachfolger gefunden wurde, und einer ökonomisch bedingten Schließung, die zwangsweise im Anschluss an ein Insolvenzverfahren erfolgt.[14] Der im Folgenden verwendete Schließungsbegriff muss jedoch sowohl ökonomisch bedingte als auch freiwillige Schließungen umfassen.[15]

Allerdings verfügt der amtliche Datensatz trotz der beschriebenen Mängel auch über Vorteile, die ihn insbesondere gegenüber Daten, die auf der Gewerbemeldestatistik basieren, für eine Analyse des Gründungs- und Schließungsverhaltens auszeichnen. Neben der Regelmäßigkeit der Datenerhebung und der vergleichsweise hohen Zuverlässigkeit der Angaben enthält die Industriestatistik keine Scheinanmeldungen, die zur Nutzung steuerlicher und sonstiger Vorteile in der Gewerbemeldestatistik häufig auftreten. Gleichzeitig ist ein "Vergessen" des Abmeldens, das bei Gewerbemeldedaten immer wieder vorkommen kann, da eine unterlassene Gewerbeabmeldung nicht bestraft wird, kein relevantes Problem.[16] Doppelzählungen, wie sie im Rahmen der Gewerbemeldestatistik gehäuft auftreten können, spielen für den amtlichen Datensatz ebenfalls keine Rolle. Außerdem enthält der amtliche Datensatz im

---

12 Vgl. Mata (1993), S. 107.

13 Vgl. hierzu z.B. Gorecki (1976).

14 Vgl. dazu z.B. Honjo (2000), der sich in seiner Studie der japanischen Industrie bewußt auf Schließungen aus ökonomischen Notwendigkeiten beschränkt und nicht die Gesamtzahl aller wegfallenden Betriebe betrachtet. Woywode (1998) unterscheidet bei seiner Arbeit auf der Grundlage des Mannheimer Unternehmenspanels ebenfalls zwischen Schließungen durch Insolvenz und freiwilligen Schließungen.

15 Für eine eingehendere Beschreibung der Probleme bei der Identifikation von Neugründungen und Schließungen vgl. z.B. Fritsch/Niese (1999a).

16 Vgl. dazu auch Schasse (1992), S. 34, Harhoff/Steil (1997), S. 18ff., sowie Schulz (1995).

Gegensatz zu zahlreichen anderen Studien auch Angaben über Kleinstbetriebe, deren Erfassung für eine Analyse des Gründungsgeschehens von besonderer Bedeutung ist.[17]

1.2 Definition alternativer Gründungs- und Schließungsmaße

In der Literatur finden alternative Konzepte zur Messung des Gründungsverhaltens Verwendung.[18] Das Verhältnis der von t-1 auf t neu gegründeten Betriebe zur Gesamtzahl aller Betriebe im Jahr t-1 wird im Weiteren der üblichen Bezeichnung der empirischen Gründungsforschung folgend als *(Brutto-)Gründungsrate* (*gross entry rate*) bezeichnet, der Anteil der schließenden Betriebe entsprechend als *(Brutto-)Schließungsrate* (*gross exit rate*).[19] Da die neu auftretenden Betriebe sowohl mit Blick auf ihre Beschäftigung als auch ihren Gesamtumsatz unterschiedlich bedeutend für das Marktgeschehen sind, stellen Gründungsintensitäten nicht auf die relative Zahl der Betriebe, sondern die relative Bedeutung der Gründungen für die Beschäftigung ab. Als *(Brutto-)Gründungsintensität* (*gross entry intensity*, *gross market penetration*) wird daher im Folgenden das Verhältnis der durch die Gründungen geschaffenen Arbeitsplätze zur Ausgangsbeschäftigung bezeichnet. Der durch schließende Betriebe verlorene relativierte Beschäftigungsbeitrag wird als *Schließungsintensität* (*gross exit intensity*) definiert.[20] Gerade hinsichtlich der Bedeutung der Gründungen für die marktlichen Wettbewerbsverhältnisse sind daher Intensitäten von besonderer Relevanz.[21] Weiterhin kann die Verwendung gewichteter Maße insbesondere auch beim Vergleich von Industrien von wesentlicher Bedeutung sein.

Die Berechnung von Gründungs- und Schließungsraten und der jeweiligen Intensitäten setzt die Verfügbarkeit von Paneldaten voraus, mit deren Hilfe das betriebliche Beschäftigungs-

---

17 Auf die Tatsache, dass kleine Handwerksbetriebe mit weniger als 20 tätigen Personen nicht in den Berichtskreis der industriellen Kleinbetriebserhebung fallen, wurde bei der Beschreibung des Datensatzes in Abschnitt I.2 dieser Arbeit bereits hingewiesen.

18 Vgl. z.B. Geroski (1991b), S. 287ff. oder Acs/Audretsch (1989).

19 Im Rahmen der Job-Turnover-Analysen der Arbeitsplatzdynamik in den Teilen 1 und 2 dieser Arbeit wurde nicht die relativierte Zahl neu gegründeter bzw. schließender Betriebe, sondern deren jeweiliger Beschäftigungsbeitrag vereinfachend als Gründungs- bzw. Schließungsrate bezeichnet, so dass an dieser Stelle gewisse Inkonsistenzen in der Bezeichnung entstehen. Diese werden jedoch, wie bereits in Abschnitt II.3 ausgeführt, in Kauf genommen, um hier der in der Gründungsforschung üblichen Bezeichnung zu folgen. Der relative Beschäftigungsbeitrag neu auftretender Betriebe wird in Teil 4 dieser Arbeit nicht mehr als Rate, sondern als Intensität bezeichnet.

20 Dunne et al. (1988), S. 502, berechnen die Gründungsintensität alternativ durch Bezug auf die Beschäftigung im Endjahr, die Gründungsrate jedoch durch Bezug auf die Zahl der Betriebe im Ausgangsjahr. Für die vorliegende Arbeit werden – auch aus Gründen der Konsistenz mit den vorigen Kapiteln – sämtliche Größen durch Bezug auf die Ausgangsniveaus berechnet. Die folgenden Ergebnisse hängen jedoch nicht in wesentlichem Maße von der Wahl der Bezugsgröße ab.

21 Vgl. Acs/Audretsch (1989), S. 467.

wachstum im Zeitablauf verfolgt werden kann. Insbesondere aufgrund fehlender Paneldaten existieren in der empirischen Gründungsforschung auch Studien, welche die saldierte resultierende Veränderung der Zahl der Industriebetriebe oder die saldierte Beschäftigungsveränderung, die sich aus dem Auftreten neuer und dem Wegfall bestehender Betriebe ergeben, in den Mittelpunkt der Analysen stellen. Diese "*Nettogründungsrate* (*net entry rate*)" bzw. "*-intensität* (*net penetration*)" verdecken das im Hintergrund stehende Ausmaß an tatsächlicher Gründungs- und Schließungsdynamik, indem Gründungen faktisch als negative Schließungen betrachtet werden.[22] Insoweit leiden die Nettogründungsraten und -intensitäten unter demselben Mangel wie die resultierende Nettoveränderung der Beschäftigung im Rahmen der Job-Turnover-Analysen der Arbeitsplatzdynamik in den Teilen 1 und 2 dieser Arbeit. Auch aus inhaltlicher Perspektive lassen sich begründete Bedenken gegen die Verwendung der Nettogrößen bei Studien des Gründungsverhaltens anführen. So weisen Siegfried/Evans (1992) darauf hin, dass eine Überprüfung der Determinanten des Gründungsverhaltens auf der Grundlage saldierter Ergebnisse zwingend impliziert, dass die Bestimmungsgründe von Gründungen und Schließungen identisch sind. Zwar besteht insbesondere dann, wenn die Markteintrittsentscheidung eines Betriebes mit sunk costs verbunden ist, Anlass zu der Vermutung, dass Markteintrittsbarrieren gleichzeitig als Marktaustrittsbarrieren wirken und somit sowohl das Auftreten von Gründungen als auch von Schließungen behindern.[23] Andererseits gelangen zahlreiche Studien zu dem Ergebnis, dass diese "Symmetrie-Hypothese" empirisch nicht überzeugend unterstützt werden kann und dass die Bestimmungsgründe von Betriebsgründungen und Schließungen nicht notwendigerweise identisch sein müssen. Gleichzeitig ist es unvermeidbar, dass sich die inhaltlichen Ergebnisse bei Betrachtung saldierter Gründungs- und Schließungsgrößen schwieriger sinnvoll interpretieren lassen.[24]

Fotopoulos/Spence (1998), die für die griechische Industrie eine Analyse der Nettogründungsraten vornehmen, schreiben einer Untersuchung der Nettogrößen trotz aller Probleme einen Eigenwert zu, da diese das Ergebnis aller Gründungs- und Schließungsentscheidungen widerspiegeln.[25] Die Betrachtung von Nettogrößen ist dann zu rechtfertigen, wenn das inhaltliche Analyseinteresse sich vorwiegend auf die Veränderung des industriellen Angebotes oder die Veränderung der Zahl der Arbeitsplätze bezieht. Gerade für eine Analyse des Wettbewerbes und der dynamischen Anpassungsprozesse auf dem Arbeitsmarkt ist jedoch

22 Vgl. z.B. Fotopoulos/Spence (1997), S. 240.
23 Vgl. Caves/Porter (1976).
24 Vgl. Fotopoulos/Spence (1998), S. 125.

eher die Gesamtzahl aller Betriebe interessant, die sich hinter der resultierenden Veränderung verbirgt. Da der amtliche Betriebspaneldatensatz die Ermittlung von Bruttoraten und -intensitäten erlaubt, widmet sich der folgende Abschnitt einer Analyse der Bruttogrößen. Zur Information werden jedoch auch die entsprechenden Nettogrößen angegeben.

2. Sind Geroskis stilisierte Fakten des Gründungsgeschehens auch für die baden-württembergische Industrie gültig?

In einem Übersichtsartikel mit dem Titel "What do we know about entry?" im International Journal of Industrial Organization gibt Geroski (1995) einen Kurzüberblick über den Status Quo der empirischen Gründungsforschung. Dabei formuliert er stilisierte Fakten und Ergebnisse des Gründungsverhaltens, deren Gültigkeit von der überwiegenden Mehrzahl der empirischen Forschungsarbeiten bis heute untermauert wird.
Ausgehend von diesen stilisierten Fakten gibt der folgende Abschnitt einen Einblick in die relative Bedeutung von Gründungen und Schließungen in der baden-württembergischen Industrie von 1980 bis 1999 und überprüft dabei die Gültigkeit der stilisierten Fakten für die Industrie Baden-Württembergs. Aufgrund obiger Überlegungen und einer jeweils starken positiven Korrelation zwischen den alternativen Gründungs- und Schließungsmaßen beschränken sich die inhaltlichen Ausführungen der Ergebnisse dabei weitgehend auf die Kenngrößen, welche die Bedeutung von Betrieben mit weniger als 50 Beschäftigten analysieren.

2.1 Gründungs- und Schließungsdynamik in der baden-württembergischen Gesamtindustrie von 1980 bis 1999

> Stilisiertes Faktum 1:
> *"Entry is common. Large numbers of firms enter most markets in most years, but entry rates are far higher that market penetration rates."*[26]
>
> Stilisiertes Faktum 2:
> *"Entry and exit rates are highly positively correlated, and net entry rates and penetration are modest fractions of gross entry rates and penetration."*[27]

---

[25] Vgl. Fotopoulos/Spence (1998), S. 128.
[26] Geroski (1995), S. 422.
[27] Geroski (1995), S. 423.

Die erhebliche Bedeutung von Neugründungen und somit das stilisierte Faktum 1 kann für die baden-württembergische Gesamtindustrie bestätigt werden. Im Durchschnitt der Jahre 1980 bis 1999 lag der Anteil der neu gegründeten Betriebe mit weniger als 50 Beschäftigten bei 3,2% (vgl. Tabelle XI.1).[28] Mehr als neun von zehn Gründungen waren dabei Gründungen von Einbetriebsunternehmen, der Anteil von Diversifikationsgründungen an der Gesamtzahl der Gründungen lag bei gut 8%.

Folgt man Geroski (1992), der bei einem Vergleich der Ergebnisse für ausgewählte europäische Länder darauf hinweist, " [that] annual entry rates of around 5 per cent seem to be something of a norm in manufacturing, with exit running at nearly the same rate"[29], so fällt die baden-württembergische Gründungsrate im internationalen Vergleich eher gering aus.

Die relative Bedeutung der Gründungen für die baden-württembergische Industriebeschäftigung ist mit einem Anteil an der Industriebeschäftigung von jahresdurchschnittlich ungefähr 0,4% deutlich niedriger. Diese charakteristische Asymmetrie im Verhalten von Gründungsraten und -intensitäten ist Ausdruck der Tatsache, dass die Gründungsbeschäftigung typischerweise deutlich geringer ausfällt als die marktübliche Durchschnittsbeschäftigung.

Tabelle XI.1: Gründungsraten und -intensitäten für die baden-württembergische Industrie, jährliche Ergebnisse und Jahresdurchschnittswerte, 1980-1999

Periode	Gründungsrate in %				Gründungsintensität in %			
	alle	<50	<20	<50 EBU	alle	<50	<20	<50 EBU
1980/81	3.6	3.4	2.9	3.2	0.94	0.37	0.18	0.34
1981/82	3.7	3.6	3.2	3.4	0.54	0.33	0.21	0.30
1982/83	2.9	2.8	2.4	2.7	0.49	0.33	0.18	0.29
1983/84	4.7	4.6	4.1	4.4	0.68	0.51	0.31	0.45
1984/85	2.6	2.4	2.1	2.2	0.64	0.31	0.17	0.25
1985/86	2.4	2.3	1.9	2.1	0.46	0.30	0.16	0.28
1986/87	2.6	2.3	1.8	2.1	0.69	0.33	0.16	0.28
1987/88	2.2	2.1	1.6	1.9	0.47	0.29	0.12	0.24
1988/89*)	17.8	17.1	13.5	16.4	3.31	2.30	1.06	2.19
1989/90	2.9	2.7	2.0	2.5	1.04	0.45	0.22	0.42
1990/91	2.7	2.4	1.9	2.1	1.06	0.30	0.15	0.25
1991/92	2.4	2.2	1.8	2.0	0.63	0.26	0.13	0.23
1992/93	2.1	2.0	1.7	1.8	0.28	0.21	0.12	0.18
1993/94	2.2	2.1	1.9	2.0	0.60	0.23	0.15	0.21
1995/96	2.0	1.8	1.5	1.3	0.74	0.21	0.10	0.15
1996/97	3.5	3.3	2.9	3.0	0.64	0.32	0.16	0.26
1997/98	5.9	5.5	4.8	5.1	1.33	0.55	0.26	0.43
1998/99	8.8	8.3	6.9	7.8	2.00	1.00	0.45	0.91
Durchschnitt	3.4	3.2	2.7	2.9	0.78	0.37	0.19	0.32

*) Berichtskreisaktualisierung

[28] Auf die Einbeziehung der Periode 1988/89 wurde der Vorgehensweise der vorigen Kapitel folgend bei der Ermittlung der Durchschnittswerte verzichtet.

[29] Geroski (1992), S. 143.

Mehr als 4% aller Industriebetriebe wurden von 1980 bis 1999 jährlich im Durchschnitt geschlossen, womit eine durchschnittliche Beschäftigungseinbuße von ungefähr einem Prozent verbunden war, wenn man sämtliche Betriebsschließungen berücksichtigt.[30] Die Nettogründungsrate lag somit, wie bereits im Rahmen der Job-Turnover-Analysen in Teil 1 der Arbeit angedeutet, in der baden-württembergischen Industrie im Durchschnitt der Jahre 1980 bis 1999 bei ungefähr -1% der mit dem negativen Betriebssaldo einhergehende Beschäftigungsverlust betrug knapp -0,2% (vgl. Tabelle XI.3). Das gleichzeitige Auftreten von Gründungen und Schließungen in der baden-württembergischen Industrie zeichnet sich somit dafür verantwortlich, dass die resultierenden Nettoraten und -intensitäten deutlich geringer ausfallen als die Bruttogrößen.

Tabelle XI.2: Schließungsraten und -intensitäten für die baden-württembergische Industrie, jährliche Ergebnisse und Jahresdurchschnittswerte, 1980-1999

Periode	Schließungsrate in %				Schließungsintensität in %			
	alle	<50	<20	<50 EBU	alle	<50	<20	<50 EBU
1980/81	3.6	3.4	2.9	2.9	0.55	0.37	0.20	0.29
1981/82	4.2	3.9	3.3	3.3	0.93	0.45	0.25	0.35
1982/83	4.2	3.9	3.1	3.0	1.23	0.55	0.25	0.38
1983/84	5.7	5.4	4.6	4.7	1.14	0.67	0.37	0.52
1984/85	3.8	3.6	3.1	3.2	0.70	0.44	0.24	0.36
1985/86	3.9	3.6	2.9	3.0	0.81	0.44	0.19	0.33
1986/87	4.3	4.0	3.5	3.6	0.72	0.41	0.21	0.33
1987/88	3.5	3.2	2.7	2.8	0.75	0.35	0.18	0.27
1988/89*)	3.4	3.2	2.7	2.6	0.59	0.36	0.17	0.26
1989/90	3.1	3.0	2.5	2.6	0.64	0.35	0.19	0.28
1990/91	3.2	3.1	2.7	2.8	0.56	0.36	0.19	0.29
1991/92	3.7	3.4	2.9	3.0	0.69	0.37	0.19	0.30
1992/93	4.8	4.5	3.6	4.0	0.93	0.57	0.25	0.46
1993/94	4.4	3.9	3.0	3.4	1.39	0.59	0.27	0.47
1995/96	5.5	5.0	4.5	4.6	1.28	0.60	0.39	0.50
1996/97	5.1	4.6	3.9	3.1	1.29	0.62	0.35	0.42
1997/98	5.4	5.1	4.4	4.8	1.01	0.71	0.42	0.64
1998/99	6.2	5.9	5.1	5.5	1.23	0.68	0.38	0.60
Durchschnitt	4.4	4.1	3.5	3.5	0.93	0.50	0.27	0.40

*) Berichtskreisaktualisierung

Sowohl Gründungsraten und -intensitäten als auch Schließungsraten und -intensitäten sind mit Korrelationskoeffizienten von 0.99 (P-Wert: 0.000) und 0.92 (P-Wert: 0.000) im Zeitablauf jeweils höchstsignifikant positiv korreliert. Ein höherer Anteil neu gegründeter Betriebe ging daher typischerweise gleichzeitig mit einem höheren relativen Beschäftigungsgewinn durch Gründungen, ein höherer Anteil der schließenden Betriebe mit einem höheren relativen Beschäftigungsverlust einher.

30 Stellt man in Analogie zur Gründungsanalyse auch auf Schließungen mit bis zu 50 Beschäftigten ab, so betrug die jahresdurchschnittliche Schließungsintensität 0,5%.

Nicht nur die Interpretation des Gründungsgeschehens als "Fehler-Korrektur-Mechanismus", sondern auch eine mögliche Rolle konjunktureller Einflüsse sprechen dafür, dass in Jahren mit hohem Gründungsaufkommen tendenziell weniger Betriebsschließungen beobachtet werden können, und lassen daher einen negativen Zusammenhang zwischen der Gründungs- und Schließungsdynamik erwarten. Die Betrachtung der Korrelation zwischen den Gründungs- und den Schließungsraten bei Betrieben mit weniger als 50 Beschäftigten zeigt jedoch für die baden-württembergische Gesamtindustrie eine hochsignifikant positive intertemporale Korrelation der Raten (r = 0.69, P-Wert: 0.002) und eine zumindest schwach signifikant positive Korrelation der Intensitäten (r = 0.44, P-Wert: 0.078).[31] Jahre mit einer ausgeprägten Gründungsdynamik waren in der baden-württembergischen Gesamtindustrie somit tendenziell gleichzeitig Jahre mit einem beträchtlichen Ausmaß an Betriebsschließungen, was zumindest für die Gesamtindustrie das stilisierte Faktum 2 der positiven Korrelation bestätigt.

Tabelle XI.3: Nettogründungsraten und -intensitäten für die baden-württembergische Industrie, jährliche Ergebnisse und Jahresdurchschnittswerte, 1980-1999

Periode	Nettogründungsrate in %				Beschäftigungsveränderung durch Gründungen und Schließungen in %			
	alle	<50	<20	<50 EBU	alle	<50	<20	<50 EBU
1980/81	0.0	0.0	-0.0	0.3	0.40	0.00	-0.01	0.06
1981/82	-0.6	-0.3	-0.1	0.0	-0.39	-0.11	-0.04	-0.05
1982/83	-1.2	-1.0	-0.7	-0.3	-0.73	-0.23	-0.07	-0.09
1983/84	-1.0	-0.7	-0.5	-0.3	-0.46	-0.16	-0.06	-0.07
1984/85	-1.1	-1.1	-1.0	-1.0	-0.06	-0.13	-0.07	-0.11
1985/86	-1.4	-1.2	-1.0	-0.9	-0.35	-0.13	-0.03	-0.05
1986/87	-1.7	-1.7	-1.6	-1.5	-0.04	-0.08	-0.05	-0.05
1987/88	-1.3	-1.1	-1.1	-0.9	-0.28	-0.07	-0.06	-0.03
1988/89*)	14.4	13.9	10.8	13.8	2.72	1.94	0.89	1.93
1989/90	-0.2	-0.3	-0.5	-0.1	0.40	0.09	0.02	0.14
1990/91	-0.5	-0.7	-0.7	-0.7	0.50	-0.06	-0.04	-0.04
1991/92	-1.2	-1.2	-1.1	-1.0	-0.05	-0.11	-0.05	-0.08
1992/93	-2.7	-2.5	-1.9	-2.1	-0.65	-0.35	-0.13	-0.28
1993/94	-2.2	-1.8	-1.1	-1.4	-0.80	-0.36	-0.13	-0.27
1995/96	-3.5	-3.3	-3.0	-3.3	-0.54	-0.39	-0.28	-0.35
1996/97	-1.6	-1.3	-1.0	-0.1	-0.64	-0.30	-0.19	-0.16
1997/98	0.5	0.4	0.4	0.2	0.32	-0.15	-0.16	-0.21
1998/99	2.6	2.4	1.8	2.3	0.77	0.31	0.08	0.31
Durchschnitt	-1.0	-0.9	-0.8	-0.6	-0.15	-0.13	-0.08	-0.08

*) Berichtskreisaktualisierung

[31] Für alternative Maße ist der Zusammenhang ebenfalls positiv, wobei eine statistische Signifikanz insbesondere dann gegeben ist, wenn Großbetriebe vernachlässigt werden.

2.2 Gründungs- und Schließungsdynamik auf Branchenebene in der baden-württembergischen Industrie

2.2.1 Interindustrielle Heterogenität im Gründungs- und Schließungsverhalten

Auch eine auf Zweistellerebene nach Branchen disaggregierte Betrachtung bestätigt, dass in jeder Industrie gleichzeitig sowohl Gründungen als auch Schließungen auftreten, wobei erneut die Intensitäten deutlich geringer ausfallen als die entsprechenden Raten.

Tabelle XI.4 gibt exemplarisch für die Jahre 1995 bis 1999 und die Zweisteller der WZ 93 jahresdurchschnittliche Gründungs- und Schließungsraten wieder, entsprechende Ergebnisse für die Jahre 1980 bis 1994 können dem Anhang XI.1 entnommen werden.

Tabelle XI.4: Gründungs- und Schließungsraten und -intensitäten nach Branchen, Zweisteller der WZ 93, Jahresdurchschnittswerte, 1995-1999

WZ 93 Nr.	Abteilung	Gründungen				Schließungen			
		Gründungsrate in %		Gründungs-intensität in %		Schließungs-rate in %		Schließungs-intensität in %	
		alle	< 50	alle	< 50	alle	< 50	alle	< 50
15	Ernährungsgewerbe	4.1	3.7	1.55	1.03	4.9	4.5	1.59	0.97
16	Tabakverarbeitung	3.6	3.6	0.43	0.43	13.0	13.0	1.33	1.33
17	Textilgewerbe	2.9	2.7	1.90	0.35	8.0	7.3	3.02	1.38
18	Bekleidungsgewerbe	3.0	3.0	0.19	0.19	10.6	9.5	3.48	1.76
19	Ledergewerbe	3.0	2.8	1.14	0.43	8.2	7.9	2.70	2.01
20	Holzgewerbe (ohne Herstellung von Möbeln)	2.4	2.4	1.12	0.96	5.8	5.5	2.92	2.06
21	Papiergewerbe	2.2	2.1	0.40	0.17	3.4	3.0	0.63	0.28
22	Verlagsgewerbe, Druckgewerbe, Vervielfältigung von bespielten Ton-, Bild- und Datenträgern	9.1	8.8	2.98	1.47	6.0	5.8	1.76	1.17
24	Chemische Industrie	3.0	2.8	0.43	0.23	4.1	3.8	0.83	0.27
25	Herstellung von Gummi- und Kunststoffwaren	3.3	3.1	0.84	0.49	4.3	4.1	0.82	0.59
26	Glasgewerbe, Keramik, Verarbeitung von Steinen und Erden	2.6	2.4	1.04	0.69	4.2	4.0	1.35	0.92
27	Metallerzeugung und -bearbeitung	2.8	2.7	0.27	0.19	4.7	4.4	0.68	0.35
28	Herstellung von Metallerzeugnissen	6.0	5.9	1.20	0.97	5.3	5.1	1.32	1.10
29	Maschinenbau	4.7	4.2	0.84	0.37	4.3	3.8	0.92	0.42
30	Herstellung von Büromaschinen, DV-Geräten und -Einrichtungen	3.3	1.9	1.73	0.26	6.0	5.4	1.15	0.41
31	Herstellung von Geräten der Elektrizitätserzeugung, -verteilung u.ä.	5.4	4.7	1.35	0.46	4.2	3.6	0.81	0.30
32	Rundfunk-, Fernseh- und Nachrichtentechnik	8.8	7.3	3.82	0.50	8.1	7.2	2.31	0.51
33	Medizin-, Meß-, Steuer- und Regelungstechnik, Optik	5.9	5.5	2.00	0.73	6.8	6.4	1.44	0.97
34	Herstellung von Kraftwagen und Kraftwagenteilen	5.5	4.0	0.57	0.12	3.9	3.5	0.19	0.11
36	Herstellung von Möbeln, Schmuck, Musikinstrumenten, Sportgeräten, Spielwaren und sonstigen Erzeugnissen	4.2	4.0	0.89	0.47	6.3	5.9	1.78	1.07

Die jahresdurchschnittliche Gründungsrate der Betriebe mit höchstens 50 Beschäftigten im Gründungsjahr lag im Durchschnitt der Jahre 1995 bis 1999 zwischen nur 1,9% im Bereich der Herstellung von Büromaschinen, DV-Geräten und -Einrichtungen (Nr. 30) und knapp 9% im Bereich des Verlags- und Druckgewerbes (Nr. 22). Die Gründungsintensität fiel mit nur 0,12% im Bereich der Kfz-Industrie (Nr. 34), 0,17% im Papiergewerbe (Nr. 21) und 0,19% im Textilgewerbe (Nr. 17) am geringsten aus. Am oberen Ende lag das Verlagsgewerbe (Nr. 22) mit einem Beschäftigungsimpuls durch Neugründungen von knapp 1,5% sowie das Ernährungsgewerbe (Nr. 15) mit einem gründungsbedingten Zuwachs von ungefähr 1%. Die korrespondierenden jahresdurchschnittlichen Schließungsraten aller Betriebe lagen zwischen 13% in der Tabakverarbeitung (Nr. 16) und nur 3,4% im Papiergewerbe (Nr. 21), die zugehörigen Beschäftigungseinbußen fielen mit 3,5% im Bereich des Bekleidungsgewerbes (Nr. 18) und 3% im Textilgewerbe (Nr. 17) besonders gravierend aus.

Sowohl im Durchschnitt der Jahre 1980 bis 1994 bzw. 1995 bis 1999 als auch in der überwiegenden Mehrzahl der einzelnen Perioden verfügten Branchen mit einem höheren Beschäftigungsbeitrag durch Neugründungen im Querschnitt gleichzeitig über einen höheren relativen Beschäftigungsverlust durch schließende Betriebe (vgl. Tabelle XI.5). Weniger eindeutig ist das Bild bei den durchschnittlichen Gründungs- und Schließungsraten, bei denen kein signifikanter und stabiler Zusammenhang zu erkennen ist.

Tabelle XI.5: Korrelation der durchschnittlichen Gründungs- und Schließungsraten im industriellen Querschnitt auf Zweistellerebene, Jahresdurchschnittswerte, Betriebe mit weniger als 50 Beschäftigten, 1980-1994 und 1995-1999, P-Werte in Klammern[32]

	1980-1994		1995-1999	
	Korrelation nach Pearson-Bravais	Rangkorrelation nach Spearman	Korrelation nach Pearson-Bravais	Rangkorrelation nach Spearman
Gründungs- und Schließungsrate	0.02 (0.908)	0.25 (0.173)	0.59 (0.003)**	0.23 (0.288)
Gründungs- und Schließungsintensität	0.06 (0.734)	0.52 (0.003)**	0.75 (0.000)**	0.60 (0.003)**

In den Abbildungen XI.1 und XI.2 wurden für die Jahre 1995 bis 1999 und die Zweisteller der WZ 93 jeweils die entsprechende Gründungs- und Schließungsmaße der Branchen einander gegenübergestellt. Als Referenzlinien sind jeweils die durchschnittlichen Raten bzw. Intensitäten eingezeichnet. Um gleichzeitig die Bedeutung der Branchen für die Gesamtzahl der baden-württembergischen Industriebetriebe (Abbildung XI.1) bzw. für die Gesamtbe-

32 Jeweils nur Branchen des Verarbeitenden Gewerbes ohne Bergbau.

schäftigung (Abbildung XI.2) zu veranschaulichen, werden die Branchenzweisteller jeweils größenproportional dargestellt.

Abbildung XI.1: Gründungs- und Schließungsraten in den Branchen der baden-württembergischen Industrie, Betriebe mit weniger als 50 Beschäftigten, Jahresdurchschnittswerte, Zweisteller der WZ 93, 1995-1999, Größe der Darstellung proportional zur Zahl der Betriebe

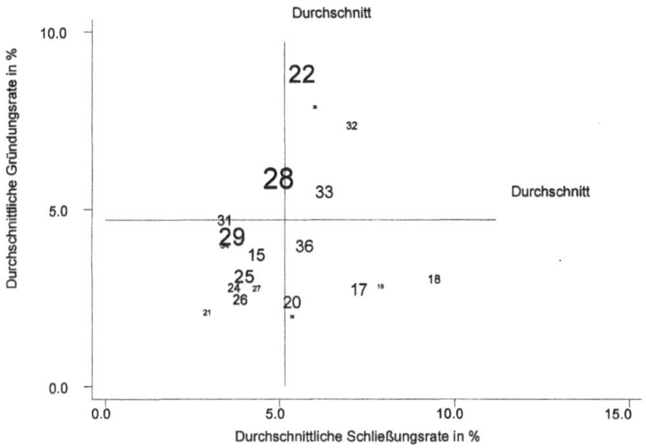

WZ 93 Nr.		WZ 93 Nr.	
15	Ernährungsgewerbe	27	Metallerzeugung und -bearbeitung
16	Tabakverarbeitung	28	Herstellung von Metallerzeugnissen
17	Textilgewerbe	29	Maschinenbau
18	Bekleidungsgewerbe	30	Herstellung von Büromaschinen, DV-Geräten und -Einrichtungen
19	Ledergewerbe		
20	Holzgewerbe (ohne Herstellung von Möbeln)	31	Herstellung von Geräten der Elektrizitätserzeugung, -verteilung u.ä.
21	Papiergewerbe		
22	Verlagsgewerbe, Druckgewerbe, Vervielfältigung von bespielten Ton-, Bild- und Datenträgern	32	Rundfunk-, Fernseh- und Nachrichtentechnik
24	Chemische Industrie	33	Medizin-, Meß-, Steuer- und Regelungstechnik, Optik
25	Herstellung von Gummi- und Kunststoffwaren		
26	Glasgewerbe, Keramik, Verarbeitung von Steinen und Erden	34	Herstellung von Kraftwagen und Kraftwagenteilen
		36	Herstellung von Möbeln, Schmuck, Musikinstrumenten, Sportgeräten, Spielwaren und sonstigen Erzeugnissen

Abbildung XI.2: Gründungs- und Schließungsintensitäten in den Branchen der baden-württembergischen Industrie, Betriebe mit weniger als 50 Beschäftigten, Jahresdurchschnittswerte, Zweisteller der WZ 93, 1995-1999, Größe der Darstellung proportional zur Beschäftigung

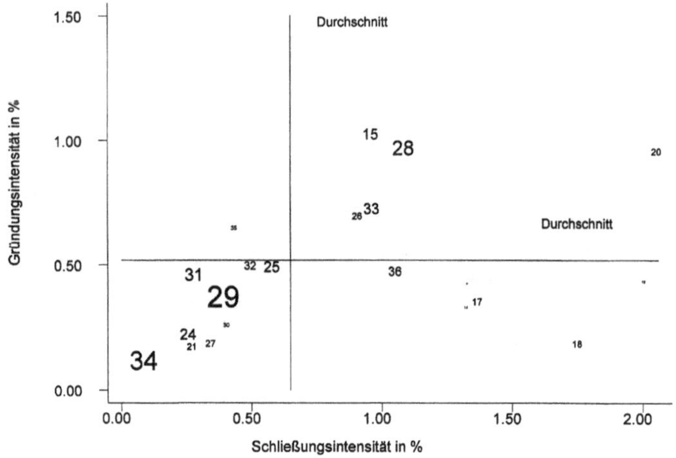

2.2.2 Zur zeitlichen Persistenz intersektoraler Unterschiede

Geroski (1995) weist darauf hin, dass zwar einerseits große Differenzen im Ausmaß der Gründungen und Schließungen zwischen den Branchen bestehen, diese jedoch im Zeitablauf insgesamt wenig stabil sind, wobei die zeitliche Stabilität der Muster für die Gründungsintensitäten besonders gering ausfällt.

> *Stilisiertes Faktum 3:*
> *"Although there is a very large cross-section variation in entry, differences in entry between industries do not persist for very long. In fact, most of total variation in entry across industries and over time is 'within' industries rather than 'between' industry variation."*[33]

Die Gültigkeit dieses stilisierten Faktums hätte wichtige Implikationen für eine mögliche Erklärung des Marktein- und -austritts auf der Grundlage branchenspezifischer Gegebenheiten. Da zahlreiche Industriecharakteristika, die in traditionellen industrieökonomischen Erklärungsansätzen Betonung finden, wie z.B. die Höhe der zu erwartenden Profite, das Ausmaß der Skalenerträge oder die Konzentration in einer Branche, im Zeitablauf weitgehend

[33] Geroski (1995), S. 423. Vgl. dazu auch Geroski (1991a), S. 18.

stabil bleiben, können diese kaum sinnvoll zur Erklärung eines zeitlichen Veränderungsmusters der relativen Gründungs- und Schließungsdynamik beitragen, das durch eine geringe Persistenz gekennzeichnet ist.

> "The consequence of this statistical incongruence is, of course, that cross-section correlations between entry and average industry profitability are likely to be weak and unstable over time [...]; to explain entry, one needs to identify much more transitory, time-varying features of markets that do not necessarily differ across industries."[34]

Während Wagner (1994a)[35] für die niedersächsische Industrie diese geringe Persistenz der Raten im Zeitablauf bestätigt, gelangen Dunne et al. (1988) in einer Studie für die US-amerikanische Industrie zu dem Ergebnis, dass Unterschiede in der relativen Gründungs- und Schließungsdynamik zwischen verschiedenen Branchen durchaus stabil sind, wobei die Persistenz auf Seiten der Intensitäten ausgeprägter ist als auf Seiten der Raten.[36]

Ergebnisse intertemporaler Rangkorrelationen lassen für die baden-württembergische Industrie erkennen, dass Branchen mit einer höheren Gründungsrate und einer größeren Bedeutung von Neugründungen für das Beschäftigungswachstum regelmäßig auch in den Folgeperioden statistisch gesichert höhere Gründungsraten und -intensitäten aufweisen (vgl. Tabellen XI.6 und XI.7). Ebenso kann auf Seiten der Schließungsraten und -intensitäten für zahlreiche Perioden eine signifikant positive intertemporale Rangkorrelation beobachtet werden.[37] Entsprechende Ergebnisse können auch für den Zeitraum 1980 bis 1994 festgestellt werden.

Tabelle XI.6: Persistenz intersektoraler Unterschiede im Ausmaß der Gründungs- und Schließungsraten im Zeitablauf, Zweisteller der WZ 93, 1995-1999, Rangkorrelationskoeffizienten von Spearman, P-Werte in Klammern

	Gründungsraten			
	95/96	96/97	97/98	98/99
95/96	1			
96/97	0.50 (0.015)*	1		
97/98	0.21 (0.333)	0.34 (0.117)	1	
98/99	0.50 (0.015)*	0.52 (0.012)*	0.18 (0.414)	1

	Schließungsraten			
	95/96	96/97	97/98	98/99
95/96	1			
96/97	0.86 (0.000)**	1		
97/98	0.42 (0.048)*	0.43 (0.038)*	1	
98/99	0.76 (0.000)**	0.70 (0.000)**	0.29 (0.172)	1

34 Geroski (1995), S. 428.
35 Vgl. Wagner (1994a), S. 215.
36 Vgl. Dunne et al. (1988), S. 507.
37 Entsprechende Korrelationsergebnisse unter Verwendung des Korrelationskoeffizienten von Pearson-Bravais bestätigen weitgehend die Ergebnisse und können in Anhang XI.2 nachgelesen werden.

Tabelle XI.7: Persistenz intersektoraler Unterschiede im Ausmaß der Gründungs- und Schließungsintensitäten im Zeitablauf, Zweisteller der WZ 93, 1995-1999, Rangkorrelationskoeffizienten von Spearman, P-Werte in Klammern

	Gründungsintensitäten			
	95/96	96/97	97/98	98/99
95/96	1			
96/97	0.79 (0.000)**	1		
97/98	0.42 (0.048)*	0.29 (0.172)	1	
98/99	0.70 (0.000)**	0.71 (0.000)**	0.45 (0.023)*	1

	Schließungsintensitäten			
	95/96	96/97	97/98	98/99
95/96	1			
96/97	0.91 (0.000)**	1		
97/98	0.48 (0.020)*	0.51 (0.013)*	1	
98/99	0.72 (0.000)**	0.78 (0.000)**	0.42 (0.047)*	1

Die von Geroski (1995) als stilisiertes Faktum bezeichnete Instabilität der relativen Bedeutung von Gründungen und Schließungen zwischen den Branchen kann für die baden-württembergische Industrie somit nicht überzeugend bestätigt werden. Insoweit macht es Sinn, auf Branchenebene nach systematischen Gründen für Unterschiede im Ausmaß des Gründungs- und Schließungsverhaltens zu suchen.

Der folgende Abschnitt XI.3 widmet sich daher ausgehend von einem Überblick über veröffentlichte Studien zu branchenspezifischen Determinanten des Gründungsverhaltens einer Analyse der Einflussgrößen in der baden-württembergischen Industrie. Eine entsprechende Untersuchung der Bestimmungsgründe des branchenspezifischen Ausmaßes an Betriebsschließungen ist auf analoge Weise möglich, wird jedoch im Rahmen der vorliegenden Untersuchung nicht vorgenommen, da eine bewusste Fokussierung der Untersuchung auf Neugründungen erfolgt. Das Schließen von Betrieben sowie mögliche Ursachen für Betriebsschließungen stehen im Zentrum von Kapitel XII, wenn dort Determinanten des Überlebens und damit auch Sterbens von Neugründungen untersucht werden.

3. Branchenspezifische Determinanten des Markteintritts

3.1 Überblick über ausgewählte Studien

Der Entscheidung einer Person, einer Personengruppe oder eines bestehenden Unternehmens, ein neues Unternehmen bzw. einen Betrieb zu gründen und somit auf einen bestehenden Markt zu treten, liegt ein komplexer und vielschichtiger Entscheidungsprozeß zugrunde, in dessen Verlauf unterschiedlichste Informationen gesammelt, bewertet und Erwartungen über zukünftige Gewinnmöglichkeiten und Marktchancen gebildet werden. Eine empirische Analyse des Gründungsverhaltens ist daher sehr kompliziert und kann aus zahlreichen Blickwinkeln vorgenommen werden. Neben der "Ob"-Entscheidung unter Berücksichtigung der aktuellen und zukünftigen Marktgegebenheiten können auch die Frage nach dem regionalen Standort ("Wo?"), der konkreten Umsetzung der Gründungsentscheidung und der strategischen Ausrichtung unter Berücksichtigung des möglichen Verhaltens der Wettbewerber ("Wie?") oder die Frage nach dem Gründungszeitpunkt ("Wann?") im Mittelpunkt der Analysen stehen und unterschiedliche Analyseschwerpunkte erforderlich machen.[38]

Neben Untersuchungen, deren Fokus auf *branchenspezifischen Determinanten* des Gründungsverhaltens liegt, existieren z.B. Studien, welche die *individuellen Motive der Gründungsentscheidung* von Personen in das Zentrum ihrer Analysen stellen.[39] Von zentraler Bedeutung ist hier ein Vergleich des Einkommens bei Markteintritt mit dem Einkommen, welches das Individuum alternativ aus abhängiger Beschäftigung erwarten könnte. *Regionale Gründungsanalysen* basieren auf standorttheoretischen Überlegungen und versuchen zu erklären, welche Standortgegebenheiten die Ansiedlung von Neugründungen fördern oder behindern.[40] Die folgenden Untersuchungen beschränken sich auf der Grundlage der amtlichen Datenbasis auf eine Analyse der Bedeutung von Industriecharakteristika für das Gründungsaufkommen in einer Branche. Eine Untersuchung individueller Gründungsmotive und regionaler Determinanten des Gründungsgeschehens muss im Rahmen der vorliegenden Arbeit ausgeklammert bleiben, stellt jedoch einen interessanten Anknüpfungspunkt für ergänzende und zukünftige Untersuchungen dar.

---

38 Vgl. Geroski (1991a), S. 55.

39 Vgl. z.B. die Studien von Brüderl et al. (1996) oder von Bates (1985, 1990).

40 Ausgewählte Forschungsarbeiten zu regionalen Determinanten des Gründungsaufkommen in Deutschland sind z.B. die Studien von Gerlach/Wagner (1994) für die niedersächsische Industrie oder von Steil (1997, 1999) für Ostdeutschland. Felder et al. (1997) und Nerlinger (1997, 1998) beschäftigen sich mit der Bedeutung regionaler Standortfaktoren für High-Tech-Gründungen, Engel (1999) berücksichtigt die Bedeutung der Grenznähe für die Standortentscheidung von Unternehmensgründungen in Ostdeutschland.

Selbst bei einer Fokussierung der Analyse auf die Betrachtung branchenspezifischer Determinanten existiert kein einheitliches Konzept der empirischen Gründungsforschung. Bisher veröffentlichte Studien unterscheiden sich bereits in der Tatsache, dass als Indikator für das Gründungsgeschehen eine Vielzahl möglicher alternativer Maße verwendet werden, die jeweils unterschiedliche Aspekte des Gründungsgeschehens abbilden und deren Verwendung sich jeweils inhaltlich rechtfertigen lässt (vgl. dazu auch Abschnitt XI.1.2). Zusätzlich wird eine Gegenüberstellung bestehender Untersuchungen dadurch erschwert, dass unterschiedliche erklärende Variablen Berücksichtigung finden, Differenzen in den verwendeten Methoden bestehen oder die Fristigkeit der Betrachtung von Studie zu Studie variiert. Eine unmittelbare Vergleichbarkeit bestehender Arbeiten ist daher regelmäßig nicht gegeben.[41]

> "[...], and any attempt to choose 'the measure of entry' from amongst this set and to develop 'the model of entry' to explain it is effort misplaced. To each observable manifestation of the entry programme corresponds a somewhat different model that describes the particular set of decisions which gave rise to it."[42]

Trotz aller Schwierigkeiten bei der Wahl eines geeigneten Gründungsmaßes und eines geeigneten Modells soll im Folgenden anhand eines weit verbreiteten industrieökonomischen Grundmodells, das auf einer Arbeit von Orr (1974) basiert und später von einigen Autoren modifiziert oder erweitert wurde[43], zumindest ein kurzer Einblick in mögliche branchenspezifische Determinanten des Markteintritts in der baden-württembergischen Industrie gegeben werden.

Das Basismodell von Orr zur Beschreibung des industriellen Gründungsverhaltens fußt auf der Überzeugung, dass das Gründungsaufkommen in einer Branche umso größer ist, je besser die in einer Branche nach Markteintritt zu erwartenden Profitmöglichkeiten π^e_{it} sind und je geringer die Kosten des Markteintritts F_{it} ausfallen. Bezeichnet man das Gründungsauf-

41 Da im Mittelpunkt der Untersuchung in Teil 4 dieser Arbeit die Analyse des Überlebens von Neugründungen in der Folgezeit der Gründung steht (vgl. Kapitel XII), ist es nicht das Ziel der folgenden Ausführungen, einen umfassenden Überblick über bisherige Studien, die verwendeten Definitionen und Variablen sowie die angewandten Analysemethoden zu geben. Auf einige ausgewählten Studien wird jedoch im Weiteren eingegangen.

42 Geroski (1991a), S. 55.

43 Vgl. z.B. Geroski (1991a).

kommen in Industrie i im Jahr t mit Gr_{it}, so lässt sich das Basismodell von Orr darstellen als:[44]

$$Gr_{it} = \beta(\pi_{it}^{e} - F_{it}) + \varepsilon_{it} \quad \text{(XI.1)}$$

Der Parameter β ist unbekannt und misst die Anpassungsgeschwindigkeit der Gründungen auf Veränderungen der Profite bzw. der Marktzutrittskosten. Er ist somit ein Indikator für das Ausmaß, in dem sich Profiterwartungen und Markteintrittskosten in einer Veränderung der Gründungshäufigkeit niederschlagen. ε_{it} ist als Störvariable Ausdruck aller unbeobachteter Einflussfaktoren, die nicht explizit im Modell berücksichtigt werden.[45]

In zahlreichen empirischen Studien werden die Marktzutrittskosten F typischerweise durch eine Linearkombination branchenspezifischer Einflussgrößen angenähert, die als Markteintrittsbarrieren wirken können. Die Art und die Zahl der verwendeten Regressoren zur Beschreibung von F differiert dabei von Untersuchung zu Untersuchung in erheblichem Maße, wofür nicht zuletzt auch die unterschiedliche Datenverfügbarkeit verantwortlich ist. Variablen, die zur Annäherung der Relevanz von Markteintrittsbarrieren häufig verwendet werden, sind z.B. die Marktgröße, das Ausmaß der in einer Branche erforderlichen Skalenerträge, die Anbieterkonzentration gemessen anhand von Konzentrationsraten oder dem Herfindahl-Index, die Kapitalintensität, die Werbeintensität oder das technologische Umfeld einer Branche.

Problematisch ist die Modellierung der Profiterwartungen. Zahlreiche der bisherigen Studien arbeiten mit der Annahme statischer Profiterwartungen, indem sie die zukünftig zu erwartenden Profite durch die Profite der Vorperiode approximieren. Geroski betont, dass diese Lösung einerseits einfach ist und andererseits zumindest für kleinbetriebliche Gründungen keine schlechte Approximation darstellt:

> "[...] it is an easy solution to a complex latent variables problem and, for small-scale entry, it may not even be a bad one."[46]

---

44 Vgl. z.B. Geroski (1991a), S. 71, oder Baldwin (1998a), S. 363ff.

45 Die konkrete Operationalisierung der Profiterwartungen und der Marktzutrittskosten leidet generell unter dem Problem, dass Determinanten, welche die Profiterwartungen beeinflussen, dabei gleichzeitig auch die Bedeutung der Markteintrittsbarrieren verändern können.

46 Geroski (1991a), S. 71. Anstelle statischer Erwartungen werden die Profiterwartungen in der Literatur auch anhand der verzögerten Profite mehrerer Vorperioden oder auf der Grundlage rationaler Erwartungshypothesen gebildet. Vgl. dazu die Ausführungen bei Geroski (1991a), S. 71ff.

Neben Produktivitätskenngrößen findet hier häufig das branchenspezifische Umsatzwachstum als Indikator für die Gewinnmöglichkeiten Verwendung, da man einen wachsenden Branchenumsatz als Indikator für eine günstige Entwicklung der Nachfragebedingungen und somit als Wachstum des Marktvolumens interpretieren kann.

Darüber hinaus werden zumindest teilweise makroökonomische Kontrollvariablen in die Modelle eingeführt, um mögliche Einflüsse der Konjunktur auf das Gründungsverhalten zu berücksichtigen. Gebräuchlich sind hier die Verwendung der Wachstumsrate des Inlandsprodukts, die Veränderung der Arbeitslosenquote oder die Entwicklung des Zinsniveaus. Einige Studien gelangen zu dem Ergebnis, dass ein günstiges konjunkturelles Umfeld das Entstehen von Neugründungen begünstigt ("*Pull-Hypothese*", vgl. z.B. Audretsch/Acs (1994), Yamawaki (1991) oder Wagner (1994a)). Andere Studien prognostizieren eine höhere Gründungsinzidenz in konjunkturell schlechteren Zeiten, da hier einerseits die Marktzutrittskosten geringer ausfallen und andererseits das Potenzial an Gründern in Zeiten höherer Arbeitslosigkeit ausgeprägter sei ("*Push-Hypothese*", vgl. z.B. Highfield/Smiley (1987)).

Einen vergleichenden Überblick über industrieökonomische Studien zum Markteintritt in acht verschiedenen Ländern, die sämtlich auf Modellen vom Orr-Typ basieren, findet man bei Cable/Schwalbach (1991). Dabei treten die erheblichen Differenzen sowohl in den Modellvarianten als auch den inhaltlichen Ergebnissen in besonderem Maße zum Vorschein.[47]

> "All countries find some evidence of profit opportunities acting as a statistically significant determinant of entry, but with a number of qualifications and with a marked heterogeneity of findings with respect to the role and importance of individual barriers to entry."[48]

Siegfried/Evans (1994) geben einen hervorragenden Überblick über die inhaltlichen Ergebnisse von über siebzig empirischen Studien zu branchenspezifischen Determinanten des Gründungs- und Schließungsverhaltens und unterscheiden dabei sehr systematisch zwischen Studien zur Erklärung der Nettogründungs- und Bruttogründungskenngrößen sowie zwischen allgemeinen Querschnittsstudien und branchenspezifischen Gründungsanalysen.

Wagner (1994a) untersucht Determinanten der Bruttogründungsintensität niedersächsischer Industriebetriebe im Rahmen gepoolter Regressionen und unter alternativer Verwendung

---

47 Vgl. z.B. Cable/Schwalbach (1991), S. 262.
48 Cable/Schwalbach (1991), S. 257f.

robuster Schätzverfahren. Zentrales Ergebnis seiner Studie ist die Schlussfolgerung, dass die Berücksichtigung branchenspezifischer fixer Effekte im Rahmen derartiger industrieökonomischer Branchenstudien unerlässlich ist, um für unbeobachtete Heterogenität zu kontrollieren.[49]

> "This illustrates that it is important to estimate entry models based on panel data with industry fixed effects included!"[50]

Die Ergebnisse selbst sind dabei sehr sensitiv gegenüber der gewählten Modellvariante, der Wahl des Schätzverfahrens und der Berücksichtigung der branchenindividuellen Effekte.

Fotopoulos/Spence (1997, 1998) verwenden in neueren Studien für die griechische Industrie mangels Paneldaten Nettogründungsraten als abhängige Variablen und erklären diese im Rahmen von FGLS-Panelschätzungen unter Berücksichtigung von Autokorrelation erster Ordnung und von gruppenspezifischer Heteroskedastizität. Allerdings leidet ihre Analyse, wie die Autoren selbst anmerken, unter der impliziten Annahme, dass Gründungs- und Schließungsdeterminanten aufgrund der Saldierung symmetrisch wirken.[51] Bei der Betrachtung dieser Nettogrößen für unterschiedliche Größenklassen betonen Fotopoulos/Spence (1998), dass industriespezifische Effekte für die saldierten Nettogründungsraten keinen signifikanten Erklärungsgehalt aufweisen.[52]
Audretsch/Acs (1994) nehmen in ihrer Studie für die US-Industrie und die Jahre 1976 bis 1986 die absolute Zahl der Gründungen in einer Branche als abhängige Variable einfacher OLS-Regressionen und betonen dabei die besondere Rolle, die den technologischen Bedingungen für die Gründungsraten kleiner und größerer Betriebe zukommt. Finden absolute Gründungshäufigkeiten als abhängige Variable Verwendung, so kann in empirischen Studien aufgrund der Ganzzahligkeit der endogenen Variablen alternativ auf Zähldatenmodelle zurückgegriffen werden.[53] Neben dem Poisson-Modell, bei dem die Zähldaten durch einen Poisson-Prozess erzeugt werden, findet dabei häufig das flexiblere negative Binomial-

---

49 Fotopoulos/Spence (1998), S. 130, weisen jedoch darauf hin, dass die Befürwortung branchenspezifischer Effekte bei der Modellschätzung eigentlich Wagners Ergebnis widerspricht, dass die Persistenz der branchenspezifischen Gründungsraten im Zeitablauf sehr gering ist. Die Korrelationskoeffizienten bei Wagner lassen jedoch durchaus eine beträchtliche Stabilität der relativen Gründungsintensitäten im Zeitablauf erkennen.

50 Wagner (1994a), S. 219.

51 Vgl. dazu die Ausführungen in Abschnitt XI.1.2.

52 Vgl. Fotopoulos/Spence (1998), S. 136f.

53 Vgl. z.B. Ronning (1991) oder Greene (2000). Insbesondere auch in den in Fußnote 40 dieses Kapitels angeführten regionalen Gründungsstudien finden typischerweise Zähldatenmodelle Anwendung.

modell Verwendung, bei dem Erwartungswert und Varianz nicht zwingend übereinstimmen müssen.[54]

3.2 Ergebnisse für die baden-württembergische Industrie

Um für die baden-württembergische Industrie auf Zweistellerebene der SYPRO einen gewissen Einblick in die mögliche Bedeutung branchenspezifischer Charakteristika für das Ausmaß der Betriebsgründungen zu erhalten, wird im Folgenden für das Verarbeitende Gewerbe in den Jahren 1980 bis 1994 in Anlehnung an das Basismodell (XI.1) von Orr versucht, die branchenspezifische Bruttogründungsrate der Kleinstbetriebe mit weniger als 50 Beschäftigten sowie deren Gründungsintensität durch industrielle Charakteristika zu erklären.

Als Indikator für die zukünftigen Profitmöglichkeiten findet dabei im Sinne statischer Profiterwartungen das Umsatzwachstum einer Branche in der Vorperiode Verwendung. Das Ausmaß möglicher Markteintrittskosten wird durch eine Linearkombination alternativer Einflussgrößen angenähert: Die branchenübliche Produktivität wird durch den logarithmierten durchschnittlichen Umsatz pro Beschäftigtem approximiert. Neben der logarithmierten durchschnittlichen Betriebsgröße als Indikator für die Größenstruktur einer Branche wird das Ausmaß branchenspezifischer Skalenerträge durch das logarithmierte Maß von Comanor/ Wilson (1967) in die Modelle eingebaut.[55] Da beide Variablen jedoch in einem sehr hohen Maße positiv korreliert sind ($r \approx 0.9$), werden im Folgenden zur Vermeidung von Multikollinearitätsproblemen nur Ergebnisse wiedergegeben, bei denen jeweils auf die Einbeziehung einer der beiden Variablen verzichtet wird. Einem denkbaren Einfluss der Anbieterkonzentration in einer Branche auf das Gründungsverhalten wird durch den logarithmierten Herfindahl-Index Rechnung getragen. Die mögliche Bedeutung der Exportintensität einer Branche für die Gründungsinzidenz wird ergänzend durch die logarithmierte Exportquote berücksichtigt.[56]

---

54 Ein Vorteil des Poisson-Modells kann dagegen in der höheren Robustheit der Ergebnisse gegenüber Verletzungen der zugrunde liegenden Verteilungsannahmen bestehen.

55 Das Comanor-Wilson-Maß ist als Durchschnittsgröße der umsatzstärksten Betriebe definiert, die über 50 Prozent des Branchenumsatzes verfügen. Vgl. dazu auch die Ausführungen in Kapitel I.2 dieser Arbeit.

56 Anagnostaki/Louri (1995) finden in einer Studie für die griechische Industrie und die Jahre 1982 bis 1988, dass eine hohe Exportorientierung einer Branche das Auftreten neuer Gründungen behindert.

Um für makroökonomische Einflüsse zu kontrollieren, wird erneut die Wachstumsrate des realen Bruttoinlandsprodukts einbezogen.[57]

Als Schätzverfahren wird wie bei Fotopoulos/Spence (1997, 1998) eine FGLS-Panelschätzung verwendet, bei der im Gegensatz zur Vorgehensweise von Wagner (1994a) für Autokorrelation erster Ordnung und gruppenspezifische Heteroskedastizität kontrolliert wird. Zur Berücksichtigung branchenspezifischer Heterogenitäten, die über die einbezogenen Einflussgrößen hinausgehen, werden auf Zweistellerebene der SYPRO der These von Wagner (1994a) folgend fixe Industrie-Dummy-Variablen mitgeschätzt. Gerade weil einige der Regressoren im Zeitablauf zwischen den Branchen stabile Unterschiede aufweisen, besteht jedoch – wie im Rahmen der branchenspezifischen Job-Turnover-Analysen in Kapitel VI bereits ausführlich diskutiert – die Gefahr, dass die Regressoren in erheblichem Maße mit den fixen Effekten korrelieren und somit der tatsächliche Einfluss der Regressoren auf das Gründungsaufkommen nicht mehr identifiziert werden kann. Ein Hausman-Test führt ebenfalls zu keinem eindeutigen Ergebnis, befürwortet jedoch in der Mehrzahl der Modelle die Verwendung fixer Effekte. Aufgrund der höchstsignifikanten Heteroskedastizität muss das Ergebnis des Hausman-Tests jedoch sehr vorsichtig interpretiert werden. Zur Überprüfung der Robustheit der Ergebnisse gegenüber den Modellannahmen werden daher erneut Resultate beider Schätzverfahren wiedergegeben.[58]

Ergänzende methodische Probleme ergeben sich mit Blick auf die abhängigen Variablen. Sowohl die Verteilung der Bruttogründungsraten als auch der -intensitäten ist in erheblichem Maße linkssteil und verletzt somit die Normalverteilungsannahme. Logarithmiert man die Werte der abhängigen Variablen, so geht dies mit dem Problem einher, dass sämtliche Beobachtungen, die den Wert Null aufweisen, ausgeklammert bleiben müssen. Damit würden jedoch genau solche Branchen systematisch aus der Analyse ausgeschlossen, die eine besonders geringe Gründungsdynamik aufweisen, so dass die Gefahr besteht, dass die Schätzungen unter Selektionsproblemen leiden könnten. Ein Vergleich der Schätzergebnisse für beide Varianten zeigt jedoch eine große Stabilität der inhaltlichen Ergebnisse in beiden

---

57 Auf eine zusätzliche Einbeziehung der Entwicklung der Arbeitslosenquote oder des Zinssatzes wird aufgrund des Problems der Mulitkollinearität verzichtet. Vgl. Wagner (1994a), der auf die Wachstumsrate des realen Bruttoinlandsproduktes verzichtet und nur den Zinssatz in seinen Analysen berücksichtigt.

58 Eine ausführliche Diskussion über die Verwendung von Panelmodellen mit fixen oder zufälligen Effekten im Rahmen branchenspezifischer Analysen findet man in Kapitel VI, so dass an dieser Stelle mögliche Vor- und Nachteile nicht noch einmal angesprochen werden.

Fällen, so dass im Folgenden nur Schätzergebnisse für die ursprünglichen Raten und Intensitäten vorgestellt werden.[59]

Tabelle XI.8: Branchenspezifische Determinanten der Gründungsraten in der baden-württembergischen Industrie von 1980-1994, Betriebe mit weniger als 50 Beschäftigten, Ergebnisse von FGLS-Panelschätzungen mit AR(1)-Prozess und gruppenspezifischer Heteroskedastizität, P-Werte in Klammern

	Abhängige Variable: Gründungsrate (<50 Beschäftigte)					
	Schätzung mit zufälligen Brancheneffekten			Schätzung mit Branchendummies		
Wachstumsrate des realen BIP	-0.042 (0.105)	-0.038 (0.141)	-0.039 (0.158)	-0.029 (0.161)	-0.016 (0.434)	-0.018 (0.377)
Branchenwachstum der Vorperiode	0.007 (0.086)	0.008 (0.036)*	0.007 (0.070)	0.007 (0.051)	0.007 (0.054)	0.007 (0.044)*
Log. Durchschnitts-beschäftigung	0.006 (0.000)**	0.008 (0.000)**		0.014 (0.040)*	0.009 (0.150)	
Log. Umsatz pro Beschäftigtem	-0.017 (0.000)**	-0.019 (0.000)**	-0.018 (0.000)**	-0.022 (0.000)**	-0.021 (0.000)**	-0.021 (0.000)**
Log. Herfindahl-Index des Umsatzes	-0.001 (0.330)	-0.001 (0.101)	-0.002 (0.024)*	0.009 (0.001)**	0.009 (0.000)**	0.006 (0.026)*
Log. Exportquote		-0.004 (0.015)*	-0.005 (0.005)**		-0.005 (0.079)	-0.004 (0.142)
Ausmaß der Skalenerträge			0.007 (0.000)**			0.014 (0.000)**
Konstante	0.198 (0.000)**	0.207 (0.000)**	0.186 (0.000)**	0.279 (0.000)**	0.278 (0.000)**	0.187 (0.000)**
Beobachtungen	372	365	365	372	365	365
Branchen	31	31	31	31	31	31
Breusch-Pagan-Test auf individuelle Effekte	16.66 (0.000)**	15.45 (0.000)**	17.98 (0.000)**			
Hausman-Test	11.14 (0.049)*	14.28 (0.027)*	33.35 (0.000)**			
Mod. Wald-Test auf gruppen-spezifische Heteroskedastizität				36922.5 (0.000)**	51101.7 (0.000)**	56514.2 (0.000)**
Autokorrelationskoeffizient	0.286	0.287	0.322	-0.066	-0.059	-0.096
Wald-Modelltest	101.9 (0.000)**	114.6 (0.000)**	81.4 (0.000)**	581.0 (0.000)**	756.0 (0.000)**	738.1 (0.000)**
LR-Test auf gemeinsame Signifikanz der fixen Effekte				138.8 (0.000)**	146.7 (0.000)**	150.3 (0.000)**
R^2 [60]	0.033	0.034	0.022	0.212	0.215	0.218
Log-Likelihood	1005.3	998.2	998.2	1074.7	1071.5	1073.4

Die Ergebnisse der FGLS-Panelschätzungen für die Gründungsrate in Tabelle XI.8 und die Gründungsintensität in Tabelle XI.9 lassen für die Zweisteller der baden-württembergischen Industrie zunächst erkennen, dass die allgemeine Konjunkturentwicklung für das Auftreten neuer Betriebe und ihre Bedeutung für die Industriebeschäftigung keine signifikante Rolle

[59] Im Rahmen der Analysen möglicher branchenspezifischer Determinanten der Jobschaffung und des Jobabbaus in Kapitel VI dieser Arbeit wurden als Regressanden jeweils die logarithmierten Werte verwendet, was dort jedoch keine gravierenden Selektionseffekte nach sich zog, da jeweils nur auf sehr wenige Beobachtungen verzichtet werden musste.

[60] Das Bestimmtheitsmaß wird hier jeweils als quadrierter Korrelationskoeffizient zwischen den empirischen Werten der abhängigen Variablen und den theoretischen Werten ermittelt.

spielt.[61] Das Wachstum des Branchenumsatzes in der Vorperiode dagegen weist einen positiven Effekt sowohl auf die branchenspezifische Gründungsrate als auch die Gründungsintensität auf, wobei eine Signifikanz nur für die branchenspezifischen Gründungsraten gegeben ist. Deutet man das vergangene Umsatzwachstum einer Branche als Indikator für die Profiterwartungen, so kann man dieses Ergebnis als Indiz für die These des Orr-Modells interpretieren, dass höhere Profiterwartungen das Gründungsaufkommen einer Branche positiv begünstigen.[62]

Branchen mit einer eher großbetrieblichen Struktur und somit typischerweise einer höheren Bedeutung von Größenvorteilen weisen c.p. nicht etwa geringere, sondern sogar signifikant höhere Gründungsraten auf. Unabhängig von der Berücksichtigung fixer oder zufälliger Industrieeffekte geht sowohl eine größere logarithmierte Durchschnittsbeschäftigung in einer Industrie als auch ein höherer Wert des logarithmierten Comanor-Wilson-Maßes c.p. mit einer höheren Gründungsrate einher. Mit Blick auf die Gründungsintensitäten ist das Ergebnis uneinheitlich. Insgesamt scheinen die Ergebnisse für die baden-württembergische Industrie jedoch zu bestätigen, dass die Existenz ausgeprägter Größenvorteile in einer Branche das Auftreten von Gründungen nicht zwingend behindern muss.[63]

Ein negativer Impuls auf das Gründungsaufkommen geht dagegen von einer hohen Umsatzproduktivität gemessen als Umsatz pro Beschäftigtem aus. In Branchen mit einem höheren Durchschnittsumsatz pro Beschäftigtem fällt die Gründungsrate jeweils signifikant geringer aus. Der Einfluss der Anbieterkonzentration auf die Gründungshäufigkeit ist aufgrund der Modellschätzungen sowohl bei der Erklärung der Gründungsraten als auch der Gründungsintensitäten sehr fraglich, da das Vorzeichen der Konzentrationsvariablen in den Schätzungen mit fixen Effekten stets signifikant positiv und in den Schätzungen mit zufälligen Effekten stets negativ ausfällt. Ursache für diese widersprüchlichen Ergebnisse ist die beträchtliche Korrelation der industriellen Konzentration mit den fixen Effekten. Da die fixen Effekte zeitstabile Unterschiede im Querschnitt zwischen den Branchen bereits auffangen und die Konzentration im Zeitablauf ebenfalls sehr stabil bleibt, ist die

---

61 Um die Schätzergebnisse gegen das Vorliegen von Ausreißern abzusichern, wurden außerdem gewichtete Regressionsmodelle geschätzt, bei denen als Gewichte der Beschäftigungsanteil oder der Betriebsanteil einer Branche verwendet wurden. Dabei ändert sich teilweise die Signifikanz einzelner Variablen, die qualitativen Ergebnisse bleiben jedoch weitgehend erhalten, so dass die folgenden Ergebnisse gegenüber dem Vorliegen extremer Werte relativ robust sind.

62 Die alternative Verwendung des jeweils aktuellen Wachstums des Branchenumsatzes führt zu entsprechenden Ergebnissen, wobei der positive Einfluss der Branchenkonjunktur dann sowohl für die Gründungsraten als auch die -intensitäten hochsignifikant beobachtet werden kann.

63 In Kapitel XII wird sich zeigen, dass Skaleneffekte zwar nicht den Marktzutritt, wohl jedoch das Überleben der Betriebe in der Folgezeit behindern. Die Behauptung, dass Marktzutrittsschranken weniger als Gründungshemmnisse, sondern vielmehr als Überlebenshemmnisse interpretiert werden können, findet hier eine gewisse Bestätigung.

Berücksichtigung der Konzentrationsvariablen in einer Schätzung mit fixen Effekten besonders problematisch.[64]

Tabelle XI.9: Branchenspezifische Determinanten des Beschäftigungsanteils von Neugründungen mit weniger als 50 Beschäftigten in der baden-württembergischen Industrie von 1980-1994, Ergebnisse von FGLS-Panelschätzungen mit AR(1)-Prozess und gruppenspezifischer Heteroskedastizität, P-Werte in Klammern

	Abhängige Variable: Beschäftigungsanteil der Neugründungen (<50 Beschäftigte)					
	Schätzung mit zufälligen Brancheneffekten			Schätzung mit Branchendummies		
Wachstumsrate des realen BIP	0.0013 (0.724)	0.0014 (0.689)	0.0020 (0.608)	0.0018 (0.469)	0.0022 (0.456)	0.0023 (0.356)
Branchenwachstum der Vorperiode	0.0002 (0.440)	0.0003 (0.300)	0.0004 (0.240)	0.0003 (0.358)	0.0004 (0.252)	0.0002 (0.419)
Log. Durchschnitts-beschäftigung	-0.0011 (0.000)**	-0.0010 (0.001)**		0.0005 (0.523)	0.0005 (0.656)	
Log. Umsatz pro Beschäftigtem	-0.0012 (0.003)**	-0.0015 (0.000)**	-0.0018 (0.000)**	-0.0015 (0.000)**	-0.0015 (0.002)**	-0.0013 (0.001)**
Log. Herfindahl-Index des Umsatzes	-0.0002 (0.057)	-0.0002 (0.127)	-0.0004 (0.005)**	0.0009 (0.079)	0.0009 (0.087)	0.0006 (0.172)
Log. Exportquote		-0.0004 (0.221)	-0.0009 (0.006)**		-0.0005 (0.489)	-0.0002 (0.626)
Ausmaß der Skalenerträge			-0.0002 (0.375)			0.0005 (0.366)
Konstante	0.0221 (0.000)**	0.0249 (0.000)**	0.0228 (0.000)**	0.0236 (0.000)**	0.0226 (0.009)**	0.0131 (0.043)*
Beobachtungen	372	365	365	372	365	365
Branchen	31	31	31	31	31	31
Breusch-Pagan-Test auf individuelle Effekte	16.91 (0.000)**	8.21 (0.004)**	7.67 (0.006)**			
Hausman-Test	1.87 (0.867)	28.66 (0.000)*	15.73 (0.015)*			
Mod. Wald-Test auf gruppenspezifische Heteroskedastizität				923584.1 (0.000)**	544380.5 (0.000)**	569120.9 (0.000)**
Autokorrelationskoeffizient	0.355	0.344	0.382	0.077	0.132	0.090
Wald-Modelltest	103.4 (0.000)**	125.3 (0.000)**	74.5 (0.000)**	579.5 (0.000)**	479.1 (0.000)**	596.7 (0.000)**
LR-Test auf gemeinsame Signifikanz der fixen Effekte				175.3 (0.000)**	159.9 (0.000)**	208.2 (0.000)**
R^2 [65]	0.057	0.068	0.054	0.212	0.212	0.213
Log-Likelihood	1729.6	1704.8	1693.5	1817.3	1784.7	1797.6

Branchen mit einer größeren Integration in die internationale Arbeitsteilung weisen c.p. geringere Gründungsraten und geringere Gründungsintensitäten auf. Dies könnte als Unterstützung des Ergebnisses von Anagnostaki/Louri (1995) interpretiert werden, die für die griechische Industrie zu einem entsprechenden Ergebnis kommen. Eine Signifikanz ist jedoch regelmäßig nur im Modell mit zufälligen Effekten gegeben.

64 Die Ergebnisse der anderen Variablen sind jedoch weitgehend robust gegenüber der Vernachlässigung des logarithmierten Herfindahl-Index.

65 Das Bestimmtheitsmaß wird hier jeweils als quadrierter Korrelationskoeffizient zwischen den empirischen Werten der abhängigen Variablen und den theoretischen Werten ermittelt.

Zusammenfassend lassen obige Panelschätzungen erkennen, dass Industriecharakteristika durchaus einen statistisch gesicherten Beitrag zur Erklärung des Gründungsaufkommens liefern können. Insoweit verhelfen die durchgeführten Schätzungen der Grundaussage des Orr-Modells, dass Branchencharakteristika, welche die Profitmöglichkeiten in einer Industrie beeinflussen, statistisch signifikante Determinanten der Gründungshäufigkeit darstellen, zu einer gewissen empirischen Evidenz. Die gemeinsame Signifikanz der fixen Effekte sowie ein Breusch-Pagan-Test auf Vorliegen individueller Effekte untermauern die Schlussfolgerung, dass branchenspezifische Charakteristika das Ausmaß der Gründungen zumindest mitbestimmen. Bezüglich der tatsächlichen Wirkungen einzelner Markteintrittsbarrieren auf die branchenspezifischen Gründungsraten und -intensitäten muss jedoch vor einer unkritischen Interpretation der Ergebnisse gewarnt werden. Obwohl die Ergebnisse der obigen Schätzungen insgesamt durchaus robust sind, erschweren Mulitkollinearitätsprobleme, insbesondere auch zwischen den fixen Effekten und den industriespezifischen Charakteristika, die Modellwahl und begründen eine erhebliche Skepsis gegenüber einer vorschnellen Ergebnisinterpretation. Weitere in der Literatur diskutierte Einflussgrößen, wie z.B. das technologische Umfeld[66] oder die Kapitalintensität der Produktion in einer Branche, müssten ergänzend Berücksichtigung finden, was jedoch wiederum die Multikollinearitätsproblematik verschärfen kann. Eine gewisse Abhilfe könnte vielleicht geschaffen werden, wenn es gelingt, die Vielzahl potenzieller branchenspezifischer Einflussfaktoren in einer vorgeschalteten Faktorenanalyse sinnvoll auf wenige Faktoren zu reduzieren, die dann in einem zweiten Schritt zur Erklärung des Gründungsaufkommens herangezogen werden können. In der vorliegenden Studie wird dieses Vorhaben jedoch nicht weiter verfolgt.

Trotz einer gewissen Bestätigung der Grundaussagen des Orr-Modells legt die vorliegende Studie die Schlussfolgerung nahe, dass branchenspezifische Charakteristika zwar zu einer Erklärung des Gründungsverhaltens beitragen können, eine zufriedenstellende Erklärung durch die bloße Beschränkung auf Industriecharakteristika und makroökonomische Variablen jedoch nicht annähernd gelingen kann.

Sehr geringe Bestimmtheitsmaße belegen, dass auf der Grundlage der branchenspezifischen Determinanten trotz der Stabilität der vorliegenden Schätzergebnisse nur ein geringer Teil der branchenspezifischen Gründungsdynamik erklärt werden kann. Insoweit unterstützen die baden-württembergischen Ergebnisse eine Schlussfolgerung, die Geroski (1991a) treffend als

66 Vgl. Audretsch/Acs (1994).

"entry is both rather noisy and idiosyncratic"[67] bezeichnet und die z.B. auch von Wagner (1994a) für die niedersächsische Industrie bestätigt wird.

Einen zusätzlichen Erklärungsbeitrag könnte die ergänzende Berücksichtigung regionaler Einflussfaktoren liefern. Zweifelsohne darf jedoch eine Suche nach Gründungsdeterminanten wie bereits die Suche nach Erfolgsfaktoren des betrieblichen Beschäftigungswachstums nicht auf der aggregierten Ebene einer Branchenbetrachtung oder einer regionalen Betrachtung stehen bleiben, sondern muss ergänzend auf die Ebene individueller Betriebsgründungen "hinabsteigen", um der Unterschiedlichkeit der betrieblichen Gründungsdynamik besser gerecht zu werden.[68] Gerade für kleine Betriebsgründungen, für die das lokale Marktumfeld in bestimmten Marktnischen von entscheidender Bedeutung für die Gründung und deren weiteren Erfolg ist, bestehen auch auf der Grundlage dieser Studie berechtigte inhaltliche Bedenken, ob man mit einer an branchenspezifischen Durchschnittsgrößen orientierten Analyse, wie sie innerhalb der industrieökonomischen Gründungsforschung im Rahmen von Orr-Typ-Modellen üblich ist, selbst bei tieferer Branchendisaggregation weitgehende Schlussfolgerungen auf das Gründungsverhalten ziehen kann.[69] Den folgenden Schlussfolgerungen von Geroski (1991a) und Cable/Schwalbach (1991) kann somit auf der Grundlage dieser Arbeit für die baden-württembergische Industrie nur zugestimmt werden:

> "Although it is possible to make quite a bit of progress on this issue, most models of entry can claim only a very modest degree of success in accounting for observed variations in entry rates or entry penetration."[70]

> "[...] it must be admitted that the results as a whole leave the ultimate mysteries of entry barriers far from solved."[71]

Eine Analyse der Gründungsentscheidung einzelner Betriebe würde jedoch weitaus mehr Informationen über die Gründungen, wie z.B. über die Person und die Motive des Gründers, über die konkrete strategische Ausrichtung oder über firmenspezifische Profiterwartungen, voraussetzen, als der amtliche Industriedatensatz enthält. Für eine fundiertere Analyse des Gründungsverhaltens sollte man daher vielleicht den Rat von Wagner (1994a) befolgen und versuchen, der individuellen Heterogenität dadurch besser gerecht zu werden, dass man konkrete Befragungen von Betriebs- und Unternehmensgründern durchführt.

---

67 Geroski (1991a), S. 103.
68 Vgl. dazu auch Cable/Schwalbach (1991).
69 Vgl. zu dieser kritischen Einschätzung auch Geroski (1991a), S. 260.
70 Geroski (1991a), S. 58.

> "A promising alternative way to learn more about entry, its determinants and consequences, is to remember that economists are better off than researchers in many other sciences in one important respect: 'Getting the opinions of the subjects of our research is also the only advantage we have over physicists. Quarks and gluons do not talk about what they do or why...' (Freeman, 1989, p. xi) – but the subjects that populate the economies we study do."[72]

In diesem Rahmen könnte dann vielleicht auch die Möglichkeit bestehen, potenzielle Gründer bereits im Vorfeld der Gründungsentscheidung zu befragen und somit dafür zu sorgen, dass die Analyse der Gründungsentscheidung sich nicht nur auf tatsächliche Gründungen beschränken muss, sondern auch solche Entscheidungsträger berücksichtigt werden können, die sich gegen die Gründung eines Betriebes oder Unternehmens entscheiden. Im folgenden Kapitel XII wird nun auf der Ebene betriebsindividueller Daten die betriebliche Beschäftigungsentwicklung und insbesondere die Frage des Überlebens in der Zeit nach der Gründung in den Mittelpunkt der Analysen gestellt.

71 Cable/Schwalbach (1991), S. 266.
72 Wagner (1994a), S. 221.

XII. Überleben und Sterben von Neugründungen in der baden-württembergischen Industrie – eine empirische Überprüfung möglicher Determinanten der Überlebenswahrscheinlichkeit

Kapitel XI beschäftigte sich mit der empirischen Untersuchung der Gründung von Betrieben und somit mit einer Analyse des Markteintritts. Wie bereits in den einleitenden Bemerkungen zu Teil 4 angedeutet, führte die Erkenntnis zahlreicher Studien, dass weniger die Gründung selbst als vielmehr das Überleben in der Folgezeit des Markteintritts das eigentliche Problem darstellt, zu einer Verschiebung der Forschungsschwerpunkte weg von der Analyse der Gründungshäufigkeit hin zu einer Analyse der betrieblichen Entwicklung in der Zeit nach der Gründung.

> "It is easier to enter an industry than to survive for a longer time period in that industry. In recognition of this, the research effort has shifted from entry itself to post-entry performance of infant plants and firms."[1]

Die hohe Sterbewahrscheinlichkeit neu gegründeter Betriebe in den Jahren nach der Gründung gilt inzwischen in der empirischen Gründungsforschung als stilisiertes Faktum:

> "The survival rate of most entrants is low, and even successful entrants may take more than a decade to achieve a size comparable to the average incumbent."[2]

Kapitel XII der vorliegenden Arbeit widmet sich daher einer fundierten Analyse der post-entry-performance baden-württembergischer Industriebetriebsgründungen, wobei der Schwerpunkt auf einer Untersuchung der Determinanten des Überlebens liegen wird.

Gerade auch für eine Beurteilung der längerfristigen Beschäftigungseffekte von Neugründungen ist es wesentlich, dass man nicht nur den kurzfristigen Impulseffekt berücksichtigt, sondern die Beschäftigungsentwicklung im Zeitablauf verfolgt und somit den Beschäftigungsbeitrag einer Gründungskohorte in den Folgejahren quantifiziert. Einleitend werden daher zunächst im Rahmen deskriptiver Kohortenanalysen die zeitliche Entwicklung einzelner Gründungskohorten und deren längerfristige Beschäftigungsbeiträge analysiert. Ausgehend

---

1 Tveteras/Eide (2000), S. 66.
Audretsch (1995b), S. 442, unterstreicht die möglicherweise größere Bedeutung von Überlebenshindernissen gegenüber Gründungsbarrieren durch einen Verweis auf die empirische Beobachtung, dass die Varianz der Überlebensraten im industriellen Querschnitt deutlich größer ausfällt als die Varianz der Gründungsraten.

2 Geroski (1995), S. 424.

von der Feststellung, dass ein Großteil der Neugründungen bereits kurze Zeit nach der Gründung wieder vom Markt verschwindet, widmen sich die folgenden Abschnitte dann einer ökonometrischen Analyse möglicher Ursachen der unterschiedlichen Sterbewahrscheinlichkeiten betrieblicher Neugründungen in der baden-württembergischen Industrie. Um die Analyseergebnisse nicht nur auf eine Gründungskohorte zu beziehen, werden im Weiteren sämtliche neu auftretenden Industriebetriebe der Jahre 1981 bis 1984 berücksichtigt, wobei auf die Einbeziehung neu auftretender Betriebe mit fünfzig oder mehr Beschäftigten verzichtet wird, da es sich wie bereits betont bei diesen typischerweise nicht um "echte" Neugründungen, sondern z.B. um Betriebsabspaltungen, Regionswechsler oder Schwerpunktwechsler handelt.[3]

Insgesamt finden dabei 2605 neu auftretende Betriebe Berücksichtigung, deren Überleben oder Sterben bis einschließlich 1994 auf jährlicher Basis verfolgt wird. Zwischen acht und neun von zehn Neugründungen sind dabei jeweils Kleinstbetriebsgründungen mit weniger als 20 Beschäftigten.[4] Auf eine Verlängerung des Analysezeitraums bis 1999 wird verzichtet, da es im Rahmen der Aktualisierung der Wirtschaftszweigsystematik im Jahr 1995 zu erheblichen Änderungen in der Zusammensetzung des Berichtskreises und in der Zuordnung der Branchen kam.

1. Längerfristige Beschäftigungseffekte durch Gründungen in der baden-württembergischen Industrie – Ergebnisse aggregierter Kohortenanalysen

Bei der bisherigen Analyse der Bedeutung neu auftretender Betriebe für die Beschäftigungsentwicklung wurden den Neugründungen jeweils nur die Beschäftigungseffekte im ersten Jahr ihres Auftretens zugeschrieben. So lag der Beschäftigungsbeitrag der Neugründungen mit weniger als 50 Beschäftigten im ersten Jahr bei ungefähr 0,4 Prozent der baden-württembergischen Industriebeschäftigung. Etwaige Beschäftigungsgewinne und -verluste in den Folgejahren tauchten dann im Rahmen der Job-Turnover-Analysen der Arbeitsplatzdynamik als Jobschaffung oder Jobabbau in expandierenden und schrumpfenden Betrieben auf (vgl. dazu insbesondere Kapitel II und III dieser Arbeit). Fundierte Aussagen über mögliche Beschäftigungswirkungen durch Neugründungen sollten vor dem Hintergrund einer hohen

---

3 Der Anteil neu auftretender Betriebe mit mindestens 50 Beschäftigten liegt jährlich bei ca. 3-5%, so dass die überwiegende Mehrzahl der neu auftretenden Betriebe in den folgenden Analysen erfasst wird.

4 Während in der vorliegenden Studie Kohorten von Neugründungen im Zeitablauf bis zu ihrem Ausscheiden untersucht werden, setzt Wagner (1999a) einen etwas anderen Analyseschwerpunkt und betrachtet Kohorten schließender Betriebe in den Jahren vor ihrer Schließung.

Sterblichkeit gerade junger Betriebe jedoch nie auf der Grundlage dieser Impulseffekte, sondern stets aufgrund von Kohortenanalysen getroffen werden, in denen die Beschäftigungsentwicklung über einen längeren Zeitraum hinweg verfolgt wird.[5]

Abbildung XII.1 gibt grafisch die zeitliche Entwicklung der Überlebensraten (auch: *Survivorraten*) der Gründungskohorten wieder, die als Anteil der nach t Perioden noch bestehenden Betriebe in Relation zur Gesamtzahl der Betriebe im Gründungsjahr definiert sind.

Abbildung XII.1: Zeitliche Entwicklung der Überlebensraten von Neugründungen mit weniger als 50 Beschäftigten, Kohorten 1981-1984[6]

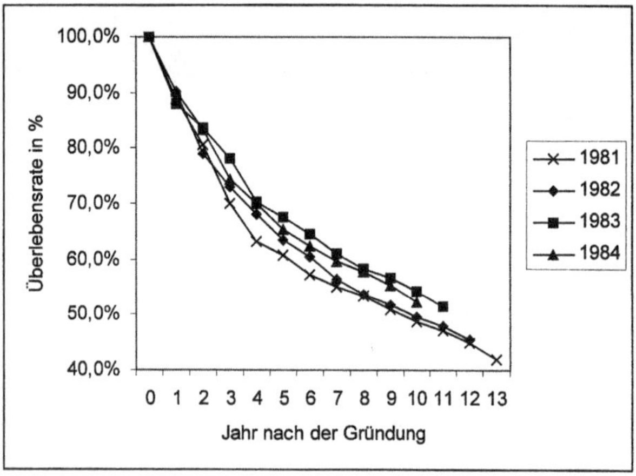

Das hohe Sterberisiko, dem sich Neugründungen ausgesetzt sehen, tritt dabei deutlich zum Vorschein. Von den 1981 gegründeten Industriebetrieben waren nach zwei Jahren bereits knapp zwanzig und nach fünf Jahren fast vierzig Prozent der Betriebe bereits wieder geschlossen.[7] Nach 10 Jahren bestanden nur noch weniger als die Hälfte der anfänglich neu

5 Die Möglichkeit der Durchführung einer Kohortenanalyse setzt erneut die Existenz von Paneldaten voraus.

6 Das lineare Verbinden der beobachteten Survivorfunktion unterstellt, dass sich die Zeitpunkte des Ausscheidens der einzelnen Betriebe gleichmäßig über die Zeit verteilen. Im Rahmen von Kaplan-Meier-Schätzungen der Survivorfunktion (vgl. Abschnitt XII.3.2) wird dagegen angenommen, dass alle Betriebe zu den gewählten Zeitpunkten ausscheiden, so dass dort eine Treppenfunktion entsteht.

7 Bereits an früherer Stelle wurde darauf verwiesen, dass eine eindeutige Identifikation einer Betriebsschließung mit Hilfe des amtlichen Datensatzes nicht möglich ist. Insbesondere kann nicht zwischen einer freiwilligen Schließung und einer ökonomisch bedingten Schließung unterschieden werden. Betriebsübernahmen können ebenfalls zum Wegfall eines Betriebes aus dem Berichtskreis führen, ohne dass tatsächlich eine Betriebsschließung im Hintergrund steht. Als Schließung gilt somit wie gehabt der Wegfall eines Betriebes aus dem Berichtskreis der amtlichen Industriestatistik. Dass trotz aller Schwächen der amtliche Datensatz für eine Analyse des Gründungs- und Schließungsverhaltens auch erhebliche Vorteile besitzt, wurde bereits in Kapitel XI.1.2 erläutert.

gegründeten Betriebe. Für die übrigen Gründungskohorten lassen sich entsprechende Größenordnungen angeben.

Die zeitliche Entwicklung des betrieblichen Sterberisikos lässt sich auch anhand des Verlaufs der sogenannten *Hazardrate* veranschaulichen, die hier die Wahrscheinlichkeit angibt, dass ein Betrieb, der bereits t Jahre überlebt hat, in der folgenden Periode aus dem Berichtskreis ausscheidet. Abbildung XII.2 lässt erkennen, dass das bedingte Sterberisiko der Neugründungen gemessen an der Hazardrate in den ersten Jahren nach der Neugründung deutlich größer ist als nach Ablauf einiger Jahre. Hat sich ein Betrieb nach einer gewissen Zeit auf dem Markt etabliert, so steigen seine weiteren Überlebenschancen erheblich an. Ein erster Vergleich der Hazardraten aller Neugründungen mit weniger als 50 Beschäftigten mit den entsprechenden Hazardraten bei Beschränkung auf Kleinstbetriebsgründungen mit weniger als 20 Beschäftigten lässt erkennen, dass das Sterberisiko in den Jahren unmittelbar nach der Gründung für Kleinbetriebe c.p. größer war als für Großbetriebe, so dass die Gründungsgröße von signifikanter Bedeutung für die späteren Überlebenschancen sein könnte. Eine eingehende Analyse möglicher Determinanten der Überlebenswahrscheinlichkeit von Neugründungen wird jedoch erst in den folgenden Abschnitten dieses Kapitels vorgenommen.

Abbildung XII.2: Zeitliche Entwicklung der durchschnittlichen Hazardraten in Gründungen unterschiedlicher Größe, Kohorten 1981-1984

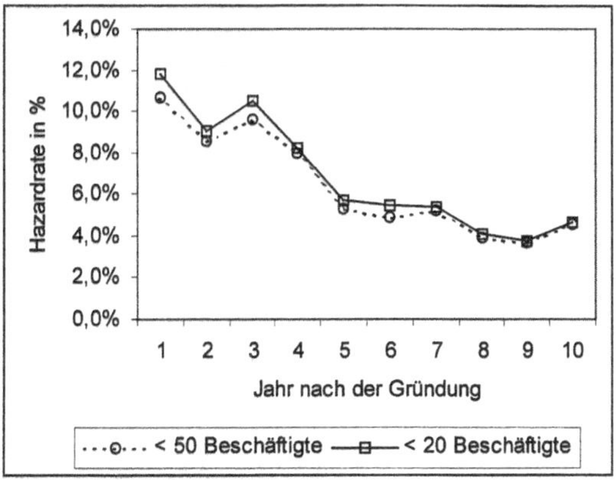

Die für die baden-württembergische Gesamtindustrie gefundenen Hazardraten entsprechen in der Größenordnung ungefähr den Ergebnissen, die von Baldwin/Gorecki (1991) für die kanadische Industrie angeführt werden.[8] Mata et al. (1995) finden für die portugiesische Industrie jedoch bedingte Sterbewahrscheinlichkeiten, die deutlich über den baden-württembergischen Raten liegen: So betrug die portugiesische Hazardrate im ersten Jahr 25% und nahm auch nach sieben Jahren mit 13% noch einen zweistelligen Wert an, der sogar über dem baden-württembergischen Sterberisiko im Ausgangsjahr lag.[9]

Betrachtet man die zeitliche Entwicklung der Gesamtbeschäftigung einer Gründungskohorte, so zeigt sich, dass die stark rückläufige Zahl der Industriebetriebe nicht zu einem gleichzeitigen Rückgang der Kohortenbeschäftigung führte. Vielmehr konnte sogar für alle vier Kohorten zumindest bis Ende der 80er Jahre ein Anstieg in der Gesamtbeschäftigung beobachtet werden. Erst die Rezession Anfang der 90er Jahre führte zu einem Sinken der Beschäftigtenzahlen, wobei mit Ausnahme der Kohorte 1981 alle anderen Kohorten am Ende des Betrachtungszeitraums eine gestiegene Beschäftigung aufwiesen. Insgesamt lieferte eine Gründungskohorte somit einen längerfristigen absoluten Beschäftigungsbeitrag, der teilweise sogar etwas über der Ausgangsbeschäftigung der Gründungskohorten lag.

Abbildung XII.3: Zeitliche Entwicklung der Beschäftigung der Gründungskohorten, Gründungen mit weniger als 50 Beschäftigten, Kohorten 1981-1984

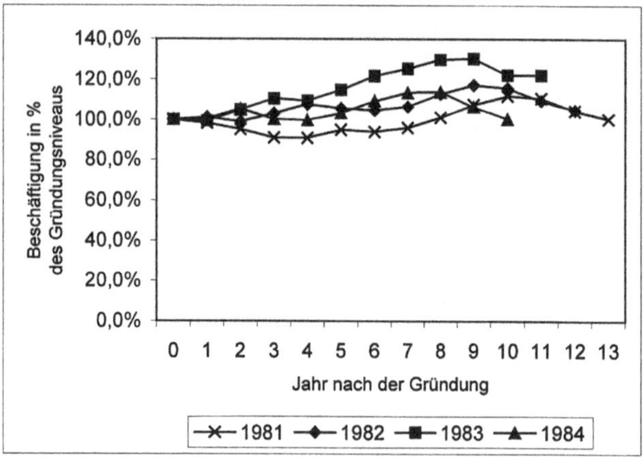

Die vorliegenden Ergebnisse bestätigen somit in der Tendenz die Schlussfolgerung von Gerlach/Wagner (1997) für die niedersächsische Industrie, dass man im Großen und Ganzen

8 Vgl. Baldwin/Gorecki (1991), S. 310.
9 Vgl. Mata et al. (1995), S. 465.

davon ausgehen kann, dass eine Gründungskohorte langfristig ungefähr den Beschäftigungsbeitrag leistet, den sie bereits im Ausgangsjahr aufweist.

> "Je größer (gemessen an der Zahl der tätigen Personen) eine Kohorte im Gründungsjahr war, desto höher ist auch ihr dauerhafter Beitrag zur Schaffung von Arbeitsplätzen gewesen."[10]

Diese bemerkenswerte Konstanz des Beitrags einer Gründungskohorte trotz einer hohen Ausfallquote durch schließende Betriebe ist Folge der Tatsache, dass die überlebenden Betriebe zumindest im Durchschnitt in erheblichem Maße gewachsen sein müssen. Dieses beträchtliche Wachstum der überlebenden Betriebe lässt sich auch daran erkennen, dass sich die durchschnittliche betriebliche Beschäftigung sowie die Medianbeschäftigung in jeder Gründungskohorte bis zum Jahr 1994 mehr als verdoppelte.

Bereits eine einfache Kohortenanalyse für die baden-württembergische Gesamtindustrie erlaubt somit erste Einsichten in die post-entry-performance betrieblicher Neugründungen. Ein beträchtlicher Teil der Neugründungen erweist sich schon in den Folgejahren unmittelbar nach dem Markteintritt als nicht lebensfähig und scheidet somit relativ schnell wieder aus dem Marktgeschehen aus. Insoweit stützen diese Ergebnisse für die baden-württembergische Industrie die These, dass es sich bei Betriebsschließungen häufig um Betriebe handelt, die erst seit wenigen Perioden aktiv sind und den Markt "durch die Drehtür" bereits nach kurzer Zeit wieder verlassen. Diese These von der "*revolving door*" ist kompatibel mit den Selektionsmodellen in der Tradition von Jovanovic (1982) sowie mit Lebenszyklusmodellen der Industrieentwicklung. Die konkurrierende Gegenthese, nach der Gründungen in der Tradition von Schumpeters Prozess der schöpferischen Zerstörung in beträchtlichem Maße zu einer Auffrischung des Betriebsbestandes beitragen, indem sie bestehende, veraltete Betriebe vom Markt drängen ("*Substitutionsthese*") und dabei selbst lebensfähig sind, kann anhand der bisherigen Überlegungen nicht abschließend beurteilt werden. Das erfolgreiche Wachstum der überlebenden Gründungen kann als Anzeichen interpretiert werden, dass auch die Substitutionsthese einen Erklärungswert besitzt. Die hohe Sterbewahrscheinlichkeit junger Neugründungen deutet jedoch darauf hin, dass es zahlreiche Neugründungen eben nicht schaffen, bestehende Betriebe erfolgreich aus dem Markt zu drängen.[11]

---

[10] Gerlach/Wagner (1997), S. 59.

[11] Audretsch (1995a), S. 149-165, betont, dass das technologische Umfeld von großer Wichtigkeit für die Frage ist, welchem Argument für das Ausscheiden der Betriebe die größere Bedeutung zukommt. In einem sogenannten "unternehmerischem Regime", in dem Innovationsvorteile eher auf Seiten neu gegründeter Betriebe liegen, postuliert Audretsch die Gültigkeit der Substitutionsthese, während in einem "routinisierten

Der überlebende Teil der Industriebetriebe verfügt im Durchschnitt über ein bemerkenswertes Beschäftigungswachstum, das die Beschäftigungsverluste durch Betriebsschließungen kompensiert. Dieses enorme Beschäftigungswachstum kann einerseits die Folge freiwilliger Expansionsentscheidungen der Betriebe sein. Andererseits jedoch kann es auch als Indiz dafür gewertet werden, dass ein Überleben insbesondere für kleinbetriebliche Gründungen nur dann möglich ist, wenn diese möglichst schnell wachsen und somit bestehende Größennachteile der Produktion gegenüber ihren größeren Wettbewerbern möglichst schnell kompensieren.[12]

Eine Analyse der post-entry-performance von Neugründungen kann daher einerseits das Überleben und Sterben von Neugründungen, andererseits die Beschäftigungsentwicklung der überlebenden Betriebe in den Mittelpunkt der Untersuchungen stellen.

Determinanten des betrieblichen Beschäftigungswachstums wurden bereits ausführlich in den Kapiteln IX und X dieser Arbeit unter die Lupe genommen, wobei dort keine Fokussierung auf die Gründungskohorten der Jahre 1981 bis 1984 erfolgte, sondern sämtliche Betriebe in die Analysen einbezogen wurden, die in der Zeit ab 1981 bis 1994 gegründet wurden. Die Frage, ob ein Betrieb überlebt oder nicht, wurde dort im Rahmen bivariater Tobit-Regressionen bereits insofern berücksichtigt, als in einer Selektionsgleichung durch eine Probit-Schätzung für mögliche selektive Einflüsse durch die Vernachlässigung schließender Betriebe kontrolliert wurde. Während die Frage des Überlebens dort jedoch nur einen "Randaspekt" der Untersuchung der Wachstumsdeterminanten darstellte, rücken die folgenden Überlegungen die Analyse der Überlebenschancen von Neugründungen in das Zentrum. Dabei werden insbesondere Verfahren der Verweildaueranalyse Anwendung finden, mit deren Hilfe man nicht nur das "Ob" einer Betriebsschließung erklären, sondern auch die betriebliche Überlebensdauer einer empirischen Ursachenforschung unterziehen kann.
Abschnitt XII.2 gibt im Folgenden zunächst einen Überblick über den Status Quo der empirischen Überlebensforschung von Neugründungen, bei denen der Analyseschwerpunkt auf betriebs- und branchenspezifischen Einflussgrößen des Überlebens liegt. Abschnitt XII.3 wendet sich dann einer empirischen Überprüfung möglicher Determinanten des Überlebens baden-württembergischer Industriebetriebsgründungen zu.

Regime", in welchem bereits bestehende Betriebe Innovationsvorteile aufweisen, eher die Drehtürhypothese zum Tragen kommt.

12 Diese Argumentation unterstellt jedoch, das Klein- und Großbetriebe in einem unmittelbaren Wettbewerb stehen. Kleinstbetriebsgründungen könnten einem überlebensbedingten Wachstumszwang eventuell dadurch aus dem Weg gehen, dass es ihnen gelingt, sich in Marktnischen zu positionieren, in denen die Wettbewerbsfähigkeit nicht primär auf Kostenaspekten beruht.

2. Determinanten der Überlebenschancen neu gegründeter Betriebe – ein Überblick über die Ergebnisse ausgewählter Studien

Die Zahl möglicher Einflussfaktoren der Überlebenschancen neu gegründeter Betriebe, die in der theoretischen und empirischen Literatur diskutiert werden, ist unübersichtlich groß. Eine gewisse Systematisierung potenzieller Einflussfaktoren gelingt, wenn man sich in Anlehnung an Brüderl et al. (1992, 1996) an einer Dreiteilung orientiert, die zwischen personenbezogenen, betriebsbezogenen und umfeldbezogenen Determinanten der betrieblichen post-entry-performance unterscheidet. Unter den umfeldbezogenen Einflüssen können insbesondere branchenspezifische Charakteristika bzw. Besonderheiten des Marktumfeldes sowie regionale Einflussfaktoren subsumiert werden. Ergänzend können die makroökonomischen Rahmenbedingungen das Überleben von Betrieben beeinflussen.

Die vorliegende Studie für die baden-württembergische Industrie widmet sich auf der Grundlage der verfügbaren Datenbasis schwerpunktmäßig einer Analyse betriebsindividueller und branchenspezifischer Bestimmungsgründe. Der Einfluss makroökonomischer Bedingungen auf das Überleben und Sterben der neuen Betriebe wird ebenfalls berücksichtigt, während regionale Einflussfaktoren in nur sehr allgemeiner Form anhand des räumlichen Verdichtungsgrades einbezogen werden. Eine Analyse personenspezifischer Erfolgsfaktoren muss erneut völlig ausgeklammert bleiben, da der amtliche Betriebspaneldatensatz keine personenbezogenen Informationen enthält.[13]

Der nachfolgende Überblick über die Ergebnisse ausgewählter empirischer Studien konzentriert sich daher ebenfalls auf solche Untersuchungen, deren Forschungsschwerpunkt auf einer Behandlung betriebsindividueller und industrieller Charakteristika liegt.

---

13 Beispiele für Studien, die den personenbezogenen Erfolgsfaktoren der Gründerpersönlichkeiten besondere Beachtung schenken, sind die Studien von Brüderl et al. (1992, 1996) oder Bates (1985, 1990). Neben Variablen, die das allgemeine Humankapital des Gründers widerspiegeln sollen (z.B. Bildung, Berufserfahrung) und spezifischen Humankapitalvariablen (z.B. Branchen-, Selbständigkeits- oder Führungserfahrung) finden dabei auch personenbezogene Kontrollvariablen (z.B. Geschlecht, Nationalität des Gründers) Berücksichtigung.

2.1 Studien zu betriebsindividuellen Determinanten der Überlebenschancen von Neugründungen

Bisher veröffentlichte Untersuchungen zu den Überlebenschancen von Neugründungen stimmen fast ausnahmslos in dem Ergebnis überein, dass die *Gründungsgröße* einer Firma von entscheidender Bedeutung für die Überlebenswahrscheinlichkeit ist. Ceteris paribus ist das Sterberisiko einer Neugründung umso höher, je kleiner die Gründung ausfällt, wobei die Größe häufig durch die Gründungsbeschäftigung, teilweise jedoch auch durch das Startkapital oder den Umsatz im Gründungsjahr gemessen wird. Die These einer besonders hohen Schließungsgefahr für kleinbetriebliche Gründungen wird in der Literatur auch als "*liability of smallness*" bezeichnet und wird z.B. in Studien von Geroski (1992) für die europäische Industrie, von Mata/Portugal (1994, 1999) für die portugiesische Industrie, von Mahmood (1992) sowie von Audretsch/Mahmood (1995) für die US-amerikanische Industrie oder von Honjo (2000) für die Industrie Japans bestätigt. Wagner (1994b) dagegen findet für niedersächsische Industriebetriebe keinen statistisch signifikanten Zusammenhang, Studien von Audretsch/Santarelli/Vivarelli (1999a, 1999b) lassen für das Verarbeitende Gewerbe Italiens ebenfalls keine gesicherte Beziehung erkennen.[14] Audretsch/Klomp/Thurik (1999) zeigen, dass der negative Zusammenhang zwischen Gründungsgröße und Hazardrate auch im niederländischen Dienstleistungsgewerbe beobachtet werden kann, dabei jedoch nur für Kleinstbetriebsgründungen Gültigkeit besitzt, da Skaleneffekte im Dienstleistungsbereich häufig eine geringere Rolle spielen.[15] Santarelli (1998a, 1998b) weist den inversen Zusammenhang zwischen Betriebsgröße und Schließungsrisiko für die italienische Tourismusindustrie bzw. den italienischen Finanzintermediärsektor nach.

Die Liste möglicher Begründungen für eine besondere Bedeutung der Gründungsgröße ist lang. Industrieökonomische Erklärungsansätze führen die vergleichsweise schlechten Überlebenschancen kleiner Gründungen auf die Tatsache zurück, dass diese c.p. deutlich unterhalb der branchenüblichen Durchschnittsgröße auf den Markt treten und somit Skalennachteile gegenüber ihren größeren Wettbewerbern aufweisen, die ihre Überlebenswahrscheinlichkeit beeinträchtigen.[16] Darüber hinaus wird argumentiert, dass kleinere Unternehmen häufiger von

14 Audretsch/Santarelli/Vivarelli (1999a, 1999b) begründen das Fehlen eines Zusammenhangs zwischen Gründungsgröße und Überlebenschancen mit einem Verweis auf die institutionellen Gegebenheiten in Italien. Existieren gerade zwischen Kleinbetrieben in erheblichem Maße industrielle Netzwerke, so kann dies die Überlebensfähigkeit kleinerer Betriebe merklich erhöhen. Vgl. dazu z.B. Pyke/Sengenberger (1990) oder Brusco (1990).

15 Vgl. Audretsch/Klomp/Thurik (1999), S. 250.

16 Vgl. dazu auch die Ausführungen im folgenden Abschnitt XII.2.2.

Kapitalmarktrestriktionen betroffen sind als größere Unternehmen und somit unter einem höheren Finanzierungs- und Liquiditätsrisiko leiden.

> "Lack of internal finance and imperfections in capital markets may compel prospective competitors to enter at a smaller scale than the one they would have chosen had they had the funds."[17]

Die Gründungsgröße kann somit gleichzeitig als Indikator für finanzielle Engpässe interpretiert werden, mit denen insbesondere kleinbetriebliche Gründungen zu kämpfen haben, und wird auch deshalb in zahlreichen Studien als "proxy" verwendet, da die verfügbaren Daten zwar Informationen über die Größe eines Betriebes, nicht jedoch über detaillierte Finanzvariablen enthalten. Honjo (2000) weist für die japanische Industrie nach, dass die Anfangsbeschäftigung eines Betriebes ihren statistisch hochsignifikanten Einfluss auf die Überlebenschancen verliert, wenn man ergänzend eine Finanzvariable berücksichtigt, welche die Kapitalausstattung des Betriebes widerspiegelt.[18]

Lucas (1978) führt das höhere Sterberisiko kleinerer Betriebe darauf zurück, dass diese typischerweise über ein Management bzw. über Führungspersönlichkeiten verfügen, die im Durchschnitt ein geringeres unternehmerisches Talent besitzen als die Führungsverantwortlichen in größeren Betrieben. Nachteile kleinerer Betriebe im Wettbewerb um qualifizierte Arbeitskräfte sowie das Fehlen funktionierender interner Arbeitsmärkte sind weitere Aspekte, welche die ungünstigeren Überlebenschancen kleinerer Betriebe begründen können. Dunne (1994) findet eine hohe positive Korrelation zwischen der Gründungsgröße eines Betriebes und seiner Technologieausstattung, so dass eine geringe Gründungsgröße auch als Indiz für eine schlechtere technologische Ausstattung interpretiert werden könnte.

Woywode (1998) befindet sich in einer Studie auf der Grundlage des Mannheimer Unternehmenspanels in der Lage, zwischen Schließungen durch Insolvenz und freiwilligen Schließungen zu unterscheiden. Dabei gelangt er zu dem Ergebnis, dass die These von der liability of smallness insbesondere für freiwillige Unternehmensschließungen Gültigkeit besitzt, während Insolvenzschließungen sich vielmehr durch Nichtlinearitäten im Zusammenhang zwischen Größe und Sterberisiko und somit eine sogenannte "*liability of the middle*" auszeichnen, da die Sterbewahrscheinlichkeit zunächst mit wachsender Größe bis zu knapp 20 Beschäftigten

---

17 Mata/Portugal (1994), S. 232.

18 "The result suggests that new firms without sufficient capital confront a higher risk of business failure", Honjo (2000), S. 570.

ansteigt und erst dann in einen inversen Zusammenhang übergeht.[19] Nichtlinearitäten im Zusammenhang zwischen Anfangsgröße und Überlebenswahrscheinlichkeit werden z.B. auch von Audretsch/Klomp/Thurik (1999) bestätigt, wobei der Zusammenhang hier im Gegensatz zur These der liability of the middle so gestaltet ist, dass mit zunehmender Betriebsgröße das Sterberisiko zunächst sinkt und ab einer bestimmten Größe wieder ansteigt.
In einigen Studien (z.B. bei Mata et al. (1995)[20]) wird neben der Gründungsgröße ergänzend die aktuelle Beschäftigung als zusätzliche erklärende Variable berücksichtigt, um gleichzeitig die zeitliche Entwicklung der Beschäftigung und somit der Größennachteile in der Folgezeit der Gründung zu analysieren.
Agarwal/Audretsch (1999) betonen, dass der positive Zusammenhang zwischen Gründungsgröße und Überlebenswahrscheinlichkeit insbesondere für frühe Phasen eines Industrielebenszyklus Gültigkeit besitzt.[21] In reiferen Industrien dagegen finden Agarwal/Audretsch (1999) keinen Überlebensvorteil größerer Betriebe und begründen dies damit, dass Kleinbetriebe hier ihre Größennachteile durch das Besetzen strategischer Marktnischen kompensieren können[22], so dass der Zusammenhang nicht mehr gegeben ist.

Neben der Gründungsgröße wird in der Literatur dem Betriebstyp und somit der Tatsache, ob es sich bei einer Neugründung um die Gründung eines Einbetriebsunternehmens oder um eine Betriebsgründung im Rahmen eines Mehrbetriebsunternehmens handelt, ein wesentlicher Einfluss auf die Überlebenschancen zugeschrieben. Unterschiedliche Gründungsmotive, unterschiedliche Restriktionen bei der Befriedigung des erforderlichen Kapitalbedarfs oder Differenzen in den rechtlichen Bestimmungen können zu systematischen Unterschieden im Erfolg der beiden Gründungstypen führen.[23] Insbesondere die Finanzierungsvorteile oder mögliche Erfahrungsvorteile, die das Mutterunternehmen oder andere Betriebe des Unternehmens am Markt bereits sammeln konnten, sprechen für ein geringeres Sterberisiko von Betrieben in Mehrbetriebsunternehmen. Baden-Fuller (1989) dagegen erwartet einen umgekehrten Zusammenhang, da in Mehrbetriebsunternehmen die Kosten einer Betriebsschließung geringer ausfallen, weil im Zuge der Restrukturierungsprozesse eine höhere Effizienz der Arbeitsplatz- und Produktionsgegebenheiten realisiert werden kann. Folgt man der Argumentation, dass

[19] Vgl. Woywode (1998), S. 15 und 190.
[20] Vgl. Mata et al. (1995), S. 461.
[21] Vgl. dazu ebenfalls Agarwal/Gort (1996) oder Agarwal (1997, 1998).
[22] Vgl. dazu z.B. Caves/Porter (1977) und Porter (1979).
[23] Eine ausführliche Diskussion möglicher Unterschiede zwischen Einbetriebsunternehmen und Betrieben von Mehrbetriebsunternehmen findet man z.B. in Tveteras/Eide (2000), S. 67f.
Mata (1993), S. 107, diskutiert ebenfalls eine Reihe von Aspekten, die für eine Analyse der Überlebenschancen unterschiedlicher Betriebstypen von Interesse sind.

Gründungen im Rahmen von Mehrbetriebsunternehmen vor allem aus monetären Beweggründen erfolgen, während insbesondere kleine Einbetriebsunternehmensgründungen häufig zumindest auch aus einem Wunsch nach Selbständigkeit resultieren, so könnte man ebenso erwarten, dass Betriebe eines Mehrbetriebsunternehmens bei mangelnder Rentabilität relativ schnell wieder geschlossen werden, während in kleinen Einbetriebsunternehmen der Wunsch nach Selbständigkeit zu einer höheren Bereitschaft führt, Anlaufprobleme und finanzielle Durststrecken durch persönliche Einkommensnachteile zu ertragen.[24]

Die empirischen Ergebnisse bezüglich einer möglichen Bedeutung des Betriebstyps sind tatsächlich sehr uneinheitlich. Während Dunne at al. (1988) und Nucci (1999)[25] zu der Schlussfolgerung gelangen, dass Gründungen von Mehrbetriebsunternehmen und insbesondere Diversifikationsgründungen bessere Überlebenschancen haben, behaupten Audretsch/ Mahmood (1995), Brüderl et al. (1992, 1996) und auch Mata et al. (1995)[26], dass Einbetriebsunternehmensgründungen statistisch gesichert über die besseren Überlebenswahrscheinlichkeiten verfügen. Tveteras/Eide (2000) finden für die norwegische Industrie systematische Unterschiede zwischen beiden Betriebstypen in der Bedeutung anderer Determinanten für das betriebliche Überleben und werten die Ergebnisse als Indiz, dass beide Betriebstypen in unterschiedlichen Marktnischen agieren und ihr Verhalten daher jeweils von anderen Regeln bestimmt ist. Gleichzeitig weisen die Autoren jedoch darauf hin, dass die Differenzen vor allem durch die kleinsten Betriebe geprägt werden.[27]

Obwohl in der Literatur eine grundsätzliche Einigkeit besteht, dass die Überlebenschancen einer Neugründung sich mit zunehmendem Alter verbessern[28], wird über die exakte Form des Zusammenhangs diskutiert.[29] Unter der These einer "*liability of newness*" lässt sich die Auffassung subsumieren, dass das Sterberisiko einer Neugründung unmittelbar nach ihrer Gründung am größten ist und dann im weiteren Zeitablauf sinkt.

Zur theoretischen Begründung des negativen Zusammenhangs zwischen Unternehmensalter und Sterberisiko können erneut Selektionsmodelle in der Tradition von Jovanovic (1982) herangezogen werden.[30] Neu auftretende Betriebe gewinnen nach ihrem Markteintritt

---

24 Vgl. Tveteras/Eide (2000), S. 67f.
25 Vgl. Nucci (1999), S. 34.
26 Vgl. Mata et al. (1995), S. 470.
27 Vgl. Tveteras/Eide (2000), S. 78.
28 Vgl. z.B. auch Sutton (1997) oder Caves (1998).
29 Eine gelungene Zusammenfassung der Diskussion über die Altersabhängigkeit des Sterberisikos von Neugründungen findet man bei Woywode (1998), S. 40-44.
30 Vgl. dazu auch die Ausführungen in Kapitel III.1.4.

Informationen über die Effizienz der eigenen Produktion und entscheiden dann auf der Grundlage bayesianischer Lernprozesse darüber, ob sich eine Ausdehnung der Tätigkeit lohnt oder der eigene Betrieb sich als unprofitabel erweist und daher geschlossen wird. Im Zuge des marktlichen Selektionsprozesses fallen daher von einer Neugründungskohorte Periode für Periode die am wenigsten profitablen Betriebe aus dem Markt, die weiter bestehenden Betriebe dagegen zeichnen sich durch eine höhere Effizienz und somit bessere Überlebenschancen aus.[31]

Der These einer liability of newness steht die Behauptung eines nichtmonotonen Zusammenhangs zwischen Unternehmensalter und Überlebenswahrscheinlichkeit gegenüber, die als "*liability of adolescence*" bezeichnet wird. Danach steigt das Sterberisiko in der unmittelbaren Zeit nach der Neugründung zunächst an und sinkt dann mit zunehmendem Alter kontinuierlich. Als eine mögliche Begründung für den zunächst ansteigenden und dann fallenden Verlauf der Hazardrate in Abhängigkeit vom Alter wird angeführt, dass neu auftretende Unternehmen zunächst einen Vertrauensvorschuss und daher eine Schonfrist genießen, da Kunden, Lieferanten oder Kapitalgeber den Betrieb erst einmal testen und erst dann auf der Grundlage der gesammelten Informationen über die Erfolgschancen des Betriebes entscheiden.[32] Außerdem kann man erwarten, dass neu gegründete Unternehmen über einen bestimmten Anfangsbestand an Ressourcen verfügen, der erst verbraucht werden muss, bevor es zu einer ökonomisch bedingten Schließung kommt.[33]

> "There are two reasons why the highest risk of disbandment should not be found at the very beginning of an organizational life. The first reason is that organizations can survive because there is an initial stock of resources on which they can rely for some time. The second reason is that they will not be abandoned by at least minimally rational actors unless a sufficient amount of negative information about their performance is gathered."[34]

Mata/Portugal (1994, 1999) bestätigen für die portugiesische Industrie im Rahmen semiparametrischer Cox-Modelle eine negative Zeitabhängigkeit der Hazardrate, während Brüderl et al. (1991, 1996) und Wagner (1994b) zu dem Ergebnis einer zunächst steigenden und dann sinkenden Hazardrate gelangen und somit die These einer liability of adolescence untermauern. Honjo (2000) findet für die japanische Industrie ebenfalls einen nichtmonotonen

31 Modelle aktiven Lernens, wie z.B. von Ericson/Pakes (1989), gehen ergänzend davon aus, dass ein Betrieb seine Zukunft auch aktiv durch Investitionen und unternehmerische Maßnahmen beeinflussen kann, so dass der Zusammenhang zwischen Alter und Sterbewahrscheinlichkeit nicht zwingend negativ sein muss.

32 Vgl. Fichman/Levinthal (1991).

33 Vgl. Brüderl/Schüssler (1990).

34 Brüderl/Schüssler (1990), S. 533.

Zusammenhang, wobei der Umkehrpunkt in der Entwicklung des Zusammenhangs nach ungefähr sechs Jahren liegt.[35]

Doms et al. (1995) heben die Bedeutung der Kapitalausstattung eines Betriebes für seine Erfolgschancen hervor und betonen, dass dieser neben der Größe trotz bestehender Interdependenzen eine eigenständige Rolle bei der Erklärung der Überlebenschancen zufällt.[36] Insbesondere kapitalintensive Betriebe und Betriebe mit einer modernen technologischen Ausstattung weisen einerseits höhere Wachstumsraten und andererseits gleichzeitig geringere Sterbewahrscheinlichkeiten auf.[37] Fotopoulos/Louri (2000a) analysieren in einer Studie für die griechische Industrie und die Jahre 1982 bis 1992 explizit die Bedeutung finanzieller Variablen für die betrieblichen Überlebenschancen. Insbesondere ein höheres Startkapital, ein geringerer Verschuldungsgrad, ein hoher Anteil des Anlagevermögens am Gesamtvermögen, eine höhere Profitabilität sowie ein geringes Ausmaß an Beteiligungen an anderen Unternehmen reduzieren c.p. das Sterberisiko der Neugründungen. Tveteras/Eide (2000) finden einen negativen Zusammenhang zwischen dem Sterberisiko norwegischer Industriebetriebe und der Kapitalintensität bzw. der Investitionsrate, die sie jeweils als "proxy" für den Zugang zu externem Kapital interpretieren.

Woywode (1998) untersucht auf der Grundlage des Mannheimer Unternehmenspanels den Einfluss der gewählten Rechtsform auf das Sterberisiko. Dabei zeigt sich, dass Unternehmen, bei denen die Haftung der Eigentümer durch die Rechtsform beschränkt ist, signifikant höhere Insolvenzwahrscheinlichkeiten aufweisen, während die Neigung zu einer freiwilligen Unternehmensschließung hier vergleichsweise gering ist.[38]

---

35 Insbesondere im Rahmen organisationsökologischer Ansätze werden auch Hypothesen diskutiert, nach denen das Risiko des Scheiterns mit zunehmendem Alter ansteigt (*liability of aging*). Strukturelle Trägheiten älterer Unternehmen erschweren die Anpassungsfähigkeit des Unternehmens an veränderte Umweltbedingungen und erhöhen daher das Risiko, den Umweltanforderungen nicht mehr gerecht werden zu können (*liability of obsolescence*, vgl. Baum/Mezias (1992)).

36 "The basic conclusion is that size, age and productivity are not sufficient statistics for characterizing the growth and failure patterns, but that capital has an independent role to play.", Doms et al. (1995), S. 536.

37 Vgl. Doms et al. (1995), S. 535.

38 Vgl. Woywode (1998), S. 191.

2.2 Studien zu branchenspezifischen Determinanten der Überlebenschancen von Neugründungen

Industrieökonomische und marktstrukturelle Erklärungsansätze stellen die mögliche Bedeutung des Branchen- und Marktumfeldes, in dem ein Unternehmen agiert, in den Mittelpunkt der Erklärung des Überlebens von neu gegründeten Betrieben.

Bereits in den einleitenden Bemerkungen zu Teil 4 dieser Arbeit wurde darauf verwiesen, dass in der industrieökonomischen Forschung die Auffassung weit verbreitet ist, dass strukturelle Industriecharakteristika und Markteintrittsbarrieren in der Tradition von Bain (1956) weniger den Markteintritt selbst, als vielmehr die Erfolgschancen der Neugründungen in der Zeit nach dem Marktzutritt behindern.

> "[...] the same industry structure characteristics that have been posited to pose a barrier to entry can be interpreted to pose, if not instead of, then at least in addition, a barrier to survival."[39]

Ein wesentliches industrielles Merkmal, dessen das Überleben behindernde Wirkung in der industrieökonomischen Literatur diskutiert wird, ist das Ausmaß, in dem *Skaleneffekte* in einer Branche eine Rolle spielen. Der Kostennachteil kleinerer Betriebe, der bereits bei der Besprechung der betriebsspezifischen Einflussfaktoren im vorigen Abschnitt angeführt wurde, ist c.p. um so ausgeprägter, je eher Skaleneffekte von Bedeutung sind und je höher damit die "minimum efficient scale (MES)" in einer Industrie liegt.[40] Um die erheblichen Kostennachteile zu kompensieren, müssen kleine Neugründungen in der Zeit nach ihrem Markteintritt entweder relativ schnell wachsen oder scheiden wieder aus dem Markt aus.[41]
Eine empirische Evaluation industriespezifischer Skaleneffekte wird erheblich dadurch erschwert, dass ihre Operationalisierung problematisch ist. Vielleicht liegt darin der Grund, dass veröffentlichte Studien zu sehr unterschiedlichen Ergebnissen gelangen. Während Audretsch (1995a, 1995b) tatsächlich ein signifikant höheres Sterberisiko in skalenintensiven Industrien feststellt, finden z.B. Mahmood (1992) oder Mata/Portugal (1994) keinen statistisch gesicherten Einfluss der MES auf das Überleben der Unternehmen.

---

39 Audretsch (1995b), S. 447.

40 Vgl. dazu z.B. Weiss (1964, 1976), Caves et al. (1975) oder auch Audretsch (1995a), S. 70.

41 In Kapitel X wurde im Rahmen bivariater Tobit-Regressionen und mit Panelschätzungen gezeigt, dass c.p. das Beschäftigungswachstum von Betrieben in Branchen mit einem hohen Ausmaß an Skalenerträgen signifikant höher ausfällt als in Industrien, in denen Skaleneffekte von geringerer Bedeutung sind.

Ein positiver Impuls auf die Überlebenschancen einer Neugründung wird häufig dem *Wachstum einer Branche* im Gründungsjahr und der Folgezeit zugeschrieben. Bradburd/ Caves (1982) begründen die positive Stimulanz des Branchenwachstums mit der Tatsache, dass im Zuge einer günstigen Nachfrageentwicklung die Preise über die langfristigen Durchschnittskosten steigen können, der daraus resultierende Anstieg der Preis-Kosten-Relation die Wettbewerbsnachteile kleinerer Gründungen verringert und ihnen mehr Überlebensspielraum liefert. Ebenso kann in Zeiten günstiger Nachfrageentwicklungen erwartet werden, dass die bereits am Markt befindlichen Betriebe den neuen Wettbewerber weniger aggressiv bekämpfen als in Situationen, in denen Märkte mangels Nachfrage enger werden.
Gegen die These höherer Überlebenswahrscheinlichkeiten in wachsenden Branchen führen Gort/Klepper (1982) an, dass hohe Wachstumsraten in Branchen vor allem in frühen Phasen eines Industrielebenszyklus typisch sind, die jedoch regelmäßig gleichzeitig durch ein hohes Sterberisiko gekennzeichnet sind.[42] Ebenso kann die Tatsache, dass wachsende Branchen häufig ein rasches Anpassen der Betriebe an veränderte Umwelt- und Rahmenbedingungen erfordern, zu einem verstärkten Auftreten von Betriebsschließungen führen.
Die überwiegende Mehrzahl der empirischen Forschungsarbeiten bestätigt einen positiven Einfluss des Branchenwachstums auf das Überleben (z.B. Mata/Portugal (1994, 1999), Audretsch (1995a, 1995b)). Wagner (1994b) findet für die niedersächsische Industrie zwar einen positiven Einfluss, der jedoch statistisch nicht gesichert ist, Honjo (2000) kann für die japanische Industrie keine gesicherten Zusammenhänge erkennen.

Neben dem Branchenwachstum finden auch andere Maße für die Marktgröße und die Marktdynamik zur Erklärung des Scheiterns von Neugründungen in empirischen Studien Verwendung. Mata/Portugal (1994) weisen für die portugiesische Industrie einen signifikant negativen Zusammenhang zwischen der *Industriegröße* gemessen an der Zahl der in einer Branche tätigen Unternehmen und dem Sterberisiko nach. Je geringer somit die Zahl der Wettbewerber in einer Branche ausfällt, um so höher ist c.p. das Risiko eines Scheiterns. Alternativ oder ergänzend findet auch der Einfluss der *Anbieterkonzentration* auf das Überleben von Neugründungen Berücksichtigung. Ein verstärktes Abwehrverhalten der bereits am Markt befindlichen Betriebe könnte für einen negativen Einfluss des Ausmaßes der Konzentration auf die Überlebenschancen sprechen.[43] Andererseits wird argumentiert, dass in konzentrierten Industrien typischerweise die Preise höher ausfallen und somit die Preis-Kosten-Relation günstiger

---

[42] Mata et al. (1995) berücksichtigen daher in ihren Modellschätzungen eine Interaktionsvariable zwischen der Gründungshäufigkeit in einer Branche und dem Wachstum. Vgl. Mata et al. (1995), S. 474.

[43] Vgl. z.B. Wagner (1994b), S. 145.

ist, was auf einen positiven Zusammenhang zwischen Industriekonzentration und Überlebenswahrscheinlichkeit schließen lassen könnte.[44] Die Ergebnisse der vorliegenden empirischen Studien sind hinsichtlich der Bedeutung der Konzentration sehr uneinheitlich. Audretsch (1991) findet zwar einen kurzfristig positiven Impuls auf das Überleben, langfristig jedoch geht von der Marktkonzentration kein relevanter Einfluss auf die Hazardraten aus. In zahlreichen anderen Studien kann kein statistisch gesicherter Einfluss der Konzentration festgestellt werden (vgl. z.B. Wagner (1994b) oder Mata/Portugal (1994)).
Da in Branchen mit einer hohen *Gründungsintensität* der Wettbewerb um vorhandenes Marktvolumen besonders intensiv ausfällt, könnte man hier ein c.p. größeres Sterberisiko vermuten.[45] Eine geringere Überlebenswahrscheinlichkeit von Neugründungen in gründungsintensiven Branchen ist auch kompatibel mit der Beobachtung einer positiven Korrelation zwischen Gründungs- und Schließungsraten im industriellen Querschnitt, die in der Literatur bereits als stilisiertes Faktum akzeptiert ist und in Kapitel XI für die baden-württembergische Industrie nachgewiesen wurde. Mata/Portugal (1994, 1999) und Honjo (2000) bestätigen die höhere Rate des Scheiterns von Neugründungen in Industrien mit relativ hoher Gründungsdynamik.
Auf Überlegungen von Bain (1956) bezüglich unterschiedlicher Markteintrittsbarrieren basiert der Versuch, das Ausmaß der Markteintrittsschranken durch die branchenübliche *Werbeintensität*[46] als Indikator für das Ausmaß der Produktdifferenzierung anzunähern. Audretsch (1991) oder Wagner (1994b) finden jedoch keinen statistisch gesicherten Einfluss der Werbeintensität auf die Überlebenschancen in einer Industrie.

Unterschiede in den *technologischen Bedingungen* in einer Branche können ebenfalls die Überlebenschancen neuer Betriebe beeinflussen. Nelson/Winter (1982) und Winter (1984) unterscheiden mit dem "unternehmerischen Regime" und dem "routinisierten Regime" zwei grundlegende technologische Regimes. Branchen, die dem routinisierten Regime zugeordnet werden können, lassen sich dadurch charakterisieren, dass Innovationen auf Wissen und Erfahrungen beruhen, die nur im Wettbewerb am Markt gemacht werden können und daher schwer transportierbar sind. Da Neugründungen diese Erfahrungen nicht besitzen können, haben bereits bestehende Betriebe in diesen Branchen einen Innovationsvorteil. Im unterneh-

---

44 Vgl. z.B. Weiss (1989).

45 Anzumerken ist die Tatsache, dass ein Wettbewerbsdruck auf einem Markt auch bereits durch die Möglichkeit "potenzieller" Gründungen bestehen kann, die jedoch auf der Grundlage der verfügbaren Daten nicht operationalisiert werden kann.

46 Audretsch (1991) definiert die Werbeintensität als Anteil der Werbeausgaben, die in einer Branche getätigt werden, am Gesamtumsatz der Branche.

merischen Regime dagegen basieren innovatorische Tätigkeiten auf Wissen, das primär oder zumindest auch außerhalb der bereits existierenden Betriebe entstehen kann und daher in stärkerem Maße im Zuge von Neugründungen Eingang in die Märkte findet.

Acs/Audretsch (1990) sowie Audretsch (1991, 1995a, 1995b) argumentieren, dass in Branchen, die sich dem unternehmerischen Regime zuordnen lassen, und insbesondere in solchen Branchen, in denen kleine Betriebe einen Innovationsvorteil aufweisen, ein höheres Auftreten von Neugründungen erwartet werden kann. Gleichzeitig ist jedoch das Risiko, ein Produkt zu entwickeln, das sich in der Folgezeit als nicht lebensfähig erweist, ebenfalls größer, so dass man von einem höheren Sterberisiko in innovativen Branchen ausgehen muss.

> "In industries where innovative activity, and especially the innovative activity of small firms, plays an important role, the likelihood of new entrants' surviving over a decade is lower than in industries where innovative activity is less important."[47]

Gelingt es einem Betrieb jedoch, sich mit einem wettbewerbsfähigen Produkt auf dem Markt zu etablieren, so weisen überlebende Betriebe in innovativen Branchen höhere Wachstumsraten der Beschäftigung sowie bessere bedingte Überlebenswahrscheinlichkeiten auf:

> "What was then a hostile environment and ultimately a barrier to survival to the exiting firms can now be observed to constitute a mechanism for promoting the survival of the remaining firms."[48]

Schasse (1992) findet für die niedersächsische Industrie Ergebnisse, die zwar aufgrund der unterschiedlichen Operationalisierung der Technologieintensität nicht unmittelbar vergleichbar sind, den Ergebnissen von Audretsch jedoch widersprechen. Sowohl kurz-, mittel- als auch langfristig beobachtet Schasse eine höhere Überlebenswahrscheinlichkeit von Betrieben in Branchen der Spitzentechnik. Auffällig ist dabei, dass das Sterberisiko der Betriebe der Spitzentechnologie nach einigen Jahren jedoch auf relativ hohem Niveau stagniert, was Schasse auf den vergleichsweise hohen Konkurrenzdruck zurückführt, dem gerade High-Tech-Betriebe ausgesetzt sind.[49]

Mahmood (1992) hebt hervor, dass branchenspezifische Einflussfaktoren für High-Tech- und Low-Tech-Betriebe teilweise von unterschiedlicher Bedeutung sind. Während die Gründungsgröße sowohl in High-Tech- als auch in Low-Tech-Branchen einen signifikanten Einfluss auf das Scheiterrisiko hat, spielen externe Gegebenheiten wie z.B. das Ausmaß der

---

47 Audretsch (1995b), S. 441.
48 Audretsch (1995b), S. 455.
49 Vgl. Schasse (1992), S. 48.

branchenspezifischen Skaleneffekte in Low-Tech-Industrien eine geringere Rolle als in High-Tech-Industrien.[50] *Exportorientierte Branchen* sind in besonderem Maße dem internationalen Wettbewerbsdruck ausgesetzt, so dass Größen- und Erfahrungsvorteile gerade in Industrien, in denen ein großer Teil des Umsatzes im Ausland verdient wird, besonders wichtig sind. Insofern kann man vermuten, dass die Sterberisiken für Neugründungen in exportintensiven Branchen höher ausfallen als in Branchen, die stärker binnenmarktorientiert sind.

Audretsch et al. (1997) weisen darauf hin, dass sich die relative Bedeutung betriebs- und branchenspezifischer Faktoren für das betriebliche Überleben im Zeitablauf ändert. Im Rahmen von Logit-Regressionen für verschiedene Altersgruppen gelangen die Autoren zu dem Ergebnis, dass branchenspezifische Einflüsse das Überleben insbesondere in der kurzen Frist in signifikantem Maße prägen, während längerfristig betriebsindividuellen Faktoren die wesentliche Rolle zukommt. Nucci (1999) bestätigt in einer Studie für die italienische Industrie, dass Unterschiede zwischen den Survivorraten der Branchen in den ersten Jahren am größten sind, aber mit zunehmender Überlebensdauer geringer ausfallen.[51]

2.3 Ergebnisse ausgewählter Studien zur Bedeutung regionaler Agglomeration und makroökonomischer Rahmenbedingungen für das Überleben und Sterben von Neugründungen

Mangels detaillierter Regionaldaten findet in der vorliegenden Studie für die baden-württembergische Industrie das regionale Umfeld, in dem eine Gründung erfolgt, ausschließlich in Form des regionalen Agglomerationsgrades Berücksichtigung.

Einerseits kann ein hoher Agglomerationsgrad einer Region, der häufig durch die Bevölkerungsdichte oder alternative Raumtypen operationalisiert wird, das Entstehen und Überleben von Neugründungen begünstigen. Positive externe Effekte durch eine große räumliche Nähe zu Lieferanten, kooperierenden Unternehmen und Kunden, kurze Wege und eine große Verfügbarkeit gut ausgebildeter Arbeitskräfte sind Beispiele für mögliche Vorteile einer Gründung in dicht besiedelten Regionen (vgl. dazu z.B. auch die "inner-city-incubator"-Hypothese von Vernon (1960)). Gleichzeitig lassen sich jedoch auch Argumente anführen, warum ein zu hoher Agglomerationsgrad das Überleben behindern kann. Teure Gewerbeflächen, ein hohes Lohnniveau oder auch überlastete Verkehrswege sind mögliche Gründe,

---

50 Vgl. Mahmood (1992), S. 206.

die ein Überleben einer Neugründung in hoch agglomerierten Regionen erschweren könnten. Gemäß der "filtering-down"-Theorie von Thompson (1968) entstehen neue, innovative Betriebe häufig in städtischen Gebieten. Im Zuge des Industrie- oder Produktlebenszyklus nehmen jedoch die Standortvorteile dicht besiedelter Regionen ab und die Betriebe werden verstärkt die möglichen Vorteile der Randregionen oder weniger dicht besiedelten Regionen nutzen.

Keeble/Walker (1994) stellen einen signifikant positiven Einfluss der Bevölkerungsdichte auf das Sterben von Firmen fest, während z.B. Audretsch/Vivarelli (1995) und Gerlach/Wagner (1994) keinen signifikanten Einfluss der Agglomerationseffekte auf das Gründungsverhalten finden. Fotopoulos/Louri (2000b) gelangen für die griechische Industrie zu dem Ergebnis, dass die Überlebenschancen gerade kleinerer Betriebe in der Gegend um Athen deutlich günstiger ausfallen, so dass Agglomerationseffekte hier überlebensfördernd wirken.

Ein möglicher Einfluss der konjunkturellen Gesamtsituation auf das Überleben von Neugründungen wird bisher in eher wenigen Studien thematisiert.[52] In den veröffentlichten Untersuchungen, die eine mögliche Bedeutung der Konjunktur für das Überleben und Sterben von Neugründungen analysieren, wird das konjunkturelle Umfeld alternativ oder gleichzeitig insbesondere durch die Wachstumsrate einer Sozialproduktsgröße, die Entwicklung der Arbeitslosenquote oder die zeitliche Entwicklung des Realzinssatzes (vgl. z.B. Audretsch/ Mahmood (1995)) berücksichtigt. Während Fotopoulos/Louri (2000a) zu dem Ergebnis gelangen, dass das makroökonomische Umfeld von wichtiger Bedeutung für das betriebliche Schließungsrisiko ist, behaupten Boeri/Bellmann (1995) eine weitgehende Unabhängigkeit des Schließungsverhaltens der Betriebe von der konjunkturellen Entwicklung.
Audretsch (1991) findet zumindest gewisse Evidenz für die Tatsache, dass die beobachteten Überlebensraten von der Konjunktur abhängig sind, und weist darauf hin, wie wichtig es ist, seine Analysen auf der Grundlage längerer Zeitreihen und regelmäßiger Beobachtungen treffen zu können, um fundierte Aussagen über eine mögliche Bedeutung der Konjunktur treffen zu können.[53] Schasse (1992) bestätigt für Niedersachsens Industrie zumindest eine schwache Konjunkturabhängigkeit der betrieblichen Überlebenschancen.[54] Audretsch/ Mahmood (1995) finden wenig intuitive Ergebnisse, wenn sie zeigen, dass die betrieblichen

51 Vgl. Nucci (1999), S. 27.
52 Vgl. dazu auch Tveteras/Eide (2000), S. 69.
53 Vgl. Audretsch (1991), S. 449.
54 Vgl. Schasse (1992), S. 42.

Hazardraten in Perioden hoher Realzinsen signifikant geringer ausfallen als in Perioden geringerer Realzinsen.[55]

3. Empirische Überprüfung potenzieller Determinanten des Überlebens von Neugründungen in der baden-württembergischen Industrie

3.1 Operationalisierung der Einflussgrößen

Wie einleitend angedeutet, widmen sich die nachfolgenden empirischen Untersuchungen schwerpunktmäßig einer Beleuchtung betriebsindividueller und branchenspezifischer Determinanten des Überlebens.

Der üblichen Vorgehensweise in der empirischen Literatur folgend wird als Indikator für die Gründungsgröße eines Betriebes die logarithmierte Gründungsbeschäftigung herangezogen, wobei die Variable ergänzend auch als Quadrat berücksichtigt wird, um für mögliche Nichtlinearitäten im Zusammenhang zu kontrollieren. Da weitere Finanzvariablen nicht zur Verfügung stehen, kann die Gründungsgröße auch als Indikator für die finanzielle Anfangsausstattung eines Betriebes interpretiert werden. Eine Dummy-Variable, die für den Fall einer Einbetriebsunternehmensgründung den Wert Eins und für den Fall einer Gründung im Rahmen eines Mehrbetriebsunternehmens den Wert Null annimmt, soll mögliche Differenzen in den Sterberisiken unterschiedlicher Betriebstypen auffangen. Die Rolle der bisherigen Überlebensdauer eines Betriebes und somit des Betriebsalters kann anhand der Zeitabhängigkeit der geschätzten Hazardraten beurteilt werden.

Das branchenspezifische Umfeld wird in Anlehnung an die Analysen der vorhergehenden Kapitel auf Zweistellerebene durch das Ausmaß der Anbieterkonzentration gemessen am logarithmierten Herfindahl-Index, die durchschnittliche jährliche Wachstumsrate des Branchenumsatzes sowie das Ausmaß der branchenspezifischen Skaleneffekte anhand des Comanor-Wilson-Maßes abgebildet.[56] Als Indikator für die Marktgröße findet die logarithmierte Zahl der im Gründungsjahr bereits am Markt befindlichen Betriebe Verwendung, die Gründungsdynamik einer Branche wird alternativ durch die absolute Zahl der Gründungen oder die relative Zahl neu gegründeter Betriebe approximiert. Als Maß für die

---

55 Vgl. Audretsch/Mahmood (1995), S. 100.

56 Das Comanor-Wilson-Maß wurde dabei einerseits anhand des durchschnittlichen Umsatzes, andererseits anhand der Durchschnittsbeschäftigung der größten Betriebe berechnet, die über fünfzig Prozent des Branchenumsatzes verfügten. Die inhaltlichen Ergebnisse sind jedoch weitgehend unabhängig von der verwendeten Operationalisierung.

Heterogenität betrieblicher Beschäftigungsentwicklungen in einer Branche und somit die "Turbulenz" wird ergänzend die logarithmierte Excess-Job-Turnover-Rate als erklärende Variable berücksichtigt. Mit ihrer Hilfe kann überprüft werden, ob das betriebliche Sterberisiko in homogenen Branchen größer ausfällt als in heterogenen Branchen.

Die technologischen Bedingungen einer Branche werden mit Hilfe einer Technologie-Dummy-Variablen abgebildet, die den Wert Eins annimmt, wenn ein Betrieb schwerpunktmäßig einer Branche der Spitzentechnik oder der Höherwertigen Technik zugeordnet werden kann, und den Wert Null aufweist, wenn ein Betrieb zu einer Branche der Sonstigen Technik gehört.[57] Zur Messung der Bedeutung der Integration einer Branche in die internationale Arbeitsteilung wird der logarithmierte Anteil des Auslandsumsatzes am Gesamtumsatz einer Branche berücksichtigt. Als Indikator für möglicherweise unterschiedliche konjunkturelle Gegebenheiten im jeweiligen Gründungsjahr werden Dummy-Variablen für die vier Gründungskohorten einbezogen. Zur Überprüfung einer möglichen Bedeutung des räumlichen Agglomerationsgrades wird auf die Raumtypen "Stadtkreis", "Verdichteter Landkreis", "Teilweise verdichteter Landkreis" sowie "Unverdichteter Landkreis" zurückgegriffen. Für die vorgestellten Ergebnisse werden die Informationen zu einer Dummy-Variablen verdichtet, die den Wert Eins annimmt, wenn es sich um eine Gründung in einem Landkreis handelt, und über den Wert Null verfügt, wenn eine Betriebsgründung sich einem Stadtkreis zuordnen lässt.[58]

Tabelle XII.1 gibt einen Überblick über die im Folgenden verwendeten Einflussfaktoren sowie deren Operationalisierung und fasst dabei die auf der Grundlage der theoretischen Überlegungen und bisherigen Studien zu erwartenden Ergebnisse zusammen. Ein Fragezeichen kennzeichnet dabei jeweils, dass die bisherigen Ergebnisse oder aber theoretische Überlegungen keine eindeutige Schlussfolgerung zulassen.

---

57 Eine detaillierte Ausführung über die Operationalisierung des Begriffes der Technologieintensität findet man in Kapitel VII.1 dieser Arbeit. Die Zuordnung der Wirtschaftszweige der SYPRO auf die Technologiegruppen basiert dabei auf einer Liste forschungs- und entwicklungsintensiver Industrien, die vom NIW in Zusammenarbeit mit dem ISI-Institut erarbeitet wurde.

58 Angaben über den Raumtyp für die Kreise der baden-württembergischen Industrie wurden einem Beitrag von Maier (2000) entnommen. Vgl. dazu auch Abschnitt I.2.

Tabelle XII.1: Operationalisierung ausgewählter Determinanten des betrieblichen Überlebens und deren zu erwartender Einfluss auf die Überlebenschancen

Determinante des Überlebens	Operationalisierung	Erwarteter Einfluss auf die Überlebens-chancen
	Betriebsindividuelle Determinanten	
Gründungsgröße/Startkapital	Log. Anfangsbeschäftigung	+
	Quadrierte log. Anfangsbeschäftigung	-
Betriebliches Beschäftigungswachstum	Jährliche Wachstumsrate der Beschäftigung definiert als Differenz der log. Beschäftigungen	+
Betriebstyp	Dummy-Variable (1 für Einbetriebs-unternehmensgründung, 0 sonst)	?
Betriebsalter	Zeitabhängigkeit der Hazardraten	+
	Branchenspezifische Determinanten	
Technologische Bedingungen	Dummy-Variable (1 für Branchen der Spitzen- oder Höherwertigen Technik, 0 sonst)	?
Branchenwachstum	Durchschnittliche jährliche Wachstumsrate des Branchenumsatzes	+
Ausmaß der Skalenerträge	Log. Maß von Comanor-Wilson	-
Anbieterkonzentration	Log. Herfindahl-Index	?
Marktgröße	Log. Zahl der bereits am Markt befindlichen Betriebe	+
Gründungsdynamik	Log. Anteil neu gegründeter Betriebe	-
Heterogenität betrieblicher Beschäftigungsentwicklungen	Log. Excess-Job-Turnover-Rate	?
Exportintensität	Log. Exportquote	-
	Regionale Determinanten	
Agglomerationsgrad	Dummy-Variable für Verdichtungsräume (1 = Landkreis, 0 = Stadtkreis)	?
	Makroökonomische Rahmenbedingungen	
Makroökonomisches Umfeld der Gründung	Dummy-Variable für die einzelnen Gründungskohorten	+

3.2 Nichtparametrische Kaplan-Meier-Schätzungen der Survivorfunktionen

Für eine empirische Untersuchung möglicher Determinanten des Sterbens und Überlebens von Neugründungen können alternative Analyseverfahren herangezogen werden. Steht insbesondere die Frage, ob ein Betrieb am Ende eines Untersuchungszeitraums noch besteht und somit überlebt hat oder geschlossen wurde, im Mittelpunkt der Analyse, so können Probit- und Logit-Modelle mit diskreten abhängigen Variablen verwendet werden.[59] In der vorliegenden Arbeit wurden Probit-Schätzungen der Überlebenswahrscheinlichkeit von Neugründungen bereits bei der Analyse möglicher Determinanten des betrieblichen Beschäftigungswachstums in Kapitel X vorgenommen, als im Rahmen bivariater Tobit-Regressionen für mögliche Selektionsverzerrungen durch ausscheidende Betriebe kontrolliert wurde.

Im Gegensatz zu Modellen mit diskreten abhängigen Variablen werden bei Modellen der Verweildaueranalyse (auch: Duration-Modelle, Failure-Time-Modelle)[60] nicht nur Informationen über das "Ob" einer Schließung, sondern auch über die Zeitdauer bis zur Schließung beachtet. Verweildauermodelle tragen somit der Tatsache Rechnung, dass die Wahrscheinlichkeit einer Schließung in einem Untersuchungszeitraum nicht konstant sein muss, sondern sich im Zeitablauf ändern kann und dabei von der Zeit selbst oder aber von anderen zeitabhängigen Parametern abhängig ist.

Ein zentrales methodisches Problem bei der Analyse von Verweildauermodellen besteht in der Tatsache, dass die tatsächliche Überlebensdauer nur für solche Einheiten bestimmt werden kann, bei denen das Ereignis, z.B. die Schließung des Betriebes, vor Ende des Untersuchungszeitraums erfolgt. Für den Teil der Individuen, der am Ende des Betrachtungszeitraums noch nicht aus dem Berichtskreis ausgeschieden ist, ist die tatsächliche Überlebensdauer nicht bekannt. Diese Rechtszensierung findet in Verweildauermodellen Beachtung und erklärt, warum die unmittelbare Anwendung konventioneller regressionsanalytischer Schätzverfahren wie z.B. einer OLS-Regression für eine Analyse von Verweildauern problematisch sein und zu verzerrten und inkonsistenten Schätzungen führen kann.[61]

[59] Zu Modellen mit diskreten abhängigen Variablen vgl. z.B. Greene (2000), S. 811-895.

[60] Eine ausführliche Einführung in die Grundbegriffe und Verfahren der Verweildaueranalyse findet man z.B. bei Blossfeld et al. (1986), S. 26-105, oder bei Klein/Moeschberger (1997), S. 21-49.

[61] Woywode (1998), S. 157ff., beachtet in einer Studie auf der Grundlage des Mannheimer Gründungspanels ergänzend auch die Möglichkeit einer Linkszensierung, da für einen Teil der Betriebe bei der Aufnahme in das Panel nicht bekannt war, wie lange sie bereits vor Beginn des Untersuchungszeitraums gelebt hatten.

Der Produkt-Limit-Schätzer von Kaplan/Meier (1958) ist ein nichtparametrisches Standardverfahren zur Schätzung von Survivorfunktionen. Geht man davon aus, dass Schließungen zu unterschiedlichen Zeiten $t_1 < t_2 < ... < t_D$ erfolgen können und zum Zeitpunkt t_j insgesamt d_j Schließungen auftreten, und bezeichnet man die Gesamtzahl der zum Zeitpunkt t_j existierenden Betriebe mit n_j, so ist der Produkt-Limit-Schätzer für die Survivorfunktion S(t) für alle Werte t, für die im Datensatz Beobachtungen vorliegen, definiert als:[62]

$$(XII.1) \qquad \hat{S}(t) = \begin{cases} 1 & \text{falls } t < t_1 \\ \prod_{t_j \leq t} [1 - \frac{d_j}{n_j}] & \text{falls } t \geq t_1 \end{cases}$$

Der Kaplan-Meier-Produkt-Limit-Schätzer erlaubt einen ersten Einblick in die mögliche Bedeutung der unterschiedlichen Einflussfaktoren, indem für disaggregierte Gruppen von Betrieben die Survivorfunktionen geschätzt und verglichen werden.

Zur Beurteilung der statistischen Signifikanz möglicher Unterschiede in den Survivorfunktionen können alternative Testverfahren herangezogen werden, die jeweils die Nullhypothese überprüfen, dass zwischen den Survivorfunktionen der betrachteten Gruppen von Betrieben keine signifikanten Unterschiede bestehen.[63]

Sämtliche Testverfahren basieren prinzipiell auf einem Vergleich der zu jedem Zeitpunkt tatsächlichen Zahl der ausscheidenden Betriebe in einer Gruppe mit der Zahl der "failures", die man zu jedem Zeitpunkt erwarten müsste, wenn zwischen den Gruppen keine Unterschiede bestehen würden. Differenzen zwischen den Testverfahren bestehen in der Gewichtung dieser Abweichungen zu den unterschiedlichen Zeitpunkten. Während der Log-rank-Test eine Gleichgewichtung aller Abweichungen unabhängig vom Zeitpunkt ihres Auftretens vornimmt, legt der Wilcoxon-Breslow-Gehan-Test ein stärkeres Gewicht auf Abweichungen zu früheren Zeitpunkten, indem die Abweichungen mit der Zahl der Betriebe n_j, die jeweils noch vorhanden ist, gewichtet werden. Verwendet man alternativ als Gewichte der Abweichungen die Wurzel aus der Zahl der noch zur Risikomenge gehörenden Betriebe, so erhält man die Tarone-Ware-Teststatistik.[64] Eine Vergleich der Ergebnisse der unterschied-

---

[62] Vgl. dazu z.B. Klein/Moeschberger (1997), S. 84ff. oder Blossfeld et al. (1986), S. 44-48.

[63] Einen guten Überblick über die alternative Testverfahren findet man z.B. in Klein/Moeschberger (1997), S. 191-202, Kalbfleisch/Prentice (1980), S. 17f. oder Blossfeld et al. (1986), S. 46ff.

[64] Vgl. Tarone/Ware (1977).

lichen Testverfahren zeigt jedoch, dass sie sich fast ausnahmslos nur marginal unterscheiden und zu denselben Ergebnissen gelangen.[65]

Abbildung XII.4 sowie die Ergebnisse in Tabelle XII.2 bestätigen, dass die Überlebenschancen von Gründungen unterschiedlicher Größe höchstsignifikante Unterschiede aufweisen.[66] Insoweit unterstützen die vorliegenden Ergebnisse für die baden-württembergische Industrie den Erklärungsanspruch der in Abschnitt XII.2 angeführten Argumente für einen negativen Zusammenhang zwischen Gründungsgröße und Sterberisiko.

Während in Betrieben mit einer Gründungsgröße von höchstens drei Beschäftigten bereits nach zwei Jahren knapp ein Viertel der Betriebe wieder aus dem Markt ausgeschieden war, waren dies in der Gruppe der Gründungen mit zwischen 21 bis unter 50 Beschäftigten nur zehn Prozent der Betriebsgründungen. Nach sechs Jahren hatte sich die Zahl der Kleinstbetriebsgründungen bereits fast halbiert, während in den größeren Gründungen mehr als drei von vier Betrieben überleben konnten.

Abbildung XII.4: Kaplan-Meier-Schätzung der Survivorfunktionen für Betriebe unterschiedlicher Gründungsgröße, Gründungen 1981-1984 mit weniger als 50 Beschäftigten

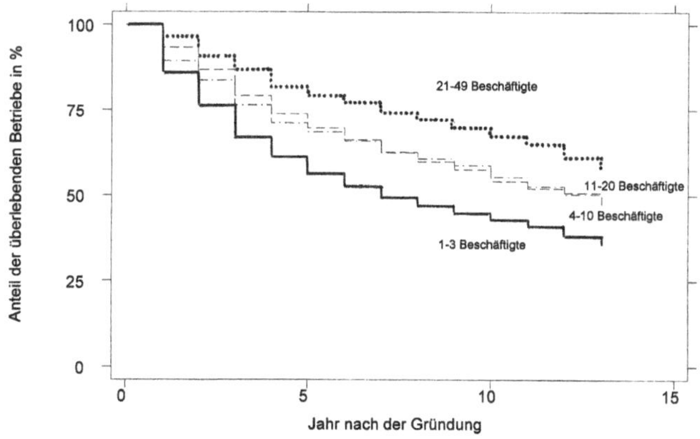

65 Generell gilt, dass ein Log-rank-Test insbesondere dann geeignet ist, wenn die Hazardfunktionen der Gruppen proportional sind. Die anderen beiden Testverfahren sind robuster gegenüber einer Verletzung dieser Proportionalitätseigenschaft. Auf die Angabe der Ergebnisse weiterer Testverfahren wie z.B. des Peto-Peto-Tests wird verzichtet, da sämtliche durchgeführten Tests zu denselben Ergebnissen gelangen. Lassen sich die Gruppen sinnvoll ordnen, so kann ergänzend ein Trendtest durchgeführt werden, der die Nullhypothese identischer Ereigniszahlen der Alternativhypothese gegenüber stellt, dass die Unterschiede zwischen der Zahl der tatsächlichen und erwarteten Abgänge von Gruppe zu Gruppe systematisch steigen oder fallen. Die Richtung des Einflusses wird jedoch im Weiteren erst in den Verweildauermodellen des nächsten Abschnittes untersucht.

66 Dieses Ergebnis wurde auch bereits in den einleitenden deskriptiven Kohortenanalysen in Abschnitt XII.1 angedeutet.

Hinsichtlich des Betriebstyps können aus den Kaplan-Meier-Schätzungen keine statistisch gesicherten Unterschiede zwischen den Überlebensraten von Einbetriebsunternehmensgründungen und Gründungen im Rahmen von Mehrbetriebsunternehmen abgeleitet werden. Eine nach dem Jahr der Gründung disaggregierte Kaplan-Meier-Schätzung lässt zumindest schwach signifikante Unterschiede zwischen den vier Jahrgangskohorten erkennen. Interpretiert man das Gründungsjahr als Indikator für mögliche Unterschiede in der Konjunktur, so kann dies als Indiz eines möglichen Einflusses der makroökonomischen Rahmenbedingungen auf das Überleben von Neugründungen gedeutet werden.

Tabelle XII.2: Tests auf Identität der Kaplan-Meier-Schätzer nach unterschiedlichen Gruppierungsvariablen, Gründungen von 1981 bis 1984 mit weniger als 50 Beschäftigten im Gründungsjahr, P-Werte in Klammern

Variable	Log-rank-Test	Wilcoxon-Test	Tarone-Ware-Test
Gründungsjahr	4.61 (0.202)	3.65 (0.302)	4.27 (0.234)
Gründungsbeschäftigung	89.11 (0.000)**	79.26 (0.000)**	85.92 (0.000)**
Betriebstyp (Ein- vs. Mehrbetriebsunternehmen)	0.70 (0.402)	0.72 (0.396)	0.70 (0.403)
Branche (Zweisteller der WZ 93)	68.05 (0.000)**	73.33 (0.000)**	70.73 (0.000)**
Konzentration gemessen am Herfindahl-Index	6.62 (0.037)*	8.11 (0.017)*	7.32 (0.026)*
Technologieorientierung (High, Medium, Low)	0.16 (0.886)	0.20 (0.905)	0.10 (0.951)
Industriegröße im Gründungsjahr	15.61 (0.000)**	19.07 (0.000)**	17.48 (0.000)**
Zahl der Gründungen	3.27 (0.195)	2.48 (0.290)	3.02 (0.221)
Gründungsintensität	0.26 (0.878)	0.22 (0.637)	0.24 (0.886)
Ausmaß der Skalenerträge	3.70 (0.157)	2.45 (0.118)	3.34 (0.188)
Sektoraler Exportanteil	6.02 (0.049)*	6.65 (0.036)*	6.45 (0.040)*
Regionen	15.19 (0.174)	14.16 (0.225)	14.57 (0.203)
Stadt- vs. Landkreis	9.07 (0.003)**	9.11 (0.003)**	9.12 (0.003)**
Heterogenität	0.09 (0.954)	0.28 (0.871)	0.14 (0.932)
Durchschnittliches jährliches Umsatzwachstum	10.21 (0.006)**	10.92 (0.004)**	10.64 (0.005)**

Um mögliche Unterschiede im Sterberisiko zwischen den Branchen herauszuarbeiten, wurden zunächst für die Zweisteller der SYPRO entsprechende Tests auf Identität der Überlebensfunktionen durchgeführt. Sämtliche Tests gelangen dabei zu dem Ergebnis, dass zwischen den Industrien höchstsignifikante Unterschiede in der relativen Höhe der Hazardraten und der Überlebensraten bestehen. Insoweit bestätigt die vorliegende Analyse für die baden-württembergische Industrie die Ergebnisse früherer Studien: "Survival rates widely differ across industries [...]."[67]

Versucht man, die Differenzen zwischen den Branchen auf die einzelnen in Abschnitt XII.2.2 diskutierten Einflussgrößen zurückzuführen und gruppiert daher die Neugründungen nach den in Tabelle XII.1 vorgestellten branchenspezifischen Variablen, so findet man erste Anhaltspunkte für mögliche Erklärungen.

Eine nach dem Ausmaß der Anbieterkonzentration disaggregierte Kaplan-Meier-Schätzung zeigt höchstsignifikante Unterschiede in den Überlebensraten. Während Betriebe in Branchen mit geringerer Konzentration höhere Überlebensraten aufwiesen, war das Sterberisiko für Neugründungen in Industrien, die sich durch eine ausgeprägte Konzentration auszeichneten, besonders hoch.

Abbildung XII.5: Kaplan-Meier-Schätzung der Survivorfunktionen für Betriebe nach Branchenkonzentration, Gründungen 1981-1984 mit weniger als 50 Beschäftigten

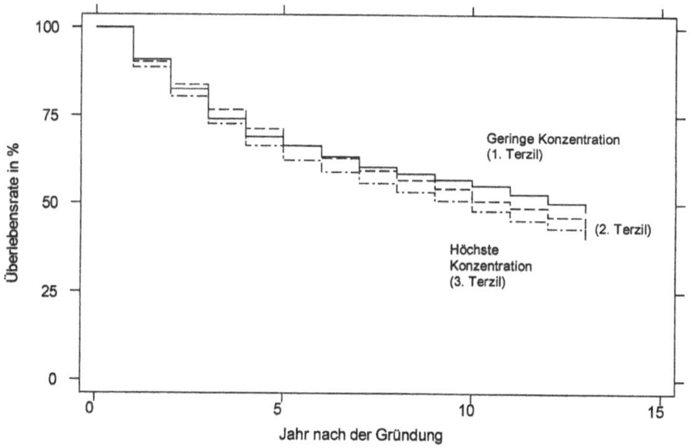

[67] Mata/Portugal (1994), S. 236.

Die Marktgröße gemessen an der Zahl der im Gründungsjahr in einer Branche tätigen Betriebe hatte zumindest einen schwach signifikanten Einfluss auf die Überlebensraten, wobei eine Betrachtung der Survivorfunktionen zeigt, dass das Sterberisiko in engen Märkten mit einer geringeren Zahl von Marktteilnehmern größer war als in Märkten, in denen sehr viele Wettbewerber agierten. Eine statistisch gesicherte Bedeutung der Gründungsdynamik einer Branche für die Überlebensraten kann anhand der Kaplan-Meier-Schätzungen für die Gründungsintensitäten bei isolierter Analyse ebenso wenig festgestellt werden wie eine signifikante Bedeutung des Ausmaßes der Skalenerträge.

Branchen, die sich im Betrachtungszeitraum durch ein ausgeprägtes Umsatzwachstum auszeichneten, wiesen erwartungsgemäß höhere Überlebensraten auf als Industrien mit geringeren Umsatzwachstumsraten, was die zumindest schwach signifikanten Unterschiede in den Survivorfunktionen zwischen den nach Umsatzwachstum der Branche disaggregierten Gruppen erklären kann. Neugründungen in Industrien, die durch einen hohen Anteil des Auslandsumsatzes am Gesamtumsatz und somit eine hohe Exportquote charakterisiert werden können, hatten c.p. signifikant geringere Überlebensraten als Betriebe in stärker binnenmarktorientierten Branchen. Hinsichtlich einer möglichen Bedeutung der Technologieorientierung einer Branche lassen die Ergebnisse der Kaplan-Meier-Schätzung keinerlei signifikante Unterschiede zwischen den Überlebenschancen in Betrieben der Spitzentechnik, der Höherwertigen Technik und der Sonstigen Technik erkennen.

Abbildung XII.6: Kaplan-Meier-Schätzung der Survivorfunktionen für Betriebe in Stadt- und Landkreisen, Gründungen 1981-1984 mit weniger als 50 Beschäftigten

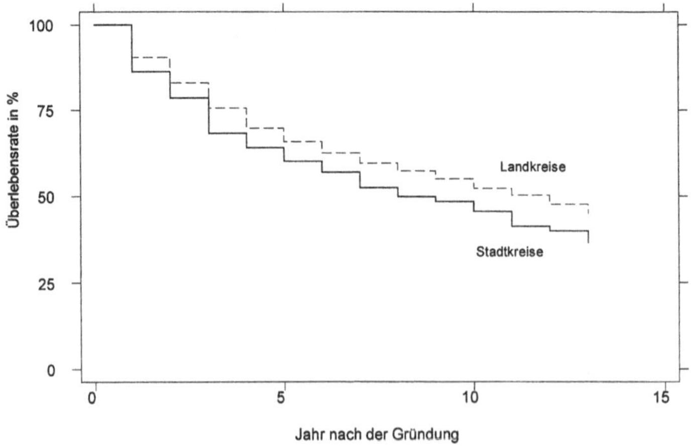

Mit Blick auf die Bedeutung der räumlichen Agglomeration zeigt sich, dass insbesondere in den stark verdichteten Stadtkreisen das Sterberisiko der Betriebsgründungen deutlich höher ausfiel als in den unterschiedlich verdichteten Landkreisen. Dieses Ergebnis ist kompatibel mit den Ergebnissen von Schasse (1992) für niedersächsische Industriebetriebe, der zumindest kurzfristig höhere Sterberaten in Kernstädten feststellt, jedoch betont, dass die Unterschiede längerfristig nur marginal sind.[68]

Zwischen den baden-württembergischen Regionen dagegen lassen sich, insbesondere auch aufgrund des sehr hohen Aggregationsgrades, keine signifikanten Unterschiede erkennen. Die geringste Überlebensrate nach zehn Jahren wies mit 37,5% die Region Ostwürttemberg auf, die höchste Überlebensrate konnte mit 58,7% die Region Schwarzwald-Baar-Heuberg verzeichnen. In der Region Stuttgart lag die durchschnittliche Überlebensrate nach zehn Jahren bei 52,2%.

Zusammenfassend kann als Zwischenergebnis festgehalten werden, dass die in der Literatur von zahlreichen Studien festgestellte wichtige Bedeutung der Gründungsgröße für das spätere Überleben in der baden-württembergische Industrie bereits im Rahmen dieser einfachen Schätz- und Testverfahren bestätigt werden kann. Ebenso kann gezeigt werden, dass branchenspezifische Charakteristika, wie z.B. das Ausmaß der industriellen Anbieterkonzentration, die Marktgröße oder die Exportintensität, sich ebenfalls für signifikante Unterschiede in den Survivorfunktionen verantwortlich zeichnen.

Allerdings muss angemerkt werden, dass bei den bisherigen partiellen Betrachtungen die Bedeutung möglicher Einflussfaktoren auf das Überleben von Neugründungen jeweils nur isoliert von anderen potenziellen Determinanten analysiert wurde. Dies kann insbesondere dann problematisch sein, wenn andere systematische Einflussfaktoren den zu untersuchenden Zusammenhang überlagern. Im Rahmen des folgenden Abschnitts wird daher nun der ergänzende Schritt unternommen, im Rahmen alternativer Verweildauermodelle gleichzeitig für mehrere potenzielle Einflussfaktoren der Überlebenswahrscheinlichkeit von Neugründungen zu kontrollieren.

---

[68] Vgl. Schasse (1992), S. 58.

3.3 Ergebnisse regressionsanalytischer Verweildaueranalysen

3.3.1 Überblick über die verwendeten Analysemethoden

Zwei grundsätzliche Modelltypen einer Analyse von Verweildauern finden im Folgenden Verwendung. In sogenannten "*Accelerated-Failure-Time-Models*" (AFT-Modelle) wird die logarithmierte Überlebensdauer der i-ten Einheit als abhängige Variable verwendet und als Linearkombination von Kovariablen modelliert, wobei x_i' ein Vektor von Kovariablen, β ein Vektor von Regressionskoeffizienten und ε_i eine Störvariable ist.[69]

(XII.2) $$Y = \ln(t_i) = x_i'\beta + \varepsilon_i$$

Die Verteilung der Störvariablen legt das Modell fest. Wählt man als Verteilung für die Störvariablen eine Normalverteilung, so erhält man ein Lognormal-Modell, legt man für die Verteilung eine logistische Funktion fest, so erhält man ein Log-logistisches Modell. Aus einer Extremwertverteilung lassen sich das Exponential-Modell sowie Weibull-Regressionsmodelle ableiten.

In "*Hazard-Modellen*" wird nicht die Überlebensdauer, sondern die betriebliche Hazardrate λ durch Kovariablen erklärt, wobei neben einer individuenspezifischen nichtnegativen Funktion von Kovariablen $g(x_i'\beta)$ auch eine Baseline-Hazardrate $\lambda_0(t)$ berücksichtigt wird, die nur von der Zeit abhängt und die Verweildauerabhängigkeit der Hazardrate widerspiegelt. Multiplikative Hazard-Modelle zeichnen sich dadurch aus, dass die Hazardrate als Produkt der Baseline-Hazardrate $\lambda_0(t)$ und der individuenspezifischen Komponente definiert wird.

(XII.3) $$\lambda(t \mid x_i) = \lambda_0(t) \cdot g(x_i'\beta)$$

Multiplikative Hazard-Modelle werden auch als "*Proportional-Hazards-Modelle*" (kurz: PH-Modelle) bezeichnet, da für fixe Kovariablen das Verhältnis der Hazardraten zweier Individuen konstant ist. Da Hazardraten nichtnegativ sein müssen, wird die Funktion $g(x_i'\beta)$ häufig als $e^{x_i'\beta}$ gewählt:

---

[69] Vgl. z.B. Klein/Moeschberger (1997), S. 45ff.

(XII.4) $\lambda(t \mid x_i) = \lambda_0(t) \cdot e^{x_i'\beta}$

Legt man für die Baseline-Hazardrate eine spezifische parametrische Form fest, so erhält man *parametrische PH-Regressionsmodelle*. Eine geeignete Wahl der Verteilung setzt jedoch voraus, dass bestimmte a priori Informationen über den Verlauf der Hazardrate bekannt sind. Während bei Verwendung einer Exponentialverteilung die Hazardraten zeitunabhängig und somit konstant sind, erlaubt die Wahl anderer Verteilungen die Modellierung positiver und negativer Verweildauerabhängigkeiten des Sterberisikos.

Im Gegensatz zu den parametrischen PH-Modellen lässt das *semiparametrische PH-Modell* von Cox (1972) die Baseline-Hazardrate unspezifiziert.[70] Da die Likelihood-Funktion des PH-Modells neben den unbekannten Parametern auch die unspezifizierte Baseline-Hazardrate enthält, kann sie nicht direkt zur Schätzung der Parameter verwendet werden. Cox (1972, 1975) schlägt vor, auf der Grundlage einer geeigneten Faktorisierung der Likelihood-Funktion einen Faktor, der nur den Parametervektor β enthält, als "partial likelihood" wie eine gewöhnliche Likelihood-Funktion zu behandeln und in Abhängigkeit von β zu maximieren. Beim Übergang zu dieser Partial-Likelihood-Funktion geht zwar Information verloren, was sich gerade bei kleinen Stichproben auf die Güte der Schätzungen auswirken kann, asymptotisch lassen sich aber auch für die Partial-Likelihood-Schätzungen die wünschenswerten Eigenschaften wie insbesondere die Konsistenz und die Normalverteilung nachweisen.
Die Anwendung der Partial-Likelihood-Methode setzt voraus, dass die Zeitdauern der Individuen hinreichend genau gemessen werden können, dass also insbesondere keine identischen Beobachtungen ("Bindungen", "Ties") vorkommen. In der Mehrzahl der praktischen Anwendungen treten jedoch Bindungen auf, da häufig nur Zeitintervalle angegeben werden können, in denen ein Ereignis eintritt. Bei Vorliegen von Bindungen muss die partial likelihood korrigiert werden, wobei die Approximationsverfahren von Breslow (1974) und Efron (1977) gebräuchlich sind. Ist die Anzahl der Bindungen jedoch sehr groß und führen alternative Schätzverfahren zu instabilen Ergebnissen, so empfiehlt sich die Schätzung gruppierter Verweildauermodelle, auf die in Abschnitt XII.3.3.4 näher eingegangen wird.

Sowohl theoretische Überlegungen als auch die Ergebnisse zahlreicher bisher veröffentlichter Studien lassen eine negative Verweildauerabhängigkeit der Hazardrate erwarten. Da jedoch die Form des Zusammenhangs umstritten ist (vgl. dazu Abschnitt XII.2.1), werden im

Weiteren zunächst semiparametrische Proportional-Hazards-Modelle geschätzt, bei denen keine a priori Annahme über den Verlauf der Hazardrate getroffen werden muss. Um die Stabilität der inhaltlichen Schlussfolgerungen abzusichern, werden ergänzend in Abschnitt XII.3.3.3 parametrische Verweildauermodelle verwendet und dabei auch die Möglichkeit unbeobachteter Heterogenität berücksichtigt. Da sämtliche Ergebnisse auf Jahresdaten und somit diskreten Verweildauern beruhen, könnte das Auftreten zahlreicher Beobachtungen mit derselben Verweildauer die Schätzergebnisse sowohl der PH-Modelle als auch der parametrischen Schätzungen, die jeweils auf der Annahme einer stetigen Zeitvariablen basieren, beeinträchtigen. Daher wird in Abschnitt XII.3.3.4 abschließend ein gruppiertes Verweildauermodell von Prentice/Gloeckler (1978) geschätzt, das der Existenz von Bindungen Rechnung trägt.

Sowohl die mögliche Bedeutung des Vorliegens unbeobachteter Heterogenität als auch die Bindungsproblematik finden in den bisher veröffentlichten Studien, die sich weitgehend auf die Schätzung semiparametrischer PH-Modelle oder aber parametrischer Modelle ohne unbeobachtete Heterogenität beschränken, nur in Ausnahmefällen Berücksichtigung. Insofern wird die bisher gängige empirische Analyse der Einflussfaktoren der betrieblichen Hazardraten auch in methodischer Hinsicht ergänzt.

3.3.2 Ergebnisse semiparametrischer Proportional-Hazards-Regressionen

Tabelle XII.3 gibt zunächst die Ergebnisse semiparametrischer PH-Regressionen wieder. Als Approximationsverfahren zur Handhabung der Bindungsproblematik wird die Methode von Breslow (1974) verwendet, wobei das Verfahren von Efron (1977) zu praktisch identischen Ergebnissen führt.[71] Die Varianz-Kovarianzmatrix wird jeweils robust nach dem Verfahren von Lin/Wei (1989) ermittelt. Alternative globale Tests auf Verletzung der PH-Annahme führen sowohl insgesamt als auch für die einzelnen Regressoren nicht zu einer signifikanten Ablehnung der Proportional-Hazards-Annahme, so dass die grundsätzliche Spezifikation der Modelle als PH-Modell in keinem Fall verworfen werden kann.

---

[70] Vgl. im Folgenden z.B. Blossfeld et al. (1986), S. 76ff., oder Klein/Moeschberger (1997), S. 229-244.

[71] Auf die Wiedergabe der entsprechenden Ergebnisse wird daher verzichtet.

Tabelle XII.3: Ergebnisse semiparametrischer PH-Regressionen für Gründungen der Jahre 1981 bis 1984 mit weniger als 50 Beschäftigten, P-Werte in Klammern

	Abhängige Variable: Betriebliche Hazardrate	
Log. Gründungsbeschäftigung	-0.456 (0.000)**	-0.451 (0.000)**
(Log. Gründungsbeschäftigung)²	0.063 (0.005)**	0.061 (0.006)**
Durchschnittliche Wachstumsrate des Branchenumsatzes	-2.687 (0.053)	-3.080 (0.031)*
Log. Herfindahl-Index	-0.137 (0.034)*	-0.137 (0.035)*
Log. Industriegröße	-0.228 (0.000)**	-0.236 (0.000)**
Betriebstyp (1 = Einbetriebsunternehmen, 0 sonst)	-0.362 (0.002)**	-0.383 (0.001)**
Log. Gründungsrate	0.191 (0.023)*	0.152 (0.083)
Technologiedummy (1 = High-/Medium-Tech, 0 sonst)	-0.088 (0.317)	-0.075 (0.393)
Ausmaß der Skalenerträge	0.153 (0.003)**	0.183 (0.001)**
Dummy für räumliche Agglomeration (1 = Landkreis, 0 = Stadtkreis)	-0.256 (0.000)**	-0.253 (0.000)**
Log. Excess-Job-Turnover-Rate		0.156 (0.116)
Kohorte 1982 (Referenz: Kohorte 1981)	-0.164 (0.068)	-0.141 (0.122)
Kohorte 1983 (Referenz: Kohorte 1981)	-0.250 (0.025)*	-0.277 (0.015)*
Kohorte 1984 (Referenz: Kohorte 1981)	-0.274 (0.030)*	-0.242 (0.059)
Zahl der Betriebe	2605	2605
Wald-Modelltest	153.9 (0.000)**	156.4 (0.000)**
Log-Likelihood	-10143.0	-10141.8
Test auf Vorliegen der Proportionalitätsannahme	15.88 (0.256)	15.96 (0.316)
Rangtest auf Vorliegen der Proportionalitätsannahme	12.46 (0.491)	12.41 (0.573)

Ein Blick auf die Koeffizienten der logarithmierten Gründungsbeschäftigung bestätigt die These von der "liability of smallness", die bereits in zahlreichen anderen Studien untermauert wurde.[72] Je geringer die Gründungsgröße eines Betriebes ausfällt, um so höher ist c.p. sein Sterberisiko. Sowohl Kostennachteile aufgrund von Größennachteilen als auch die Tatsache, dass der finanzielle Spielraum für Kleinstbetriebsgründungen häufig besonders eng ausfällt, können für diese besondere Bedeutung der Gründungsgröße für die Überlebenschancen verantwortlich sein.

Ein signifikant positiver Koeffizient der quadrierten logarithmierten Gründungsbeschäftigung zeigt jedoch, dass die Vorteile der Gründungsgröße mit zunehmender Anfangsbeschäftigung degressiv wachsen. Damit bestätigt die vorliegende Studie für die baden-württembergische Industrie die Existenz von Nichtlinearitäten im Zusammenhang zwischen Größe und

Sterberisiko, wie sie z.B. auch von Audretsch/Klomp/Thurik (1999) festgestellt werden. Im Gegensatz zu Woywode (1998), der in seiner Studie für Insolvenzschließungen die These von der "liability of the middle" formuliert, nach der Kleinstbetriebsgründungen ein geringeres Insolvenzrisiko aufweisen als mittelgroße Gründungen, verfügen in der baden-württembergischen Industrie jedoch Kleinstbetriebe über das höchste Sterberisiko. Allerdings kann auf der Grundlage der verfügbaren amtlichen Daten keine Unterscheidung zwischen freiwilligen Schließungen und ökonomisch bedingten Insolvenzen getroffen werden, so dass man die Ergebnisse nicht unmittelbar vergleichen kann.

Die erhebliche Bedeutung der Gründungsgröße eines Betriebes für seine späteren Überlebensaussichten spiegelt sich auch in den Schätzergebnissen für die Variable wider, die das Ausmaß der branchenspezifischen Skalenerträge abbildet. Je eher Skaleneffekte in einer Industrie von Bedeutung sind, um so gravierender fallen c.p. die Kostennachteile einer zu kleinen Anfangsgröße aus und um so größer ist das betriebliche Sterberisiko.
Erwartungsgemäß begünstigt ein hohes Wachstum des Branchenumsatzes als Indikator für gute Nachfragebedingungen in einer Branche das Überleben von Neugründungen. Je höher die jahresdurchschnittliche Wachstumsrate des Branchenumsatzes ist, desto geringer fällt die Hazardrate aus.
Die Marktgröße, gemessen an der logarithmierten Zahl der im Gründungsjahr bereits in einer Industrie agierenden Betriebe, hat analog zu den Studien von Mata/Portugal (1994, 1999) für die portugiesische Industrie ebenfalls einen positiven Einfluss auf die betrieblichen Überlebenschancen. Dieser statistisch gesicherte Einfluss kann als Indiz für die Tatsache gewertet werden, dass ein Neuauftreten von Betrieben in großen Branchen für die am Markt befindlichen Betriebe c.p. weniger spürbar ist und Neulinge daher auch von den bereits existierenden Wettbewerbern weniger aggressiv bekämpft werden.
Vom Ausmaß der Anbieterkonzentration gemessen am logarithmierten Herfindahl-Index des Umsatzes geht ein in allen Modellschätzungen stabiler negativer Einfluss auf das betriebliche Sterberisiko aus. Die Berücksichtigung weiterer erklärender Variablen führt somit zu einer Modifikation der Ergebnisse der Kaplan-Meier-Schätzungen, die bei partieller Betrachtung auf ein höheres Sterberisiko in konzentrierten Branchen schließen lassen.[73]
Ein signifikant positiver Koeffizient der logarithmierten Gründungsrate zeigt, dass Industrien, die sich durch eine hohe relative Bedeutung der Neugründungen und somit eine hohe Gründungsdynamik auszeichnen, gleichzeitig durch ein höheres Sterberisiko der Gründungen

---

72 Vgl. dazu die Ausführungen in Abschnitt XII.2.1.

gekennzeichnet werden können. Dieses Ergebnis ist kompatibel mit der in Kapitel XI festgestellten positiven Korrelation zwischen den branchenspezifischen Gründungs- und Schließungsraten.
Berücksichtigt man ergänzend mit der logarithmierten Excess-Job-Turnover-Rate einen Indikator für das Ausmaß an branchenspezifischer Heterogenität betrieblicher Beschäftigungsentwicklungen, so zeigt sich – wenn auch höchstens schwach signifikant –, dass das Sterberisiko der Betriebe nicht etwa in solchen Industrien besonders groß ist, die sich durch einen weitgehenden Gleichlauf betrieblicher Beschäftigungsentwicklungen auszeichnen. Vielmehr ist das Sterberisiko in solchen Branchen besonders ausgeprägt, in denen die Unterschiedlichkeit der betrieblichen Beschäftigungsentwicklungen sehr merklich ist. Eine mögliche Erklärung könnte darin bestehen, dass in heterogenen Branchen für die Betriebe die permanente Notwendigkeit besteht, sich an veränderte Umweltbedingungen anzupassen. Heterogenität bedeutet insoweit einerseits Chancen für innovations- und anpassungsfähige Betriebe, andererseits impliziert sie jedoch auch ein höheres Sterberisiko.[74]

Die Technologie-Dummy-Variable nimmt zwar in allen Modellschätzungen ein negatives Vorzeichen an, ist jedoch nur bei gleichzeitiger Berücksichtigung der logarithmierten Exportquote statistisch signifikant. Die Ergebnisse liefern somit höchstens ein Indiz für ein mögliches höheres Sterberisiko von Neugründungen in Low-Tech-Branchen.
Einbetriebsunternehmensgründungen verfügen bei Kontrolle für andere Einflussgrößen über signifikant bessere Überlebenswahrscheinlichkeiten als Betriebsgründungen von Mehrbetriebsunternehmen. Die baden-württembergischen Ergebnisse unterstützen somit die Studienergebnisse von Audretsch/Mahmood (1995) für die US-Industrie und Mata et al. (1995) für die Industrie Portugals.

Der bereits bei den partiellen Kaplan-Meier-Schätzungen beobachtete signifikante Unterschied in den Überlebenschancen von Neugründungen in Stadt- und Landkreisen bleibt auch im Rahmen der semiparametrischen PH-Modelle höchstsignifikant erhalten. Das Sterberisiko fiel in Stadtkreisen somit um ungefähr 30% höher aus als in Landkreisen.

---

73 Vgl. dazu Abschnitt XII.3.2.

74 Bezieht man ergänzend die logarithmierte Exportquote in die Modellschätzungen ein, so zeigt sich, dass Betriebe in Branchen mit einer hohen Exportintensität c.p. ein signifikant höheres Sterberisiko aufweisen. Zwar verändert kein bisher gefundener Zusammenhang seine Richtung, aufgrund hoher paarweisen Korrelationen verlieren die Konzentrationsvariable ($r \approx 0.5$) sowie das logarithmierte Comanor-Wilson-Maß ($r \approx 0.7$) jedoch an statistischer Signifikanz. Zur Vermeidung von Multikollinearität wurde daher auf die Einbeziehung der Exportvariablen verzichtet.

Die Kohortendummies sind gegenüber der Referenzkohorte 1981 jeweils signifikant von Null verschieden, während zwischen den Kohorten der Jahre 1982 bis 1984 keine signifikanten Unterschiede bestehen. Betrachtet man die Wachstumsraten des realen Bruttoinlandsprodukts in Baden-Württemberg, so zeichneten sich die Jahre 1981 und 1982 durch eher geringe Wachstumsraten aus, während mit 2,2% und 2,8% das reale Wachstum 1983 und 1984 deutlich besser ausfiel.[75] Die Kohortendummies können daher als Indiz für einen positiven Einfluss des konjunkturellen Umfelds im Gründungsjahr und der Folgezeit auf die Überlebenswahrscheinlichkeit gedeutet werden. Zur Absicherung der Stabilität der Ergebnisse werden alternativ auch Modelle geschätzt, bei denen an Stelle der Kohortendummies Kalenderzeitdummies verwendet werden. Die Schätzungen der Koeffizienten fallen jedoch unabhängig von der Wahl der Zeitdummies weitgehend identisch aus (vgl. Anhang XII.1).
Die Betrachtung der geschätzten Baseline-Survivorfunktion lässt eine negative Verweildauerabhängigkeit der Baseline-Hazardrate erkennen, die jedoch nichtlinearer Natur ist. In Abhängigkeit von der Überlebensdauer steigt das Sterberisiko zunächst an, erreicht nach ungefähr drei Jahren sein Maximum und sinkt dann in der Folgezeit.[76] Die vorliegenden Ergebnisse sprechen somit eher für die in Abschnitt XII.2.1 besprochene These von der "liability of adolescence" als für die These der "liability of newness".

Der folgende Abschnitt widmet sich einer vergleichenden Überprüfung der abgeleiteten inhaltlichen Schlussfolgerungen im Rahmen parametrischer Verweildauermodelle und berücksichtigt dabei ergänzend eine mögliche Bedeutung unbeobachteter Heterogenität für die Ergebnisse.

3.3.3 Ergebnisse parametrischer Verweildauermodelle unter ergänzender Berücksichtigung unbeobachteter Heterogenität

Verweildauermodelle ohne Berücksichtigung unbeobachteter Populationsheterogenität basieren auf der Annahme, dass die verwendeten Kovariablen die Hazardrate vollständig bestimmen. Typischerweise muss jedoch davon ausgegangen werden, dass weitere Merkmale, die nicht erhoben werden oder nicht bekannt sind, die Hazardraten ebenfalls beeinflussen. Exemplarisch sei hier angeführt, dass der verwendete Datensatz es zum Beispiel nicht erlaubt,

---

75 Zur Quelle der Wachstumsraten des realen Bruttoinlandsprodukts vgl. Abschnitt I.2.

76 Zur Verweildauerabhängigkeit der Hazardraten vgl. auch die grafische Illustration der geschätzten Hazardraten der parametrischen Modelle in Abschnitt XII.3.3.3 sowie der Baseline-Hazardraten im gruppierten Verweildauermodell in Abschnitt XII.3.3.4. Auf die Darstellung der geschätzten Baseline-Survivorfunktion des semiparametrischen PH-Schätzung wurde daher verzichtet.

Informationen über die Gründungsperson bzw. die Gründungspersonen explizit zu berücksichtigen. Weiterhin enthält der Datensatz auch keine Informationen über wesentliche Finanzvariablen, wie z.B. die betriebliche Relation von Fremd- zu Eigenkapital, oder darüber, ob ein Betrieb in den Genuss öffentlicher Gründungsförderung gekommen ist oder nicht. Die mangelnde Berücksichtigung unbeobachteter Heterogenität kann bei der Aggregation über nicht beobachtete Merkmale eine tendenzielle Änderung der Hazardrate in Richtung einer negativen Zeitabhängigkeit bewirken.[77]

Um unbeobachtete Heterogenität explizit in den Modellansatz aufzunehmen, werden die bisherigen Modelle um einen Fehlerterm α erweitert, der als reellwertige, positive Zufallsvariable die Heterogenität repräsentieren soll und als multiplikativer Term in die Hazardfunktion $\lambda(t)$ eingeführt wird ("*frailty models*"): [78]

(XII.5) $$\lambda(t \mid \alpha, x_i) = \alpha \cdot \lambda(t \mid x_i)$$

Annahmegemäß verfügt die Heterogenitätsvariable α über den Erwartungswert Eins und die Varianz θ. Für die Verteilung von α kann jede stetige Verteilung mit positiven Realisationen Verwendung finden, die über den Erwartungswert Eins verfügt und eine endliche Varianz besitzt. Aus Gründen der mathematischen Handhabbarkeit wird häufig eine Gammaverteilung mit den Parametern $(\frac{1}{\theta}, \theta)$ oder eine inverse Gauß-Verteilung verwendet.[79] Zur Überprüfung auf Vorliegen unbeobachteter Heterogenität wird im Rahmen eines Likelihood-Ratio-Tests getestet, ob die Varianz θ der Heterogenitätskomponente signifikant von Null verschieden ist.

Sämtliche der folgenden parametrischen Regressionsmodelle werden als Accelerated-Failure-Time-Modelle[80] geschätzt, so dass als Regressand die logarithmierte Überlebensdauer eines Betriebes verwendet wird. Die Schätzung der Varianz-Kovarianzmatrix erfolgt erneut robust.

---

77 Vgl. Blossfeld et al. (1986), S. 93ff.

78 Für ausführlichere methodische Anmerkungen zu Modellen mit unbeobachteter Heterogenität vgl. z.B. Hougaard (1986) oder auch Wangler (1997), S. 66-73.

79 Damit handelt es sich im vorliegenden Fall um ein Modell mit unbeobachteter Heterogenität auf der Ebene einzelner Beobachtungen. Diese Modellannahme darf nicht verwechselt werden mit der Annahme einer für einzelne Einheiten im Zeitablauf konstanten unbeobachteten Heterogenität, wie sie im Rahmen sogenannter "shared frailty models" getroffen wird.

80 Vgl. dazu Abschnitt XII.3.3.1.

Da bereits mit der Wahl des parametrischen Modells bestimmte Vorstellungen über den Verlauf der Hazardrate in die Modellschätzung einfließen, ist die Modellselektion bei parametrischen Verweildaueranalysen von wesentlicher Bedeutung.

Sowohl die aggregierten Betrachtungen der zeitlichen Entwicklung der Hazardraten in Abschnitt XII.1 als auch die Ergebnisse der semiparametrischen Cox-Regressionen im vorigen Abschnitt haben gezeigt, dass das Sterberisiko in den Jahren unmittelbar nach der Gründung besonders groß ist und dann mit zunehmender Überlebensdauer sinkt. Während diese in der Grundtendenz negative Verweildauerabhängigkeit der Hazardrate unstrittig sein dürfte, bleibt jedoch bisher offen, ob der Zusammenhang durch signifikante Nichtlinearitäten geprägt ist.
Die negative Verweildauerabhängigkeit spricht aus inhaltlichen Überlegungen gegen die Wahl eines Exponential-Modells, das auf der Annahme zeitkonstanter Hazardraten basiert. Während das allgemeinere Weibull-Modell die Möglichkeit monoton fallender Hazardraten zulässt, erlauben das Lognormal-Modell sowie das Log-logistische Modell die Abbildung nicht-monotoner Zusammenhänge und damit insbesondere eine zunächst steigende und dann sinkende Hazardrate. Über eine besonders flexible Hazardfunktion, die eine Vielzahl möglicher Verläufe als Spezialfall enthält, verfügt die verallgemeinerte Gammaverteilung.

Um im vorliegenden Fall eine größtmögliche Vergleichbarkeit der inhaltlichen Schlussfolgerungen zu erhalten, wird das im Rahmen der semiparametrischen PH-Regressionen verwendete Gesamtmodell im Folgenden für alternative parametrische Modellannahmen als Accelerated-Failure-Time-Modell geschätzt und die Schätzergebnisse verglichen. Bereits an dieser Stelle kann festgehalten werden, dass sämtliche der in Abschnitt XI.3.3.2 getroffenen inhaltlichen Schlussfolgerungen ihre Gültigkeit behalten.

Zieht man das Akaike-Informationskriterium (kurz: AIC)[81] zur Modellselektion heran, so zeigt sich, dass parametrische Modelle, die in der Lage sind, auch nicht-monotone Verläufe der Hazardrate abzubilden, dem Exponential-Modell und auch dem Weibull-Modell deutlich vorgezogen werden (vgl. Tabelle XII.4). Den geringsten Wert des AIC weist das verallgemeinerte Gamma-Modell auf.

---

[81] Vgl. Akaike (1973, 1974) oder die Darstellung alternativer Modellselektionskriterien in Judge et al. (1988), S. 848f.

Tabelle XII.4: Modellvergleich mit Hilfe des Akaike-Informationskriteriums

	Gamma-Modell	Lognormal-Modell	Log-logistisches Modell	Weibull-Modell	Exponential-Modell
Log-Likelihood	-3164.1	-3195.1	-3234.7	-3276.8	-3277.2
AIC	6362.2	6422.2	6501.4	6585.6	6586.4

Tabelle XII.5 beschränkt sich daher in der Darstellung der parametrischen Schätzergebnisse auf das verallgemeinerte Gamma-Modell, das Lognormal-Modell und das Log-logistische Modell. Dabei werden jeweils die Ergebnisse einer Modellschätzung ohne Berücksichtigung unbeobachteter Heterogenität wiedergegeben und mit den Schätzergebnissen verglichen, die sich bei Berücksichtigung unbeobachteter Gammaheterogenität ergeben.

Vergleicht man zunächst die Ergebnisse der parametrischen Verweildauermodelle ohne Berücksichtigung der unbeobachteten Populationsheterogenität, so lassen die Ergebnisse unabhängig von der Modellwahl eine erhebliche Stabilität sowohl hinsichtlich der Vorzeichen der geschätzten Koeffizienten als auch ihrer Signifikanz erkennen.
Während das Lognormal-Modell und das Log-logistische Modell ausnahmslos die Signifikanzen der semiparametrischen PH-Modelle bestätigen, verlieren im verallgemeinerten Gamma-Modell einige Einflussgrößen, wie z.B. das durchschnittliche Branchenwachstum oder die logarithmierte Gründungsrate, zwar nicht ihre Wirkungsrichtung, aber ihre statistische Signifikanz. Der nichtlineare Einfluss der Gründungsgröße auf die Überlebenschancen ist zwar weiterhin gegeben, ohne dabei statistisch gesichert zu sein.
Auch bei ergänzender Berücksichtigung unbeobachteter Gammaheterogenität bedürfen die inhaltlichen Schlussfolgerungen keiner wesentlichen Modifikation. Ein Likelihood-Ratio-Test lässt in jedem Fall erkennen, dass die Varianz θ der Heterogenitätskomponente signifikant von Null verschieden ist. Die Nullhypothese, dass keine signifikante unbeobachtete Heterogenität vorliegt, kann damit statistisch gesichert verworfen werden. Dennoch ist die Bedeutung der Berücksichtigung unbeobachteter Heterogenität für die parametrischen Schätzergebnisse eher gering. Ohne eine einzige Ausnahme behalten alle Koeffizienten weiterhin ihr Vorzeichen und auch die statistische Signifikanz der gefundenen Effekte stimmt in der überwiegenden Mehrzahl der Fälle in den Modellvarianten mit und ohne Heterogenität jeweils überein. Da im Fall der verallgemeinerten Gammaverteilung der Schätzwert für θ trotz der aufgrund der großen Stichprobe gegebenen Signifikanz kaum von Null verschieden ist, sind hier die Ergebnisse beider Schätzungen sogar weitgehend identisch.

Tabelle XII.5: Ergebnisse parametrischer AFT-Schätzungen für Gründungen der Jahre 1981-1984 mit weniger als 50 Beschäftigten, Berücksichtigung unbeobachteter Gammaheterogenität, P-Werte in Klammern

	Abhängige Variable: Logarithmierte betriebliche Überlebensdauer					
	Gamma-Modell		Lognormal-Modell		Log-logistisches Modell	
Berücksichtigung unbeobachteter Gammaheterogenität	nein	ja	nein	ja	nein	ja
Log. Gründungsbeschäftigung	0.350 (0.000)**	0.350 (0.000)**	0.481 (0.000)**	0.401 (0.000)**	0.510 (0.000)**	0.399 (0.000)**
(Log. Gründungsbeschäftigung)²	-0.037 (0.126)	-0.037 (0.126)	-0.061 (0.014)*	-0.040 (0.129)	-0.065 (0.011)*	-0.032 (0.255)
Durchschnittliche Wachstums-rate des Branchenumsatzes	2.007 (0.226)	2.008 (0.226)	3.444 (0.034)*	3.094 (0.073)	4.120 (0.014)*	3.962 (0.026)*
Log. Herfindahl-Index	0.184 (0.010)*	0.184 (0.010)*	0.193 (0.008)**	0.216 (0.005)**	0.202 (0.008)**	0.243 (0.004)**
Log. Industriegröße	0.250 (0.001)**	0.250 (0.001)**	0.297 (0.000)**	0.296 (0.000)**	0.315 (0.000)**	0.323 (0.000)**
Betriebstyp (1 = Einbetriebsunternehmen, 0 sonst)	0.302 (0.012)*	0.302 (0.012)*	0.404 (0.002)**	0.371 (0.004)**	0.442 (0.001)**	0.417 (0.002)**
Log. Gründungsrate	-0.134 (0.150)	-0.134 (0.150)	-0.194 (0.046)*	-0.197 (0.049)*	-0.223 (0.030)*	-0.251 (0.019)*
Technologiedummy (1 = High-/Medium-Tech, 0 sonst)	0.084 (0.324)	0.084 (0.324)	0.090 (0.339)	0.100 (0.285)	0.090 (0.369)	0.106 (0.305)
Ausmaß der Skalenerträge	-0.175 (0.003)**	-0.175 (0.003)**	-0.211 (0.001)**	-0.208 (0.001)**	-0.220 (0.000)**	-0.222 (0.001)**
Dummy für räumliche Agglomeration (1 = Landkreis, 0 = Stadtkreis)	0.217 (0.004)**	0.217 (0.004)**	0.278 (0.000)**	0.257 (0.001)**	0.296 (0.000)**	0.279 (0.001)**
Log. Excess-Job-Turnover-Rate	-0.151 (0.154)	-0.151 (0.154)	-0.176 (0.105)	-0.174 (0.117)	-0.183 (0.097)	-0.185 (0.102)
Kohorte 1982 (Referenz: Kohorte 1981)	0.183 (0.058)	0.183 (0.058)	0.202 (0.047)*	0.222 (0.034)*	0.215 (0.046)*	0.252 (0.026)*
Kohorte 1983 (Referenz: Kohorte 1981)	0.268 (0.041)*	0.268 (0.041)*	0.360 (0.005)**	0.383 (0.004)**	0.400 (0.003)**	0.481 (0.001)**
Kohorte 1984 (Referenz: Kohorte 1981)	0.204 (0.150)	0.204 (0.150)	0.300 (0.036)*	0.319 (0.032)*	0.345 (0.023)*	0.415 (0.009)**
Konstante	-0.093 (0.859)	-0.093 (0.859)	-0.031 (0.958)	-0.233 (0.684)	-0.290 (0.641)	-0.611 (0.322)
Zahl der Betriebe	2605	2605	2605	2605	2605	2605
Wald-Modelltest	65.67 (0.000)**	65.74 (0.000)**	169.1 (0.000)**	121.7 (0.000)**	173.1 (0.000)**	138.1 (0.000)**
Schätzwert für die Varianz der Heterogenitätskomponente θ		1.62e-06 (0.000)**		0.977 (0.000)**		1.198 (0.000)**
Log-Likelihood	-3164.1	-3164.1	-3195.1	-3181.2	-3234.7	-3210.3

Zusammenfassend kann festgehalten werden, dass sowohl die bemerkenswerte Stabilität der Schätzergebnisse beim Vergleich der semiparametrischen mit den parametrischen Regressionen als auch die Resultate bei Berücksichtigung unbeobachteter Gammaheterogenität im Rahmen der parametrischen Schätzungen die Schlussfolgerung erlauben, dass die bei den PH-Modellen gefundenen Ergebnisse sehr robust gegenüber alternativen Modellannahmen sind. Selbst bei Verwendung eines Weibull- oder Exponential-Modells fallen die inhaltlichen Resultate praktisch identisch aus.[82] Betrachtet man abschließend die geschätzten Hazardfunktionen der bevorzugten parametrischen Modelle, so sprechen sowohl das verallgemeinerte Gamma-Modell als auch das Lognormal- sowie das Log-logistische Modell für einen nichtlinearen Zusammenhang zwischen Überlebensdauer und Hazardrate (vgl. Abbildung XII.7). Während unmittelbar nach der Gründung das Sterberisiko zunächst sehr hoch bleibt oder sogar ansteigt, lässt sich nach ungefähr zwei bis drei Jahren eine monoton fallende, negative Verweildauerabhängigkeit der Hazardrate beobachten. Dieses Ergebnis kann als weiteres Indiz für die These einer "liability of adolescence" gedeutet werden.

Abbildung XII.7: Geschätzte Hazardfunktionen auf der Grundlage eines parametrischen AFT-Gamma-Modells und eines Lognormal-Modells

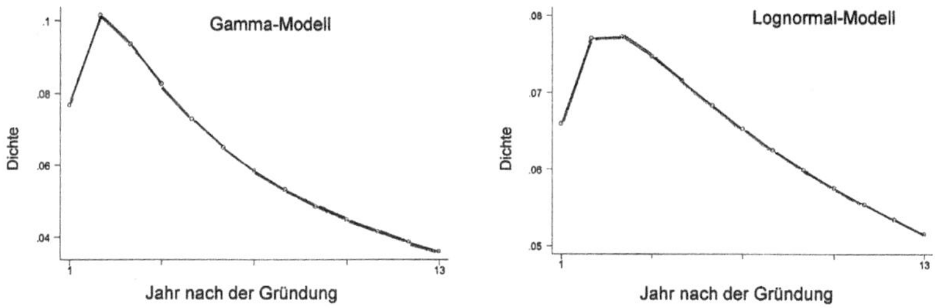

3.3.4 Ergebnisse der Schätzung eines gruppierten Verweildauermodells[83]

Da für die baden-württembergische Industrie Informationen über Kleinstbetriebsgründungen im Rahmen der industriellen Kleinbetriebserhebung nur auf jährlicher Basis vorliegen, kann für einen Großteil der Betriebe nur einmal im Jahr festgestellt werden, ob in den vergangenen zwölf Monaten eine Schließung erfolgte oder nicht. Daher treten in erheblichem Maße Bindungen auf. Im Rahmen der semiparametrischen PH-Regressionen wurde der Bindungsproblematik durch die Verwendung alternativer Approximationsverfahren Rechnung getragen. Dabei zeigte sich, dass die Modellschätzungen gegenüber der Wahl des Verfahrens sehr stabil sind. Bei der beträchtlichen Anzahl von Bindungen könnte dennoch befürchtet werden, dass die Parameterschätzungen unbrauchbar werden. Während in der Literatur teilweise die Meinung vertreten wird, dass zeitstetige Modelle stets zeitdiskreten Modellen vorzuziehen

---

82 Auf die Wiedergabe der Ergebnisse wird daher verzichtet.

83 Einen knappen Überblick über Grundbegriffe der diskreten Verweildauermodelle findet man z.B. in Blossfeld et al. (1986), S. 101-105.

sind[84], befürworten Blossfeld et al. (1986) für diesen Fall die Verwendung gruppierter Verweildauermodelle, die der Datensituation besser gerecht werden.

Zur ergänzenden Überprüfung der Robustheit der Schätzergebnisse wird daher ein gruppiertes Verweildauermodell von Prentice/Gloeckler (1978) geschätzt. Die Hazardrate des Prentice-Gloeckler-Modells lässt sich darstellen als:

(XII.6) $$\lambda(t \mid x_i) = 1 - \exp(-\exp(d_{0t} + x_i'\beta))$$

Dabei repräsentieren die Parameter d_{0t} wie im semiparametrischen PH-Modell Grundhazardraten, die allen Betrieben gemeinsam sind, nicht von den Kovariablen abhängen und in ihrem Verlauf die Zeitabhängigkeit der Hazardrate widerspiegeln.

Ein Blick auf Tabelle XII.6 zeigt, dass die inhaltlichen Schlussfolgerungen der semiparametrischen und parametrischen Verweildauermodelle der vorigen Abschnitte sich ausnahmslos auch bei Annahme eines gruppierten Verweildauermodells bestätigen lassen. Sämtliche Variablen, die im Rahmen der vorigen Modellschätzungen als relevant erachtet wurden, weisen dasselbe Vorzeichen auf und behalten dabei auch weiterhin ihre statistische Signifikanz, so dass das Auftreten von Bindungen und das Vorliegen zeitdiskreter Beobachtungen ebenfalls keinen relevanten Einfluss auf die inhaltlichen Schlussfolgerungen besitzt.

Die Resultate des gruppierten Verweildauermodells lassen bei Betrachtung der zeitlichen Entwicklung der Koeffizienten der Grundhazardraten erneut eine negative Verweildauerabhängigkeit der Grundhazardraten erkennen. Dabei bestehen in den Jahren zwei und drei nach der Gründung keine signifikanten Unterschiede im Sterberisiko gegenüber dem ersten Jahr nach der Gründung. Dieses Fehlen eines signifikanten Rückgangs des Sterberisikos kann als Indiz dafür gedeutet werden, dass in den ersten Jahren nach der Gründung eine negative Verweildauerabhängigkeit der Hazardrate noch nicht beobachtet werden kann. Eine Nichtlinearität mit steigenden Hazardraten ist nicht überzeugend erkennbar. Ab dem vierten Jahr nach der Gründung liegt die betriebliche Grundhazardrate signifikant unterhalb der Hazardrate im ersten Jahr nach der Gründung und nimmt dann im Zeitablauf weiter ab.

---

[84] Vgl. Allison (1982).

Tabelle XII.6: Ergebnisse gruppierter Prentice-Gloeckler-Verweildauermodelle für Gründungen der Jahre 1981-1984 mit weniger als 50 Beschäftigten, P-Werte in Klammern

	Abhängige Variable: Betriebliche Hazardrate	
Dummy für Jahr 2 nach der Gründung (Referenz: Jahr 1)	-0.163 (0.083)	-0.162 (0.084)
Dummy für Jahr 3 (Referenz: Jahr 1)	-0.044 (0.642)	-0.043 (0.647)
Dummy für Jahr 4 (Referenz: Jahr 1)	-0.252 (0.015)*	-0.251 (0.015)*
Dummy für Jahr 5 (Referenz: Jahr 1)	-0.549 (0.000)**	-0.548 (0.000)**
Dummy für Jahr 6 (Referenz: Jahr 1)	-0.650 (0.000)**	-0.649 (0.000)**
Dummy für Jahr 7 (Referenz: Jahr 1)	-0.630 (0.000)**	-0.629 (0.000)**
Dummy für Jahr 8 (Referenz: Jahr 1)	-0.887 (0.000)**	-0.886 (0.000)**
Dummy für Jahr 9 (Referenz: Jahr 1)	-0.931 (0.000)**	-0.930 (0.000)**
Dummy für Jahr 10 (Referenz: Jahr 1)	-0.661 (0.000)**	-0.660 (0.000)**
Dummy für Jahr 11 (Referenz: Jahr 1)	-0.805 (0.000)**	-0.804 (0.000)**
Dummy für Jahr 12 (Referenz: Jahr 1)	-0.729 (0.000)**	-0.728 (0.000)**
Dummy für Jahr 13 (Referenz: Jahr 1)	-0.472 (0.057)	-0.470 (0.058)
Log. Gründungsbeschäftigung	-0.498 (0.000)**	-0.492 (0.000)**
(Log. Gründungsbeschäftigung)²	0.071 (0.003)**	0.069 (0.003)**
Durchschnittliche Wachstumsrate des Branchenumsatzes	-2.798 (0.064)	-3.223 (0.036)*
Log. Herfindahl-Index	-0.144 (0.033)*	-0.144 (0.034)*
Log. Industriegröße	-0.240 (0.000)**	-0.248 (0.000)**
Betriebstyp (1 = Einbetriebsunternehmen, 0 sonst)	-0.377 (0.002)**	-0.402 (0.001)**
Log. Gründungsrate	0.193 (0.024)*	0.151 (0.093)
Technologiedummy (1 = High-/Medium-Tech, 0 sonst)	-0.086 (0.348)	-0.072 (0.428)
Ausmaß der Skalenerträge	0.159 (0.003)**	0.192 (0.001)**
Dummy für räumliche Agglomeration (1 = Landkreis, 0 = Stadtkreis)	-0.275 (0.000)**	-0.272 (0.000)**
Log. Excess-Job-Turnover-Rate		0.170 (0.102)
Kohorte 1982 (Referenz: Kohorte 1981)	-0.167 (0.072)	-0.143 (0.130)
Kohorte 1983 (Referenz: Kohorte 1981)	-0.258 (0.025)*	-0.287 (0.014)*
Kohorte 1984 (Referenz: Kohorte 1981)	-0.286 (0.027)*	-0.251 (0.057)
Konstante	-0.372 (0.477)	-0.160 (0.767)
Zahl der Betriebe	2605	2605

Dass das Sterberisiko im vorliegenden Fall nach zwölf und dreizehn Jahren wieder deutlich steigt, könnte hier konjunkturelle Gründe haben. Da der Analysezeitraum insgesamt dreizehn

Jahre umfasst, liegen für diese Überlebensdauern deutlich weniger Beobachtungen vor als für kürzere Überlebenszeitdauern, so dass sich in den Koeffizienten für die längeren Überlebensdauern nur die konjunkturell ausgesprochen schlechten Jahre 1992 bis 1994 niederschlagen, in denen das Sterberisiko unabhängig von der bisherigen Überlebensdauer c.p. größer ausfiel.

Abbildung XII.8: Zeitliche Entwicklung der geschätzten Grundhazardraten, gruppiertes Prentice-Gloeckler-Verweildauermodell[85]

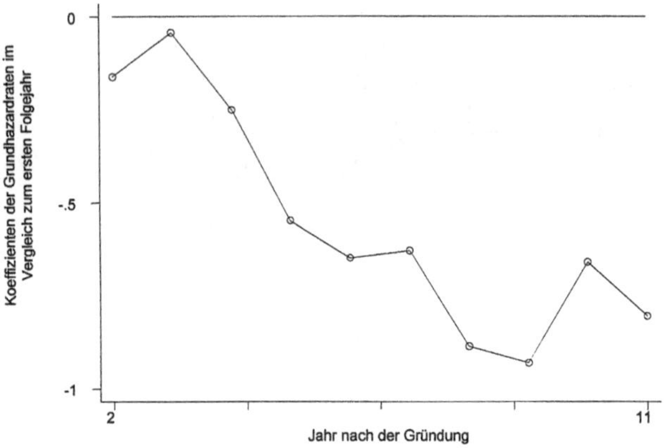

Einige kurze abschließende Überlegungen tragen einer Kritik Rechnung, die z.B. von Dunne et al. (1989b) und von Mata et al. (1995) aufgeworfen wird. Die bisherigen Modelle basierten ausnahmslos auf der Verwendung zeitkonstanter Kovariablen. Als Indikator für die Größe eines Betriebes wurde bisher ausschließlich die Anfangsbeschäftigung eines Betriebes im Jahr der Gründung und somit der "Ausgangsgrößennachteil" eines Betriebes berücksichtigt. Mata et al. weisen in ihrer Studie für die portugiesische Industrie darauf hin, dass neben der Ausgangsgröße auch die jeweils aktuelle Größe eines Betriebes und somit die Beschäftigungsentwicklung eines Betriebes in der Folgezeit der Gründung wesentlichen Einfluss auf die weiteren Überlebensaussichten hat. Gerade auch wenn man den lerntheoretischen Ansätzen in der Tradition von Jovanovic (1982) folgt, kann man erwarten, dass Betriebe, die nach der Gründung am Markt ihre Wettbewerbsfähigkeit erfahren, expandieren und dabei die Wahrscheinlichkeit einer Schließung durch die Kompensation des Größennachteils c.p. sinkt.

---

85 Grundhazardraten des Gesamtmodells aus Tabelle XII.6. Auf die Wiedergabe der Ergebnisse der Grundhazardraten der letzten beiden Jahre wurde aus den oben beschriebenen Gründen verzichtet.

"[...] a consequence which has been largely left unexplored in empirical work is that, over time, current size should be a better predictor of survival than initial size."[86]

Exemplarisch wird daher in die bisherigen Modellvarianten die jährliche Wachstumsrate der betrieblichen Beschäftigung als zusätzlicher, zeitvariabler Regressor eingebaut.[87] Tabelle XII.7 gibt die Ergebnisse einer semiparametrischen PH-Regression sowie des korrespondierenden gruppierten Prentice-Gloeckler-Modells wieder.

Tabelle XII.7: Ergebnisse einer semiparametrischen PH-Regression und eines gruppierten Prentice-Gloeckler-Modells unter Berücksichtigung der betrieblichen Beschäftigungsentwicklung in der Folgezeit der Gründung, Gründungen der Jahre 1981-1984 mit weniger als 50 Beschäftigten, P-Werte in Klammern

	Abhängige Variable: Betriebliche Hazardrate	
	Semiparametrische PH-Regression	Gruppiertes Prentice-Gloeckler-Modell[88]
Log. Gründungsbeschäftigung	-0.421 (0.000)**	-0.455 (0.000)**
(Log. Gründungsbeschäftigung)²	0.056 (0.024)*	0.062 (0.018)*
Wachstumsrate der Beschäftigung	-0.940 (0.000)**	-1.025 (0.000)**
Durchschnittliche Wachstumsrate des Branchenumsatzes	-3.068 (0.051)	-3.156 (0.067)
Log. Herfindahl-Index	-0.127 (0.069)	-0.133 (0.077)
Log. Industriegröße	-0.225 (0.001)**	-0.236 (0.002)**
Betriebstyp (1 = Einbetriebsunternehmen 0 sonst)	-0.326 (0.013)*	-0.336 (0.016)*
Log. Gründungsrate	0.204 (0.028)*	0.203 (0.043)*
Technologiedummy (1 = High-/Medium-Tech, 0 sonst)	-0.060 (0.545)	-0.053 (0.605)
Ausmaß der Skalenerträge	0.178 (0.003)**	0.185 (0.004)**
Dummy für räumliche Agglomeration (1 = Landkreis, 0 = Stadtkreis)	-0.198 (0.013)*	-0.212 (0.012)*
Log. Excess-Job-Turnover-Rate	0.147 (0.169)	0.166 (0.148)
Kohorte 1982 (Referenz: Kohorte 1981)	-0.147 (0.136)	-0.147 (0.158)
Kohorte 1983 (Referenz: Kohorte 1981)	-0.390 (0.002)**	-0.407 (0.002)**
Kohorte 1984 (Referenz: Kohorte 1981)	-0.328 (0.018)*	-0.339 (0.021)*
Konstante		-0.647 (0.319)
Betriebe	2340	2340

86 Mata et al. (1995), S. 461.

87 Für Betriebe, die bereits im ersten Jahr nach ihrer Gründung wieder aus dem Berichtskreis ausscheiden, lässt sich die Wachstumsrate der Beschäftigung als Differenz der logarithmierten Beschäftigungen nicht bestimmen, so dass sich die Zahl der Betriebe hier gegenüber den bisherigen Modellen um die Betriebe reduziert, die nur ein Jahr im Berichtskreis vorhanden waren.

88 Auf die Wiedergabe der Grundhazardraten wird verzichtet.

Ein Vergleich der bisherigen Ergebnisse mit den Resultaten beider Schätzungen zeigt, dass trotz der Aufnahme des betrieblichen Beschäftigungswachstums die bisher festgestellten Zusammenhänge auch im Rahmen des erweiterten Modells bestätigt werden.
Die Gründungsgröße behält ihren signifikant negativen, aber nichtlinearen Effekt auf die betriebliche Hazardrate. Gleichzeitig zeigt ein höchstsignifikanter Koeffizient der betrieblichen Wachstumsrate der Beschäftigung, dass mit einem höheren Beschäftigungswachstum in der Folgezeit der Gründung und somit einer schnellen Kompensation bestehender Größennachteile c.p. der erwartete signifikante Rückgang des Sterberisikos einhergeht.

Tabelle XII.8 fasst abschließend die inhaltlichen Ergebnisse zusammen und stellt die für die baden-württembergische Industrie abgeleiteten Schlussfolgerungen den aufgrund theoretischer Überlegungen oder bisher veröffentlichter Studien erwarteten Ergebnissen gegenüber. Dabei zeigt sich, dass eine Vielzahl der in der Literatur diskutierten Determinanten des Überlebens sich auch für die baden-württembergische Industrie als relevant erweisen. Sowohl betriebsspezifische Charakteristika als auch branchenspezifische und regionale Gegebenheiten können das Sterben und Überleben von Betrieben in statistisch gesichertem Maße beeinflussen.

Tabelle XII.8: Determinanten des Überlebens von Neugründungen – Zusammenfassung der Ergebnisse für die baden-württembergische Industrie

Determinante des Überlebens	Operationalisierung	Erwarteter Einfluss	Gefundener Einfluss
	Betriebsindividuelle Determinanten		
Gründungsgröße/Startkapital	Log. Anfangsbeschäftigung	+	+
	Quadrierte log. Anfangsbeschäftigung	-	-
Betriebliches Beschäftigungswachstum	Jährliche Wachstumsrate der Beschäftigung definiert als Differenz der log. Beschäftigungen	+	+
Betriebstyp	Dummy-Variable (1 für Einbetriebsunternehmensgründung, 0 sonst)	?	+
Betriebsalter	Zeitabhängigkeit der Hazardraten	+	+
	Branchenspezifische Determinanten		
Technologische Bedingungen	Dummy-Variable (1 für Branche der Spitzen- oder Höherwertigen Technik, 0 sonst)	?	(+)
Branchenwachstum	Durchschnittliche jährliche Wachstumsrate des Branchenumsatzes	+	+
Ausmaß der Skalenerträge	Log. Maß von Comanor-Wilson	-	-
Anbieterkonzentration	Log. Herfindahl-Index	?	(+)
Marktgröße	Log. Zahl der bereits am Markt befindlichen Betriebe	+	+
Gründungsdynamik	Log. Anteil neu gegründeter Betriebe	-	-
Heterogenität betrieblicher Beschäftigungsentwicklungen	Log. Excess-Job-Turnover-Rate	?	(-)
Exportintensität[89]	Log. Exportquote	-	-
	Regionale Determinanten		
Agglomerationsgrad	Dummy-Variable für Verdichtungsräume (1 = Landkreis, 0 = Stadtkreis)	?	-
	Makroökonomische Rahmenbedingungen		
Makroökonomisches Umfeld der Gründung	Dummy-Variable für die einzelnen Gründungskohorten	+	+

[89] Vgl. dazu die Anmerkungen in Fußnote 74 dieses Kapitels.

4. Zusammenfassung und wirtschaftspolitische Implikationen

4.1 Kritische Anmerkungen, Erweiterungen und Ausblick

Als wesentliches Ergebnis der Analyse potenzieller Determinanten des Überlebens von Neugründungen kann festgehalten werden, dass sowohl betriebsindividuelle als auch branchenspezifische Faktoren das betriebliche Überleben statistisch gesichert beeinflussen. Insbesondere junge Kleinbetriebe sind dem Risiko ausgesetzt, bereits unmittelbar nach der Gründung wieder aus dem Markt ausscheiden zu müssen. Wichtige branchenspezifische Determinanten des Überlebens, deren Bedeutung für die baden-württembergische Industrie bestätigt werden, sind die Entwicklung der industriellen Nachfragebedingungen, das branchentypische Ausmaß der Skaleneffekte und somit bestehender Größennachteile, die Marktgröße und die Gründungsdynamik.

Während ein Vorteil der vorliegenden Studie in der Verwendung amtlicher und daher sehr zuverlässiger Daten besteht, können aufgrund der Datenbasis, wie Wagner (1994b) ebenfalls anmerkt, bisher keine detaillierteren Informationen über den Betrieb, seine Gründerpersönlichkeit und das lokale Umfeld der Gründung berücksichtigt werden.

> "[...] important information about individual characteristics of the founders (e.g. human capital endowments), about attributes and strategies of the new firms (e.g. amount of initial capital invested, or use of product or process innovations), and about conditions characterizing the environment of the entry (e.g. the local market niches mentioned above, measures of assistance of governmental agencies, information relations to existing firms) is not included in data from the official statistics."[90]

Um der Problematik vernachlässigter Einflussgrößen Rechnung zu tragen, wurde in der vorliegenden Studie im Gegensatz zur überwiegenden Mehrzahl bisher veröffentlichter Forschungsarbeiten im Rahmen parametrischer Verweildauermodelle die Möglichkeit unbeobachteter Populationsheterogenität berücksichtigt. Dabei zeigt sich, dass unbeobachtete Heterogenität in statistisch gesicherter Form vorliegt, gleichzeitig bleiben jedoch die Schätzergebnisse bezüglich der exogenen Variablen von der Berücksichtigung unbeobachteter Heterogenität weitgehend unbeeinflusst. Diese Stabilität der gefundenen Ergebnisse trotz Einbau von unbeobachteter Heterogenität erlaubt die Schlussfolgerung, dass die für die baden-württembergische Industrie geschätzten Modelle zwar bei weitem nicht sämtliche relevanten Gesichtspunkte einer Analyse des Erfolgs von Neugründungen abdecken können, die gefun-

90 Wagner (1994b), S. 149.

denen Zusammenhänge jedoch zumindest einen statistisch gesicherten Beitrag zu einer Erklärung des Erfolgs von Neugründungen liefern.
Wie fast alle bisherigen Untersuchungen basiert auch diese Studie auf Jahresdaten und kann daher den Schließungszeitpunkt eines Betriebes nur ungenau erfassen. Mit Blick auf die verwendeten parametrischen und semiparametrischen Schätzverfahren der Verweildaueranalyse besteht daher die Gefahr, dass die Schätzergebnisse durch das Vorliegen von Bindungen unbrauchbar werden. Dieser methodischen Kritik wurde in der Arbeit dadurch Rechnung getragen, dass ergänzend ein gruppiertes Verweildauermodell von Prentice/Gloeckler (1978) geschätzt wurde, in dessen Rahmen bestätigt wurde, dass die für die baden-württembergische Industrie abgeleiteten inhaltlichen Schlussfolgerungen auch gegenüber dem Auftreten von Bindungen robust sind. Abschließend wurde der Kritik z.B. von Mata et al. (1995) Beachtung geschenkt und ergänzend neben der Gründungsgröße auch das betriebliche Beschäftigungswachstum in der Folgezeit der Gründung als zeitvariabler Regressor in die Modellgleichungen eingebaut. Dabei zeigt sich, dass ein positives Beschäftigungswachstum eines Betriebes in der Folgezeit der Gründung seine Überlebenschancen höchstsignifikant verbessert, wobei sämtliche anderen Einflussgrößen ihre Wirkungsrichtung behalten.

Trotz der Stabilität der für die baden-württembergische Industrie gefundenen Ergebnisse bieten sich mehrere Ansatzpunkte für anknüpfende Untersuchungen.
Durch die Einbeziehung detaillierter regionaler Variablen auf Kreis- oder Gemeindeebene könnte versucht werden, das regionale Marktumfeld besser abzubilden. Die Höhe der Gewerbesteuerhebesätze, die Verfügbarkeit und der Preis von Gewerbeflächen, die Verkehrsanbindung einer Gemeinde, die Nähe des Gründungsstandortes zu universitären und nicht-universitären Bildungseinrichtungen, das Pro-Kopf-Einkommen einer Gemeinde, das Bildungsniveau der Einwohner oder auch die Infrastrukturausstattung einer Gemeinde sind mögliche Einflussgrößen des betrieblichen Überlebens, die im Rahmen einer stärker regional geprägten Verweildaueranalyse analysiert werden könnten.

Die Berücksichtigung personenspezifischer Variablen bereitet deutlich größere Probleme und ist auf der Grundlage der amtlichen Daten nicht möglich. Hier könnte entweder durch eine detaillierte Befragung einer Stichprobe von Betrieben ein neuer Datensatz aufgebaut werden[91] ("learning by asking those who are doing"[92]). Andererseits könnte man über die Möglichkeit

---

91 Beispiele für derartige Datensätze sind das Hannoveraner Firmenpanel, die Münchner Gründerstudie oder die Leipziger Gründerstudie.

92 Vgl. Blinder (1990).

nachdenken, den vorhandenen Betriebsdaten durch Anwendung geeigneter Matching-Verfahren[93] nach bestimmten Kriterien Personendaten zuzuspielen und somit einen "employer-employee-Datensatz"[94] aufzubauen, der dann die gleichzeitige Analyse personen- und betriebsspezifischer Einflussfaktoren erlaubt.

Für eine Überprüfung der mikroökonomischen Wirksamkeit staatlicher Gründungsprogramme für die betrieblichen Überlebenschancen sind ergänzend Informationen darüber erforderlich, ob und in welchem Umfang ein Betrieb eine öffentliche Gründungsförderung genießt. Auch hier könnte man an die Möglichkeit denken, die amtlichen Betriebsdaten zum Beispiel mit Daten der deutschen Ausgleichsbank zu verknüpfen.[95]

Dringend erforderlich ist es auch, bessere Informationen über den Gründungs- und Schließungstatbestand selbst zu gewinnen. Die für die vorliegende Studie getroffene vereinfachende Annahme, dass neu auftretende Betriebe mit weniger als 50 Beschäftigten als Neugründungen betrachtet werden und das Wegfallen eines Betriebes als Schließung interpretiert wird, entspricht zwar der in der Mehrzahl der Studien üblichen Vorgehensweise, ist jedoch problematisch. Gerade mit Blick auf die Schließung von Betrieben sollte die Möglichkeit gegeben sein, zumindest zwischen ökonomisch bedingten Insolvenzschließungen, freiwilligen Schließungen und Betriebsübernahmen unterscheiden zu können, da unterschiedliche Gründe für die verschiedenen Schließungsformen verantwortlich sein können.[96] Dass ein Abgleich mit dem Unternehmensregister[97], das in näherer Zukunft verfübar sein wird, hier deutlichen Fortschritt erbringen kann, ist zu hoffen, muss jedoch abgewartet werden.

Betont werden muss weiterhin, dass die vorliegende Studie wie die Mehrzahl der internationalen Untersuchungen sich nur auf das Verarbeitende Gewerbe beziehen kann. Wertvoll und aus wirtschaftspolitischer Sicht von höchstem Interesse wäre es, ähnliche Gründungsstudien auf der Grundlage amtlicher Daten auch für den Dienstleistungssektor durchführen zu

---

93 Zu Matching-Verfahren vgl. z.B. Heckman/Smith (1996) oder Heckman et al. (1998).

94 Einen guten Überblick über verschiedene neuere Forschungsarbeiten, die sich mit der Erstellung und Analyse solcher "employer-employee-Datensätze" befassen, findet man z.B. in Haltiwanger et al. (1999).

95 Vgl. dazu z.B. die Studie von Almus/Prantl (2001), in der das ZEW-Gründungspanel mit Daten der deutschen Ausgleichsbank verknüpft wird. Einige kurze Überlegungen zur Frage, welche wirtschaftspolitischen Schlussfolgerungen die Ergebnisse einer Analyse der mikroökonomischen Wirkungen öffentlicher Gründungsförderungen erlauben, werden anschließend in Abschnitt XII.4.3 gegeben.

96 Vgl. dazu z.B. Harhoff et al. (1998) sowie Woywode (1998), die zwischen Insolvenzschließungen und freiwilligen Schließungen unterscheiden können.

97 Vgl. z.B. Loreth (1998).

können, um somit beurteilen zu können, ob sich die gefundenen Ergebnisse auch auf den Dienstleistungsbereich übertragen lassen oder sich hier andere Erfolgsfaktoren als wesentlich erweisen. Audretsch et al. (1997) weisen z.B. darauf hin, dass Skaleneffekte im Dienstleistungssektor weniger bedeutend sind als im industriellen Sektor und somit Größennachteile im Dienstleistungsbereich eine geringere Rolle spielen.

4.2 Überlegungen zur Rolle von Neugründungen in einer Volkswirtschaft

Ein wichtiges Ergebnis des vierten Teils der vorliegenden Arbeit besteht in der Schlussfolgerung, dass die traditionelle Interpretation des Auftretens von Gründungen als Fehlerkorrekturmechanismus, der das Marktsystem in sein langfristiges Gleichgewicht führt, der Komplexität und Vielschichtigkeit des Gründungsgeschehens auch in der baden-württembergischen Industrie nicht gerecht werden kann.
Gerade auch bei der Diskussion um die Schaffung neuer Arbeitsplätze werden Gründungen und insbesondere High-Tech-Gründungen häufig als Hoffnungsträger angeführt. Die Analysen des vierten Teils dieser Arbeit haben gezeigt, dass ein erheblicher Teil der Gründungen dieser Rolle nicht gerecht werden kann und bereits kurze Zeit nach dem Markteintritt wieder aus dem Markt ausscheiden muss. Ein großer Teil der Betriebsschließungen entfällt damit auf solche Betriebe, die sich erst seit geraumer Zeit dem Wettbewerb stellen und dabei die Erfahrung machen müssen, nicht hinreichend wettbewerbsfähig zu sein. Das Sterberisiko einer Neugründung ist daher in den Jahren unmittelbar nach der Gründung besonders hoch und nimmt mit zunehmender Dauer des Überlebens ab. Der überlebende Teil der Neugründungen weist dagegen im Durchschnitt bemerkenswerte Steigerungsraten der Beschäftigung auf, welche die Beschäftigungsverluste einer Gründungskohorte in der mittleren Frist ungefähr kompensieren. Daher lässt sich für die baden-württembergische Industrie in einer groben Annäherung festhalten, dass der Beschäftigungsbeitrag einer Gründungskohorte im Zeitablauf ungefähr konstant bleibt.

Die hohe Sterblichkeit kleiner Betriebsgründungen in frühen Jahren entspricht der "Drehtürhypothese", nach der zahlreiche Gründungen es nicht schaffen, im Wettbewerb Fuß zu fassen und diesen daher "durch die Drehtür" wieder verlassen.[98] Die erhoffte "Substitution" bestehender und obsoleter Betriebe durch neue, effizientere Betriebe mit besserer technologischer Ausstattung ist somit nur eine Seite der Medaille und bedarf daher einer deutlichen

Relativierung.[99] Geroski (1992) formuliert treffend, dass die typische Gründung auf einem Markt daher besser als Tourist denn als Immigrant bezeichnet werden kann:

> "Nevertheless, there is quite a lot of evidence to suggest that most types of entrants are, on the whole, rather more like tourists than immigrants in the markets in which they seek to participate."[100]

Nur ein kleiner Teil der Gründungen wird seiner Rolle als Hoffnungsträger tatsächlich gerecht, so dass nicht jede Gründung automatisch als Motor der Jobschaffung betrachtet werden kann. Gleichzeitig begründet die hohe Sterblichkeit zahlreicher Gründungen auch Bedenken, ob Neugründungen für die Restrukturierungsfähigkeit einer Volkswirtschaft tatsächlich von zentraler Bedeutung sind.

Geroski (1992) weist darauf hin, dass Gründungen in frühen Phasen eines Industrielebenszyklus eine wichtige Rolle für die Marktentwicklung spielen und dabei gerade eine flexible Anpassung der Produktspezifikationen an die Konsumentenbedürfnisse ermöglichen. Mit zunehmender Marktreife nimmt dagegen der Einfluss der Gründungsdynamik auf die industrielle Struktur ab und die bereits am Markt befindlichen Betriebe erlangen dominierende Bedeutung. Geroski meldet daher Zweifel an, ob ein Gründungsprozess, der durch eine enorme Sterblichkeit gekennzeichnet ist, tatsächlich eine bedeutende Rolle für die Anpassungs- und die Restrukturierungsfähigkeit einer Volkswirtschaft spielen kann:

> "It is hard to imagine that an entry and exit process which features actors with these characteristics will have much impact on industrial structure. [...] The conclusion, then, is that entry is likely to be a highly specific restructuring tool [...]".[101]

Einige Überlegungen zu wirtschaftspolitischen Implikationen der vorliegenden Ergebnisse runden die Analyse des Überlebens von Neugründungen für die baden-württembergische Industrie ab.

---

98 Zur Debatte um die Drehtür- bzw. die Substitutionsthese vgl. auch die Ausführungen bei Wagner (1999b), S. 262f.

99 Vgl. Mata/Portugal (1994), S. 242: "[...] our results seem to suggest that some caution in analysing the efficiency improving effect of entry is required, since we have found that it is in those industries in which entry is more important that the entrants' lives are shorter."

100 Geroski (1992), S. 140.

101 Geroski (1992), S. 140.

4.3 Einige Anmerkungen zu wirtschaftspolitischen Implikationen

Als zentrales Ergebnis obiger Analysen des Überlebens von Neugründungen kann festgehalten werden, dass die Überlebenschancen kleinbetrieblicher Gründungen insgesamt sehr gering sind. Begründet wird diese geringe Überlebensfähigkeit gerade kleiner Gründungen häufig damit, dass diese größeren Problemen bei der Informationsbeschaffung und insbesondere bei der Beschaffung finanzieller Mittel ausgesetzt sind. Daher könnte man versucht sein, die Ergebnisse der vorliegenden Studie automatisch als Beleg für die Notwendigkeit einer staatlichen Gründungsförderung zu interpretieren. Anhand einiger Überlegungen soll an dieser Stelle vor voreiligen Schlussfolgerungen aus diesen Ergebnissen gewarnt werden.

Sowohl die Schaffung und der Abbau von Arbeitsplätzen als auch das Entstehen und Sterben von Betrieben sind normale Bestandteile eines funktionierenden Marktprozesses. Das Ausscheiden von Betrieben und somit auch von Neugründungen aus dem Wettbewerb ist keineswegs zwingend etwas Negatives, das es unter allen Umständen zu verhindern gilt, sondern ist zumindest zum Teil auch erwünschter Bestandteil eines funktionierenden Wettbewerbs. Unabhängig davon, ob man der Substitutionsthese Glauben schenkt oder die Rolle der Gründungen eher als Anpassungsmechanismus der Produktcharakteristika an die Konsumentenbedürfnisse in frühen Marktphasen betrachtet, gehört zur Veränderung oder Anpassung nicht nur das Entstehen, sondern auch das Schließen von Betrieben.
Dieser triviale Tatbestand ist gerade auch dann von wichtiger Bedeutung, wenn es um die Beantwortung der Frage geht, ob der Staat das Entstehen neuer Betriebe fördern und das Sterberisiko junger Betriebe verringern soll, indem er durch öffentliche Gründungsförderungsprogramme in den Marktprozess eingreift.

Obwohl in der öffentlichen Diskussion die staatliche Förderung des Entstehens von Neugründungen weitgehend unumstritten ist, ist eine ökonomische Beantwortung der Frage nach der Notwendigkeit staatlicher Gründungsförderung nicht einfach. Von entscheidender Bedeutung ist dabei aus ökonomischer Sicht die Plausibilität der Begründung, warum der Staat hier überhaupt tätig werden und das Ziel einer Senkung des Sterberisikos von Neugründungen durch öffentliche Gründungsförderung verfolgen soll. Eine ökonomisch fundierte Rechtfertigung der öffentlichen Gründungsförderung müsste daher den Beweis führen, dass der Marktmechanismus alleine nicht in der Lage ist, lebensfähige und effiziente Gründungen hervorzubringen, und somit Marktversagen vorliegt. Als typisches Argument für das Vorliegen von Marktversagen werden Kapitalmarktineffizienzen angeführt, die dazu führen, dass die Bereitstellung von privatem Risikokapital für die Gründungsvorhaben nicht in erforderlichem und effizientem Maße erfolgt. Informationsasymmetrien zwischen den Kapitalgebern und den Gründerpersönlichkeiten können dabei eine mögliche Begründung für das Versagen des Kapitalmarktes liefern.

Auch wenn man ein Marktversagen auf dem Kapitalmarkt voraussetzt, muss dies immer noch nicht zwingend bedeuten, dass der Staat selbst als Geldgeber auftreten muss. Die "first-best"-Lösung wäre vielmehr der Versuch, nicht die Folgen der Kapitalmarktineffizienz zu lindern, sondern die Kapitalmarktineffizienz selbst zu beheben. Eine staatliche Bereitstellung von Risikokapital für Gründungen wäre nur dann als "second-best"-Lösung vorzuziehen, wenn die Beseitigung der Kapitalmarktineffizienzen größere Probleme bereitet als die eigene Bereitstellung von Risikokapital.

Doch selbst wenn es überzeugend gelingt, die Notwendigkeit einer staatlichen Gründungsfinanzierung ökonomisch zu begründen, lassen sowohl polit-ökonomische Überlegungen als auch die in der vorliegenden Studie aufgedeckte Heterogenität betrieblicher Entwicklungen befürchten, dass eine staatliche Gründungsförderung Gefahr läuft, mit ihrer Förderung nicht tatsächlich die wettbewerbsfähigsten Betriebe zu treffen. Das Risiko eines Marktversagens wird dann durch die Gefahr eines Politikversagens ersetzt. Trotz der abgeleiteten stabilen Einflussgrößen des Überlebens von Neugründungen erscheint vor dem Hintergrund der ausgeprägten Heterogenität betriebsindividueller Entwicklungen die Frage durchaus berechtigt zu sein, ob der Staat mit seinen Fördermaßnahmen tatsächlich diejenigen Gründungen begünstigt, deren Produktidee sich im freien Wettbewerb auch ohne staatliche Privilegierung als lebensfähig erweisen würde. Bei jeder staatlichen Fördermaßnahme ist zu bedenken, dass eine Förderung eines Wettbewerbers oder einer Gruppe von Wettbewerbern stets gleichzeitig einen diskriminierenden Eingriff des Staates gegenüber allen Betrieben darstellt, die nicht in den Genuss staatlicher Förderung gelangen. Eine zielungenaue Förderung impliziert somit die Gefahr, dass mit öffentlichen Geldern auch solche Gründungen gefördert werden, deren mangelnde Wettbewerbsfähigkeit sich bereits kurz nach Markteintritt andeutet und deren "normales" Sterben somit unnötig und mit volkswirtschaftlichen Kosten verbunden hinausgezögert wird. Gleichzeitig kann die Wettbewerbsfähigkeit sowohl anderer Gründungen als auch der bereits am Markt befindlichen Betriebe beeinträchtigt werden.

Diese knappen ökonomischen Überlegungen sollen verdeutlichen, dass vorschnelle Schlussfolgerungen bezüglich einer staatlichen Förderung von Neugründungen allgemein und auch auf der Grundlage der vorliegenden Studie nicht getroffen werden sollten. Über die generelle Richtigkeit einer öffentlichen Gründungsförderung und ihre konkrete Ausgestaltung sollte man auch und gerade vor dem Hintergrund dieser Ergebnisse zumindest nachdenken. Mit dem Wissen um die enorme Bedeutung betriebsindividueller Heterogenitäten erscheint eine Förderungspolitik, die sich an bestimmten Förderkriterien orientiert, riskant zu sein, da es sich ein Staat kaum anmaßen kann, die "richtigen" Förderkriterien zu kennen. Die Idee der Kompensation von Kapital- und Vermögensnachteilen impliziert die Gefahr, dass nicht erfolgversprechende, sondern kapitalschwache Gründungen gefördert werden.

Daher spricht vieles dafür, eine sinnvolle Gründungsförderung im Sinne einer allgemeinen "climate policy" auszugestalten und somit z.B. durch eine investitionsfreundliche Steuerpolitik, durch bildungspolitische Anstrengungen oder durch günstige Rahmenbedingungen für Forschungs- und Entwicklungsaktivitäten die allgemeinen ökonomischen Rahmenbedingungen für das Entstehen und das Überleben neuer Betriebe zu verbessern.

Auch wenn eine Entscheidung für oder gegen eine öffentliche Gründungsförderung an dieser Stelle nicht endgültig getroffen werden kann und soll, ist es doch wichtig festzuhalten, dass eine öffentliche Gründungsförderung nicht per se als richtig betrachtet werden darf, sondern die Notwendigkeit staatlicher Gründungsförderung aus ökonomischer Sicht einer fundierten, überzeugenden und daher gar nicht so einfachen Begründung bedarf.[102]

Auch bisherige Studien zur Gründungsförderung, wie z.B. die Arbeiten von Brüderl et al. (1993) oder von Almus/Prantl (2001) beschäftigen sich regelmäßig nur mit der "einzelwirtschaftlichen Effizienz" staatlicher Gründungsprogramme, indem sie überprüfen, ob Betriebe, die in den Genuss staatlicher Gründungsförderung gelangen, bessere Überlebenschancen aufweisen als Betriebe, denen eine öffentliche Gründungsförderung versagt bleibt. Die Autoren selbst weisen jeweils darauf hin, dass diese einzelwirtschaftliche Effizienz zwar eine

---

102 Außerdem muss eine kritische Interpretation der gefundenen Resultate berücksichtigen, dass Selektionseffekte die Ergebnisse überlagern können. Die hohe Sterblichkeit kleiner Gründungen könnte Reflex der Tatsache sein, dass früh gescheiterte Gründungsprojekte häufig solche Vorhaben sind, bei denen die Erfolgsaussichten bereits im Vorfeld weniger günstig beurteilt wurden, so dass diese schlechte Einschätzung sich in einer geringeren Finanzierung und somit einer kleinen Gründungsgröße niedergeschlagen hat. Die Kausalität von einer zu geringen Größe zu einer geringen Überlebenswahrscheinlichkeit müsste dann insoweit in Frage gestellt werden, als die geringe Größe und die schlechte Kapitalausstattung die Folge eines wenig erfolgversprechenden Gründungsvorhabens wären.

notwendige, aber keineswegs eine hinreichende Voraussetzung dafür ist, dass eine öffentliche Gründungsförderung auch gesamtwirtschaftlich effizient ist.[103] Wenn beide Studien zu dem Ergebnis gelangen, dass geförderte Betriebe c.p. ein geringeres Sterberisiko aufweisen als Betriebe ohne staatliche Förderung, so belegt dies die Wirksamkeit der Förderprogramme und somit die Möglichkeit, dabei auch volkswirtschaftlich Effizienzgewinne verbuchen zu können. Ob die staatlichen Förderprogramme tatsächlich gesamtwirtschaftlich effizient sind, kann auf der Grundlage dieser Studien nicht entschieden werden. Vor dem Hintergrund obiger Ausführungen können sie für den Nachweis der Erforderlichkeit einer staatlichen Gründungsförderung höchstens ein notwendiges, keinesfalls jedoch ein hinreichendes Argument erbringen.

Eine volkswirtschaftliche Beurteilung der Effizienz einer staatlichen Gründungsförderung müsste vor dem Hintergrund konkreter Fördermaßnahmen und unter Berücksichtigung alternativer Verwendungen der staatlichen Fördermittel vielmehr versuchen, auch Mitnahme- und Verdrängungseffekte sowie die Kosten, die der Eingriff des Staates in den Markt auf betrieblicher Ebene verursacht, zu quantifizieren, und diese den möglichen sozialen Erträgen durch die öffentliche Gründungsförderung gegenüberstellen.

---

[103] Vgl. dazu und im Folgenden z.B. Brüderl et al. (1993).

XIII. Schlussbemerkungen und Ausblick

Das amtliche Publikationsprogramm muss sich bei der Analyse der Beschäftigungsentwicklungen weitgehend auf die Wiedergabe aggregierter Beschäftigungsveränderungen beschränken. Für die vorliegende Arbeit wurden dagegen erstmals amtliche Daten der baden-württembergischen Industrieberichterstattung der Jahre 1980 bis 1999 zu einem Betriebspaneldatensatz verknüpft und somit die Möglichkeit geschaffen, *betriebsindividuelle* Beschäftigungsveränderungen im Zeitablauf zu verfolgen und zu analysieren. Ziel der vorliegenden Arbeit war es, die aggregierten Betrachtungen der amtlichen Statistik durch eine fundierte empirische Analyse der Beschäftigungsveränderungen auf der Mikroebene einzelner Betriebe und somit durch eine Untersuchung der betrieblichen Arbeitsplatzdynamik zu ergänzen. Der Blick hinter die Kulissen der Aggregatergebnisse umfasste dabei nicht nur eine eingehende Analyse der betrieblichen Jobschaffung und des betrieblichen Jobabbaus der Gesamtheit aller baden-württembergischer Industriebetriebe, sondern setzte sich auf der Grundlage der Paneldaten auch ergänzend mit dem Überleben und Sterben von Neugründungen auseinander.

In Teil 1 der Arbeit wurde im Rahmen einer Job-Turnover-Analyse der Arbeitsplatzdynamik erstmals für Baden-Württemberg bestätigt, dass der Industriearbeitsmarkt in allen Phasen des Konjunkturzyklus durch eine bemerkenswerte Heterogenität betrieblicher Beschäftigungsentwicklungen gekennzeichnet war. In jedem Jahr konnten gleichzeitig expandierende, schrumpfende, neu auftretende und wegfallende Betriebe beobachtet werden, so dass eine bloße Betrachtung der aggregierten Veränderung der Industriebeschäftigung das beträchtliche Ausmaß an betrieblicher Jobschaffung und betrieblichem Jobabbau verdeckt, das sich hinter der resultierenden Veränderung verbirgt. Selbst in Phasen mit stetig rückläufiger Industriebeschäftigung entstanden in einem Teil der Betriebe zahlreiche neue Arbeitsplätze, allerdings regelmäßig zu wenig, um die gleichzeitigen Jobverluste in anderen Betrieben zu kompensieren. Im Rahmen einer ergänzenden Analyse des Verhaltens der betrieblichen Jobschaffung und des betrieblichen Jobabbaus im Konjunkturzyklus wurde zunächst die These eines asymmetrischen Verhaltens beider Job-Flows im Konjunkturverlauf bestätigt, gleichzeitig jedoch in Frage gestellt, dass die Asymmetrie als stilisiertes Faktum bezeichnet werden kann. Anhand deskriptiver und ökonometrischer Analysen wurde argumentiert, dass die Fokussierung bisheriger Studien auf den industriellen Sektor die Varianzasymmetrie zumindest teilweise erklären kann. Neuere konjunkturtheoretische Erklärungsansätze, die das Entstehen realer Output- und Beschäftigungsschwankungen auf Heterogenitäten und Friktionen auf der

Mikroebene zurückführen und dabei versuchen, dieser Asymmetrie im Verhalten der Job-Flows gerecht zu werden, müssen daher kritisch hinterfragt werden. Zwar sind sie unter Beachtung der Heterogenität betrieblicher Beschäftigungsentwicklungen im Gegensatz zu traditionellen konjunkturtheoretischen Modellen überhaupt in der Lage, Asymmetrien im Verhalten der Job-Flows zu begründen, doch ist die Einseitigkeit der Asymmetrieerklärung zugunsten des Jobabbaus aus empirischer Sicht wenig überzeugend. Entsprechende Untersuchungen für den Dienstleistungsbereich könnten helfen, entweder die in der vorliegenden Studie erhobenen Zweifel an dem stilisierten Faktum der Varianzasymmetrie zu unterstützen oder zu beseitigen.

Ausgehend von der in Teil 1 festgestellten Heterogenität betrieblicher Beschäftigungsentwicklungen wurde in Teil 2 der Arbeit gezeigt, dass es auch durch eine Disaggregation der Betriebe nach ihrer Größe, ihrem Wirtschaftszweig, ihrer Technologieorientierung oder ihrem regionalen Standort höchstens ansatzweise gelingt, erfolgreiche von weniger erfolgreichen Betrieben zu unterscheiden. Die Unterschiedlichkeit der betrieblichen Entwicklungen in der Gesamtindustrie resultierte somit nicht aus homogenen Beschäftigungsentwicklungen in unterschiedlich erfolgreichen Teilgruppen von Betrieben.
Aus wirtschaftspolitischer Sicht besonders interessant sind dabei die Ergebnisse der größenklassenabhängigen Analysen. Sowohl in einer nach Betriebsgröße disaggregierten Job-Turnover-Analyse als auch in Kohortenanalysen konnte für den Zeitraum 1980 bis 1999 zwar eine hohe Bedeutung kleiner und mittlerer Betriebe für die Beschäftigungsentwicklung bestätigt werden, gleichzeitig musste jedoch die gerade von politischer Seite immer wieder betonte überragende Rolle der kleinen und mittleren Unternehmen für die Beschäftigungsentwicklung zumindest für die baden-württembergische Industrie und die Jahre 1980 bis 1999 in Frage gestellt werden. Die Ausnutzung der Panelstruktur der Daten ließ erkennen, dass Kleinbetriebe zwar in einem überproportionalem Maße neue Jobs bereitstellten, aber auch in überdurchschnittlichem Maße zum Jobabbau beitrugen. Insbesondere Kohortenanalysen machten deutlich, dass die Stabilität der in Kleinbetrieben geschaffenen Arbeitsplätze merklich geringer war als bei Großbetrieben.

Nicht nur in Größenklassen, sondern auch in jeder Branche, Technologiegruppe und in jedem Kreis konnte ohne Ausnahme jeweils ein gleichzeitiges Nebeneinander wachsender, schrumpfender, neu gegründeter und wegfallender Industriebetriebe beobachtet werden. Regelmäßigkeiten in den Unterschieden zwischen den Gruppen bestanden dabei zwar häufig mit Blick auf das Ausmaß der Heterogenität betrieblicher Entwicklungen und somit hinsichtlich der relativen Jobschaffung und des relativen Jobabbaus, kaum jedoch hinsichtlich der resultierenden Beschäftigungsveränderung. Im Rahmen ökonometrischer Analysen wurde daher jeweils ergänzend versucht, das relative Ausmaß der sektoralen Jobschaffung und des sektoralen Jobabbaus durch branchenspezifische und regionale Charakteristika zu erklären. Obwohl hier durchaus stabile Unterschiede zwischen den Gruppen herausgearbeitet werden konnten, wurde gleichzeitig deutlich, dass eine bloße partielle Disaggregation der Betriebe nach diesen allgemeinen Kriterien nicht annähernd ausreicht, um zu einer zufriedenstellenden Erklärung der Heterogenität betrieblicher Beschäftigungsentwicklungen beizutragen.

Teil 3 der Arbeit wendete sich daher dem Versuch zu, das *individuelle* Beschäftigungswachstum von Betrieben mit Hilfe mikroökonometrischer Verfahren zu erklären. Gibrats These von der Unabhängigkeit von Betriebsgröße und Beschäftigungswachstum wurde dabei zunächst sowohl für die Gesamtindustrie als auch für einzelne Größen- und Technologiegruppen verworfen, so dass das betriebliche Wachstum weder für die baden-württembergische Gesamtindustrie noch für bestimmte Teilgruppen von Betrieben als reiner Zufallsprozess beschrieben werden kann. Die Ablehnung basierte jedoch weniger auf einem systematischen Wachstumsvorteil kleinerer Betriebe als vielmehr auf einer signifikant negativen Autokorrelation in der zeitlichen Entwicklung der betrieblichen Beschäftigung, die als "regression-to-the-mean"-Effekt gedeutet werden kann. Ein überzeugender Wachstumsvorteil kleiner Betriebe ließ sich auch auf der Grundlage dieser Modelle nicht untermauern.

Die ergänzende Berücksichtigung weiterer Determinanten des betrieblichen Beschäftigungswachstums ließ erkennen, dass bei einer Analyse des Wachstumspotenzials unterschiedlich großer Betriebe sowohl Nichtlinearitäten im Zusammenhang zwischen Betriebsgröße und Beschäftigungswachstum als auch Interdependenzen zwischen der Betriebsgröße und dem Betriebsalter berücksichtigt werden müssen. Während junge Kleinbetriebe zwar signifikant höhere Wachstumsraten, gleichzeitig jedoch auch eine statistisch gesichert höhere Sterblichkeit aufwiesen, zeichneten sich ältere Kleinbetriebe zwar durch ein geringeres Wachstumspotenzial bei jedoch gleichzeitig besseren Überlebenschancen aus. Branchenspezifische Charakteristika, wie die industrielle Anbieterkonzentration, die Entwicklung der Branchenkonjunktur, das Ausmaß bestehender Größenvorteile oder auch die Exportintensität einer Industrie, beeinflussten den betrieblichen Beschäftigungserfolg ebenso auf signifikante Weise wie die gesamtwirtschaftliche Entwicklung und der regionale Agglomerationsgrad. Dennoch zeigte sich im Rahmen bivariater Tobit-Regressionen, dass der Beitrag der berücksichtigten Determinanten zur Erklärung des Beschäftigungswachstums relativ gering ausfällt. Als Erweiterung bisheriger Untersuchungen wurde daher in dieser Arbeit der ergänzende Versuch unternommen, das Wachstum eines Betriebes mit Hilfe von Panelmodellen zu erklären, in denen durch betriebsindividuelle Effekte für unbeobachtete Heterogenität kontrolliert werden kann. Die Ergebnisse der Tobit-Regressionen wurden dabei zwar ausnahmslos bestätigt, die festgestellte signifikante und dominierende Bedeutung der betriebsindividuellen Heterogenität trägt jedoch zu einer Relativierung der Ergebnisse bei und muss daher auch bei den nachfolgenden Anmerkungen zur wirtschaftspolitischen Interpretation der Ergebnisse beachtet werden.

Während in den Teilen 1 bis 3 dieser Arbeit die Beschäftigungsentwicklung der Gesamtheit aller Industriebetriebe im Vordergrund stand, fokussierte Teil 4 sich abschließend auf einen wichtigen Teilaspekt einer Analyse der Arbeitsplatzdynamik in der baden-württembergischen Industrie, indem das Gründungs- und Schließungsgeschehen in das Zentrum der Analysen gestellt wurde. Ausgehend von der Bestätigung einiger stilisierter Fakten der industrieökonomischen Gründungsforschung für die baden-württembergische Industrie und der empirischen Erkenntnis, dass das Gründungsaufkommen einer Branche sich zumindest in Teilen statistisch gesichert auf branchenspezifische Gegebenheiten zurückführen lässt, bildete eine Analyse möglicher Determinanten des Überlebens von Neugründungen den Mittelpunkt dieses vierten Teils. Sowohl einleitende deskriptive Kohortenanalysen als auch mikroökonometrische Verweildaueranalysen ließen dabei erkennen, dass die Sterblichkeit kleinbetrieblicher Gründungen in den Jahren unmittelbar nach der Gründung besonders hoch ausfiel. Nur ein geringer Teil der Gründungen schaffte es, sich auch längerfristig am Markt zu etablieren, trug dann jedoch durch erhebliche Beschäftigungssteigerungen zur Schaffung neuer Arbeitsplätze bei. Der Beschäftigungsbeitrag einer Gründungskohorte war daher im Zeitablauf in einer groben Annäherung konstant. In semiparametrischen und parametrischen Verweildauermodellen konnte ein gesicherter Einfluss zahlreicher in der theoretischen und empirischen Gründungsforschung diskutierter betriebsindividueller, branchenspezifischer oder regionaler Charakteristika auf das betriebliche Überleben erstmals auch für die baden-württembergische Industrie bestätigt werden. In Ergänzung zu bisherigen Forschungsarbeiten wurde jedoch zwei methodischen Aspekten besondere Beachtung geschenkt. Die Berücksichtigung unbeobachteter Populationsheterogenität in den parametrischen Verweildaueranalysen zeigte einerseits, dass die Mehrzahl der Schlussfolgerungen, die unter Abstraktion von unbeobachteter

Heterogenität abgeleitet wurden, auch bei deren Beachtung erhalten bleiben. Die in dieser Studie für die baden-württembergischen Industriebetriebsgründungen gefundenen Ergebnisse sind somit stabil gegenüber dem Vorliegen unbeobachteter Heterogenität. Andererseits wurde jedoch bestätigt, dass unbeobachtete Heterogenität von signifikanter Bedeutung für das Überleben einer Gründung ist, so dass sich auch hier ein weiterer Beleg für die erhebliche Heterogenität der betrieblichen Entwicklungen fand. Die bisherigen Forschungsarbeiten wurden auch insoweit ergänzt, als durch die Verwendung gruppierter Verweildauermodelle gezeigt wurde, dass die bei Jahresdaten relevante Bindungsproblematik stetiger Verweildauermodelle die inhaltlichen Schlussfolgerungen nicht wesentlich beeinflusst.

Ein Ergebnis zieht sich wie ein roter Faden durch die gesamte Arbeit. Unabhängig davon, aus welchem Blickwinkel man sich der betrieblichen Beschäftigungsentwicklung annäherte und welche Faktoren man zu einer Erklärung des betrieblichen Beschäftigungserfolgs heranzog, konnte trotz der empirischen Regelmäßigkeiten bei der Erklärung des betrieblichen Beschäftigungswachstums oder des Überlebens von Neugründungen stets eine überragende Bedeutung betriebsindividueller Heterogenitäten festgestellt werden. Diese muss sowohl von der ökonomischen Theorie als auch der praktischen Wirtschaftspolitik zur Kenntnis genommen werden.

Aus *theoretischer* Sicht bestätigt die vorliegende Arbeit erhebliche Bedenken gegenüber Modellen, die auf der Grundlage repräsentativer Wirtschaftsakteure argumentieren. Nicht jede Heterogenität auf der Mikroebene muss gesamtwirtschaftlich bedeutsam sein, schließt man jedoch eine mögliche Bedeutung von Heterogenitäten von vornherein aus, so erscheint es kaum möglich, mit ihnen der Komplexität und Unterschiedlichkeit der Prozesse gerecht werden zu können. So schließen auch Jensen/McGuckin (1997) aus ihren Analysen:

> "Heterogeneity is a fact of life among firms and their business units. It is the most pervasive attribute of the data and is found across all sectors no matter how the sector is defined – by industry, region, size, etc. [...]. Firms are not only different in the cross-section; they enter at different times and make different choices about the products they produce and the technologies they use. In turn, their different circumstances mean that they react differently, even to common external shocks. [...] Thus, to understand economic performance and competition, one must move beyond representative firm models. Since most of the observed variation in the data is within industries, economic change cannot be understood in terms of behavior of an 'average' firm in an industry-level analysis."[1]

1 Jensen/McGuckin (1997), S. 43.

Auch aus *wirtschaftspolitischer* Sicht sollte diese markante Unterschiedlichkeit betrieblicher Entwicklungen zumindest als Warnung verstanden werden. Sowohl die deskriptiven als auch die ökonometrischen Analysen zeigen ausnahmslos, dass für simple wirtschaftspolitische Thesen – wie z.B. die Behauptung einer herausragenden Rolle kleiner und mittlerer Unternehmen oder einer überragenden Bedeutung von High-Tech-Betrieben für die Entwicklung der Beschäftigung – die empirische Grundlage fehlt. Zu heterogen fallen die Beschäftigungsentwicklungen auch innerhalb dieser vermeintlichen Erfolgsgruppen aus. Bereits bei der ausführlicheren Diskussion dieser Thesen wurde eingehend auf bestehende Unzulänglichkeiten in der Datenbasis und die Notwendigkeit hingewiesen, für eine abschließende Beurteilung der Beschäftigungswirkungen auch indirekte Arbeitsplatzeffekte zu berücksichtigen. Dennoch muss auf der Grundlage der vorliegenden Studie vor einer vereinfachenden wirtschaftspolitischen "Schwarzweißmalerei" gewarnt werden. Ohne Zweifel sind kleine und mittlere Betriebe für die baden-württembergische Industrie und die Beschäftigung von wichtiger Bedeutung, ohne Zweifel ist es gerade für ein exportorientiertes Land wie Baden-Württemberg bedeutsam, im Bereich der Spitzentechnik führend zu sein, und ohne Zweifel stellen Gründungen eine entscheidende Komponente einer dynamischen Ökonomie dar. Die ausgeprägte Heterogenität der Beschäftigungsentwicklungen auf der Mikroebene zeigt jedoch, dass diese Kriterien eben nicht hinreichend sind, um ex ante erfolgreiche Betriebe von weniger erfolgreichen Betrieben zu unterscheiden.

Eine Wirtschaftspolitik, die sich an solch einfachen Kriterien orientiert und gezielt zugunsten bestimmter Gruppen in den Wettbewerb eingreift, läuft daher stets Gefahr, auch solche Wettbewerber zu fördern, die ohne staatliche Hilfe nicht konkurrenzfähig wären. Eine Privilegierung eines Teils der Betriebe bedeutet aber stets gleichzeitig eine Diskriminierung der Betriebe, die nicht in den Genuss staatlicher Förderung gelangen.

Für jeden privilegierenden – und dadurch gleichzeitig diskriminierenden – staatlichen Eingriff in den Marktprozess sollte aus ökonomischer Sicht zumindest der Nachweis geführt werden, dass der Marktmechanismus versagt, oder aber es muss begründet werden, dass andere, "höhere" Interessen den staatlichen Eingriff rechtfertigen. Steuerbegünstigungen für bestimmte Betriebsgruppen, selektive Subventionen oder Unterschiede in den rechtlichen Bestimmungen zwischen Gruppen sind Beispiele für wirtschaftspolitische Maßnahmen, die eben nicht nur begünstigend, sondern auch benachteiligend wirken, und daher aus ökonomischer Sicht gerechtfertigt werden müssen.

Ergänzend ist anzumerken, dass auch im Falle eines möglichen Marktversagens, das häufig auf Ineffizienzen bei der Bereitstellung privaten Kapitals am Kapitalmarkt zurückgeführt wird, und somit einer ökonomischen Rechtfertigung eines staatlichen Eingriffs die erhebliche Heterogenität betrieblicher Beschäftigungsentwicklungen befürchten lässt, dass es für einen Staat kaum möglich sein dürfte, seine Fördermaßnahmen zielgenau und effizient auszugestalten. Bereits wenn man davon ausgeht, dass ein Staat versucht, seine Förderprogramme ausschließlich an Effizienzkriterien zu orientieren, scheint es vor dem Hintergrund der vorliegenden Ergebnisse im Hayekschen Sinne sehr fragwürdig zu sein, ob der Staat sich "anmaßen" kann, Betriebe mit und ohne Wachstumspotenzial tatsächlich voneinander unterscheiden zu können. Da gleichzeitig die Heterogenität eine sinnvolle Evaluation der Wirkungen einzelner Fördermaßnahmen erschwert, besteht darüber hinaus die Gefahr, dass ineffiziente Fördermaßnahmen bereits deshalb eine hohe Persistenz aufweisen, da ihre mangelnde Effizienz nicht erkannt werden kann. Bedenkt man weiterhin aus polit-ökonomischer Sichtweise die entscheidende Rolle organisierter Interessengruppen für den staatlichen Entscheidungsprozess, so muss selbst die Unterstellung, dass ein Staat seine Fördermaßnahmen ökonomisch effizient auszugestalten und ineffiziente Fördermaßnahmen abzubauen versucht, in Frage gestellt werden.

Die ausgeprägte Heterogenität betrieblicher Beschäftigungsentwicklungen legt somit nahe, privilegierende wirtschaftspolitische Maßnahmen kritisch zu hinterfragen und durch eine weitgehend "neutrale" Wirtschaftspolitik zu ersetzen, die im Sinne einer "climate policy" eine begünstigende Gleichbehandlung aller Betriebe anstrebt. Entscheidet sich ein Staat z.B. durch steuerpolitische Maßnahmen, die allen Betrieben in gleichem Maße zugute kommen, oder durch eine allgemeine Vereinfachung der Abschreibungsregeln für eine Politik einer Verbesserung der allgemeinen Rahmenbedingungen, so fördert er das Entstehen neuer Jobs, ohne dabei dem Wettbewerb selbst vorzuschreiben, in welcher heterogenen Teilgruppe von Betrieben in besonderem Maße das Entstehen neuer Arbeitsplätze bewirkt werden soll.

Die Anpassungsfähigkeit eines Arbeitsmarktes an veränderte Rahmenbedingungen spiegelt sich nicht nur in der Fähigkeit zur Jobschaffung wider, sondern auch in der Möglichkeit, unproduktive und obsolete Arbeitsplätze abzubauen. Sowohl das Ausscheiden von Betrieben aus dem Wettbewerb als auch der Abbau von Arbeitsplätzen sind trivialerweise nicht per se als negativ einzustufen, sondern zumindest teilweise notwendiger Bestandteil einer funktionierenden Ökonomie im Schumpeterschen Sinne:

> "[The] process of incessant rise and decay of firms and industries [...] is the central – though much neglected – fact about the Capitalist System."[2]

Eine staatliche Wirtschaftspolitik, die durch konkrete Maßnahmen die Jobschaffung selektiv fördert und den ökonomisch sinnvollen Jobabbau zu verhindern versucht, läuft Gefahr, die Anpassungsfähigkeit einer Ökonomie zu behindern und die Lasten einer Anpassung in die Zukunft zu verschieben, dabei jedoch gerade die Chancen, die diese Anpassung bietet, zu verschlafen. Gerade mit Blick auf eine Beseitigung der immer noch sehr hohen Arbeitslosigkeit muss es gelingen, durch Schaffung günstiger allgemeiner Rahmenbedingungen die Entstehung neuer Arbeitsplätze in einem solchen Maße zu fördern, dass ein notwendiger Jobabbau, der eben auch wesentliches Element einer anpassungsfähigen Volkswirtschaft ist, kompensiert und überkompensiert werden kann.

Erstmals wurden für die vorliegenden Arbeit amtliche Daten der baden-württembergischen Industriestatistik zu einem Paneldatensatz verknüpft. Ein Vorteil der verwendeten Datenbasis besteht daher im Vergleich zu bisherigen Studien in der hohen Zuverlässigkeit der Daten. Diese hohe Datenqualität wird jedoch durch eine relativ geringe Anzahl von Variablen erkauft. Obwohl die vorliegende Studie versucht, ein möglichst umfassendes Bild von der Arbeitsplatzdynamik in der baden-württembergischen Industrie zu zeichnen, musste sich die Analyse auf bestimmte Aspekte der Beschäftigungsdynamik konzentrieren.
Auf Anknüpfungspunkte für ergänzende und weiterführende Forschungsprojekte wurde bereits im Rahmen der Arbeit immer wieder hingewiesen. Neben einer Vertiefung regionaler Analysen der Arbeitsplatzdynamik und des Gründungsgeschehens, die gerade auch aus regionalpolitischer Sicht interessant sind, könnte insbesondere die Verknüpfung von Betriebs- und Personendaten und somit der Aufbau eines "employer-employee-Datensatzes" erstrebenswert sein, um dann auch die Angebotsseite des Arbeitsmarktes in die Analysen der Arbeitsmarktdynamik einbeziehen zu können.
Aus methodischer und inhaltlicher Sicht erscheint es darüber hinaus lohnend, ergänzend auch dynamische Panelmodelle zur Erklärung des betrieblichen Beschäftigungswachstums und der betrieblichen Job-Flows heranzuziehen, bei denen verzögerte Variablen der endogenen Variablen als zusätzliche Regressoren berücksichtigt werden, um komplexere autoregressive Strukturen und Anpassungsprozesse in der zeitlichen Entwicklung der betrieblichen Beschäftigungsentwicklung besser approximieren zu können.[3]

---

2 Schumpeter (1939), S. 70.
3 Vgl. dazu z.B. Baltagi (1995b) oder Matyas/Sevestre (1996).

Wie die Mehrzahl der bisher veröffentlichten Arbeiten musste sich auch die vorliegende Studie auf den industriellen Sektor beschränken. Dringend geboten wäre eine Ausweitung der Untersuchungen auf den Dienstleistungssektor. Anderson/Meyer (1994) weisen z.B. darauf hin, dass Ergebnisse für den industriellen Sektor nicht ohne weiteres auf den Dienstleistungsbereich übertragen werden dürfen: "[...] we find that manufacturing is atypical in many ways."[4] Gerade auch mit Blick auf die Einschätzung der Bedeutung kleiner und mittlerer Unternehmen im Dienstleistungssektor ist es von höchstem Interesse, ähnliche Kohortenbetrachtungen auch für Dienstleistungsbetriebe durchführen zu können. Sowohl die Einführung einer amtlichen Dienstleistungsstatistik, deren erste Ergebnisse für das Berichtsjahr 2000 für die erste Hälfte des Jahres 2002 angekündigt sind[5], als auch der Aufbau eines Unternehmensregisters[6] geben Anlass zur Hoffnung, dass mittelfristig ähnliche Analysen mit amtlichen Daten auch für das Dienstleistungsgewerbe durchgeführt werden können.

4 Anderson/Meyer (1994), S. 179.
5 Vgl. z.B. Loidl-Stuppi (2001).
6 Vgl. z.B. Loreth (1998).

Anhang III.1: Konjunkturabhängigkeit der Persistenzraten, Rangkorrelationskoeffizienten von Spearman, baden-württembergische Industrie, 1980-1994, P-Werte in Klammern

	Wachstumsrate des realen BIP...		
	...im Ausgangsjahr	...im ersten Folgejahr	...im zweiten Folgejahr
Persistenzraten Jobschaffung			
1 Jahr	0.39 (0.236)	0.74 (0.010)	
2 Jahre	0.16 (0.631)	0.63 (0.038)	0.45 (0.169)
Persistenzraten Jobabbau			
1 Jahr	-0.52 (0.103)	-0.55 (0.082)	
2 Jahre	-0.38 (0.247)	-0.56 (0.076)	-0.69 (0.018)

Anhang VI.1: Betriebs- und Beschäftigtenstruktur in der baden-württembergischen Industrie nach Branchen, Zweisteller der SYPRO, Jahresdurchschnittswerte, 1980-1994

SYPRO Nr	Wirtschaftszweig	Anteil der Wirtschaftszweige an			
		den Beschäftigten in %	den Betrieben in %	der Jobschaffung in %	dem Jobabbau in %
21	Bergbau	0.1	0.1	0.0	0.0
22	Mineralölverarbeitung	0.1	0.1	0.1	0.1
25	Gewinnung und Verarbeitung von Steinen und Erden	1.7	5.0	1.8	1.8
27	Eisenschaffende Industrie	0.1	0.0	0.1	0.1
28	NE-Metallerzeugung, NE-Metallhalbzeugwerke	0.7	0.2	0.4	0.8
29	Gießerei	1.1	0.9	1.0	1.4
30	Ziehereien, Kaltwalzwerke, Stahlverformung, Mechanik, a.n.g.	2.8	7.1	4.4	3.8
31	Stahl- und Leichtmetallbau, Schienenfahrzeugbau	1.5	1.7	2.7	1.9
32	Maschinenbau	17.8	11.8	17.1	15.2
33	Straßenfahrzeugbau, Reparatur von Kraftfahrzeugen	14.6	3.3	8.9	8.1
34	Schiffbau	0.0	0.1	0.0	0.0
35	Luft- und Raumfahrzeugbau	0.4	0.1	0.3	0.5
36	Elektrotechnik, Reparatur von elektrischen Geräten für den Haushalt	16.6	8.9	17.9	16.5
37	Feinmechanik, Optik, Herstellung von Uhren	3.7	4.0	3.7	5.4
38	Herstellung von Eisen-, Blech- und Metallwaren	4.6	5.0	6.3	5.1
39	Herstellung von Musikinstrumenten, Spielwaren, Schmuck u.Ä	1.6	4.1	1.7	2.1
40	Chemische Industrie	4.6	3.4	3.9	2.8
50	Herstellung von Büromaschinen, DV-Geräten und -Einrichtungen	1.6	0.5	3.3	2.3
51	Feinkeramik	0.2	0.2	0.2	0.3
52	Herstellung und Verarbeitung von Glas	0.5	0.7	0.4	0.6
53	Holzbearbeitung	0.6	3.8	0.8	0.9
54	Holzverarbeitung	3.0	4.5	3.0	3.9
55	Zellstoff-, Holzschliff-, Papier- und Pappeerzeugung	0.9	0.2	0.4	0.5
56	Papier- und Pappeverarbeitung	1.5	1.8	1.5	1.5
57	Druckerei, Vervielfältigung	2.7	7.6	3.2	2.6
58	Herstellung von Kunststoffwaren	3.5	5.5	5.9	3.5
59	Gummiverarbeitung	1.2	0.4	0.6	0.9
61	Ledererzeugung	0.2	0.2	0.1	0.2
62	Lederverarbeitung	0.7	1.1	0.4	1.3
63	Textilgewerbe	5.2	7.6	2.8	7.7
64	Bekleidungsgewerbe	2.0	4.6	2.3	3.8
65	Reparatur von Gebrauchsgütern	0.0	0.1	0.0	0.0
68	Ernährungsgewerbe	3.9	5.3	4.5	3.8
69	Tabakverarbeitung	0.1	0.1	0.1	0.2

Anhang VI.2: Ergebnisse einer branchenspezifischen Job-Turnover-Analyse der Arbeitsplatzdynamik, Zweisteller der SYPRO, Jahresdurchschnittswerte, 1980-1994

SYPRO Nr.	Wirtschaftszweig	Veränderung der Beschäftigung in %	Jobschaffung in %	Jobabbau in %	Job-Turnover in %	Excess Job-Turnover in %
21	Bergbau	-0.8	1.9	2.7	4.6	3.1
22	Mineralölverarbeitung	-0.2	2.4	2.6	5.1	2.4
25	Gewinnung und Verarbeitung von Steinen und Erden	-0.7	4.2	4.9	9.0	6.6
27	Eisenschaffende Industrie	0.3	5.4	5.1	10.4	3.6
28	NE-Metallerzeugung, NE-Metallhalbzeugwerke	-4.6	1.8	6.4	8.2	3.2
29	Gießerei	-3.2	3.9	7.1	11.1	6.1
30	Ziehereien, Kaltwalzwerke, Stahlverformung, Mechanik, a.n.g.	-0.3	6.6	6.9	13.5	10.0
31	Stahl- und Leichtmetallbau, Schienenfahrzeugbau	0.2	6.9	6.7	13.7	11.4
32	Maschinenbau	-0.8	4.0	4.8	8.8	5.7
33	Straßenfahrzeugbau, Reparatur von Kraftfahrzeugen	-0.8	2.6	3.5	6.1	3.1
34	Schiffbau	-3.1	4.9	8.1	13.0	7.1
35	Luft- und Raumfahrzeugbau	-3.4	2.9	6.3	9.2	3.8
36	Elektrotechnik, Reparatur von elektrischen Geräten für den Haushalt	-0.8	4.5	5.3	9.9	6.8
37	Feinmechanik, Optik, Herstellung von Uhren	-3.7	4.2	7.9	12.2	7.8
38	Herstellung von Eisen-, Blech- und Metallwaren	-0.3	5.7	6.0	11.8	8.5
39	Herstellung von Musikinstrumenten, Spielwaren, Schmuck u.ä.	-2.3	4.2	6.5	10.8	8.2
40	Chemische Industrie	0.2	3.5	3.3	6.7	4.8
50	Herstellung von Büromaschinen, DV-Geräten und -Einrichtungen	-0.6	9.3	9.8	19.1	7.9
51	Feinkeramik	-3.2	3.2	6.4	9.6	5.9
52	Herstellung und Verarbeitung von Glas	-2.1	3.3	5.4	8.7	5.9
53	Holzbearbeitung	-1.8	4.7	6.6	11.3	9.0
54	Holzverarbeitung	-2.2	4.0	6.3	10.3	7.0
55	Zellstoff-, Holzschliff-, Papier- und Pappeerzeugung	-1.4	1.7	3.1	4.8	2.0
56	Papier- und Pappeverarbeitung	-0.8	4.5	5.3	9.8	6.9
57	Druckerei, Vervielfältigung	-0.2	4.7	4.9	9.7	7.1
58	Herstellung von Kunststoffwaren	1.8	7.1	5.3	12.4	8.6
59	Gummiverarbeitung	-2.2	2.2	4.4	6.6	3.3
61	Ledererzeugung	-4.1	2.4	6.5	9.0	4.7
62	Lederverarbeitung	-6.9	2.3	9.2	11.5	4.6
63	Textilgewerbe	-5.4	2.3	7.7	9.9	4.5
64	Bekleidungsgewerbe	-4.6	4.6	9.3	13.9	9.2
65	Reparatur von Gebrauchsgütern	-9.8	8.8	18.7	27.5	8.4
68	Ernährungsgewerbe	-0.2	4.6	4.8	9.4	7.6
69	Tabakverarbeitung	-7.6	2.6	10.2	12.9	5.2

Anhang VI.3: Jahresdurchschnittliche Jobschaffung und Jobabbau in den Branchen der baden-württembergischen Industrie, Zweisteller der SYPRO, 1980-1994, Jahresdurchschnittswerte

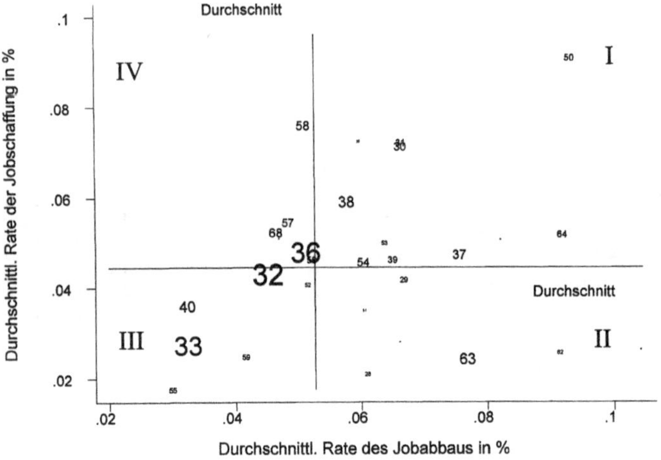

SYPRO Nr.		SYPRO Nr.	
27	Eisenschaffende Industrie	51	Feinkeramik
28	NE-Metallerzeugung, NE-Metallhalbzeugwerke	52	Herstellung und Verarbeitung von Glas
29	Gießerei	53	Holzbearbeitung
30	Ziehereien, Kaltwalzwerke, Stahlverformung, Mechanik, a.n.g.	54	Holzverarbeitung
31	Stahl- und Leichtmetallbau, Schienenfahrzeugbau	55	Zellstoff-, Holzschliff-, Papier- und Pappeerzeugung
32	Maschinenbau	56	Papier- und Pappeverarbeitung
33	Straßenfahrzeugbau, Reparatur von Kraftfahrzeugen	57	Druckerei, Vervielfältigung
34	Schiffbau	58	Herstellung von Kunststoffwaren
35	Luft- und Raumfahrzeugbau	59	Gummiverarbeitung
36	Elektrotechnik, Reparatur von elektrischen Geräten für den Haushalt	61	Ledererzeugung
37	Feinmechanik, Optik, Herstellung von Uhren	62	Lederverarbeitung
38	Herstellung von Eisen-, Blech- und Metallwaren	63	Textilgewerbe
39	Herstellung von Musikinstrumenten, Spielwaren, Schmuck u.ä.	64	Bekleidungsgewerbe
40	Chemische Industrie	68	Ernährungsgewerbe
50	Herstellung von Büromaschinen, DV-Geräten und -Einrichtungen	69	Tabakverarbeitung

Anhang VIII.1: Herleitung der Formel (VIII.1)

Wegen $\sigma_{EJT,NEC} = \sigma_{JC+JD-|JC-JD|\,,\,JC-JD}$ lässt sich für **NEC > 0, d.h. JC > JD,** mit

$$\sigma_{JC+JD-|JC-JD|\,,\,JC-JD} = \sigma_{2JD\,,\,JC-JD} = \sigma_{2JD\,,\,JC} - \sigma_{2JD\,,\,JD}$$

die Formel (VIII.1) wie folgt herleiten:

$$\Leftrightarrow \qquad \sigma_{EJT,NEC} = 2\sigma_{JD\,,\,JC} - 2\sigma_{JD\,,\,JD}$$

$$\Rightarrow \qquad \boxed{\sigma_{EJT,NEC} = 2\sigma_{JC,JD} - 2\cdot\sigma_{JD}^2}$$

Entsprechend gilt für **NEC < 0, d.h. JC < JD,** und somit unter Verwendung von

$$\sigma_{JC+JD-|JC-JD|\,,\,JC-JD} = \sigma_{2JC\,,\,JC-JD}:$$

$$\Rightarrow \qquad \boxed{\sigma_{EJT,NEC} = 2\cdot\sigma_{JC}^2 - 2\sigma_{JC,JD}}$$

Anhang X.1: Determinanten des betrieblichen Wachstums, 1983-1994, Ergebnisse gepoolter OLS-Regressionen

	Datensatz 1: Alle Betriebe		Datensatz 2: ohne Kohorte 1980		Datensatz 3: ohne Kohorten 1980 und 1989	
	Abhängige Variable: Wachstumsrate der betrieblichen Beschäftigung					
Log. Größe	-0.063 (0.000)**	-0.136 (0.000)**	-0.127 (0.000)**	-0.232 (0.000)**	-0.120 (0.000)**	-0.212 (0.000)**
(Log. Größe)²	0.006 (0.000)**	0.033 (0.000)**	0.016 (0.000)**	0.063 (0.000)**	0.013 (0.000)**	0.055 (0.000)**
(Log. Größe)³		-0.002 (0.000)**		-0.006 (0.000)**		-0.005 (0.000)**
Log. Alter	-0.048 (0.000)**	-0.049 (0.000)**	-0.062 (0.000)**	-0.064 (0.000)**	-0.085 (0.000)**	-0.086 (0.000)**
(Log. Alter)²	0.001 (0.516)	0.002 (0.278)	0.001 (0.648)	0.001 (0.723)	0.006 (0.165)	0.006 (0.168)
Log Größe · Log. Alter	0.008 (0.000)**	0.007 (0.000)**	0.015 (0.000)**	0.016 (0.000)**	0.018 (0.000)**	0.018 (0.000)**
Wachstumsrate des realen BIP	0.722 (0.000)**	0.710 (0.000)**	0.774 (0.000)**	0.772 (0.000)**	0.863 (0.000)**	0.864 (0.000)**
Konstante	0.136 (0.000)**	0.181 (0.000)**	0.211 (0.000)**	0.261 (0.000)**	0.230 (0.000)**	0.271 (0.000)**
Beobachtungen	192014	192014	44918	44918	31827	31827
R^2	0.019	0.025	0.031	0.036	0.031	0.036

Anhang X.2: Beschäftigungswachstum, Betriebsgröße und Betriebsalter in der baden-württembergischen Industrie, Ergebnisse jährlicher OLS-Schätzungen, 1986-1994

Jahr	1986/87	1987/88	1988/89	1989/90	1990/91	1991/92	1992/93	1993/94
	Abhängige Variable: Wachstumsrate der betrieblichen Beschäftigung							
Log. Größe	-0.136 (0.000)**	-0.174 (0.000)**	-0.082 (0.000)**	-0.114 (0.000)**	-0.146 (0.000)**	-0.225 (0.000)**	-0.153 (0.000)**	-0.156 (0.000)**
(Log. Größe)²	0.018 (0.000)**	0.020 (0.000)**	0.005 (0.137)	0.010 (0.000)**	0.012 (0.000)**	0.021 (0.000)**	0.018 (0.000)**	0.014 (0.000)**
Log. Alter	-0.218 (0.001)**	-0.117 (0.040)*	-0.090 (0.067)	-0.157 (0.159)	-0.135 (0.001)**	-0.154 (0.008)**	0.024 (0.546)	-0.097 (0.020)*
(Log. Alter)²	0.066 (0.014)*	-0.002 (0.931)	-0.000 (0.986)	0.019 (0.572)	0.002 (0.891)	-0.000 (0.994)	-0.027 (0.028)*	0.002 (0.847)
Log. Größe · Log. Alter	0.023 (0.072)	0.035 (0.001)**	0.025 (0.007)**	0.029 (0.016)*	0.038 (0.000)**	0.044 (0.000)**	0.014 (0.035)*	0.028 (0.000)**
Konstante	0.285 (0.000)**	0.325 (0.000)**	0.257 (0.000)**	0.334 (0.001)**	0.360 (0.000)**	0.492 (0.000)**	0.186 (0.000)**	0.299 (0.000)**
Beobachtungen	2573	2841	3021	2883	3277	3594	3784	3903
R^2	0.026	0.033	0.017	0.010	0.035	0.062	0.034	0.039

Anhang X.3: Determinanten des Beschäftigungswachstums, 1983-1994, Ergebnisse bivariater Tobit-Regressionen, heteroskedastizitätskonsistente, geclusterte Standardfehler

	ohne Kohorte 1980				ohne 1980 und 1989	alle Betriebe
	Wachstumsgleichung - Abhängige Variable: betriebliche Wachstumsrate					
Log. Größe	-0.128 (0.000)**	-0.128 (0.000)**	-0.230 (0.000)**	-0.231 (0.000)**	-0.211 (0.000)**	-0.136 (0.000)**
(Log. Größe)^2	0.016 (0.000)**	0.016 (0.000)**	0.061 (0.000)**	0.062 (0.000)**	0.054 (0.000)**	0.033 (0.000)**
(Log. Größe)^3			-0.005 (0.000)**	-0.005 (0.000)**	-0.005 (0.000)**	-0.002 (0.000)**
Log. Alter	-0.063 (0.000)**	-0.063 (0.000)**	-0.065 (0.000)**	-0.066 (0.000)**	-0.083 (0.000)**	-0.042 (0.000)**
(Log. Alter)^2	0.001 (0.715)	0.001 (0.723)	0.001 (0.790)	0.001 (0.799)	0.004 (0.301)	-0.000 (0.796)
Log Größe · Log. Alter	0.015 (0.000)**	0.015 (0.000)**	0.016 (0.000)**	0.016 (0.000)**	0.018 (0.000)**	0.006 (0.000)**
Wachstumsrate des realen BIP	0.600 (0.000)**	0.618 (0.000)**	0.593 (0.000)**	0.613 (0.000)**	0.720 (0.000)**	0.627 (0.000)**
Betriebstyp-Dummy (1 = Einbetriebsunternehmen)	-0.006 (0.470)	-0.005 (0.549)	-0.012 (0.127)	-0.011 (0.162)	-0.009 (0.310)	0.014 (0.000)**
Medium-Tech-Dummy (Referenz: High-Tech)	-0.007 (0.350)	-0.005 (0.530)	-0.010 (0.161)	-0.008 (0.280)	-0.003 (0.687)	-0.010 (0.002)**
Low-Tech-Dummy (Referenz: High-Tech)	-0.001 (0.836)	-0.005 (0.520)	-0.007 (0.294)	-0.011 (0.134)	-0.006 (0.452)	-0.017 (0.000)**
Wachstum des Branchen-umsatzes der Vorperiode	0.092 (0.000)**	0.092 (0.000)**	0.093 (0.000)**	0.093 (0.000)**	0.081 (0.000)**	0.061 (0.000)**
Logarithmierter Herfindahl-Index	-0.018 (0.000)**	-0.019 (0.000)**	-0.016 (0.000)**	-0.017 (0.000)**	-0.014 (0.000)**	-0.011 (0.000)**
Log. Exportquote		-0.012 (0.001)**		-0.012 (0.000)**	-0.009 (0.046)*	-0.015 (0.000)**
Ausmaß der Skalenerträge	0.019 (0.000)**	0.024 (0.000)**	0.015 (0.000)**	0.021 (0.000)**	0.019 (0.000)**	0.013 (0.000)**
Verdichteter Landkreis (Referenz: Stadtkreis)	0.012 (0.040)*	0.012 (0.039)*	0.012 (0.043)*	0.012 (0.042)*	0.014 (0.052)	0.008 (0.000)**
Teilweise verdichteter LK (Referenz: Stadtkreis)	0.007 (0.237)	0.008 (0.166)	0.004 (0.441)	0.006 (0.328)	0.008 (0.236)	0.005 (0.017)*
Schwach verdichteter LK (Referenz: Stadtkreis)	0.018 (0.001)**	0.020 (0.000)**	0.016 (0.002)**	0.018 (0.001)**	0.018 (0.004)**	0.012 (0.000)**
Konstante	0.016 (0.612)	-0.047 (0.201)	0.108 (0.000)**	0.042 (0.241)	0.073 (0.105)	0.013 (0.367)
	Selektionsgleichung					
Log. Größe	0.313 (0.000)**	0.313 (0.000)**	0.313 (0.000)**	0.312 (0.000)**	0.287 (0.000)**	0.248 (0.000)**
(Log. Größe)^3	-0.026 (0.000)**	-0.026 (0.000)**	-0.026 (0.000)**	-0.026 (0.000)**	-0.022 (0.000)**	-0.005 (0.015)*
Log. Alter	0.072 (0.001)**	0.072 (0.001)**	0.071 (0.001)**	0.072 (0.001)**	0.109 (0.000)**	0.069 (0.000)**
Log Größe · Log. Alter	0.021 (0.034)*	0.021 (0.034)*	0.021 (0.033)*	0.021 (0.033)*	0.025 (0.018)*	0.018 (0.003)**
Wachstumsrate des realen BIP	2.228 (0.000)**	2.228 (0.000)**	2.225 (0.000)**	2.225 (0.000)**	1.839 (0.000)**	2.438 (0.000)**
Wachstum des Branchen-umsatzes der Vorperiode	-0.064 (0.000)**	-0.063 (0.000)**	-0.063 (0.000)**	-0.063 (0.000)**	-0.064 (0.000)**	-0.058 (0.000)**
Logarithmierter Herfindahl-Index	-0.064 (0.320)	-0.064 (0.322)	-0.064 (0.319)	-0.064 (0.321)	-0.032 (0.612)	0.049 (0.153)
Ausmaß der Skalenerträge	-0.046 (0.000)**	-0.047 (0.000)**	-0.047 (0.000)**	-0.047 (0.000)**	-0.041 (0.006)**	-0.054 (0.000)**
Betriebstyp-Dummy (1 = Einbetriebsunternehmen)	0.184 (0.000)**	0.184 (0.000)**	0.184 (0.000)**	0.184 (0.000)**	0.142 (0.001)**	0.359 (0.000)**
Verdichteter Landkreis (Referenz: Stadtkreis)	0.086 (0.008)**	0.086 (0.008)**	0.086 (0.008)**	0.086 (0.008)**	0.103 (0.007)**	0.042 (0.027)*
Teilweise verdichteter LK (Referenz: Stadtkreis)	0.090 (0.004)**	0.090 (0.005)**	0.090 (0.005)**	0.090 (0.005)**	0.099 (0.008)**	0.040 (0.027)*
Schwach verdichteter LK (Referenz: Stadtkreis)	0.077 (0.009)**	0.077 (0.009)**	0.077 (0.009)**	0.077 (0.009)**	0.093 (0.008)**	0.065 (0.000)**
Konstante	0.903 (0.000)**	0.899 (0.000)**	0.904 (0.000)**	0.900 (0.000)**	0.890 (0.000)**	0.720 (0.000)**
Korrelationskoeffizient	0.021 (0.000)**	0.021 (0.000)**	0.009 (0.000)**	0.008 (0.000)**	0.007 (0.001)**	0.006 (0.000)**
Beobachtungen	47656	47651	47656	47651	33939	199699

Anhang XI.1: Gründungs- und Schließungsraten und -intensitäten nach Branchen, Zweisteller der SYPRO, Jahresdurchschnittswerte, 1980-1994

SYPRO Nr.	Abteilung	Gründungen				Schließungen			
		Gründungsrate in %		Gründungs-intensität in %		Schließungs-rate in %		Schließungs-intensität in %	
		alle	< 50	alle	< 50	alle	< 50	alle	< 50
21	Bergbau	0.9	0.9	0.22	0.22	3.0	3.0	0.30	0.30
22	Mineralölverarbeitung	1.4	1.4	0.08	0.08	3.8	3.2	0.43	0.24
25	Gewinnung und Verarbeitung von Steinen und Erden	2.0	1.9	0.95	0.55	2.8	2.7	1.00	0.81
27	Eisenschaffende Industrie	6.6	6.6	0.49	0.49	5.8	5.8	0.42	0.42
28	NE-Metallerzeugung, NE-Metallhalbzeugwerke	2.5	2.4	0.25	0.09	4.2	3.2	0.87	0.14
29	Gießerei	2.6	2.1	1.43	0.22	3.0	2.5	0.91	0.23
30	Ziehereien, Kaltwalzwerke, Stahlverformung, Mechanik, a.n.g.	4.2	4.1	1.30	1.06	3.5	3.4	1.04	0.77
31	Stahl- und Leichtmetallbau, Schienenfahrzeugbau	4.9	4.5	1.64	1.03	4.7	4.4	1.51	0.88
32	Maschinenbau	3.5	3.2	0.58	0.33	3.1	2.8	0.61	0.27
33	Straßenfahrzeugbau, Reparatur von Kraftfahrzeugen	2.2	1.9	0.19	0.09	4.9	4.0	0.48	0.22
34	Schiffbau	2.8	2.8	1.13	1.13	5.1	5.1	2.11	2.11
35	Luft- und Raumfahrzeugbau	3.5	3.2	0.37	0.13	3.2	2.6	0.28	0.10
36	Elektrotechnik, Reparatur von elektrischen Geräten für den Haushalt	4.6	4.2	0.79	0.25	4.2	3.8	0.68	0.23
37	Feinmechanik, Optik, Herstellung von Uhren	2.9	2.7	0.76	0.37	5.2	4.9	1.20	0.68
38	Herstellung von Eisen-, Blech- und Metallwaren	3.1	2.9	0.74	0.33	3.4	3.1	0.72	0.42
39	Herstellung von Musikinstrumenten, Spielwaren, Schmuck u.ä.	2.3	2.3	0.67	0.46	4.2	4.1	1.20	0.89
40	Chemische Industrie	1.6	1.5	0.44	0.12	4.2	4.0	0.45	0.23
50	Herstellung von Büromaschinen, DV-geräten und -einrichtungen	6.3	5.5	3.44	0.20	6.4	5.9	0.40	0.27
51	Feinkeramik	5.4	5.1	0.37	0.25	5.3	4.6	0.89	0.39
52	Herstellung und Verarbeitung von Glas	1.9	1.8	0.62	0.43	3.1	3.0	0.65	0.53
53	Holzbearbeitung	0.8	0.8	0.47	0.37	2.8	2.8	1.48	1.38
54	Holzverarbeitung	2.5	2.4	0.77	0.56	4.3	4.0	1.41	0.89
55	Zellstoff-, Holzschliff-, Papier- und Pappeerzeugung	0.9	0.7	0.12	0.01	2.0	1.5	0.21	0.05
56	Papier- und Pappeverarbeitung	1.9	1.7	0.61	0.21	3.0	2.8	0.72	0.38
57	Druckerei, Vervielfältigung	3.4	3.4	0.83	0.66	3.1	3.1	0.82	0.60
58	Herstellung von Kunststoffwaren	3.7	3.6	0.93	0.61	3.7	3.5	0.88	0.62
59	Gummiverarbeitung	2.9	2.8	0.16	0.11	2.6	2.2	0.27	0.08
61	Ledererzeugung	1.6	1.6	0.29	0.29	3.8	3.3	1.08	0.58
62	Lederverarbeitung	1.6	1.6	0.32	0.21	5.2	4.5	2.50	0.95
63	Textilgewerbe	1.1	1.0	0.21	0.13	5.6	5.1	1.78	0.87
64	Bekleidungsgewerbe	2.9	2.8	0.90	0.72	7.0	6.7	3.08	2.18
65	Reparatur von Gebrauchsgütern	0.8	0.8	0.07	0.07	8.6	8.0	7.29	3.84
68	Ernährungsgewerbe	1.7	1.5	0.74	0.44	4.0	3.7	1.23	0.75
69	Tabakverarbeitung	0.6	0.6	0.12	0.12	9.7	9.2	2.11	1.58

Anhang XI.2:

Persistenz intersektoraler Unterschiede im Ausmaß der Gründungs- und Schließungsraten im Zeitablauf, Zweisteller der WZ 93, 1995-1999, Korrelationskoeffizienten von Pearson-Bravais, P-Werte in Klammern

	Gründungsraten			
	95/96	96/97	97/98	98/99
95/96	1			
96/97	0.56 (0.005)**	1		
97/98	0.59 (0.002)**	0.34 (0.117)	1	
98/99	0.85 (0.000)**	0.61 (0.002)**	0.38 (0.075)	1

	Schließungsraten			
	95/96	96/97	97/98	98/99
95/96	1			
96/97	0.47 (0.023)*	1		
97/98	-0.18 (0.400)	0.25 (0.251)	1	
98/99	0.69 (0.000)**	0.72 (0.000)**	-0.29 (0.178)	1

Persistenz intersektoraler Unterschiede im Ausmaß der Gründungs- und Schließungsintensitäten im Zeitablauf, Zweisteller der WZ 93, 1995-1999, Korrelationskoeffizienten von Pearson-Bravais, P-Werte in Klammern

	Gründungsintensitäten			
	95/96	96/97	97/98	98/99
95/96	1			
96/97	0.98 (0.000)**	1		
97/98	0.69 (0.000)**	0.67 (0.001)**	1	
98/99	0.99 (0.000)**	0.97 (0.000)**	0.72 (0.000)**	1

	Schließungsintensitäten			
	95/96	96/97	97/98	98/99
95/96	1			
96/97	0.62 (0.002)**	1		
97/98	0.17 (0.447)	0.69 (0.000)**	1	
98/99	0.89 (0.000)**	0.51 (0.014)*	0.02 (0.928)	1

Anhang XII.1: Vergleich der Ergebnisse semiparametrischer PH-Regressionen bei Verwendung von Kohorten- und Kalenderzeitdummies, Gründungen mit weniger als 50 Beschäftigten, 1981-1984, P-Werte in Klammern

	Abhängige Variable: Betriebliche Hazardrate	
Log. Gründungsbeschäftigung	-0.451 (0.000)**	-0.452 (0.000)**
(Log. Gründungsbeschäftigung)²	0.061 (0.006)**	0.062 (0.005)**
Durchschnittliche Wachstums-rate des Branchenumsatzes	-3.080 (0.031)*	-2.916 (0.035)*
Log. Herfindahl-Index	-0.137 (0.035)*	-0.138 (0.032)*
Log. Industriegröße	-0.236 (0.000)**	-0.236 (0.000)**
Betriebstyp (1 = Einbetriebsunternehmen, 0 sonst)	-0.383 (0.001)**	-0.366 (0.002)**
Log. Gründungsrate	0.152 (0.083)	0.188 (0.015)*
Technologiedummy (1 = High-/Medium-Tech, 0 sonst)	-0.075 (0.393)	-0.083 (0.340)
Ausmaß der Skalenerträge	0.183 (0.001)**	0.166 (0.002)**
Dummy für räumliche Agglomeration - (1 = Landkreis, 0 = Stadtkreis)	-0.253 (0.000)**	-0.256 (0.000)**
Log. Excess-Job-Turnover-Rate	0.156 (0.116)	0.074 (0.394)
Kohorte 1982 (Referenz: Kohorte 1981)	-0.141 (0.122)	
Kohorte 1983 (Referenz: Kohorte 1981)	-0.277 (0.015)*	
Kohorte 1984 (Referenz: Kohorte 1981)	-0.242 (0.059)	
Dummy für 1982 (Referenz: 1981)		-0.220 (0.154)
Dummy für 1983 (Referenz: 1981)		0.050 (0.748)
Dummy für 1984 (Referenz: 1981)		-0.428 (0.015)*
Dummy für 1985 (Referenz: 1981)		-0.592 (0.005)**
Dummy für 1986 (Referenz: 1981)		-0.331 (0.152)
Dummy für 1987 (Referenz: 1981)		-0.878 (0.001)**
Dummy für 1988 (Referenz: 1981)		-0.557 (0.061)
Dummy für 1989 (Referenz: 1981)		-0.703 (0.031)*
Dummy für 1990 (Referenz: 1981)		-1.002 (0.005)**
Dummy für 1991 (Referenz: 1981)		-1.160 (0.003)**
Dummy für 1992 (Referenz: 1981)		-1.098 (0.011)*
Dummy für 1993 (Referenz: 1981)		-0.988 (0.032)*
Beobachtungen	2605	2605
Wald-Modelltest	156.4 (0.000)**	203.09 (0.000)**
Log-Likelihood	-10141.8	-10122.6
Test auf Vorliegen der Proportionalitätsannahme	15.96 (0.316)	13.87 (0.903)
Rangtest auf Vorliegen der Proportionalitätsannahme	12.41 (0.573)	11.48 (0.978)

Literaturverzeichnis

ABOWD, J./CORBEL, P./KRAMARZ, F. (1999): The Entry and Exit of Workers and the Growth of Employment: An Analysis of French Establishments, in: The Review of Economics and Statistics, 81(2), S. 170-187.

ACS, Z.J./AUDRETSCH, D.B. (1989): Births and Firm Size, in: Southern Economic Journal, 56, S. 467-475.

ACS, Z.J./AUDRETSCH, D.B. (1990): Innovation and Small Firms, Cambridge, Mass.: MIT Press.

AGARWAL, R. (1997): Survival of Firms over the Product Life Cycle, in: Southern Economic Journal, 63(3), S. 571-584.

AGARWAL, R. (1998): Evolutionary Trend of Industry Variables, in: International Journal of Industrial Organization, 16(4), S. 511-526.

AGARWAL, R./AUDRETSCH, D.B. (1999): The Two Views of Small Firms in Industry Dynamics: A Reconciliation, in: Economics Letters, 62(2), S. 245-251.

AGARWAL, R./GORT, M. (1996): The Evolution of Markets and Entry, Exit and Survival of Firms, in: The Review of Economics and Statistics, 78(3), S. 489-498.

AGHION, P./HOWITT, P. (1994): Growth and Unemployment, in: The Review of Economic Studies, 61, S. 477-494.

AKAIKE, H. (1973): Information Theory and an Extension of the Maximum Likelihood Principle, in: Petrov, B.N./Csaki, F. (Hrsg.): Second International Symposium on Information Theory, Budapest: Akademiai Kiado, S. 267-281.

AKAIKE, H. (1974): A New Look at the Statistical Model Identification, in: IEEE Transactions on Automatic Control, 19, S. 716-723.

ALBAEK, K./SORENSEN, B.E. (1998): Worker Flows and Job Flows in Danish Manufacturing, 1980-1991, in: The Economic Journal, 108, S. 1750-1771.

ALLISON, P. (1982): Discrete Time Methods for the Analysis of Event Histories, in: Leinhardt, S. (Hrsg.): Sociological Methodology, San Francisco: Jossey-Bass, S. 61-98.

ALMUS, M. (2000): What Characterizes a Fast Growing Firm, ZEW Discussion Paper, No. 64.

ALMUS, M./ENGEL, D./NERLINGER, E.A. (1999): Wachstumsdeterminanten junger Unternehmen in den alten und neuen Bundesländern: Ein Vergleich zwischen innovativen und nicht innovativen Unternehmen, ZEW Discussion Paper, No. 9.

ALMUS, M./NERLINGER, E.A. (1998): Beschäftigungsdynamik in jungen, innovativen Unternehmen, ZEW Discussion Paper, No. 9.

ALMUS, M./NERLINGER, E.A. (1999a): Zum Zusammenhang zwischen Größe und Wachstum bei Gründungen – Empirische Ergebnisse für West-Deutschland, in: Bellmann, L./Steiner, V. (Hrsg.): Panelanalysen zur Lohnstruktur, Qualifikation und Beschäftigungsdynamik, Beiträge zur Arbeitsmarkt- und Berufsforschung des IAB, Nr. 129, S. 177-195.

ALMUS, M./NERLINGER, E.A. (1999b): Growth of New Technology-Based Firms: Which Factors Matter?, in: Small Business Economics, 13(2), S. 141-154.

ALMUS, M./NERLINGER, E.A./STEIL, F. (1999): Growth Determinants of Start-Ups in Eastern Germany: A Comparison between Innovative and Non-Innovative Firms, ZEW Discussion Paper, No. 5.

ALMUS, M./PRANTL, S. (2001): Die Auswirkugen öffentlicher Gründungsförderung auf das Überleben und Wachstum junger Unternehmen, ZEW Discussion Paper, No. 3.

ANAGNOSTAKI, V./LOURI, H. (1995): Entry and Exit from Greek Manufacturing Industry: A Test of the Symmetry Hypothesis, in: International Review of Applied Economics, 9(1), S. 86-95.

ANDERSON, P.M./MEYER, B.D. (1994): The Extent and Consequences of Job Turnover, in: Brookings Papers on Economic Activity: Microeconomics, S. 177-248.

ARELLANO, M./BOVER, O. (1995): Another Look at the Instrumental Variables Estimation of Error Components Models, in: Journal of Econometrics, 68(1), S. 29-52.

ASU/BJU (1999): ASU/BJU News, Ausgabe Baden-Württemberg, Nr. 5.

AUDRETSCH, D.B. (1991): New Firm Survival and the Technological Regime, in: The Review of Economics and Statistics, 68, S. 441-450.

AUDRETSCH, D.B. (1995a): Innovation and Industry Evolution, Cambridge, Mass.: MIT Press.

AUDRETSCH, D.B. (1995b): Innovation, Growth and Survival, in: International Journal of Industrial Organization, 13(4), S. 441-457.

AUDRETSCH, D.B./ACS, Z.J. (1994): New-firm Startups, Technology and Macroeconomic Fluctuations, in: Small Business Economics, 6(6), S. 439-449.

AUDRETSCH, D.B./HOUWELING, P./THURIK, A.R. (1997): New-Firm Survival: Industry versus Firm Effects, Tinbergen Institute Discussion Paper, No. 63.

AUDRETSCH, D.B./KLOMP, L./THURIK, A.R. (1999): Do Services Differ from Manufacturing? The Post-Entry Performance of Firms in Dutch Services, in: Audretsch, D.B./Thurik, A.R. (Hrsg.): Innovation, Industry Evolution, and Employment, Cambridge, UK: Cambridge University Press, S. 230-252.

AUDRETSCH, D.B./MAHMOOD, T. (1995): New Firms Survival: New Results Using a Hazard Function, in: The Review of Economics and Statistics, 77(1), S. 97-103.

AUDRETSCH, D.B./PRINCE, Y.M./THURIK, A.R. (1998): Do Small Firms Compete with Large Firms?, Tinbergen Institute Discussion Paper, No. 13.

AUDRETSCH, D.B./SANTARELLI, E./VIVARELLI, M. (1999a): Start Up Size and Industrial Dynamics: Some Evidence From Italian Manufacturing, in: International Journal of Industrial Organization, 17, S. 965-983.

AUDRETSCH, D.B./SANTARELLI, E./VIVARELLI, M. (1999b): Does the Startup Size Influence the Likelihood of Survival?, in: Audretsch, D.B./Thurik, A.R. (Hrsg.): Innovation, Industry Evolution, and Employment, Cambridge, UK: Cambridge University Press, S. 280-296.

AUDRETSCH, D.B./VIVARELLI, M.V. (1995): New-Firm Formation in Italy: A First Report, in: Economics Letters, 48(1), S. 77-81.

BADEN-FULLER, C.W.F. (1989): Exit from Declining Industries and the Case of Steel Castings, in: The Economic Journal, 99, S. 949-961.

BAILY, M./BARTELSMAN, E./HALTIWANGER, J. (1996): Downsizing and Productivity Growth: Myth or Reality, in: Small Business Economics, 8(4), S. 259-278.

BAILY, M./HULTEN, C./CAMPBELL, D. (1992): Productivity Dynamics in Manufacturing Plants, in: Brookings Papers on Economic Activity: Microeconomics, S. 187-267.

BAIN, J.S. (1956): Barriers to New Competition: Their Character and Consequences in Manufacturing Industries. Cambridge: Harvard University Press.

BALDWIN, J.R. (1998a): The Dynamics of Industrial Competition – A North American Perspective, New York: Cambridge University Press.

BALDWIN, J.R. (1998b): Were Small Producers the Engine of Growth in the Canadian Manufacturing Sector in the 1998s?, in: Small Business Economics, 10, S. 349-364.

BALDWIN, J.R./DUNNE, T./HALTIWANGER, J.C. (1998): A Comparison of Job Creation and Job Destruction in Canada and the United States, in: The Review of Economics and Statistics, 80(3), S. 347-356.

BALDWIN, J.R./GORECKI, P. (1991): Firm Entry and Exit in the Canadian Manufacturing Sector, 1970-1982, in: Canadian Journal of Economics, 24(2), S. 300-323.

BALDWIN, J.R./PICOT, G. (1995): Employment Generation by Small Producers in the Canadian Manufacturing Sector, in: Small Business Economics, 7(4), S. 317-331.

BALTAGI, B.H. (1995a): Econometrics of Panel Data, New York: John Wiley & Sons.

BALTAGI, B.H. (1995b): Panel Data, in: Journal of Econometrics (Special Issue), 68(1), S. 29-51.

BALTAGI, B.H. (1998): Econometrics, Berlin: Springer.

BASU, A./GOSWAMI, A. (1999): Determinants of South Asian Entrepreneurial Growth in Britain: A Multivariate Analysis, in: Small Business Economics, 13(1), S. 57-70.

BATES, T. (1985): Entrepreneur Human Capital Endowments and Minority Business Viability, in: The Journal of Human Ressources, 20(4), S. 540-559.

BATES, T. (1990): Entrepreneur Human Capital Inputs and Small Business Longevity, in: The Review of Economics and Statistics, 72(4), S. 551-559.

BAUM, J.A.C./MEZIAS, S.J. (1992): Localized Competition and Organizational Failure in the Manhattan Hotel Industry, 1898-1990, in: Administrative Science Quarterly, 37, S. 580-604.

BEATON, A.E./TUKEY, J.W. (1974): The Fitting of Power Series, Meaning Polynomials, Illustrated on Band-Spectroscopic Data, in: Technometrics, 16, S. 146-185.

BECK, N./KATZ, N. (1995): What To Do (and Not To Do) With Time-Series Cross-Section Data, in: American Political Science Review, 89, S. 634-647.

BERGEN, D. (1999): Das Bruttoinlandsprodukt 1998, in: Baden-Württemberg in Wort und Zahl, 7/99, S. 340-344.

BERTOLA, G./ROGERSON, R. (1997): Institutions and Labour Reallocation, in: European Economic Review, 41(6), S. 1147-1171.

BILSEN, V./KONINGS, J. (1998): Job Creation, Job Destruction, and Growth of Newly Established, Privatized, and State-Owned Enterprises in Transition Economics: Survey Evidence from Bulgaria, Hungary, and Romania, in: Journal of Comparative Economics, 26(3), S. 429-445.

BINGLEY, P./ERIKSSON, T./WERWATZ, A./WESTERGAARD-NIELSEN, N. (1999): Beyond "Manucentrism" – Some Fresh Facts About Job and Worker Flows, Centre for Labour Market and Social Research, Working Paper, No. 9.

BIRCH, D.L. (1979): The Job Generation Process, Cambridge, Mass.: MIT Program on Neighborhood and Regional Change.

BIRCH, D.L. (1981): Who Creates Jobs?, in: The Public Interest, 65, S. 3-14.

BIRCH, D.L. (1987): Job Creation in America, How Our Smallest Companies Put the Most People to Work, New York: The Free Press.

BIRCH, D.L./MacCRACKEN, S. (1983): The Small Business Share of Job Creation: Lessons Learned from the Use of a Longitudinal File, Cambridge, Mass.: MIT Program on Neighborhood and Regional Change.

BLANCHARD, O.J./DIAMOND, P. (1989): The Beveridge Curve, in: Brookings Papers on Economic Activity, 1, S. 1-60.

BLANCHARD, O.J./DIAMOND, P. (1990): The Cyclical Behavior of the Gross Flows of U.S. Workers, in: Brookings Papers on Economic Activity: Macroeconomics, 2, S. 85-155.

BLANCHFLOWER, D.G./BURGESS, S.M. (1994): Job Creation and Job Destruction in Britain, CEPR Discussion Paper, No. 912.

BLEAKLEY, H./FUHRER, J.C. (1997): Shifts in the Beveridge Curve, Job Matching, and Labor Dynamics, in: New England Economic Review, September/October 1997, S. 3-19.

BLINDER, A.S. (1990): Learning by Asking Those Who are Doing, in: Eastern Economic Journal, 16, S. 197-306.

BLOSSFELD, H.P./HAMERLE, A./MAYER, K.U. (1986): Ereignisanalyse – Statistische Theorie und Anwendung in den Wirtschafts- und Sozialwissenschaften, Frankfurt/New York: Campus-Verlag.

BOERI, T. (1995): Is Job Turnover Countercyclical?, European University Institute, Working Papers in Economics, No. 12.

BOERI, T. (1996): Is Job Turnover Countercyclical?, in: Journal of Labour Economics, 14(4), S. 603-625.

BOERI, T./BELLMANN, L. (1995): Post-Entry Behaviour and the Cycle: Evidence from Germany, in: International Journal of Industrial Organization, 13, S. 483-500.

BOERI, T./CRAMER, U. (1991): Betriebliche Wachstumsprozesse: Eine statistische Analyse mit der Beschäftigtenstatistik 1977-1987, in: Mitteilungen aus der Arbeitsmarkt- und Berufsforschung, Nr. 1, S. 70-80.

BOERI, T./CRAMER, U. (1992): Employment Growth, Incumbents and Entrants, Evidence from Germany, in: International Journal of Industrial Organization, 10, S. 545-565.

BOJNEC, S./KONINGS, J. (1999): Job Creation, Job Destruction and Labour Demand in Slovenia, in: Comparative Economic Studies, 41(2-3), S. 135-149.

BRADBURD, R./CAVES, R.E. (1982): A Closer Look at the Effect of Market Growth on Industries' Profits, in: The Review of Economics and Statistics, 64(4), S. 635-645.

BRADBURY, K.L. (1999): Job Creation and Destruction in Massachusetts: Gross Flows Among Industries, in: New England Economic Review, September/October 1999, S. 33-52.

BRESLOW, N.E. (1974): Covariance Analysis of Censored Survival Data, in: Biometrics, 30, S. 89-99.

BREUSCH, T./PAGAN, A. (1980): The LM Test and Its Applications to Model Specification in Econometrics, in: The Review of Economic Studies, 47, S. 239-254.

BRIXY, U. (1999): Die Rolle von Betriebsgründungen für die Arbeitsplatzdynamik – Eine räumliche Analyse für Ostdeutschland 1991-1996, Beiträge zur Arbeitsmarkt- und Berufsforschung des IAB, Nr. 230.

BRIXY, U./KOHAUT, S. (1999): Employment Growth Determinants in New Firms in Eastern Germany, in: Small Business Economics, 13(2), S. 155-170.

BROERSMA, L./GAUTIER, P.A. (1997a): Job Creation and Job Destruction by Small Firms: An Empirical Investigation for the Dutch Manufacturing Sector, in: Small Business Economics, 9, S.211-224.

BROERSMA, L./GAUTIER, P.A. (1997b): Job Flows in Dutch Manufacturing, 1979-1993 Empirical Evidence and Theoretical Implications, in: De Economist, 145(1), S. 47-64.

BROWN, C./HAMILTON, J./MEDOFF, J. (1990): Employers Large and Small, Cambridge, Mass.: Harvard University Press.

BRÜDERL, J./PREISENDÖRFER, P. (2000): Fast Growing Businesses. Empirical Evidence From a German Study, in: International Journal of Sociology, 30, S. 45-70.

BRÜDERL, J./PREISENDÖRFER, P./ZIEGLER, R. (1991): Determinanten der Überlebenschancen neugegründeter Kleinbetriebe, in: Mitteilungen aus der Arbeitsmarkt- und Berufsforschung, Nr. 1, S. 91-99.

BRÜDERL, J./PREISENDÖRFER, P./ZIEGLER, R. (1992): Survival Chances of Newly Founded Business Organizations, in: American Sociological Review, 57, S. 227-242.

BRÜDERL, J./PREISENDÖRFER, P./ZIEGLER, R. (1993): Staatliche Gründungsfinanzierung und der Erfolg neugegründeter Betriebe, in: Jahrbuch für Nationalökonomie und Statistik, 212(1-2), S. 13-32.

BRÜDERL, J./PREISENDÖRFER, P./ZIEGLER, R. (1996): Der Erfolg neugegründeter Betriebe: Eine empirische Studie zu den Chancen und Risiken von Unternehmensgründungen, 2. Auflage, Berlin: Duncker & Humblot.

BRÜDERL, J./SCHÜSSLER, R. (1990): Organizational Mortality: The Liabilities of Newness and Adolescence, in: Administrative Sciences Quarterly, 35(3), S. 530-547.

BRUNNER, K./MELTZER, A.H. (1971): The Uses of Money: Money in the Theory of an Exchange Economy, in: The American Economic Review, 61, S. 784-805.

BRUSCO, S. (1990): The Idea of Industrial Districts: Its Genesis, in: Pyke, F./Becattini, G./Sengenberger, W. (Hrsg.): Industrial Districts and Inter-Firm Co-operation in Italy, Genf: International Institute for Labour Studies, S. 1-9.

BULMAHN, G./KRÄKEL, M. (1999): Arbeitsplatzdynamik in Nordrhein-Westfalen im Vergleich zu Niedersachsen, in: Schasse, U./Wagner, J. (Hrsg.): Entwicklung von Arbeitsplätzen, Exporten und Produktivität im interregionalen Vergleich, NIW-Vortragsreihe, Band 13, S. 49-68.

BUNDESMINISTERIUM FÜR BILDUNG UND FORSCHUNG (1999): Zur technologischen Leistungsfähigkeit Deutschlands – Zusammenfassender Endbericht 1998, Bonn.

BURDA, M./WYPLOSZ, C. (1994): Gross Worker and Job Flows in Europe, in: European Economic Review, 38, S. 1287-1315.

BURGESS, S.M./LANE, J./STEVENS, D. (1996): Job Flows and Worker Flows: Issues and Evidence from a Panel of US Firms, in: Schettkat, R. (Hrsg.): Flow Analysis of Labor Markets: International Perspectives. London: Routledge, S. 96-114.

BURGESS, S.M./LANE, J./STEVENS, D. (1997): The Reallocation of Labour and the Life-cycle of Firms, CEPR Discussion Paper, No. 1713.

BURGESS, S.M./LANE, J./STEVENS, D. (1999): Job Flows, Worker Flows and Churning, in: Journal of Labour Economics, 18(3), S. 473-502.

BURGESS, S.M./LANE, J./STEVENS, D. (2001): Churning Dynamics: an Analysis of Hires and Separations at the Employer Level, in: Labour Economics, 8(1), S. 1-14.

CABALLERO, R.J. (1992): A Fallacy of Composition, in: The American Economic Review, 82(5), S. 1279-1292.

CABALLERO, R.J. (1998): Discussion, zu Schuh, S./Triest, R.K., Job Reallocation and the Business Cycle: New Facts for and Old Debate, in: Fuhrer, J.C./Schuh, S. (Hrsg.): Beyond Shocks: What Causes Business Cycles?, Federal Reserve Bank of Boston, Conference Series, No. 42, S. 338-348.

CABALLERO, R.J./ENGEL, E. (1993): Microeconomic Adjustment Hazards and Aggregate Dynamics, in: Quarterly Journal of Economics, 108(2), S. 359-383.

CABALLERO, R.J./ENGEL, E./HALTIWANGER, J.C. (1997): Aggregate Employment Dynamics: Building from Microeconomic Evidence, in: The American Economic Review, 87(1), S.115-137.

CABALLERO, R.J./HAMMOUR, M.L. (1994): The Cleansing Effect of Recessions, in: The American Economic Review, 84(5), S. 1350-1368.

CABALLERO, R.J./HAMMOUR, M.L. (1996a): On the Timing and Efficiency of Creative Destruction, in: Quarterly Journal of Economics, 111(3), S. 805-852.

CABALLERO, R.J./HAMMOUR, M.L. (1996b): On the Ills of Adjustment, in: Journal of Development Economics, 51, S. 161-192.

CABALLERO, R.J./HAMMOUR, M.L. (1998): The Macroeconomics of Specifity, in: Journal of Political Economy, 106(4), S. 724-767.

CABLE, J./SCHWALBACH, J. (1991): International Comparisons of Entry and Exit, in: Geroski, P.A./Schwalbach, J. (Hrsg.): Entry and Market Contestability, Oxford: Basil Blackwell, S. 257-281.

CAMPBELL, J.R. (1997): Entry, Exit, Embodied Technology and Business Cycles, NBER Working Paper, No. 5955.

CAMPBELL, J.R./FISHER, J.D.M. (1996): Aggregate Employment Fluctuations with Microeconomic Asymmetries, Federal Reserve Bank of Minneapolis, Institute for Empirical Macroeconomics, Discussion Paper, No. 112.

CAMPBELL, J.R./FISHER, J.D.M. (1997): Understanding Aggregate Job Flows, in: Economic Perspectives, 21(5), S. 19-37.

CAMPBELL, J.R./FISHER, J.D.M. (2000): Aggregate Employment Fluctuations with Microeconomic Asymmetries, in: The American Economic Review, 90(5), S. 1323-1345.

CARREE, M./KLOMP, L. (1996): Small Business and Job Creation: A Comment, in: Small Business Economics, 8(4), S. 317-322.

CAVES, R.E. (1998): Industrial Organization and New Findings on the Turnover and Mobility of Firms, in: Journal of Economic Literature, 36, S. 1947-1982.

CAVES, R.E./KHALIZADEH-SHIRAZI, J./PORTER, M.E. (1975): Scale Economies in Statistical Analyses of Market Power, in: The Review of Economics and Statistics, 57(2), S. 133-140.

CAVES, R.E./PORTER, M.E. (1976): Barriers to Exit, in: Masson, T.R./Qualls, P.D. (Hrsg.): Essays on Industrial Organization in Honor of Joe S. Bain, Cambridge, Mass.: Ballinger, S. 39-69.

CAVES, R.E./PORTER, M.E. (1977): From Entry Barriers to Mobility Barriers: Conjectural Decisions and Contrived Deterrence to New Competition, in: Quarterly Journal of Economics, 91, S. 241-261.

CHESHER, A. (1979): Testing the Law of the Proportionate Effect, in: Journal of Industrial Economics, 27, S. 403-411.

CLARK, K.B./SUMMERS, L.H. (1979): Labor Market Dynamics and Unemployment: A Reconsideration, in: Brookings Papers on Economic Activity, 1, S. 13-60.

COASE, R. (1937): The Nature of the Firm, in: Economica, 4, S. 386-405.

COMANOR, W.S./WILSON, T.A. (1967): Advertising, Market Structure, and Performance, in: The Review of Economics and Statistics, 49(4), S. 423-440.

COX, D.R. (1972): Regression Models and Life-Tables (with discussion), in: Journal of the Royal Statistical Society B, 34, S. 187-220.

COX, D.R. (1975): Partial Likelihood, in: Biometrika, 62, S. 269-276.

CRAMER, U./KOLLER, M. (1988): Gewinne und Verluste von Arbeitsplätzen in Betrieben – der „Job-Turnover“-Ansatz, in: Mitteilungen aus der Arbeitsmarkt- und Berufsforschung, Nr. 3, S. 361-377.

DAVIDSSON, P./LINDMARK, L./OLOFSSON, C. (1998): The Extent of Overestimation of Small Firm Job Creation – An Empirical Examination of the Regression Bias, in: Small Business Economics, 11(1), S. 87-100.

DAVIDSSON, P./LINDMARK, L./OLOFSSON, C. (1999): SMEs and Job Creation During a Recession and Recovery, in: Acs, Z.J./Carlsson, B./Karlsson, C. (Hrsg.): Entrepreneurship, Small and Medium-Sized Enterprises and the Macroeconomy, Cambridge, UK: Cambridge University Press, S. 286-309.

DAVIS, S.J. (1998): Discussion, zu Schuh, S./Triest, R.K., Job Reallocation and the Business Cycle: New Facts for and Old Debate, in: Fuhrer, J.C./Schuh, S. (Hrsg.): Beyond Shocks: What Causes Business Cycles?, Federal Reserve Bank of Boston, Conference Series, No. 42, S. 349-357.

DAVIS, S.J./HALTIWANGER, J.C. (1990): Gross Job Creation and Destruction: Microeconomic Evidence and Macroeconomic Implications, in: NBER Macroeconomics Annual, 5, S.123-168.

DAVIS, S.J./HALTIWANGER, J.C. (1992): Gross Job Creation, Gross Job Destruction, and Employment Reallocation, in: Quarterly Journal of Economics, 107(3), S. 819-863.

DAVIS, S.J./HALTIWANGER, J.C. (1995): Measuring Gross Worker and Job Flows, NBER Working Paper, No. 5133.

DAVIS, S.J./HALTIWANGER, J.C. (1999a): Gross Job Flows, in: Ashenfelter, O.C./Card, D. (Hrsg.): Handbook of Labor Economics, 3b, Amsterdam: North-Holland, S. 2711-2805.

DAVIS, S.J./HALTIWANGER, J.C. (1999b): On the Driving Forces behind the Cyclical Movements in Employment and Job Reallocation, in: The American Economic Review, 89(5), S.1234-1258.

DAVIS, S.J./HALTIWANGER, J.C./SCHUH, S. (1996a): Job Creation and Destruction, Cambridge, Mass.: MIT Press.

DAVIS, S.J./HALTIWANGER, J.C./SCHUH, S. (1996b): Small Business and Job Creation: Dissecting the Myth and Reassessing the Facts, in: Small Business Economics, 8, S. 297-315.

DOMS, M./DUNNE, T./ROBERTS, M.J. (1995): The Role of Technology Use in the Survival and Growth of Manufacturing Plants, in: International Journal of Industrial Organization, 13(4), S. 523-542.

DUNNE, P./HUGHES, A. (1994): Age, Size, Growth and Survival: UK Companies in the 1980s, in: Journal of Industrial Economics, 42, S. 115-140.

DUNNE, T. (1994): Plant Age and Technological Usage in U.S. Manufacturing Industries, in: Rand Journal of Economics, 25, S. 488-499.

DUNNE, T./ROBERTS, M.J./SAMUELSON, L. (1988): Patterns of Firm Entry and Exit in U.S. Manufacturing Industries, in: Rand Journal of Economics, 19(4), S. 495-515.

DUNNE, T./ROBERTS, M.J./SAMUELSON, L. (1989a): Plant Turnover and Gross Employment Flows in the U.S. Manufacturing Sector, in: Journal of Labour Economics, 7(1), S. 48-71.

DUNNE, T./ROBERTS, M.J./SAMUELSON, L. (1989b): The Growth and Failure of U.S. Manufacturing Plants, in: Quarterly Journal of Economics, 104, S.671-698.

DURBIN, J./WATSON, G. (1950): Testing for Serial Correlation in Least Squares Regression – I, in: Biometrika, 37, S. 409-428.

DURBIN, J./WATSON, G. (1951): Testing for Serial Correlation in Least Squares Regression – II, in: Biometrika, 38, S. 159-178.

DURBIN, J./WATSON, G. (1971): Testing for Serial Correlation in Least Squares Regression – III, in: Biometrika, 58, S. 1-42.

EBERTS, R.W./MONTGOMERY, E. (1995): Cyclical versus Secular Movements in Employment Creation and Destruction, NBER Working Paper, No. 5162.

EFRON (1977): The Efficiency of Cox's Likelihood for Censored Data, in: Journal of the American Statistical Association, 72, S. 557-565.

ENGEL, D. (1999): Der Einfluß der Grenznähe auf die Standortwahl von Unternehmen: Eine theoretische Analyse und empirische Befunde für Ostdeutschland, ZEW Discussion Paper, No. 18.

ERICSON, R./PAKES, A. (1989): An Alternative Theory of the Firm and Industry Dynamics, Columbia University, Discussion Paper, No. 445.

ERICSON, R./PAKES, A. (1995): Markov-Perfect Industry Dynamics: A Framework for Empirical Work, in: The Review of Economic Studies, 62, S.53-82.

EVANS, D.S. (1987a): Tests of Alternative Theories of Firm Growth, in: Journal of Political Economy, 95(4), S. 657-674.

EVANS, D.S. (1987b): The Relationship between Firm Growth, Size, and Age: Estimates for 100 Manufacturing Industries, in: Journal of Industrial Economics, 35, S. 567-580.

FELDER, J./FIER, A./NERLINGER, E.A. (1997): Im Osten nichts Neues? Unternehmensgründungen in High-Tech-Industrien, in: Harhoff, D. (Hrsg.): Unternehmensgründungen – Empirische Analysen für die alten und neuen Bundesländer, ZEW Wirtschaftsanalysen, Band 7, S. 73-110.

FICHMAN, M./LEVINTHAL, D.A. (1991): Honeymoons and the Liability of Adolescence: A New Perspective on Duration Dependence in Social Organizational Relationships, in: Academy of Management Review, 16(2), S. 442-468.

FOOTE, C.L. (1997): The Surprising Symmetry of Gross Job Flows, NBER Working Paper, No. 6226.

FOOTE, C.L. (1998): Trend Employment Growth and the Bunching of Job Creation and Destruction, in: Quarterly Journal of Economics, 113(3), S. 809-834.

FOTOPOULOS, G./LOURI, H. (2000a): Determinants of Hazard Confronting New Entry: Does Financial Structure Matter?, in: Review of Industrial Organization, 17(3), S. 285-300.

FOTOPOULOS, G./LOURI, H. (2000b): Location and Survival of New Entry, in: Small Business Economics, 14(4), S. 311-321.

FOTOPOULOS, G./SPENCE, N. (1997): Net Entry of Firms into Greek Manufactury: The Effects of Business Conditions, in: Small Business Economics, 9, S. 239-253.

FOTOPOULOS, G./SPENCE, N. (1998): Accounting for Net Entry into Greek Manufacturing by Establishments of Varying Size, in: Small Business Economics, 11, S. 125-144.

FRANZ, W. (1999), Arbeitsmarktökonomik, 4. Auflage, Berlin: Springer.

FREEMAN, J./CAROLL, G./HANNAN, M.T. (1983): The Liability of Newness: Age Dependence in Organizational Death Rates, in: The American Economic Review, 48, S. 692-710.

FREEMAN, R.B. (1989): Labour Markets in Action, London: Harvester Wheatsheaf.

FRIEDMAN, M. (1969): The Optimum Quantity of Money. In deutscher Übersetzung in Friedman, M. (Hrsg.): Die optimale Geldmenge und andere Essays, München: Verlag Moderne Industrie, S. 9-76.

FRITSCH, M. (1990): Arbeitsplatzentwicklung in Industriebetrieben, Berlin: de Gruyter.

FRITSCH, M./NIESE, M. (1999a): Identifikation von Betriebsgründungen und -schließungen aus der amtlichen Statistik des Bergbaus und Verarbeitenden Gewerbes, in: Spektrum Bundesstatistik, Band 14, S. 78-96.

FRITSCH, M./NIESE, M. (1999b): Betriebsdynamik und Arbeitsplatzentwicklung in der sächsischen Industrie 1991-1998 – Analysen auf der Grundlage der amtlichen Statistik, in: Schasse, U./Wagner, J. (Hrsg.): Entwicklung von Arbeitsplätzen, Exporten und Produktivität im interregionalen Vergleich, NIW-Vortragsreihe, Band 13, S. 31-48.

GALLAGHER, C.C./ROBSON, G.B. (1995): Small Business and Job Creation Myths – An Even Further Dissection of the Davis, Haltiwanger and Schuh Working Paper, Research Note, in: International Small Business Journal, 13, S. 64-67.

GARIBALDI, P./KONINGS, J./PISSARIDES, C. (1997): Gross Job Reallocation and Labour Market Policy, in: Snower, D./De la Dehesa, G. (Hrsg.): Unemployment Policy: Government Options for the Labour Market, New York: Cambridge University Press.

GARNSEY, E. (1998): A Theory of the Early Growth of the Firm, in: Industrial and Corporate Change, 7, S. 523-556.

GAVOSTO, A./SESTITO, P. (1993): Turnover Costs in Italy: Some Preliminary Evidence, in: Statistica, 3, S. 429-451.

GERLACH, K./WAGNER, J. (1992): Die Beschäftigungsdynamik im Bergbau und im Verarbeitenden Gewerbe in Niedersachsen: Eine Komponentenanalyse für den Zeitraum 1978 bis 1990, in: Statistische Monatshefte Niedersachsen, 46, S. 5-10.

GERLACH, K./WAGNER, J. (1993): Gross and Net Employment Flows in Manufacturing Industries, in: Zeitschrift für Wirtschafts- und Sozialwissenschaften, 113, S. 17-28.

GERLACH, K./WAGNER, J. (1994): Regional Differences in Small Firm Entry in Manufacturing Industries: Lower Saxony, 1979-1991, in: Entrepreneurship & Regional Development, 6, S. 63-80.

GERLACH, K./WAGNER, J. (1997): Analysen zur Nachfrageseite des Arbeitsmarktes mit Betriebspaneldaten aus Erhebungen der amtlichen Industriestatistik. Ein Überblick über Ansätze und Ergebnisse für niedersächsische Industriebetriebe, in: Kühl, J./Lahner, M./Wagner, J. (Hrsg.): Die Nachfrageseite des Arbeitsmarktes – Ergebnisse aus Analysen mit deutschen Firmenpaneldaten, Beiträge zur Arbeitsmarkt- und Berufsforschung des IAB, Nr. 204, S. 11-82.

GEROSKI, P.A. (1991a): Market Dynamics and Entry, Oxford: Blackwell Publishers.

GEROSKI, P.A. (1991b): Some Data-Driven Reflections on the Entry Process, in: Geroski, P.A./Schwalbach, J. (Hrsg.): Entry and Market Contestability: An International Comparison, Oxford: Basil Blackwell, S. 282-296.

GEROSKI, P.A. (1992): Entry, Exit and Structural Adjustment in European Industry, in: Cool, K./Neven, D.J./Walter, J. (Hrsg.): European Industrial Restructuring in the 1990s, London: Macmillan, S. 139-161.

GEROSKI, P.A. (1995): What Do We Know about Entry?, in: International Journal of Industrial Organization, 13, S. 421-440.

GEROSKI, P.A. (1998): An Applied Econometrician´s View of Large Company Performance, CEPR Discussion Paper, No. 1862.

GEROSKI, P.A. (1999): The Growth of Firms in Theory and Practice, CEPR Discussion Paper, No. 2092.

GIBRAT, R. (1931): Les Inégalités Economiques, Paris: Sirey.

GORECKI, P.K. (1976): The Determinants of Entry by Domestic and Foreign Enterprises in Canadian Manufacturing Industries: Some Comments and Empirical results, in: The Review of Economics and Statistics, 58, S. 485-488.

GORT, M./KLEPPER, S. (1982): Time Paths in the Diffusion of Product Innovations, in: The Economic Journal, 92(3), S. 630-653.

GOURINCHAS, P.O. (1999): Exchange Rates Do Matter: French Job Reallocation and Exchange Rate Turbulence, 1984-1992, in: European Economic Review, 43(7), S. 1279-1316.

GREENE, W.H. (2000): Econometric Analysis, 4. Auflage, Upper Saddle River: Prentice Hall.

HALL, B.H. (1987): The Relationship between Firm Size and Firm Growth in the US Manufacturing Sector, in: Journal of Industrial Economics, 35, S. 583-606.

HALL, R.E. (1991): Labor Demand, Labor Supply and Employment Volatility, in: NBER Macroeconomics Annual, 6, S. 17-47.

HALL, R.E./TAYLOR, J.B. (1997): Macroeconomics, 5. Auflage, New York: W.W. Norton.

HALTIWANGER, J.C./LANE, J./SPLETZER, J./THEEUWES, J./TROSKE, K. (1999): The Creation and Analysis of Employer-Employee Matched Data, Amsterdam: North-Holland.

HALTIWANGER, J.C./SCHUH, S. (1999): Gross Job Flows between Plants and Industries, in: New England Economic Review, March/April 1999, S. 41-64.

HALTIWANGER, J.C./VODOPIVEC, M. (1999): Gross Worker and Job Flows in a Transition Economy: An Analysis of Estonia, World Bank - Country Economics Department, Working Paper, No. 2082.

HAMERMESH, D.S. (1999): The Art of Labormetrics, NBER Working Paper, No. 6927.

HAMERMESH, D.S./HASSINK, W./VAN OURS, J. (1996): Job Turnover and Labor Turnover: A Taxonomy of Employment Dynamics, in: Annales d'Economie et de Statistique, 41/42, S. 21-40.

HAMERMESH, D.S./PFANN, G.A. (1996): Adjustments Costs in Facto Demand, in: Journal of Economic Literature, 34(3), S. 1264-1292.

HANNAN, M.T./FREEMAN, J. (1989): Organizational Ecology, Cambridge, Mass.: Harvard University Press.

HÄRDLE, W. (1991): Smoothing Techniques with Implementation in S, New York: Springer.

HARHOFF, D./STAHL, K. (1994): Unternehmensentwicklung in den neuen Bundesländern – Erste empirische Ergebnisse, in: König, G./Steiner, V. (Hrsg.): Arbeitsmarktdynamik und Unternehmensentwicklung in Ostdeutschland, ZEW Wirtschaftsanalysen, Band 1, S. 207-244.

HARHOFF, D./STAHL, K. (1995): Unternehmens- und Beschäftigungsdynamik in Westdeutschland: Zum Einfluss von Haftungsregeln und Eigentümerstrukturen, in: Oppenländer, K.H. (Hrsg.): Industrieökonomik und Finanzmärkte, IFO Studien – Zeitschrift für empirische Wirtschaftsforschung, 41(1), S. 17-50.

HARHOFF, D./STAHL, K./WOYWODE, M. (1998): Legal Form, Growth and Exit of West German Firms – Empirical Results for Manufacturing, Construction, Trade and Service Industries, in: Journal of Industrial Economics, 46(4), S. 453-488.

HARHOFF, D./STEIL, F. (1997): Die ZEW-Gründungspanels: Konzeptionelle Überlegungen und Analysepotential, in: Harhoff, D. (Hrsg.): Unternehmensgründungen – Empirische Analyse für die alten und neuen Bundesländer, ZEW Wirtschaftsanalysen, Band 7, S. 11-28.

HARRISON, B. (1994): The Small Firms Myth, in: California Management Review, 36(3), S. 142-158.

HART, M./HANVEY, E. (1995): Job Generation and New and Small Firms: Some Evidence from the Late 1980s, in: Small Business Economics, 7(2), S. 97-109.

HART, P.E./OULTON, N. (1995): Growth and Size of Firms, National Institute of Economic and Social Research, Discussion Paper, No. 77.

HART, P.E./OULTON, N. (1996): Growth and Size of Firms, The Economic Journal, 106(3), S. 1242-1252.

HART, P.E./OULTON, N. (2001): Galtonian Regression, Company Age and Job Generation 1986-95, in: Scottish Journal of Political Economy, 48(1), S. 82-98.

HAUSER, H.-E. (2000): SMEs in Germany – Facts and Figures 2000, Institut für Mittelstandsforschung Bonn.

HAUSMAN, J. (1978): Specification Tests in Econometrics, in: Econometrica, 46, S. 1251-1271.

HECKMAN, J.J. (1979): Sample Selection Bias as a Specification Error, in: Econometrica, 48, S. 153-161.

HECKMAN, J.J./ICHIMURA, H./TODD, P. (1998): Matching as an Econometric Evaluation Estimator, in: The Review of Economic Studies, 65, S. 261-294.

HECKMAN, J.J./SMITH, J.J. (1996): Experimental and Nonexperimental Evaluation, in: Schmid, G./O'Reilly, J./Schömann, K. (Hrsg.): International Handbook of Labour Market Policy and Evaluation, Cheltenham: Edward Elgar, S. 37-88.

HERDZINA, K./BLESSIN, B. (1996): Strategische Unternehmensführung als Erfolgsfaktor im Wettbewerb. Kleine und mittlere Unternehmen im Strukturwandel, in: Diskussionsbeiträge aus der Europäischen Forschungsstelle Ländlicher Raum, Nr. 1.

HICKS, J.R. (1950): A Contribution to the Theory of the Trade Cycle, Oxford: Claredon Press.

HIGHFIELD, R./SMILEY, R. (1987): New Business Starts and Economic Activity: An Empirical Investigation, in: International Journal of Industrial Organization, 5, S. 51-66.

HINZ, T./WILSDORF, S.H./ZIEGLER, R. (1997): Beschäftigungsentwicklung in ostdeutschen Betriebsgründungen – Analysen mit den Paneldaten der Leipziger Gründerstudie, in: Kühl, J./Lahner, M./Wagner, J. (Hrsg.): Die Nachfrageseite des Arbeitsmarktes – Ergebnisse aus Analysen mit deutschen Firmenpaneldaten, Beiträge zur Arbeitsmarkt- und Berufsforschung des IAB, Nr. 204, S. 189-203.

HINZ, T./ZIEGLER, R. (2001): Employment Effects of Newly Founded Businesses in East Germany, in: Riphahn, R.T./Snower, D.J./Zimmermann, K.F. (Hrsg.): Employment Policy in Transition: The Lessons of German Integration for the Labor Market, Berlin/Heidelberg: Springer, S. 103-124.

HONJO, Y. (2000): Business Failure of New Firms: An Empirical Analysis Using a Multiplicative Hazards Model, in: International Journal of Industrial Organization, 18, S. 557-574.

HOPENHAYN, H. (1992): Entry, Exit, and Firm Dynamics in Long Run Equilibrium, in: Econometrica, 60(5), S. 1127-1150.

HOPENHAYN, H./ROGERSON, R. (1993): Job Turnover and Policy Evaluation: A General Equilibrium Analysis, in: Journal of Political Economy, 101(5), S. 915-938.

HOUGAARD, P. (1986): Survival Models for Heterogeneous Poulations Derived From Stable Distributions, in: Biometrika, 73, S. 387-196.

HUBER, P.J. (1964): Robust Statistics, New York: John Wiley & Sons.

HUBER, P.J. (1967): The Behavior of Maximum Likelihood Estimates under Non-Standard Conditions, Proceedings of the Fifth Berkeley Symposium on Mathematical Statistics and Probability, S. 221-233.

HUGHES, A. (1997): Small Firms and Employment, ESRC Centre for Business Research, Working Paper, No. 71.

HUIGEN, R.D./KLEIJWEG, A.J./VAN LEEUWEN, G. (1991): The Relationship between Firm Size and Firm Growth in Dutch Manufacturing Estimated on Panel Data, Research Institute for Small and Medium-sized Business in the Netherlands, Research Paper, No. 5.

IJIRI, Y./SIMON, H. (1977): Skew Distributions and the Sizes of Business Firms, Amsterdam: North-Holland.

JENSEN, J.B./McGUCKIN, R.H. (1997): Firm Performance and Evolution: Empirical Regularities in the US Microdata, in: Laaksonen, S. (Hrsg.): The Evolution of Firms and Industries, Research Reports 223, Statistics Finland, S. 25-47.

JOHANSEN, L. (1972): Production Functions, Amsterdam: North-Holland.

JOHNSON, H.G. (1967): Essays in Monetary Economics, London: Allen&Unwin.

JOHNSTON, J./DiNARDO, J. (1997): Econometric Methods, New York: McGraw-Hill.

JOVANOVIC, B. (1982): Selection and the Evolution of Industry, in: Econometrica, 50(3), S. 649-670.

JUDGE, G./HILL, R./GRIFFITHS, W./LÜTKEPOHL, H./LEE, T. (1988): Introduction to the Theory and Practice of Econometrics, 2. Auflage, New York: John Wiley & Sons.

KAISER, M./MÜNZENMAIER, W. (1998): Wirtschaftliche Verflechtung forschungsintensiver Produktionsbereiche in Baden-Württemberg, in: Jahrbücher für Statistik und Landeskunde in Baden-Württemberg 1997/98, S. 233-261.

KALBFLEISCH, J./PRENTICE, R. (1980): The Statistical Analysis of Failure Time Data, New York: John Wiley & Sons.

KAPLAN, E.L./MEIER, P. (1958): Nonparametric Estimation from Incomplete Observations, in: Journal of the American Statistical Association, 53, S. 457-481.

KAPTEYN, J./UVEN, M.J. (1916): Skew Frequency Curves in Biology and Statistics, Groningen: Hoitsema Brothers.

KEEBLE, D./WALKER, S. (1994): New Firms, Small Firms and Dead Firms: Spatial Patterns and Determinants in the United Kingdom, in: Regional Studies, 28(4), S. 411-427.

KIRCHHOFF, B.A./GREENE, P.G. (1998): Understanding the Theoretical and Empirical Content of Critiques of U.S. Job Creation Research, in: Small Business Economics, 10(2), S. 153-169.

KLEIN, J.P./MOESCHBERGER, M.L. (1997): Survival Analysis: Techniques for Censored and Truncated Data. New York: John Wiley & Sons.

KLETTE, T.J./FORRE, S.E. (1998): Innovation and Job Creation in a Small Open Economy – Evidence from the Norwegian Manufacturing Plants 1982-92, in: Economics of Innovation and New Technology, 5, S. 247-272.

KLETTE, T.J./MATHIASSEN, A. (1996): Job Creation, Job Destruction and Plant Turnover in Norwegian Manufacturing, in: Annales d'Economie et de Statistique, 41/42, S. 97-125.

KOMMISSION DER EUROPÄISCHEN GEMEINSCHAFTEN (1992): Report from the Commission to the Council on the Definitions of Small and Medium-sized Enterprises (SMEs) in the Context of Community Activities, No. 351, Brüssel.

KONINGS, J. (1995): Gross Job Flows and the Evolution of Size in U.K. Establishments, in: Small Business Economics, 7, S. 213-220.

KONINGS, J./LEHMANN, H./SCHAFFER, M.E. (1996): Job Creation and Destruction in a Transition Economy: Ownership, Firm Size, and Gross Job Flows in Polish Manufacturing 1988-91, Centre for Economic Reform and Transformation, Discussion Paper, No. 11.

KOTTER, J. (1999): Zur konjunkturellen Situation im Verarbeitenden Gewerbe 1998, in: Baden-Württemberg in Wort und Zahl, 7/99, S. 320-332.

KRUGMAN, P. (1991): Increasing Returns and Economic Geography, in: Journal of Political Economy, 99, S. 483-499.

KUMAR, M.S. (1985): Growth, Acquisition, Activity and Firm Size: Evidence from the United Kingdom, in: Journal of Industrial Economics, 33, S. 327-338.

KYDLAND, F.E./PRESCOTT, E.C. (1982): Time to Build and Aggregate Fluctuations, in: Econometrica, 50, S. 1345-1370.

LAMBSON, V.E. (1991): Industry Evolution with Sunk Costs and Uncertain Market Conditions, in: International Journal of Industrial Organization, 9(2), S. 171-196.

LANE, J./STEVENS, D./BURGESS, S.M. (1996): Worker and Job Flows, in: Economics Letters, 51(1), S. 109-113.

LEHMANN, U. (1996): Dynamik und Beschäftigungsentwicklung der deutschen Betriebe 1991-1995, in: Mitteilungen aus der Arbeitsmarkt- und Berufsforschung, Nr. 4, S. 580-588.

LEONARD, J.S. (1986): On the Size Distribution of Employment and Establishments, NBER Working Paper, No. 1951.

LEVER, M.H. (1995): Firm Size and Employment Determination in Dutch Manufacturing Industries, in: EIM Small Business Research and Consultancy Research, Research Report, 9509/E.

LIN, D.Y./WEI, L.J. (1989): The Robust Inference for the Cox Proportional Hazards Model, in: Journal of the American Statistical Association, 84, S. 1074-1078.

LIU, J.-T./TSOU, M.-W./HAMMITT, J. (1999): Do Small Plants Grow Faster? Evidence from the Taiwan Electronics Industry, in: Economics Letters, 65(1), S. 121-129.

LOCHER, L./ROIDER, A. (2000): "Gibrats Gesetz" und das Wachstum von Firmen, in: WiSt, 12, S. 699-701.

LOIDL-STUPPI, J. (2001): Dienstleistungsbereich: Eine Datenlücke wird geschlossen, in: Baden-Württemberg in Wort und Zahl, 2/01, S. 64-68.

LONG, J.B./PLOSSER, C.I. (1983): Real Business Cycles, in: Journal of Political Economy, 91, S. 39-69.

LORETH, H. (1998): Kosten-Nutzen-Überlegungen zum Unternehmensregister, in: Baden-Württemberg in Wort und Zahl, 12/98, S. 597-602.

LOTTI, F./SANTARELLI, E./VIVARELLI, M. (1999): Does Gibrat's Law Hold in the Case of Young Small Firms?, presented at the 40th Annual SIE Conference.

LUCAS, R.E. (1975): An Equilibrium Model of the Business Cycle, in: Journal of Political Economy, 83, S. 1113-1144.

LUCAS, R.E. (1978): On the Size Distribution of Business Firms, in: The Bell Journal of Economics, 9(2), S. 508-523.

LUCAS, R.E. (1988): On the Mechanics of Economic Development, in: Journal of Monetary Economics, 22, S. 3-42.

MAHMOOD, T. (1992): Does the Hazard Rate for New Plants Vary between Low- and High-Tech-Industries, in: Small Business Economics, 4(3), S. 201-209.

MAIER, C. (2000): Wirtschaftswachstum in den Stadt- und Landkreisen Baden-Württembergs, in: Baden-Württemberg in Wort und Zahl, 3/00, S. 123-130.

MANKIW, N.G. (1989): Real Business Cycles: A New Keynesian Perspective, in: Journal of Economic Perspectives, 3, S. 79-90.

MANSFIELD, E. (1962): Entry, Gibrat's Law, Innovation, and the Growth of Firms, in: The American Economic Review, 52(5), S. 1023-1051.

MATA, J. (1993): Entry and Type of Entrant: Evidence from Portugal, in: International Journal of Industrial Organization, 11, S. 101-120.

MATA, J. (1994): Firm Growth During Infancy, in: Small Business Economics, 6, S. 27-39.

MATA, J./PORTUGAL, P. (1994): Life Duration of New Firms, in: Journal of Industrial Economics, 42, S. 227-246.

MATA, J./PORTUGAL, P. (1999): Technology Intensity, Demand Conditions, and the Longevity of Firms, in: Audretsch, D.B./Thurik, A.R. (Hrsg.): Innovation, Industry Evolution and Employment, Cambridge, UK: Cambridge University Press, S. 265-279.

MATA, J./PORTUGAL, P./GUIMARAES, P. (1995): The Survival of New Plants, Start-up Conditions and Post-Entry Evolution, in: International Journal of Industrial Organization, 13(4), S. 459-481.

MATYAS, L./SEVESTRE, P. (1996): The Econometrics of Panel Data. A Handbook of the Theory with Applications, 2. Auflage, Dordrecht: Kluwer Academic Publishers.

McCLOUGHAN, P. (1995): Simulation of Concentration Development from Modified Gibrat Growth-Entry-Exit Processes, in: Journal of Industrial Economics, 43(4), S. 405-433.

MILGROM, P./ROBERTS, J. (1992): Economics, Organization and Management. Englewood Cliffs: Prentice Hall.

MORTENSEN, D.T. (1986): Job Search and Labor Market Analysis, in: Ashenfelter, O.C./Layard, R. (Hrsg.): Handbook of Labor Economics, 2, Amsterdam: North-Holland, S. 849-919.

MORTENSEN, D.T./PISSARIDES, C. (1994): Job Creation and Job Destruction in the Theory of Unemployment, in: The Review of Economic Studies, 61, S. 397-415.

MORTENSEN, D.T./PISSARIDES, C. (1998): Technological Progress, Job Creation, and Job Destruction, in: Review of Economic Dynamics, 1(4), S. 733-753.

MORTENSEN, D.T./PISSARIDES, C. (1999): New Developments in Models of Search in the Labor Market, in: Ashenfelter, O.C./Card, D. (Hrsg.): Handbook of Labor Economics, 3b, Amsterdam: North-Holland, S. 2567-2627.

MUELLER, D.C. (1971): A Life Cycle Theory of the Firm, in: Journal of Industrial Economics, 20, S. 199-219.

NELSON, R.R./WINTER, S.G. (1978): Forces Generating and Limiting Concentration under Schumpeterian Competition, in: The Bell Journal of Economics, 9, S. 524-548.

NELSON, R.R./WINTER, S.G. (1982): An Evolutionary Theory of Economic Change, Cambridge, Mass.: Harvard University Press.

NERLINGER, E.A. (1997): Unternehmensgründungen in High-Tech-Industrien, Analysen auf der Basis des ZEW-Gründungspanels (West), in: Kühl, J./Lahner, M./Wagner, J. (Hrsg.): Die Nachfrageseite des Arbeitsmarktes. Ergebnisse aus Analysen mit deutschen Firmenpaneldaten, Beiträge zur Arbeitsmarkt- und Berufsforschung des IAB, Nr. 204, S. 135-166.

NERLINGER, E.A. (1998): Standorte und Entwicklung junger innovativer Unternehmen: Empirische Ergebnisse für West-Deutschland, ZEW Wirtschaftsanalysen, Band 27.

NEWEY, W./WEST, K. (1987): A Simple Positive Semi-Definite, Heteroscedasticity and Autocorrelation Consistent Covariance Matrix, in: Econometrica, 55, S. 703-708.

NICKELL, S.J. (1986): Dynamic Models of Labour Demand, in: Ashenfelter, O.C./Layard, R. (Hrsg.): Handbook of Labor Economics, 1, Amsterdam: North-Holland, S. 473-524.

NIEDERSÄCHSISCHES INSTITUT FÜR WIRTSCHAFTSFORSCHUNG u.a. (1998): Bericht zur technologischen Leistungsfähigkeit Deutschlands 1997.

NOCKE, V.R. (1994): Gross Job Creation and Gross Job Destruction: An Empirical Study with French Data, Universität Bonn, Arbeitspapier.

NORTH, D./SMALLBONE, D. (1995): Employment Generation and Small Business Growth in Different Geographical Environments, in: Chittenden, F./Robertson, M./Marshall, I. (Hrsg.), Small Firms: Partnership for Growth, London: Paul Chapman, S. 100-115.

NUCCI, A.R. (1999): The Demography of Business Closings, in: Small Business Economics, 12(1), S. 25-39.

OECD (1985): Employment in Small and Large Firms: Where Have the Jobs Come from?, in: Employment Outlook, S. 64-82.

OECD (1987): The Process of Job Creation and Destruction, in: Employment Outlook, S. 97-124.

OECD (1994): Job Gains and Job Losses in Firms, in: Employment Outlook, S. 103-135.

OLLEY, G.S./PAKES, A. (1996): The Dynamics of Productivity in the Telecommunication Equipment Industry, in: Econometrica, 64(6), S. 1263-1297.

ORR, D. (1974): The Determinants of Entry: A Study of the Canadian Manufacturing Industries, in: The Review of Economics and Statistics, 61, S. 58-66.

PICOT, G./DUPUY, R. (1998): Job Creation by Company Size Class: The Magnitude, Concentration and Persistence of Job Gains and Losses in Canada, in: Small Business Economics, 10, S. 117-139.

PISSARIDES, C. (1990): Equilibrium Unemployment Theory, Oxford: Blackwell.

POHL, R. (2001): Arbeitsplatzdynamik im Verarbeitenden Gewerbe Berlins, unveröffentlichtes Manuskript.

PORTER, M.E. (1979): Strategic Groups and the Structur-Performance Relationship, in: The Review of Economics and Statistics, 60, S. 417-427.

PRENTICE, R.L./GLOECKLER, L.A. (1978): Regression Analysis of Grouped Survival Data with Application to Breast Cancer Data, in: Biometrics, 34, S.57-67.

PYKE, F./SENGENBERGER, W. (1990): Introduction, in: Pyke, F./Becattini, G./Sengenberger, W. (Hrsg.): Industrial Districts and Inter-Firm Co-operation in Italy, Genf: International Institute for Labour Studies, S. 1-9.

RAMSEY, J.B. (1969): Tests for Specification Errors in Classical Linear Least Squares Regression Analysis, in: Journal of the Royal Statistical Society B, 31, S. 350-371.

ROBERTS, K./WEITZMAN, M.L. (1981): Funding Criteria for Research, Development and Exploration Projects, in: Econometrica, 49, S. 1261-1288.

ROBERTS, M.J. (1996): Employment Flows and Producer Turnover in Three Developing Countries, in: Roberts, M.J./Tybout, J.R. (Hrsg.): Industrial Evolution in Three Developing Countries: Micro Patterns of Turnover, Productivity and Market Structure, Oxford: Oxford University Press, S. 18-42.

ROBSON, G.B. (1996): Unravelling the Facts about Job Generation, in: Small Business Economics, 8(5), S. 409-417.

ROBSON, G.B./GALLAGHER, C.C. (1994): Change in the Size Distribution of UK Firms, in: Small Business Economics, 6(4), S. 299-312.

ROMER, P. (1986): Increasing Returns and Long Run Growth, in: Journal of Political Economy, 94, S. 1002-1037.

RONNING, G. (1991): Mikroökonometrie, Berlin: Springer.

SAMUELSON, P.A. (1939): Interactions between the Multiplier Analysis and the Principle of Acceleration, in: Review of Economic Statistics, 21, S. 75-78.

SANTARELLI, E. (1998a): Start-up Size and Post-Entry Performance: The Case of Tourism Services in Italy, in: Applied Economics, 30(2), S. 157-163.

SANTARELLI, E. (1998b): Patterns of New Firm Survival and Growth in the Italian Financial Intermediation Industry, presented at the XXV Annual Conference of the European Association for Research in Industrial Economics.

SCHASSE, U. (1992): Überlebenschancen und Beschäftigungswirkungen neugegründeter Industriebetriebe in Niedersachsen, in: Ertel, R./Wagner, J. (Hrsg.): Produzieren in Niedersachsen – Empirische Untersuchungen mit Betriebsdaten, NIW-Vortragsreihe, Band 6, S. 31-60.

SCHERER, F.M./ROSS, D. (1990): Industrial Market Structure and Economic Performance, Boston: Houghton Mifflin.

SCHMALENSEE, R. (1989): Inter-Industry Studies of Structure and Performance, in: Schmalensee, R./Willig, R.D. (Hrsg.): Handbook of Industrial Organization, 2, Amsterdam: North-Holland, S. 951-1009.

SCHMIDT, E.M. (1995): Betriebsgröße, Beschäftigtenentwicklung und Entlohnung - Eine ökonometrische Analyse für die Bundesrepublik Deutschland, Frankfurt/New York: Campus.

SCHREYER, P. (1996): SMEs and Employment Creation: Overview of Selected Quantitative Studies in OECD Member Countries, OECD Working Paper, No. 11.

SCHUH, S./TRIEST, R.K. (1998): Job Reallocation and the Business Cycle: New Facts for and Old Debate, in: Fuhrer, J.C./Schuh, S. (Hrsg.): Beyond Shocks: What Causes Business Cycles?, Federal Reserve Bank of Boston, Conference Series, No. 42, S. 271-337.

SCHUH, S./TRIEST, R.K. (2000): The Role of Firms in Job Creation and Destruction in U.S. Manufacturing, in: New England Economic Review, March/April 2000, S. 29-44.

SCHULZ, N. (1995): Unternehmensgründungen und Markteintritt, Heidelberg: Physica-Verlag.

SCHUMPETER, J. (1939): Business Cycles: A Theoretical, Historical and Statistical Analysis of the Capitalist Process, New York: McGraw-Hill.

SENGENBERGER, W./LOVEMAN, G.W./PIORE, M.J. (1990): The Re-emergence of Small Enterprises: Industrial Restructuring in Industrialised Countries, Genf: International Labour Organization.

SIEGFRIED, J.J./EVANS, L.B. (1992): Entry and Exit in United States Manufacturing Industries from 1977 to 1982, in: Audretsch, D.B./Siegfried, J.J. (Hrsg.): Empirical Studies in Industrial Organization: Essays in Honour of Leonard W. Weiss, Dordrecht: Kluwer Academic Publishers, S. 253-273.

SIEGFRIED, J.J./EVANS, L.B. (1994): Empirical Studies of Entry and Exit: A Survey of the Evidence, in: Review of Industrial Organization, 9, S. 121-155.

SILVERMAN, B.W. (1986): Density Estimation for Statistics and Data Analysis, London: Chapman & Hall.

SIMON, H.A. (1991): Organizations and Markets, in: Journal of Economic Perspectives, 5(2), S. 25-44.

SIMON, H.A./BONINI, C.P. (1958): The Size Distribution of Business Firms, in: The American Economic Review, 48(4), S. 607-617.

SINGH, A./WHITTINGTON, G. (1975): The Size and Growth of Firms, in: The Review of Economic Studies, 52, S. 15-26.

SPD-BUNDESTAGSFRAKTION (1999): Neue Mittelstandspolitik, Informationsbroschüre, Berlin.

STATISTISCHES BUNDESAMT (1988): Statistisches Informationssystem des Bundes, Arbeitsunterlage, Wiesbaden.

STATISTISCHES LANDESAMT BADEN-WÜRTTEMBERG (1996): Statistisches Taschenbuch, Stuttgart.

STATISTISCHES LANDESAMT BADEN-WÜRTTEMBERG (1997): Statistisches Taschenbuch, Stuttgart.

STEIGER, H.-H. (1991): Auswirkungen der Arbeitsstättenzählung auf die Erhebungen im Verarbeitenden Gewerbe, Baden-Württemberg in Wort und Zahl, 4/91, S. 180-185.

STEIGER, H.-H. (1997): Das Verarbeitende Gewerbe in neuem Gewand – Eine dokumentarische Nachlese zur Umstellung der Statistiken auf die neue Produkt- und Wirtschaftszweigklassifikation, in: Baden-Württemberg in Wort und Zahl, 7/97, S. 318-329.

STEIGER, H.-H. (1999): Blicke hinter die Kulissen der Industrieberichterstattung, in: Baden-Württemberg in Wort und Zahl, 5/99, S. 236-246.

STEIL, F. (1997): Unternehmensgründungen in Ostdeutschland, in: Harhoff, D. (Hrsg.): Unternehmensgründungen – Empirische Analysen für die alten und neuen Bundesländer, ZEW Wirtschaftsanalysen, Band 7, S. 29-72.

STEIL, F. (1999): Determinanten regionaler Unterschiede in der Gründungsdynamik - Eine empirische Analyse für die neuen Bundesländer, ZEW Wirtschaftsanalysen, Band 34.

STEIL, F./WOLF, E. (1997): Welche Bedeutung haben Unternehmenscharakteristika und regionales Umfeld für die Beschäftigungsdynamik? Eine mikroökonometrische Analyse für das ostdeutsche verarbeitende Gewerbe, ZEW Discussion Paper, No. 22.

STEINDL, J. (1965): Random Processes and the Growth of Firms: A Study of the Pareto Law, London: Griffin.

STEINER, V./WOLF, E./EGELN, J./ALMUS, M./SCHRUMPF, H./FELDOTTO, P. (1998): Strukturanalyse der Arbeitsmarktentwicklung in den neuen Bundesländern, ZEW Wirtschaftsanalysen, Band 30.

STIGLITZ, J./WEISS, A. (1981): Credit Rationing in Markets with Imperfect Information, in: The American Economic Review, 71, S. 393-410

STOREY, D.J. (1994): Understanding the Small Business Sector, London: Routledge.

STROBL, E./WALSH, P.P./BARRY, F. (1998): Aggregate Job Creation, Job Destruction and Job Turnover in the Irish Manufacturing Sector, in: Economic and Social Review, 29(1), S. 55-71.

STROTMANN, H. (1999): Zur wissenschaftlichen Nutzung von Betriebsdaten aus der amtlichen Statistik. Erste Erfahrungen und Ergebnisse eines Kooperationsprojektes zwischen dem Statistischen Landesamt Baden-Württemberg und der Universität Hohenheim, in: Spektrum Bundesstatistik, Band 14, S. 29-44.

SUTTON, J. (1997): Gibrat's Legacy, in: Journal of Economic Literature, 35, S. 40-59.

TARONE, R.E./WARE, J. (1977): On Distribution-free Tests for the Equality of Survivor Distributions, in: Biometrika, 64, S. 156-160.

THOMPSON, W. (1968): Internal and External Factors in the Development of Urban Economies, in: Perloff, H.S./Wingo, L. (Hrsg.): Issues in Urban Economics, Washington D.C.: The Johns Hopkins Press for Resources for the Future, S. 43-62.

TVETERAS, R./EIDE, G.E. (2000): Survival of New Plants in Different Industry Environments in Norwegian Manufacturing: A Semi-Proportional Cox Model Approach, in: Small Business Economics, 14(1), S. 65-82.

VAINIOMÄKI, J./LAAKSONEN, S. (1999): Technology, Job Creation and Job Destruction in Finnish Manufacturing, in: Applied Economics Letters, 6(2), S. 81-88.

VAN DER LINDEN, B. (1995): Gross Job Creation and Destruction in Belgium and their Impact on Worker Reallocation, Research Paper, presented at EALE Annual Congress in Lyon.

VARIYAM, J.N./KRAYBILL, D.S. (1992): Empirical Evidence on Determinants of Firm Growth, in: Economics Letters, 38, S. 31-36.

VERNON, R. (1960): Metropolis 1985, Cambridge, Mass.: Harvard University Press.

WAGNER, H. (1997): Stabilitätspolitik, 4. Auflage, München/Wien: Oldenbourg Verlag.

WAGNER, J. (1992a): Das Gibrat Gesetz, in: WiSt, 21, S. 27-28.

WAGNER, J. (1992b): Firm Size, Firm Growth, and Persistence of Chance: Testing Gibrat's Law with Establishment Data from Lower Saxony, 1978-1989, in: Small Business Economics, 4, S. 125-131.

WAGNER, J. (1994a): Small Firm Entry in Manufacturing Industries: Lower Saxony, 1979-1989, in: Small Business Economics, 6, S. 211-223.

WAGNER, J. (1994b): The Post-Entry Performance of New Small Firms in Manufacturing Industries, in: Journal of Industrial Economics, 42(2), S.141-154.

WAGNER, J. (1994c): Möglichkeiten und Grenzen der Nutzung von Betriebsdaten aus der Industrieberichterstattung als Firmenpanel, in: Hochmuth, U./Wagner, J. (Hrsg.): Firmenpanelstudien in Deutschland – Konzeptionelle Überlegungen und empirische Analysen, Tübingen/Basel: Francke, S. 4-16.

WAGNER, J. (1994d): Nutzung von Betriebsdaten der amtlichen Statistik für wissenschaftliche Untersuchungen – Ein Modellprojekt, in: Allgemeines Statistisches Archiv, 78, S. 434-440.

WAGNER, J. (1994e): Umsatz- und Beschäftigungsstabilisierung durch geographische Absatzdiversifikation? Eine ökonometrische Untersuchung mit Betriebsdaten aus dem Verarbeitenden Gewerbe Niedersachsens (1978-1989), in: Hochmuth, U./Wagner, J. (Hrsg.): Firmenpanelstudien in Deutschland – Konzeptionelle Überlegungen und empirische Analysen, Tübingen/Basel: Francke, S. 39-63.

WAGNER, J. (1995): Firm Size and Job Creation in Germany, in: Small Business Economics, 7, S. 469-474.

WAGNER, J. (1997): Analysen der Arbeitsplatzdynamik mit Betriebspaneldaten aus Erhebungen der amtlichen Industrieberichterstattung – Möglichkeiten und Grenzen, in: Forum Bundesstatistik, 30, S. 102-122.

WAGNER, J. (1999a): The Life History of Cohorts of Exists from German Manufacturing, in: Small Business Economics, 13, S. 71-79.

WAGNER, J. (1999b): Who Exits From German Manufacturing Industries and Why? Evidence from the Hannover Firm Panel Study, in: Audretsch, D.B./Thurik, A.R. (Hrsg.): Innovation, Industry Evolution, and Employment, Cambridge, UK: Cambridge University Press, S. 253-264.

WAGNER, J. (1999c): Nutzung betrieblicher Einzeldaten aus der amtlichen Statistik – Modelle, Erfahrungen, Perspektiven, in: Forum Bundesstatistik, 34, S. 199-201.

WAGNER, J. (2000): Arbeitsplatzdynamik in den Industriebetrieben in Mecklenburg-Vorpommern, 1995-1998, Arbeitsberichte des Fachbereichs Wirtschafts- und Sozialwissenschaften, 221, Universität Lüneburg.

WANGLER, A. (1997): Heterogenitätsprobleme in der Verlaufsanalyse, Frankfurt am Main: Lang.

WEINMANN, T. (1999): Forschung und Entwicklung im internationalen Standortwettbewerb, in: Baden-Württemberg in Wort und Zahl, 11/99, S.531-537.

WEISS, C.R. (1998): Size, Growth and Survival in the Upper Austrian Farm Sector, in: Small Business Economics, 10, S. 305-312.

WEISS, L.W. (1964): The Survivor Technique and the Extent of Suboptimal Capacity, in: Journal of Political Economy, 72(3), S. 246-162.

WEISS, L.W. (1976): Optimal Plant Scale and the Extent of Suboptimal Capacity, in: Masson, R.T./Qualls, P.D. (Hrsg.): Essays on Industrial Organization in Honor of Joe S. Bain, Cambridge, Mass.: Ballinger, S. 126-134.

WEISS, L.W. (1989): Concentration and Price, Cambridge, Mass.: MIT Press.

WENZ, J. (1993): Unternehmensgründungen aus volkswirtschaftlicher Sicht, Bergisch Gladbach: Verlag Josef Eul.

WHITE, H. (1980): A Heteroscedasticity-Consistent Covariance Matrix Estimator and a Direct Test for Heteroscedasticity, in: Econometrica, 48, S. 817-838.

WILLIAMSON, O.E. (1975): Markets and Hierarchies: Analysis and Antitrust Implications, New York: The Free Press.

WINTER, S.G. (1984): Schumpeterian Competition in Alternative Technological Regimes, in: Journal of Economic Behavior and Organization, 5, S. 287-320.

WOYWODE, M. (1998): Determinanten der Überlebenswahrscheinlichkeit von Unternehmen: Eine empirische Überprüfung organisationstheoretischer und industrieökonomischer Erklärungsansätze, ZEW Wirtschaftsanalysen, Band 25.

YAMAWAKI, H. (1991): The Effects of Business Conditions on Net Entry: Evidence From Japan, in: Geroski, P.A./Schwalbach, J. (Hrsg.): Entry and Market Contestability: An International Comparison, Oxford: Basil Blackwell, S. 168-187.

YATCHEW, A. (1998): Nonparametric Regression Techniques in Economics, in: Journal of Economic Literature, 36, S. 669-721.

YOU, J.I. (1995): Small Firms in Economic Theory, in: Cambridge Journal of Economics, 19, S. 441-462.

HOHENHEIMER VOLKSWIRTSCHAFTLICHE SCHRIFTEN

Band 1 Walter Deffaa: Anonymisierte Befragungen mit zufallsverschlüsselten Antworten. Die Randomized-Response-Technik (RRT). Methodische Grundlagen, Modelle und Anwendungen. 1982.

Band 2 Thomas Michael Baum: Staatsverschuldung und Stabilisierungspolitik in der Demokratie. Zur neoinstitutionalistischen Kritik der keynesianischen Fiskalpolitik. 1982.

Band 3 Klaus Schröter: Die wettbewerbspolitische Behandlung der leitungsgebundenen Energiewirtschaft. Dargestellt am Beispiel der Fernwärmewirtschaft der Bundesrepublik Deutschland. 1986.

Band 4 Hugo Mann: Theorie und Politik der Steuerreform in der Demokratie. 1987.

Band 5 Max Christoph Wewel: Intervallarithmetische Dependenzanalyse in der Ökonometrie. Ein konjekturaler Ansatz. 1987.

Band 6 Heinrich Pascher: Die U.S.-amerikanische Deregulation Policy im Luftverkehrs- und Bankenbereich. 1987.

Band 7 Harald Lob: Die Entwicklung der französischen Wettbewerbspolitik bis zur Verordnung Nr. 86-1243 vom 01. Dezember 1986. Eine exemplarische Untersuchung der Erfassung der Behinderungsstrategie auf der Grundlage des Konzepts eines wirksamen Wettbewerbs. 1988.

Band 8 Ulrich Kirschner: Die Erfassung der Nachfragemacht von Handelsunternehmen. Eine Analyse der ökonomischen Beurteilungskriterien und der wettbewerbsrechtlichen Instrumente im Bereich der Verhaltenskontrolle.1988.

Band 9 Friedhelm Herb: Marktwirtschaftliche Innovationspolitik. 1988.

Band 10 Claus Schnabel: Zur ökonomischen Analyse der Gewerkschaften in der Bundesrepublik Deutschland. Theoretische und empirische Untersuchungen von Mitgliederentwicklung, Verhalten und Einfluß auf wirtschaftliche Größen. 1989.

Band 11 Jan B. Rittaler: Industrial Concentration and the Chicago School of Antitrust Analysis. A Critical Evaluation on the Basis of Effective Competition. 1989.

Band 12 Thomas Märtz: Interessengruppen und Gruppeninteressen in der Demokratie. Zur Theorie des Rent-Seeking. 1990.

Band 13 Andreas Maurer: Statistische Verfahren zur Ermittlung von oligopolistischen Strukturen. 1990.

Band 14 Peter Mendler: Zur ökonomischen und politisch-institutionellen Analyse öffentlicher Kredithilfen. 1992.

Band 15 Heinrich J. Engelke: Die Interpretation der Rundfunkfreiheit des Grundgesetzes: Eine Analyse aus ökonomischer Sicht. 1992.

Band 16 Thomas Fischer: Staat, Recht und Verfassung im Denken von Walter Eucken. Zu den staats- und rechtstheoretischen Grundlagen einer wirtschaftsordnungspolitischen Konzeption. 1993.

Band 17 Stefan Elßer: Innovationswettbewerb. Determinanten und Unternehmensverhalten. 1993.

Band 18 Reinhard Scharff: Regionalpolitik und regionale Entwicklungspotentiale. Eine kritische Analyse. 1993.

Band 19 Karin Beckmann: Probleme der Regionalpolitik im Zuge der Vollendung des Europäischen Binnenmarktes. Eine ökonomische Analyse. 1995.

Band 20 Bernd Nolte: Engpaßfaktoren der Innovation und Innovationsinfrastruktur. Eine theoretische und empirische Analyse für ländliche Wirtschaftsräume in Baden-Württemberg. 1996.

Band 21 Klaus-Rainer Brintzinger: Die Nationalökonomie an den Universitäten Freiburg, Heidelberg und Tübingen 1918 - 1945. Eine institutionenhistorische, vergleichende Studie der wirtschaftswissenschaftlichen Fakultäten und Abteilungen südwestdeutscher Universitäten. 1996.

Band 22 Steffen Binder: Die Idee der Konsumentensouveränität in der Wettbewerbstheorie. Teleokratische vs. nomokratische Auffassung. 1996.

Band 23 Alexander Burger: Deregulierungspotentiale in der Gesetzlichen Rentenversicherung. Reformnotwendigkeiten versus Reformmöglichkeiten. 1996.

Band 24 Burkhard Scherer: Regionale Entwicklungspolitik. Konzeption einer dezentralisierten und integrierten Regionalpolitik. 1997.

Band 25 Frauke Wolf: Lorenzkurvendisparität. Neuere Entwicklungen, Erweiterungen und Anwendungen. 1997.

Band 26 Hans Pitlik: Politische Ökonomie des Föderalismus. Föderative Kompetenzverteilung im Lichte der konstitutionellen Ökonomik. 1997.

Band 27 Stephan Seiter: Der Beitrag Nicholas Kaldors zur Neuen Wachstumstheorie. Eine vergleichende Studie vor dem Hintergrund der Debatte über den Verdoorn-Zusammenhang. 1997.

Band 28 André Schmidt: Ordnungspolitische Perspektiven der europäischen Integration im Spannungsfeld von Wettbewerbs- und Industriepolitik. 1998.

Band 29 Bernd Blessin: Innovations- und Umweltmanagement in kleinen und mittleren Unternehmen. Eine theoretische und empirische Analyse. 1998.

Band 30 Oliver Letzgus: Die Ökonomie internationalen Umweltschutzes. 1999.

Band 31 Claudia Hafner: Systemwettbewerb versus Harmonisierung in Europa. Am Beispiel des Arbeitsmarktes. 1999.

Band 32 Jürgen Kulle: Ökonomie der Musikindustrie. Eine Analyse der körperlichen und unkörperlichen Musikverwertung mit Hilfe von Tonträgern und Netzen. 1998.

Band 33 Michael Ganske: Intertemporale Aspekte von Staatsverschuldung und Außenhandel. 1999.

Band 34 Margit Ströbele: Die Deregulierungswirkungen der europäischen Integration. Das Beispiel der Sondermärkte. 1999.

Band 35 Marion Benesch: Devisenmarktinterventionen in Theorie und Praxis. Eine umfassende Analyse ihrer Zielsetzungen, Wirkungsweisen und wirtschaftspolitischen Bedeutung. 1999.

Band 36 Torsten Gruber: Unterschiedliche geldpolitische Transmissionsmechanismen und Stabilitätskulturen als mögliche Ursachen geldpolitischer Spannungen in der Europäischen Währungsunion. 2000.

Band 37 Bertram Melzig-Thiel: Arbeit in der Informationsgesellschaft. Chancen und Risiken neuer Informations- und Kommunikationstechnologien für die Beschäftigung. 2000.

Band 38 Annette Fritz: Die Entsorgungswirtschaft im Spannungsfeld zwischen Abfallpolitik und Kartellrecht. Eine industrieökonomische Branchenstudie. 2001.

Band 39 Harald Strotmann: Arbeitsplatzdynamik in der baden-württembergischen Industrie. Eine Analyse mit amtlichen Betriebspaneldaten. 2002.

Kolibri 360 GmbH
Ferdinand-Jühlke-Straße 7
99095 Erfurt, Deutschland
produktsicherheit@kolibri360.de

Druck:
CPI Druckdienstleistungen GmbH
im Auftrag der
Kolibri 360 GmbH
Ferdinand-Jühlke-Str. 7
99095 Erfurt